ශ්‍රේෂ්ඨ උත්තමයන්ගේ පරම්පරා කථාව

මහාවංශය
(ප්‍රථම භාගය)

සරල සිංහල අනුවාදය
පූජ්‍ය කිරිබත්ගොඩ ඤාණානන්ද හිමි

> "ධම්මෝ හි වාසෙට්ඨා, සෙට්ඨෝ ජනේතස්මිං
> දිට්ඨේ චේව ධම්මේ, අභිසම්පරායේ ච."
> වාසෙට්ඨයෙනි, මෙලොවෙහි ත්, පරලොවෙහි ත්
> ජනයා අතර ධර්මය ම ශ්‍රේෂ්ඨ වෙයි !

- අග්ගඤ්ඤ සූත්‍රය - භාග්‍යවත් බුදුරජාණන් වහන්සේ

ශ්‍රේෂ්ඨ උත්තමයන්ගේ පරම්පරා කථාව

මහාවංශය

පූජ්‍ය කිරිබත්ගොඩ ඤාණානන්ද හිමි

© සියලුම හිමිකම් ඇවිරිණි.

ISBN : 978-955-687-080-0

ප්‍රථම මුද්‍රණය	:	ශ්‍රී බු.ව. 2560 ක් වූ වෙසක් මස පුන් පොහෝ දින
දෙවන මුද්‍රණය	:	ශ්‍රී බු.ව. 2561 ක් වූ වෙසක් මස පුන් පොහෝ දින

සම්පාදනය : මහමෙව්නාව භාවනා අසපුව
වඩුවාව, යටිගල්ඔළුව, පොල්ගහවෙල.
දුර : 037 2244602
info@mahamevnawa.lk | www.mahamevnawa.lk

පරිගණක අකුරු සැකසුම, පිටකවර නිර්මාණය සහ ප්‍රකාශනය :
මහාමේඝ ප්‍රකාශකයෝ
වඩුවාව, යටිගල්ඔළුව, පොල්ගහවෙල.
දුර : 037 2053300, 076 8255703
mahameghapublishers@gmail.com

මුද්‍රණය : තරංජි ප්‍රින්ට්ස්,
506, හයිලෙවල් පාර, නාවින්න, මහරගම.
ටෙලි: 011-2801308 / 011-5555265

ශ්‍රී ගෞතම සම්මා සම්බුද්ධ ශාසනයත් සිංහල ජාතියත්
ආරක්ෂා කිරීම පිණිස යම් හෙයකින්
අනාගතයෙහි පින්වත් රජෙක් පහළ වෙයි නම්,
ඒ රජු උදෙසා මෙය සාදරයෙන් පිරිනැමේ.

ප්‍රස්ථාවනාව

මහාවංශය යන නම ඇසූ පමණින් බොහෝ දෙනෙක් සිතාගෙන සිටින්නේ එකල සිටි ශ්‍රී ලාංකික භික්ෂූන් විසින් ඉතා පක්ෂපාතීව මනඃකල්පිත අදහස් පුරවා ලියන ලද ව්‍යාජ ඉතිහාස කතාවක් බවයි. එයට හේතුව ඔවුන්ට මහාවංශය කියවන්ට අවස්ථාවක් නොලැබීම යි. නමුත් මහාවංශය යනු සෑම සිංහලයෙකු විසින් ම ත් සෑම බෞද්ධයෙකු විසින් ම ත් අනිවාර්යයෙන්ම කියවිය යුතු ඉතා ම වටිනා ග්‍රන්ථයකි. ඇත්තෙන්ම මහාවංශය කෙරෙහි තිබුනු ගෞරවය සිංහලයාගෙන් නැතිකොට තිබෙන්නේ විදේශ ආධිපත්‍යයේ ප්‍රතිඵලයක් ලෙසය. නමුත් හොඳ සිහි බුද්ධියකින් කියවන විට මහාවංශයේ වටිනාකම මිල කළ නොහැකි බව තේරුම් යනු ඇත.

මහාවංශය ඉගෙනීමේ දී එදා දඹදිව තිබූ පරිසරය ද තේරුම් ගෙන තිබීම ඉතා වැදගත් ය. අප භාග්‍යවතුන් වහන්සේ ජීවමානව වැඩසිටින සමයේ දඹදිව මහජනයා ප්‍රධාන වර්ණ හෙවත් වංශ සතරකට බෙදී සිටියා. එනම්, ක්ෂත්‍රිය වංශය, බ්‍රාහ්මණ වංශය, වෛශ්‍ය වංශය සහ ශූද්‍ර වංශය වශයෙනි. මේ සතර වංශිකයන්ගෙන් දඹදිව භූමියේ ආධිපත්‍යය හිමිව තිබුනේ ක්ෂත්‍රිය වංශිකයන්ටයි. රාජවංශිකයන් ලෙස ඔවුන්ව හඳුන්වනවා. රජ බවට පත්වුනේ ඒ ක්ෂත්‍රිය වංශිකයන්ය. නමුත් ඒ ක්ෂත්‍රිය වංශික රජ පරපුරටත් අවශේෂ සමාජයටත් අනුශාසනා කරමින් මහත් බලපෑමක් කළ තවත් වංශයක් තිබුණා. ඒ බ්‍රාහ්මණ වංශය යි.

ක්ෂත්‍රිය වංශයත් බ්‍රාහ්මණ වංශයත් තම තමන්ගේ

වංශ පරම්පරාව වෙනත් බාල වංශයකට මිශ්‍ර නොකොට පවත්වා ගන්ට මහත් සේ කැපවී තිබේ; ඉතාමත් කල්පනාකාරී වී තිබේ. එයට ප්‍රධාන හේතු දෙකක් තිබුණා. එකක් නම් ඔවුන් සමාජ ආධිපත්‍යයේ කොටස්කරුවන් වීමයි. අනික නම් ඒ සමාජ ආධිපත්‍යයට විශේෂ සුදුසුකම වන තම වංශය කැලැල් නොවී පවිත්‍රව තබාගැනීම යි.

ඒ කාලයේ දඹදිව රජකළ සෑම කෙනෙක් ම අයිති වූයේ ක්ෂත්‍රිය වංශයට යි. නමුත් ක්ෂත්‍රිය කුමාරවරුන්ට ඉගැන්වූ ආචාර්යවරු වනාහී බ්‍රාහ්මණයෝ ය. රාජ්‍යාභිෂේකයේ දී පෙරමුණ ගෙන කටයුතු කළේත් බ්‍රාහ්මණයෝ ය. රජුන්ට අනුශාසනා කළ පුරෝහිතයන් වූයේත් බ්‍රාහ්මණයෝ ය. තුන්වෙනි වංශය වූ වෛශ්‍ය කුලයට අයත් උදවිය නොයෙක් වෙළහෙළඳාම් කිරීම් ආදියෙන් මහා ධනවතුන්ව සිටුවරුන්ව සිටියත් ඔවුන්ට තිබුනේ ඊට පහළ තැනකි. ශූද්‍ර වංශිකයන් යනුවෙන් සඳහන් වූයේ පාර අතුගෑම්, දර පැලීම්, වැසිකිළි පිරිසිදු කිරීම් ආදී කටයුත්තේ සිට දාසභාවයට අයිති ඕනෑම කටයුත්තක් කළ හැකි පිරිසයි.

ක්ෂත්‍රිය වංශිකයෝත් බ්‍රාහ්මණ වංශිකයෝත් තමන්ගේ වංශය ගැන මහත් අභිමානයෙන් කතා කොට තිබේ. වෙනත් වංශයක් සමග ආවාහ විවාහ ආදිය නොකර ගැනීමට ඔවුන් මහත්සේ සැළකිළිමත් වී තිබේ. තමන්ගේ වංශයේ පවිත්‍ර භාවය ගැන අභිමානයෙන් කතා කරද්දී විවාද රහිතව සියලු දෙනාම එයට හිස නමා තිබේ.

දීඝ නිකායෙහි සෝණදණ්ඩ සූත්‍රයේ සඳහන් මෙම සිද්ධිය දෙස බලන්න. එක් කාලයක භාග්‍යවතුන් වහන්සේ මහත් සඟ පිරිසක් සමග අංග රටේ චාරිකාවේ වඩිද්දී චම්පා නුවරට වැඩම කළා. ඒ කාලයේ චම්පා නගරයේ සෝණදණ්ඩ නමින් මහත් සම්භාවනීය බ්‍රාහ්මණයෙක් වාසය කළා. ඔහුට බිම්බිසාර රජ්ජුරුවන්ගෙන් තෑග්ගක් වශයෙන් විශාල නින්දගමක් ලැබී තිබුණා. එයින් ලත් ආදායමෙන් ඔහු

මහා ධනවතෙක් ව සිටියා.

එහිදී බුදුරජාණන් වහන්සේව බැහැදැක බණ ඇසීමේ ආශාවෙන් බ්‍රාහ්මණ වංශිකයන් ඇතුලු සියලු දෙනා ම පාහේ චම්පා නගරයේ ගර්ගරා පොකුණු තෙර දෙසට ගමන් කරමින් සිටියා. සෝණදණ්ඩ බ්‍රාහ්මණයාටත් භාග්‍යවතුන් වහන්සේව බැහැදකින්ට කැමැත්තක් ඇතිවුනා. ඒ වෙද්දි වෙනත් ඈත පළාතකින් පන්සියයක් බ්‍රාහ්මණවරු කිසියම් කටයුත්තකට චම්පා නගරයට ඇවිත් හිටියා. ඔවුන්ට සෝණදණ්ඩ බ්‍රාහ්මණයා භාග්‍යවතුන් වහන්සේව බැහැදකින්ට සූදානම් වන බව ආරංචි වුනා. ඔවුන් වහාම සෝණදණ්ඩ බ්‍රාහ්මණයා සොයාගෙන ගියා. ගිහින් සෝණදණ්ඩ බ්‍රාහ්මණයා වැනි කෙනෙක් සංචාරක ශ්‍රමණයෙකු බැහැදකින්ට යෑම කිසිසේත් නුසුදුසු බව නොයෙක් ආකාරයෙන් කියා සිටියා. එයින් පළමුවෙනි එක මෙයයි.

"භවත් සෝණදණ්ඩයෝ මව් පාර්ශවයෙනුත් පිය පාර්ශවයෙනුත් යන මේ දෙපාර්ශවයෙන් ම ඉතා පිරිසිදු උපතක් ලැබූ කෙනෙක් නොවැ. ඔබගේ මව්පිය දෙදෙනා උපන් මව්කුස මීමුතු පරම්පරා සතක් වෙනකල් ම ඉතාමත් පිරිසිදුයි නොවැ. ලෝකයේ කවුරුවත් ඔබේ වංශය කිලුටුයි කියා බැහැර කරලා නෑ. මේ මේ වංශයන්ගෙන් තොපගේ වංශය අපවිත්‍රයි කියා නින්දා ලබලා නෑ."

ඉහත උපුටාගත් ප්‍රකාශය දෙස හොඳින් බලන්න. එතකොට බ්‍රාහ්මණවරු තමන්ගේ මව් පාර්ශවයේත් පිය පාර්ශවයේත් පවිත්‍ර භාවය ගැන තොරතුරු පරම්පරා සතක් ම ආපස්සට යනතුරු නම්ගොත් වශයෙන් ප්‍රසිද්ධියේ ඉහළින් කථා කොට තිබෙනවා. එසේ නොවුනා නම් මේ ආගන්තුක බ්‍රාහ්මණවරු සෝණදණ්ඩගේ සත්මුතු පරම්පරාව ගැන දන්නේ කොහොමද?

ඒ බ්‍රාහ්මණයන්ගේ කියමනට සෝණදණ්ඩ බ්‍රාහ්මණයා

පිළිතුරු දුන්නේ මෙහෙමයි. "භවත්නි, එහෙනම් මං කියන දේත් අහගෙන ඉන්ට ඕනෑ. එතකොට තමුන්නාන්සේලාට වැටහේවි භවත් ගෞතමයන් වහන්සේව බැහැදැකීමට අපි ම යි යන්ට සුදුසු කියලා. භවත් ගෞතමයන් වහන්සේ වැනි කෙනෙක් අපිව දකින්ට වඩින එක නුසුදුසුයි කියලා.

භවත්නි, ඒ ශ්‍රමණ ගෞතමයන් වහන්සේ කියලා කියන්නෙත් මව් පාර්ශවයෙනුත් පිය පාර්ශවයෙනුත් යන දෙපාර්ශවයෙන් ම ඉතා පිරිසිදු උපතක් ලැබූ කෙනෙක්. උන්වහන්සේගේ මව්පිය දෙදෙනාගේ මව්කුසත් මීමුතු පරම්පරා සතක් යනකල් ම ඉතාමත් පිරිසිදුයි. ලොව කිසි කෙනෙක් ශාක්‍ය වංශය කිළුටුයි කියලා බැහැර කරලා නෑ. මේ මේ වංශයන්ගෙන් තොපගේ ශාක්‍ය වංශය අපවිත්‍රයි කියලා නින්දා ලබලා නෑ."

මෙම ප්‍රකාශය කරන සෝණදණ්ඩ බ්‍රාහ්මණයා එය කටට ආ පලියට කියන කථාවක් නොවෙයි. ඔහු ද මහා සම්භාවනීය බ්‍රාහ්මණයෙකි. ශ්‍රමණ ගෞතමයන් වහන්සේ චම්පා නුවරට වැඩිය බව ඔහුට ආරංචි වුනහම ඔහු මුලින් ම සොයා තිබෙන්නේ භාග්‍යවතුන් වහන්සේගේ ශාක්‍ය රාජවංශයේ සත්මුතු පරම්පරාව ගැනය. එසේ නැතිව ආවාට ගියාට වෙනත් වංශයක පිරිසිදුකම ගැන ඔවුන් මේ අයුරින් කථා කරයිද?

මෙයින් පැහැදිලිව පෙනෙන්නේ එකල රජ පවුල් වලත් මේ පරම්පරා කථාව ඉතා පිරිසිදුව පවත්වාගෙන ඇවිත් තියෙන බවයි. ඒ ඔවුන්ගේ සමාජ තත්වය පිණිස ඇති ප්‍රධාන ම සහ එක ම සුදුසුකම නිසා ය. තමන්ගේ වංශ පරම්පරාවේ ආරම්භක පුරුෂයා කවුද යන කථාවත් ක්ෂත්‍රිය බ්‍රාහ්මණ කවුරුත් අනිවාර්යයෙන් ම දැනගෙන සිටිය යුත්තකි. ඒ ගැන හොඳ ම උදාහරණයක් දීඝ නිකායේ ම අම්බට්ඨ සූත්‍රයෙහි සඳහන් වෙනවා.

එක් කාලයක භාග්‍යවතුන් වහන්සේ ශ්‍රාවක සංඝ පිරිසත් සමග චාරිකාවේ වඩිද්දි කොසොල් දනව්වේ ඉච්ඡානංගල නමැති බ්‍රාහ්මණ ගමටත් වැඩම කළා. ඒ කාලයේ ඒ අසල වූ උක්කට්ඨා නගරයේ පොක්ඛරසාති නමින් සම්භාවනීය බ්‍රාහ්මණයෙක් වාසය කළා. ඔහු වාසය කළ ඒ උක්කට්ඨා නගරය නින්දගමක් වශයෙන් ඔහුට තෑගි ලැබුනේ කොසොල් රජ්ජුරුවන්ගෙනි.

ඒ පොක්ඛරසාති බ්‍රාහ්මණයා බ්‍රාහ්මණවංශික දරුවන්ට උගන්වනවා. ඔවුන් අතර දහසය හැවිරිදි ඉතාම දක්ෂ ශිෂ්‍යයෙක් අම්බට්ඨ නමින් සිටියා. ඔහුව අමතා පොක්ඛරසාති බ්‍රාහ්මණයා මෙහෙම කිව්වා. "පුත්‍රය, ලැබෙන ආරංචි අනුව ශ්‍රමණ ගෞතමයන් ශාක්‍ය රජපරපුරෙන් නික්මී පැවිදි වූ කෙනෙක් ලු. ඒ ශ්‍රමණ ගෞතමයෝ බුද්ධත්වය ලබා ඇති බව මේ හැම තැන ම කතා වෙනවා. ඔබ ගිහින් උන්වහන්සේ සැබෑවට ම බුද්ධත්වය ලැබූ කෙනෙක් ද නැද්ද කියා බලාගෙන එන්ට."

ඒ කාලයේ බ්‍රාහ්මණයන් හැමෝම මහාපුරුෂ ලක්ෂණ ශාස්ත්‍රය නමින් වෙනම විෂයකුත් ඉගෙන ගන්නවා. ඒ අනුවයි බුද්ධ කියා තමන්ව හඳුන්වන ශ්‍රමණ ගෞතමයන් ගැන හොයා බලන්ට කියා කිව්වේ.

අම්බට්ඨ මානවකයා දැඩි බ්‍රාහ්මණවාදියෙක්. ඔහු අපගේ භාග්‍යවතුන් වහන්සේ ළඟට ගිහින් තුන් වතාවක් ම ශ්‍රමණ බවට ගර්හා කළා. ශාක්‍ය වංශයටත් ගර්හා කළා. ඒ අවස්ථාවේ ඔහුගේ බ්‍රාහ්මණ වංශය අයත් වන කණ්හායන ගෝත්‍රයෙහි යටගියාව මතු කරලා ඒ ගෝත්‍රය ශාක්‍ය රජපවුලේ දාසියෙකුගේ කුසින් උපන් 'කණ්හ' නම් දරුවෙකුගෙන් පැවත එන බවට තොරතුරු භාග්‍යවතුන් වහන්සේ විසින් හෙළිදරව් කළා. ඊට පස්සේ භාග්‍යවතුන් වහන්සේ අම්බට්ඨ මානවකයාගෙන් මෙසේ අසා වදාළා.

"අම්බට්ඨය, ඔබ වයෝවෘද්ධ වූ මහලු වූ ආචාර්ය ප්‍රාචාර්ය බ්‍රාහ්මණයන්ගෙන් තමන්ගේ කණ්හායන ගෝත්‍රය ආරම්භ වුනේ කොතැනින් කියලද අසා තිබෙන්නේ? ඒ කණ්හායන ගෝත්‍රය ආරම්භ කළ මුල් ම පුරුෂයා කවුද?"

එතැනදී අම්බට්ඨ මානවකයාට තමන්ගේ ගෝත්‍රය කණ්හ නමැති ඍෂිවරයාගෙන් ආරම්භ වූ බවට පිළිගන්ට සිද්ධ වුනා. ඒ අම්බට්ඨ සූත්‍රයේ සඳහන් පරිදි අපගේ භාග්‍යවතුන් වහන්සේ අම්බට්ඨයාට මෙසේත් වදාළා.

"පෝරාණං බෝ පන තේ අම්බට්ඨ මාතාපෙත්තිකං නාම ගොත්තං අනුස්සරතෝ අය්‍යපුත්තා සක්‍යා භවන්ති. දාසිපුත්තෝ ත්වමසි සක්‍යානං. සක්‍යා බෝ පන අම්බට්ඨ රාජානං ඔක්කාකං පිතාමහං දහවති."

"අම්බට්ඨය, ඔබගේ පැරණි වූ මව්පියන්ගේ නාම ගෝත්‍රයන් සිහිකරද්දී ස්වාමිවරු වශයෙන් ඉන්නේ ශාක්‍ය වංශිකයෝ ය. ඔබ අයිති වන්නේ ශාක්‍යවරුන්ගේ දාසි පුත්‍රයෙකුටයි. අම්බට්ඨය, ශාක්‍යවරු ඔක්කාක රජ්ජුරුවන්වයි ශාක්‍ය පරපුරේ ආරම්භක මුත්තණුවන් කොට සලකන්නේ."

එකල සමාජය තමන්ගේ වංශ පරම්පරාවේ පවිත්‍ර භාවය නොසිඳ පවත්වාගෙන ආ බවට ඔප්පු කරන්ට මෙයටත් වඩා සාක්ෂි කුමටද? මෙය එකල සමාජයේ තිබූ ස්වභාවයයි. ඒ ඒ වංශත් ඒ ඒ වංශයන්ට අනුව පැවරී තිබූ රාජකාරීත් අනුව හැඩගැසුනු සමාජයක එය පැහැදිලිව ම දකින්ට ලැබුනු අනිවාර්ය ලක්ෂණයකි. ක්ෂත්‍රියයෝත් බ්‍රාහ්මණයෝත් තම තමන්ගේ වංශ පරපුර පවිත්‍රව තබා ගන්ට කොතරම් කැපවීමක් කරන්ට ඇත්දැයි මෙයින් අපට සිතාගත හැකිය.

දඹදිව රජපවුල්වල එබඳු පරිසරයක හැදී වැඩී සිටි කුමාරවරු මේ රටට ඇවිත් පදිංචි වී අලුත් ම ජන

කොට්ඨාසයක් බිහි කළා. ඔවුන් හඳුන්වන්නේ සිංහල යන නාමයෙනි. ඔවුන්ද ඒ කාලයේ තමන්ගේ රටේ ක්ෂත්‍රිය පරම්පරාව පවත්වාගෙන ආ අයුරින් ම පවිත්‍ර වංශය පිළිබඳ කථාව මෙරටටත් ගෙන ආ බව පෙනේ. පෝරාණයන් යනුවෙන් සඳහන් වන්නේ ඒ රාජ වංශයේ පරම්පරා කථාව පිළිබඳව පැරණි මුතුන් මිත්තන්ගේ මතකයේ විස්තරය යි.

විජය කුමාරයා ලංකාවේ රජ වී අභිෂේක ලැබීම පිණිස තමන් අසා දැක ඇති පරිදි තම රජපරපුරේ චාරිත්‍රය වශයෙන් ක්ෂත්‍රිය කන්‍යාවක් ගෙන්නා ගන්නා තුරු තම අභිෂේකය කල්දමා තිබේ. මහාවංශයේ කියවෙන්නේ ඒ පැරැන්නන් විසින් දිගටම පවත්වාගෙන ආ විස්තර කථාවයි. සිංහලයාගේ රාජපරම්පරාවේ විස්තරත් ඔවුන් දියුණු වූ ආකාරයත් ඔවුන්ට බුදු දහම ලැබුනු ආකාරයත් දිගටම පවත්වාගෙන ආ ග්‍රන්ථය සීහළට්ඨකථා මහාවංශය යි. සිංහලයෝ ඒ ක්‍රමයෙන් තමන්ගේ සියලු තොරතුරු සකස්කොට පවත්වාගෙන ඇවිත් තිබේ. චේතියවංසට්ඨ කථා, දීපවංශය, ථූපවංශය ආදියෙහිත් විස්තර වන්නේ පැරැන්නන්ගේ ස්මරණය යි. විශේෂයෙන් සිංහලයන්ගේ අටුවාව හෙවත් සීහළට්ඨ කථාව මහා විහාර සඟපරපුර සමග බැඳී තිබුනේ ය.

අනුරාධපුර මහා විහාරයෙන් වෙන් වී අභයගිරියට ගිය සඟ පිරිස නිතර ම කටයුතු කොට තිබෙන්නේ මහාවිහාරික භික්ෂූන් කෙරෙහි විරුද්ධ ආකල්පයෙනි. එනිසා ම අභයගිරිවාසී භික්ෂූන්ට ද තමන්ගේ ම පරම්පරා කථාවක් වෙන ම පවත්වාගෙන යන්ට ඕනෑ වී තිබේ. එහි ප්‍රතිඵලය වූයේ උත්තරවිහාරට්ඨ කථාව හෙවත් උත්තර විහාර මහාවංශය නමින් ඔවුන්ටත් තමන්ගේ ම ග්‍රන්ථයක් බිහිකර ගැනීම යි.

සිංහල රාජවංශයේ ආරම්භක පුරුෂයා ලෙස සිංහබාහු රජ්ජුරුවන්ගේ පුත්‍ර වූ විජය කුමාරයාගේ නම

සඳහන් කොට තිබෙන්නේ ඒ රාජ වංශයේ ම පැරණි මුතුන් මිත්තෝ ය. විජය කුමාරයාගේ පියා සිංහබාහු රජ්ජුරුවෝ ය. මව වනාහි ඒ සිංහබාහු රජ්ජුරුවන්ගේ ම නැගණිය වන සිංහසීවලී දේවිය ය. සිංහබාහු රජ්ජුරුවන් විසින් තමන්ගේ ම නුවරක් ඉදිකොට එයට සිංහපුරය යන නම තැබුවේය. ඔවුන්ගේ වංශය පටන් ගන්නේ එතැනින් ය. මෙය සිදුවූයේ ලංකාවේ නොව දඹදිව වංග ජනපදයට අයත් ලාට රටේ ය.

විජය කුමාරයා රජ වූයේ ලාට රටේ නොව එකල තම්බපණ්ණි නමින් හැඳින් වූ මේ ලංකාවේ ය. ඔවුන්ට අවශ්‍ය නම් තමන්ගේ රජපරපුරේ ආරම්භය ගැන වෙනත් සුපිරි කථාවක් මේ අලුතින් පැමිණි රටේ ගොතන්ට අවස්ථාව තිබුණි. නමුත් ඔවුන් එසේ නොකළේ මේ රටේ මුල්ම මනුෂ්‍ය ජනාවාසය ඉදිකළේ ඔවුන් නිසා ය. එනිසා ඔවුන්ට තමන්ගේ පරපුරේ කථාව පිළිබඳව අමුතුවෙන් වසන් කරන්ට දෙයක් නැත. සියල්ලෝ ම ඒ රජපරපුර ගැන දන්නා නිසා ය.

මහාවංශයේ මුලින් ම විස්තර වන්නේ ශාක්‍ය වංශය පිළිබඳ පරම්පරා කථාවයි. එහි ඔක්කාක රජ පරපුර පටන් ගන්නේ මහාසම්මත නමැති සම්භාවනීය රජ කෙනෙකුගෙනි. ඒ පරම්පරාව නොකඩවා පවිත්‍රව රැගෙන ආ බව පැරැන්නන්ගේ ශ්‍රැති පරම්පරාවෙන් දිගට ම ගෙනැවිත් තිබේ. ඒ අනුව මහාවංශයෙහි බුදුරජාණන් වහන්සේගේ පරම්පරාව ගැනත් විජය රජ්ජුරුවන්ගේ පරම්පරාවත් පෙන්වා දී තිබේ. එනම් බුදු සසුනෙහි ඉතිහාසයත් සිංහල රාජවංශයේ ඉතිහාසයත් ය.

මහාවංශය කියවගෙන යන විට ක්‍රමක්‍රමයෙන් ඔවුන්ගේ සම්භාවනීය ගුණය අඩුවෙමින් යන බව පෙනේ. දකුණු ඉන්දියාවෙන් වරින්වර පැමිණි ආක්‍රමණයන් සිංහලයාගේ අභිවෘද්ධියට බලවත් ලෙස හානි පමුණුවා තිබේ. දොළොස්වන සියවසෙහි කාලිංග මාඝ නමැති

බ්‍රාහ්මණවංශික මන්ත්‍රධාරී රජ්ජුරුවන්ගේ ආක්‍රමණයෙන් ඔහු යටතට පත් සිංහල රටවැසියාත් බුදුදහමත් විසි එක් අවුරුද්දක් ම නැත්තට නැතිවෙන තුරු බැට කෑවේය. එයින් පසු මේ දක්වා සිංහලයන්ට පෙර අයුරින් නැගී සිටින්ට නොහැකි විය. පසුකාලීනව සිංහල රාජවංශයට බලපෑවේ උතුරු ඉන්දියානු බලය නොව දකුණු ඉන්දියාවේ හින්දු ආගමෙන් මෙහෙයවන ලද රජපරම්පරාවල්වල ආනුභාවයයි.

පහළොස්වන සියවසේ සිටි දිගින් දිගට පැමිණි යුරෝපීය ආක්‍රමණ නිසා සිංහලයා තවත් බෙලහීන බවට පත්වුනා. අන්තිමේදී සිංහල රාජපරම්පරාව ගතිගුණවලිනුත් හොඳට ම දුර්වල වුනා. එකිනෙකා කුලල් කා ගත්තා. ඉංග්‍රීසීන් යටතට මේ රට පත්වුනා. ශ්‍රී වික්‍රම රාජසිංහ රජ්ජුරුවන් ජීවග්‍රාහයෙන් අල්ලාගත් පසු එවකට ආණ්ඩුකාරයාව සිටි රොබට් බ්‍රවුන්රිග් නමැත්තා ඒ අවස්ථාවේ ක්‍රියාකොට තිබෙන්නේ මෙසේය.

"සිංහල රජු අල්ලාගන්නා ලදැයි යන ප්‍රවෘත්තිය ලැබෙන විට බ්‍රවුන්රිග් උතුමාණන් වහන්සේ යුද්ධ මුලදෑනින් ස්වල්ප දෙනෙකුත් සමග (1815) පෙබරවාරි මස දහනම වෙනි දින රාත්‍රී භෝජනය අනුභව කරමින් සිටියේය. යථෝක්ත ආරංචිය ලැබුනු කෙණෙහි ම උතුමාණන් වහන්සේ මේසයෙන් නැගිට සතුටු කඳුළු වගුරුවමින් එහි සිටි සියලු දෙනාට අතට අත දෙමින් 'යුරෝපීය ජාතීන් තුන් වර්ගයකට ශත වර්ෂ තුනක් මුළුල්ලේ උත්සාහ කොටත් සාර්ථක කරගත නොහැකි කෘත්‍යයක් අප විසින් අද ඉෂ්ට කරගන්නා ලද්දේය. ඒ සම්බන්ධව ආධාර කළා තමුන්නාන්සේලාට මාගේ අවංක ස්තුතිය ප්‍රදාන කරමැයි' කීවේය.

(මහාවංශය සිංහල අනුවාදය - පිටු අංක 584)

එතකොට යුරෝපීය ජාතිකයන් ශත වර්ෂ තුනක් මුළුල්ලේ උත්සාහ කොට තිබෙන්නේ කුමටද? සිංහල

රාජවංශය නැති කිරීමට යි. බුදු සසුන නැති කිරීමට යි. ඔවුන් දිගින් දිගට ම තමන්ගේ උපායික මාර්ගයන් සිංහලයන් ලවා ම ක්‍රියාත්මක කොට දැන් ඉතාම අසීරු තත්වයකට පත්ව තිබේ. පැරණි සිංහලයන් සතුව තිබූ ශිල්ප ශාස්ත්‍ර ක්‍රම කෘෂිකාර්මික ක්‍රම වාරිමාර්ග ක්‍රම සියල්ල පිළිබඳ වූ ඥාණයෙන් දැන් සිංහලයෝ තොර වී සිටිති. ඔවුන්ට එයින් වැඩක් ද නැත. ඔවුහු මහාවංශයට ද සිනාසෙති. එය ප්‍රලාපයකැයි අපහාස කරති. මේ වන විට ලංකාව ම ණය බරින් මිරිකී ගොස් තිබේ. රෝග පීඩාවලින් ආතුර වී තිබේ. ශ්‍රද්ධාවෙන් හීන වී සිටියි. උඩඟුකමින් නන් දොඩවමින් සිටියි. සිංහලයන්ගේ අනාගතය එතරම් දුරකට ගෙන යා හැකි වටපිටාවක් සපයන බවක් නොපෙනේ.

මෙම සරල සිංහල අනුවාදය උදෙසා සහය කරගත්තේ අතිපූජ්‍ය හික්කඩුවේ ශ්‍රී සුමංගල නායක මාහිමියන් වහන්සේ සහ බටුවන්තුඩාවේ පඬිතුමා විසින් සකස් කරන ලද මහාවංශයත්, අතිපූජ්‍ය අකුරටියේ අමරවංශ නාහිමියන් සහ හේමචන්ද්‍ර දිසානායක පඬිතුමන් විසින් අනුවාදිත වංසත්ථප්පකාසිනියත්, මහාවංශ ගීතයත් ය. එමෙන් ම මහාවංශයේ සරල අනුවාදයන් රාශියක් තිබෙන බව අපට දකින්ට ලැබිණි. මහාවංශය නමැති ශ්‍රේෂ්ඨ ඉතිහාස කථාව සිංහල ජනතාවට කියවන්නට සැලැස්වීම උදෙසා ඒ ඒ පඬිවරුන් ගත් වෑයම සදා ප්‍රශංසනීය ය.

මහාවංශයෙහි මුල් කොටසෙහි තිබෙන්නේ පරිච්ඡේද තිස් හතකි. අප විසින් සරල සිංහලෙන් අනුවාදිතව තිබෙන්නේ එම කොටස පමණි. මෙම මහාවංශ කියවීමේදී ඇතැම්විට ශ්‍රද්ධාවෙන් අපගේ සිත පිනායයි. සිත පහන් වෙයි. එමෙන් ම ඇතැම් රජවරුන් විසින් කරන ලද නොයෙකුත් ක්‍රියාවන් ද ඇතැම්විට සිදුවන ලද කුමන්ත්‍රණයන් ද විශේෂයෙන් සංඝමිත්‍ර නම් සොළී භික්ෂුවක් මහසෙන් රජ්ජුරුවන්ගේ ද සහය ඇතිව මහාවිහාරය විනාශ කළ අයුරු කියවන විට

කෙලෙස්වල තියෙන භයානක ස්වභාවයත් සංසාරයෙහි තිබෙන නීච ස්වභාවයත් ධර්මයෙන් තොර වූ අසත්පුරුෂ ඇසුරේ භයානකකමත් නිතැතින් ම වැටහෙයි. එවිට අප තුළ ධර්ම සංවේගයක් හටගනී. මහාවංශ කර්තෘවර මහානාම මාහිමියන් වහන්සේ අපට යෝජනා කරන පරිදි ඒ ඒ තැන් වලදී ප්‍රසාදයත් සංවේගයත් ඇති කරගත මැනව.

මහානාම මාහිමියන් වහන්සේ විසින් අපගේ ඉතිහාසය පිළිබඳ අනර්ඝ අප්‍රකට තොරතුරු ඉතාම අපක්ෂපාතීව ගාථා බන්ධනයන් මගින් සකසා මහාවංශය ලිවීමෙන් අපගේ ජාතියට කරන ලද අනුග්‍රහය වචනයෙන් වර්ණනා කොට අවසන් නොකළ හැකි දෙයකි.

අපගේ භාග්‍යවතුන් වහන්සේ මේ ලංකාද්වීපයට වැඩි අනුහසින්, ජය ශ්‍රී මහා බෝධීන් වහන්සේගේ අනුහසින්, ස්වර්ණමාලී මහාසෑයේ වැඩ සිටින ද්‍රෝණයක් සර්වඥ ධාතූන් වහන්සේලාගේ අනුහසින් සිංහල ජාතියත් බුදු සසුනත් ලංකාද්වීපයෙහි චිරාත් කාලයක් සුරැකේවා!

මෙයට,
ගෞතම බුදු සසුන තුළ
මෙත් සිතින්,
පූජ්‍ය කිරිබත්ගොඩ ඤාණානන්ද හිමි
ශ්‍රී බු.ව. 2559 ක් වූ බක් මස 07 දින (2016.04.07)

පටුන

01. **පළමුවෙනි පරිච්ඡේදය** 23
තථාගතයන් වහන්සේ මෙහි වැඩමවීම

02. **දෙවෙනි පරිච්ඡේදය** 48
මහා සම්මත රාජ වංශය

03. **තුන්වෙනි පරිච්ඡේදය** 59
ප්‍රථම ධර්ම සංගායනාව

04. **සිව්වෙනි පරිච්ඡේදය** 71
දෙවෙනි ධර්ම සංගායනාව

05. **පස්වෙනි පරිච්ඡේදය** 88
තෙවෙනි ධර්ම සංගායනාව

06. **හයවෙනි පරිච්ඡේදය** 155
විජය කුමාරයාගේ සම්ප්‍රාප්තිය

07. **හත්වෙනි පරිච්ඡේදය** 167
විජය රජ්ජුරුවන්ගේ අභිෂේකය

08. **අටවෙනි පරිච්ඡේදය** 184
පණ්ඩුවාසදේව රජුගේ අභිෂේකය

09. **නවවෙනි පරිච්ඡේදය** 191
අභය රජ්ජුරුවන්ගේ අභිෂේකය

10. **දසවෙනි පරිච්ඡේදය** 199
පණ්ඩුකාභය රජුගේ අභිෂේකය

11. **එකොළොස්වෙනි පරිච්ඡේදය** 222
දේවානම්පියතිස්ස රජුගේ අභිෂේකය

12. **දොළොස්වෙනි පරිච්ඡේදය** 232
රහතන් වහන්සේලා විසින් නොයෙක් රටවල්
බුදු සසුනට පැහැදවීම

19

#		පිටුව
13.	**දහතුන්වෙනි පරිච්ඡේදය**	245
	මිහිඳු මහරහතන් වහන්සේගේ වැඩමවීම	
14.	**දහහතරවෙනි පරිච්ඡේදය**	251
	මිහිඳු මහරහතන් වහන්සේ අනුරාධපුර නගරයට වැඩමවීම	
15.	**පහළොස්වෙනි පරිච්ඡේදය**	267
	මිහිඳු මහරහතන් වහන්සේ මහාවිහාරය පිළිගැනීම	
16.	**දහසයවෙනි පරිච්ඡේදය**	316
	මිහිඳු මහරහතන් වහන්සේ මිහින්තලේ සෑගිරි විහාරය පිළිගැනීම	
17.	**දහහත්වෙනි පරිච්ඡේදය**	321
	සර්වඥ ධාතූන් වහන්සේලා වැඩමවීම	
18.	**දහඅටවෙනි පරිච්ඡේදය**	336
	ජය ශ්‍රී මහා බෝධියේ දකුණු ශාඛා වහන්සේ ගැනීම	
19.	**දහනවවෙනි පරිච්ඡේදය**	352
	ජය ශ්‍රී මහා බෝධීන් වහන්සේ වැඩමවීම	
20.	**විසිවෙනි පරිච්ඡේදය**	372
	මිහිඳු මහරහතන් වහන්සේගේ පරිනිර්වාණය	
21.	**විසි එක්වෙනි පරිච්ඡේදය**	386
	රජවරු පස්දෙනාගේ පාලනය	
22.	**විසි දෙවෙනි පරිච්ඡේදය**	394
	ගැමුණු කුමාරයාගේ උපත	
23.	**විසි තුන්වෙනි පරිච්ඡේදය**	414
	දස මහා යෝධයන් ලැබීම	
24.	**විසි හතරවෙනි පරිච්ඡේදය**	436
	සහෝදර කුමාරවරු දෙදෙනාගේ යුද්ධය	
25.	**විසි පස්වෙනි පරිච්ඡේදය**	450
	දුටුගැමුණු රජ්ජුරුවන්ගේ විජයග්‍රහණය	
26.	**විසි හයවෙනි පරිච්ඡේදය**	475
	මිරිසවැටි මහාවිහාර පූජාව	
27.	**විසි හත්වෙනි පරිච්ඡේදය**	482
	ලෝවාමහාප්‍රාසාද පූජාව	

28.	විසි අටවෙනි පරිච්ඡේදය	493
	රුවන්වැලි මහා සෑය උදෙසා වූ වස්තු ලාභය	
29.	විසි නවවෙනි පරිච්ඡේදය	503
	රුවන්වැලි මහා සෑයේ සමාරම්භක කටයුතු	
30.	තිස්වෙනි පරිච්ඡේදය	518
	රුවන්වැලි මහා සෑ ගර්භය නිර්මාණය කිරීම	
31.	තිස් එක්වෙනි පරිච්ඡේදය	540
	රුවන්වැලි මහාසෑයේ ධාතු නිධානෝත්සවය	
32.	තිස් දෙවෙනි පරිච්ඡේදය	568
	දුටුගැමුණු රජ්ජුරුවෝ තුසිත පුරයට සැපත්වීම	
33.	තිස් තුන්වෙනි පරිච්ඡේදය	587
	රජවරු දස දෙනෙකුගේ පාලනය	
34.	තිස් හතරවෙනි පරිච්ඡේදය	610
	රජවරු එකොලොස් දෙනෙකුගේ පාලනය	
35.	තිස් පස්වෙනි පරිච්ඡේදය	630
	රජවරු දොලොස් දෙනෙකුගේ පාලනය	
36.	තිස් හයවෙනි පරිච්ඡේදය	656
	රජවරු දහතුන් දෙනෙකුගේ පාලනය	
37.	තිස් හත්වෙනි පරිච්ඡේදය	684

නමෝ තස්ස භගවතෝ අරහතෝ සම්මාසම්බුද්ධස්ස
ඒ භාග්‍යවත් අර්හත් සම්මා සම්බුදුරජාණන් වහන්සේට නමස්කාර වේවා!

මහාවංසෝ
ශ්‍රේෂ්ඨ උත්තමයන්ගේ පරම්පරා කථාව

1
පඨමෝ පරිච්ඡේදෝ
පළමුවෙනි පරිච්ඡේදය

තථාගතාභිගමනං
තථාගතයන් වහන්සේ මෙහි වැඩමවීම

01. නමස්සිත්වාන සම්බුද්ධං - සුසුද්ධං සුද්ධවංසජං
    මහාවංසං පවක්ඛාමි - නානානූනාධිකාරිකං

අපගේ භාග්‍යවතුන් වහන්සේ පරම පාරිශුද්ධත්වයට පත්වූයේ තමන් වහන්සේ තුළ පැවැති රාගාදී සියලු කෙලෙසුන් ප්‍රහාණය කිරීම නිසයි. එසේ ම දඹදිව ඉතාමත් ම පාරිශුද්ධ වංශ පරම්පරාව වන ශාක්‍ය වංශයේ ය උන්වහන්සේ ජන්ම ලාභය ලැබුවේත්. අපගේ ඒ සම්මා සම්බුදුරජාණන් වහන්සේට නමස්කාර කොට එම උතුම් වංශ පරම්පරාවෙහි ශ්‍රේෂ්ඨ සිදුවීම් ගැන විස්තර සමගින් ශ්‍රේෂ්ඨ උත්තමයන්ගේ වංශය පිළිබඳ ව පරම්පරා කථාව වන මහාවංශය පවසමි.

02. **පෝරාණේහි කතෝ'පේසෝ - අතිවිත්ථාරිතෝ ක්වචි**
අතීව ක්වචි සංඛිත්තෝ - අනේකපුනරුත්තකෝ

ශ්‍රේෂ්ඨ උත්තමයන්ගේ පරම්පරා කථාව මෙයට කලින් පුරාණ හෙළඅටුවා කළ අපගේ පැරණි අටුවාචාරීන් වහන්සේලා විසින් සකස්කොට තිබුනද ඒ සීහළට්ඨකථා මහාවංශයෙහි සමහර තැන්වල විස්තර ඕනෑවටත් වඩා වැඩිය. විස්තර කළයුතු ඇතැම් තැනක තිබෙන්නේ ගොඩාක් ම කෙටි විස්තර යි. කලින් කියූ දෙය නැවත නැවත කීමේ පුනරුක්ති දෝෂත් එහි නොයෙක් තැන්වල දකින්ට තිබුණා.

03. **වජ්ජිතං තේහි දෝසේහි - සුඛග්ගහණධාරණං**
පසාදසංවේගකරං - සුතිතෝ ච උපාගතං

එනමුත් මේ මහාවංශයෙහි ඕනෑවටත් වඩා කරන විස්තරත්, අවශ්‍යයෙන් කිවයුතු විස්තර තිබෙද්දී ඒවා ගොඩාක් කෙටියෙන් කීමත්, කියූ දෙය නැවත නැවත කීමේ පුනරුක්ති දෝෂත් ඉවත් කළා. එමෙන් ම මෙහි සඳහන් කරුණු සුවසේ මතකයේ තබාගන්ට පුළුවන් විදිහට සකස් කළා. තෙරුවන් පිළිබඳ විස්තර කරද්දී ශ්‍රද්ධාවෙන් යුතු පහන් සිතක් ඇතිකර ගන්ටත්, නොයෙක් කරදර විපත් ගැන කියවෙන තැන්වල සංස්කාර ධර්මයන්ගේ අනිත්‍ය ස්වභාවය මෙනෙහි කොට සංවේගය ඇතිකරගන්ටත් සුදුසු විදිහට සකස් කළා. එමෙන් ම මේ දක්වා ම අතරමග කඩාකප්පල් වීමක් නැතුව ආචාර්ය පරපුරෙන් දිගට ම හොඳින් පවත්වාගෙන ආ සත්‍ය තොරතුරු මෙහි ඇතුළත් කළා.

04. **පසාදජනකේ ඨානේ - තථා සංවේගකාරකේ**
ජනයන්තෝ පසාදං ච - සංවේගං ච සුණාථ තං

එනිසා අප භාග්‍යවතුන් වහන්සේ ලක්දිව වැඩමවීම, ධර්ම සංගායනා, මිහිඳු මාහිමියන් වැඩමවීම, මහබෝ මහසෑ පිහිටුවීම වැනි තැන් කියවෙද්දී සිත පහන් කරගන්ට ඕනෑ.

භාග්‍යවතුන් වහන්සේගේ රහතුන් වහන්සේගේ පිරිනිවන් පෑම, රජවරුන්ගේ මරණ ආදී තැන් කියවෙද්දී සංවේගයත් ඇතිකරගන්ට ඕනෑ. අන්න ඒ අයුරින් හොඳින් කන් යොමාගෙන මේ මහාවංශය අසාගෙන ඉන්ට ඕනෑ.

05. දීපංකරං හි සම්බුද්ධං - පස්සිත්වා නෝ ජිනෝ පුරා
ලෝකං දුක්ඛා පමෝචේතුං - බෝධාය පණිධිං අකා

තුන්ලොව දිනූ අප භාග්‍යවතුන් වහන්සේ අතීතයෙහි මුලින් ම සුමේධ නම් ඉර්ධිමත් තවුසෙක් ව සිටියා. ඒ කාලයේ දීපංකර නම් වූ සම්මා සම්බුදුරජාණන් වහන්සේ නමක් ලෝකයේ පහළ වෙලා සිටියා. උන්වහන්සේව බැහැදුටු අපගේ සුමේධ තවුසාට ඒ සම්බුදු රජුන්ගෙන් නියත විවරණ ලැබුනා. එතකොට තමාත් ලෝක සත්වයාව සසර දුකින් මුදවාගන්ට ඕනෑය යන අදහසින් බුදුබව පිණිස ඉතා දැඩි ලෙස අධිෂ්ඨානයක් ඇතිකර ගත්තා.

06. තතෝ තං චේව සම්බුද්ධං - කොණ්ඩඤ්ඤං මංගලං මුනිං
සුමනං රේවතං බුද්ධං - සෝභිතං ච මහාමුනිං

ඒ දීපංකර බුදුරජුන්ගේ පිරිනිවීමෙන් පසු එක් අසංඛෙය්‍ය කාලයක් ගෙවී ගියා. ඊට පස්සේ කොණ්ඩඤ්ඤ නමින් බුදුරජාණන් වහන්සේ නමක් ලෝකයෙහි පහළ වුනා. ඒ කාලයේ අප මහා බෝසතුන් විජිතාවී නම් සක්විති රජෙකුව සිටියදී ඒ කොණ්ඩඤ්ඤ බුදුරජුන්ගෙනුත් අනාගතයෙහි සම්බුදු වන බවට නියත විවරණ ලැබුවා. ඒ කොණ්ඩඤ්ඤ බුදුරජුන් පිරිනිවන් පෑවාට පසු නැවත එක් අසංඛෙය්‍ය කාලයක් ගෙවී ගියා. ඊට පස්සේ ඇති වූ කල්පයේදී මංගල, සුමන, රේවත සහ සෝභිත යන බුදුවරුන් සතර නමක් ම පහළ වුනා. එයින් මංගල බුදුරජුන් දවස අප මහ බෝසතුන් සුරුචි නමින් බ්‍රාහ්මණයෙකු වී ඒ බුදුරජුන් ගෙන් නියත විවරණ ලැබුවා. සුමන නම් බුදුරජුන් දවස අතුල නම් නාරජෙකු වී ඒ බුදුරජුන්ගෙන් නියත විවරණ ලැබුවා.

රේවත නම් බුදුරජුන් දවස අතිදේව නම් බ්‍රාහ්මණයෙකු වී ඒ බුදුරජුන්ගෙනුත් නියත විවරණ ලැබුවා. සෝභිත නම් බුදුරජුන් දවස අජිත නම් බ්‍රාහ්මණයෙකු වී ඒ බුදුරජුන් ගෙනුත් නියත විවරණ ලැබුවා.

07. අනෝමදස්සිං සම්බුද්ධං - පදුමං නාරදං ජිනං
පදුමුත්තරසම්බුද්ධං - සුමේධං ච තථාගතං

ඒ සෝභිත බුදුරජුන්ගේ පිරිනිවන් පෑමෙන් පසු එක් අසංඛෙය්‍ය කාලයක් ගෙවී ගියා. නැවත ඇති වූ කල්පයෙහි අනෝමදස්සී, පදුම, නාරද යන බුදුවරුන් තුන් නම පහළ වුනා. අනෝමදස්සී නම් බුදුරජුන් දවස අප මහ බෝසතුන් මහානුභාව සම්පන්න යක්ෂ සේනාධිපතියෙකු ව සිට ඒ බුදුරජුන්ගෙන් නියත විවරණ ලැබුවා. පදුම නම් බුදුරජුන් දවස අප මහ බෝසතුන් ඒ බුදුරජුන් වැඩසිටි වනයෙහි සිංහරාජයෙක් ව ඉපිද සිටියදී උන්වහන්සේගෙන් නියත විවරණ ලැබුවා. නාරද නමින් බුදු කෙනෙකුන් ලෝකයෙහි පහළ වූ කාලයෙහි අප මහ බෝසතුන් අභිඥාලාභී ඍෂිවරයෙකු ව සිට උන්වහන්සේගෙන් අනාගතයෙහි බුදු වන බවට නියත විවරණ ලැබුවා. ඒ නාරද බුදුරජුන්ගේ පිරිනිවීමෙන් පසු මෙයට කල්ප ලක්ෂයකට පෙර පදුමුත්තර නම් බුදු කෙනෙක් ලෝකයෙහි පහළ වුනා. ඒ බුදුරජුන් දවස අප මහ බෝසතුන් ජටිල නමින් බ්‍රාහ්මණයෙකු ව ඉපිද ඒ බුදුරජුන්ගෙන් නියත විවරණ ලැබුවා. පදුමුත්තර බුදුරජුන්ගේ පිරිනිවීමෙන් පසු කල්ප තිස් දහසක් ගෙවී ගියා. එයින් පසු ඇති වූ කල්පයෙහි සුමේධ, සුජාත නමින් බුදුවරු දෙනමක් පහළ වුනා. සුමේධ නම් බුදුරජුන්ගේ කාලයෙහි අප මහ බෝසතුන් උත්තර නමින් තරුණයෙකු ව සිටියදී ඒ බුදු සසුනෙහි පැවිදිව නියත විවරණ ලබාගත්තා.

08. සුජාතං පියදස්සිං ච - අත්ථදස්සිං ච නායකං
ධම්මදස්සිං ච සිද්ධත්ථං - තිස්සං ඵුස්සජිනං තථා

ඒ සුමේධ බුදුරජුන්ගේ පිරිනිවීමෙන් පසු සුජාත නමින් බුදු කෙනෙක් පහළ වුනා. ඒ කාලයෙහි අප මහ බෝසතුන් සක්විති රජෙකුව ඉපිද ඒ බුදු සසුනෙහි පැවිදි වුනා. ඒ බුදුරජුන්ගෙනුත් නියත විවරණ ලැබුවා. ඒ සුජාත බුදුරජුන්ගේ පිරිනිවීමෙන් පසු මෙයින් කල්ප එකසිය දහ අටකට කලින් පියදස්සී, අත්ථදස්සී, ධම්මදස්සී යන නමින් බුදුවරයන් වහන්සේලා තුන් නමක් ලෝකයෙහි පහළ වුනා. එයින් පියදස්සී නම් බුදුරජුන්ගේ කාලයෙහි අප මහ බෝසතුන් කාශ්‍යප නම් බ්‍රාහ්මණයෙකු ව සිට උන්වහන්සේගෙන් නියත විවරණ ලැබුවා. අත්ථදස්සී බුදුරජුන් පහළ වූ කාලයෙහි අප බෝසතුන් සුසීම නම් ඉර්ධිමත් තවුසෙකු ව සිටියදී ඒ බුදුරජුන්ගෙන් නියත විවරණ ශ්‍රී ලබාගත්තා. ධම්මදස්සී බුදුරජුන් පහළ වූ කාලයෙහි අප මහ බෝසතුන් සක්දෙව් රජව ඉපිද උන්වහන්සේගෙන් නියත විවරණ ලබාගත්තා. ඊට පස්සේ මෙයින් අනූ හතර කල්පයකට පෙර සිද්ධත්ථ නමින් බුදු කෙනෙක් පහළ වුනා. එකල අප මහ බෝසතුන් මංගල නම් ඉර්ධිමත් තවුසෙකු ව සිටියදී ඒ බුදුරජුන්ගෙන් නියත විවරණ ලැබුවා. මෙයින් කල්ප අනූ දෙකකට පෙර තිස්ස, ඵුස්ස නමින් බුදුවරු දෙනමක් ලෝකයෙහි පහළ වුනා. එයින් තිස්ස නම් බුදුරජුන්ගේ දවස සුජාත නම් මහ ඍෂිවරයෙකු ව සිටියදී ඒ බුදුරජුන්ගෙන් නියත විවරණ ලබාගත්තා. ඵුස්ස නම් බුදුරජුන් පහළ වූ දවස අප මහ බෝසතුන් විජිතාවී නමින් රජෙකුව සිට ඒ බුදු සසුනෙහි පැවිදිව උන්වහන්සේගෙන් නියත විවරණ ලබාගත්තා.

09. විපස්සිං සිඛිසම්බුද්ධං - සම්බුද්ධං වෙස්සභුං විභුං
කකුසන්ධං ච සම්බුද්ධං - කෝණාගමනමේව ච

මෙයින් අනූ එක් කල්පයකට පෙර විපස්සී නමින් බුදුරජ කෙනෙක් ලෝකයෙහි පහළ වුනා. එකල අප මහ බෝසතාණන් අතුල නමින් නාරජෙකු ව සිට ඒ බුදුරජුන්ගෙන් නියත විවරණ ලබාගත්තා. මෙයින් කල්ප

තිස් එකකට පෙර සිඛී, වෙස්සභූ නමින් බුදුරජ දෙනමක් ලෝකයෙහි පහළ වුනා. සිඛී නම් බුදුරජුන් පහළ වූ දවස අප මහ බෝසතුන් අරින්දම නම් රජෙකුව සිට නියත විවරණ ලබාගත්තා. වෙස්සභූ නම් බුදුරජුන් පහළ වූ කාලයෙහි අප මහ බෝසතුන් සුදර්ශන නම් රජෙකුව සිට නියත විවරණ ලබාගත්තා. එයින් පසු මේ මහා භද්‍ර කල්පය පහළ වුනා. මේ කල්පයෙහි කකුසඳ, කෝණාගමන, කාශ්‍යප සහ ගෞතම යන බුදුරජාණන් වහන්සේලා පහළ වුනා. කකුසඳ බුදුරජුන් පහළ වූ දවස අප මහ බෝසතුන් ඛේම නම් රජෙකුව ඉපිද ඒ කකුසඳ බුදු සසුනෙහි පැවිදිව ඒ බුදුරජුන්ගෙන් නියත විවරණ ලැබුවා. ඊළඟට පහළ වූ කෝණාගමන බුදුරජුන් දවස අප මහ බෝසතුන් පර්වත නමින් රජෙකු ව සිට ඒ කෝණාගමන බුදු සසුනෙහි පැවිදිව ඒ බුදුරජුන්ගෙන් නියත විවරණ ලබාගත්තා.

10. **කස්සපං සුගතං චේමේ - සම්බුද්ධේ චතුවීසති**
ආරාධෙත්වා මහාවීරෝ - තේහි බෝධාය ව්‍යාකතෝ

ඊළඟට පහළ වූ කාශ්‍යප නම් වූ සුගත බුදුරජුන්ගේ කාලයෙහි අප මහ බෝසතුන් ජෝතිපාල නම් බ්‍රාහ්මණයෙකුව ඉපිද ඒ කාශ්‍යප බුදු සසුනෙහි පැවිදිව ඒ බුදුරජුන්ගෙන් නියත විවරණ ශ්‍රී ලබාගත්තා. මේ අයුරින් සම්බුදුවරයන් වහන්සේලා සූවිසි නමකගෙන් නියත විවරණ ශ්‍රී ලබාගත්තා. උන්වහන්සේලා විසින් ඒකාන්තයෙන් ම මේ මහෝත්තමයා ශ්‍රී සම්බුද්ධත්වයට පත්වන බවට අනාගත වාක්‍ය ප්‍රකාශ කරන ලද ඒ අපගේ මහාවීරයන් වහන්සේ,

11. **පූරෙත්වා පාරමී සබ්බා - පත්වා සම්බෝධිමුත්තමං**
උත්තමෝ ගෝතමෝ බුද්ධෝ - සත්තේ දුක්ඛා පමෝචයී

දස පාරමී, දස උප පාරමී, දස පරමත්ථ පාරමී යන සමතිස් පාරමී ධර්මයන් සම්පූර්ණ කොට උතුම් ශ්‍රී සම්බුද්ධත්වයට පැමිණියා. උත්තම වූ ගෞතම බුදුරජාණන්

වහන්සේ නමින් ලොවෙහි ප්‍රකට ව දෙව් මිනිස් ලෝක සත්වයා සසර දුකින් මුදවා වදාළා.

12. **මගධේසුරුවේලායං - බෝධිමූලේ මහාමුනි**
විසාඛපුණ්ණමායං සෝ - පත්තෝ සම්බෝධිමුත්තමං

දඹදිව මගධ රාජ්‍යයෙහි ගයාවට නුදුරුව නේරංජරා නදිය ගලා බස්නා ඉවුරු දෙපස මහාවැලි තලා ඇති හෙයින් උරුවේලා නම් ප්‍රදේශයෙහි බෝධි මූලයෙහි දී වෙසක් පුන් පොහෝ දිනයෙහි උන්වහන්සේ ශ්‍රී සම්බුද්ධත්වයට පත් වූ සේක.

13. **සත්තාහානි තහිං සත්ත - සෝ විමුත්තිසුඛං පරං**
වින්දං තං මධුරත්තං ච - දස්සයන්තෝ වසී වසී

ඒ අපගේ බුදුරජාණන් වහන්සේ සම්බුද්ධත්වය තුළින් සියලු බුද්ධකෘත්‍යයන් පිළිබඳව වශීභාවයට පත්ව උත්තම වූ අමා නිවන් විමුක්ති සුවය වින්ද සේක. වින්ද යුතු වූ ඒ උතුම් විමුක්ති සුඛයෙහි මධුර භාවය විඳිමින් එය ලොවට දක්වනු වස් ඒ බෝමැඩ සමීපයෙහි සත් සතියක් වැඩහුන් සේක.

14. **තතෝ බාරාණසිං ගන්ත්වා - ධම්මචක්කං පවත්තයී**
තත්ථ වස්සං වසන්තෝ ච - සට්ඨිං අරහතං අකා

ඒ බෝමැඩ ප්‍රදේශයෙන් නික්ම බරණැස් පුරයට ආසන්නයෙහි පිහිටි ඉසිපතන මිගදායට වැඩම කොට දස දහසක් ලෝක ධාතු කම්පා කරවමින් ධර්ම චක්‍රය ප්‍රවර්තනය කළ සේක. ඒ ඉසිපතනයෙහි ම වස් සමාදන් වී වැඩහුන් කාලයෙහි සැට නමක් උතුම් අරහත්වයට පත් කළ සේක.

15. **තේ ධම්මදේසනත්ථාය - විස්සජ්ජෙත්වාන භික්ඛවෝ**
විනෙත්වා ච තතෝ තිංස - සහායේ භද්දවග්ගියේ

තමන් වහන්සේ විසින් බිහිකරන ලද රහත් භික්ෂූන් වහන්සේලා සැට නම බොහෝ ජනයාට හිතසුව පිණිස දෙව්

මිනිසුන්ට යහපත පිණිස චාරිකාවෙහි පිටත් කරවා, ඊට පසු උරුවෙල් දනව්වට ආපසු වඩින අතරමග කප්පු වනයෙහි දී භද්දවග්ගිය යහලු කුමාරවරුන් තිස් දෙනා ද ධර්මය තුළ හික්මවා,

16. **සහස්සජටිලේ නාථෝ - විනේතුං කස්සපාදිකේ**
හේමන්තේ උරුවේලායං - වසි තේ පරිපාචයං

ඒ අපගේ ලෝකනාථයන් වහන්සේ දහසක් පිරිවර සහිත වූ උරුවේල කස්සප, නදී කස්සප, ගයා කස්සප යන තුන්බෑ ජටිලයන් දමනය කරනු වස් සීත කාලයෙහි උරුවෙල් දනව්වට වැඩමකොට ඔවුන්ගේ උපනිශ්‍රය සම්පත් මුහුකුරුවමින් වැඩහුන් සේක.

17. **උරුවේලකස්සපස්ස - මහා යඤ්ඤේ උපට්ඨිතේ**
තස්සත්තනෝ නාගමනේ - ඉච්ඡාචාරං විජානිය

දවසක් උරුවේල කස්සප ජටිලයා හට අංග, මගධ යන දෙරටවාසීන් විසින් මහා දානයක් රැගෙන ආවා. එම දානය සඳහා අප භාග්‍යවතුන් වහන්සේ නොවැඩියොත් හොඳය කියා ජටිලයෝ කැමැත්තෙන් හිටියා. එතකොට ඒ බව දැනගත් අප භාග්‍යවතුන් වහන්සේ,

18. **උත්තරකුරුතෝ භික්ඛං - ආහරිත්වා'රිමද්දනෝ**
අනෝතත්තදහේ භුත්වා - සායණ්හසමයේ සයං

උතුරුකුරු දිවයිනට වැඩමකොට එහි පිඬුසිඟා වැඩ දානය ලබාගත්තා. කෙලෙස් සතුරන් මඬින අප මහෝත්තමයන් වහන්සේ අනෝතත්ත විල් තෙර අසල සිරියල් ගල් තලාවෙහි වැඩ හිඳ දන් වැළඳූ සේක. එදින සවස් යාමයෙහි තමන් වහන්සේ,

19. **බෝධිතෝ නවමේ මාසේ - ඵුස්සපුණ්ණමියං ජිනෝ**
ලංකාදීපං විසෝධේතුං - ලංකාදීපං උපාගමී

සම්බුද්ධත්වයෙන් නවවැනි මාසයෙහි ඵුස නැකත යෙදුණු දුරුතු පුර පසලොස්වක් දිනයෙහි බුදු සසුනට විරුද්ධ ගති ඇති යක් පිරිස නමැති කටු කොහොල් හරවා ලංකාද්වීපය පිරිසිදු කිරීම පිණිස තුන්ලොව දිනූ අප මුනිදාණෝ ලක්දිවට වැඩි සේක.

20. සාසනුජ්ජෝතනං ධානං - ලංකා ඤාතා ජිනේන හි
    යක්ඛපුණ්ණාය ලංකාය - යක්ඛා නිබ්බාසියාති ච

ලංකාද්වීපය වනාහී ගෞතම බුදු සසුන බබලන තැන යැයි අප භාග්‍යවතුන් වහන්සේ විසින් මැනැවින් දන්නා ලද්දේය. ඒ ලංකාද්වීපයෙහි සසුනට විරුද්ධ ගති ඇති යකුන් පිරී සිටිනා හෙයින් ඒ යකුන් ලංකාද්වීපයෙන් බැහැර කළ යුතුය.

21. ඤාතෝ'ව ලංකාමජ්ඣම්හි - ගංගාතීරේ මනෝරමේ
    ඨියෝජනායතේ රම්මේ - ඒකයෝජනවිත්ථතේ

ලංකාද්වීපයෙහි මැද ඉතා සිත්කලු වූ ගංගා තීරයෙහි යකුන් එක්රැස් වන තැනක් තිබේ. ඒ රමා වූ භූමිය තුන් යොදුනක් දිගය. එක් යොදුනක් පළලය. එම ස්ථානයෙහි යකුන් රැස්වන බව භාග්‍යවතුන් වහන්සේ දන්නා සේක.

22. මහානාගවනුය්‍යානේ - යක්ඛසංගාමභූමියා
    ලංකාදීපට්ඨයක්ඛානං - මහායක්ඛසමාගමෝ

ඉතා සරුවට වැඩී ගිය නා වෘක්ෂයන්ගෙන් පිරී ගිය හෙයින් මහානාග වනෝද්‍යානය නම් වූ ඒ යකුන් රැස්වන භූමි ප්‍රදේශයෙහි ලංකාද්වීපවාසී යක්ෂයින්ගේ මහා සභාවක් තිබුණා.

23. උපාගතෝ තං සුගතෝ - මහායක්ඛසමාගමං
    සමාගමස්ස මජ්ඣම්හි - තත්ථ තේසං සිරෝපරි

සුගත වූ අප බුදුරජාණන් වහන්සේ ඒ මහා යක්ෂ සමාගම තිබූ තැනට වැඩි සේක. යකුන් රැස්වී සිටි ඒ භූමිය

මැද එහි ඔවුන්ගේ හිස් මත්තෙහි,

24. **මහියංගණ ථූපස්ස ඨානේ - වේහාසයං ඨිතෝ**
වුට්ඨිවාතන්ධකාරේහි - තේසං සංවේජනං අකා

මහියංගණ මහා ස්ථූපය දැන් පිහිටා ඇති තැන ආකාසයෙහි වැඩහුන් සේක. ඒ යකුන් හට සංවේගය ඇතිවන ආකාරයෙන් ඉර්ධි බලයෙන් මහාවැසි, සුළං, ඝනාන්ධකාරාදිය දක්වාලූ සේක.

25. **තේ භයට්ටා'භයං යක්ඛා - ආයාචුං අභයං ජිනං**
ජිනෝ අභයදෝ ආහ - යක්ඛේ තේ'තිභයද්දිතේ

භාග්‍යවතුන් වහන්සේ විසින් ඉර්ධියෙන් මවන ලද මහවැසි ආදියෙන් ඉතා බියට පත් වූ ඒ යක්ෂයෝ බුදුරජාණන් වහන්සේගෙන් තම බිය නැති කරන මෙන් ඉල්ලා සිටියා. ලෝක සත්වයාට නිර්භයස්ථානය වූ උතුම් මගඵලනිවන් ලබාදෙන භාග්‍යවතුන් වහන්සේ ඒ බියෙන් පීඩිත යක්ෂයින් හට මෙසේ වදාළා.

26. **යක්ඛා භයං වෝ දුක්ඛං ච - හරිස්සාමි ඉදං අහං**
තුම්හේ නිසජ්ජට්ඨානං මේ - සමග්ගා දේථ නෝ ඉධ

එම්බා යක්ෂයිනි, මම තොපගේ මේ ඇති වී තිබෙන භයත් දුකත් දුරුකර දමන්නෙමි. තෙපි සමගි සම්පන්නව මෙම ස්ථානයෙහි මට වැඩ හිඳින්නට තැනක් දෙව්.

27. **ආහු තේ සුගතං යක්ඛා - දේම මාරිස තේ ඉමං**
සබ්බේපි සකලං දීපං - දේහි නෝ අභයං තුවං

එතකොට ඒ බියට පත්ව සිටි යක්ෂයෝ අපගේ සුගතයන් වහන්සේට මෙසේ කිව්වා. "නිදුකාණන් වහන්ස, අපි හැමෝ ම නුඹවහන්සේට මේ මුළු මහත් ලංකාද්වීපය ම දෙනවා. නුඹවහන්සේ අපට ඇති වී තිබෙන මේ භයෙන් නිදහස් කරන සේක්වා!

28. **භයං සීතං තමං තේසං - හන්ත්වා තං දින්නභූමියං**
චම්මඛණ්ඩං අත්ථරිත්වා - තත්ථා'සීනෝ ජිනෝ තතෝ

ඒ යක්ෂයින්ගේ භයත් සීතලත් අන්ධකාරයත් දුරුකළ භාග්‍යවතුන් වහන්සේ බිමට වැඩම කොට ඔවුන් විසින් දෙන ලද භූමියෙහි පත්කඩය අතුරා වැඩහුන් සේක.

29. **චම්මක්ඛණ්ඩං පසාරේසි - ආදිත්තං තං සමන්තතෝ**
ඝම්මාභිභූතා තේ භීතා - ඨිතා අන්තේ සමන්තතෝ

ඊට පසු භාග්‍යවතුන් වහන්සේ පත්කඩය හාත්පසින් ගිනි ජාලාවන් නික්ම යන ලෙසින් ඉර්ධියක් කොට වදාළා. ලක්දිව පුරා ඒ පත්කඩය පැතිරෙන්ට සැලැස්සුවා. ගිනි ජාලාවෙන් ඇති වූ අධික තාපයෙන් පීඩිත වූ ඒ යක්ෂයෝ තවත් බියට පත්ව ලංකාවෙහි මුහුදු සීමාව දක්වා පසුබැස සිටගෙන සිටියා.

30. **ගිරි දීපං තතෝ නාථෝ - රම්මං තේසං ඉධානයී**
තේසු තත්ථ පවිට්ඨේසු - යථා ඨානේ ඨපේසි ච

ඒ යක්ෂයන් එසේ සිටගෙන සිටිද්දී ලංකාද්වීපයට ගිණිකොණ දිසාවෙන් මුහුද මැද පිහිටි රම්‍ය වූ ගිරිදීප නම් දිවයින ඉර්ධි බලයෙන් ලංකාද්වීපයට ළං කොට වදාළා. ඔවුන් උදෙසා ළං කරන ලද ගිරි දිවයිනට සියලු යකුන් පිවිසි කල්හි ඒ ගිරි දිවයින තිබූ තැනම තබාලූ සේක.

31. **නාථෝ තං සංඛිපි චම්මං - තදා දේවා සමාගමුං**
තස්මිං සමාගමේ තේසං - සත්ථා ධම්මමදේසයී

අපගේ ලෝකනාථයන් වහන්සේ ලංකාවාසීව සිටි ඒ යකුන් ගිරි දිවයිනට පිටත් කොට හැරිය පසු එම පත්කඩය සාමාන්‍ය තත්වයට හැකිලූ සේක. එකල්හී එම ස්ථානයට දේවතාවෝ රැස්වුනා. ඒ රැස්වූ දේවතාවන් හට භාග්‍යවතුන් වහන්සේ ධර්මය වදාළා.

32. **නේකේසං පාණකෝටීනං - ධම්මාභිසමයෝ අහූ**
සරණේසු ච සීලේසු - ඨිතා ආසුං අසංඛියා

එහි දී නොයෙක් කෙළ ගණන් ප්‍රාණීන් හට උතුම් මාර්ගඵලාවබෝධය ඇතිවුනා. තෙරුවන් කෙරෙහි නොසෙල්වෙන ප්‍රසාදය ඇතිව මනාකොට තෙරුවන් සරණ ගොස් උතුම් පංච සීලයෙහි පිහිටියා. ඒ පිරිස ගණන් කළ නොහැකි තරම්.

33. **සෝතාපත්ති ඵලං පත්වා - සේලේ සුමනකූටකේ**
මහාසුමනදේවින්දෝ - පූජියං යාචි පූජියං

ඒ දේව සමාගමෙහි දී සුමනකූට පර්වතයෙහි අධිගෘහිතව සිටි මහාසුමන දේවේන්ද්‍රයා සෝවාන් ඵලයට පත්වුනා. දෙව්මිනිසුන්ගේ පුද පූජාවන්ට යෝග්‍ය වූ අප බුදුරජාණන් වහන්සේගෙන් තමන් හට වැඳුම් පිදුම් කිරීම පිණිස සුදුසු දෙයක් ඉල්ලා සිටියා.

34. **සිරං පරාමසිත්වාන - නීලාමලසිරෝරුහෝ**
පාණිමත්තේ අදා කේසේ - සබ්බ පාණහිතෝ ජිනෝ

නීල වර්ණයෙන් යුක්ත වූ කිලුටෙන් තොර වූ කෙස් පිහිටියේ යමෙකුගේ සිරසෙහි ද, හේ නීලාමලසිරෝරුහ නම් වේ. එසේ නීලාමලසිරෝරුහ යන නාමය ලද, සියලු ප්‍රාණීන්ට හිතෛෂී වූ භාග්‍යවතුන් වහන්සේ තම සිරස පිරිමැද මිටක් පමණ කේශ ධාතූන් වහන්සේලා දුන් සේක.

35. **සෝ තං සුවණ්ණචංගෝටවරේනාදාය සත්ථුනෝ**
නිසින්නට්ඨානරචිතේ - නානාරතනසංචයේ

ඒ මහාසුමන දිව්‍යරාජයා ශාස්තෘන් වහන්සේගේ කේශ ධාතූන් වහන්සේලා උතුම් වූ රන් කරඬුවකින් පිළි අරගත්තා. භාග්‍යවතුන් වහන්සේ වැඩසිටිය ස්ථානයෙහි නොයෙක් මැණික් වර්ගයන් රැස්කොට,

36. **සබ්බතෝ සත්තරතනේ - තේ ඨපෙත්වා සිරෝරුහේ**
සෝ ඉන්දනීලථූපේන - පිදහේසි නමස්සි ච

උසින් මහතින් සත්රියනක් පමණ වූ සෑයක් කරවා ඒ මැද කේශ ධාතූන් වහන්සේලා වඩා හිඳුවා ඉන්ද්‍රනීල මාණික්‍යයකින් එය වැසුවා. නමස්කාරත් කළා.

37. **පරිනිබ්බුතම්හි සම්බුද්ධේ - චිතකාතෝ ච ඉද්ධියා**
ආදාය ජිනගීවට්ඨිං - ථේරෝ සරභූනාමකෝ

අපගේ භාග්‍යවතුන් වහන්සේ පිරිනිවන් පා වදාළ පසු උන්වහන්සේගේ අසිරිමත් බුදු බඳ දැවෙමින් තිබූ චිතකයෙන් සරභූ නම් රහතන් වහන්සේ සිය ඉර්ධි බලයෙන් භාග්‍යවතුන් වහන්සේගේ බෙල්ලෙහි අස්ථි හෙවත් ග්‍රීවා ධාතූන් වහන්සේ ගත් සේක.

38. **ථේරස්ස සාරිපුත්තස්ස - සිස්සෝ ආනීය චේතියේ**
තස්මිං යේව ඨපෙත්වාන - භික්ඛූහි පරිවාරිතෝ

සරභූ මහරහතන් වහන්සේ අපගේ ධර්ම සේනාධිපති සාරිපුත්ත මහරහතන් වහන්සේගේ ශිෂ්‍ය නමකි. උන්වහන්සේ භික්ෂූන් වහන්සේලා පිරිවරාගෙන මහියංගණ චෛත්‍යස්ථානයට අහසින් වැඩම කොට ඒ ධාතූන් වහන්සේ එතැන ම වඩා හිඳුවා,

39. **ඡාදාපෙත්වා මේදවණ්ණ - පාසාණේහි මහිද්ධිකෝ**
ථූපං ද්වාදසහත්ථුච්චං - කාරාපෙත්වාන පක්කමී

මහා ඉර්ධිමත් සරභූ රහතන් වහන්සේ එම ස්ථූපය ලා කහ පැහැයෙන් යුතු ගල්වලින් මනාකොට වස්සවා දොළොස් රියනක් උසට සෑය කරවා එහි ආරක්ෂාව මහා සුමන දිව්‍යරාජයාට පවරා පෙරළා කුසිනාරා නුවරට වැඩම කළා.

40. **දේවානම්පියතිස්සස්ස - රඤ්ඤෝ භාතු කුමාරකෝ**
උද්ධචූළාභයෝ නාම - දිස්වා චේතියමබ්භුතං

පසු කාලයෙහි අපගේ දෙවනපෑතිස් මහරජතුමන්ගේ සහෝදර කුමාරයෙකු වන, මුටසීව රජුගේ පුත්‍රයෙකු වන උද්ධචූළාභය නමැති රාජ කුමාරයා එම ප්‍රදේශයෙහි දී මහියංගණ චෛත්‍යයෙහි ආශ්චර්ය අද්භූත හාස්කම් දැක්කා.

41. **තං ඡාදයිත්වා කාරේසි - තිංසහත්ථුච්චචේතියං**
මද්දන්තෝ දමිළේ රාජා - තත්‍රට්ඨෝ දුට්ඨගාමිණී

ඒ හාස්කම් දැකපු රාජ කුමාරයා මහියංගණ චෛත්‍යය තිස් රියනක් පමණ උසට ගඩොල්වලින් වස්සවා සම්පූර්ණ කළා. එම ප්‍රදේශය අල්ලාගෙන සිටි ආක්‍රමණික දෙමළ යුවරජවරුන් පළවා හරින කාලයෙහි දුටුගැමුණු මහරජතුමාත් මහියංගණ ප්‍රදේශයට සැපත් වී,

42. **අසීතිහත්ථං කාරේසි - තස්ස කඤ්චුකචේතියං**
මහියංගණථූපෝයමේසෝ ඒවං පතිට්ඨිතෝ

එම සෑය වන්දනා කරන්ට පැමිණ සෑය වටකොට නැවතත් රියන් අසූවක් උසට අලංකාර කඤ්චුක චෛත්‍යයක් කෙරෙව්වා. මේ මහියංගණ ස්තූපය ඔය ආකාරයෙන් එහි මනාව පිහිටියා.

43. **ඒවං දීපමිමං කත්වා - මනුස්සාරහමිස්සරෝ**
උරුවේලං අගා ධීරෝ - උරුවීරපරක්කමෝති.

එදා, ධර්මයෙහි ඉසුරුමත් වූ අපගේ භාග්‍යවතුන් වහන්සේ ඔය අයුරින් ලංකාද්වීපයෙහි දරුණු යකුන් වෙනත් තැනකට පිටත් කරවා සත්පුරුෂ මනුෂ්‍යයන් හට වාසභූමි වන ආකාරයට ලංකාව පිළියෙල කරවා වදාළා. ඒ මහාවීර පරාක්‍රමයෙන් යුතු මුනිඳාණෝ නැවතත් උරුවෙල් දනව්වට වැඩියා.

මහියංගණාගමනං නිට්ඨිතං

අප භාග්‍යවතුන් වහන්සේ මහියංගණයට වැඩම කළ විස්තරය අවසන් විය.

පළමුවෙනි පරිච්ඡේදය 37

44. මහාකාරුණිකෝ සත්ථා - සබ්බලෝකහිතේ රතෝ
බෝධිතෝ පඤ්චමේ වස්සේ - වසං ජේතවනේ ජිනෝ

සියලු ලෝක සත්වයන්ගේ හිතසුව පිණිස යොමුකළ සිත් ඇති, මහා කාරුණික වූ අපගේ ශාස්තෘ වූ ලෝකනාථයන් වහන්සේ ශ්‍රී සම්බුද්ධත්වයෙන් වසර පහක් ගිය තැන සැවැත් නුවර ජේතවනාරාමයෙහි වැඩවාසය කරද්දී,

45. මහෝදරස්ස නාගස්ස - තථා චූළෝදරස්ස ච
මාතුලභාගිනෙය්‍යානං - මණිපල්ලංකහේතුකං

මහෝදර නමැති නාරජ්ජුරුවන් මෙන් ම චූළෝදර නමැති නාරජ්ජුරුවන් යන මාමාත් බෑණාත් යන දෙදෙනා අතර දැවැද්දකට ලැබුණු, ඉතා අනර්ඝ වූ වාඩිවීමට ගන්නා මැණික් පළඟක් හේතු කරගෙන,

46. දිස්වා සපාරිසජ්ජානං - සංගාමං පච්චුපට්ඨිතං
සම්බුද්ධෝ චිත්තමාසස්ස - කාලපක්ඛේ උපෝසථේ

අසූ කෝටියක පමණ මුහුදුවාසී වූත් භූමිවාසී වූත් නාගයන් ආයුධ සන්නද්ධ වී දෙපසින් ම මහා යුද්ධයක් පිණිස එකට රැස්වුනා. ඒ අවස්ථාවෙහි අපගේ සම්බුදුරජාණන් වහන්සේ බක් මාසයෙහි ග්‍රීස්ම ඍතුවෙහි තුදුස්වක පොහෝ දවසෙහි මොවුන්ගේ සටනට සූදානම් වීම දුටු සේක.

47. පාතෝ යේව සමාදාය - පවරං පත්තචීවරං
අනුකම්පාය නාගානං - නාගදීපං උපාගමී

නාගයන් හට වන විපත දැක උතුම් වූ සුගත් චීවරය පොරවාගෙන පාත්‍රය ද අතින් ගෙන ඔවුන් කෙරෙහි අනුකම්පාවෙන් උදෑසනින් ම නාගදීපයට ඉර්ධියෙන් වැඩි සේක.

48. මහෝදරෝපි සෝ නාගෝ - තදා රාජා මහිද්ධිකෝ
සමුද්දේ නාග භවනේ - දසඬ්ඪසත යෝජනේ

ඒ දවස්වල මහා ඉර්ධිමත් මහෝදර නාරජ්ජුරුවොත් මහා සමුද්‍රයේ යොදුන් පන්සීයක් පමණ වූ තමන්ගේ පිය රජ්ජුරුවන් සන්තක නාග භවනයට අධිපති වෙලා සිටියා.

49. **කණිට්ඨිකා තස්ස කණ්හා - වඩ්ඪමානම්හි පබ්බතේ**
නාගරාජස්ස දින්නා'සි - තස්සා චූළෝදරෝ සුතෝ

ඒ මහෝදර නාරජ්ජුරුවන්ට තිරච්ඡිකා නමින් නාග මානවිකා නැගණියක් සිටියා. ඒ නාමෙනෙවිය කණ්හාවඩ්ඪමාන නමැති පර්වතයට අධිගෘහිත නාගරාජයාට විවාහ කරලා දුන්නා. ඒ තිරච්ඡිකා නාගිනියගේ පුත්‍රයා හඳුන්වන්නේ චූළෝදර යන නමිනුයි.

50. **තස්ස මාතාමහා මාතු - මණිපල්ලංකමුත්තමං**
දත්වා කාලකතා නාගී - මාතුලේන තථා හි සෝ

ඒ නාග මානවිකාවගේ මෑණියන්ගේ පිය නාරජ්ජුරුවන් තම උතුම් මැණික් පළඟ සිය මිණිබිරිය වන තිරච්ඡිකා නාග කන්‍යාවට දීලා මරණයට පත්වුනා.

51. **අහෝසි භාගිනෙය්‍යස්ස - සංගාමෝ පච්චුපට්ඨිතෝ**
පබ්බතෙය්‍යාපි නාගා තේ - අහේසුං හි මහිද්ධිකා

තිරච්ඡිකා නාගිනියගේ සහෝදරයා වන මහෝදර මාමණ්ඩියත් තිරච්ඡිකාගේ පුත්‍ර වන චූළෝදර බෑණාත් අතරයි මේ දරුණු සංග්‍රාමය ඇතිවෙන්ට පටන් ගත්තේ. කණ්ණාවඩ්ඪ පර්වතයට අධිගෘහිත නාගයොත් මහා ඉර්ධි බලයෙන් යුක්තයි.

52. **සමිද්ධිසුමනෝ නාම - දේවෝ ජේතවනේ ඨිතං**
රාජායතනමාදාය - අත්තනෝ භවනං සුභං

සමිද්ධිසුමන නමැති දෙවියෙක් ජේතවනයෙහි පිහිටි කිරිපලු නුග රැකක් තම සොඳුරු විමානය කරගෙන වාසය කළා. ඒ කිරිපලු රැකත් රැගෙන,

53. **බුද්ධානුමතියා යේව - ඡත්තාකාරං ජිනෝපරි**
ධාරයන්තෝ උපාගඤ්ඡි - ඨානං තං පුබ්බවුත්ථකං

තමන් පෙර මනුෂ්‍ය ආත්මයක් ගත කළ ඒ නාගදීපයට ම බුදුරජාණන් වහන්සේගේ අනුමැතියෙන් එදා උන්වහන්සේට ඉහළින් ඒ කිරිපලු නුග රුක ඡත්‍රයක් හැටියට ඔසොවාගෙන පැමිණියා.

54. **දේවෝ හි සෝ නාගදීපේ - මනුස්සෝ'නන්තරේ භවේ**
අහෝසි රාජායතනට්ඨිතට්ඨානේ ස අද්දස

ඒ දෙවියා පූර්වයෙහි එක්තරා ආත්මයක නාගදීපයෙහි මනුෂ්‍යයෙක් ව වාසය කළා. තමන් අද කිරිපලු නුගරුක පිහිටුවන තැන, ඒ අතීතයේ එක්තරා දිනෙක ඔහු අපූරු දෙයක් දැක්කා.

55. **පච්චේකබුද්ධෙ භුඤ්ජන්තේ - දිස්වා චිත්තං පසාදිය**
පත්තසෝධනසාඛානි - තේසං පාදාසි තේන සෝ

පසේබුදුරජාණන් වහන්සේලා කිහිප නමක් දන් වළඳන ආකාරයයි දැක්කේ. ඒ දැක්මෙන් ඔහුගේ සිත පැහැදීමට පත්වුනා. ගස්වල කොළ අතු කඩලා ඒවායින් පාත්‍රය පිසදැමීම පිණිස උන්වහන්සේලාට පූජා කළා.

56. **නිබ්බත්ති තස්මිං රුක්ඛස්මිං - ජේතුයයානේ මනෝරමේ**
ද්වාරකොට්ඨකපස්සම්හි - පච්ඡා බහි අහෝසි සෝ

එසේ පසේබුදුවරයන් වහන්සේලාට වතාවත් කිරීම නිසා ඔහු ඒ පින් බලයෙන් සැවැත් නුවර මනෝරම්‍ය වූ ජේතවනයේ වටා ඇති ප්‍රාකාරයට පිටින් ඇති කිරිපලු නුග රුකෙහි දෙවියක් ව උපන්නා.

57. **දේවාතිදේවෝ දේවස්ස - තස්ස වුද්ධිං ච පස්සිය**
ඉදං ඨානහිතත්ථඤ්ච - තං සරුක්ඛං ඉධානයී

දේවාතිදේව වූ භාග්‍යවතුන් වහන්සේ ඒ දෙවියාට සිදුවන අභිවෘද්ධියත් කිරිපලු නුගරුක පිහිටන මේ ස්ථානයට සිදුවන යහපතත් හොඳින් දැක වදාරා කිරිපලු නුගරුකත් සමඟ ඒ දෙවියාව මෙහි රැගෙන වැඩියා.

58. සංගාමමජ්ඣෙ ආකාසෙ - නිසින්නො තත්ථ නායකො
තමං තමොනුදො තේසං - නාගානං හිංසනං අකා

මේ මහෝදර චූළෝදර මාමාත් බෑණාත් අතර මහා පිරිවර ද එකතුව ඉස්මතු වී ඇති භයානක යුද්ධය මැද ලෝක නායකයන් වහන්සේ අහසෙහි වැඩසිටියා. අවිද්‍යා අන්ධකාරය දුරලන භාග්‍යවතුන් වහන්සේ ඒ නාගයින්ව දමනය කිරීම පිණිස ඉර්ධි බලයෙන් මහා අන්ධකාරයක් මැව්වා.

59. අස්සාසෙන්තො භයට්ටෙ තේ - ආලෝකං පවිදංසයී
තේ දිස්වා සුගතං තුට්ඨා - පාදේ වන්දිංසු සත්ථුනො

මවන ලද අන්ධකාරය නිසා ඉතා බියට පත් වූ නාගයන් හට මහත් අස්වැසිල්ලක් ඇතිකරවමින් භාග්‍යවතුන් වහන්සේ ඌර්ණ රෝම ධාතුවෙන් ඉතා සෞම්‍ය වූ ආලෝකයක් නිකුත් කළ සේක. ඔවුන් අපගේ සුගතයන් වහන්සේව ඒ ආලෝකය නිසා හොඳින් දැකගත්තා. ඉතා සතුටට පත්වෙලා ශාස්තෘන් වහන්සේගේ පා කමල් මහත් ශ්‍රද්ධාවෙන් වන්දනා කළා.

60. තේසං ධම්මං අදේසේසි - සාමග්ගිකරණං ජිනො
උභොපි තේ පතීතා තං - පල්ලංකං මුනිනො අදුං

අපගේ භාග්‍යවතුන් වහන්සේ දෙපාර්ශවයේ ම ඒ නාගයන් හට සමගියට හේතුවන්නා වූ මිහිරි ධර්මයක් වදාළ සේක. ඒ නාගයෝ ප්‍රීතියෙන් පිනාගිය සිත් ඇතිකරගත්තා. අපගේ මහ මුනිඳාණන් වහන්සේට ඒ මහානීය වූ මැණික් පළඟ පූජා කළා.

61. සත්ථා භූමිගතො තත්ථ - නිසීදිත්වාන ආසනෙ
තේහි දිබ්බන්නපානේහි - නාගරාජේහි තප්පිතො

අපගේ ශාස්තෘන් වහන්සේ අහසින් බිමට වැඩි සේක. එහි පූජා කරන ලද උතුම් මැණික් පළඟෙහි වැඩහුන් සේක. එසේ වැඩහිඳ ඒ නාග රජවරුන් විසින් පිළිගන්වන ලද දිව්‍ය වූ ආහාර පානයන්ගෙන් මැනැවින් දන් වැළඳූ සේක.

62. තේ ජලට්ඨේ ථලට්ඨේ ච - භුජගේ අසීතිකෝටියෝ
සරණේසු ච සීලේසු - පතිට්ඨාපේසි නායකෝ

අපගේ ලෝකනාථයන් වහන්සේ ඒ මුහුදුවාසී වූත් පොළොවවාසී වූත් අසූකෝටියක් පමණ වූ භුජගයින් හෙවත් නාගයින් උතුම් තිසරණයෙහිත් පංච සීලයෙහිත් පිහිටුවාලූ සේක.

63. මහෝදරස්ස නාගස්ස - මාතුලෝ මණිඅක්ඛිකෝ
කල්‍යාණියං නාගරාජා - යුද්ධං කාතුං තහිං ගතෝ

මහෝදර නා රජ්ජුරුවන්ගේ මාමණ්ඩියක වූ කැළණියෙහි අධිපති මණිඅක්ඛික නමැති නාගරාජයාත් යුද්ධය කරනු පිණිස එහි ගොස් සිටියා.

64. බුද්ධාගමම්හි පඨමේ - සුත්වා සද්ධම්මදේසනං
ඨිතෝ සරණසීලේසු - තත්ථා'යාචි තථාගතං

බුදුරජාණන් වහන්සේ මුලින් මහියංගණයට වැඩිය අවස්ථාවෙහි වදාළ ධර්ම දේශනාව අසා තිසරණ පංචසීලයෙහි පිහිටා සිටි මණිඅක්ඛික නාගරාජයා එහිදී තථාගතයන් වහන්සේගෙන් මෙබඳු ඉල්ලීමක් කළා.

65. මහතී අනුකම්පා නෝ - කතා නාථ තයා අයං
තවානාගමනේ සබ්බේ - මයං භස්මිභවාමහේ

අනේ ලෝකනාථයන් වහන්ස, ඔබවහන්සේ විසින් අපට මහත් අනුකම්පාවකුයි මේ කරන ලද්දේ. ඔබවහන්සේ නොවැඩි සේක් නම් අපි හැමෝ ම අළු වෙලා යන්ට තිබුණා.

66. අනුකම්පා මයිපි තේ - විසුං හෝතු මහෝදය
පුනරාගමනේනෙත්ථ - වාසභූමිං මමාමම

කිසිවක් කෙරෙහි මමත්වයක් නැති මහා කාරුණිකයන් වහන්ස, මේ කැළණි ප්‍රදේශයෙහි වූ මාගේ නාග භවනට යළිත් වරක් වැඩම කිරීමෙන් මා කෙරෙහි ද වෙන් වශයෙන් ඔබවහන්සේගේ අනුකම්පාව වේවා!

67. අධිවාසයිත්වා භගවා - තුණ්හීභාවේනිධාගමං
පතිට්ඨාපේසි තත්ථේව - රාජායතනචේතියං

භාග්‍යවතුන් වහන්සේට නැවත වඩින්ට කියා මණිඅක්ඛික නා රජුන් කළ ආයාචනය නිශ්ශබ්දව වැඩසිටීමෙන් පිළිගත් සේක. එසේ පිළිගෙන ඒ නාගදීපයෙහි ම රාජායතන චෛත්‍යය නමැති එම කිරිපලු රුක පිහිටුවා වදාළා.

68. තඤ්චාපි රාජායතනං - පල්ලංකං ච මහාරහං
අප්පේසි නාගරාජූනං - ලෝකනාථෝ නමස්සිතුං

අපගේ ලෝකනාථයන් වහන්සේ ඒ රාජායතන කිරිපලු නුගරුකත්, මහානීය වූ මැණික් පළඟත් නාරජවරුන් හට වන්දන මානන කිරීම පිණිස දුන් සේක.

69. පරිභෝගචේතියං මයිහං - නාගරාජා නමස්සථ
තං භවිස්සති වෝ තාතා - හිතාය ච සුඛාය ච

නාරජවරුනි, මාගේ පාරිභෝගික චෛත්‍යයට නිසි පරිදි පූජෝපහාර දක්වා, වත්පිළිවෙත් කොට නමස්කාර කරව්. නාගදරුවෙනි, මෙම පුද පූජා වත් පිළිවෙත් තොපට බොහෝ කලක් හිත සුව පිණිස පවතීව්.

70. ඉච්චේවමාදිං සුගතෝ - නාගානං අනුසාසනං
කත්වා ජේතවනං ඒව - ගතෝ ලෝකානුකම්පකෝ'ති.

සියලු ලෝක සත්වයා කෙරෙහි පතල මහා කරුණා ඇති සුගතයන් වහන්සේ නාගයින් හට මොලොව

පරලොව දෙකෙහි හිතසුව පිණිස පවතින මෙවැනි උතුම් අනුශාසනාවන් වදාරා යළි දෙව්රමට පෙරළා වැඩි සේක.

නාගදීපාගමනං නිට්ඨිතං

අප භාග්‍යවතුන් වහන්සේ නාගදීපයට වැඩම කළ විස්තරය අවසන් විය.

71. **තතෝ සෝ තතියේ වස්සේ - නාගින්දෝ මණිඅක්ඛිකෝ**
උපසංකමිත්වා සම්බුද්ධං - සහ සංඝං නිමන්තයී

භාග්‍යවතුන් වහන්සේ උදෙසා තමන් විසින් කරන ලද ඇරැයුම ඒ මණිඅක්ඛික නාරජ්ජුරුවන්ට මතක් වුනා. එයින් වසර තුනකට පසු වෙසක් මස පුර පක්ෂයෙහි තුදුස්වක් දිනෙක සවස් යාමයෙහි මිනිස් වෙසින් පිරිස් සහිතව දඹදිවට ගියා. ගිහින් අපගේ සම්බුදුරජාණන් වහන්සේ කරා එළඹ භික්ෂු සංඝයා සමඟ තමන්ගේ නාග භවනට වඩින්ට කියා ඇරැයුම් කළා.

72. **බෝධිතෝ අට්ඨමේ වස්සේ - වසං ජේතවනේ ජිනෝ**
නාථෝ පඤ්චහි භික්ඛූනං - සතේහි පරිවාරිතෝ

භාග්‍යවතුන් වහන්සේ ශ්‍රී සම්බුද්ධත්වයට පත්වෙලා අට අවුරුද්දක් ගත වුනා. ජේතවනයෙහි වැඩසිටි අපගේ භාග්‍යවතුන් වහන්සේ පන්සීයක් රහතන් වහන්සේලා පිරිවර කොටගෙන,

73. **දුතියේ දිවසේ භත්තකාලේ - ආරෝචිතේ ජිනෝ**
රම්මේ වේසාඛමාසම්හි - පුණ්ණමායං මුනිස්සරෝ

ඒ මණිඅක්ඛික නාගරාජයා විසින් ඇරැයුම් කරන ලද දිනයට පසුදා රම්‍ය වූ වෙසක් මාසයෙහි පුන් පොහෝ දිනයෙහි දන් වළඳන වේලාවෙහි අප මුනීශ්වරයන් වහන්සේ,

74. **තත්ථේව පාරුපිත්වාන - සංඝාටිං පත්තමාදිය**
අගා කල්‍යාණිදේසං තං - මණිඅක්ඛික නිවේසනං

ජේතවනයෙහි ම වැඩසිටියදී මනාකොට සිවුරු පොරොවා දෙපට සිවුර ද ඇතිව පාත්‍රය ද ගෙන ඒ කල්‍යාණි ප්‍රදේශයෙහි වූ මණිඅක්ඛික නාරජ්ජුරුවන්ගේ භවනට වැඩි සේක.

75. **කල්‍යාණි චේතියට්ඨානේ - කතේ රතනමණ්ඩපේ**
මහාරහම්හි පල්ලංකේ - සහ සංඝේනු'පාවිසි

කල්‍යාණි චෛත්‍යස්ථානය පිහිටා ඇති භූමියෙහි නාරජ්ජුරුවන් විසින් කරවන ලද මැණික් මණ්ඩපයක මහානීය වූ වැඩහිඳින පළඟ වෙත අප භාග්‍යවතුන් වහන්සේ භික්ෂු සංඝයා සමඟ පිවිස වදාළා.

76. **දිබ්බේහි ඛජ්ජභොජ්ජේහි - සගණෝ සගණං ජිනං**
නාගරාජා ධම්මරාජං - සන්තප්පේසි සුමානසෝ

පිරිවර සහිත වූ නාගරාජයා ඉතා සතුටු සිතින් යුක්තව දිව්‍ය වූ ඛාද්‍යයෙන් ද, භෝජ්‍යයෙන් ද සඟ පිරිස සහිත වූ ජින නම් වූ ධර්මරාජයන් වහන්සේව මැනැවින් සන්තර්පණය කළා. (හොඳින් දිව්‍ය ආහාරපාන වැළඳෙව්වා)

77. **තත්ථ ධම්මං දේසයිත්වා - සත්ථා ලෝකානුකම්පකෝ**
උග්ගන්ත්වා සුමනේ කූටේ - පදං දස්සේසි නායකෝ

කල්‍යාණි භූමියෙහි දී ලොවට මහත් අනුකම්පා ඇති අප ශාස්තෘන් වහන්සේ මණිඅක්ඛික නාරජු ප්‍රධාන නා පිරිසට මධුර වූ ධර්ම දේශනාවක් පවත්වා වදාළා. ඊටපසු මැණික් මණ්ඩපයෙන් අහසට පැන නැගී සුමනකූට පර්වත මුදුනට වැඩම කොට වදාළා. ඒ පර්වත මස්තකයෙහි සිය පාද ලාඤ්ඡනය දක්වා වදාළා.

78. **තස්මිං පබ්බතපාදම්හි - සහසංඝෝ යථාසුඛං**
දිවාවිහාරං කත්වාන - දීඝවාපිං උපාගමි

ඒ සමන්කුළු පව්ව පාමුලෙහි පන්සීයක් වූ භික්ෂු සංඝයා සමග අප භාග්‍යවතුන් වහන්සේ සුවපහසු වූ ධ්‍යාන සමාපත්ති විහරණයන් පිණිස දවල් කාලයෙහි දිවා විහරණය කොට වදාළා. එතනින් අහස් ගමනින් දීඝවාපියට වැඩියා.

79. **තත්ථ චේතියඨානම්හි - සසංඝෝ ව නිසීදිය**
සමාධිං අප්පයී නාථෝ - ඨානගාරවපත්තියා

ඒ ප්‍රදේශයෙහි දීඝවාපි චෛත්‍යස්ථානය අනාගතයෙහි පිහිටන තැන අප භාග්‍යවතුන් වහන්සේ භික්ෂු සංඝයා සමඟ වැඩහුන් සේක. එම ස්ථානය දෙව් මිනිසුන්ගේ පුද පූජාවන්ට සුදුසු වන ආකාරයෙන් ගෞරවයට පත්වනු පිණිස නිරෝධ සමාපත්තියෙන් වැඩසිටියා.

80. **තතෝ වුට්ඨාය ඨානම්හා - ඨානාඨානේසු කෝවිදෝ**
මහාමේඝවනාරාමට්ඨානමාග මහාමුනි

ඒ දීඝවාපි චෛත්‍යය පිහිටන ස්ථානයෙන් අහසට පැන නැගුනු ඨානාඨාන නමැති තථාගත බල ඥාණයෙහි දක්ෂ වූ අප මහා මුනීන්ද්‍රයන් වහන්සේ පෙර බුදුවරයන් වහන්සේලා විසින් සමාපත්ති සුවයෙන් වැඩහුන් තැන වූ මහාමේඝ වනයේ මහාවිහාරය පිහිටවිය යුතු තැනට වැඩම කොට වදාළා.

81. **මහාබෝධියීතට්ඨානේ - නිසීදිත්වා සසාවකෝ**
සමාධිං අප්පයී නාථෝ - මහාථූපට්ඨිතේ තථා

ශ්‍රාවක සඟ පිරිස සහිත වූ අප භාග්‍යවතුන් වහන්සේ මහාබෝධිය පිහිටන ස්ථානයෙහි ද, එසේ ම ස්වර්ණමාලී මහා චෛත්‍යය පිහිටන ස්ථානයෙහි ද නිරෝධ සමාපත්තියෙන් වැඩහුන් සේක.

82. **ථූපාරාමම්හි ථූපස්ස - ඨිතට්ඨානේ තථේව ච**
සමාධිතෝ'ථ වුට්ඨාය - සිලාචේතියඨානගෝ

ථූපාරාම ස්ථූපය පිහිටන ස්ථානයෙහිත් කලින් අයුරින් ම නිරෝධ සමාපත්ති සුවයෙන් වැඩහුන් සේක. එයින් නැගිට සිලා චෛත්‍යය පිහිටන තැනට වැඩි සේක.

83. **සහාගතේ දේවගණේ - ගණී සමනුසාසිය**
තතෝ ජේතවනං බුද්ධෝ - බුද්ධසබ්බත්ථකෝ අගා

එහිදී එක්රැස් වූ දේව සමූහයා හට අවවාද අනුශාසනා කොට වදාළ සියලු යහපත දන්නා සර්වඥතා ඥානයෙන් යුක්ත වූ මහා පරිවාර සම්පත්තියෙන් යුක්ත වූ බුදුරජාණන් වහන්සේ එතැනින් අහසට පැන නැඟී යළි දඹදිව ජේතවනයට වැඩි සේක.

84. **ඒවං ලංකාය නාථෝ හිතමමිතමතී**
- ආයතිං පෙක්ඛමානෝ
තස්මිං කාලම්හි ලංකාසුරභුජගගණා
- දීනමත්ථඤ්ච පස්සං
ආගා තික්ඛත්තුමේතං අතිවිපුලදයෝ
- ලෝකදීපෝ සුදීපං
දීපෝ තේනායමාසී සුජනබහුමතෝ
- ධම්මදීපාවභාසී'ති.

මෙසේ අනන්ත වූ අප්‍රමාණ වූ අවබෝධ ඥාණයකින් යුක්ත වූ සම්මා සම්බුදුරජාණන් වහන්සේ ලංකාද්වීපයෙහි අනාගතයේ ඉතා යහපත උදාවනු පිණිස අනාගත ඥාණයෙන් බලා වදාරා, තමන් වහන්සේ ලංකාද්වීපයට වැඩි අවස්ථාවෙහි ලංකාවෙහි සිටි අසුරනාගාදී ජනයාට යහපත පිණිස වූ කරුණු ද දැක වදාළ සේක. එමෙන්ම අතිශයින් දයා කරුණා ඇති මහා කාරුණික වූ ලොව එළිය කරන පහනක් බඳු වූ බුදුරජාණන් වහන්සේ ඉතා සුන්දර වූ ලක්දිවට තුන්වරක්

වැඩි සේක. අප භාග්‍යවතුන් වහන්සේ තුන් වරක් වැඩමවා වදාළ කාරණය නිසාවෙන් මේ ලංකාද්වීපය සත්පුරුෂ ජනයාගේ ආදර ගෞරවයට පාත්‍ර විය. මේ ලංකාද්වීපයට ධර්මාලෝකයෙන් ඇතිවෙන ආලෝකය තිබේ.

කල්‍යාණිගමනං නිට්ඨිතං

අප භාග්‍යවතුන් වහන්සේ කැළණියට වැඩම කළ විස්තරය අවසන් විය.

සුජනප්පසාදසංවේගත්ථාය කතේ මහාවංසේ
තථාගතාභිගමනං නාම පඨමෝ පරිච්ඡේදෝ

සත්පුරුෂ ජනයන්ගේ ප්‍රසාදයත් සංවේගයත් ඇතිකරනු පිණිස කරන ලද මහාවංශයෙහි තථාගතයන් වහන්සේ මෙහි වැඩමවීම නම් වූ පළමුවෙනි පරිච්ඡේදය යි.

2
දුතියෝ පරිච්ඡේදෝ
දෙවෙනි පරිච්ඡේදය

මහාසම්මතවංසෝ
මහා සම්මත රාජ වංශය

01. මහාසම්මතරාජස්ස - වංසජෝ හි මහාමුනි
කප්පස්සාදිම්හි රාජා'සි - මහාසම්මතනාමකෝ

අපගේ ශාස්තෘ වූ භාග්‍යවත් මහාමුනීන්ද්‍රයන් වහන්සේ මහාසම්මත රාජ වංශ පරම්පරාවෙහි ම උපන් සේක. මේ මහා කල්පයෙහි මුල් අවස්ථාවෙහි අප බෝසතාණන් වහන්සේ ඕපපාතිකව මනුෂ්‍ය ආත්මයක ඉපිද සිටියා. මහජනයා විසින් උන්වහන්සේව 'මහාසම්මත' යනුවෙන් නම් කොට රජකමට පත්කෙරෙව්වා.

02. රෝජෝ ච වරරෝජෝ ච - තථා කල්‍යාණකා දුවේ
උපෝසථෝ ච මන්ධාතා - චරකෝ'පචරා දුවේ

ඒ මහාසම්මත රජුගේ වංශ පරම්පරාවෙහි රෝජ ය, වරරෝජ ය, එමෙන් ම කල්‍යාණ ය, වරකල්‍යාණ ය වශයෙන් දෙදෙනෙකුත් උපෝසථ ය, මන්ධාතු ය, චරක ය, උපචරක ය යන දෙදෙනෙකුත් වශයෙන් දරුමුණුබුරු පරපුර තිබුණා.

03. **චේතියෝ මුචලෝ චේව - මහාමුචලනාමකෝ**
මුචලින්දෝ සාගරෝ චේව - සාගරදේවනාමකෝ

ඒ මහාසම්මත රජ පරපුරෙහි චේතිය ය, මුචල ය, මහාමුචල ය, මුචලින්ද ය, සාගර ය, සාගරදේව නමිනුත් තවත් මුණුබුරු පරපුරක් හිටියා.

04. **භරතෝ භගීරථෝ චේව - රුචී ච සුරුචී පි ච**
පතාපෝ මහාපතාපෝ - පනාදෝ ච තථා දුවේ

භරත ය, භගීරථ ය, රුචි ය, සුරුචි ය, ප්‍රතාප ය, මහාප්‍රතාප ය ඒ වගේ ම පනාද හා මහාපනාද වශයෙනුත් ඒ මහාසම්මත රාජ පරම්පරාවෙහි මුණුබුරු පරපුරක් හිටියා.

05. **සුදස්සනා ච නේරූ ච - තථා ඒව දුවේ දුවේ**
පච්ඡිමා චාති රාජානෝ - තස්ස පුත්තපපුත්තකා

සුදර්ශන ය, මහා සුදර්ශන ය යන දෙදෙනාත් නේරු ය, මහානේරු ය වශයෙනුත් අන්තිමට රජකළ අච්චිම රජු වශයෙනුත් කියවෙන්නේ ඒ මහාසම්මත රාජ පරම්පරාවෙහි මුණුබුරන් ගැනයි.

06. **අසංඛියායුකා ඒතේ - අට්ඨවීසති භූමිපා**
කුසාවතිං රාජගහං - මිථිලං චාපි ආවසුං

මේ මහාසම්මත රාජ පරම්පරාවෙහි විසි අටක් වූ රජවරුන්ට ගණන් කළ නොහැකි තරම් අසංඛෙය්‍ය ආයුෂ තිබුණා. මේ රජවරුන් අතරින් ඇතැම් රජෙක් කුසාවතිය අගනුවර කොට රජකම් කළා. තව රජවරු රජගහ නුවර අගනුවර රජකම් කළා. සමහර රජවරු මිථිලාව අගනුවර කොට රජකම් කළා.

07. **තතෝ සතං ච රාජානෝ - ඡ පඤ්ඤාස ච සට්ඨී ච**
චතුරාසීතිසහස්සානි - ඡත්තිංසා ච තතෝ පරේ

ඊට පසු ඒ රාජ පරම්පරාවෙහි රජදරුවෝ සියයක් පමණ වුනා. ඒ සියක් රජවරුන් අතුරින් අන්තිම වූ අරින්දම රජ්ජුරුවන්ගේ පරම්පරාවේ පනස් හය රජ කෙනෙක් අයෝධ්‍යාව අග නගරය කොට රජ කළා. ඒ රජවරුන්ගෙන් අන්තිම වූ දුස්සහ නමැති රජුන් බරණැස අගනුවර කොට දරුපරම්පරා සැටක් වෙනකම් රජපරපුර ඉදිරියට ගියා. ඒ සැටක් රජදරුවන් අතුරින් අන්තිම වූ අජිතජින නම් රජු කපිල නගරය අගනුවර කොට පටන්ගත් රජ පරපුරේ අසූහාර දහසක් රජවරු හිටියා. ඒ සුවාසූ දහසක් රජදරුවන්ගේ අන්තිමයා වන බ්‍රහ්මදත්ත රජුත් හස්තිපුර අගනගරය කොට රජකම් කළා. ඒ රජපරපුරෙහි තිස් හයක් රජදරුවන් හිටියා.

08. **ද්වත්තිංස අට්ඨවීසා ච - ද්වාවීසති තතෝ පරේ**
අට්ඨාරස සත්තරස - පණ්ණරස චතුද්දස

කලින් කියූ තිස් හයක් රජපරපුරෙහි අන්තිමයා වන කම්බලවසන රජුත් ඔහුගේ දරුමුණුබුරු දෙතිස් රජ කෙනෙකුත් ඒකචක්ඛු නමැති නගරය අගනගරය කොට රජකම් කළා. ඒ දෙතිස් රජවරුන් අතර අන්තිම වූ මුනින්දදේව නම් රජු වජිරවුත්ති නගරය අගනුවර කොට රාජ පරම්පරා විසි අටක් යනකම් රජකම් කළා. ඒ විසිඅට රජුන්ගෙන් අන්තිමයා වූ සාධීන රජුත් ඔහුගේ දරුමුණුබුරන්ගේ විසි දෙකක් රජවරුත් මධුරා කියන නගරය අගනුවර කොට රජකම් කළා. ඒ දෙවිසි රජුන්ගේ අන්තිමයා වූ ධම්මගුත්ත රජු අරිට්ඨපුර නමැති නගරය අගනුවර කොට රජකම් කළා. ඔහුගේ රජ පරපුරේ රජවරු දහඅටක් හිටියා. ඒ දහඅටක් රජවරුන්ගේ අන්තිමයා වුනේ සිව් නම් රජු ය. ඒ රජු ඉන්ද්‍රප්‍රස්ත නගරය අගනගරය කොට රජකම් කළා. ඔහුගේ පරපුරේ රජදරුවන් දාහත් දෙනෙක් හිටියා. ඒ දාහත් රජුන්ගේ අන්තිමයා වුනේ බ්‍රහ්මදේව රජු ය. ඔහු ඒකචක්ඛු නගරයේ රජකම් කළා. ඔහුගේ රාජ පරම්පරාවෙහි රජවරු

පහළොස් දෙනෙක් හිටියා. ඒ පහළොස් රජුන්ගේ අන්තිම රජුගේ නම බලදත්ත ය. ඔහු කොසඹෑ නුවර අග නගරය කොට රජකම් කළා. ඔහුගේ රාජ පරම්පරාවෙහි රජදරුවන් දාහතර දෙනෙක් හිටියා.

09. **නව සත්ත ද්වාදස ච - පඤ්චවීස තතෝ පරේ**
පඤ්චවීසං ද්වාදසං ච - ද්වාදසං ච නවාපි ච

ඒ දාහතරක් රජුන්ගේ අන්තිම රජුගේ නම හස්තිදේව ය. ඔහු කණ්ණගොච්ඡය අගනුවර කොට රාජ්‍යය කළා. ඔහුගේ පරපුරේ රජදරුවන් නව දෙනෙක් හිටියා. ඒ නවයක් වූ රජපරපුරෙහි අන්තිම රජු වුනේ නරදේව නමැත්තා ය. ඔහු රෝජනුවර රජකම් කළා. ඒ රාජ පරම්පරාවෙහි සත් රජ කෙනෙක් රජකම් කළා. ඒ සත් රජුන්ගේ අන්තිමයා වුනේ මහින්ද යන රජුය. ඔහු චම්පා නුවර රජකම් කළා. ඔහුගේ රාජ පරම්පරාවෙහි රජවරු දොළොස් දෙනෙක් හිටියා. ඒ දොළොස් රජුන්ගේ අන්තිමයා නාගදේව නම් රජු ය. ඔහු මිථිලාව අගනුවර කොට රජකම් කළා. ඔහුගේ පරපුරෙහි රජවරු විසිපස් දෙනෙක් හිටියා. ඒ විසිපස් රජුන් අතුරෙන් අන්තිමයාගේ නම සමුද්‍රදත්ත රජුය. ඔහු රජගහ නුවර රජකළා. ඔහුගේ රජපරපුරේ රජවරු විසිපස් දෙනෙක් හිටියා. ඒ පස්විසි රජුන්ගේ අන්තිම රජු දිවංකර නමැත්තාය. තක්සලාව අගනුවර කොට ඔහු රජකළා. ඔහුගේ පරපුරේ රජවරු දොළොස් දෙනෙක් හිටියා. ඒ දොළොස් රජුන්ගේ අන්තිමයා වූ තාලිස්සර නම් රජු කුසිනාරාවේ රජකම් කළා. ඔහුගේ පරපුරේත් රජවරු දොළොස් දෙනෙක් හිටියා. ඒ දොළොස් රජුන්ගේ අන්තිම රජු වූයේ සුදින්න නමැත්තා ය. තාම්‍රලිප්ති නගරයෙහි ඔහු රාජ්‍යය කළා. ඔහුගේ පරපුරේ රජවරු නව දෙනෙක් හිටියා.

10. **චතුරාසීතිසහස්සානි - මඛාදේවාදිකාපි ච**
චතුරාසීතිසහස්සානි - කළාරජනකාදයෝ

ඒ කලින් කියූ රජවරු නව දෙනාගේ අන්තිමයා වුනේ සාගරදේව නම් රජුය. ඔහුගේ පුත්‍රයා වූයේ මඛාදේව රජු ය. ඒ මඛාදේව රජු මිථිලා නුවර රජකම් කළා. ඔහුගේ රජපරපුරේ රජවරු අසූහාර දහසක් සිටියා. ඒ අසූහාර දහසක් රජුන්ගේ අන්තිම රජු නිමි නමින් හඳුන්වයි. ඒ නිමි රජුගේ පුත්‍රයා කළාරජනක ය. ඔහුගේ පුත්‍රයා සමංකර ය. ඔහුගේ පුත්‍රයා අසෝක ය. මේ රාජ පරම්පරාවේ රජවරු අසූහාර දහසක් බරණැස් නුවර ම රජකම් කළා.

11. **සෝළස යාව ඔක්කාකං - පපුත්තා රාසිතෝ ඉමේ**
විසුං විසුං පුරේ රජ්ජං - කමතෝ අනුසාසිසුං

ඔක්කාක රජ්ජුරුවන්ට එනකල් රජවරු දහසය දෙනෙක් හිටියා. ඒ මෙහෙමයි. කලින් කියූ කළාරජනක රජුගේ අසූහාර දහසක් රජ පරම්පරාවේ අන්තිමයා වුනේ විහාසව කියන රජු ය. ඔහුගේ පුත්‍රයා විජිතසේන රජු ය. ඔහුගේ පුත්‍රයා ධම්මසේන රජු ය. ඔහුගේ පුත්‍රයා නාගසේන රජුය. ඔහුගේ පුත්‍රයා සමථ රජු ය. ඔහුගේ පුත්‍රයා දිසම්පති රජු ය. ඔහුගේ පුත්‍රයා රේණු රජු ය. ඔහුගේ පුත්‍රයා කුස රජු ය. ඔහුගේ පුත්‍රයා මහාකුස රජු ය. ඔහුගේ පුත්‍රයා භරත රජු ය. ඔහුගේ පුත්‍රයා දශරථ රජු ය. ඔහුගේ පුත්‍රයා රාම රජු ය. ඔහුගේ පුත්‍රයා විළාරත රජු ය. ඔහුගේ පුත්‍රයා චිත්තරංසි රජු ය. ඔහුගේ පුත්‍රයා අම්බරංසි රජු ය. ඔහුගේ පුත්‍රයා සුජාත රජු ය. ඔහුගේ පුත්‍රයා ඔක්කාක රජු ය. මේ සියලු රජදරුවෝ බරණැස් නුවර ම යි රජකම් කළේ. ඔය විදිහට කලින් කියූ දීර්සායුෂ ඇති රජවරු විසිඅට දෙනාගේ පටන් ඒ රජපරම්පරාවේ පහළ වූ දෙලක්ෂ පනස් දෙදහස් පන්සිය තිස්නව දෙනෙක් වූ මහා රජ පරම්පරාවේ අන්තිම රජු වූයේ ඔක්කාක රජු ය.

12. **ඔක්කාමුඛෝ ජෙට්ඨපුත්තෝ - ඔක්කාකස්සා'සි භූපති**
නිපුරෝ චන්දිමා චන්දමුඛෝ ච සිවි සඤ්ජයෝ

කලින් කියූ කාළාරජනක රජුගේ දහසයක් වූ රාජපරම්පරාවේ අන්තිමයා වූයේ ඔක්කාක රජු යි. ඒ ඔක්කාක රජුට ඔක්කාමුඛ, කරකණ්ඩ, හත්ථිනික, සිනිපුර නමින් රාජපුත්‍රයන් සිව් දෙනෙක් හිටියා. පියා, සුප්පියා, නන්දා, විජිතා, විජිතසේනා නමින් රාජදියණිවරු පස් දෙනෙක් හිටියා. මේ නවදෙනා බරණැස් නුවර අත්හැර ගොස් තමන්ගේ ම නගරයක් කපිලවස්තු නමින් ආරම්භ කොට රජපරපුරක් ඇති කළා. ඒ ඔක්කාක රජුගේ රාජපරපුර නිපුර ය, චන්දිම ය, චන්දමුඛ ය, සිවි ය, සංජය ය වශයෙන් දරුමුණුබුරු රජපරපුරක් හිටියා.

13. **වෙස්සන්තරමහාරාජා - ජාලී ච සීහවාහනෝ**
සීහස්සරෝ ච ඉච්චේතේ - තස්ස පුත්තපපුත්තකා

ඒ ඔක්කාක රජ පරපුරේ ම වෙස්සන්තර මහරජු ය, ජාලි රජු ය, සිංහවාහන රජු ය, සිංහස්වර රජු ය වශයෙන් රජපරපුරක් හිටියා.

14. **ද්වේ අසීතිසහස්සානි - සීහස්සරස්ස රාජිනෝ**
පුත්තපපුත්තරාජනෝ - ජයසේනෝ තදන්තිමෝ

ඒ ඔක්කාක රජවරු නව දෙනාගේ අන්තිමයා වූ සීහස්වර රජුගේ රාජපරම්පරාවෙහි අසූ දෙදහසක් රජවරු හිටියා. ඒ අසූ දෙදහසක් රජවරුන්ගේ අන්තිමයා වූයේ භගුසක්ක නම් රජු ය. ඔහුගේ රාජ පරම්පරාවෙත් රජවරු අසූ දෙදහසක් සිටියා. ඒ රාජ පරපුරේ අන්තිමයා වූයේ ජයසේන රජු ය.

15. **ඒතේ කපිලවත්ථුස්මිං - සක්‍යරාජාති විස්සුතා**
සීහහනු මහාරාජා - ජයසේනස්ස අත්‍රජෝ

මේ දහස් ගණන් රජවරු ශාක්‍ය රාජ පරම්පරාවට අයත් යැයි ප්‍රසිද්ධියට පත්වුනා. ඔවුන්ගේ අන්තිමයා වූ ජයසේන රජුගේ පුත්‍රයා වූයේ සීහහනු මහරජු ය.

16. **ජයසේනස්ස ධීතා ච - නාමේනා'සි යසෝධරා**
දේවදහේ දේවදහාසක්කෝ නාමා'සි භූපති

සීහහනු රජුගේ පියා වන ජයසේන රජුට යසෝධරා නමින් රාජදියණියකුත් සිටියා. දෙව්දහ නුවර දේවදහ ශාක්‍ය නමින් රජකෙනෙක් හිටියා.

17. **අඤ්ජනෝ චාථ කච්චානා - ආසුං තස්ස සුතා දුවේ**
මහේසි චාසි කච්චානා - රඤ්ඤෝ සීහහනුස්ස සා

ඒ දේවදහ ශාක්‍ය රජුට අඤ්ජන නම් රාජ කුමාරයෙකුත් කච්චානා නමින් රාජ දියණියකුත් යන දරු දෙදෙනෙක් සිටියා. සීහහනු මහ රජ්ජුරුවන්ගේ අග්‍රමහේෂිකාව වුනේ ඒ කච්චානා කුමාරිකාවයි.

18. **ආසි අඤ්ජනසක්කස්ස - මහේසී සා යසෝධරා**
අඤ්ජනස්ස දුවේ ධීතා - මායා චාථ පජාපතී

අඤ්ජන ශාක්‍ය රාජකුමාරයාගේ අග්‍ර මහේෂිකාව වූයේ ජයසේන රජුගේ යසෝධරා නමැති රාජ කන්‍යාව යි. ඒ අඤ්ජන ශාක්‍ය රජුට මායා නමිනුත් ප්‍රජාපතී නමිනුත් රාජ දියණිවරු දෙදෙනෙක් සිටියා.

19. **පුත්තා දුවේ දණ්ඩපාණී - සුප්පබුද්ධෝ ච සාකියෝ**
පඤ්චපුත්තා දුවේ ධීතා - ආසුං සීහහනුස්ස තු

ඒ අඤ්ජන ශාක්‍ය රජුට ම දණ්ඩපාණී ශාක්‍ය සහ සුප්‍රබුද්ධ ශාක්‍ය නමින් පුත්‍ර කුමාරවරුන් දෙදෙනෙකුත් සිටියා. සීහහනු රජ්ජුරුවන්ටත් පුත්‍ර කුමාරවරුන් පස් දෙනෙකුත් දූකුමාරිවරුන් දෙදෙනෙකුත් සිටියා.

20. **සුද්ධෝදනෝ ධෝතෝදනෝ - සක්කසුක්කාමිතෝදනෝ**
අමිතා පමිතා චාපි - ඉමේ පඤ්ච ඉමේ දුවා

ඒ සිංහහනු මහරජුගේ රාජ කුමාරවරු පස් දෙනා මේ

අයයි. එනම් සුද්ධෝදන ය, ධෝතෝදන ය, සක්කෝදන ය, සුක්කෝදන ය, අමිතෝදන ය යන කුමාරවරු ය. අමිතා සහ ප්‍රමිතා යනු දියණිවරු දෙදෙනාගේ නම් ය.

21. **සුප්පබුද්ධස්ස සක්කස්ස - මහේසී අමිතා අහූ**
තස්සාසුං භද්දකච්චානා - දේවදත්තෝ දුවේ සුතා

ඒ සිංහහනු රජුගේ අමිතා දියණිය සුප්‍රබුද්ධ ශාක්‍ය රජුගේ අග්‍රමහේෂිකාව වුනා. ඒ රාජ යුවළට දරු දෙදෙනෙක් ලැබුනා. එනම් භද්දකච්චානා නමැති කුමාරිකාවත් දේවදත්ත නමැති පුත්‍රයාත් ය.

22. **මායා පජාපතී චේව - සුද්ධෝදන මහේසියෝ**
සුද්ධෝදන මහාරඤ්ඤෝ - පුත්තෝ මායාය සෝ ජිනෝ

සුද්ධෝදන මහ රජ්ජුරුවන්ගේ අග්‍ර මහේෂිකාවරුන් වූයේ මහාමායා දේවියත් ප්‍රජාපතී දේවියත් ය. අපගේ භාග්‍යවතුන් වහන්සේ ඒ සුද්ධෝදන මහරජුන්ගේ ද මහාමායා දේවියගේ ද පුත්‍රයාණෝ වූ සේක.

23. **මහාසම්මතවංසම්හි - අසම්භින්නේ මහාමුනි**
ඒවං පවත්තේ සංජාතෝ - සබ්බඛත්තියමුද්ධනි

බාහිර වෙනත් වංශයක් සමග ආවාහ විවාහ ආදියෙන් කිසිදු කිළුටකට පත් නොවී දිගටම අඛණ්ඩව පැවතුන මහාසම්මත රාජ වංශයෙහි අප මහා මුනිඳානෝ උපන් සේක. මෙසේ දිගට ම පැවතුනු ඒ රාජ වංශයෙහි සියලු ක්ෂත්‍රියයන් අතර අග්‍ර බවට පත්වූයේ අප මුනිඳාණන් ය.

24. **සිද්ධත්ථස්ස කුමාරස්ස - බෝධිසත්තස්ස සා අහු**
මහේසී භද්දකච්චානා - පුත්තෝ තස්සාසි රාහුලෝ

සුප්‍රබුද්ධ ශාක්‍ය රජුගේත් අමිතා බිසවගේත් දියණිය වූ ඒ භද්දකච්චානාව (යසෝධරා රාහුලමාතාව) අප මහා බෝසත් සිද්ධාර්ථ කුමාරයන් වහන්සේගේ අග්‍ර මහේෂිකාව

බවට පත්වුනා. මේ රාජකීය යුවලගේ පුත්‍රයා වූයේ රාහුල කුමාරයා ය.

25. **බිම්බිසාරෝ ච සිද්ධත්ථ - කුමාරෝ ච සහායකා**
උභින්නං පිතරෝ චාපි - සහායා ඒව තේ අහුං

එවකට මගධ රාජ්‍යයෙහි සිටි බිම්බිසාර කුමාරයාත් අපගේ මහබෝසත් සිද්ධාර්ථ කුමාරයාත් යහළුවෝ ය. මේ දෙදෙනාගේ පියරජවරුන් වන භාති මහරජුත් සුද්ධෝදන මහරජුත් ඒ වගේ ම යහළුවන් ව සිටියා.

26. **බෝධිසත්තෝ බිම්බිසාරා - පඤ්චවස්සාධිකෝ අහූ**
ඒකූනතිංසෝ වයසා - බෝධිසත්තෝ'භිනික්ඛමි

අපගේ බෝධිසත්වයන් වහන්සේ බිම්බිසාර රජ්ජුරුවන්ට වඩා පස් අවුරුද්දක් වැඩිමහලුය. අප බෝසතුන් අභිනිෂ්ක්‍රමණය කළේ විසි නව හැවිරිදි වියේ දී ය.

27. **පදහිත්වාන ඡබ්බස්සං - බෝධිං පත්වා කමේන ච**
පංචතිංසෝ'ථ වයසා - බිම්බිසාරං උපාගමි

අප මහ බෝසතාණන් වහන්සේ අබිනික්මන් කොට ශ්‍රමණයන් වහන්සේ නමක් බවට පත්වුනා. සය අවුරුද්දක් අධික ලෙස වීරිය වඩමින් දුෂ්කර ක්‍රියාවෙහි යෙදුනා. අවසානයෙහි ඒ සියලු අන්ත අතහැරියා. මධ්‍යම ප්‍රතිපදාවටට පැමිණියා. ගයාවෙහි නේරංජරා නදිය අසබඩ බෝ සෙවණේ වජිරාසනය මත වැඩහිඳ ශ්‍රී සම්බෝධියට පත්වුනා. දම්සක් පැවතුම් සූත්‍ර ආදිය පවත්වා වයස තිස් පහක්ව තිබියදී රජගහ නුවර බිම්බිසාර රජු වෙත වැඩම කළා.

28. **බිම්බිසාරෝ පණ්ණරසවස්සෝ'ථ පිතරා සයං**
අභිසිත්තෝ මහාපුඤ්ඤෝ - පත්තෝ රජ්ජස්ස තස්ස තු

මහාපින් ඇති බිම්බිසාර කුමාරයාට වයස අවුරුදු පහළොව වන විට සිය පියරජු වන භාති රජතුමා විසින් ඔහුව මගධයේ මහරජු හැටියට අභිෂේක කෙරෙව්වා.

දෙවෙනි පරිච්ඡේදය 57

29. පත්තේ සෝළසමේ වස්සේ - සත්ථා ධම්මං අදේසයී
ද්වාපඤ්ඤාසේව වස්සානි - රජ්ජං කාරේසි සෝ පන

ඒ බිම්බිසාර මහරජු අභිෂේක ලබා අවුරුදු දහසයක් ගිය තැනේදී ඔහුට වයස තිස් එකක් වෙද්දී අපගේ ශාස්තෘන් වහන්සේ ඒ රජුට උතුම් ධර්මය වදාළා. ඒ බිම්බිසාර රජු අවුරුදු පනස් දෙකක් මගධයෙහි රජ කළා.

30. රජ්ජේ සමා පණ්ණරස - පුබ්බේ ජිනසමාගමා
සත්තතිංස සමා තස්ස - ධරමානේ තථාගතේ

අප භාග්‍යවතුන් වහන්සේ වැඩමවීම බලාපොරොත්තුවෙන් සිටිද්දී ම ඒ බිම්බිසාර රජුට අභිෂේක ලබා පසළොස් අවුරුද්දක් අවසන් වෙලා සිටියේ. ඊට පසු අප තථාගතයන් වහන්සේ ජීවමානව වැඩසිටිද්දී ඔහු තිස් හත් අවුරුද්දක් රාජ්‍යය කළා.

31. බිම්බිසාර සුතෝ'ජාතසත්තු තං ඝාතියා'මති
රජ්ජං ද්වත්තිංසවස්සානි - මහාමිත්තද්දු කාරයී

බිම්බිසාර රජුගේ පුත්‍රයා වූයේ අජාතශත්‍රැ ය. ප්‍රඥාවක් නැති, හොඳ නරක තේරුම් ගැනීමෙහි විචාර බුද්ධියක් නැති ඔහු අසත්පුරුෂ දේවදත්තයාගේ කුලුපග මිත්‍රයෙකු වීම නිසා මහා මිත්‍රද්‍රෝහියෙකු බවට පත්වුනා. සිය පියාණන් වූ බිම්බිසාර මහරජ්ජුරුවන් මරවා අවුරුදු තිස් දෙකක් රජකම් කළා.

32. අජාතසත්තුනෝ වස්සේ - අට්ඨමේ මුනි නිබ්බුතෝ
පච්ඡා සෝ කාරයී රජ්ජං - වස්සානි චතුවීසති

ඒ අජාසත් රජු සිය පිය බිම්බිසාර රජුන් ලවා බලෙන් අභිෂේක කරවාගෙන මගධ රාජ්‍යය කරන්ට පටන් ගෙන අට අවුරුද්දක් ගත වූ තැන අපගේ භාග්‍යවතුන් වහන්සේ පිරිනිවන් පා වදාළ සේක. ඊටපසු ඔහු තව අවුරුදු විසි හතරක් මගධයෙහි රජ කළා.

33. තථාගතෝ සකලගුණග්ගතං ගතෝ
අනිච්චතාවසමවසෝ උපාගතෝ
ඉතීධ යෝ භයජනනිං අනිච්චතං
අවෙක්ඛතේ ස භවති දුක්ඛපාරගූ ති.

සියලු ශ්‍රී සම්බුදු ගුණයන්ගෙන් අගතැන්පත්ව වැඩසිටි, දෙවියන් සහිත සකල ලෝකයා අතර ඉසුරුමත් බවින් තමන් වසඟයෙහි පවත්වා වැඩසිටි, අපගේ භාග්‍යවතුන් වහන්සේ කිසිවෙකුට වසඟයෙහි නොපැවැත්විය හැකි අනිත්‍ය ස්වභාවයට පත් වූ සේක. එහෙයින් මේ බුද්ධ ශාසනයෙහි බුදු ඔවදන් පිළිගන්නා යමෙක් සසර දුක් භය උපද්දවන අනිත්‍ය ස්වභාවය හොඳින් අවබෝධ කරගත්තෝතින් මේ සංසාර සාගරයෙන් ඔහු එතෙරට යනවා.

සුජනප්පසාදසංවේගත්ථාය කතේ මහාවංසේ
මහාසම්මතවංසෝ නාම දුතියෝ පරිච්ඡේදෝ

සත්පුරුෂ ජනයන්ගේ ප්‍රසාදයත් සංවේගයත් ඇතිකරනු පිණිස කරන ලද මහාවංශයෙහි මහාසම්මත රාජ වංශය නම් වූ දෙවන පරිච්ඡේදය යි.

3

තතියෝ පරිච්ඡේදෝ

තුන්වෙනි පරිච්ඡේදය

පඨමධම්මසංගීති

ප්‍රථම ධර්ම සංගායනාව

01. **පඤ්චනෙත්තෝ ජිනෝ පඤ්චචත්තාළීසසමා'සමෝ**
ඨත්වා සබ්බානි කිච්චානි - කත්වා ලෝකස්ස සබ්බථා

(මාංසචක්ඛු) මසැස, (දිබ්බචක්ඛු) දිවැස, (පඤ්ඤාචක්ඛු) පැණැස, (බුද්ධචක්ඛු) බුදුඇස, (සමන්තචක්ඛු) සමතැස යන පංච නේත්‍රයෙන් යුක්ත වූ අසම ගුණ ඇති අප භාග්‍යවතුන් වහන්සේ හතළිස් පස් වසරක් පුරා දෙව් මිනිස් ලෝක සත්වයාගේ හිතසුව පිණිස කළයුතු වූ සියලු බුද්ධ කෘත්‍යයන් ඉතා මැනවින් සම්පූර්ණ කොට වදාරා,

02. **කුසිනාරායං යමකසාලානමන්තරේ වරේ**
වේසාඛපුණ්ණමායං සෝ - දීපෝ ලෝකස්ස නිබ්බුතෝ

කුසිනාරා නුවර උපවර්තන සාල වනෝද්‍යානයෙහි අකාලයෙහි පිපී ගිය සල් මලින් පිරුණු රම්‍ය වූ සල් රුක් දෙක සෙවණේ සැතැපී වදාළා. ඒ වෙසක් පුන් පොහෝ දවසෙහි, ලෝකය එළිය කළ අසිරිමත් ප්‍රඥා ප්‍රදීපය වූ අප භාග්‍යවතුන් වහන්සේ පිරිනිවන් පා වදාළ සේක.

03. **සංඛ්‍යාපථමතික්කන්තා - භික්ඛූ තත්ථ සමාගතං**
ඛත්තියා බ්‍රාහ්මණා වෙස්සා - සුද්දා දේවා තථේව ච

ඒ අවස්ථාවෙහි රැස් වූ භික්ෂූන්ගේ ගණන සංඛ්‍යාවකින් ගණන් කරන්ට නොහැකියි. එසෙයින් ම ක්ෂත්‍රියවරු, බ්‍රාහ්මණවරු, වෙළඳ කුලයේ වෛශ්‍යවරු, කම්කරු කුලයේ ශුද්‍රයන් මෙන් ම එදා රැස් වූ දෙවියන් ද ගණන් කරන්ට නොහැකි තරම් ය.

04. **සත්ත සතසහස්සානි - තේසු පාමොක්ඛභික්ඛවෝ**
ථේරෝ මහා කස්සපෝ'ව - සංඝත්ථේරෝ තදා අහූ

එදා කුසිනාරාවෙහි රැස් වූ භික්ෂූන් අතර ප්‍රධාන භික්ෂූන් ගණන සත් ලක්ෂයක් වුනා. ඒ සංඝයා අතර අප භාග්‍යවතුන් වහන්සේගෙන් මහාධුතාංගධාරී ශ්‍රාවක භික්ෂුව ලෙස අග්‍ර ස්ථානාන්තර ලැබූ අපගේ මහා කස්සප මහරහතන් වහන්සේ ප්‍රධාන සංඝ ස්ථවිරයන් වහන්සේ ලෙස වැඩසිටියා.

05. **සත්ථු සරීරසාරීර - ධාතුකිච්චානි කාරිය**
ඉච්ඡන්තෝ සෝ මහාථේරෝ - සත්ථු ධම්ම චිරට්ඨිතිං

අපගේ මහාකස්සප මහරහතන් වහන්සේ පිරිනිවන් පා වදාළ අපගේ ශාස්තෘන් වහන්සේගේ ශ්‍රී සම්බුද්ධ ශරීරයටත්, අදාහන කෘත්‍යයෙන් පසු ඉතිරි වූ ශාරීරික ධාතූන් වහන්සේලාටත් සිදුකළ යුතු වූ සියලු වත් පිළිවෙත් කෙරෙව්වා. අප බුදුරජුන් පිරිනිවන් පාන්ට ප්‍රථම ශාස්තෘ තනතුරෙහි පිහිටුවා වදාළ උතුම් ශ්‍රී සද්ධර්මය චිරාත් කාලයක් පවත්වන්ට කැමති වුනා.

06. **ලෝකනාථේ දසබලේ - සත්තාහපරිනිබ්බුතේ**
දුබ්භාසිතං සුභද්දස්ස - බුඩ්ඪස්ස වචනං සරං

දසබලධාරී ලෝකනාථයන් වහන්සේගේ පිරිනිවන් පෑමෙන් හත් දවසක් යද්දී මහලු වයසේ පැවිදිව උඩඟු සිතින් සිටි සුභද්‍ර නම් තැනැත්තා අභද්‍ර වචනයක් කිව්වා.

තථාගත පරිනිර්වාණයෙන් මහත් සංවේගයට පත්ව හඬමින් වැළපෙමින් සිටි සාමාන්‍ය භික්ෂූන් අමතා ඔහු මෙහෙම කිව්වා. 'ඇවැත්නි, ඒකට මක් වෙනවද? දැන් අපි ඒ මහා ශ්‍රමණයාගෙන් නිදහස් වුනා නොවැ. කලින් මේක කැපයි, මේක අකැපයි කියලා කීම නිසා අපි අපහසුතාවයට පත්වුනා. දැන් අපට රිසි පරිද්දෙන් කටයුතු කරන්ට පුළුවන් නොවැ' කියා පවසන ලද මේ අපවිත්‍ර වචනය සිහිකොට,

07. සරං චීවරදානං ච - සමත්තේ ඨපනං තථා
සද්ධම්මට්ඨපනත්ථාය - මුනිනානුග්ගහං කතං

අපගේ මහා කස්සප මහරහතන් වහන්සේ භාග්‍යවතුන් වහන්සේ විසින් තමන් වහන්සේ පෙරවූ මහා පාංශුකූල සිවුර තමන්ට පොරවන්නට දුන් ආකාරයත් සිහිකොට, එසෙයින් ම භාග්‍යවතුන් වහන්සේ මෙන් ම මහාකස්සපයන් වහන්සේත් ධ්‍යාන අභිඤ්ඤා සමාපත්ති වලට ඒ අයුරින් ම සමවදින බවට සමාන කොට වදාළ ප්‍රකාශයත් සිහිකොට, භාග්‍යවතුන් වහන්සේ විසින් තමන්ට කරන ලද මහා අනුග්‍රහය ද සිහිකොට, ඒ භාග්‍යවතුන් වහන්සේගේ ශ්‍රී සද්ධර්මය චිරාත් කාලයක් පවත්වනු පිණිස,

08. කාතුං සද්ධම්මසංගීතිං - සම්බුද්ධානුමතේ යති
නවංගසාසනධරේ - සබ්බංගසමුපාගතේ

ඔය අයුරින් ඒ සම්බුදු රජුන්ගේ අනුමැතිය පවත්නා කල්හි භාග්‍යවතුන් වහන්සේගේ උතුම් ශ්‍රී සද්ධර්මය සුරකිනු පිණිස ධර්ම සංගායනා කරන්ට සුත්ත, ගෙය්‍ය, වෙය්‍යාකරණ, ගාථා, උදාන, ඉතිවුත්තක, ජාතක, අබ්භූතධම්ම, වේදල්ල යන නවාංග ශාස්තෘ ශාසනය ධාරණය කොට වැඩසිටින, උතුම් අර්හත්වය මෙන් ම සතර පටිසම්භිදා ආදී සියලු ශ්‍රමණ ගුණයන්ගෙන් සමූපේත වූ,

09. භික්ඛූ පඤ්චසතේ යේව - මහා ඛීණාසවේ වරේ
සම්මන්නි ඒකේනූනේ තු - ආනන්දත්ථේරකාරණා

මහා ක්ෂීණාශ්‍රව උතුම් රහතන් වහන්සේලා පන්සිය නමට එක නමක් අඩුකොට තෝරාගත්තා. ඒ එක නම අඩුකර ගත්තේ අපගේ ආනන්ද ස්ථවිරයන් වහන්සේ තවම අර්හත්වයට නොපත්ව සිටි නිසා උන්වහන්සේ වෙනුවෙනි.

10. **පුන ආනන්දත්ථේරෝපි - භික්ඛූහි අභියාචිතෝ**
සම්මන්නි කාතුං සංගීතිං - සා න සක්කා හි තං විනා

එතකොට අප බුදුරජුන්ගේ ධර්මය සම්පූර්ණයෙන් ම මතකයේ රඳවාගෙන සිටි අපගේ ආනන්ද ස්ථවිරයන් වහන්සේ නැතිව ධර්ම සංගායනාව කරන්ට නොහැකි බව ඒ මහා ක්ෂීණාශ්‍රව භික්ෂූන් වහන්සේලා තේරුම් ගත්තා. එනිසා ආනන්දයන් වහන්සේ තවම රහතන් නොවී සිටියදී පවා එම ධර්ම සංගායනාවට ආනන්දයන් වහන්සේගේ සහභාගී වීම ඉල්ලා සිටිමින් උන්වහන්සේව ද සංගායනාව පිණිස තෝරාගත්තා.

11. **සාධුකීළනසත්තාහං - සත්තාහං ධාතුපූජනං**
ඉච්චද්ධමාසං ඛේපෙත්වා - සබ්බලෝකානුකම්පකා

කුසිනාරා නුවරදී සත් දවසක ඉතා යහපත් පුණ්‍යෝත්සවයකුයි සත් දවසක ධාතු පූජා මහෝත්සවයකුයි පවත්වලා ඒ වෙනුවෙන් අඩමසක කාලයක් ගත කළ සියලු ලෝකය කෙරෙහි මහත් අනුකම්පා ඇති ඒ අපගේ මහා කස්සප මහරහතන් වහන්සේ ප්‍රධාන රහතන් වහන්සේලා,

12. **වස්සං වසං රාජගහේ - කරිස්සාම ධම්මසංගහං**
නාඤ්ඤේහි තත්ථ වත්ථබ්බං - ඉති කත්වාන නිච්ඡයං

"අපි රජගහ නුවර වස් සමාදන් වීමට යා යුතුයි. එහිදී භාග්‍යවතුන් වහන්සේගේ ධර්මය සංගායනා කරන්ට ඕනෑ. එනිසාවෙන් ඒ කාලය තුළ ධර්මය සංගායනා කරන රහතුන්ගේ පහසුව පිණිස සංගායනාවට සහභාගී නොවන අනෙක් භික්ෂූන් වහන්සේලා එහි වස් වැසීමෙන් වැළකී සිටිය යුතුයි" කියලා කුසිනාරා නුවරදී තීරණයක් ගත්තා.

13. **සෝකාතුරං තත්ථ තත්ථ - අස්සාසෙන්තෝ මහාජනං**
ජම්බුදීපම්හි තේ ථේරා - විචරිත්වාන චාරිකං

ඒ රහතන් වහන්සේලා කුසිනාරාවේ සිට රජගහ නුවර බලා දඹදිව චාරිකාවෙහි පිටත් වුනා. එසේ වඩිද්දී අතරමගදී ඒ ඒ ගම් නගරවල මහාජනයා මුණගැසුනා. ඔවුන් භාග්‍යවතුන් වහන්සේගේ පරිනිර්වාණය අසා ශෝකාකුලව හඬන්ට වැළපෙන්ට පටන් ගත්තා. ඔවුන්ව ද අස්වසමින් උන්වහන්සේලා චාරිකාව සම්පූර්ණ කළා.

14. **ආසාළ්හිසුක්කපක්ඛම්හි - සුක්කපක්ඛට්ඨිතත්ථිකා**
උපාගමුං රාජගහං - සම්පන්නචතුපච්චයං

දෙව් මිනිසුන්ගේ කුසල් පක්ෂය මතු කළ උතුම් බුදු සසුන පිහිටුවීමෙහි යහපත දකින ඒ රහතන් වහන්සේලා ඇසළ මස පුරහඳ වැඩෙන කාලයෙහි චීවර, පිණ්ඩපාත, සේනාසන, ගිලන්පස යන සිවුපසයෙන් මනා පහසුකම් ඇති රජගහ නුවරට වැඩම කළා.

15. **තත්ථේව වස්සූපගතා - තේ මහාකස්සපාදයෝ**
ථේරා ථිරගුණෝපේතා - සම්බුද්ධමතකෝවිදා

ඒ අපගේ මහා කස්සප මහරහතන් වහන්සේ ආදී අප සම්බුදුරජාණන් වහන්සේගේ අදහස් පිළිබඳව ඉතා දක්ෂ වැටහීම් ඇති, නිකෙලෙස් භාවයෙන් ස්ථිරව පිහිටි ගුණ ඇති, සංගායනාවට තෝරාගත් ඒ මහරහතන් වහන්සේලා රජගහ නුවර ම වස් සමාදන් වුනා.

16. **වස්සානං පඨමං මාසං - සබ්බසේනාසනේසුපි**
කාරේසුං පටිසංඛාරං - වත්වානා'ජාතසත්තුනෝ

අජාසත් මහරජුන් මුණගැසුන ඒ මහරහතන් වහන්සේලා සංගායනාවෙහි අවශ්‍යතාවය ගැන කරුණු පැවසුවා. වස් වැසූ මුල් මාසයෙහි, රජගහ නුවර පිහිටි දහඅටක් වූ මහා විහාරවල කැඩී බිඳී තිබූ තැන් රාජානුග්‍රහයෙන්

අළුත්වැඩියා කෙරෙව්වා.

17. විහාරපටිසංඛාරේ - නිට්ඨිතේ ආහු භූපතිං
ඉදානි ධම්මසංගීතිං - කරිස්සාම මයං ඉති

ඒ දහඅටක් වූ මහා විහාරයන් පිළිසකර කළාට පස්සේ රහතන් වහන්සේලා අජාසත් රජුට මෙහෙම කිව්වා. "මහරජ්ජුරුවෙනි, අපි දැන් භාග්‍යවතුන් වහන්සේ විසින් ශාස්තෘත්වයෙහි පිහිටුවා වදාළ ධර්මය සංගායනා කරන්නෙමු" කියලා.

18. කත්තබ්බං කින්ති පුට්ඨස්ස - නිසජ්ජට්ඨානමාදිසුං
රාජා කත්ථා'ති පුච්ඡිත්වා - වුත්ථට්ඨානම්හි තේහි සෝ

"ස්වාමීනී, ඒ උතුම් සංගායනාව වෙනුවෙන් මා කළයුත්තේ කුමක්ද?"යි අජාසත් රජතුමා ඇසුවා. "මහරජ, ධර්ම සංගායනාව කරන භික්ෂූන්ට වාඩි වීමට තැනක් අවශ්‍යයි" කියලා රහතන් වහන්සේලා වදාළා. "ස්වාමීනී, ආසන පිළියෙල කළයුත්තේ කොතැනද?" කියා රජතුමා ඇසුවා. "මහරජ, වේභාර පර්වත බෑවුමෙහි ඇති සප්තපර්ණී නම් ගුහාව ඉදිරිපිට මණ්ඩපය කළ මැනව" යි වදාළා.

19. සීඝං වේභාරසේලස්ස - පස්සේ කාරේසි මණ්ඩපං
සත්තපණ්ණිගුහාද්වාරේ - රම්මං දේවසභෝපමං

එතකොට අජාසත් රජතුමා ඒ වේභාර පර්වත බෑවුමෙහි සප්තපර්ණී ගුහාව ඉදිරිපිට දිව්‍යසභාවක් බඳු අතිශයින් අලංකාර වූ වැඩහිඳින මණ්ඩපයක් ඉතා ඉක්මනින් කෙරෙව්වා.

20. සබ්බථා මණ්ඩයිත්වා තං - අත්ථරාපේසි තත්ථ සෝ
භික්ඛූනං ගණනා යේව - අනග්ඝත්ථරණානි ච

ඒ අජාසත් රජු හැම ආකාරයෙන් ම මණ්ඩපය සරසවලා එහි පන්සීයක් භික්ෂූන් වහන්සේලාට සුවසේ වැඩහිඳින්ට හැකි පරිදි අනර්ඝ ඇතිරිලි ඇතිරෙව්වා.

21. **නිස්සාය දක්ඛිණං භාගං - උත්තරාමුඛමුත්තමං**
ථේරාසනං සුපඤ්ඤත්තං - ආසි තත්ථ මහාරහං

ඒ මණ්ඩපයෙහි උතුරු දිසාවට මුහුණලා දකුණු පැත්තට වෙන්ට මහානීය වූ ථේරාසනයක් මහා කස්සප මහරහතන් වහන්සේ වෙනුවෙන් ඉතා යහපත් ලෙස පනවලා තිබුණා.

22. **තස්මිං මණ්ඩපමජ්ඣස්මිං - පුරත්ථාභිමුඛමුත්තමං**
ධම්මාසනං සුපඤ්ඤත්තං - අහෝසි සුගතාරහං

ඒ අලංකාර මණ්ඩපය මැද නැගෙනහිර පැත්තට මුහුණලා අපගේ සුගත වූ භාග්‍යවත් බුදුරජාණන් වහන්සේට වැඩ හිඳින්ට යෝග්‍ය පරිදි උන්වහන්සේගේ නාමයෙන් ධර්මාසනයක් ඉතා යහපත් ලෙස පණවලා තිබුණා.

23. **රාජා'රෝචයි ථේරානං - කම්මං නෝ නිට්ඨිතං ඉති**
තේ ථේරා ථේරමානන්දං - ආනන්දකරමබ්‍රවුං

අජාසත් රජතුමා "ස්වාමීනී, මා විසින් කළයුතු දෙය සම්පූර්ණ කරන ලද්දේය" කියා මහරහතන් වහන්සේලාට දැනුම් දුන්නා. ඒ රහතන් වහන්සේලා සිහිකරන්නවුන්ගේ හදවත තුළ ප්‍රීති ප්‍රමෝදයෙන් යුතු ආනන්දය උපදවන අපගේ ආනන්ද ස්ථවිරයන් වහන්සේට මෙසේ වදාළා.

24. **ස්වේ සන්නිපාතෝ ආනන්ද - සේඛේන ගමනං තහිං**
න යුත්තන්තේ සදත්ථේ ත්වං - අප්පමත්තෝ තතෝ භව

"ඇවැත් ආනන්දයෙනි, සංගායනාව පිණිස සංඝයා රැස්වෙන්නේ හෙටයි. දහම් මග හික්මෙන සේඛ භික්ෂුවක් වශයෙන් ඔබ විසින් තවත් ප්‍රගුණ කළයුතු දේ තිබෙනවා නොවැ. එනිසා සේඛ භික්ෂුවක් වශයෙන් එයට පැමිණීම නොගැලපෙයි. එහෙයින් ඇවැත් ආනන්දයෙනි, අරහත්වය පිණිස අප්‍රමාදී වෙන්න."

25. **ඉච්චේවං චෝදිතෝ ථේරෝ - කත්වාන විරියං සමං**
ඉරියාපථතෝ මුත්තං - අරහත්තං අපාපුණි

ඔය ආකාරයෙන් රහතන් වහන්සේලා විසින් උත්සාහවත් කරන ලදුව අපගේ ආනන්දයන් වහන්සේ වීරිය සමකොට නිවන් මග වැඩුවා. හිඳින, සැතපෙන, සිටින, සක්මන් කරන මේ සතර ඉරියව්වෙන් ම නිදහස් ව සයනයෙහි සැතපෙන්ට වාඩි වී දෙපාත් ඔසොවා තවමත් හාන්සි නොවී සිටියදී සියලු කෙලෙස් නසා උතුම් අර්හත්වයට පත් වූ සේක.

26. **වස්සානං දුතියේ මාසේ - දුතියේ දිවසේ පන**
රුචිරේ මණ්ඩපේ තස්මිං - ථේරා සන්නිපතිංසු තේ

දෙවෙනි වස්සාන මාසය වන නිකිණි මාසයෙහි පුන් පොහොය පසු වී දෙවෙනි දවසෙහි රාජානුග්‍රහයෙන් කරන ලද ඒ ඉතා රම්‍ය වූ මණ්ඩපයෙහි රහතන් වහන්සේලා රැස් වුනා.

27. **ඨපෙත්වා'නන්දථේරස්ස - අනුච්ඡවිකමාසනං**
ආසනේසු නිසීදිංසු - අරහන්තෝ යථාරහං

ඒ රහතන් වහන්සේලා අපගේ ආනන්ද තෙරුන් වහන්සේ වෙනුවෙන් උන්වහන්සේට ගැලපෙන අයුරින් ආසනයක් වෙන්කොට තබා තමන් වහන්සේලා පැවිදි උපසම්පදාවෙන් වැඩිමහලු පිළිවෙළට එහි වැඩඋන්නා.

28. **ථේරෝ අරහත්තප්පත්තිං - සෝ ඤාපේතුං තේහි නාගමා**
කුහිං ආනන්දත්ථේරෝති - වුච්චමානේ තු කේහිචි

අපගේ ආනන්ද තෙරුන් වහන්සේ තමන් වහන්සේ උතුම් අර්හත්වයට පත් වූ බව ඒ රහතන් වහන්සේලාට දන්වනු පිණිස උන්වහන්සේලා සමඟ මණ්ඩපයට වැඩියේ නෑ. එතකොට එක රහතන් වහන්සේ නමක් 'මේ ආසනය වෙන්කොට තිබෙන්නේ කවුරුන් වෙනුවෙන්ද?' කියලා

ඇසුවා. 'මෙය ආයුෂ්මත් ආනන්දයන් වහන්සේ සඳහා ය' කියලා පිළිතුරු ලැබුනා. 'අපගේ ආනන්දයෝ කොහි ගියාද?' කියා අසනවාත් සමඟ ම,

29. **නිම්මුජ්ජිත්වා පඨවියා - ගන්ත්වා ජෝතිපථේන වා**
නිසීදි ථේරෝ ආනන්දෝ - අත්තනෝ ඨපිතාසනේ

අපගේ ආනන්දයන් වහන්සේ පොළොවෙහි කිමිදුනා. සංගායනා මණ්ඩපයේ තමන් වෙනුවෙන් පනවා ඇති ආසනයෙහි වාඩිවුනා. ඇතැම් ආචාර්යයන් වහන්සේලා පවසන්නේ අපගේ ආනන්දයන් වහන්සේ අහස් මාර්ගයෙන් වැඩමකොට තමන්ගේ ආසනයෙහි වාඩිවුනු බවයි.

30. **උපාලිථේරං විනයේ - සේසධම්මේ අසේසකේ**
ආනන්දථේරං අකරුං - සබ්බේ ථේරා ධුරන්ධරේ

එක් එක් තනතුරු ලැබූ සියලු රහතන් වහන්සේලා අතරින් විනයධර භික්ෂූන්ගෙන් අගතනතුරු ලැබූ උපාලි මහරහතන් වහන්සේ විනය උදෙසා ද අපගේ ආනන්ද මහරහතන් වහන්සේව අනෙකුත් සියලු ධර්මයන් උදෙසා ද ප්‍රධානත්වයට පත්කරගත්තා.

31. **මහාථේරෝ සකත්තානං - විනයං පුච්ඡිතුං සයං**
සම්මන්නු'පාලිථේරෝ ච - විස්සජ්ජේතුං තමේව තු

එම සංගායනාව ආරම්භයේදී අපගේ මහාකස්සප මහරහතන් වහන්සේ අප භාග්‍යවතුන් වහන්සේ විසින් පණවන ලද විනය ශික්ෂාපදත් ඒවායේ නිදාන කථාව ආදියත් විමසනු පිණිස ඒ ප්‍රශ්න විමසන භික්ෂුවගේ තනතුර තමන් වහන්සේ විසින් තමන්ව ම පත්කරගත් සේක. එහි දී උපාලි මහරහතන් වහන්සේ එසේ අසන ලද විනය කරුණු සියල්ල ම පිළිබඳව පහදා දුන් සේක.

32. **ථේරාසනේ නිසීදිත්වා - විනයං තං අපුච්ඡි සෝ**
ධම්මාසනේ නිසීදිත්වා - විස්සජ්ජේසි තමේව සෝ

අපගේ මහාකස්සපයන් වහන්සේ විනය පිළිබඳව විස්තර විචාළේ එහි පණවන ලද ථේරාසනයේ වැඩහිඳගෙන යි. එතකොට උපාලි මහරහතන් වහන්සේ ඒ අසන ලද කරුණු වලට පිළිතුරු දුන්නේ භාග්‍යවතුන් වහන්සේගේ නාමයෙන් පනවා වදාළ ධර්මාසනයේ වැඩහිඳගෙන ය.

33. **විනයඤ්ඤූනමග්ගේන - විස්සජ්ජිතකමේන තේ**
සබ්බේ සජ්ඣායමකරුං - විනයං නයකෝවිදා

තථාගත බුදුරජුන් විසින් පණවන ලද විනය පිළිබඳ දන්නා භික්ෂූන් අතරින් අග්‍ර වූ අපගේ උපාලි මහරහතන් වහන්සේ විසින් ක්‍රමයෙන් ඒ සියලු විනය කරුණු විසඳුවා. ඉන්පසු විනය කරුණු පිළිබඳ න්‍යායෙහි අතිශයින් දක්ෂ වූ සියලු දෙනා වහන්සේ භාග්‍යවතුන් වහන්සේ පනවා වදාළ විනය ඒ අයුරින් සාමූහික ව සජ්ඣායනා කළා.

34. **අග්ගං බහුස්සුතාදීනං - කෝසාරක්ඛං මහේසිනෝ**
සම්මන්නිත්වාන අත්තානං - ථේරෝ ධම්මං අපුච්ඡි සෝ

අප භාග්‍යවතුන් වහන්සේගේ ශාසනයෙහි බහුශ්‍රැත වූ භික්ෂූන් අතරත්, වේගවත් නුවණ ඇති භික්ෂූන් අතරත්, දරාගැනීමෙහි හැකියාව ඇති භික්ෂූන් අතරත්, සිහිනුවණ ඇති භික්ෂුන් අතරත්, උපස්ථායක භික්ෂූන් අතරත්, අග්‍ර යැයි අග තනතුරු ලද ධර්ම භාණ්ඩාගාරික වූ අපගේ ආනන්දයන් වහන්සේගෙන් අප භාග්‍යවතුන් වහන්සේ වදාළ ධර්මය පිළිබඳව ධර්ම දේශනාත් ඒවායේ නිදාන කථාත් විචාරනු පිණිස මහාකස්සප මහරහතන් වහන්සේ විසින් ඒ විචාරක භික්ෂු තනතුරට තමන් ම පත්කරවාගෙන අපගේ ආනන්දයන් වහන්සේගෙන් ධර්මය විමසා වදාළා.

35. **තථා සම්මන්නිය'ත්තානං - ධම්මාසනගතෝ සයං**
විස්සජ්ජේසි තමානන්දත්ථේරෝ ධම්මමසේසතෝ

උපාලි මහරහතන් වහන්සේ විනය විස්තර කළ පරිද්දෙන් අපගේ ආනන්දයන් වහන්සේත් පිළිතුරු දීම

පිණිස තමන්ව ම පත්කරගෙන භාග්‍යවතුන් වහන්සේගේ නාමයෙන් පණවන ලද ධර්මාසනයෙහි වැඩහිඳගෙන ඒ සියලු ධර්මයන් ගැන විස්තර වදාළා.

36. **වේදේහමුනිනා තේන - විස්සජ්ජිතකමේන තේ**
සබ්බේ සජ්ඣායමකරුං - ධම්මං ධම්මත්ථකෝවිදා

අපගේ වේදේහමුනි වූ ආනන්දයන් වහන්සේ විසින් ක්‍රමයෙන් විසඳන ලද ඒ සියලු ධර්මය, භාග්‍යවතුන් වහන්සේගේ ධර්මයෙහි අර්ථයන් පිළිබඳව අතිශයින් ම දක්ෂ වූ එහි වැඩහුන් සියලු දෙනා වහන්සේලා ධර්මය ඒ අයුරින් සාමූහික ව සජ්ඣායනා කළා.

37. **ඒවං සත්තහි මාසේහි - ධම්මසංගීති නිට්ඨිතා**
සබ්බලෝකහිතත්ථාය - සබ්බලෝකහිතේහි සා

ඔය ආකාරයෙන් සියලු ලෝකය කෙරෙහි හිතසුව කැමැති රහතන් වහන්සේලා විසින් සත් මාසයකින් සියලු ලෝකයාගේ හිතසුව පිණිස ඒ ප්‍රථම ධර්ම සංගායනාව නිමාවට පත්කළ සේක.

38. **මහාකස්සපථේරේන - ඉදං සුගතසාසනං**
පඤ්චවස්සසහස්සානි - සමත්ථං වත්තනේ කතං

අපගේ මහාකස්සප මහරහතන් වහන්සේ විසින් ඒ සංගායනාව කරනු ලැබුවේ මේ ශ්‍රී සුගත සම්බුද්ධ ශාසනය පන්දහසක් අවුරුදු පවත්වාලන්නට සමර්ථ වන විදිහට යි.

39. **අතීව ජාතපාමොජ්ජා - සන්ධාරකජලන්තිකා**
සංගීතිපරියෝසානේ - ඡද්ධා කම්පි මහාමහී

ඒ ප්‍රථම ධර්ම සංගායනාව කොට අවසන් වෙද්දී මහත් ප්‍රීතියක් හටගත්තාක් මෙන් සාගරය සීමා කොට ඇති මේ මහා පොළොව සය වරක් කම්පාවට පත්වුනා.

40. **අච්ඡරියානි චා'හේසුං - ලෝකේ නේකානි නේකධා**
ථේරේහේව කතත්තා ච - ථේරියායං පරම්පරා

ඒ අවස්ථාවෙහි ලෝකයෙහි නොයෙක් ආකාරයෙන් නොයෙක් ආශ්චර්යවත් දේ සිදුවුනා. අප භාග්‍යවතුන් වහන්සේගේ ශ්‍රාවක වූ පන්සීයක් ස්ථවිර භික්ෂූන් වහන්සේලා මේ සංගායනාව කොට වදාළ නිසා මේ සංගායනාවට ස්ථවිර පරම්පරාව කියලත් කියනවා.

41. **පඨමං සංගහං කත්වා - සබ්බලෝකහිතං බහුං**
තේ යාවතායුකං ඨත්වා - ථේරා සබ්බේ'පි නිබ්බුතා

මෙසේ ප්‍රථම ධර්ම සංගායනාව පවත්වා ලෝක සත්වයාට බොහෝ හිත සුව පිණිස පවතින ලෙස කටයුතු කළ ඒ සියලුම රහතන් වහන්සේලා තම තමන්ගේ ආයු ඇති පරිදි වැඩහිඳ පිරිනිවන් පා වදාළා.

42. **ථේරාපි තේ මතිපදීපහතන්ධකාරා**
ලෝකන්ධකාරහනනම්හි මහාපදීපා
නිබ්බාපිතා මරණඝෝරමහානිලේන
තේනාපි ජීවිතමදං මතිමා ජහෙය්‍යාති.

මොහඳුර නසා අරහත් ඵලය නමැති ප්‍රඥා ප්‍රදීපය දල්වාගෙන වැඩසිටි එබඳු මහෝත්තම රහතන් වහන්සේලා පවා ලෝක සත්වයාගේ අවිදු අඳුර නසන මහා ප්‍රදීපයන් බඳු ව වැඩසිට මරණය නමැති දරුණු සැඩ සුළඟින් පහර වැදී නිවී ගිය සේක. එනිසාවෙන් නුවණැති කෙනා ඔය කාරණය තේරුම් අරගෙන තමන් නොමැරී ජීවත්ව සිටීම ගැන ඇති උඩඟුකම දුරුකර ගත යුත්තේය.

සුජනප්පසාදසංවේගත්ථාය කතේ මහාවංසේ
පඨමධම්මසංගීතිනාම තතියෝ පරිච්ඡේදෝ

සත්පුරුෂ ජනයන්ගේ ප්‍රසාදයත් සංවේගයත් ඇතිකරනු පිණිස කරන ලද මහාවංශයෙහි ප්‍රථම ධර්ම සංගායනාව නම් වූ තුන්වෙනි පරිච්ඡේදය යි.

4

චතුත්ථෝ පරිච්ඡේදෝ
සිව්වෙනි පරිච්ඡේදය

දුතියධම්මසංගීති
දෙවන ධර්ම සංගායනාව

01. අජාතසත්තුපුත්තෝ තං - ඝාතෙත්වා'දායිභද්දකෝ
රජ්ජං සෝළසවස්සානි - කාරේසි මිත්තදුභිකෝ

සිය පියාණන් වූ බිම්බිසාර මහරජු මරවා මගධය රජකළ අජාසත් රජු සෙයින් ම ඒ අජාසත් රජුගේ පුත්‍රයා වූ උදායිභද්‍ර කුමාරයාත් සිය පිතෘ සෙනෙහස වනසාගෙන අසත්පුරුෂ මිත්‍රද්‍රෝහියෙකු වුනා. සිය පියාණන් වූ ඒ අජාසත් රජු ඝාතනය කෙරෙව්වා. ඊටපසු ඔහු මගධයෙහි දහසය වසරක් රජකම් කළා.

02. උදායිභද්දපුත්තෝ තං - ඝාතෙත්වා අනුරුද්ධකෝ
අනුරුද්ධස්ස පුත්තෝ තං - ඝාතෙත්වා මුණ්ඩනාමකෝ

ඒ උදයභද්‍ර රජ්ජුරුවන්ට අනුරුද්ධ නමැති පුත්‍රයෙක් හිටියා. ඔහුත් සිය පියාණන් වූ උදායිභද්‍ර රජු මරවා රජකම ගත්තා. ඒ අනුරුද්ධ රජ්ජුරුවන්ට මුණ්ඩ නමැති පුත්‍රයෙක් හිටියා. ඔහුත් සිය පියාණන් වූ අනුරුද්ධ රජු මරවා මගධයෙහි රජකම ගත්තා.

03. **මිත්තද්දුනෝ දුම්මතිනෝ - තේ’පි රජ්ජමකාරයුං**
තේසං උභින්නං රජ්ජේසු - අට්ඨවස්සාන’තික්කමුං

අනුරුද්ධ, මුණ්ඩ යන ඒ අසත්පුරුෂ, මිත්‍රද්‍රෝහී, මිසදිටු ගත් රජවරු දෙන්නා මගධ රාජ්‍යයෙහි අටවසරක් රජකම් කළා.

04. **මුණ්ඩස්ස පුත්තෝ පිතරං - ඝාතෙත්වා නාගදාසකෝ**
චතුවීසති වස්සානි - රජ්ජං කාරේසි පාපකෝ

ඒ මුණ්ඩ රජ්ජුරුවන්ට නාගදාසක නමින් පුත්‍රයෙක් හිටියා. ඔහුත් සිය පියාණන් වූ මුණ්ඩ රජුව ඝාතනය කෙරෙව්වා. ඒ පාපී රජු වසර විසි හතරක් මගධයෙහි රජකම් කළා.

05. **පිතුඝාතකවංසෝ’යං - ඉති කුද්ධා’ථ නාගරා**
නාගදාසකරාජානං - අපනෙත්වා සමාගතා

එතකොට මගධ නගරවාසීන් ‘තම තමන්ගේ පියවරු මර මරා රජවෙන මේ වංශය නීච පරපුරක් නොවැ’ කියලා හොඳට ම කිපුනා. ඒ නගරවාසීන් එකතු වෙලා නාගදාසක රජුව බලයෙන් පහකෙරෙව්වා.

06. **සුසුනාගෝති පඤ්ඤාතං - අමච්චං සාධුසම්මතං**
රජ්ජේ සමභිසඤ්චිංසු - සබ්බේසං හිතමානසා

ඒ නගරවැසියෝ ඉතා යහපත් යැයි සම්මත ප්‍රසිද්ධ වූ සුසුනාග නමැති ඇමතිවරයාව සියල්ලන්ගේ හිතසුව කැමැතිව මගධ රාජ්‍යයෙහි යහපත් රජෙකු ලෙස අභිෂේක කළා.

07. **සෝ අට්ඨාරස වස්සානි - රාජා රජ්ජං අකාරයී**
කාලාසෝකෝ තස්ස පුත්තෝ - අට්ඨවීසති කාරයී

ඒ සුසුනාග රජ්ජුරුවෝ මගධ රාජ්‍යයෙහි අභිෂේකය ලබා දහඅට අවුරුද්දක් රජකම් කළා. ඒ රජ්ජුරුවන්ට

කාලාශෝක නමින් පුත්‍රයෙක් හිටියා. ඔහු විසි අට අවුරුද්දක් මගධයෙහි රජකම් කළා.

08. **අතීතේ දසමේ වස්සේ - කාලාසෝකස්ස රාජිනෝ**
සම්බුද්ධපරිනිබ්බානා - ඒවං වස්සසතං අහුං

කාලාශෝක රජ්ජුරුවෝ මගධයෙහි අභිෂේක ලබා දස අවුරුද්දක් ගතවෙද්දී අපගේ සම්බුදුරජාණන් වහන්සේ පිරිනිවන් පාලා අවුරුදු සීයක් ගත වුනා.

09. **තදා වේසාලියා භික්ඛූ - අනේකා වජ්ජිපුත්තකා**
සිංගිලෝණං ද්වංගුලං ච - තථා ගාමන්තරම්පි ච

ඒ කාලයෙහි විසාලා මහනුවර වජ්ජීන් අතරින් පැවිදිව වාසය කළ නොයෙක් භික්ෂූන් වහන්සේලා කරුණු දහයක් හොඳයි කියලා සම්මත කරගෙන සිටියා. එනම්, i. ගමනක් යද්දී අඟක ලුණු දමාගෙන යෑම කැපය, ii. ඉර අවරට ගොස් අඟල් දෙකක් ඉක්ම යනකම් දන් වැළඳීම කැපය, iii. ඒ වගේ ම මේ ගමෙන් වළඳා වෙනත් ගමකට යන අතරමගදී කලින් වළඳා ඉතිරි වූ දෙයක් නැවතත් වැළඳීම කැපය,

10. **ආවාසානුමතාචිණ්ණං - අමථිතං ජලෝගි ච**
නිසීදනං අදසකං - ජාතරූපාදිකං ඉති

iv. මහ ආවාසයක් වන විහාරයක ලොකු සීමාවක් තුළ වෙන් වෙන්ව පොහොය කර්ම කිරීම කැපය, v. සංඝයාගේ කැමැත්ත නොගෙන විනය කර්මයක් කිරීමෙන් පසු ඒ පිළිබඳ පවසා කැමැත්ත ගැනීම කැපය, vi. තමන්ගේ ආචාර්ය පරපුරෙන් කරගෙන ආ දෙය එසේම කරගෙන යෑම කැපය, vii. දන් වැළඳීමෙන් පසු වෙනත් අසුනක වාඩි වී කිරි බවට පත් නොවූ නොමේරූ කිරි වැළඳීම කැපය, viii. සුරා බවට පත් නොවූ තෙලිජ්ජ පානය කිරීම කැපය, ix. වාටිය මසා නොමැති වාඩි වීමට ගන්නා නිසීදනයක් පරිහරණය කිරීම කැපය, x. රන් රිදී මිල මුදල් පිළිගෙන පරිහරණය කිරීම කැපය යන කරුණු දහය ය.

11. දසවත්ථූනි දීපේසුං - කප්පන්තී'ති අලජ්ජිනෝ
තං සුත්වාන යසත්ථේරෝ - චරං වජ්ජීසු චාරිකං

ඒ විසාලා නුවරවැසි භික්ෂූන් දැනුවත්ව ම කැප නොවූ දේ කැප යැයි සම්මත කිරීමෙන් ලැජ්ජාව සිඳගත් නිසා අලජ්ජී නමින් හැඳින්වුනා. ඔවුන් ඒ කරුණු දහය කැප යැයි ප්‍රසිද්ධියට පත්කළා. එය අසන්නට ලැබුණු යස නමැති තෙරුන් වහන්සේ වජ්ජී ජනපදයන්හි චාරිකාවෙහි වැඩියා.

12. ඡළභිඤ්ඤෝ බලප්පත්තෝ - යසෝ කාකණ්ඩත්‍රජෝ
තං සමේතුං සඋස්සාහෝ - තත්ථා'ගමි මහාවනං

කාකණ්ඩ නම් බ්‍රාහ්මණයාගේ පුත්‍රයා වූ ඒ ෂඩ් අභිඥා බලයෙන් යුක්ත වූ යස තෙරුන් වහන්සේ මෙම දස කරුණ පිළිබඳව විනය අර්බුදය සංසිඳවන්නට උත්සාහ කරමින් විසල් පුරයෙහි මහ වනයේ කූටාගාර විහාරයට වැඩියා.

13. ඨපෙත්වා'පෝසථග්ගේ තේ - කංසපාතිං සහෝදකං
කහාපණාදිං සංඝස්ස - දේථේතාහු උපාසකේ

ඒ වජ්ජිපුත්තක භික්ෂූහු විසල්පුර මහවනයේ කූටාගාර විහාරයෙහි සංඝයාගේ පොහොයගේ මැද ජලය පිරවූ රන් පැහැති පාත්‍රයක් තැබුවා. 'උපාසකවරුනි, සංඝයාගේ ප්‍රයෝජනය පිණිස රන් කහවණු ආදිය පූජා කරව්' කියලා කිව්වා.

14. න කප්පේතේ'තං මා දේථ - ඉති ථේරෝ ස වාරයී
පටිසාරණියං කම්මං - යසත්ථේරස්ස තේ කරුං

එතන සිටි යස තෙරුන් වහන්සේ 'උපාසකවරුනි, එපා රන් කහවණු ආදිය පූජා කරන්ට. ඒවා සංඝයාට පිළිගැනීමට කැප නෑ' කියලා එය වැළැක්වූවා. එතකොට ඒ වජ්ජිපුත්තක භික්ෂූන් ගිහියන්ට තමන් අතින් වරදක් වූ විට සංඝයාගේ අනුමැතියෙන් ඒ ගිහියන් ළඟට ගොස් ඒ

වරදට සමාව ගැනීමට නියම කිරීමේ විනය කර්මය වන පටිසාරණීය කර්මය යස තෙරුන්ට කළා.

15. **යාචිත්වා අනුදූතං සෝ - සහ තේන පුරං ගතෝ**
අත්තනෝ ධම්මවාදිත්තං - සඤ්ඤාපෙත්වා'ග නාගරේ

එතකොට යස තෙරුන් වහන්සේ විනයෙහි සඳහන් පරිදි ඒ ගිහියන්ගේ සමාව ගැනීමේ කටයුත්තට තමන් සමඟ යෑම පිණිස අනුදූත භික්ෂුවක් ඉල්ලා ගත්තා. ඒ භික්ෂුවත් සමග විසල්පුරයට වැඩියා. තමන් පැවසූ කරුණෙහි ඇති ධර්මානුකූල බව විසල්පුරවාසී උපාසකවරුන්ට පහදා දුන්නා.

16. **අනුදූතවචෝ සුත්වා - තමුක්ඛිපිතුමාගතා**
පරික්ඛිපිය අට්ඨංසු - ඝරං ථේරස්ස භික්ඛවෝ

ඒ අනුදූත භික්ෂුව යස තෙරුන් සමඟ ආපසු ඇවිත් විසල්පුර භික්ෂූන්ට කියාසිටියේ තමන්ගේ කතාව ධර්මයට එකඟ වූ බවත් මිල මුදල් පිළිගැනීම අධර්මය බවත් ඒ විසල්පුර රජු සහිත නගරවාසීන්ව යස තෙරුන් දැනුවත් කළ බවයි. එයින් කෝපයට පත් ඒ භික්ෂූන් යස තෙරුන්ව විනය කර්මයක් තුළින් සංඝයාගෙන් නෙරපීම පිණිස සූදානම්ව යස තෙරුන් සිටි කුටිය වටකළා.

17. **ථේරෝ උග්ගම්ම නභසා - ගන්ත්වා කෝසම්බියං තතෝ**
පාවෙය්‍යකාවන්තිකානං - භික්ඛූනං සන්තිකං ලහුං

යස තෙරුන් වහන්සේ අහසට පැන නැගී කොසඹෑ නුවර ඝෝෂිතාරාමයට වැඩියා. පාවා නුවරවාසී භික්ෂූන්ටත් අවන්ති නුවරවාසී භික්ෂූන්ටත් මේ අර්බුදය සංසිඳවීම පිණිස වහා දූත භික්ෂූන් පිටත් කළා.

18. **පේසේසි දූතේ තු සයං - ගන්ත්වා'හෝගංගපබ්බතං**
ආහ සම්භූතථේරස්ස - තං සබ්බං සාණවාසිනෝ

යස තෙරුන් වහන්සේ එසේ දූත භික්ෂූන් පිටත්

කොට යැව්වා. තමන් වහන්සේ අහෝගංග පර්වතයෙහි සාණ වනයෙහි වැඩසිටි සම්භූත මහරහතන් වහන්සේට ඒ සියල්ල පවසා සිටියා.

19. **පාවෙය්‍යකා සට්ඨීථේරා - අසීතා'වන්තිකාපි ච**
මහාඛීණාසවා සබ්බේ - අහෝගංගම්හි ඕතරුං

එතකොට පාවා නුවරවාසී තෙරුන් වහන්සේලා සැට නමකුත් අවන්ති රටවාසී තෙරුන් වහන්සේලා අසූ නමකුත් වන ඒ සියලු මහ රහතන් වහන්සේලා අහෝගංග පර්වතයට අහසින් වැඩියා.

20. **භික්ඛවෝ සන්නිපතිතා - සබ්බේ තත්ථ තතෝ තතෝ**
ආසුං නවුතිසහස්සානි - මන්තෙත්වා අඛිලා'පි තේ

ඒ අහෝගංග පර්වතයට ඒ ඒ තැනින් සාකච්ඡා කොට රැස්වූ කෙලෙස් හුල් නැති සියලු භික්ෂූන් වහන්සේලාගේ ගණන අනූදහසක් වුනා.

21. **සෝරෙය්‍යරේවතත්ථේරං - බහුස්සුතමනාසවං**
තං කාලපමුඛං ඤත්වා - පස්සිතුං නික්ඛමිංසු තං

ඒ තෙරුන් වහන්සේලා විනයගරුක සංඝයාගේ එකතු වීමට ප්‍රමුඛ කාලය බව දැනගත්තා. ඒ අවධියේ සෝරෙය්‍ය ජනපදයෙහි වැඩසිටි ධර්ම විනයෙහි බහුශ්‍රැත වූ රේවත මහරහතන් වහන්සේව බැහැදැකීමට පිටත් වුනා.

22. **ථේරෝ තං මන්තණං සුත්වා - වේසාලිං ගන්තුමේව සෝ**
ඉච්ඡන්තෝ ඵාසුගමනං - තතෝ නික්ඛමි තං ඛණං

රේවත මහරහතන් වහන්සේට මෙම විනය අර්බුදය පිළිබඳව කරුණ දිව්‍ය ශ්‍රවණයෙන් අසන්ට ලැබුනා. උන්වහන්සේ හුදෙකලාවේ ගමන් කිරීම තමන්ට පහසුවක් බව දැන එයට කැමති වෙලා එසැණින් ම විසාලා මහනුවර බලා වැඩවීමට සෝරෙය්‍ය ජනපදයෙන් පිටත්ව වැඩියා.

සිව්වෙනි පරිච්ඡේදය 77

23. **පාතෝ පාතෝ'ව නික්ඛන්ත - ඨානං තේන මහත්තනා**
සායං සායං උපෙන්තානං - සහජාතියමද්දසුං

ඒ රේවත මහරහතන් වහන්සේ උදේ උදේ නික්මී වැඩි තැනට අර භික්ෂූන් වහන්සේලා සවස සවස පැමිණෙමින් අවසානයේදී සහජාතිය නම් ස්ථානයේදී මුණගැසුනා.

24. **තත්ථ සම්භූතථේරේන - යසත්ථේරෝ නියෝජිතෝ**
සද්ධම්මසවණන්තේ තං - රේවතත්ථේරමුත්තමං

එහිදී රේවත මහරහතන් වහන්සේ භික්ෂූන්ට ධර්ම කථාව වදාළා. ඒ ධර්මශ්‍රවණයෙහි අවසානයේදී සම්භූත තෙරුන් වහන්සේ විසින් විසාලා මහනුවර භික්ෂූන් තුළ ඇති වී තිබෙන තත්වය උතුම් රේවත තෙරුන් හට පවසන්නට කියා යස තෙරුන්ට පැවරුවා.

25. **උපෙච්ච දසවත්ථූනි - පුච්ඡි ථේරෝ පටික්ඛිපි**
සුත්වාධිකරණං තඤ්ච - නිසේධේමා'ති අබ්‍රවි

එතකොට යස තෙරුන් රේවත මහරහතන් වහන්සේගෙන් විසාලා මහනුවර වජ්ජී භික්ෂූන් කැප යැයි සම්මත කරගෙන සිටින කරුණු දහය විනයට අනුකූල වන කැප දෙයක් දැයි අසා සිටියා. මහරහතන් වහන්සේ එය විනයට අනුකූල නැති අකැප දෙයක්ය කියා ප්‍රතික්ෂේප කළා. මෙසේ මේ විනය අර්බුදය ඇසූ රේවත මහරහතන් වහන්සේ අපි මෙය මෙසේ වීම වළක්වමු කියලා වදාළා.

26. **පාපාපි පක්ඛං පෙක්ඛන්තා - රේවතත්ථේරමුත්තමං**
සාමණකං පරික්ඛාරං - පටියාදිය තේ බහුං

විසාලා නුවරවැසි දොස් සහිත වජ්ජිපුත්තක භික්ෂූන්ට මෙය දැනගන්ට ලැබුනා. තමන්ගේ අදහසට පක්ෂවත් ප්‍රධාන සඟ පිරිසක් රැස්කරගැනීමේ බලාපොරොත්තුව ඇතිවුනා. ඒ අනුව ශ්‍රමණයන් හට ගැලපෙන සිවුරු ආදී බොහෝ පිරිකර

බඩුත් රැගෙන රේවත මහරහතන් වහන්සේ බැහැදකින්ට ආවා.

27. **සීඝං නාවාය ගන්ත්වාන - සහජාතිසමීපගා**
කරොන්ති භත්තවිස්සග්ගං - භත්තකාලේ උපට්ඨිතේ

ඒ විසල්පුරවාසී භික්ෂූන් සහජාතිය නම් ස්ථානයට ඉක්මන් කරලා නැවෙන් පැමිණුනා. දන් වළඳන වේලාව පැමිණිය නිසා එහිදී දානය වැළඳුවා.

28. **සහජාතිං ආවසන්තෝ - සාළ්හථේරෝ විචින්තිය**
පාවෙය්‍යකා ධම්මවාදී - ඉති පස්සි අනාසවෝ

ඒ අවස්ථාවෙහි, පිරිනිවන් පා වදාළ ආනන්ද මහරහතන් වහන්සේගේ ශිෂ්‍ය භික්ෂුවක් වූ සාළ්හ නම් රහතන් වහන්සේ වැඩසිටියේත් සහජාති නම් ප්‍රදේශයේ. උන්වහන්සේ මේ අර්බුදය විසඳන්ට මුල් වන පාවා නුවරවැසි භික්ෂූන් වහන්සේලා ධර්මානුකූලව කරුණු කියන පිරිසක්දැයි සිත යොමුකොට නුවණින් බැලුවා.

29. **උපෙච්ච තං මහාබ්‍රහ්මා - ධම්මේ තිට්ඨා'ති අබ්‍රවී**
නිච්චං ධම්මේ ඨිතත්තං සෝ - අත්තනෝ තස්ස අබ්‍රවී

එතකොට මහා බ්‍රහ්මයා ඒ සාළ්හ තෙරුන් අභියස පෙනී සිට ධර්මය තුළ සිටිනු මැනවැයි පැවසුවා. ඒ සාළ්හ තෙරුන් වදාළේ තමන් වහන්සේ නිරන්තරයෙන් ධර්මය තුළ පිහිටා සිටින සිතකින් ඉන්න බවයි.

30. **තේ පරික්ඛාරමාදාය - රේවතත්ථේරමද්දසුං**
ථේරෝ න ගණ්හි තප්පක්ඛගාහී සිස්සං පණාමයී

කලින් කියූ විසල්පුරවාසී දොස් සහිත වජ්ජිපුත්තක භික්ෂූන් වහන්සේලා තමන්ගේ පිරිකරත් රැගෙන රේවත මහරහතන් වහන්සේව බැහැදැක්කා. පිරිකර ප්‍රතික්ෂේප කළ උන්වහන්සේ ඒ දොස් සහිත භික්ෂූන්ගේ පක්ෂය

ගත් තමන්ගේ ශිෂ්‍ය භික්ෂුවකුත් 'තොප මාවත් අධර්මයේ යොදවන්ට එනවාද?'යි කියා නෙරපා දැම්මා.

31. **වේසාලිං තේ තතෝ ගන්ත්වා - තතෝ පුප්ඵපුරං ගතා**
වදිංසු කාලාසෝකස්ස - නරින්දස්ස අලජ්ජිනෝ

එතකොට ඒ දොස් සහිත භික්ෂූන්ට තමන් සඳහා පක්ෂපාතී පිරිසක් හදාගන්ට බැරිවුනා. සහජාති නම් ස්ථානයෙන් පිටත් ව විසාලාවට ගොස් එතනින් පුෂ්ප පුරය නම් වූ පාටලීපුත්‍ර නුවරට ගියා. කාලාශෝක මහරජ්ජුරුවන්ට මෙහෙම කිව්වා.

32. **සත්ථුස්ස නෝ ගන්ධකුටිං - ගෝපයන්තෝ මයං තහිං**
මහාවනවිහාරස්මිං - වසාම වජ්ජිභූමියං

"අපගේ ශාස්තෘන් වහන්සේගේ උතුම් සුගන්ධ කුටිය රැකබලා ගනිමින් වජ්ජි භූමියෙහි විසාලා මහනුවර මහාවනයේ කූටාගාර විහාරයේ සිටින්නේ අප ය.

33. **ගණ්හිස්සාම විහාරන්ති - ගාමවාසිකභික්ඛවෝ**
ආගච්ඡන්ති මහාරාජ - පටිසේධය තේ ඉති

මහරජ්ජුරුවෙනි, අපගේ කූටාගාර විහාරය අල්ලා ගන්ට ඕනෑය කියා ග්‍රාමවාසී භික්ෂූන් එහි පැමිණෙමින් ඉන්නවා. ඔවුන්ගේ ඒ ක්‍රියාව වළක්වනු මැනව."

34. **රාජානං දුග්ගහීතං තේත - කත්වා වේසාලිමාගමුං**
රේවතත්ථේරමූලම්හි - සහජාතියමෙත්ථ තු

එසේ කාලාශෝක රජ්ජුරුවන්ව නොමග යවා ඒ භික්ෂූන් විසාලාවෙහි කූටාගාර විහාරයට ගියා. රේවත මහරහතන් වහන්සේ සමීපයෙහි මේ සහජාති නම් ස්ථානයෙහි,

35. **භික්ඛූ සතසහස්සානි - ඒකාදස සමාගතා**
නවුතිං ච සහස්සානි - අහූ තං වත්ථු සන්තියා

රැස් වූ එකොළොස් ලක්ෂ අනූදහසක් වූ භික්ෂූන් වහන්සේලා මේ සහජාති නම් ස්ථානයේදී ම අර වජ්ජි භික්ෂූන් අනුගමනය කරමින් සිටින දස වස්තුවෙන් හටගත් අර්බුදය විසඳනු මැනවයි රේවත තෙරුන්ට පැවසුවා.

36. **මූලට්ඨේහි විනා වත්ථුසමනං නේච්ඡ රේවතෝ**
ථේරෝ සබ්බේපි භික්ඛූ තේ - වේසාලිං අගමුං තතෝ

ප්‍රශ්නය හටගත්තු තැන මිසක් වෙනත් තැනකදී එය විසඳීම ගැන රේවත මහරහතන් වහන්සේ රුචි කළේ නෑ. එනිසා ඒ රේවත තෙරුන් වහන්සේත් සියලු භික්ෂූනුත් එතැනින් විසාලා මහනුවරට වැඩියා.

37. **දුග්ගහීතෝ ච සෝ රාජා - තත්ථාමච්චේ අපේසයී**
මූළ්හා දේවානුභාවේන - අඤ්ඤත්ථ අගමිංසු තේ

නොමග යවා සිටි කාලාශෝක රජ්ජුරුවෝ "ඒ කූටාගාර විහාරයට බලෙන් ආපු ග්‍රාමවාසී භික්ෂූන්ව නෙරපව්. එහි කලින් සිටි භික්ෂූන්ට එම විහාරය ආපසු දෙව්" කියලා ඇමතිවරුන් ව පිටත් කෙරෙව්වා. දෙවියන්ගේ දේවානුභාවය නිසා ඔවුන් මංමුළා වුනා. වෙන වෙන තැන් වලට ගියා.

38. **පේසෙත්වා තේ මහීපාලෝ - තං රත්තිං සුපිනේන සෝ**
අපස්සි සකමත්තානං - පක්ඛිත්තං ලෝහකුම්භියා

ඇමතිවරුන් යවාපු එදා රාත්‍රියේ කාලාශෝක රජ්ජුරුවෝ නින්දේ දී සිහිනයක් දැක්කා. තමන් ලෝකුඹු නිරයේ වැටිලා දුක් විඳින විදිහටයි දැක්කේ.

39. **අතිභීතෝ අහූ රාජා - තමස්සාසේතුමාගමා**
භගිනී නන්දථේරී තු - ආකාසේන අනාසවා

අතිශයින් ම භයට පත් වී සිටි ඒ රජ්ජුරුවන්ව අස්වසාලන්ට ඔහුගේ නැගිණියක වන නන්දා නම් රහත් භික්ෂුණීන් වහන්සේ මාළිගයට අහසින් වැඩම කළා.

40. **භාරියං තේ කතං කම්මං - ධම්මිකෙයේ ඛමාපය**
පක්ඛෝ තේසං භවිත්වා ත්වං - කුරු සාසන පග්ගහං

"මහරජ්ජුරුවෙනි, ඔබ විසින් බරපතල අකුසල කර්මයක් කරගෙන තියෙනවා නොවැ. එනිසා ධාර්මික පක්ෂයේ සිටින මහා සංඝයා වහන්සේලා කමා කරවා ගන්ට. උන්වහන්සේලාගේ පක්ෂය ගෙන බුද්ධ ශාසනයට අනුග්‍රහ දක්වන්ට.

41. **ඒවං කතේ සොත්ථි තුය්හං - හෙස්සතී'ති අපක්කමි**
පභාතේ යේව වේසාලිං - ගන්තුං නික්ඛමි භූපති

ඔය විදිහට කළොත් ඔබතුමාට යහපතක් වෙනවා ම යි" කියලා ඒ භික්ෂුණිය ආපසු වැඩියා. පසුදින උදෑසනින් ම කාලාශෝක රජ්ජුරුවෝ විසාලා මහනුවර බලා පිටත් වුනා.

42. **ගන්ත්වා මහාවනං භික්ඛුසංඝං සෝ සන්නිපාතිය**
සුත්වා උභින්නං වාදඤ්ච - ධම්මපක්ඛං ච රෝචිය

විසාලා මහනුවර මහවනයේ කූටාගාර ශාලාවට ගියා. මහා සංඝයා වහන්සේව රැස්කෙරෙව්වා. දෙපක්ෂයේ ම වාදයට හොඳින් සවන් දුන්නා. ධර්මවිනයානුකූලව දස වස්තු අකැපයි කියා පෙන්වා දුන් භික්ෂූන් වහන්සේලාගේ පක්ෂය ගන්ට රජ්ජුරුවෝ කැමති වුනා.

43. **ඛමාපෙත්වා ධම්මිකේ තේ - භික්ඛූ සබ්බේ මහීපති**
අත්තනෝ ධම්මපක්ඛත්තං - වත්වා තුම්හේ යථා රුචි

කාලාශෝක රජ්ජුරුවෝ ඒ සියලු ධාර්මික භික්ෂූන්ව කමාකරවා ගත්තා. තමාත් ධාර්මික භික්ෂූන්ගේ පක්ෂයේ සිටින බව පැවසුවා. 'මාගේ ආඥාවත් ඔබවහන්සේලාගේ ධර්ම විනිශ්වයත් එකම පක්ෂයේ සිටින නිසා කිසි සංකාවක් නැතුව කැමති පරිදි,

44. **සම්පග්ගහං සාසනස්ස - කරෝථා'ති ච භාසිය**
දත්වා ච තේසං ආරක්ඛං - අගමාසි සකං පුරං

බුද්ධ ශාසනයේ දියුණුවට කටයුතු කරන්ට' කියලා කිව්වා. ඒ ධාර්මික භික්ෂූන් වහන්සේලාගේ ආරක්ෂාවත් සැලැස්සුවා. තමන්ගේ පාටලීපුත්‍ර නගරයට පිටත් වුනා.

45. **නිච්ඡේතුං තානි වත්ථූනි - සංඝෝ සන්නිපතී තදා**
අනග්ගානි තත්ථ භස්සානි - සංඝමජ්ඣෙධ අජායිසුං

දස වස්තුවේ කැප අකැප බව පිළිබඳව පැහැදිලි විනිශ්චයකට පැමිණීමට සංඝයා වහන්සේ ඒ අවස්ථාවෙහි රැස්වුනා. එහිදී සංඝයා මැද කොණක් පොටක් නොමැති නොයෙක් කතාබහ ඇතිවුනා.

46. **තතෝ සෝ රේවතත්ථේරෝ - සාවෙත්වා සංඝමජ්ඣගෝ**
උබ්භාහිකාය තං වත්ථුං - සමේතුං නිච්ඡයං අකා

සංඝයා වහන්සේ අතර හටගත්තු ඒ නොයෙක් කතාබහ තිබෙද්දී එතනට වැඩම කළ රේවත මහරහතන් වහන්සේ සංඝයා අතර පෙනී හිටියා. සංඝයාගෙන් එම අර්බුදය බැහැර කරවලා දෙපක්ෂයෙන් ම සතර නම බැගින් විනයධරයන් තෝරාගෙන කරනු ලබන උබ්භාහික විනය කර්මයෙන් සමථයට පත්කරන්ට තීරණය කළා.

47. **පාචීනකේ ච චතුරෝ - චතුරෝ පාවෙය්‍යකේ පි ච**
උබ්බාහිකාය සම්මන්නි - භික්ඛූ තංවත්ථුසන්තියා

බටහිර දිසාවෙහි වැසි භික්ෂූන්ගෙන් ද සතර නමක් තෝරාගත්තා. පාවා නුවරවැසි භික්ෂූන්ගෙනුත් සතර නමක් තෝරාගත්තා. ඒ භික්ෂූන් අට නම තෝරාගත්තේ දස වස්තුව අකැප ද කැපද යන්න පිළිබඳව තීරණයක් ගැනීමටයි.

48. **සබ්බකාමී ච සාළ්හෝ ච - ඛුජ්ජසෝභිතනාමකෝ**
වාසභගාමිකෝ චාති - ථේරා පාචීනකා ඉමේ

සබ්බකාමී, සාළ්හ, ඛුජ්ජසෝභිත, වාසභගාමික යන මේ තෙරුන් වහන්සේලා සතර නම බටහිර දිග වාසය කරන භික්ෂූන් වෙනුවෙන් තෝරාගත්තා.

49. රේවතෝ සාණසම්භූතෝ - යසෝ කාකණ්ඩකත්‍රජෝ
සුමනෝ චාති චත්තාරෝ - ථේරා පාචෙය්‍යකා ඉමේ

පාවා නුවරවැසි භික්ෂූන් වහන්සේලා වෙනුවෙන් රේවත, සාණ වනවාසී සම්භූත, කාකණ්ඩපුත්‍ර යස සහ සුමන යන මේ තෙරුන් වහන්සේලා සතර නම තෝරාගත්තා.

50. සමේතුං තානි වත්ථූනි - අප්පසද්දං අනාකුලං
අගමුං වාලුකාරාමං - අට්ඨත්ථේරා අනාසවා

අට නමක් වූ මේ අර්හත්වයට පත් වූ තෙරුන් වහන්සේලා ඒ දස වස්තුව පිළිබඳව තීරණයකට පැමිණීම පිණිස නිශ්ශබ්දතාවයෙන් යුක්ත වූ අවුල් වියවුල් නැති විසාලා මහනුවර වාලුකාරාමයට වැඩම කළා.

51. දහරේනා'ජිතේනෙත්ථ - පඤ්ඤත්තේ ආසනේ සුභේ
නිසීදිංසු මහාථේරා - මහාමුනිමතඤ්ඤුනෝ

ඒ වාලුකාරාමයෙහි වැඩසිටි අජිත නමැති නවක භික්ෂූන් වහන්සේ නමක් විසින් යහපත් ලෙස ආසන පැණෙව්වා. අප මහා මුනීන්ද්‍රයන් වහන්සේගේ අදහස් මොනවාදැයි හොඳාකාරව දන්නා මහතෙරුන් වහන්සේලා ඒ අසුන්හි වැඩ සිටියා.

52. තේසු වත්ථුසු ඒකේකං - කමතෝ රේවතෝ මහා
ථේරෝ ථේරං සබ්බකාමිං - පුච්ඡි පුච්ඡාසු කෝවිදෝ

ප්‍රශ්න විමසීම පිළිබඳ කරුණු වලදී ඉතා දක්ෂ වූ රේවත මහරහතන් වහන්සේ ඒ දස වස්තුවෙහි තිබෙන කාරණා එකක් එකක් පාසා සබ්බකාමී තෙරුන් වහන්සේගෙන් විමසා වදාළා.

53. සබ්බකාමී මහාථේරෝ - තේන පුට්ඨෝ'ථ ව්‍යාකරි
සබ්බානි තානි වත්ථූනි - න කප්පන්තී'ති සුත්තතෝ

රේවත තෙරුන් වහන්සේ විසින් විමසන ලද සබ්බකාමී මහතෙරුන් වහන්සේ පිළිතුරු දුන්නා. දස වස්තුවට අයත් සියල්ල ම කැප නැති බවට බුද්ධ දේශනාවලින් කරුණු පෙන්නුවා.

54. **නිහනිත්වා'ධිකරණං තං - තේ තත්ථ යථාක්කමං**
තථේව සංඝමජ්ඣේපි - පුච්ඡාවිස්සජ්ජනං කරුං

ධර්ම විනයට අනුකූල නොවේ යැයි ඒ දස වස්තුවෙන් හටගත් අර්බුදය බැහැර කරලා එතනින් නික්මුනා. නැවත විසාලා මහනුවර මහවනයේ කූටාගාර විහාරයට වැඩියා. එතනදිත් කලින් විදිහට ම ප්‍රශ්න ඇසීමත් බුද්ධ වචනය තුළින් විසඳා එය අකැප බව විනිශ්චය කිරීමත් කළා.

55. **නිග්ගහං පාපභික්ඛූනං - දසවත්ථුකදීපිනං**
තේසං දසසහස්සානං - මහාථේරා අකංසු තේ

ඒ විනිශ්චයකාරක මහා තෙරුන් වහන්සේලා අට නම දස වස්තුව කැපසරුප් දේ ලෙස ප්‍රසිද්ධියට පත් කළ දොස් සහිත වූ දස දහසක් භික්ෂූන්ට නිග්‍රහ කළා.

56. **සබ්බකාමී පුථුවියා - සංඝත්ථේරෝ තදා අහු**
සෝ වීසංවස්සසතිකෝ - තදා'සි උපසම්පදා

ඒ කාලයේ මහා පෘථිවියෙහි සංඝස්ථවිරයන් වහන්සේ ලෙස වැඩසිටියේ සබ්බකාමී මහරහතන් වහන්සේය. උන්වහන්සේ උපසම්පදාව ලබා එකසිය විසි අවුරුද්දක වස් ඇතුව වැඩසිටියා.

57. **සබ්බකාමී ච සාළ්හෝ ච - රේවතෝ ඛුජ්ජසෝභිතෝ**
යසෝ කාකණ්ඩකසුතෝ - සම්භූතෝ සාණවාසිකෝ

සබ්බකාමී, සාළ්හ, රේවත, ඛුජ්ජසෝභිත, කාකණ්ඩපුත්‍ර යස, සාණ වනවාසී සම්භූත යන,

58. **ථේරා ආනන්දථේරස්ස - එතේ සද්ධිවිහාරිනෝ**
වාසභගාමිකෝ චේව - සුමනෝ ච දුවේ පන

මේ තෙරුන් වහන්සේලා සය නම අපගේ ආනන්ද මහරහතන් වහන්සේගේ ශිෂ්‍ය භික්ෂූන් වහන්සේලා ය. වාසභගාමික සහ සුමන යන තෙරුන් වහන්සේලා දෙනම,

59. **ථේරා’නුරුද්ධථේරස්ස - ඒතේ සද්ධිවිහාරිනෝ**
අට්ඨථේරාපි ධඤ්ඤා තේ - තේ දිට්ඨපුබ්බා තථාගතං

අනුරුද්ධ මහරහතන් වහන්සේගේ ශිෂ්‍ය භික්ෂූන් වහන්සේලා ය. මහා වාසනාවකින් යුතු මේ ස්ථවිරයන් වහන්සේලා අට නම අපගේ භාග්‍යවතුන් වහන්සේ ජීවමානව වැඩසිටියදී උන්වහන්සේව දකින්ට පින් තිබූ තෙරවරු ය.

60. **භික්ඛූ සතසහස්සානි - ද්වාදසාසුං සමාගතා**
සබ්බේසං රේවතත්ථේරෝ - භික්ඛූනං පමුඛෝ තදා

එදා දස දහසක් වූ දොස් සහිත භික්ෂූන් ද ඇතුලු කොට විසාලා මහනුවර මහවනයේ කූටාගාර විහාරයට රැස්වූ භික්ෂූන්ගේ ගණන දොළොස් ලක්ෂයක් වුනා. ඒ සියලු භික්ෂූන් වහන්සේලා අතර අග්‍රව වැඩසිටියේ රේවත මහරහතන් වහන්සේ ය.

61. **තතෝ සෝ රේවතත්ථේරෝ - සද්ධම්මට්ඨිතියා චිරං**
කාරේතුං ධම්මසංගීතිං - සබ්බ භික්ඛු සමූහතෝ

එතකොට ඒ රේවත මහරහතන් වහන්සේ මෙවැනි අර්බුදයන්ගෙන් තොරව සද්ධර්මය බොහෝ කාලයක් සුවසේ පවත්වනු පිණිස ධර්ම සංගායනාවක් කරන්නට කල්පනා කළා. ඒ සියලු භික්ෂූන් වහන්සේලා අතුරින්,

62. **පභින්නත්ථාදිඤාණානං - පිටකත්තයධාරිනං**
සතානි සත්ත භික්ඛූනං - අරහන්තානමුච්චිනි

අර්ථ, ධර්ම, නිරුක්ති, පටිභාන යන සතර පටිසම්භිදාවෙන් යුක්ත වූ ත්‍රිපිටකධාරී වූ රහතන් වහන්සේලා සත්සිය නමක් තෝරාගත්තා.

63. **තේ සබ්බේ වාලුකාරාමේ - කාලාසෝකේන රක්ඛිතා**
රේවතත්ථේරපාමොක්ඛා - අකරුං ධම්මසංගහං

ඒ සියලු රහතන් වහන්සේලා වාලුකාරාමයට රැස්වුනා. කාලාශෝක රජ්ජුරුවන්ගෙන් රැකවරණ ලැබුනා. රේවත මහරහතන් වහන්සේ මුල්කොට ඒ තෙරුන් වහන්සේලා දෙවන ධර්ම සංගායනාව කළා.

64. **පුබ්බේ කතං තථා ඒව - ධම්මං පච්ඡා ච භාසිතං**
ආදාය නිට්ඨපේසුං තං - ඒතං මාසේහි අට්ඨහි

කලින් ධර්ම සංගායනාව කළ පරිද්දෙන් ම සංගායනාව කළා. බුද්ධ පරිනිර්වාණයෙන් පසු කුමාර කාශ්‍යප මහරහතුන් විසින් පායාසී රජුට දේශනා කළ පායාසී සූත්‍ර ආදියත් එක් කළා. මෙසේ දෙවන ධර්ම සංගායනාව මාස අටකින් නිමාවට පත් කළා.

65. **ඒවං දුතියසංගීතිං - කත්වා තේ'පි මහායසා**
ථේරා දෝසක්ඛයං පත්තා - පත්තා කාලේන නිබ්බුතිං

ඔය විදිහට මහා කීර්තිමත්ව වැඩසිටි ඒ රහතන් වහන්සේලා දෙවන ධර්ම සංගායනාව කළා. රාගාදී සියලු දෝෂයන් ක්ෂය කොට රහත් බවින් යුතුව වැඩසිටි උන්වහන්සේලා පිරිනිවීමට සුදුසු කාලයේ දි පිරිනිවන් පෑවා.

66. **ඉති පරමමතීනං පත්තිපත්තබ්බකානං**
තිභවහිතකරානං ලෝකනාථෝරසානං
සුමරිය මරණං තං සංඛතාසාරකත්තං
පරිගණියමසේසං අප්පමත්තෝ භවෙය්‍යා'ති.

ඔය විදිහට පරම ප්‍රඥාව නම් වූ රහත් බවට පැමිණීමට යුතු වූ උත්තමයන් රහත් බවට පැමිණියා. තුන් ලෝකයට ම හිතසුව පිණිස වැඩ සැලැස්සුවා. ලෝකනාථ මුනිඳාණන්ගේ ඖරස පුත්‍රයන් වහන්සේලා උන්වහන්සේලා ය. සියලු සංස්කාර ධර්මයන්ගේ හරයක් නැති බව පෙන්වමින් උන්වහන්සේලාත් නිරතුරුව සිහි කරන්නා වූ මරණසතියෙන් යුක්තව පිරිනිවන් පා වදාළා. මේ කාරණය ද ඉතා මැනවින් සිහිකොට මෙය අසන්නවුනුත් මරණසතිය වැඩීම පිණිස අප්‍රමාදී වෙන්ට ඕනෑ.

සුජනප්පසාදසංවේගත්ථාය කතේ මහාවංසේ දුතියසංගීති නාම චතුත්ථෝ පරිච්ඡේදෝ.

සත්පුරුෂ ජනයන්ගේ ප්‍රසාදයත් සංවේගයත් ඇතිකරනු පිණිස කරන ලද මහාවංශයෙහි දෙවන ධර්ම සංගායනාව නම් වූ සිව්වෙනි පරිච්ඡේදය යි.

5

පඤ්චමෝ පරිච්ඡේදෝ

පස්වෙනි පරිච්ඡේදය

තතියධම්මසංගීති

තුන්වන ධර්ම සංගායනාව

01. යා මහාකස්සපාදීහි - මහාථේරේහි ආදිතෝ
කතා සද්ධම්මසංගීති - ථේරියා'ති පවුච්චති

අප භාග්‍යවතුන් වහන්සේ පිරිනිවන් පෑමෙන් පසු සතරවෙනි මාසයෙහි අපගේ මහාකස්සප මහරහතන් වහන්සේ ආදී මහරහතුන් විසින් පළමුවෙන් ම යම් සංගායනාවක් කළා ද, ඒ පළමු ධර්ම සංගායනාවට කියන්නේ 'ථේරියා' කියලයි. ඒ කියන්නේ තෙරුන් වහන්සේලාගේ දෙය කියලයි.

02. ඒකෝ'ව ථේරවාදෝ සෝ - ආදිවස්සසතේ අහු
අඤ්ඤාචරියවාදා තු - තතෝ ඕරං අජායිසුං

ඒ ථේරියා නම් වූ ථේරවාදය පමණ ම යි මුල් අවුරුදු සීය ඇතුළත තිබුනේ. දෙවන ධර්ම සංගායනාවෙන් පස්සෙයි අන්‍ය වූ ආචාර්යවාදයන් පහළ වුනේ.

03. තේහි සංගීතිකාරේහි - ථේරේහි දුතියේහි තේ
නිග්ගහීතා පාපභික්ඛූ - සබ්බේ දසසහස්සකා

දෙවන ධර්ම සංගායනාව සිදුකළ ඒ ස්ථවිරයන් වහන්සේලා විසින් දස වස්තුවෙහි පක්ෂ ගත් භික්ෂූන්ව පාප භික්ෂූන් වශයෙන් නිග්‍රහයට ලක් කළා. ඔවුන්ගේ ගණන දස දහසකි.

04. අකංසා'චරියවාදං තේ - මහාසංඝිකනාමකං
තතෝ ගෝකුලිකා ජාතා - ඒකබ්බෝහාරිකාපි ච

ඉතින් ඒ දෙවන ධර්ම සංගායනාව කළ භික්ෂූන්ගෙන් නිග්‍රහ ලැබූ කාරණය නිසා ඒ දස දහසක් භික්ෂූන් මහා සංඝයාට අයත් පිරිස යන අර්ථයෙන් මහාසංඝික නමින් වෙනම ආචාර්යවාදයක් ඇතිකරගත්තා. ඒ මහාසංඝික භික්ෂූන්ගෙන් කොටස් දෙකක් බිඳී ගියා. ගෝකුලිකවාදය කියා නිකායකුත් ඒකබ්බෝහාරික කියා නිකායකුත් වශයෙන් ආචාර්යවාද දෙකක් ඇතිවුනා.

05. ගෝකුලිකේහි පණ්ණත්තිවාදා බාහුලිකාපි ච
චේතියවාදා තේස්වේව - සමහාසංඝිකා ඡ තේ

ගෝකුලිකවාදී භික්ෂු නිකායේ තව කොටස් තුනක් කැඩී ගියා. ප්‍රඥප්තිවාදී යනුවෙන් නිකායකුත් බාහුලිකවාදී යනුවෙන් තව නිකායකුත් චේතියවාදී යනුවෙන් තව නිකායකුත් ඇතිවුනා. මහාසංඝික නිකායත් සමඟ එකතු කරගත් විට එතන භික්ෂු නිකාය හයක් තියෙනවා.

06. පුනාපි ථේරවාදේහි - මහිංසාසකභික්ඛවෝ
වජ්ජිපුත්තකභික්ඛූ ච - දුවේ ජාතා ඉමේ බලූ

ආයෙමත් ස්ථවිරවාදී සංඝයාගෙන් බිඳිලා මහිංසාසක නමිනුත් වජ්ජිපුත්තක නමිනුත් මේ නිකාය දෙක ඇතිවුනා.

07. ජාතාථ ධම්මුත්තරියා - භද්‍රයානික භික්ඛවෝ
ඡන්නාගරා සම්මිතීයා - වජ්ජිපුත්තිය භික්ඛුහි

ඉතින් කලින් කියූ ලෙස බෙදී ගිය වජ්ජිපුත්තක නිකායට අයත් භික්ෂූන් තවත් සතර කොටසකට බෙදී ගියා.

ඒ ධම්මුත්තරිය, භද්‍රයානික, ඡන්නාගරික සහ සම්මිතීය වශයෙනි.

08. **මහිංසාසක භික්ඛූහි - භික්ඛූ සබ්බත්ථිවාදිනෝ**
ධම්මගුත්තිකභික්ඛූ ච - ජාතා ඛලු ඉමේ දුවේ

ඒ වගේ ම මහිංසාසක භික්ෂු පිරිසට අයත් නිකායෙනුත් තව කොටස් දෙකක් බිහිවුනා. සර්වාස්ථිවාදී නිකායත් ධර්මගුප්තික නිකායත් වශයෙනි.

09. **ජාතා සබ්බත්ථිවාදීහි - කස්සපියා තතෝ පන**
ජාතා සංඛන්තිකා භික්ඛූ - සුත්තවාදා තතෝ පන

සර්වාස්තවාදී භික්ෂු නිකායෙන් කස්සපීය නමින් තවත් අලුත් නිකායක් බිහිවුනා. ඒ කස්සපීයවාදී භික්ෂු පිරිසෙන් වෙන්වෙලා සංක්‍රාන්තික නමින් තවත් භික්ෂු නිකායක් බිහිවුනා. ඒ සංක්‍රාන්තිකවාදී භික්ෂු නිකායෙන් බිඳීගොස් සූත්‍රවාදී නමින් නිකායකුත් බිහිවුනා.

10. **ථේරවාදේන සහ තේ - හොන්ති ද්වාදසි'මේ පි ච**
පුබ්බේ වුත්තා ඡ වාදා ච - ඉති අට්ඨාරසාඛිලා

මුල් ථේරවාදයෙන් බිඳීගිය මහිංසාසක නිකායේ සිට සූත්‍රවාදී නිකාය දක්වා භික්ෂු නිකායයන් එකොළහක් තියෙනවා. ස්ථවිරවාදය වෙනම ගත්තොත් ඔක්කොම දොළහක් වෙනවා. ස්ථවිරවාදී භික්ෂු නිකාය දොළසයි, කලින් කියූ මහාසංඝික භික්ෂු නිකාය හයයි එකතු කළ විට ආචාර්යවාද දහඅටකට සඟපිරිස භේදභින්න වී ගියා.

11. **සත්තරසාපි දුතියේ - ජාතා වස්සසතේ ඉති**
අඤ්ඤාචරියවාදා තු - තතෝ ඕරං අජායිසුං

භාග්‍යවතුන් වහන්සේගේ පිරිනිවන් පෑමෙන් වසර දෙසීයක් ඇතුළත මූලික ස්ථවිරවාදයෙන් වෙන් වූ ආචාර්යවාද නිකායයන් දාහතක් හටඅරගෙන තියෙනවා. ඒවායෙන් ඊට

පසු තව තවත් ආචාර්යවාද සහිත නිකායයන් ඇතිවුනා.

12. **හේමවතා රාජගිරියා - තථා සිද්ධත්ථකාපි ච**
පුබ්බසේලියභික්ඛූ ච - තථා අපරසේලියා

හේමවතික නිකාය, රාජගිරික නිකාය, සිද්ධත්ථක නිකාය, පුබ්බසේලිය නිකාය, අපරසේලිය නිකාය වශයෙනුත්

13. **වාජිරියා ඡ ඒතේ හි - ජම්බුදීපම්හි භින්නකා**
ධම්මරුචි සාගලිකා - ලංකාදීපම්හි භින්නකා

වාජිරිය භික්ෂු නිකාය වශයෙනුත් තව දුරටත් දඹදිව භික්ෂු සංඝයා කොටස් හයකට බිඳී ගියා. ලංකාවෙහි මහාවිහාරයට අයිත් භික්ෂු සංඝයාගෙන් බිඳීගොස් ජේතවන විහාරයෙහි කුරුන්දකවුල්ල පිරිවෙන්වැසි දාඨාවේදක නම් භික්ෂුවක් ධම්මරුචි නිකාය බිහිකළා. කොළොම්බහාලක පිරිවෙන්වැසි දාඨාවේදක නම් භික්ෂුවක් ඒ ධම්මරුචි නිකායෙන් බිඳිලා සාගලික නිකාය වශයෙන් අලුත් නිකායක් හදාගත්තා.

ආචරියකුලවාද කථා නිට්ඨිතා

සංඝයා වාද විවාද හේතුවෙන් ආචාර්ය කුලයන්ට බිඳීගිය විස්තරය නිමා විය.

14. **කාලාසෝකස්ස පුත්තා තු - අහේසුං දසභාතිකා**
බාවීසතිං තේ වස්සානි - රජ්ජං සමනුසාසිසුං

කාලාශෝක රජ්ජුරුවන්ට පුත් කුමාරවරුන් දස දෙනෙක් හිටියා. ඒ සහෝදරයන් දස දෙනා අවුරුදු විසි දෙකක් පාටලීපුත්‍ර නගරයේ රාජ්‍ය අනුශාසනාව කළා.

15. **නව නන්දා තතෝ ආසුං - කමේනේව නරාධිපා**
තේපි බාවීස වස්සානි - රජ්ජං සමනුසාසිසුං

ඒ සහෝදර දස දෙනාගේ රජකමෙන් පසු නන්ද නමින් රාජ පරම්පරාවක් බිහිවෙලා ඔවුන්ගේ රජවරු නව දෙනෙක් ක්‍රමයෙන් රාජ්‍ය පාලනයෙහි යෙදුනා. ඔවුනුත් වසර විසි දෙකක් රජකම් කළා.

16. **මෝරියානං ඛත්තියානං - වංසේ ජාතං සිරීධරං**
චන්දගුත්තෝ'ති පඤ්ඤාතං
- චානක්කෝ බ්‍රාහ්මණෝ තතෝ

විඩූඩභ රජු විසින් ශාක්‍යයන්ගෙන් පළිගැනීම පිණිස මහා ශාක්‍ය සංහාරයක් කළා. එයින් බේරුණු ශාක්‍යවරුන් හිමාලයට ගොස් සිය පරම්පරාව දිගටම ගෙනිච්චා. ඔවුන්ගේ රාජ සංකේතය වශයෙන් මොණරෙකුව තබාගත් නිසා ඔවුන්ගේ වංශය මෞර්ය වංශය නමින් ප්‍රකට වුනා. ඒ මෞර්ය වංශයේ උපන් නොයෙක් ශ්‍රී සෞභාග්‍යයෙන් යුක්ත වූ චන්ද්‍රගුප්ත නම් කුමාරයෙක් ප්‍රසිද්ධව සිටියා. ඔහුව රාජ්‍යත්වය සඳහා සුදුස්සෙක් බවට පත් කෙරෙව්වේ චාණක්‍ය නම් වූ බමුණෙකුයි.

17. **නවමං ධනනන්දං තං - ඝාතෙත්වා චණ්ඩකෝධසා**
සකලේ ජම්බුදීපස්මිං - රජ්ජේ සමභිසිඤ්චි සෝ

ඉතින් ඒ චාණක්‍ය නම් වූ චණ්ඩ ක්‍රෝධ ගති ඇති බ්‍රාහ්මණයා මහලෝභීව සිටි නවවෙනි ධනනන්ද නම් රජ්ජුරුවන්ගෙන් එක්තරා අවස්ථාවක නින්දා අපහාසයට පත්වුනා. ඒ රාජ වංශය ම නැති කරලා අලුත් රජපරපුරක් බිහිකිරීම පිණිස මොහු කුමන්ත්‍රණය කළේ එදා සිටයි. එහි ප්‍රතිඵලයක් ලෙස චන්ද්‍රගුප්ත කුමාරයාව බලවත් කෙරෙව්වා. ධනනන්ද රජ්ජුරුවන්වත් ඝාතනය කෙරෙව්වා. චන්ද්‍රගුප්ත කුමාරයාව මුළු දඹදිව් තලයට ම රාජ්‍යානුශාසනාව පිණිස අභිෂේක කෙරෙව්වා.

18. **සෝ චතුබ්බීස වස්සානි - රාජා රජ්ජං අකාරයි**
තස්ස පුත්තෝ බින්දුසාරෝ - අට්ඨවීසති කාරයි

ඒ චන්ද්‍රගුප්ත රජ්ජුරුවෝ විසි හතර අවුරුද්දක් පාටලීපුත්‍රයෙහි රජකම් කළා. ඔහුගේ ඇවෑමෙන් පස්සේ සිය පුත්‍ර වූ බින්දුසාර රජු විසි අට අවුරුද්දක් රජකම් කළා.

19. **බින්දුසාරසුතා ආසුං - සතං ඒකෝ ච විස්සුතා**
අසෝකෝ ආසි තේසන්තු - පුඤ්ඤතේජෝබලිද්ධිකෝ

ඒ බින්දුසාර රජ්ජුරුවන්ට ප්‍රසිද්ධ පුත් කුමාරවරුන් එකසිය එක් දෙනෙක් සිටියා. ඒ සියලු පුත් කුමාරවරුන් අතරින් අසෝක කුමාරයා පුණ්‍ය තේජසිනුයි බල ඉර්ධියෙනුයි යුක්තව සිටියා.

20. **වේමාතිකේ භාතරෝ සෝ - හන්ත්වා ඒකූනකං සතං**
සකලේ ජම්බුදීපස්මිං - ඒකරජ්ජං අපාපුණි

ඒ අසෝක කුමාරයා විවිධ මෑණිවරුන්ගෙන් ලද ඒ සොයුරු කුමාරවරුන් අනූනව දෙනෙකුව ඝාතනය කෙරෙව්වා. මුළු මහත් දඹදිවට තනි රජෙක් බවට පත්වුනා.

21. **ජිනනිබ්බානතෝ පච්ඡා - පුරේ තස්සාභිසේකතෝ**
සාට්ඨාරසං වස්සසතද්වයං ඒවං විජානියං

ඒ අසෝක රාජයාගේ අභිෂේකයට කලින් අප භාග්‍යවතුන් වහන්සේ පිරිනිවන් පාලා වසර දෙසිය දහ අටක් ගෙවීගොස් තිබුණා.

22. **පත්වා චතුහි වස්සේහි - ඒකරජ්ජං මහායසෝ**
පුරේ පාටලිපුත්තස්මිං - අත්තානං අභිසේචයී

මහා යසස පිරිවර ඇති අශෝක රජතුමා සතර අවුරුද්දකින් දඹදිව ම තනි රාජ්‍යයක් බවට පත්කරලා පාටලීපුත්‍ර නගරයේ දී තමන්ගේ රාජාභිෂේකය කරවා ගත්තා.

23. **තස්සාභිසේකේන සමං - ආකාසේ භූමියං තථා**
යෝජනේ යෝජනේ ආණා - නිච්චං පවත්තිතා අහූ

අශෝකයන්ගේ රාජාභිෂේකයත් සමඟ ම අහසේ වගේ ම පොළවෙත් යොදුනක් යොදුනක් (කිලෝ මීටර් 10ක් පමණ) ප්‍රදේශය පුරා නිරන්තරයෙන් තමන්ගේ ආඥාව පිහිටන රාජ ඉර්ධිය ඇතිවුනා.

24. **අනෝතත්තෝදකකාජේ - අට්ඨානේසුං දිනේ දිනේ**
දේවා දේවෝ අකා තේහි - සංවිභාගං ජනස්ස ච

දෙවිවරු දිනපතා හිමාලයේ මුදුනෙහි ඇති අනෝතප්ත විලෙන් මිහිරි පැන් අට කදක් රජ්ජුරුවන්ට අරගෙන ආවා. රජතුමා ඒවායෙන් කොටසක් ජනතාවටත් බෙදුවා.

25. **නාගලතාදන්තකට්ඨං - ආනේසුං හිමවන්තතෝ**
අනේකේසං සහස්සානං - දේවා ඒව පහෝනකං

ඒ වගේම දෙවිවරු හිමාල වන ප්‍රදේශයෙන් නාගලතා නමැති දැහැටි දඬුත් නොයෙක් දහස් ගණන් ජනයාට සෑහෙන පමණට අරගෙන ආවා.

26. **අගදාමලකං චේව - තථාගදහරීතකං**
තතෝ'ව අම්බපක්කං ච - වණ්ණගන්ධ රසුත්තමං

ඒ හිමාල වනයෙන් ම බෙහෙත් නෙල්ලිත් ගෙනාවා. ඒ වගේම බෙහෙත් අරළුත් ගෙනාවා. ඒ වනයෙන් ම ඉතා පෙනුමැති සුවඳවත් වූ උතුම් රසැති ඉදුනු අඹත් ගෙනාවා.

27. **පඤ්චවණ්ණානි වත්ථානි - හත්ථපුඤ්ඡනපට්ටකං**
පීතං ච දිබ්බපානං ච - ඡද්දන්තදහතෝ මරූ

දෙවිවරු වර්ණ පසකින් යුතු වස්ත්‍රත්, කහපාට වර්ණයෙන් යුතු අත්පිසිනා රෙදි පිළිත් දිව්‍ය වූ පාන වර්ගත් ඡද්දන්ත විලෙන් අරගෙන ආවා.

28. **මරන්තා නගරේ තස්මිං - මිගසූකරපක්ඛිනෝ**
ආගන්ත්වාන මහානසං - සයමේව මරන්ති ච

පස්වෙනි පරිච්ඡේදය 95

අසෝක රජ්ජුරුවන්ගේ පින් බලය නිසා භූතයන්ගේ මෙහෙයවීමෙන් පාටලීපුත්‍ර නගරයේ මුවන්, ඌරන්, පක්ෂීන් ආදී සතුන් මැරෙද්දි ඔවුන් රාජ මන්දිරයේ මුළුතැන්ගෙය ළඟට ඇවිදින් මැරෙනවා.

29. **ගාවෝ තත්ථ චරාපෙත්වා - වජමානෙන්ති දීපිනෝ**
ඛෙත්තවත්ථුතළාකාදිං පාලෙන්ති මිගසූකරා

ඒ ප්‍රදේශයේ වාසය කරන දිවියෝ ගවයන්ට ගොදුරු කවන්ට වනයට රැගෙන ගොහින් නැවත ගවගාලට අරගෙන එනවා. මුවන්, ඌරන් වගේ සතුන් රජ්ජුරුවන්ගේ කෙත්වතු, වැව් ආදිය පාලනය කළා.

30. **සුමනං පුප්ඵපටකං - අසුත්තං දිබ්බමුප්පලං**
විලේපනං අඤ්ජනං ච - නාගා නාගවිමානතෝ

නාගයෝ නාගලෝකයෙන් දිව්‍යසළු බඳු මැස්මක් නොපෙනෙන පරිදි සමන් මලින් කළ වස්ත්‍ර අරගෙන ආවා. දිව්‍ය මහනෙල් මල් අරගෙන ආවා. සුවඳ විලවුන්, අඳුන් ආදියත් අරගෙන ආවා.

31. **සාලිවාහසහස්සානි - නවුතිං තු සුවා පන**
ඡද්දන්තදහතෝ යේව - ආහරිංසු දිනේ දිනේ

ගිරව් ද දිනපතා ඡද්දන්ත විලෙන් ම ගැල් අනූදහසක් පමණ වූ ඇල් හාල් අරගෙන ආවා.

32. **තේ සාළී නිත්තුසකණේ - අඛණ්ඩෙත්වාන තණ්ඩුලේ**
අකංසු මූසිකා තේහි - භත්තං රාජකුලේ අහූ

ගිරවුන් විසින් ගෙනෙන ලද පොතු සහිත වූ ඇල්හාල් නොකැඩෙන ලෙසින් පොතු ඉවත් කළේ මීයන් විසිනුයි. රජ පවුලේ හැමෝට ම බත් පිළියෙල කළේ ඒ හාල් වලිනුයි.

33. **අකංසු සතතං තස්ස - මධූනි මධුමක්ඛිකා**
තථා කම්මාරසාලාසු - අච්ඡා කූටානි පාතයුං

මීමැස්සෝ වනාන්තරයෙන් ඇවිදින් ඉඩ ඇති තැන්වල නිතරම මීවද බැන්දා. අසෝක රජ්ජුරුවන්ගේ කම්මල් වැඩ කරන තැන්වල වළස්සු ඇවිදින් යකඩ වලට කුළු පහර ගැහුවා.

34. **කරවීකා සකුණිකා - මනුඤ්ඤමධුරස්සරා**
අකංසු තස්සා'ගන්ත්වාන - රඤ්ඤෝ මධුරවස්සිතං

ඇසූ ඇසූවන්ගේ සිත් පිණවීමට සමත් මිහිරි හඬ ඇති කුරවි කොවුලන් කියන කුරුල්ලෝ හිමාල වනයෙන් ආවා. ඔවුන් අශෝක රජ්ජුරුවන්ට ඇසෙන මායිමේ අතු අග හිඳ මිහිරි නාද පතුරවලා තමන් නොදක්වා ම යනවා.

35. **රාජාභිසිත්තෝ සෝ'සෝකෝ - කුමාරං තිස්සසව්හයං**
කණිට්ඨං තං සෝ'දරියං - උපරජ්ජේ'භිසේචයි

අභිෂේක ලැබූ අශෝක රජ්ජුරුවෝ තමන් එක කුස උපන් තමන්ගේ බාල සොහොයුරා වූ තිස්ස කුමාරයා යුවරජ පදවියට අභිෂේක කළා.

ධම්මාසෝකාභිසේකෝ නිට්ඨිතෝ

ධර්මාශෝකයන්ගේ අභිෂේකය පිළිබඳ කතාව නිමා විය.

36. **පිතා සට්ඨිසහස්සානි - බ්‍රාහ්මණේ බ්‍රහ්මපක්ඛිකේ**
භෝජේසි සෝපි තේ යේව - තීණි වස්සානි භෝජයි

අශෝක රජ්ජුරුවන්ගේ පියාණන් ව සිටි බින්දුසාර රජතුමා මහා බ්‍රහ්මයා විසින් ලොව මවන ලදැයි විශ්වාසයෙන් යුතුව සිටින බ්‍රහ්මභක්තික සැට දහසක් බ්‍රාහ්මණයන්ට භෝජන දුන්නා. අශෝක රජ්ජුරුවොත් තම පියාණන් සෙයින් වර්ෂ තුනක් පුරාවට ඒ බ්‍රාහ්මණයන්ට බොජුන් දුන්නා.

37. **දිස්වා'නුපසමං තේසං - අසෝකෝ පරිවේසනේ**
විචෙය්‍ය දානං දස්සන්ති - අමච්චේ සන්නියෝජිය

සන්සුන් බවින් තොර ඒ බ්‍රාහ්මණයන් අවිනීත අන්දමින් බොජුන් අනුභව කරන හැටි අශෝක රජතුමා සීමැදුරු කවුළුවේ සිට බලාගෙන සිටියා. දන් දීමේදී මීට වඩා විමසා බලා දීම පිණිස සුදුසු දක්ඛිණාර්හ නම් වූ දන් පිළිගැනීමෙහි යෝග්‍ය වූවන් හට දන් දීම හොඳ යැයි සිතුවා. තම තමන් කැමති මහණ බමුණන් කැඳවාගෙන එන්න. ඔවුන්ටත් දන් දෙමු කියා ඇමතියන්ව මෙහෙයෙව්වා.

38. **ආණාපයිත්වා මතිමා - නානාපාසණ්ඩිකේ විසුං**
වීමංසිත්වා නිසජ්ජාය - භෝජාපෙත්වා විසජ්ජයි

එතකොට ඇමතිවරු ඒ ඒ තැනින් නොයෙක් මත දරන තවුසන්, පාසාණ්ඩිකයන් කැඳවාගෙන ආවා. යහපත් ප්‍රඥා ඇති අශෝක රජ්ජුරුවෝ ඔවුන්ව දන් ශාලාවෙහි වඩා හිඳුවලා ඔවුන් වළඳන ආකාරය විමසා බලාගෙන සිටියා. ඒ වළඳන අයුරින් ම ඔවුන් තුළ හරයක් නැතැයි තේරුම් ගත් රජ්ජුරුවෝ ඔවුන්ට සුදුසු වූ කැම්බීම් දෙවා පිටත් කෙරෙව්වා.

39. **කාලේ වාතායනගතෝ - සන්තං රච්ඡාගතං යතිං**
නිග්‍රෝධසාමණේරං සෝ - දිස්වා චිත්තං පසාදයී

මෙසේ සිත් පහදවන ආකාරයේ දක්ෂිණාර්හයන් දකින්ට නැතුව සිටි අශෝක රජ්ජුරුවෝ දිනක් සීමැදුරු කවුලුවෙන් එළිය බලාගෙන සිටියා. ඒ වෙලාවෙහි රාජාංගනය අසල වීදියෙන් ශාන්ත ඉඳුරන් ඇතුව, දමනය වූ ඉඳුරන් ඇතුව වඩින්නා වූ නිග්‍රෝධ නම් වූ රහත් භාවයට පත් කුඩා සාමණේරයන් වහන්සේව දැක්කා. උන්වහන්සේ කෙරෙහි රජ්ජුරුවන්ගේ සිත පැහැදුනා.

40. **බින්දුසාරස්ස පුත්තානං - සබ්බේසං ජෙට්ඨභාතුනෝ**
සුමනස්ස කුමාරස්ස - පුත්තෝ සෝ හි කුමාරකෝ

ඒ සාමණේරයන් වහන්සේ වෙන කවුරුවත් නොව බින්දුසාර රජ්ජුරුවන්ගේ සියලු පුත්‍රයන්ට වැඩිමහලුව සිටි සුමන කුමාරයාගේ පුත් කුමරා ය.

41. **අසෝකෝ පිතරා දින්නං - රජ්ජං උජ්ජේනියං හි සෝ**
හිත්වා'ගතෝ පුප්ඵපුරං - බින්දුසාරේ ගිලානකේ

අශෝක රජ්ජුරුවෝ කලින් හිටියේ සිය පියාණන් දුන් උදේනි නුවර රාජ්‍යය කරමිනුයි. බින්දුසාර රජ්ජුරුවෝ ගිලන් වෙලා මරණාසන්න වූ විට අශෝකයන් උදේනි රාජ්‍යය අත්හැරලා පුෂ්පපුරය නම් වූ පාටලීපුත්‍රයට පැමිණියා.

42. **කත්වා පුරං සකායත්තං - මතේ පිතරි භාතරං**
ඝාතෙත්වා ජෙට්ඨකං රජ්ජං - අග්ගහේසි පුරේ වරේ

අශෝකයන් පාටලීපුත්‍රයට ඇවිදින් බින්දුසාරයන් මිය ගියාට පස්සේ, නිග්‍රෝධ සාමණේරයන් වහන්සේගේ පියාණන් ව සිටි පාටලීපුත්‍රයේ හිටපු සුමන යුවරජු ඝාතනය කරවලා අගනුවර උතුම් රාජ්‍යය අල්ලාගත්තා.

43. **සුමනස්ස කුමාරස්ස - දේවී තන්නාමිකා තතෝ**
ගබ්භිනී නික්ඛමිත්වාන - පාචීනද්වාරතෝ බහී

සුමන යුවරාජ කුමාරයාගේ දේවිය හඳුන්වන්නේ සුමනා යන නමින්. ඒ වෙද්දී ඇය ගර්භනියක්. ඉතින් ඈ පාටලිපුත්‍ර නගරයේ නැගෙනහිර දොරටුවෙන් පිටවෙලා පලා ගියා.

44. **චණ්ඩාලගාමං අගමං - තත්ථ නිග්‍රෝධදේවතා**
තමාලපිය නාමේන - මාපෙත්වා සරකං අදා

ඉතින් ඈ සැඩොලුන්ගේ ගමට ගියා. ඒ සැඩොල් ගමේ ප්‍රධාන සැඩොලාගේ නිවසට නුදුරින් විශාල නුගවෘක්ෂයක් තිබුණා. මේ නුගරුකට අධිගෘහිතව බලසම්පන්න දෙවියෙක් හිටියා. ඒ දෙවියා ඈ වෙනුවෙන් නිවසක් මැව්වා. 'සුමනාවෙනි, මෙහෙ එන්න' කියා ඒ නිවසෙහි රඳවා ගත්තා.

45. **තදේහේ'ව වරං පුත්තං - විජායිත්වා සුතස්ස සා**
නිග්‍රෝධෝ'ති අකා නාමං - දේවතානුග්ගහානුගා

එදා ම ඈට උතුම් පුත් රුවනක් ලැබුනා. ඈ තමන්ට දෙවියන්ගේ අනුග්‍රහය ලැබුණු නිසා ඒ උපකාරය සිහි කරමින් සිය පුත්‍රයාට 'නිග්‍රෝධ' යන නම තැබුවා.

46. දිස්වා තං ජෙට්ඨචණ්ඩාලෝ - අත්තනෝ සාමිනිං විය
මඤ්ඤන්තෝ තං උපට්ඨාසි - සත්තවස්සානි සාධුකං

එතකොට ඒ ගමේ ප්‍රධාන සැඩොලාට අලුත් නිවසත් සුමනා දේවියත් සිඟිත්තාත් දකින්ට ලැබුනා. ඔහුට සිතුනේ තමන්ගේ පළාතේ ප්‍රධාන ම දේවියක් තම ආසන්නයට පැමිණ සිටින බවයි. එනිසා ඔහු ඉතා ගෞරවයෙන් යුතුව ඇයට සත් අවුරුද්දක් හොඳාකාර ලෙස ඇප උපස්ථාන කළා.

47. තං මහාවරුණෝ ථේරෝ - තදා දිස්වා කුමාරකං
උපනිස්සයසම්පන්නං - අරහා පුච්ඡි මාතරං

දිනක් මහා වරුණ රහතන් වහන්සේට සත් හැවිරිදි වූ නිග්‍රෝධ කුමාරයාව දකින්ට ලැබුනා. උතුම් රහත් බව ලබා ගැනීමට තරම් වාසනා මහිමයක් මේ දරු සිඟිත්තා තුළ ඇති බව උන්වහන්සේට වැටහුනා. එනිසා දරුවා පැවිදි කිරීමට මෑණියන්ගෙන් විමසුවා.

48. පබ්බාජේසි ඛුරග්ගේ සෝ - අරහත්තං අපාපුණි
දස්සනායෝ'පගච්ඡන්තෝ - සෝ තතෝ මාතු දේවියා

මෑණියන්ගෙන් අවසරය ලැබූ සිඟිත්තාට පැවිදි වෙන්ට වාසනාව උදාවුනා. හිසබූගාන අවස්ථාවේ දී නිග්‍රෝධයන් උතුම් රහත් ඵලයට පත්වුනා. ඒ නිග්‍රෝධ රහත් සාමණේරයන් වහන්සේ දෙවෙනි දවසෙහි තම මෑණියන්ව බලන්ට පිටත් වුනා.

49. දක්ඛිණේන ච ද්වාරේන - පවිසිත්වා පුරුත්තමං
තං ගාමගාමි මග්ගේන - යාති රාජංගනේ තදා

එදා දකුණු දොරටුවෙන් ඇතුලු වෙලා උතුම් පුරයට පැමිණිලා ඒ සැඩොල් ගමට යන මාර්ගයේ වඩිද්දී තමයි රාජාංගනය ඔස්සේ වැඩියේ.

50. සන්තාය ඉරියායස්මිං - පසීදි ස මහීපතී
පුබ්බේ'ව සන්නිවාසේන - පේමං තස්මිං අජායථ

ශාන්ත වූ ඉරියව්වලින් යුතුව වඩිමින් සිටි නිග්‍රෝධයන් වහන්සේ දුටු පමණින් රජ්ජුරුවන්ගේ සිත පැහැදුනා. පෙර ආත්මයෙහි එකට වාසය කළ නිසා උන්වහන්සේ කෙරෙහි මහත් ආදරයක් උපන්නා.

51. පුබ්බේ කිර තයෝ ආසුං - භාතරෝ මධුවාණිජා
ඒකෝ මධුං වික්කිණාති - ආහරන්ති මධුං දුවේ

බොහෝම ඉස්සර කාලෙක මී පැණි විකුණන සහෝදර වෙළෙන්දන් තුන් දෙනෙක් සිටියා. ඔවුන් ගෙන් එක්කෙනෙක් මී පැණි විකුණනවා. දෙන්නෙක් වනයට ගිහින් මී වද කඩාගෙන පැණි අරගෙන එනවා.

52. ඒකෝ පච්චේකසම්බුද්ධෝ - වණරෝගාතුරෝ අහූ
අඤ්ඤෝ පච්චේකසම්බුද්ධෝ - තදත්ථං මධුඅත්ථිකෝ

එක් පසේබුදු රජාණන් වහන්සේ නමක් ශරීරයේ වූ වණ රෝගයකින් පෙළෙමින් සිටියා. ඒ පසේබුදුවරයන් වහන්සේට බෙහෙත් පිණිස තවත් පසේබුදුරජාණන් වහන්සේ නමක් මී පැණි සොයාගෙන පිඬුසිඟා වැඩියා.

53. පිණ්ඩචාරිකවත්තේන - නගරං පාවිසී තදා
තිත්ථං ජලත්ථං ගච්ඡන්තී - ඒකෝ චේටී තමද්දස

ඉතින් ඒ පසේබුදුරජාණන් වහන්සේ පිණ්ඩපාත චාරිකාවෙන් නගරයට වැඩියා. එවේලෙහි දිය ගෙන යන එක්තරා දාසියක් දිය ගෙනෙන්ට පැන් තොටට යද්දී උන්වහන්සේව දැක්කා.

පස්වෙනි පරිච්ඡේදය 101

54. පුච්ඡිත්වා මධුකාමත්තං - ඤත්වා හත්ථේන ආදිසි
ඒසෝ මධුවාපණෝ භන්තේ - තත්ථ ගච්ඡා'ති අබ්‍රවී

ඇය උන්වහන්සේ වෙත එළඹ පසඟ පිහිටුවා වැන්දා. 'ස්වාමීනී, මේ අවේලාවෙහි පිඬුසිඟා වඩින්නේ කුමන දෙයක් අපේක්ෂාවෙන්දැ'යි විමසුවා. එතකොට උන්වහන්සේ මී පැණි වල අවශ්‍යතාවය වදාළා. 'ස්වාමීනී, අර තියෙන්නේ මී පැණි වෙළඳ සැලක්. එතනට වැඩිය මැනව' කියලා පෙන්වා පැවසුවා.

55. තත්ථ පත්තස්ස බුද්ධස්ස - වාණිජෝ සෝ පසාදවා
විස්සන්දයන්තෝ මුඛතෝ - පත්තපූරං මධුං අදා

පසේබුදුරජාණන් වහන්සේ ඒ වෙළඳසැලට වැඩියා. එතකොට වෙළෙන්දා උන්වහන්සේ කෙරෙහි සිත පහදවා ගත්තා. පාත්‍රයට මී පැණි පුරවද්දි ඒ පාත්‍ර කටින් පැණි උතුරලා යනකම් මී පැණි පූජා කළා.

56. පුණ්ණං ච උප්පතන්තං ච - පතිතං ච මහීතලේ
දිස්වා මධුං පසන්නෝ සෝ - ඒවං පණිදහී තදා

ඒ වෙලාවේ පාත්‍රයෙහි පිරී ඇති මී පැණිත් එය උතුරා බිමට වැටී ගිය මී පැණිත් දැකපු ඒ වෙළෙන්දාට මහත් සතුටක් ඇතිවුනා. ඔහු මෙබඳු ප්‍රාර්ථනාවක් කළා.

57. ජම්බුදීපේ ඒකරජ්ජං - දානේනා'නේන හෝතු මේ
ආකාසේ යෝජනේ ආණා - භූමියං යෝජනේ'ති ච

'මේ මී පැණි දානය හේතුවෙන් මට මේ දඹදිව තනි රජ කෙනෙක් වෙන්ට ලැබේවා! මාගේ ආඥාව ආකාසයෙහි යොදුනක් දුර පැතිරේවා! පොළවෙහිත් යොදුනක් දුර පැතිරේවා!'

58. භාතරේ ආගතේ ආහ - ඒදිසස්ස මධුං අදං
අනුමෝදථ තුම්හේ තං - තුම්හාකං ච යතෝ මධු

ඉතිරි සහෝදරයන් දෙදෙනා මී වද කඩාගෙන මී පැණි අරගෙන ආවා. එතකොට අර වෙළෙන්දා මෙහෙම කිව්වා. 'අද හිස මුඩු කළ, කසාවත් පෙරවූ ශ්‍රමණයන් වහන්සේ නමක් වැඩියා නොවැ. උන්වහන්සේට මී පැණි වල අවශ්‍යතාවයක් තිබුණා. මං මී පැණි පූජා කරගත්තා. ඔබත් මං වගේ ම මේ මී පැණි වලට අයිතිකාරයෝ නොවැ. ඒ නිසා මේ දානය අනුමෝදන් වෙන්ට ඕනෑ.'

59. ජෙට්ඨෝ ආහ අතුට්ඨෝ සෝ - චණ්ඩාලෝ නූන සෝ සියා
නිවාසෙන්ති හි චණ්ඩාලා - කාසායානි සදා ඉති

ඔවුන්ගෙන් වැඩිමහලු සහෝදරයා ඒ ගැන සතුටු වුනේ නෑ. 'ඔබ කියන ඔය පුද්ගලයා සැඩොලෙක් ම වෙන්න ඇති. සැඩොල්ලු නොවැ හැමදෑම කසාවත් පොරවාගෙන ඉන්නේ' කියලා කිව්වා.

60. මජ්ඣෙෝ පච්චේකබුද්ධං තං - ඛිප පාරණ්ණවේ ඉති
පත්තිදානවචෝ තස්ස - සුත්වා තේ චානුමෝදිසුං

මද්දුමයාත් සතුටට පත්වුනේ නෑ. 'ඔය කියන නුඹගේ පසේබුදුන් මුහුදෙන් එතෙරට දමන්ට එපායැ' කියලා කිව්වා. නමුත් මී පැණි දානය පිළිගත්ත උත්තමයා ගැන නොසතුටු වදන් පැවසුවත් ආයෙමත් පින් අනුමෝදන් කරන ඔහුගේ වචනය අහලා මහත් සන්තෝෂයට පත්වෙලා අනුමෝදන් වුනා.

61. ආපණාදේසිකා සා තු - දේවිත්තං තස්ස පත්ථයී
අදිස්සමානසන්ධී ච - රූපං අතිමනෝරමං

එතකොට වෙළඳසැල පෙන්වූ දිය අදින දාසිය මෙහෙම සිතුවා. 'අපගේ ආර්යයන් වහන්සේට මී පැණි දුන්නොත් හොඳයි. නොදුන්නොත් ණයට හරි අරගෙන මං පූජා කරනවා' කියලා බලාපොරොත්තුවෙන් සිටියා. පසේබුදුන් ආපසු වඩිද්දී 'ස්වාමීනී, මී පැණි ලැබුනාද කියලා

ඇහුවා. ඔවුන් ප්‍රාර්ථනා කළ කරුණුත් දැනගත්තා. එතකොට ඈ මී පැණි පූජා කළ වෙළෙන්දාගේ බිසව වෙන්ටත් තමන්ගේ අත්පා සන්ධි නොපෙනෙන අයුරින් අතිශය රූපවත්ව තිබෙන්ටත් ප්‍රාර්ථනා කළා.

62. **අසෝකෝ මධුදෝ'සන්ධිමිත්තා දේවී තු චේටිකා**
චණ්ඩාලවාදී නිග්‍රෝධෝ - තිස්සෝ සෝ පාරවාදිකෝ

ඒ කාලේ මී පැණි පිදූ වෙළෙන්දා අශෝක රජ්ජුරුවන් බවට පත්වුනා. අසන්ධිමිත්‍රා දේවිය වෙලා සිටියේ එතන සිටිය දිය ගෙන යන දාසිය යි. සැඩොලා කියා පසේබුදුන්ට අගරු කළ වැඩිමහලු වෙළෙන්දා සැඩොල් ගමේ උපන්න නිග්‍රෝධ කුමාරයා යි. මුහුදෙන් එතෙරට යවන්ට ඕනෑ කියූ මද්දුමයා ලංකාවේ දෙවනපෑතිස් රජු වෙලා උපන්නා.

63. **චණ්ඩාලවාදී චණ්ඩාලගාමේ ආසි යතෝ තු සෝ**
පත්ථේසි මොක්ඛං මොක්ඛං ච - සත්තවස්සෝ'ව පාපුණි

සැඩොල් කථාව කියපු නිසා සැඩොල් ගමේ උපන්නා. නමුත් එදා පින් අනුමෝදන් වෙලා උතුම් නිවන ප්‍රාර්ථනා කළ නිසා සත් අවුරුදු වයසේදී නිවන් අවබෝධ කළා.

64. **නිවිට්ඨපේමෝ තස්මිං සෝ - රාජා'තිතුරිතෝ තතෝ**
පක්කෝසාපේසි තං සෝ තු - සන්තවුත්තී උපාගමි

සාමණේරයන් වහන්සේ කෙරෙහි බලවත් ප්‍රේමයකින් යුක්ත වූ ඒ රජ්ජුරුවෝ ඉතා ඉක්මනින් ම උන්වහන්සේ කැඳවාගෙන එන්ට කියලා ඇමතියන් යැව්වා. එතකොට උන්වහන්සේ ශාන්ත ගමනින් ම එහි වැඩියා.

65. **නිසීද තාතා'නුරූපේ - ආසනේතාහ භූපති**
අදිස්වා භික්ඛුමඤ්ඤං - සෝ සීහාසනමුපාගමි

මාළිගාවට වැඩම කළ සාමණේරයන් වහන්සේට රජ්ජුරුවෝ මෙහෙම කිව්වා. 'ප්‍රිය දරුව, ඔබට ගැලපෙන

ඕනෑම ආසනයක හිඳගත මැනව' කියලා. එතකොට සාමණේරයන් වහන්සේ වටපිට බැලුවා. වෙනත් භික්ෂූන් වහන්සේ නමක් පෙනෙන්ට නැහැ. උන්වහන්සේ එතැන තිබුන ලොකුම ආසනය වන සිංහාසනය වෙත වැඩියා.

66. **තස්මිං පල්ලංකමායන්තේ - රාජා ඉති විචින්තයී**
අජ්ජායං සාමණේරෝ මේ - ඝරේ හෙස්සති සාමිකෝ

ඒ සිංහාසනය වෙත සාමණේරයන් වැඩම කරද්දි රජ්ජුරුවෝ මෙහෙම හිතුවා. 'අද මේ සාමණේරයෝ මාගේ නිවසෙහි අධිපති බවට පත්වෙනවා නොවැ' කියලා.

67. **ආලම්බිත්වා කරං රඤ්ඤො - සෝ පල්ලංකං සමාරුහි**
නිසීදි රාජපල්ලංකේ - සේතච්ඡත්තස්ස හෙට්ඨතෝ

අශෝක මහරජ්ජුරුවන්ගේ අතින් අල්ලාගෙන සාමණේරයෝ සිංහාසනයට ගොඩවුනා. සුදු සේසත යට තියෙන රාජාසනයෙහි වාඩිවුනා.

68. **දිස්වා තථා නිසින්නං තං - අසෝකෝ සෝ මහීපති**
සම්භාවෙත්වාන ගුණතෝ - තුට්ඨයෝ'තීව තදා අහූ

අශෝක රජ්ජුරුවෝ ඔය විදිහට රාජාසනයෙහි වැඩඉන්න සිඟිති සාමණේරයන් වහන්සේගේ ශාන්ත වූ ඉරියව් කෙරෙහි පැහැදිලා උන්වහන්සේට මහත් ගරුසරු දක්වලා අතිශයින් ම සන්තෝෂයට පත්වුනා.

69. **අත්තනෝ පටියත්තේන - ඛජ්ජභොජ්ජේන තප්පිය**
සම්බුද්ධභාසිතං ධම්මං - සාමණේරං අපුච්ඡි තං

තමන් උදෙසා පිළියෙල කරන ලද රාජකීය ඛාද්‍ය භෝජ්‍යවලින් සාමණේරයන් වහන්සේට හොඳාකාර ලෙසින් දන්පැන් පිළිගැන්වුවා. සාමණේරයන්ගෙන් සම්බුදුරජාණන් වහන්සේ වදාළ ධර්මයක් තමන්ට පවසන්ට යැයි කියා සිටියා.

70. **තස්ස'ප්පමාද වග්ගං සෝ - සාමණේරෝ අභාසථ**
තං සුත්වා භූමිපාලෝ සෝ - පසන්නෝ ජිනසාසනේ

එතකොට ඒ සාමණේරයෝ අශෝක රජ්ජුරුවන්ට උතුම් ධම්ම පදයෙහි ඇතුළත්ව තිබෙන මනහර බුද්ධ දේශනාවක් වන අප්‍රමාද වර්ගයට අයත් ගාථාවන් තේරුම් සහිතව කියලා දුන්නා. එය ඇසූ රජ්ජුරුවෝ අප භාග්‍යවතුන් වහන්සේගේ බුද්ධ ශාසනය පිළිබඳව පැහැදීමට පත්වුනා.

71. **අට්ඨ තේ නිච්චභත්තානි - දම්මි තාතා'ති ආහ තං**
උපජ්ඣායස්ස මේ රාජ - තානි දම්මී'ති ආහ සෝ

'ශ්‍රමණ දරුවන් වහන්ස, අද පටන් නිතිපතා මං ඔබවහන්සේට දානය පාත්‍රා අටක් පූජා කරනවා' එතකොට සාමණේරයෝ මෙහෙම කිව්වා. 'මහරජ්ජුරුවනි, මං ඒ දාන පාත්‍රා අට මාගේ උපාධ්‍යායන් වහන්සේට පූජා කරනවා' කියලා.

72. **පුන අට්ඨසු දින්නේසු - තානදාචරියස්ස සෝ**
පුන අට්ඨසු දින්නේසු - භික්ඛුසංඝස්ස තානදා

එතකොට රජ්ජුරුවෝ නැවතත් දාන පාත්‍රා අටක් උන්වහන්සේට පූජා කළා. සාමණේරයෝ ඒ පාත්‍රා අට තමන්ගේ ආචාර්යයන් වහන්සේට පූජා කළා. එතකොට රජ්ජුරුවෝ ආයෙමත් දානෙ පාත්‍රා අටක් සාමණේරයන්ට පූජා කළා. එතකොට උන්වහන්සේ ඒ දානෙ පාත්‍රා අට භික්ෂු සංඝයාට පූජා කළා.

73. **පුන අට්ඨසු දින්නේසු - අධිවාසේසි බුද්ධිමා**
ද්වත්තිංස භික්ඛූ ආදාය - දුතියේ දිවසේ ගතෝ

එතකොට රජ්ජුරුවෝ ආයෙමත් දාන පාත්‍රා අටක් අපගේ නිග්‍රෝධයන් වහන්සේට පූජා කළා. මහා නුවණැති උන්වහන්සේ නිශ්ශබ්දතාවයෙන් යුක්තව ඒ අදහස පිළිගත්තා. මෙසේ දාන පාත්‍රා තිස් දෙකකින් පිදුම් ලද

නිග්‍රෝධයන් වහන්සේ පසුවදා තමන් වහන්සේත් ඇතුලුව භික්ෂූන් වහන්සේලා තිස් දෙනමක් මාළිගයට වැඩම කළා.

74. **සහත්ථා තප්පිතෝ රඤ්ඤා - ධම්මං දේසිය භූපතිං**
සරණේසු ච සීලේසු - ඨපේසි ස මහාජනං

එතකොට රජ්ජුරුවෝ සිය අතින් ම දානය පූජා කරගත්තා. එදා අපගේ නිග්‍රෝධයන් වහන්සේ මහජනයා සහිත රජ්ජුරුවන්ට ධර්මය දේශනා කළා. තිසරණයෙන් යුක්තව පංචසීලයෙහි පිහිටෙව්වා.

නිග්‍රෝධ සාමණේර දස්සනං නිට්ඨිතං

ධර්මාශෝක අධිරාජයාගේ නිග්‍රෝධ සාමණේරයන් බැහැදැකීම පිළිබඳ කථාව නිමා විය.

75. **තතෝ රාජා පසන්නෝ සෝ - දිගුණේන දිනේ දිනේ**
භික්ඛූ සට්ඨිසහස්සානි - අනුපුබ්බේනු'පට්ඨහි

එදායින් පස්සේ දවසක් දවසක් ගානේ සංඝයා දෙගුණය බැගින් වැඩි කරමින් දන් පූජා කළා. අනුක්‍රමයෙන් හැටදහසක් දක්වා භික්ෂූන් වහන්සේලා රජගෙයි දන් වැළඳුවා.

76. **තිත්ථියානං සහස්සානි - නික්කඩ්ඪිත්වාන සට්ඨි සෝ**
සට්ඨි භික්ඛුසහස්සානි - ඝරේ නිච්චං අභෝජයි

කලින් හැටදහසක් අන්‍ය තීර්ථකයන්ට අශෝක රජ්ජුරුවෝ දන් දුන්නා නොවැ. ඔහු තෙරුවන් සරණ ගියාට පස්සේ ඒ අන්‍ය තීර්ථකයන් බැහැර කරවලා හැටදහසක් භික්ෂූන් වහන්සේලාට රජමැදුරේ නිතිපතා වැළඳෙව්වා.

77. **සට්ඨිභික්ඛුසහස්සානි - භෝජේතුං තුරිතෝ හි සෝ**
පටියාදාපයිත්වාන - ඛජ්ජභොජ්ජං මහාරහං

රජ්ජුරුවෝ සැටදහසක් භික්ෂූන්ට රජගෙහි දන් වළඳවන්නට කැමැත්තෙන් ඒ කටයුතු ඉක්මන් කෙරෙව්වා. මහානීය වූ ඛාද්‍ය භෝජ්‍යයන් පිළියෙල කෙරෙව්වා.

78. භූසාපෙත්වාන නගරං - ගන්ත්වා සංඝං නිමන්තිය
සරං නෙත්වාන භෝජෙත්වා - දත්වා සාමණකං බහුං

ඉතින් රජ්ජුරුවෝ නගරය අලංකාර කෙරෙව්වා. සංඝයා බැහැදකින්ට ගොසින් දානයට ආරාධනා කළා. රජ මාළිගයට වඩම්මාගෙන දන්පැන් පූජා කරගත්තා. ශ්‍රමණයන්ට කැපසරුප් පිරිකරක් පූජාකරගත්තා.

79. සත්ථාරා දේසිතෝ ධම්මෝ - කිත්තකෝ'ති අපුච්ඡථ
ව්‍යාකාසි මොග්ගලීපුත්තෝ - තිස්සත්ථේරෝ තදස්ස තං

ශාස්තෲන් වහන්සේ විසින් වදාරන ලද ධර්මය කොපමණ ප්‍රමාණයකින් යුක්ත දැයි සංඝයාගෙන් විමසුවා. එතකොට අපගේ මොග්ගලීපුත්ත තිස්ස මහරහතන් වහන්සේ ඔහුට මෙකරුණ වදාළා.

80. සුත්වාන චතුරාසීති - ධම්මක්ඛන්ධාති සෝබ්‍රවී
පූජේමි තේ අහං පච්චේකං - විහාරේනාති භූපති

'මහරජ්ජුරුවෙනි, අප භාග්‍යවතුන් වහන්සේ වදාළ ධර්මය අසූහාර දහසක ධර්මස්කන්ධයෙන් යුක්තයි.' කියලා 'ස්වාමීනී, මං ඒ අසූහාර දහසක් ධර්මස්කන්ධයන්ගෙන් එක් එක් ධර්මස්කන්ධයක් වෙනුවෙන් වෙන වෙනම විහාරයන් තනවලා පූජා කරන්ට ඕනෑ' කියලා රජ්ජුරුවෝ කිව්වා.

81. දත්වා තදා ඡන්නවුති - ධනකෝටිං මහීපති
පුරේසු චතුරාසීති - සහස්සේසු මහීතලේ

එතකොට රජ්ජුරුවෝ එක දවසකින් ම අනූහය කොටියක් ධනය ලබාදීලා දඹදිව් තලයේ අසූහාර දහසක් නගරවල අසූහාර දහසක් විහාරයන් තනවන්ට කියලා ඇමතියන්ට අණ කළා.

82. තත්ථ තත්ථේව රාජූහි - විහාරේ ආරභාපයි
සයං අසෝකාරාමං තු - කාරාපේතුං සමාරභි

ඒ ඒ නගර රාජධානිවල සිටින ප්‍රාදේශීය රජවරුන් විසින් විහාර කර්මාන්තය පටන් ගත්තා. අශෝක රජ්ජුරුවෝ තමන් ම පාටලීපුත්‍ර නගරයෙහි අශෝකාරාමය කරවන්ට පටන් ගත්තා.

83. රතනත්තයනිග්‍රෝධ - ගිලානානන්ති සාසනේ
පච්චේකං සතසහස්සං - සෝ දාපේසි දිනේ දිනේ

ධර්මාශෝක රජ්ජුරුවෝ බුද්ධ, ධම්ම, සංඝ යන ත්‍රිවිධ රත්නයෙන් යුක්ත උතුම් බුද්ධ ශාසනයෙහි පහන් වූ සිතින් යුතු වුනා. නිග්‍රෝධයන් වහන්සේටත් ගිලන් භික්ෂූන් වහන්සේලාටත් වෙන් වෙන් වශයෙන් දිනපතා කහවණු ලක්ෂය බැගින් වෙන් කළා.

84. ධනේන බුද්ධදින්නේන - ථූපපූජා අනේකධා
අනේකේසු විහාරේසු - අනේකේ අකරුං සදා

බුදුරජාණන් වහන්සේගේ නාමයෙන් පූජා කරන ලද ධනය මුල්කොට නොයෙක් ස්ථූප පූජා පැවැත්වුවා. නොයෙක් විහාරයන්ට ද විවිධාකාර වූ පූජාවන් හැම කාලයේ ම සිදුකළා.

85. ධනේන ධම්මදින්නේන - පච්චයේ චතුරෝ වරේ
ධම්මධරානං භික්ඛූනං - උපනේසුං සදා නරා

ශ්‍රී සද්ධර්මයේ නාමයෙන් පූජා කරන ලද ධනයෙන් මිනිස්සු චීවර, පිණ්ඩපාත, සේනාසන, ගිලන්පස යන සිව්පසය ධර්මධර භික්ෂූන් වහන්සේලා වෙත ලැබෙන්ට සැලැස්සුවා.

86. අනෝතත්තෝදකාජේසු - සංඝස්ස චතුරෝ අදා
තේපිටකානං ථේරානං - සට්ඨියේ'කං දිනේ දිනේ

අනෝතප්ත විලෙන් ගෙන එන පැන්කද අටෙන් පැන්කද හතරක් සංඝයාට පූජා කළා. ත්‍රිපිටකධර භික්ෂූන් වහන්සේලා සැට නමකට එක් පැන්කදක් දිනපතා පූජා කරගත්තා.

87. **ඒකං අසන්ධිමිත්තාය - දේවියා තු අදාපයි**
සයං පන දුවේ යේව - පරිභුඤ්ජි මහීපති

එක් පැන් කදක් අසන්ධිමිත්‍රා රජ බිසවගේ ප්‍රයෝජනය පිණිස ලබාදුන්නා. අනිත් පැන් කදවල් දෙක පමණක් රජ්ජුරුවන්ගේ ප්‍රයෝජනයට ගත්තා.

88. **සට්ඨීභික්ඛුසහස්සානං - දන්තකට්ඨං දිනේ දිනේ**
සොළසිත්ථිසහස්සානං - අදා නාගලතව්හයං

දිනපතා ම භික්ෂූන් වහන්සේලා සැටදහසකටත් සොළොස් දහසක් ස්ත්‍රීන්ටත් නාගලතා නම් දැහැටි ලබාදුන්නා.

89. **අථේකදිවසං රාජා - චතුසම්බුද්ධදස්සිනං**
කප්පායුකං මහාකාළං - නාගරාජං මහිද්ධිකං

එක දවසක් රජතුමාට ඒ කාලයේ කකුසඳ, කෝණාගමන, කාශ්‍යප, ගෞතම යන සම්මා සම්බුදුරජාණන් වහන්සේලා දුටු මේ කල්පයට ම ආයුෂ තිබෙන මහාකාල නමැති මහා ඉර්ධිමත් නාගරාජයෙකු පිළිබඳව,

90. **සුණිත්වාන තමානේතුං - සොණ්ණසංඛලිබන්ධනං**
පේසයිත්වා තමානෙත්වා - සේතච්ඡත්තස්ස හෙට්ඨතෝ

අසන්ට ලැබුනා. එතකොට රජතුමා ස්වර්ණසංඛලික බන්ධනය නමැති රන්දම යවලා ඔහුව තමන්ගේ මාළිගයට ගෙන්වා ගත්තා. සුදු සේසත යට,

91. **පල්ලංකම්හි නිසීදෙත්වා - නානාපුප්ඵේහි පූජිය**
සෝළසිත්ථිසහස්සේහි - පරිවාරිය අබ්‍රවි

රාජකීය අසුනෙහි වඩාහිඳෙව්වා. නොයෙක් මල් වර්ගයන්ගෙන් පූජා කෙරෙව්වා. දහසය දහසක් ස්ත්‍රීන් පිරිවරාගෙන සිටි රජතුමා ඒ නාගරාජයා අමතා මෙහෙම කිව්වා.

92. **සද්ධම්මචක්කවත්තිස්ස - සබ්බඤ්ඤුස්ස මහේසිනෝ**
රූපං අනන්තඤාණස්ස - දස්සේහි මම භෝ ඉති

'පින්වත් නාරජ්ජුරුවනි, සද්ධර්ම චක්‍රවර්තී වූ අනන්ත ඥාණ ඇත්තා වූ, මහාඍෂිවරයාණන් වූ, අපගේ සර්වඥ රාජයන් වහන්සේගේ රූපකාය විලාශය මා හට පෙන්වුව මැනව' කියලා.

93. **ද්වත්තිංසලක්ඛණූපේතං - අසීතිබ්‍යඤ්ජනුජ්ජලං**
බ්‍යාමප්පභාපරික්ඛිත්තං - කේතුමාලාහි සෝභිතං

දෙතිසක් වූ මහාපුරුෂ ලක්ෂණයන්ගෙන් සෝභමාන වූ, අසූවක් වූ අනුව්‍යඤ්ජන ලක්ෂණවලින් අලංකාර වූ, හාත්පසින් විහිදී ගිය බ්‍යාමප්‍රභාෂ්වරයෙන් යුක්ත වූ, කේතුමාලාවකින් සුන්දර වූ,

94. **නිම්මාසි නාගරාජා සෝ - බුද්ධරූපං මනෝහරං**
තං දිස්වා'තිපසාදස්ස - විම්හයස්ස ච පූරිතෝ

ඉතා සිත්කලු වූ බුදුරජාණන් වහන්සේගේ රූපකාය ඒ නාගරාජයා මවලා පෙන්නුවා. එය දුටු අශෝක රජ්ජුරුවෝ විස්මයෙන් පිනා ගියා.

95. **ඒතේන නිම්මිතං රූපං - ඊදිසං කීදිසං නු ඛෝ**
තථාගතස්ස රූපන්ති - ආසි පීතුන්නතුන්නතෝ

'මේ නාරජ්ජුරුවන් විසින් මවන ලද අප සර්වඥයන් වහන්සේගේ රූපකාය මෙබඳු නම් තථාගතයන් වහන්සේගේ ජීවමාන රූපකාය කෙබඳු වන්ට ඇද්දෝ හෝ'යි මහත් ප්‍රීතියකින් පිනා ගියා.

96. අක්ඛිපූජන්ති සඞ්ඛාතං - තං සත්තාහං නිරන්තරං
මහාමහං මහාරාජා - කාරාපේසි මහිද්ධිකෝ

එතකොට රජ්ජුරුවෝ ඒ මවන ලද අප භාග්‍යවතුන් වහන්සේගේ අතිශය සුන්දර වූ රූපකාය උදෙසා දින හතක් මුළුල්ලෙහි නිරාහාරව බුද්ධාලම්බන ප්‍රීතියෙන් යුක්තව ඇසිපිය නොහෙළා ඒ බුදුරජුන්ගේ රූපය දෙස බලමින් නේත්‍ර පූජා නමින් මහා පූජාවක් කෙරෙව්වා.

සාසනප්පවේසෝ නිට්ඨිතෝ.

ධර්මාශෝක නිරිඳුන් බුද්ධාගම වැළඳගැනීම ගැන කථාව නිමා විය.

97. ඒවං මහානුභාවෝ ච - සද්ධෝ චාපි මහීපති
ථේරෝ ච මොග්ගලීපුත්තෝ - දිට්ඨා පුබ්බේ වසීහි තේ

අසෝක රජ්ජුරුවෝ ඔය ආකාරයෙන් මහා ශ්‍රද්ධාවන්තයෙක් වුනා. මහානුභාව ඇති කෙනෙක් වුනා. දෙවන ධර්ම සංගායනාව කළ ඉර්ධිවශී භාවයට පත් රහතන් වහන්සේලා කලින් ම අනාගතයෙහි සසුන බබුළුවන මොග්ගලීපුත්ත තිස්ස මහරහතන් වහන්සේ ගැනත් ධර්මාශෝක නිරිඳු ගැනත් දිවැසින් දැකලා තිබුණා.

98. දුතියේ සංගහේ ථේරා - පෙක්ඛන්තා’නාගතං හි තේ
සාසනෝපද්දවං තස්ස - රඤ්ඤෝ කාලම්හි අද්දසුං

දෙවන ධර්ම සංගායනාව කළ රහතන් වහන්සේලා අනාගතය බලද්දී ඒ ධර්මාශෝක රජුගේ කාලයේ නානාලබ්ධීන්ට හසුව බුදු සසුන අවුල් වී ශාසනෝපද්‍රවයක් ඇතිවන බව දැක වදාළා.

99. පෙක්ඛන්තා සකලේ ලෝකේ - තදුපද්දවඝාතකං
තිස්සබ්‍රහ්මානමද්දක්ඛුං - අචිරට්ඨායිජීවිතං

එකී ශාසනෝපද්‍රවයේදී එයට මැදිහත් වී බේරාගන්ට පුළුවන් කෙනෙක් ඇත්දැයි සොයා බලද්දී සකල කාමාවචර දිව්‍ය ලෝකයක එබඳු කාර්යයකට බලසම්පන්න දෙවියෙක් සිටියේ නෑ. නමුත් බ්‍රහ්ම ලෝකයෙහි ආයුෂ ගෙවී ගොස් සිටි තිස්ස නම් බ්‍රහ්ම රාජයාව දකින්ට ලැබුනා.

100. තේ තං සමුපසංකම්ම - ආයාචිංසු මහාමතිං
මනුස්සේසු'පපජ්ජිත්වා - තදුපද්දවඝාතනං

එතකොට ඒ දෙවන ධර්ම සංගායනාව කළ රහතන් වහන්සේලා තිස්ස බ්‍රහ්මයා කරා වැඩම කළා. මහා නුවණැති ඒ තිස්ස බ්‍රහ්මයාට මිනිස් ලෝකයෙහි උපත ලබා ඒ වන විට ඇතිවන ශාසන උපද්‍රවය නැති කරදෙන්ට කියලා ඉල්ලා සිටියා.

101. අදා පටිඤ්ඤං තේසං සෝ - සාසනුජ්ජෝතනත්ථිකෝ
සිග්ගවං චණ්ඩවජ්ජිඤ්ච - අවෝචුං දහරේ යතී

ගෞතම බුදු සසුන බබළවනු කැමති ඒ තිස්ස නම් වූ බ්‍රහ්මරාජයා තමන් එසේ කරන බවට රහතන් වහන්සේලාට ප්‍රතිඥා දුන්නා. මෙසේ තිස්ස බ්‍රහ්මයාගෙන් ප්‍රතිඥාව ගත් ඒ රහතන් වහන්සේලා සෝණ තෙරුන්ගේ සද්ධිවිහාරික වූත් උපාලි තෙරුන්ගේ පරපුරෙහි වූත් පටිසම්භිදා රහත්භාවය ලබාසිටි සිග්ගව, චණ්ඩවජ්ජි නම් වූ තරුණ භික්ෂූන් වහන්සේලා දෙනමට මෙසේ වදාළා.

102. අට්ඨාරසාධිකා වස්සසතා උපරි හෙස්සති
උපද්දවෝ සාසනස්ස - න සම්භොස්සාම තං මයං

'තව අවුරුදු එකසිය දහඅටකට පස්සේ ගෞතම බුද්ධ ශාසනයට මහත් උපද්‍රවයක් ඇතිවෙනවා. එය සංසිඳුවන්නට ඒ කාලයේදී අපි ජීවතුන් අතර නැහැ.

103. ඉමං තුම්හා'ධිකරණං - නෝපගඤ්ඡිත්ථ භික්ඛවෝ
දණ්ඩකම්මාරහා තස්මා - දණ්ඩකම්මං ඉදං හි වෝ

ඇවැත්නි, ඔබ දෙවන ධර්ම සංගායනාවට සහභාගී වුනේ නැති නිසා මේ අර්බුදය විසඳීමේදී අපට සහය නොදුන්න නිසාත් ඔබ දඬුවම් ලැබීමට සුදුසුයි. ඒ නිසා අපි ඔය දෙනමට දඬුවමක් කරනවා.

104. සාසනුජ්ජෝතනත්ථාය - තිස්සබ්‍රහ්මා මහාමති
මොග්ගලීබ්‍රාහ්මණඝරේ - පටිසන්ධිං ගහෙස්සති

ගෞතම බුද්ධ ශාසනය බබුළුවාලීම පිණිස මහා ප්‍රඥාවකින් යුක්ත වූ තිස්ස නමැති බ්‍රහ්ම රාජයෙක් මොග්ගලී බ්‍රාහ්මණයාගේ නිවසෙහි ළඟදීම පිළිසිඳ ගන්නවා.

105. කාලේ තුම්හේසු එකෝ තං - පබ්බාජේතු කුමාරකං
ඒකෝ සම්බුද්ධවචනං - උග්ගණ්හාපේතු සාධුකං

එතකොට ඔය දෙනමගෙන් එක් නමක් සුදුසු කාලයෙහි දී ඒ තිස්ස කුමාරයාව පැවිදි කරන්ට ඕනෑ. අනිත් නම ඉතා යහපත් ආකාරයෙන් ශ්‍රී සම්බුද්ධ වචනය තිස්සයන් හට උගන්වන්ටත් ඕනෑ.'

106. අහු උපාලිථේරස්ස - ථේරෝ සද්ධිවිහාරිකෝ
දාසකෝ සෝණකෝ තස්ස - ද්වේ ථේරා සෝණකස්සි'මේ

උපාලි තෙරුන් වහන්සේගේ ශිෂ්‍ය වූ දාසක නම් ස්ථවිර නමක් සිටියා. ඒ දාසක තෙරුන්ගේ ශිෂ්‍ය වූ සෝණ නම් ස්ථවිර නමක් සිටියා. සිග්ගව, චණ්ඩවජ්ජි කියන තරුණ භික්ෂූන් වහන්සේලා දෙදෙනා සෝණ ස්ථවිරයන් වහන්සේගේ ශිෂ්‍ය භික්ෂූන් වහන්සේ ය.

107. අහූ වේසාලියං පුබ්බේ - දාසකෝ නාම සොත්ථියෝ
තිසිස්සසතජෙට්ඨෝ සෝ - වසං ආචරියන්තිකේ

ප්‍රථම ධර්ම සංගායනාව සිදු කොට පසුකාලෙක විසාලා මහනුවර දාසක නමින් බ්‍රාහ්මණයෙක් සිටියා. ශිෂ්‍යයන් තුන්සියයක් අතරින් ඔහු ප්‍රධාන වුනා. තම

බ්‍රාහ්මණාචාර්යවරයා සමීපයේ ඔහු වාසය කළා.

108. **ද්වාදසවස්සිකෝ යේව - වේදපාරගතෝ චරං**
සසිස්සෝ වාලිකාරාමේ - වසන්තං කතසංගහං

ඔහු දොළොස් අවුරුදු වියේදී ඍග්, යජුර්, සාම් කියන තුන් වේදයෙහි පරතෙරට ගියා. තමාත් ඒ ශිෂ්‍ය පිරිස සහිතව වාසය කළා. දවසක් විසාලා මහනුවර වාලුකාරාමයෙහි වැඩසිටින,

109. **උපාලිථේරං පස්සිත්වා - නිසීදිත්වා තදන්තිකේ**
වේදේසු ගණ්ඨිඨානානි - පුච්ඡි සෝ තානි ව්‍යාකරි

උපාලි මහරහතන් වහන්සේව දකින්ට ලැබුනා. උන්වහන්සේ ළඟ වාඩි වී වේදයෙහි නොපැහැදිලි තැන් විමසුවා. එතකොට උන්වහන්සේ ඒ සියල්ලට හොඳින් පිළිතුරු දුන්නා.

110. **සබ්බධම්මානුපතිතෝ - ඒකධම්මෝ හි මාණව**
සබ්බේ ධම්මා ඕසරන්ති - ඒකධම්මේ හි කෝ නු සෝ

'පින්වත් තරුණය, සියලු ධර්මයන් ඇතුළත් වන එක් ධර්මයක් තියෙනවා. එහි සියලු ධර්මයන් බැසගන්නවා. ඒ සියලු ධර්මයන් ඇතුළත් වන එක් ධර්මය කුමක්ද?' කියලා උපාලි මහරහතන් වහන්සේ දාසක තරුණයාගෙන් ඇහුවා.

111. **ඉච්චාහ නාමං සන්ධාය - ථේරෝ මාණවකෝ තු සෝ**
නා'ඤ්ඤාසි පුච්ඡි කෝ මන්තෝ - බුද්ධමන්තෝති භාසිතෝ

මේ ප්‍රශ්නය අසන ලද්දේ නාමය සඳහා යි. නමුත් එය දාසක තරුණයාට තේරුනේ නෑ. එතකොට 'ඒ මන්ත්‍රය මොකක්ද?' කියලා තෙරුන්ගෙන් ඇසුවා. 'ඒක බුද්ධ මන්ත්‍රයක්' කියලා තෙරුන් වහන්සේ පිළිතුරු දුන්නා.

112. **දේහීති ආහ සෝ ආහ - දේම නෝ වේසධාරිනෝ**
ගුරුං ආපුච්ඡි මන්තත්ථං - මාතරං පිතරං තථා

'අනේ ඒ මන්ත්‍රය අපට දෙන්නැ'යි කියා හිටියා. 'අපි වගේ ශ්‍රමණ වෙස් ගත්තෝතින් දෙන්නම්' කිව්වා. එතකොට ඒ දාසක තරුණයාට මන්ත්‍රය ඉගෙන ගැනීමෙහි වාසිය සලකලා ගුරුවරයාගෙනුත් අවසර ගත්තා. ඒ විදිහට ම මව්පියන්ගෙනුත් අවසර ගත්තා.

113. **මාණවානං සතේහේස - තීහි ථේරස්ස සන්තිකේ**
පබ්බජිත්වාන කාලේන - උපසම්පජ්ජි මාණවෝ

තරුණයන් තුන්සියක් සහිත වූ දාසක බ්‍රාහ්මණ මානවකයා උපාලි මහරහතන් වහන්සේ ළඟ පැවිදි වුනා. සුදුසු කාලයේදී උපසම්පදාවත් ලබාගත්තා.

114. **ඛීණාසවසහස්සං සෝ - දාසකත්ථේරජෙට්ඨකං**
උපාලිථේරෝ වාචේසි - සකලං පිටකත්තයං

දහසක් ක්ෂීණාස්‍රවයන් වහන්සේලා අතරේ දාසක ස්ථවිරයන් වහන්සේ වැඩිමහල් භික්ෂුව වුනා. උන්වහන්සේලාට සියලු තුන් පිටකය උගන්වා වදාළේ උපාලි මහරහතන් වහන්සේය.

115. **ගණනා වීතිවත්තා තේ - සේසා'රියපුථුජ්ජනා**
පිටකානු'ග්ගහීතානි - යේහි ථේරස්ස සන්තිකේ

උපාලි මහරහතන් වහන්සේ සමීපයේ තුන් පිටකය ඉගෙනගත් අනෙකුත් මාර්ගඵලලාභී මෙන්ම පෘථග්ජන භික්ෂූන්ගේත් ගණන මෙපමණකැයි කියන්ට බැහැ.

116. **කාසීසු සෝණකෝ නාම - සත්ථවාහසුතෝ අහු**
ගිරිබ්බජං වණිජ්ජාය - ගතෝ මාතාපිතූහි සෝ

කාසි ජනපදයෙහි ගැල් නායකයෙකුගේ පුතෙක් සිටියා. ඔහුගේ නම සෝණක. ඒ කාලයේ ඒ සෝණක කුමාරයා තමන්ගේ මව්පිය ආදී පිරිසත් සමග වෙළඳාම් පිණිස ගිරිබ්බජ නම් වූ රජගහ නුවරට ගියා.

117. **අගා වේළුවනං පඤ්චදසවස්සෝ කුමාරකෝ**
මාණවා පඤ්චපඤ්ඤාස - පරිවාරිය තං ගතා

ඒ වෙද්දී සෝණක කුමාරයාගේ වයස අවුරුදු පහළොවයි. ඔහු තම යහලු තරුණයන් පනස් පස් දෙනෙක් සමග රජගහ නුවර වේළුවනයට ගියා.

118. **සගණං දාසකං ථේරං - තත්ථ දිස්වා පසීදිය**
පබ්බජ්ජං යාචි සෝ ආහ - තවා'පුච්ඡ ගුරුං ඉති

ඒ වේළුවනයෙහි රහතන් වහන්සේලා පිරිවරාගෙන වැඩහුන් දාසක රහතන් වහන්සේව දුටු පමණින් සිත පැහැදුනා. තමන්ව පැවිදි කරගන්ට කියලා ඉල්ලා සිටියා. එතකොට දාසක තෙරුන් වහන්සේ මව්පියන්ගෙන් අවසර අරන් එන්ට කියලා කිව්වා.

119. **භත්තත්තයං අභුඤ්ජිත්වා - සෝණකෝ සෝ කුමාරකෝ**
මාතාපිතූහි කාරෙත්වා - පබ්බජ්ජානුඤ්ඤමාගතෝ

එතකොට සෝණක කුමාරයා මව්පියන් කැමති කරවා ගන්ට බැරුව තුන් වේලක් ආහාර අනුභව නොකොට සිටියා. අන්තිමේදී මව්පියන්ගෙන් පැවිද්දට අවසර ඉල්ලාගෙන වේළුවනයට ආවා.

120. **සද්ධිං තේහි කුමාරේහි - දාසකත්ථේරසන්තිකේ**
පබ්බජ්ජ උපසම්පජ්ජ - උග්ගණ්හි පිටකත්තයං

ඒ පණස් පහක් කුමරවරුන් සමග ආ සෝණ කුමාරයා දාසක මහරහතන් වහන්සේ ළඟ පැවිදි වුනා. උපසම්පදාවත් ලබාගත්තා. තුන් පිටකයත් ඉගෙන ගත්තා.

121. **ඛීණාසවසහස්සස්ස - ථේරසිස්සගණස්ස සෝ**
අහෝසි පිටකඤ්ඤුස්ස - ජෙට්ඨකෝ සෝණකෝ යති

දාසක තෙරුන්ගේ ශිෂ්‍ය භික්ෂූන් වූ ත්‍රිපිටකධාරී දහසක් රහතන් වහන්සේලා අතරේ වැඩිමහලු භික්ෂුව

හැටියට සෝණක මහරහතන් වහන්සේ වැඩසිටියා.

122. **අහෝසි සිග්ගවෝ නාම - පුරේ පාටලිනාමකේ**
පඤ්ඤවා'මච්චතනයෝ - අට්ඨාරසසමෝ තු සෝ

පෙර පාටලීපුත්‍රයෙහි ඉතා ප්‍රඥාවන්ත වූ සිග්ගව නමැති අමාත්‍ය පුත්‍රයෙක් සිටියා. ඒ වෙද්දි ඔහුට වයස දහඅටයි.

123. **පාසාදේසු වසං තීසු - ඡළඩ්ඪඋතුසාධුසු**
අමච්චපුත්තමාදාය - චණ්ඩවජ්ජිං සහායකං

සීත කාලය, උෂ්ණ කාලය සහ වැසි කාලය යන ඍතු තුනට ගැලපෙන ප්‍රාසාද තුනක ඔහු කලින් කලට පිරිස සහිතව වාසය කළා. ඔහුගේ යහලුවා ද චණ්ඩවජ්ජී නම් අමාත්‍ය පුත්‍රයෙකි.

124. **පුරිසානං දසද්ධේහි - සතේහි පරිවාරිතෝ**
ගන්ත්වාන කුක්කුටාරාමං - සෝණකත්ථේරමද්දස

පන්සීයක් පිරිවර පුරුෂයන් ඇතුව ඔවුන් කොසඹෑ නුවර කුක්කුටාරාමයට ගියා. එහිදී සෝණක මහරහතන් වහන්සේව දැකගන්නට ලැබුනා.

125. **සමාපත්තිසමාපන්නං - නිසින්නං සංවුතින්ද්‍රියං**
වන්දිතේ නාලපන්තං තං - ඤත්වා සංඝං අපුච්ඡි තං

ඒ අවස්ථාවෙහි මනාලෙස රැකගත් ඉන්ද්‍රියයන් ඇති සෝණක මහරහතන් වහන්සේ නිරෝධ සමාපත්තියෙන් වැඩසිටියා. තෙරුන්ට වන්දනා කළ නමුත් ඔවුන් සමඟ කතාබස් කළේ නෑ. එසේ කතා නොකර සිටින්නේ මක් නිසාදැයි ඔවුන් සංඝයාගෙන් ඇසුවා.

126. **සමාපත්තිසමාපන්නා - නාලපන්තීති ආහු තේ**
කථං නු වුට්ඨහන්තීති - වුත්තා ආහංසු භික්ඛවෝ

එතකොට සංඝයා ඒ තරුණයන්ට පැවසුවේ සමාපත්තියට සමවැදී සිටින අවස්ථාවෙහි කිසිවෙකු හා කතා නොකරන බවයි. සමාපත්තියෙන් නැගිටින්නේ කොහොමදැයි කියලා භික්ෂූන් වහන්සේලාගෙන් ඇසුවා.

127. **පක්කෝසනාය සත්ථුස්ස - සංඝපක්කෝසනාය ච**
යථාකාලපරිච්ඡේදා - ආයුක්ඛයවසේන ච

බුදුරජාණන් වහන්සේ එම භික්ෂුවට අමතන අවස්ථාවෙදිත්, කිසියම් කරුණකට සංඝයා කැඳවන අවස්ථාවෙදිත්, සමාපත්ති සමවදින්ට පෙර අධිෂ්ඨාන කළ කාල පරිච්ඡේදය අවසන් වුන අවස්ථාවේදීත්, ආයුෂය ගෙවී ගිය අවස්ථාවේදීත්,

128. **වුට්ඨහන්තීති වත්වාන - තේසං දිස්වෝ'පනිස්සයං**
පාහේසුං සංඝවචනං - වුට්ඨාය ස තහිං අගා

නිරෝධ සමාපත්තියෙන් නැගිටින බව පහදා දුන්නා. භික්ෂූන් වහන්සේලා ඒ තරුණයන්ට නිවන් අවබෝධයට ඇති වාසනා සම්පත්තිය දැක සෝණක මහරහතන් වහන්සේට සංඝයාගේ පණිවිඩයක් යැව්වා. එතකොට උන්වහන්සේ සමාපත්තියෙන් නැගිට එතැනට වැඩම කළා.

129. **කුමාරෝ පුච්ඡි කිං භන්තේ - නාලපිත්ථාති ආහ සෝ**
භුඤ්ජිම්හ භුඤ්ජිතබ්බන්ති - ආහ භෝජේථ නෝ අපි

'ස්වාමීනී, ඔබවහන්සේ අප වන්දනා කළාට පස්සේ කතා නොකළේ මක් නිසාදැ'යි කියලා කුමාරයෙක් ඇසුවා. 'වැළඳිය යුතු දෙයක් වැළඳුවා නොවැ' කියලා රහතන් වහන්සේ පිළිතුරු දුන්නා. 'අනේ අපටත් එය වළඳවන්ට' කියා තරුණයන් ඉල්ලා සිටියා.

130. **ආහ අම්හාදිසේ ජාතේ - සක්කා භෝජයිතුං ඉති**
මාතාපිතුඅනුඤ්ඤාය - සෝ කුමාරෝ'ථ සිග්ගවෝ

පස්වෙනි පරිච්ඡේදය 119

'අප වගේ අය වුනෝතින් නම් වළඳවන්ට පුළුවනි' කියලා පිළිතුරු දුන්නා. එතකොට සිග්ගව කුමාරයා පැවිද්ද පිණිස මව්පියන්ගෙන් අවසර ගත්තා.

131. **චණ්ඩවජ්ජී ච තේ පඤ්චසතානි පුරිසාපි ච**
පබ්බජ්ජිත්වෝ'පසම්පජ්ජුං - සෝණකත්ථේර සන්තිකේ

චණ්ඩවජ්ජී කුමාරයාත් පන්සීයක් සිය පිරිවර සමග අවසර අරගෙන සෝණක තෙරුන් සමීපයෙහි පැවිදි වුනා. උපසම්පදාවත් ලබාගත්තා.

132. **උපජ්ඣායන්තිකේ යේව - තේ දුවේ පිටකත්තයං**
උග්ගහේසුඤ්ච කාලේන - ඡළභිඤ්ඤං ලභිංසු ච

ඒ සිග්ගව, චණ්ඩවජ්ජී දෙදෙනා වහන්සේ සිය උපාධ්‍යාය වූ සෝණක තෙරුන් ළඟ තුන් පිටකය ඉගෙන ගත්තා. මහත් උත්සහයෙන් සය වැදෑරුම් අභිඥාවන් වන 1. ඉර්ධිප්‍රාතිහාර්යය ලබන ඥාණය 2. චුතුපපාත ඥාණය 3. දිව්‍ය ශ්‍රවණ ඥාණය 4. අනුන්ගේ සිත් දැනගන්නා ඥාණය 5. පෙර විසූ කඳ පිළිවෙල දන්නා ඥාණය 6. අර්හත්වයට පත්වීමෙන් ආශ්‍රවයන් ක්ෂය වූ බව දන්නා නුවණ යන ෂඩ් අභිඥා ලබාගත්තා.

133. **ඤත්වා තිස්සපටිසන්ධිං - තතෝ පභුති සිග්ගවෝ**
ථේරෝ සෝ සත්තවස්සානි - තං ඝරං උපසංකමි

සිග්ගව රහතන් වහන්සේ මොග්ගලී බ්‍රාහ්මණයාගේ නිවසෙහි තිස්ස බ්‍රහ්මයා බ්‍රහ්ම ලෝකයෙන් චුතව මිනිස් මවුකුසක පිළිසිඳ ගත් බව දැනගත්තා. එතැන් පටන් උන්වහන්සේ ඒ නිවසට සත් හවුරුද්දක් නොකඩවා ම පිණ්ඩපාතේ වැඩියා.

134. **ගච්ඡාති වාචාමත්තම්පි - සත්තවස්සානි නාලභි**
අලත්ථ අට්ඨමේ වස්සේ - ගච්ඡාති වචනං තහිං

ඒ සත් අවුරුද්ද පුරාවට 'මෙතැනින් යන්න' යන වචනයවත් ඒ බ්‍රාහ්මණ ගෙදරින් ලැබුනේ නෑ. නමුත් අටවෙනි අවුරුද්දෙහි දවසක 'මෙතැනින් යන්න' කියන වචනය ඔවුන්ගෙන් ලැබුනා.

135. **තං නික්ඛමන්තං පවිසන්තෝ - දිස්වා මොග්ගලී බ්‍රාහ්මණෝ**
කිඤ්චි ලද්ධං ඝරේ නෝ ති - පුච්ඡි ආමා'ති සො'බ්‍රවි

එදා සිග්ගව තෙරුන් වහන්සේ ඒ නිවසින් එළියට වඩිද්දී පිටතට ගොස් ගෙදර පැමිණෙමින් සිටි මොග්ගලී බ්‍රාහ්මණයාට දැකගන්ට ලැබුනා. 'අපගේ ගෙදරින් කිසිවක් ලැබුනාදැ'යි උන්වහන්සේගෙන් ඇසුවා. 'එසේය බ්‍රාහ්මණය' කියලා උන්වහන්සේ පිළිතුරු දුන්නා.

136. **ඝරං ගන්ත්වාන පුච්ඡිත්වා - දුතියේ දිවසේ තතෝ**
මුසාවාදේන නිග්ගණ්හි - ථේරං ඝරමුපාගතං

එතකොට මොග්ගලී බ්‍රාහ්මණයා ගෙදරට ගොස් කිසි දෙයක් අර මහණුන්නාන්සේට දුන්නාදැයි ඇසුවා. කිසිවක් නොදුන් බව අසා දෙවන දවසේ තෙරුන් වහන්සේ පිඬුසිඟා ගෙදරට වැඩිය විට බොරු කීම ගැන උන්වහන්සේට ගරහන්ට ඕනෑ කියා බලාපොරොත්තුව සිටියා.

137. **ථේරස්ස වචනං සුත්වා - සෝ පසන්නමනෝ ද්විජෝ**
අත්තනෝ පකතේන'ස්ස - නිච්චං භික්ඛං පවත්තයි

දෙවෙනි දවසේ තෙරුන් වහන්සේ ඒ ගෙදරට වැඩියා. මොග්ගලී බ්‍රාහ්මණයා තමන් කිසිවක් නොදී කිසිවක් ලැබුනා කියා බොරු කිව් බවට චෝදනා කළා. 'පින්වත් බ්‍රාහ්මණය, එය බොරුවක් නොවේ. පසුගිය සත් අවුරුද්ද පුරාවට ඔබ නිවසින් මෙතනින් යන්ට කියන වචනයවත් ලැබුනේ නෑ. නමුත් ඊයේ ඒ වචනය ලැබුනා. අපේ ගෙදරින් කිසිවක් ලැබුනාදැයි ඇසූ විට එසේය බ්‍රාහ්මණය කියා මා පැවසුවේ ඒ නිසයි' කියලා පිළිතුරු දුන්නා. උන්වහන්සේගේ

පිළිතුරට මොග්ගලී බ්‍රාහ්මණයා ඉතාමත්ම පැහැදුනා. එදා තමන් උදෙසා සැකසූ බතින් තෙරුන් වහන්සේට උපස්ථාන කළා. දිනපතා ඒ නිවසේ ම දානය දෙන්නට පටන් ගත්තා.

138. කමේන'ස්ස පසීදිංසු - සබ්බේපි සරමානුසා
භෝජාපේසි දිජෝ නිච්චං - නිසීදාපිය තං ඝරේ

ක්‍රමයෙන් ඒ ගෙදර සියලු දෙනා උන්වහන්සේ ගැන ගොඩාක් පැහැදුනා. බ්‍රාහ්මණයා නිතිපතා උන්වහන්සේව තම නිවසෙහි වඩාහිඳුවාගෙන දන් වැළඳෙව්වා.

139. ඒවං කමේන ගච්ඡන්තේ - කාලේ සෝළසවස්සිකෝ
අහු තිස්සකුමාරෝ සෝ - තිවේදෝදධිපාරගෝ

මෙසේ ක්‍රමක්‍රමයෙන් කාලය ගත වෙද්දී තිස්ස කුමාරයාට වයස අවුරුදු දහසයක් වුනා. ඔහු දැන් ත්‍රිවේද සාගරයෙහි පරතෙරට ගිය කෙනෙක්.

140. ථේරෝ කථාසමුට්ඨානං - හෙස්සතේ'වං ඝරේ ඉති
ආසනානි න දස්සේසි - ඨපෙත්වා මාණවාසනං

සිග්ගව තෙරුන් වහන්සේ දැන් මොහු සමග කතා කරන්ට සුදුසු අවස්ථාව පැමිණුනා යැයි අවබෝධ කරගත්තා. එදා පිඬුසිඟා වැඩිය උන්වහන්සේ තිස්ස මාණවකයා වාඩිවෙන විශේෂ ආසනය පමණක් පෙනෙන්ට සලස්වලා අනෙක් සියලු ආසන නොපෙනෙන්ට සැලැස්සුවා.

141. බ්‍රහ්මලෝකාගතත්තා ච - සුචිකාමෝ අහෝසි සෝ
තස්මා සෝ තස්ස පල්ලංකෝ - වාසයිත්වා ලගීයති

බ්‍රහ්ම ලෝකයෙන් ඇවිත් ඉපදුන නිසා තිස්ස මාණවකයා පිරිසිදු බවට හරීම කැමතියි. එනිසා ඔහු තමන් ගෙදර නැති වෙලාවට සිය වාඩි වෙන ආසනය වෙන ම පිරුවටයකින් වහලා එල්ලලා තියනවා.

142. අඤ්ඤාසනං අපස්සන්තෝ - ඨිතේ ථේරේ සසම්භමෝ
තස්ස තං ආසනං තස්ස - පඤ්ඤාපේසි ඝරේ ජනෝ

තෙරුන් වහන්සේ වැඩ සිටිද්දී ඒ පිය බ්‍රාහ්මණයා සහිත ගෙදර කිසිවෙකුට වෙන ආසනයක් දැකගන්ට තිබුනේ නෑ. එතකොට කලබල වූ ඔවුන් අර තිස්ස බ්‍රාහ්මණ කුමාරයා වාඩිවෙන ආසනය තෙරුන් වහන්සේට පිළියෙල කරලා දුන්නා.

143. දිස්වා තත්ථ නිසින්නං තං - ආගම්මා'චරියන්තිකා
කුජ්ඣිත්වා මාණවෝ වාචං - අමනාපං උදීරයි

තිස්ස කුමාරයා තමන්ගේ බ්‍රාහ්මණ ආචාර්යවරුන් ළඟ සිට ආපසු ගෙදර පැමිණෙද්දී තෙරුන් වහන්සේ තමන්ගේ ආසනයේ වාඩි වී ඉන්නවා දැකලා කෝපයට පත්වුනා. තමන්ගේ අකමැත්ත ප්‍රකාශ කරන වචන නිකුත් කළා.

144. ථේරෝ මාණව කිං මන්තං - ජානාසීති තමබ්‍රවි
තමේව පුච්ඡං ථේරස්ස - පච්චාරෝපේසි මාණවෝ

එතකොට සිග්ගව මහරහතන් වහන්සේ 'පින්වත් මාණවකය, කිම? මන්ත්‍ර දන්නවාදැ'යි ඇසුවා. එතකොට කුමාරයාත් 'කිම? තමුන්නාන්සේ දන්න මන්ත්‍ර තිබේදැ'යි පෙරළා ප්‍රශ්න කළා.

145. ජානාමීති පටිඤ්ඤාතේ - ථේරේ ථේරං අපුච්ඡි සෝ
ගණ්ඨිට්ඨානානි වේදේසු - තස්ස ථේරෝ'ථ ව්‍යාකරි

තෙරුන්නාන්සේ 'මමත් මන්ත්‍ර දන්නවායැ'යි පිළිතුරු දුන්නා. එතකොට ඒ තිස්ස මාණවකයා තෙරුන් වහන්සේ ගෙන් වේදයෙහි ගැටමුසු තැන් ගැන ඇසුවා. තෙරුන් වහන්සේ ඒ සියල්ලට ම හොඳාකාරව පිළිතුරු දුන්නා.

146. ගහට්ඨෝ යේව ථේරෝ සෝ - වේදපාරගතෝ අහු
න බ්‍යාකරෙය්‍ය කිං තස්ස - පභින්නපටිසම්භිදෝ

තෙරුන් වහන්සේ ගිහි ගෙදර සිටිද්දී වේදයෙහි පරතෙරට ගිහිල්ලයි සිටියේ. සතර පටිසම්භිදාවෙන් යුක්ත වූ උන්වහන්සේට කිම පිළිතුරු නොදෙන්නට කාරණයක් ඇත්තේද!

යස්ස චිත්තං උප්පජ්ජති, න නිරුජ්ඣති
තස්ස චිත්තං නිරුජ්ඣිස්සති, න උප්පජ්ජිස්සති
යස්ස වා පන චිත්තං නිරුජ්ඣිස්සති, න උප්පජ්ජිස්සති
තස්ස චිත්තං උප්පජ්ජති, න නිරුජ්ඣතී'ති

මෙය වනාහී තෙරුන් වහන්සේ විසින් තිස්ස මාණවකයාගෙන් ඇසූ ප්‍රශ්නය යි. මේ සියල්ල රහතන් වහන්සේගේ පිරිනිවන් පාන අවස්ථාවේ ඇති සිත ගැන ඇසීම යි. "යම් රහතන් වහන්සේ නමකගේ සිත උපදී ද, එය නිරුද්ධ වෙන අවස්ථාවට පත්නොවී තිබෙන නිසා නිරුද්ධ නොවේය. නිරුද්ධ වෙන අවස්ථාවට පැමිණි විට යළි අනාගතය උදෙසා සිතක් පහළ නොවන හෙයින් නූපදින්නේය. අනාගත අවස්ථාවෙහි නූපදින හෙයින් අනාගතයෙහි නිරුද්ධ වෙන්නට සිතක් ද නැත්තේය. එනිසා අනාගතයෙහි ඒ රහතන් වහන්සේට සිතක් නූපදින්නේය. නිරුද්ධ ද නොවන්නේය" වශයෙනි.

147. **තං චිත්තයමකේ පඤ්හං - පුච්ඡි ථේරෝ විසාරදෝ**
අන්ධකාරෝ විය අහූ - තස්ස සෝ තං අවෝච සෝ

මෙසේ යමකප්‍රකරණයෙහි චිත්ත යමකයෙහි ඇති ප්‍රශ්නය විශාරද වූ තෙරුන් වහන්සේ අර තිස්ස කුමාරයාගෙන් ඇසුවා. එතකොට අන්ධකාරයෙහි උඩ යට පෙනෙන්නේ නැති සෙයින් මොහුට කිසිම දෙයක් නොවැටහී ගියා. එතකොට ඒ කුමාරයා මෙහෙම ඇහුවා.

148. **භික්ඛු කෝ නාම මන්තෝ'ති - බුද්ධමන්තෝති සෝ බ්‍රවි**
දේහීති වුත්තේ නෝ වේසධාරිනෝ දම්මි තං ඉති

'භික්ෂුව, මොකක්ද ඒ මන්ත්‍රය?' 'ඒක බුද්ධ මන්ත්‍රයක්.' 'එහෙමනම් ඒ මන්ත්‍රය අපටත් දෙන්ට.' 'අප වගේ පැවිදි වුනෝතින් මන්ත්‍රය දෙන්ට පුළුවනි.'

149. මාතාපිතුහ'නුඤ්ඤාතෝ - මන්තත්ථාය ස පබ්බජි
කම්මට්ඨානං අදා ථේරෝ - පබ්බාජෙත්වා යථාරහං

මන්ත්‍රය ඉගෙන ගැනීමට ආසාවෙන් මව්පියන් ගෙන් අවසර ගත් ඔහු සිග්ගව රහතන් වහන්සේ ළඟ පැවිදි වුනා. තෙරුන් වහන්සේ ඒ තරුණයා පැවිදි කොට ඔහුට දෙතිස් කුණප භාවනාව ගැන මුලින් ම අසුභ කර්මස්ථානය ඉගැන්නුවා.

150. භාවනං අනුයුඤ්ජන්තෝ - අචිරේන මහාමතී
සෝතාපත්තිඵලං පත්තෝ - ථේරෝ ඤත්වාන තං තථා

මහානුවණැති තිස්ස සාමණේරයෝ දිගට ම දෙතිස් කුණප භාවනාව කිරීම නිසා සුළු කලකින් සෝවාන් ඵලයට පත්වුනා. තෙරුන් වහන්සේ තම ශිෂ්‍ය සාමණේරයන් සෝවාන් ඵලයට පත් වූ බව දැනගත්තා. ඒ සාමණේරයන් හට වැඩිදුරටත් ඉගැන්වීමට,

151. පේසේසි චණ්ඩවජ්ජිස්ස - ථේරස්සන්තිකමුග්ගහං
කාතුං සුත්තාභිධම්මානං - සෝ තත්ථා'කා තදුග්ගහං

චණ්ඩවජ්ජි තෙරුන් ළඟට පිටත් කළා. ඒ සාමණේරයන් වහන්සේ චණ්ඩවජ්ජි තෙරුන් වෙත ගොස් සූත්‍ර පිටකයත් අභිධර්ම පිටකයත් ඉගෙන ගත්තා.

152. උපසම්පාදයිත්වා තං - කාලේ සෝ සිග්ගවෝ යති
විනයං උග්ගහාපේසි - පුන සේසද්වයම්පි ච

සිග්ගව තෙරුන් වහන්සේ සුදුසු කාලයේ උපසම්පදාව ලබාදීලා විනය පිටකයත් අනිත් පිටක දෙකත් යන තුන් පිටකය ම හොඳින් ප්‍රගුණ කෙරෙව්වා.

153. තතෝ සෝ තිස්සදහරෝ - ආරභිත්වා විපස්සනං
ඡළභිඤ්ඤෝ අහූ කාලේ - ථේරභාවං ච පාපුණී

මෙසේ ත්‍රිපිටකධාරීව සිටි ඒ තරුණ තිස්ස භික්ෂුව විදර්ශනා භාවනාව දියුණු කොට අභිඥා සයකින් යුක්තව අර්හත් ඵලයට පත්වුනා. මහා තෙරුන් වහන්සේ නමක් බවට ද ක්‍රමයෙන් පත්වුනා.

154. අතීව පාකටෝ ආසි - චන්දෝ'ව සූරියෝ'ව සෝ
ලෝකෝ තස්ස වචෝ'මඤ්ඤී - සම්බුද්ධස්ස වචෝ විය

ඒ මොග්ගලීපුත්තතිස්ස මහරහතන් වහන්සේ සඳ මඬලක් සෙයින්, හිරු මඬලක් සෙයින් අතිශයින් ම ප්‍රසිද්ධියට පත්වුනා. ලෝකයා උන්වහන්සේගේ වචනය සම්මා සම්බුදු රජාණන් වහන්සේගේ වචනයක් ලෙසින් මහත් හරසරින් පිළිගත්තා.

මොග්ගලීපුත්තතිස්සත්ථේරෝදයෝ නිට්ඨිතෝ
මොග්ගලීපුත්තතිස්ස තෙරුන්ගේ පහළවීම පිළිබඳ කථාව
නිමා විය.

155. ඒකාහං උපරාජා සෝ - අද්දක්ඛි මිගවං ගතෝ
කීළමානේ මිගේ'රඤ්ඤේ - දිස්වා ඒතං විචින්තයී

එක් දවසක් පාටලීපුත්‍රයෙහි සිටි යුවරජතුමා මුව දඩයමේ ගියා. වනාන්තරයේ කෙළි දෙලෙන් කල් යවන මුවන් ව දකින්ට ලැබුනා. එතකොට ඔහුට මෙහෙම හිතුනා.

156. මිගාපි ඒවං කීළන්ති - අරඤ්ඤේ තිණගෝචරා
න කීළිස්සන්ති කිං භික්ඛූ - සුඛාහාරවිහාරිනෝ

'වනාන්තරයේ තණකොළ කකා ඉන්න මුවන් පවා සතුටින් කෙළිදෙලෙන් වාසය කරනවා. එහෙම එකේ සැපසේ ලබන සිව්පසය ඇතුව වාසය කරන භික්ෂූන් වහන්සේලාට

මේ වගේ සතුටින් කෙළිදෙලෙන් වාසය කිරීමක් නැත්තේ මක් නිසාද?' කියලා.

157. අත්තනෝ චින්තිතං රඤ්ඤෝ - ආරෝචේසි සරං ගතෝ
සඤ්ඤාපේතුං තු සත්තාහං - රජ්ජං තස්ස අදාසි සෝ

ඉතින් ඔහු මාළිගයට ගිහින් අශෝක රජ්ජුරුවන්ට තමන්ගේ සිතේ ඇතිවුන අදහස කියා සිටියා. එතකොට රජතුමා ඔහුට එය තේරුම් කරදීම පිණිස සත් දිනකට රාජ්‍යය ප්‍රදානය කළා.

158. අනුභෝහි ඉමං රජ්ජං - සත්තාහං ත්වං කුමාරක
තතෝ තං ඝාතයිස්සාමි - ඉච්චවෝච මහීපති

'එම්බා කුමාරය, තොප මේ සත් දිනක් මේ රාජ්‍ය ශ්‍රීය අනුභව කළ යුතුයි. මේ සත් දින ඇවෑමෙන් තොපව ඝාතනයට පත් කරනු ලබන්නේය' කියලා රජතුමා කිව්වා.

159. ආහා'තීතම්හි සත්තාහේ - ත්වං කේනා'සි කිසෝ ඉති
මරණස්ස භයේනාති - වුත්තේ රාජා'හ තං පුන

හත් දවස ඇවෑමෙන් පස්සේ රජ්ජුරුවන් ඉදිරියට පැමිණියේ වැහැරී ගිය සිරුරු ඇති යුවරජුය. එතකොට රජතුමා 'මේ වැහැරිලා සිටින්නේ මක් නිසාදැ'යි ඇසුවා. 'දේවයන් වහන්ස, මරණයට ඇති භය නිසා'ය කියලා කිව්වා.

160. සත්තාහාහං මරිස්සං'ති - ත්වං න කීළි ඉමේ කථං
කීළිස්සන්ති යතී තාත - සදා මරණසඤ්ඤිනෝ

'ඉතින් සත් දවසකින් මැරෙන බව දැන ඔබ කෙළිදෙලෙන් වාසය කළේ නෑ. එහෙම නම් හැම කල්හි ම මරණසතිය වඩන්නා වූ මේ භික්ෂූන් වහන්සේලා හොඳට වළඳා විනෝදයෙන් වාසය කරන්නේ කෙසේද?' කියලා ඇසුවා.

161. **ඉච්චේවං භාතරා වුත්තෝ - සාසනස්මිං පසීදි සෝ**
කාලේන මිගවං ගන්ත්වා - ථේරං අද්දක්ඛි සඤ්ඤතං

එතකොට යුවරජ්ජුරුවෝ තම සහෝදර රජු විසින් පැවසූ කාරණය අහලා බුද්ධ ශාසනය කෙරෙහි පැහැදීමට පත්වුනා. ආයෙමත් දවසක් මුව දඩයමේ ගිය රජතුමාට ශාන්ත ඉඳුරන් ඇති තෙරුන් වහන්සේ නමක් ඒ වනාන්තරයේ දී දකින්ට ලැබුනා.

162. **නිසින්නං රුක්ඛමූලස්මිං - සෝ මහාධම්මරක්ඛිතං**
සාලසාඛාය නාගේන - වීජියන්තමනාසවං

උන්වහන්සේ රුක් සෙවණක වාඩි වී සිටියා. මහා හස්තිරාජයෙක් ඒ මහාධම්මරක්ඛිත මහරහතන් වහන්සේට සල් අත්තකින් පවන් සලමින් සිටියා.

163. **අයං ථේරෝ වියා'හම්පි - පබ්බජ්ජ ජිනසාසනේ**
විහරිස්සං කදා'රඤ්ඤේ - ඉති චින්තයි පඤ්ඤවා

එතකොට නුවණැති යුවරජ්ජුරුවෝ මෙහෙම හිතුවා. 'අනේ මම මේ තෙරුන් වහන්සේ සෙයින් උතුම් බුද්ධ ශාසනයේ පැවිදි වෙලා මේ අයුරින් වනාන්තරයේ වාසය කරන්නේ කවද්ද!' කියලා.

164. **ථේරෝ තස්ස පසාදත්ථං - උප්පතිත්වා විහායසා**
ගන්ත්වා අසෝකාරාමස්ස - පොක්ඛරඤ්ඤා ජලේ ඨිතෝ

ඔහුගේ සිතුවිලි දැනගත් තෙරුන් වහන්සේ වඩාත් පහදවාලීම පිණිස ඔහුට පෙනෙන්ට ආකාසයෙන් වැඩියා. අශෝකාරාමයෙහි පිහිටි පොකුණෙහි ජලය මත සිටගත්තා.

165. **ආකාසේ ඨපයිත්වාන - චීවරානි වරානි සෝ**
ඕගාහිත්වා පොක්ඛරණිං - ගත්තානි පරිසිඤ්චථ

උන්වහන්සේ වැලක දමන සෙයින් උතුම් සිවුරු අහසෙහි තිබ්බා. පොකුණට බැහැලා හොඳින් අත්පා

සෝදාගෙන ස්නානය කළා.

166. **තං ඉද්ධිං උපරාජා සෝ - දිස්වාතීව පසීදිය**
අජ්ජේව පබ්බජිස්සං ති - බුද්ධිඤ්චාකාසි බුද්ධිමා

ඉතින් යුවරජ්ජුරුවෝ ඒ ඉර්ධියත් දැක්කා. දැකලා ගොඩාක් ම පැහැදුනා. ඉතා නුවණැති ඔහු අද ම මං පැවිදි වෙන්ට ඕනෑය කියලා නුවණින් යුතුව තීරණයක් ගත්තා.

167. **උපසංකම්ම රාජානං - පබ්බජ්ජං යාචි සාදරෝ**
නිවාරේතුං අසක්කොන්තෝ - තං ආදාය මහීපති

මහරජ්ජුරුවන් ළඟට ගියා. ඉතා ආදරයෙන් යුක්තව පැවිදි වෙන්ට අවසර ඉල්ලුවා. ඔහුව පැවිදි බවෙන් වළක්වන්ට නොහැකි වූ රජ්ජුරුවෝ ඔහුත් රැගෙන,

168. **මහතා පරිවාරේන - විහාරං අගමා සයං**
පබ්බජි සෝ මහාධම්මරක්ඛිතත්ථේරසන්තිකේ

මහත් පිරිවර සමග විහාරයට ගියා. එහි දී යුවරජ්ජුරුවන් මහාධම්මරක්ඛිත රහතන් වහන්සේ ළඟ ගෞතම බුදු සසුනෙහි පැවිදි බව ලබාගත්තා.

169. **සද්ධිං තේන චතුසතසහස්සානි නරාපි ච**
අනුපබ්බජිතානන්තු - ගණනා ච න විජ්ජති

ඔහු පැවිදි වෙද්දි තව හාරලක්ෂයක පිරිවරකුත් පැවිදි වුනා. ඒ විස්තර අසා පැවිදි වූ පිරිස ගණනින් කියන්ට අමාරුයි.

170. **භාගිනෙය්‍යෝ නරින්දස්ස - අග්ගිබ්‍රහ්මාති විස්සුතෝ**
අහෝසි රඤ්ඤෝ ධීතාය - සංඝමිත්තාය සාමිකෝ

අග්ගිබ්‍රහ්ම යන නමින් ඉතා ප්‍රසිද්ධ වූ බෑනා කෙනෙක් අශෝක රජ්ජුරුවන්ට සිටියා. රජ්ජුරුවන්ගේ දියණිය වන සංඝමිත්තා කුමරියගේ ස්වාමියා වූයේ ඔහු ය.

171. **තස්සා තස්ස සුතෝ චාපි - සුමනෝ නාම නාමතෝ**
යාචිත්වා සෝ'පි රාජානං - උපරාජේන පබ්බජි

ඔහුගේත් ඇයගේත් පුත්‍රයා වූයේ සුමන නමැති කුමාරයා ය. සුමන කුමාරයාත් රජ්ජුරුවන්ගෙන් අවසර ගෙන යුවරජු පැවිදි වෙන දවසේ පැවිදි වුනා.

172. **උපරාජස්ස පබ්බජ්ජා - තස්සා'සෝකස්ස රාජිනෝ**
චතුත්ථේ ආසි වස්සේ සා - මහාජනහිතෝදයා

මහාජනයාගේ යහපත පිණිස හේතුභූත වූ යුවරාජයාගේ පැවිද්ද සිද්ධ වුනේ ඒ අශෝක රජ්ජුරුවන් රාජාභිෂේකය ලබා සතරවැනි අවුරුද්දේය.

173. **තත්ථේව උපසම්පන්නෝ - සම්පන්නඋපනිස්සයෝ**
ඝටෙන්තෝ උපරාජා සෝ - ඡළභිඤ්ඤෝ'රහා අහූ

නිවන් අවබෝධය පිණිස සසරෙහි රැස්කරගත් වාසනා සම්පත් ඇති ඒ යුවරජු එහි ම උපසම්පදා වුනා. සාසන බ්‍රහ්මචරියාවෙහි වීරිය වැඩුවා. සය වැදෑරුම් අභිඥාවෙන් යුතු රහතන් වහන්සේ නමක් බවට පත්වුනා.

174. **විහාරේ තේ සමාරද්ධේ- සබ්බේ සබ්බපුරේසු පි**
සාධුකං තීහි වස්සේහි - නිට්ඨාපේසුං මනෝරමේ

අසූහාර දහසක් නගර වල ඉදිකිරීමට පටන් ගත් සියලු මනෝරම්‍ය වූ විහාර කර්මාන්තයන් තුන් අවුරුද්දක දී හොඳාකාර ලෙසින් සම්පූර්ණ වුනා.

175. **ථේරස්ස ඉන්දගුත්තස්ස - කම්මාධිට්ඨායකස්ස තු**
ඉද්ධියා චාසු නිට්ඨාසි - අසෝකාරාමසව්හයෝ

විහාර කර්මාන්තය සොයා බැලූ ඉන්ද්‍රගුප්ත රහතන් වහන්සේගේ මහා ඉර්ධි බලයේ සහාය නිසා අශෝකාරාමය නමැති රම්‍ය වූ විහාරයත් ඉක්මනින් සම්පූර්ණ වුනා.

176. **ජිනේන පරිභුත්තේසු - ඨානේසු ච තහිං තහිං**
චේතියානි අකාරේසි - රමණීයානි භූපති

තුන් ලොව දිනූ භාග්‍යවතුන් වහන්සේ විසින් පරිභෝග කරන ලද ඒ ඒ ස්ථානයෙහි රජ්ජුරුවෝ රම්‍ය වූ චෛත්‍යයන් කෙරෙව්වා.

177. **පුරේහි චතුරාසීතිසහස්සේහි සමන්තතෝ**
ලේඛේ ඒකාහමානේසුං - විහාරා නිට්ඨිතා ඉති

අවට අසූහාර දහසක් නගරයන්හි විහාර කර්මාන්තය අවසන් වූ බවට දැනුම් දෙන සියලු සංදේශයන් එකම දවසේ රැගෙන ආවා.

178. **ලේඛේ සුත්වා මහාරාජා - මහාතේජිද්ධිවික්කමෝ**
කාතුකාමෝ සකිං යේව - සබ්බාරාමමහාමහං

ඒ ඒ සන්දේශයන් ඇසූ මහා තේජසින් හා ඉර්ධි වික්‍රමයෙන් යුක්ත වූ මහරජ්ජුරුවෝ සියලු ආරාමයන්වල මහා පූජාව එකම දවසේ සිද්ධ කරන්ට කැමති වුනා.

179. **පුරේ භේරිං චරාපේසි - සත්තමේ දිවසේ ඉතෝ**
සබ්බාරාමමහෝ හෝතු - සබ්බදේසේසු ඒකදා

එතකොට රජ්ජුරුවෝ අඬබෙර පැතිරෙව්වා. මෙයින් සත් දවසකට පස්සේ හැම ප්‍රදේශයක ම සියලු විහාරාරාමයන්ගේ පූජාව එකම දවසේ වේවා!

180. **යෝජනේ යෝජනේ දෙන්තු - මහාදානං මහීතලේ**
කරොන්තු ගාමාරාමානං - මග්ගානඤ්ච විභූසනං

යොදුනක් යොදුනක් පාසා දඹදිව මහා දන්සැල් දෙත්වා! සියලු ගම්වලට යන, ආරාමයන්ට යන මාර්ගයන් අලංකාර කරත්වා!

181. **විහාරේසු ච සබ්බේසු - භික්ඛුසංඝස්ස සබ්බථා**
මහාදානානි වත්තෙන්තු - යථාකාලං යථාබලං

සියලු විහාරයන්හි වැඩවාසය කරන භික්ෂු සංඝයා වහන්සේට කැප අකැප කාලය හොඳින් හඳුනාගෙන තම තමන්ට හැකි පමණින් මහාදන් පවත්වත්වා!

182. **දීපමාලාපුප්ඵමාලාලංකාරේහි තහිං තහිං**
තුරියේහි ච සබ්බේහි - උපහාරං අනේකධා

දැල්වෙන පහන් මාලාවන්ගෙනුත් මල්මාලාවන් ගෙනුත් ඒ ඒ තැන අලංකාර කරත්වා! හැම තැන්හි ම නොයෙක් ආකාරයෙන් උපහාර කොට පංච තූර්ය නාදය පතුරවත්වා!

183. **උපෝසථංගානා'දාය - සබ්බේ ධම්මං සුණන්තු ච**
පූජාවිසේසේ නේකේ ච - කරොන්තු තදහූපි ච

සියල්ලෝ ම උතුම් උපෝසථ සිල් සමාදන් වී භාග්‍යවතුන් වහන්සේගේ ධර්මය අසත්වා! නොයෙක් ආකාරයෙන් සිත් වූ පරිදි පුද පූජාවන් කරත්වා!

184. **සබ්බේ සබ්බත්ථ සබ්බථා - යථාණත්තාධිකාපි ච**
පූජා සම්පටියාදේසුං - දේවලෝකමනෝරමා

එතකොට සියලු දෙනා ම ඒ අඬබෙර හඬට සවන් දීලා සෑම තැනක ම සියලු ආකාරයෙන් ඉල්ලා සිටි කරුණු වලටත් වඩා වැඩියෙන් දෙව්ලොව දක්වන පූජෝත්සව සෙයින් මහත් රම්‍ය වූ පූජාවන් පිළියෙල කළා.

185. **තස්මිං දිනේ මහාරාජා - සබ්බාලංකාරභූසිතෝ**
සහෝරෝධෝ සහාමච්චෝ - බලෝඝපරිවාරිතෝ

එදා මහරජ්ජුරුවෝ සියලු රාජාභරණයන් ගෙන් අලංකාරව සැරසිලා තම අන්තඃපුර ස්ත්‍රීන් සමග, තම ඇමතියන් සමග ඇත්, අස්, රිය, පාබල යන චතුරංගිනී සේනාව සමග පිරිවරාගෙන සිටියා.

186. **අගමාසි සකාරාමං - භින්දන්තෝ විය මේදිනිං**
සංඝමජ්ඣම්හි අට්ඨාසි - වන්දිත්වා සංඝමුත්තමං

පංචතූර්ය වාදන ආදියෙන් මහපොළොව ගිගුම් ගන්වමින් රජ්ජුරුවෝ තමන් විසින් කරන ලද අශෝකාරාමයට සැපත් වුනා. උතුම් වූ සංඝයා වහන්සේට වන්දනා කොට සංඝයා මැද සිටගත්තා.

187. **තස්මිං සමාගමේ ආසුං - අසීති භික්ඛුකෝටියෝ**
අහේසුං සතසහස්සං - තේසු ඛීණාසවා යතී

ඒ අවස්ථාවෙහි රැස්වූ සංඝයා වහන්සේ ගණනින් අසූ කෝටියක් වුනා. උන්වහන්සේලා අතර ක්ෂීණාශ්‍රව වූ රහතන් වහන්සේලා ලක්ෂයක් වැඩසිටියා.

188. **නවුති සතසහස්සානි - අහූ භික්ඛුනියෝ තහිං**
ඛීණාසවා භික්ඛුනියෝ - සහස්සං ආසු තාසු තු

එතනට රැස් වූ භික්ෂුණීන් වහන්සේලා ගණන අනූ ලක්ෂයක් වුනා. ඒ භික්ෂුණීන් අතර ක්ෂීණාශ්‍රව වූ රහත් භික්ෂුණීන් දහසක් සිටියා.

189. **ලෝකවිවරණං නාම - පාටිහීරං අකංසු තේ**
ඛීණාසවා පසාදත්ථං - ධම්මාසෝකස්ස රාජිනෝ

ඒ රහතන් වහන්සේලා ධර්මාශෝක රජ්ජුරුවන් තුළ බුද්ධ ශාසනය කෙරෙහි චිත්ත ප්‍රසාදය දියුණු වීම පිණිස 'ලෝක විවරණ පූජා' නමින් ප්‍රාතිහාර්යයක් කළා.

190. **චණ්ඩාසෝකෝ'ති ඤායිත්ථ - පුරේ පාපේන කම්මුනා**
ධම්මාසෝකෝ'ති ඤායිත්ථ - පච්ඡා පුඤ්ඤේන කම්මුනා

තමන් බෞද්ධ වෙන්ට කලින් රජකම ලැබීම පිණිස පව් කළ බැවින් මේ රජ්ජුරුවන් ප්‍රසිද්ධව සිටියේ චණ්ඩාශෝක යන නමිනුයි. බෞද්ධ වීමෙන් පසු අනේක වූ පින්කම් කිරීම හේතුවෙන් මොහු ධර්මාශෝක නමින් ප්‍රසිද්ධියට පත්වුනා.

191. **සමුද්දපරියන්තං සෝ - ජම්බුදීපං සමන්තතෝ**
පස්සි සබ්බේ විහාරේ ච - නානාපූජාවිභූසිතේ

එදා රජ්ජුරුවෝ මහා සාගරය කෙළවර කොට ඇති දඹදිව පුරා පිහිටි සියලු විහාරයන්වල කෙරෙන අලංකාර පුද පූජාවන් ලෝක විවරණ ප්‍රාතිහාර්යය හේතුවෙන් සිය ඇසින් ම දැකගත්තා.

192. අතීව තුට්ඨෝ තේ දිස්වා - සංඝං පුච්ඡි නිසීදිය
කස්ස භන්තේ පරිච්චාගෝ - මහා සුගතසාසනේ

එතකොට ඒවා දුටු රජ්ජුරුවෝ අතිශයින් ම සතුටට පත්වුනා. සංඝයාට වන්දනා කොට වාඩිවුනා. 'ස්වාමීනී, මේ මහා සුගත ශාසනයෙහි පරිත්‍යාග කරපු අය අතර අග්‍ර කවුරුදැ'යි අසා සිටියා.

193. ථේරෝ මොග්ගලිපුත්තෝ සෝ - රඤ්ඤෝ පඤ්හං වියාකරි
ධරමානේපි සුගතේ - නත්ථි චාගී තයා සමෝ

ඒ අවස්ථාවෙහි මොග්ගලීපුත්තතිස්ස මහරහතන් වහන්සේ රජ්ජුරුවන්ගේ ප්‍රශ්නයට පිළිතුරු දුන්නා. 'මහරජ්ජුරුවනි, අප සුගත තථාගතයන් වහන්සේ ජීවමානව වැඩ සිටින කාලයේදීවත් ඔබට සමාන වූ ත්‍යාගවන්තයෙක් බුද්ධ ශාසනයෙහි සිටියේ නෑ' කිව්වා.

194. තං සුත්වා වචනං භියෝ - තුට්ඨෝ රාජා අපුච්ඡි තං
බුද්ධසාසනදායාදෝ - හෝති බෝ මාදිසෝ ඉති

ඒ වචනය ඇසූ රජ්ජුරුවෝ මහත් සතුටට පත්වුනා. 'එසේ වී නම් ස්වාමීනී, මා වැනි කෙනෙක් බුද්ධ ශාසන දායාදය ලැබුවෙක් නේදැ'යි තෙරුන් වහන්සේගෙන් ඇසුවා.

195. ථේරෝ තු රාජපුත්තස්ස - මහින්දස්සෝපනිස්සයං
තථේව රාජධීතාය - සංඝමිත්තාය පෙක්ඛිය

එතකොට මහරහතන් වහන්සේ ඒ ධර්මාශෝක නරේන්ද්‍රයාගේ පුත්‍ර වූ මහින්ද කුමාරයාගේත් රාජ දියණිය වන සංඝමිත්තා කුමරියගේත් නිවන අවබෝධයට සුදුසු වූ

පුණ්‍ය වාසනා සම්පත් ඔවුන් තුළ රැස් වී ඇතිබව දැනගෙන,

196. **සාසනස්සා'භිවුද්ධිං ච - තං හේතුකං අවෙක්ඛිය**
පච්චා'භාසථ රාජානං - සෝ සාසනධුරන්ධරෝ

ඔවුන් විසින් අනාගතයේ කරනු ලබන්නා වූ ගෞතම බුද්ධ ශාසනය බැබලවීමට හේතුවන කරුණු දැනගෙන ඒ ශාසනධුරන්ධර මහරහතන් වහන්සේ රජ්ජුරුවන්ට මෙහෙම කිව්වා.

197. **තාදිසෝ'පි මහාචාගී - දායාදෝ සාසනස්ස න**
පච්චයදායකෝ චේව - වුච්චතේ මනුජාධිප

'මහරජ්ජුරුවනි, ඔබ මහා ත්‍යාගවන්තයෙක් වුනත් බුද්ධ ශාසනයෙහි දායාදය ලැබූවෙක් නොවෙයි. ඔබ සිව්පසය පුදන දායකයෙක් පමණයි.

198. **යෝ තු පුත්තං ධීතරං වා - පබ්බජ්ජාපේති සාසනේ**
සෝ සාසනස්ස දායාදෝ - හෝති නෝ දායකෝ අපි

මහරජ්ජුරුවනි, යමෙක් තමන්ගේ පුත්‍රයෙකු හෝ දියණියක හෝ බුදු සසුනෙහි පැවිදි කරවනවා නම් ශාසනදායාදය ලැබුවෙක් වන්නේ ඔහු ය. හුදෙක් සිව්පස දායකයෙක් වූ පමණින් ශාසන දායාදයට හිමිකරුවෙක් වන්නේ නෑ.

199. **අථ සාසනදායාදභාවං ඉච්ඡං මහීපති**
මහින්දං සංඝමිත්තං ච - ඨිතේ තත්‍ර අපුච්ඡථ

එතකොට ධර්මාශෝක රජ්ජුරුවන්ට ගෞතම බුද්ධ ශාසනයෙහි දායාදය ලබන්නට මහත් ආසාවක් ඇතිවුනා. මහින්ද රාජ කුමාරයාගෙනුත් සංඝමිත්තා රාජ දියණිය ගෙනුත් මෙහෙම ඇහුවා.

200. **පබ්බජිස්සථ කිං තාතා - පබ්බජ්ජා මහතී මතා**
පිතුනෝ වචනං සුත්වා - පිතරං තේ අභාසිසුං

'කිම? මාගේ දරුවෙනි, තෙපි පැවිදි වන්නහුද? බුදු සසුනේ පැවිද්ද වනාහී ඉතා උතුම් දෙයක් නොවැ' කියලා කිව්වා. පිය රජ්ජුරුවන්ගේ වචනය ඇසූ දරුවන් පිය රජුන්ට මෙහෙම පිළිතුරු දුන්නා.

201. අජ්ජේව පබ්බජිස්සාම - සචේ ත්වං දේව ඉච්ඡසි
අම්හං ච ලාභෝ තුය්හං ච - පබ්බජ්ජාය භවිස්සති

'දේවයන් වහන්ස, ඔබවහන්සේ කැමති වන සේක් නම් අපි අද වුනත් පැවිදි වෙන්ට කැමතියි. ගෞතම බුදු සසුනෙහි පැවිදි බව ලැබීමෙන් අපටත් ඔබවහන්සේටත් ලාභයක් ම යි වන්නේ.

202. උපරාජස්ස පබ්බජ්ජා - කාලතෝ පභුතී හි සෝ
සා චාපි අග්ගිබ්‍රහ්මස්ස - පබ්බජ්ජා කතනිච්ඡයා

යුවරජ්ජුරුවන් පැවිදි වෙච්ච දවසේ ඉඳලා මහින්ද කුමාරයා සිටියේ පැවිදි වෙන්ට කැමැත්තෙන් ම යි. සිය ස්වාමියා වූ අග්ගිබ්‍රහ්ම කුමාරයා පැවිදි වෙච්ච දවසේ ඉඳලා සංඝමිත්තා කුමරිය සිටියේ පැවිදි වෙන්ට කැමැත්තෙන් ම යි.

203. උපරජ්ජං මහින්දස්ස - දාතුකාමෝ'පි භූපති
තතෝ'පි අධිකාසාති - පබ්බජ්ජං යේව රෝචයි

ධර්මාශෝක රජ්ජුරුවෝ හිස් වූ යුවරාජ පදවිය මහින්ද කුමාරයාට දෙන්ට කැමැත්තෙන් සිටියත් මිහිඳු කුමාරයා ඒ යුවරජ පදවියට වඩා පැවිදි වීම ගැන ගොඩාක් ම ආසා කළා.

204. පියං පුත්තං මහින්දඤ්ච - බුද්ධිරූපබලෝදිතං
පබ්බජ්ජාපේසි සමහං - සංඝමිත්තඤ්ච ධීතරං

බුද්ධි බලයෙනුත් රූප බලයෙනුත් බබලන මිහිඳු නමැති ප්‍රිය පුත්‍රයාත් සංඝමිත්තා නමැති රාජ දියණියත්

මහත් ගරු සත්කාර සහිතව ගෞතම බුද්ධ ශාසනයෙහි පැවිදි කෙරෙව්වා.

205. තදා වීසතිවස්සො සො - මහින්දො රාජනන්දනො
සංඝමිත්තා රාජධීතා - අට්ඨාරසසමා තදා

ඒ වෙද්දි පියරජු සතුටු කරවන මිහිඳු කුමාරයාට වයස අවුරුදු විස්ස යි. සංඝමිත්තා රාජ දියණියට වයස අවුරුදු දහඅට යි.

206. තදහේව අහු තස්ස - පබ්බජ්ජා උපසම්පදා
පබ්බජ්ජා සික්ඛාදානඤ්ච - තස්සා ච තදහු අහු

මිහිඳු කුමාරයා පැවිදි වූ දවසේ ම ඔහුගේ උපසම්පදාවත් ලැබුනා. ඒ රාජ දියණියට පැවිද්දයි සික්ඛමානාවක් ලෙසින් ශික්ෂාපද සමාදන් වීමයි එදාම ලැබුනා.

207. උපජ්ඣායො කුමාරස්ස - අහු මොග්ගලිසව්හයො
පබ්බාජේසි මහාදේවත්ථේරො මජ්ඣන්තිකො පන

මිහිඳු කුමාරයාගේ උපාධ්‍යායන් වහන්සේ වූයේ මොග්ගලීපුත්තතිස්ස මහරහතන් වහන්සේ ය. මහාදේව තෙරුන් වහන්සේ කුමාරයාව පැවිදි කළා. මජ්ඣන්තික තෙරුන් වහන්සේ,

208. කම්මවාචං අකා තස්මිං - සො'පසම්පදමණ්ඩලේ
අරහත්තං මහින්දො සො - පත්තො සපටිසම්භිදං

උපසම්පදාවේදී කර්ම වාක්‍ය පැවසුවා. උපසම්පදා මාලකයෙහි දී මිහිඳු නමැති නවක උපසම්පදාලාභී භික්ෂුව සතර පටිසම්භිදාවෙන් යුක්තව අර්හත් ඵලයට පත්වුනා.

209. සංඝමිත්තායුපජ්ඣායා - ධම්මපාලාති විස්සුතා
ආචරියා ආයුපාලී - කාලේ සා'සි අනාසවා

සංඝමිත්තා කුමරිය පැවිදි වන විට ඇයගේ උපාධ්‍යාය

භික්ෂුණිය වූයේ ධම්මපාලා තෙරණිය යි. ඇයගේ ආචාර්ය භික්ෂුණිය වූයේ ආයුපාලී තෙරණිය යි. ඒ සංඝමිත්තාවෝ කිහිප දිනකින් උතුම් අර්හත්වයට පත්වුනා.

210. **උභෝ සාසනපජ්ජෝතා - ලංකාදීපෝපකාරිනෝ**
ඡට්ඨේ වස්සේ පබ්බජිංසු - ධම්මාසෝකස්ස රාජිනෝ

රහත් ඵලයට පත් වූ මිහිඳු තෙරුණුත් සංඝමිත්තා භික්ෂුණියත් යන දෙදෙනා වහන්සේ ම ලංකාද්වීපයේ බුද්ධ ශාසනය බබුළුවන්නට බොහෝ උපකාරී වුනා. මෙතුමන් වහන්සේලා පැවිදි වෙද්දී ධර්මාශෝක රජ්ජුරුවන් රාජාභිෂේකය ලබා අවුරුදු හයයි.

211. **මහාමහින්දෝ වස්සේහි - තීහි දීපප්පසාදකෝ**
පිටකත්තයමුග්ගණ්හි - උපජ්ඣායස්ස සන්තිකේ

ලංකාද්වීපය ම බුදු සසුනෙහි පැහැදීමට පත් කළ දීපප්පසාදක වූ මිහිඳු මහරහතන් වහන්සේ පැවිදි උපසම්පදාව ලබා තුන් අවුරුද්දක් ඇතුළත සිය උපාධ්‍යාය වූ මොග්ගලීපුත්තතිස්ස මහරහතන් වහන්සේ වෙතින් තුන් පිටකය ම ඉගෙන ගත්තා.

212. **සා භික්ඛුනී චන්දලේඛා - මහින්දෝ භික්ඛු සූරියෝ**
සම්බුද්ධසාසනාකාසං - තේ සදා සෝභයුං තදා

ඒ භික්ෂුණිය සඳරේඛාවක් වගේ වුනා. මහින්ද භික්ෂුව හිරු මඬල වගේ වුනා. ඒ කාලයෙහි මේ දෙදෙනා වහන්සේ ම ශ්‍රී සම්බුද්ධ ශාසනය නමැති ගගන තලයෙහි සෝභමානව වැඩ සිටියා.

213. **පුරේ පාටලිපුත්තම්හා - වනේ වනචරෝ චරං**
කුන්තකින්නරියා සද්ධිං - සංවාසං කප්පයී කිර

එක් කලෙක පාටලීපුත්‍ර නගරයෙන් වනයට ගොස් වනාන්තරයෙහි ඇවිදිමින් සිටි එක්තරා පුද්ගලයෙක් සිටියා.

මොහු වනයෙහි සිටි කුන්තකින්නරී නමින් හඳුන්වන කිඳුරියක් සමග අඹුසැමියන් වශයෙන් වාසය කළා.

214. තේන සංවාසමන්වාය - සා පුත්තේ ජනයී දුවේ
තිස්සෝ ජෙට්ඨෝ කණිට්ඨෝ තු - සුමිත්තෝ නාම නාමතෝ

එසේ වාසය කිරීම හේතුවෙන් ඒ කිඳුරිය පුතුන් දෙදෙනෙකුත් බිහිකළා. ලොකු පුතාගේ නම තිස්ස ය. පොඩි පුතා සුමිත්ත නමින් හැඳින්වුනා.

215. මහාවරුණථේරස්ස - කාලේ පබ්බජ්ජ සන්තිකේ
අරහත්තං පාපුණිංසු - ඡළභිඤ්ඤාගුණං උභෝ

මහාවරුණ මහරහතන් වහන්සේගේ කාලයෙහි මේ තිස්ස, සුමිත්ත දෙදෙනා උන්වහන්සේ ළඟ පැවිදි වුනා. සයවැදෑරුම් අභිඥා ලබාගනිමින් දෙදෙනා ම උතුම් අර්හත්වයට පත්වුනා.

216. පාදේ කීටවිසේනාසි - ඵුට්ඨෝ ජෙට්ඨෝ සවේදනෝ
ආහ පුට්ඨෝ කණිට්ඨයේන - භේසජ්ජං පසතං ඝතං

ඒ වැඩිමහලු වූ තිස්ස තෙරුන් හට ගෝණුසු විසක් නිසා පාදයෙහි ඉතා වේදනාවෙන් යුක්ත වූ තුවාලයක් ඇතිවුනා. තම සොයුරු වූ සුමිත්ත තෙරුන්ගෙන් බෙහෙත් පිණිස පතක් පමණ ගිතෙල් ටිකක් ඕනෑය කියා කිව්වා.

217. රඤ්ඤෝ නිවේදනං ථේරෝ - ගිලානවත්තතෝ'පි සෝ
සප්පියත්ථඤ්ච චරණං - පච්ඡාභත්තං පටික්ඛිපි

එතකොට සුමිත්ත තෙරුන් වහන්සේ ගිලන් පිණිසවත් රජ්ජුරුවන්ට දැනුම් දෙන්ට හෝ ගිතෙල් ටිකක් සොයා ගැනීම පිණිස සවස් වරුවෙහි පිඬුසිඟා යෑමට ඇති අකමැත්ත නිසාත් ප්‍රතික්ෂේප කළා.

218. පිණ්ඩාය චේ චරං සප්පිං - ලභසේ ත්වං තමාහර
ඉච්චාහ තිස්සථේරෝ සෝ - සුමිත්තං ථේරමුත්තමං

එහෙමනම් පිඬුසිඟා යද්දි ගිතෙල් ටිකක් ලැබුනොත් එය අරන් එන්ට කියා තිස්ස තෙරුන් වහන්සේ ඉතා උත්තම වූ සුමිත්ත තෙරුන් වහන්සේට පැවසුවා.

219. **පිණ්ඩාය චරතා තේන - න ලද්ධං පසතං සතං**
සප්පිකුම්භසතේනාපි - ව්‍යාධි ජාතෝ අසාධියෝ

එදා පිණ්ඩපාතයේ වඩිද්දී ඒ සුමිත්ත තෙරුන් වහන්සේට පතක් පමණ වූ ගිතෙල් ටිකක් ලැබුනේ නෑ. අන්තිමේදී ගිතෙල් කල සීයකින්වත් සුව කරන්ට නොහැකි විදිහට රෝගය අසාධ්‍ය වුනා.

220. **තේනේව ව්‍යාධිනා ථේරෝ - පත්තෝ ආයුක්ඛයන්තිකං**
ඕවදිත්වාප්පමාදේන - නිබ්බාතුං මානසං අකා

ඒ අසනීපයෙන් ම තිස්ස මහරහතන් වහන්සේ ආයුෂ ක්ෂය වීමට පත්වුනා. අනිත් භික්ෂූන් වහන්සේලාට චතුරාර්ය සත්‍ය අවබෝධය පිණිස අප්‍රමාදී වෙන්ට ඕනෑ කියා තමන්වහන්සේ පිරිනිවන් පාන්ට සිතින් අධිෂ්ඨාන කළා.

221. **ආකාසම්හි නිසීදිත්වා - තේජෝධාතුවසේන සෝ**
යථාරුචි අධිට්ඨාය - සරීරං පරිනිබ්බුතෝ

තිස්ස රහතන් වහන්සේ අහසට පැන නැගී අහසෙහි වාඩිවුනා. තේජෝ ධාතුවට සමවැදී ගිය ධ්‍යානයෙන් යුතුව තමන් වහන්සේ කැමැති පරිද්දෙන් ශරීරය පිළිබඳ ව අධිෂ්ඨාන කොට පිරිනිවන් පෑවා.

222. **ජාලා සරීරා නික්ඛම්ම - නිම්මංසච්ඡාරිකං ඩහි**
ථේරස්ස සකලං කායං - අට්ඨිකානි තු නෝ දහි

මෙසේ පිරිනිවන් පෑමේදී රහතන් වහන්සේගේ සිරුරින් නික්මී ගිය ගිනිදැල්වලින් මුළු සිරුරේ ම මාංශයන්වත් අළුවත් ඉතිරි නොවී දැවී ගියා. අස්ථිධාතු පමණක් ඉතිරි වුනා.

223. **සුත්වා නිබ්බුතිමේතස්ස - තිස්සථේරස්ස භූපති**
අගමාසි සකාරාමං - ජනෝඝපරිවාරිතෝ

ධර්මාශෝක රජ්ජුරුවන්ට තිස්ස තෙරුන් පිරිනිවන් පෑවේ ඒ අයුරින් ය කියා අසන්ට ලැබුනා. මහාජනකාය ද පිරිවරාගත් ඔහු තමන්ගේ ආරාමය වන අශෝකාරාමයට ගියා.

224. **හත්ථික්ඛන්ධගතෝ රාජා - තානට්ඨීන'වරෝපිය**
කාරෙත්වා ධාතුසක්කාරං - සංඝං ව්‍යාධිමපුච්ඡි තං

රජ්ජුරුවන් හස්තිරාජයාගේ පිට මත සිට ගෙන අහසේ තිබූ ධාතූන් වහන්සේලා පහළට වැඩැම්මුවා. ඒ ධාතූන් වහන්සේලාට සත්කාර සම්මාන පවත්වලා 'උන්වහන්සේ පිරිනිවන් පාන්ට හේතු වූ රෝගය කිමෙක් ද?' කියලා සංඝයාගෙන් ඇසුවා.

225. **තං සුත්වා ජාතසංවේගෝ - පුරද්වාරේසු කාරිය**
සුධාචිතා පොක්ඛරණී - භේසජ්ජානං ච පූරිය

බෙහෙත් පිණිස පතක් පමණ ගිතෙල් සොයා ගන්ට බැරිවීමෙන් රෝගය උත්සන්න වී පිරිනිවන් පා වදාළ බව ඇසූ රජ්ජුරුවෝ මා වැනි රජෙක් සිටිද්දීත් භික්ෂූන්ට බෙහෙත් නැති වුනා කියා මහත් සංවේගයට පත්වුනා. නුවර සතර වාසල්කඩ අසල විශේෂ පොකුණු කරවා ඒවා බෙහෙත් ඖෂධවලින් පිරෙව්වා.

226. **පාපේසි භික්ඛුසංඝස්ස - භේසජ්ජානි දිනේ දිනේ**
මා හෝතු භික්ඛුසංඝස්ස - භේසජ්ජං දුල්ලභං ඉති

භික්ෂු සංඝයා වහන්සේට ගිතෙල් මී පැණි ආදී කිසි බෙහෙතක් අඩුපාඩුවක් වෙන්ට එපාය කියලා දිනපතා භික්ෂු සංඝයාට බෙහෙත් දුන්නා.

227. **සුමිත්තථේරෝ නිබ්බායි - චංකමන්තෝ'ව චංකමේ**
පසීදි සාසනේතීව - තේනාපි ච මහාජනෝ

තිස්ස තෙරුන්ගේ සහෝදර වූ සුමිත්ත මහරහතන් වහන්සේත් සක්මන් මළුවේ සක්මන් කරන ඉරියව්වේ දී ම පිරිනිවන් පෑවා. උන්වහන්සේගේ පිරිනිවන් පෑමෙනුත් මහාජනයා බුද්ධ ශාසනය පිළිබඳ තවතවත් වැඩියෙන් පැහැදුනා.

228. **කුන්තිපුත්තා දුවේ ථේරා - තේ ලෝකහිතකාරිනෝ**
නිබ්බායිංසු අසෝකස්ස - රඤ්ඤෝ වස්සම්හි අට්ඨමේ

ලෝකයාගේ යහපත කැමැතිව වැඩ සිටි කුන්ති කිඳුරියගේ පුත්‍රයන් වූ ඒ රහතන් වහන්සේලා දෙනම පිරිනිවන් පාද්දී ධර්මාශෝක රජ්ජුරුවන් අභිෂේකය ලබා අවුරුදු අටයි.

229. **තතෝ පභූති සංඝස්ස - ලාභෝතීව මහා අහු**
පච්ඡා පසන්නා ච ජනා - යස්මා ලාභං පවත්තයුං

මේ හේතුව නිසා සංඝයාට වඩ වඩාත් සිව්පස ලාභය බොහෝ සෙයින් ම ලැබුනා. පසුව පැහැදුනු ජනතාවත් සංඝයාට මහත් ලාභ සත්කාර පැවැත්තුවා.

230. **පහීනලාභසක්කාරා - තිත්ථියා ලාභකාරණා**
සයං කාසායමාදාය - වසිංසු සහ භික්ඛුහි

අන්‍ය තීර්ථක තාපස, පරිබ්‍රාජක, පාෂාණ්ඩ ආදීන්ට ලැබෙමින් තිබූ සත්කාර නැතිවෙලා ගියා. පහසුවෙන් සිව්පසය ලාභය අපේක්ෂාවෙන් ඒ තීර්ථකයෝ තමන් ම සිවුරු පොරොවා ගෙන ආර්ය පැවිද්ද ලබා සිටි නිර්මල භික්ෂූන් අතරට එක්ව වාසය කළා.

231. **යථාසකඤ්ච තේ වාදං - බුද්ධවාදෝති දීපයුං**
යථාසකඤ්ච කිරියං - අකරිංසු යථාරුචිං

තමන් ම සිව්රු පොරොවා ගෙන සංඝයා අතර සිටි ශ්‍රමණවේශධාරීන් බණ කියද්දී බුද්ධවචනය මෙය ය කියලා

තම තමන්ගේ මතිමතාන්තර කියන්ට පටන් ගත්තා. ඔවුන් කැමති පරිදි තමන්ගේ ගිනිපිදීම් ආදී දේත් කරගෙන ගියා.

232. **තතෝ මොග්ගලිපුත්තෝ සෝ - ථේරෝ ථිරගුණෝදයෝ**
සාසනබ්බුදමුප්පන්නං - දිස්වා තං අතිකක්ඛලං

එතකොට අෂ්ටලෝක ධර්මයෙන් නොසැලෙන ස්ථිරව පිහිටි ගුණ ඇති මොග්ගලීපුත්ත තිස්ස මහරහතන් වහන්සේ මේ ඉතාමත් බරපතල වූ මේ ශාසනික අර්බුදය දැක්කා.

233. **තස්සෝපසමනේ කාලං - දීඝදස්සී අවෙක්ඛිය**
දත්වා මහින්දථේරස්ස - මහාභික්ඛුගණං සකං

අනාගතයේ ඉතා දුර පෙනෙන මහරහතන් වහන්සේ මේ ශාසනික අර්බුදය සංසිඳුවීමට අවස්ථාවක් බලාපොරොත්තුවෙන් සිටියා. මිහිඳු මහරහතන් වහන්සේට තමන් යටතේ සිටි මහා භික්ෂු පිරිස භාර කළා.

234. **උද්ධං ගංගාය ඒකෝව - අහෝගංගම්හි පබ්බතේ**
විහාසි සත්තවස්සානි - විවේකං අනුබ්‍රෑහයං

ගංගා නම් වූ මහාගංගාවට උඩු පැත්තේ පිහිටි අහෝගංග පර්වතයට වැඩම කොට විවේකීව සත් වර්ෂයක් වැඩසිටියා.

235. **තිත්ථියානං බහුත්තා ච - දුබ්බචත්තා ච භික්ඛවෝ**
තේසං කාතුං න සක්ඛිංසු - ධම්මේන පටිසේධනං

තමන්ම සිවුරු පොරොවා ගෙන සිටි තීර්ථකයන් බොහෝ පිරිසක් සිටියා. ඔවුන් සංඝයාගේ අවවාද වලට අකීකරු වුනා. සැබෑ භික්ෂූන් නොවන බව පෙන්නා දීලා ධර්මානුකූලව ඔවුන්ව සංඝයාගෙන් බැහැර කරන්ට භික්ෂූන් වහන්සේලාට බැරිවුනා.

236. තේනේව ජම්බුදීපම්හි - සබ්බාරාමේසු භික්ඛවෝ
සත්තවස්සානි නාකංසු - උපෝසථපවාරණං

ඔවුන්ගේ දඩබ්බර ක්‍රියාකාරකම් හේතුවෙන් දඹදිව සියලු විහාරආරාමවල භික්ෂූන් වහන්සේලා සත් අවුරුද්දක් ම පොහොය කිරීම් ආදී විනය කර්මයන් කරන්ට නොහැකිව සිටියා.

237. තං සුත්වාන මහාරාජා - ධම්මාසෝකෝ මහායසෝ
ඒකං අමච්චං පේසේසි - අසෝකාරාමමුත්තමං

මහා යසපිරිවර ඇති ධර්මාශෝක මහරජ්ජුරුවන්ට භික්ෂූන්ගේ පොහොය නොකිරීම ගැන දැනගන්ට ලැබුනා. උතුම් වූ අශෝකාරාමයට එක් අමාත්‍යවරෙයෙක් පිටත් කෙරෙව්වා.

238. ගන්ත්වාධිකරණං ඒතං - වූපසම්ම උපෝසථං
කාරේහි භික්ඛුසංඝේන - මමාරාමේ තුවං ඉති

'එම්බා අමාත්‍යය, මාගේ අශෝකාරාමයෙහි පොහෝ පවුරුණු ආදිය නොකිරීමට හේතු වූ අර්බුදය සංසිඳුවාලව. භික්ෂු සංඝයා ලවා පොහොය කිරීමාදිය කරන්ට සලස්සව' කියලා පිටත් කෙරෙව්වා.

239. ගන්ත්වාන සන්නිපාතෙත්වා - භික්ඛුසංඝං ස දුම්මති
උපෝසථං කරෝථාති - සාවේසි රාජසාසනං

ඒ ඇමැති මඳ නුවණින් යුතු කෙනෙක්. ඔහු අශෝකාරාමයට ගිහින් භික්ෂු සංඝයාව රැස් කෙරෙව්වා. 'නුඹලා දැන් පොහොය කරව්!' කියලා රාජහසුන ඇස්සෙව්වා.

240. උපෝසථං තිත්ථියේහි - න කරෝම මයං ඉති
අවෝච භික්ඛුසංඝෝ තං - අමච්චං මූළ්හමානසං

'හොරට සිවුරු පොරොවා ගෙන සිටින අන්‍යතීර්ථකයන් එක්ක අපි පොහොය කරන්නේ නෑ' කියා

භික්ෂු සංඝයා වහන්සේ ඒ මෝඩ සිතින් යුතු අමාත්‍යයාට පිළිතුරු දුන්නා.

241. **සෝ'මච්චෝ කතිපයානං - ථේරානං පටිපාටියා**
අච්ඡින්දි අසිනා සීසං - කාරේමීති උපෝසථං

එතකොට ඒ අමාත්‍යයා 'හොඳයි එහෙනම් මං පොහොය කරවන්නම්' කියලා කඩුවක් ගෙන පිළිවෙළින් වැඩසිටි ස්ථවිර භික්ෂූන් වහන්සේලා කීප නමකගේ ම හිස ගසා දැම්මා.

242. **රාජභාතා තිස්සථේරෝ - තං දිස්වා කිරියං ලහුං**
ගන්ත්වාන තස්ස ආසන්නේ - ආසනම්හි නිසීදි සෝ

කලින් යුවරාජව සිටි ධර්මාශෝක නිරිඳුන්ගේ සහෝදර වූ තිස්ස මහරහතන් වහන්සේ මෙය දැක්කා. වහා පෙරට වැඩ ඊළඟට කඩු පහරට මුහුණ දීම පිණිස ඔහුට ළඟම වූ ආසනයෙහි වාඩිවුනා.

243. **ථේරං දිස්වා අමච්චෝ සෝ - ගන්ත්වා රඤ්ඤෝ නිවේදයී**
සබ්බං පවත්තිං තං සුත්වා - ජාතදාහෝ මහීපති

තිස්ස තෙරුන් දුටුව ඒ අමාත්‍යයා ආපසු ගිහින් මහරජ්ජුරුවන්ට දැනුම් දුන්නා. ඒ සියලු විස්තර ඇසූ ධර්මාශෝක රජුගේ සිරුරේ මහත් දාහයක් හටගත්තා.

244. **සීඝං ගන්ත්වා භික්ඛුසංඝං - පුච්ඡි උබ්බිග්ගමානසෝ**
ඒවං කතේන කම්මේන - කස්ස පාපං සියා ඉති

මහත් සේ සසල වී ගිය සිතින් යුතු රජ්ජුරුවෝ වහ වහා භික්ෂූන් වහන්සේලා බැහැදකින්ට ගියා. 'අනේ ස්වාමීනී, මා භික්ෂූන් ඝාතනය කරවන්ට කිසිවෙක් එව්වේ නෑ. මේ කරන ලද දේ නිසා පව් රැස් වුනේ කාටදැ'යි කියා ඇසුවා.

245. තේසං අපණ්ඩිතා කේචි - පාපං තුය්හන්ති කේචි තු
උභින්නං චාති ආහංසු - නත්ථි තුය්හන්ති පණ්ඩිතා

ඒ භික්ෂූන් අතර සිටි නුවණ මඳ භික්ෂූන් 'මහරජ්ජුරුවෙනි, මෙයින් තොපට පව් රැස්වුනා' කියලා කිව්වා. ඇතැම් භික්ෂූන් කිව්වේ තොපටත් අමාත්‍යයාටත් දෙපැත්තට ම පව් සිදු වූ බවයි. නමුත් නුවණැති භික්ෂූන් වහන්සේලා 'මහරජ්ජුරුවෙනි, මේ අමාත්‍යයා එහි ගොස් භික්ෂූන් නසාවා! යන සිත ඔබට ඇති වුනාද කියලා ඇහැව්වා. 'මා තුළ එබඳු චේතනාවක් ඇති වුනේ නෑ' කිව්වා. 'භික්ෂු සංඝයා සමගිව පොහොය කරත්වා! යන චේතනාවෙන් ම ඔහුව පිටත් කළා' කියා කිව්වා. 'මෙහිලා කුසල් සිතක් මිසක් භික්ෂූන් ඝාතනය කරවීමේ චේතනාවක් ඔබට නැති නිසා පව් සිදුවුනේ නෑ' කිව්වා.

246. තං සුත්වාන මහාරාජා - සමත්ථෝ අත්ථි භික්ඛු නු
විමතිං මේ විනෝදෙත්වා - කාතුං සාසනපග්ගහං

එය ඇසූ මහරජ්ජුරුවෝ මෙහෙම ඇහැව්වා. 'ස්වාමීනී, මා තුළ ඇති වූ මේ විමතියන් දුරුකොට යළි බුද්ධ ශාසනය නගා සිටුවන්නට සමත් භික්ෂූන් වහන්සේ නමක් වැඩ ඉන්නවා ද?' කියලා.

247. අත්ථි මොග්ගලිපුත්තෝ සෝ - තිස්සත්ථේරෝ රථේසභ
ඉච්චාහ සංඝෝ රාජානං - රාජා තත්ථාසි සාදරෝ

'මහරජ්ජුරුවෙනි, ඔබගේ ඔය සියලු අදහස් සඵල කරදිය හැකි මොග්ගලීපුත්ත තිස්ස මහා තෙරපාණන් වහන්සේ වැඩසිටිනවා' කියලා පිළිතුරු දුන්නා. එය ඇසූ රජ්ජුරුවන්ගේ සිතෙහි උන්වහන්සේ කෙරෙහි මහත් ආදරයක් හටගත්තා.

248. විසුං භික්ඛුසහස්සේන - චතුරෝ පරිවාරිතේ
ථේරේ නරසහස්සේන - අමච්චේ චතුරෝ තථා

එතකොට රජ්ජුරුවෝ එදා ම එක් නමකට දහස බැගින් පිරිවර ඇති භික්ෂූන් වහන්සේලා සතර නමකුයි, එක් අමාත්‍යයෙකුට දහස බැගින් පිරිවර ඇති අමාත්‍යවරු සතර දෙනෙකුයි තෙරුන් වහන්සේ වැඩමවාගෙන එන්ට කියලා පිටත් කෙරෙව්වා.

249. තදහේ යේව පේසේසි - අත්තනෝ වචනේන සෝ
ථේරං ආනේතුමේතේහි - තථා වුත්තේ ස නාගමි

තමන්ගේ වචනයෙන් තෙරුන් වහන්සේ වැඩමවාගෙන එන්ට එදින ම ඒ දහස් ගණන් පිරිස පිටත් කළා. ඔවුන්ගේ ආරාධනාවට වුනත් උන්වහන්සේ වැඩම කළේ නෑ.

250. තං සුත්වා පුන අට්ඨට්ඨ - ථේරේමච්චේ ච පේසයි
විසුං සහස්සපුරිසේ - පුබ්බේ විය ස නාගමි

උන්වහන්සේ නොවඩින බවයි රජ්ජුරුවන්ට දැනුම් දුන්නේ. එතකොට රජ්ජුරුවෝ ආයෙමත් එක් නමකට දහස බැගින් පිරිවර භික්ෂූන් සහිත ස්ථවිරයන් වහන්සේලා අට නමකුයි, එක් අමාත්‍යයෙකුට පුරුෂයන් දහස බැගින් වූ අමාත්‍යවරු අට දෙනෙකුයි පිටත් කෙරෙව්වා. ඒ වතාවේදීත් තෙරුන් වහන්සේ වැඩම කළේ නෑ.

251. රාජා පුච්ඡි කථං ථේරෝ - ආගච්ඡෙය්‍ය නු ඛෝ ඉති
භික්ඛූ ආහංසු ථේරස්ස - තස්සාගමනකාරණං

එතකොට රජ්ජුරුවෝ භික්ෂූන්ගෙන් මෙහෙම ඇහැව්වා. 'ස්වාමීනී, අපගේ තෙරුන් වහන්සේ වඩම්මවා ගන්ට පිළිවෙළක් නැද්ද?' කියලා. භික්ෂූන් වහන්සේලා තෙරුන් වහන්සේ වඩම්මා ගන්ට නම් ආරාධනා කළයුතු ක්‍රමය ගැන කියලා දුන්නා.

252. හෝහි භන්තේ උපත්ථම්භෝ - කාතුං සාසනපග්ගහං
ඉති වුත්තේ මහාරාජ - ථේරෝ එස්සති සෝ ඉති

'ස්වාමීනී, අප භාග්‍යවතුන් වහන්සේගේ ශාසනය පිරිහීගෙන යයි. ඒ උතුම් බුදු සසුන යළි නගා සිටුවීම පිණිස අපට උපකාරී වුව මැනව' කියා මහරජ්ජුරුවෙනි ඔය අයුරින් ඇරයුම් කළෝතින් අපගේ ස්ථවිරෝත්තමයන් වහන්සේ වැඩම කරාවි.

253. **පුනාපි ථේරේ'මච්චේ ච - රාජා සෝළස සෝළස**
විසුං සහස්ස පුරිසේ - තථා වත්වාන පේසයි

ඒ වතාවේ රජ්ජුරුවෝ එක් භික්ෂුවකට දහසක් පිරිවර භික්ෂූන් සහිතව මහාස්ථවිරයන් වහන්සේ දහසය නමකුත්, එක් ඇමතියෙකුට පුරුෂයන් දහස බැගින් කොට අමාත්‍යවරු දහසය දෙනෙකුත් වශයෙන් පිරිසක් භික්ෂූන් වහන්සේලා පැවසූ අයුරින් ආරාධනාව ඇතිව පිටත් කෙරෙව්වා.

254. **ථේරෝ මහල්ලකත්තේ පි - නාරෝහිස්සති යානකං**
ථේරං ගංගාය නාවාය - ආනේථාති ච අබ්‍රවි

අපගේ මොග්ගලීපුත්ත තිස්ස මහරහතන් වහන්සේ ගොඩාක් වයසකයි කියලා දැනගන්ට ලැබුනා. ඒ වගේ ම සතුන් යොදවන ලද වාහනයක් මතින් වඩින්නේ නෑ කියලත් දැනගන්ට ලැබුනා. "එසේ නම් දරුවෙනි ගංගා නම් ගඟින් නැව් පසුරක නංවාගෙන දෙගං ඉවුරේ රැකවරණ දම්මවලා වඩමවාගෙන එන්ට" කියලා රජ්ජුරුවෝ දැනුම් දුන්නා.

255. **ගන්ත්වා තේ තං තථාවෝචුං - සෝ තං සුත්වා ච උට්ඨහි**
නාවාය ථේරං ආනේසුං - රාජා පච්චුග්ගමී තහිං

ඔවුන් ගිහින් ඒ කාරණය තෙරුන් වහන්සේට සැළකළා. අප මහරහතන් වහන්සේ එය ඇසූ සැණින් ම වැඩසිටි අසුනෙන් නැගිට වදාළා. උන්වහන්සේව වඩමවා ගෙන ආ නැව් පසුර පාටලීපුත්‍ර නගරාසන්නයේ තොටුපළට සේන්දු වුනා. මහරජ්ජුරුවෝ උන්වහන්සේව පිළිගැනීමට පෙර ගමන් කළා.

256. ජාණුමත්තං ජලං රාජෝ'ගහිත්වා දක්ඛිණං කරං
නාවාය ඕතරන්තස්ස - ථේරස්සා'දාසි ගාරවෝ

රජ්ජුරුවෝ දණක් පමණ වතුරට බැස්සා. නැවෙන් ගොඩට වඩින මහරහතන් වහන්සේ කෙරෙහි මහත් ගෞරවාදරයෙන් යුක්තව තමන්ගේ දකුණු අත තෙරුන් වහන්සේට දිගු කළා.

257. දක්ඛිණං දක්ඛිණෙය්‍යෝ සෝ - කරං රඤ්ඤෝ'නුකම්පකෝ
ආලම්බිත්වානුකම්පාය - ථේරෝ නාවාය ඕතරි

මහරජ්ජුරුවන් කෙරෙහි මහත් අනුකම්පා ඇති, දන් ලැබීමෙහි අතිශයින් සුදුසු වූ, අපගේ මහරහතන් වහන්සේ අනුකම්පාවෙන් ම රජ්ජුරුවන්ගේ දකුණු අතෙහි එල්ලී ගත් වාරුවෙන් යුතුව නැවෙන් ගොඩට වැඩියා.

258. රාජා ථේරං නයිත්වාන - උය්‍යානං රතිවද්ධනං
ථේරස්ස පාදේ ධෝවිත්වා - මක්ඛෙත්වා ච නිසීදිය

රජ්ජුරුවෝ ඉතා සතුට වඩවන රාජඋද්‍යානයට තෙරුන් වහන්සේව වඩමවා ගත්තා. තෙරුන් වහන්සේගේ පා ධෝවනය කරවලා, පාදයන්හි තෙල් ගල්වලා පසෙකින් වාඩිවුනා.

259. සමත්ථභාවං ථේරස්ස - වීමංසන්තෝ මහීපති
දට්ඨුකාමෝ අහං භන්තේ - පාටිහීරන්ති අබ්‍රවි

ශාසන අනුග්‍රහයත්, තමන්ගේ විමතිය දුරුකිරීමත් යන කරුණු වලට තෙරුන් වහන්සේ තුළ ඇති දක්ෂතාව විමසන්ට ඕන කියලා රජ්ජුරුවන්ට සිතුනා. 'ස්වාමීනී, මම ප්‍රාතිහාර්යයක් දකින්ට කැමතියි' කියලා කිව්වා.

260. කින්ති වුත්තේ මහීකම්පං - ආහ තං පුනරාහ සෝ
සකලායේකදේසාය - කතරං දට්ඨුමිච්ඡසි

'මහරජ්ජුරුවෙනි, මොන වගේ ප්‍රාතිහාර්යයක් ද දකින්ට ආසා?' 'ස්වාමීනී, මහපොළොව සෙලවෙනවායි දකින්ට ආසා' කියලා පිළිතුරු දුන්නා. 'මහරජ්ජුරුවෙනි, මුළු මහත් පොළෝ තලය ම සෙලවෙනවා දකින්ටද ආසා, එහෙම නැත්නම් එක් ප්‍රදේශයක් පමණක් සෙලවෙනවා දකින්ට ද?'

261. කෝ දුක්කරෝති පුච්ඡිත්වා - ඒකදේසාය කම්පනං
දුක්කරන්ති සුණිත්වාන - තං දට්ඨුකාමතං බ්‍රවී

'ස්වාමීනී, ඔය ප්‍රාතිහාර්ය දෙකින් වඩාත් අසීරු කුමක් ද?' 'මහරජ්ජුරුවෙනි, එක් ප්‍රදේශයක් පමණක් සෙලවෙන්ට සැලැස්සීම යි අසීරු' 'එහෙමනම් ස්වාමීනී, මං එක් ප්‍රදේශයක් පමණක් සොලවා දමන ප්‍රාතිහාර්යය දකින්ටයි ආසා.'

262. රථං අස්සං මනුස්සඤ්ච - පාතිඤ්චෝදකපූරිතං
ථේරෝ යෝජනසීමාය - අන්තරම්හි චතුද්දිසේ

එතකොට අපගේ මොග්ගලීපුත්තතිස්ස මහරහතන් වහන්සේ යොදුනක ප්‍රදේශය සීමා කෙරෙව්වා. ඒ ඇතුළත සතර දිසාවේ රථයකුත්, අශ්වයෙකුත්, මිනිසෙකුත්, ජලය මුවවිට දක්වා පුරවන ලද පාත්‍රයකුත් තැබ්බෙව්වා.

263. ඨපාපෙත්වා තදඩ්ඪේහි - සහ තං යෝජනං මහිං
චාලේසි ඉද්ධියා තත්‍ර - නිසින්නස්ස ච දස්සයි

එසේ තබ්බවපු රථ ආදියත්, අඩක් අඩක් හසුවෙන සේ යොදුනක ප්‍රමාණ වූ මහපොළොව සෙලවෙන ආකාරය ඒ උයනෙහි වාඩි වී සිටි රජ්ජුරුවන්ට ඉර්ධි බලයෙන් දකින්ට සැලැස්සුවා.

264. තේනාමච්චේන භික්ඛූනං - මරණේනත්තනෝ පි ච
පාපස්සත්ථිත්තනත්ථිත්තං - ථේරං පුච්ඡි මහීපති

ඊට පස්සේ තමන්ගේ ඇමැතියෙකු විසින් භික්ෂූන් වහන්සේලා ඝාතනය කරවපු පාපය තමන්ටත් අයිති වුනාද

නැද්ද කියලා රජ්ජුරුවන් අපගේ තෙරුන් වහන්සේගෙන් ඇහැව්වා.

265. පටිච්ච කම්මං නත්ථීති - කිලිට්ඨං චේතනං විනා
ථේරෝ බෝධේසි රාජානං - වත්වා තිත්තිරජාතකං

එතකොට අප තෙරුන් වහන්සේ 'මහණෙනි, මම චේතනාව කර්මය යැයි කියමි' යන බුද්ධ වචනය පෙන්වා වදාළා. කිළිටි චේතනාවක් නොමැතිව සිටි නිසා පාප කර්මයකට කාරණාවක් නැතැයි අවබෝධ කරවා දුන්නා. තිත්තිර ජාතකයෙනුත් තවදුරටත් කරුණු පහදලා දුන්නා.

266. වසන්තෝ තත්ථ සත්තාහං - රාජුය්‍යානේ මනෝරමේ
සික්ඛාපේසි මහීපාලං - සම්බුද්ධසමයං සුභං

අපගේ මහරහතන් වහන්සේ මනෝරම්‍ය වූ රාජ උද්‍යානයෙහි සතියක් වැඩ සිටියා. ඒ කාලය තුළ සම්බුදු රජාණන් වහන්සේගේ සුන්දර වූ ධර්මය කියලා රජ්ජුරුවන්ව ධර්මයෙහි හික්මවා වදාළා.

267. තස්මිං යේව ච සත්තාහේ - ද්වේ යක්ඛේ මහීපති
පේසෙත්වා මහියං භික්ඛූ - අසේසේ සන්නිපාතයි

ඒ සතිය ඇතුළත ධර්මාශෝක රජ්ජුරුවෝ යකුන් දෙදෙනෙකු පිටත් කරවලා දඹදිව වසන ධර්මවාදී අධර්මවාදී සියලු භික්ෂූන් රැස් කෙරෙව්වා.

268. සත්තමේ දිවසේ ගන්ත්වා - සකාරාමං මනෝරමං
කාරේසි භික්ඛුසංඝස්ස - සන්නිපාතං අසේසතෝ

සත්වන දවසේ දී තමන් විසින් කරවන ලද රම්‍ය වූ අශෝකාරාමයට ගොස් සියලු භික්ෂු සංඝයා රැස් කෙරෙව්වා.

269. ථේරේන සහ ඒකන්තේ - නිසින්නෝ සාණිඅන්තරේ
ඒකේකලද්ධිකේ භික්ඛූ - පක්කෝසිත්වාන සන්තිකං

කඩතුරාවක් ඇතුළ තමාත් මොග්ගලීපුත්තතිස්ස මහරහතන් වහන්සේත් පමණක් සිටියා. එක් එක් මතවාද දරන්නා වූ භික්ෂූන් වහන්සේලා වෙන් වෙන්ව තමන්ගේ සමීපයට කැඳවා ගත්තා.

270. **කිංවාදී සුගතෝ භන්තේ - ඉති පුච්ඡි මහීපති**
තේ සස්සතාදිකං දිට්ඨිං - ව්‍යාකරිංසු යථාසකං

එතකොට රජ්ජුරුවෝ 'ස්වාමීනී, සුගත වූ තථාගත බුදුරජාණන් වහන්සේ කවර මතයක් පවසන සේක් දැයි' කියා ඒ ඒ භික්ෂුව ගෙනත් අසනවා. එතකොට ඒ භික්ෂූන් වහන්සේලා බාහිර සාසනවලට අයත් මතිමතාන්තරයන් කියමින්, සදාකාලික ආත්මයක් ගැන කියන හෙයින් සුගතයන් වහන්සේ ශාස්වතවාදී ය යනාදී වශයෙන් තම තමන්ගේ මත කියන්ට පටන් ගත්තා.

271. **තේ මිච්ඡාදිට්ඨිකේ සබ්බේ - රාජා උප්පබ්බජාපයී**
සබ්බේ සට්ඨිසහස්සානි - ආසුං උප්පබ්බජාපිතා

එතකොට රජ්ජුරුවෝ මිථ්‍යාදෘෂ්ටික වූ ඒ සියලු භික්ෂූන් ව සිවුරු හැරෙව්වා. එසේ සිවුරු හරවාලූ පිරිස සැට දහසක් වුනා.

272. **අපුච්ඡි ධම්මිකේ භික්ඛූ - කිංවාදී සුගතෝ ඉති**
විභජ්ජවාදීතාහංසු - තං ථේරං පුච්ඡි භූපති

'ස්වාමීනී, භාග්‍යවතුන් වහන්සේ කවර දහමක් දෙසන සේක් ද?'යි ඇසූ විට ධර්මවාදී භික්ෂූන් මෙහෙම කිව්වා. 'මහරජ්ජුරුවෙනි, අපගේ සුගතයන් වහන්සේ ස්කන්ධ, ධාතු, ආයතනාදී වශයෙන් බෙද බෙදා ධර්මය වදාළ හෙයින් විභජ්ජවාදී වන සේකැ'යි කියලා.

273. **විභජ්ජවාදී සම්බුද්ධෝ - හෝති භන්තේති ආහ සෝ**
ථේරෝ ආමාති තං සුත්වා - රාජා තුට්ඨමනෝ තදා

එතකොට මහරජ්ජුරුවෝ 'ස්වාමීනී, අපගේ සුගතයන් වහන්සේ විභජ්ජවාදී වන සේක් ද?'යි මොග්ගලීපුත්තතිස්ස මහරහතන් වහන්සේගෙන් ඇසුවා. 'එසේය, මහරජ්ජුරුවෙනි,' කියා වදාළා. එතකොට රජතුමා එසේ පිළිතුරු දුන් භික්ෂූන් ධර්මවාදීන් බව දැන සතුටට පත් වුනා.

274. සංඝො විසෝධිතෝ යස්මා - තස්මා සංඝො උපෝසථං
කරෝතු භන්තේ ඉච්චේවං - වත්වා ථේරස්ස භූපති

'ස්වාමීනී, දැන් සංඝයා වහන්සේ පිරිසිදු බවට පත් වී සිටිනවා නොවැ. එහෙයින් සංඝයා වහන්සේ පොහොය උපෝසථ කරන සේක්වා!'යි රජ්ජුරුවෝ අපගේ මහතෙරුන් වහන්සේට පැවසුවා.

275. සංඝස්ස රක්ඛං දත්වාන - නගරං පාවිසී සුභං
සංඝො සමග්ගො හුත්වාන - තදාකාසි උපෝසථං

රජ්ජුරුවෝ සංඝයා වහන්සේට ආරක්ෂාව සලස්වලා සුන්දර වූ පාටලීපුත්‍ර නගරයට සැපත් වුනා. එතකොට සංඝයා වහන්සේත් සමගිව පොහොය උපෝසථ කළා.

276. ථේරෝ අනේකසංඛම්හා - භික්ඛුසංඝා විසාරදේ
ඡළභිඤ්ඤේ තේපිටකේ - පභින්නපටිසම්භිදේ

අපගේ මොග්ගලීපුත්ත තිස්ස මහරහතන් වහන්සේ නොයෙක් ගණනින් යුතු භික්ෂු සංඝයා අතරින් බිය තැතිගැනීම් නැති විශාරදභාවයට පත්, සය වැදෑරුම් අභිඥා ඇති, ත්‍රිපිටකධාරී, සතර පටිසම්භිදාලාභී,

277. භික්ඛුසහස්සං උච්චිනි - කාතුං සද්ධම්මංසංගහං
තේහි අසෝකාරාමම්හි - අකා සද්ධම්මසංගහං

රහත් භික්ෂූන් වහන්සේලා දහස් නමක් තෝරා ගත්තා. ඒ තුන්වන ධර්ම සංගායනාව කිරීම පිණිසයි. උන්වහන්සේලා විසින් අශෝකාරාමයේදී තුන්වන ධර්ම සංගායනාව කරනු ලැබුවා.

278. **මහාකස්සපථේරෝ ච - යසත්ථේරෝ ච කාරයුං**
යථා තේ ධම්මසංගීතිං - තිස්සත්ථේරෝපි තං තථා

අපගේ මහා කස්සප මහරහතන් වහන්සේ ප්‍රථම ධර්ම සංගායනාව කරන ලද්දේ යම් අයුරින් ද, යස මහ තෙරුන් වහන්සේ දෙවන ධර්ම සංගායනාව කරන ලද්දේ යම් අයුරින් ද, එසෙයින් ම අපගේ මොග්ගලීපුත්තතිස්ස මහරහතන් වහන්සේ ද තුන්වෙනි ධර්ම සංගායනාව කොට වදාළා.

279. **කථාවත්ථුප්පකරණං - පරවාදප්පමද්දනං**
අභාසි තිස්සථේරෝ ච - තස්මිං සංගීතිමණ්ඩලේ

ඒ තුන්වන ධර්ම සංගායනා මණ්ඩපයේ දී මොග්ගලීපුත්තතිස්ස මහරහතන් වහන්සේ අන්‍ය වූ අධර්මවාදී මතිමතාන්තරයන් මර්දනය කරන්නා වූ කථාවස්තු නමැති ප්‍රකරණය වදාළා.

280. **ඒවං භික්ඛුසහස්සේන - රක්ඛායාසෝකරාජිනෝ**
අයං නවහි මාසේහි - ධම්මසංගීති නිට්ඨිතා

මේ විදිහට ධර්මාශෝක රජ්ජුරුවන් විසින් සලසන ලද ආරක්ෂාව ඇතිව රහතන් වහන්සේ දහස් නමකගේ සහභාගීත්වයෙන් කරන ලද මේ තුන්වන ධර්ම සංගායනාව නව මාසයකින් නිමාවට පත්වුනා.

281. **රඤ්ඤෝ සත්තරසේ වස්සේ - ද්වාසත්තති සමෝ ඉසි**
මහාපවාරණායං සෝ - සංගීතිං තං සමාපයි

ඒ වන විට ධර්මාශෝක රජු රාජාභිෂේක කොට දාහත් අවුරුද්දකි. මොග්ගලීපුත්තතිස්ස නැමැති අපගේ සංඝර්ෂීන් වහන්සේ උපසම්පදාව ලබා වස් සැත්තෑ දෙකක් ඇතිව වැඩහුන් සේක. උන්වහන්සේ මහාපවාරණයේ දී සංගායනාව සමාප්ත කොට වදාළා.

282. **සාධුකාරං දදන්තීව - සාසනට්ඨිතිකාරණං**
සංගීතිපරියෝසානේ - අකම්පිත්ථ මහාමහී

එතකොට ගෞතම බුදුසසුන බොහෝ කල් පවතින ආකාරයෙන් සිදු වූ මේ තුන්වන ධර්ම සංගායනාව අවසානයේ දී සාදුකාර දෙන්නියක සෙයින් මහාපොළව කම්පාවට පත් වුනා.

283. **හිත්වා සෙට්ඨං බ්‍රහ්මවිමානම්පි මනුඤ්ඤං**
ජේගුච්ඡං සෝ සාසනහේතු නරලෝකං
ආගම්මාකා සාසනකිච්චං කතකිච්චෝ
කෝ නාමඤ්ඤෝ සාසනකිච්චම්හි පමජ්ජේති.

ගෞතම සම්බුදු සසුන නගාසිටුවීම එකම කාරණය කොට තිස්ස බ්‍රහ්මරාජයා ඉතා මනෝඥ වූ බ්‍රහ්ම විමානය අත්හැර පිළිකුල් දනවන සුළු මිනිස් ලොවේ අවුත් පිළිසිඳ ගත්තා. තමා විසින් සම්පූර්ණ කළ යුතු නිවන් මග සම්පූර්ණ කොට උතුම් අර්හත්වයට පත් ව සිටි අප තිස්ස තෙරණුවෝ ගෞතම බුදු සසුනෙහි දියුණුව පිණිස හේතු වූ ධර්ම සංගායනාව කොට වදාළා. වෙන කවුරු නම් බුද්ධ ශාසනය තුළ කළ යුතු දේ පිළිබඳ ප්‍රමාද වෙයි ද!

සුජනප්පසාදසංවේගත්ථාය කතේ මහාවංසේ
තතියධම්මසංගීති නාම පඤ්චමෝ පරිච්ඡේදෝ.

සත්පුරුෂ ජනයන්ගේ ප්‍රසාදයත් සංවේගයත් ඇතිකරනු පිණිස කරන ලද මහාවංශයෙහි තුන්වන ධර්ම සංගායනාව නම් වූ පස්වෙනි පරිච්ඡේදය යි.

6

ඡට්ඨෝ පරිච්ඡේදෝ
හයවෙනි පරිච්ඡේදය

විජයාගමනං
විජය කුමාරයාගේ සම්ප්‍රාප්තිය

1. වංගේසු වංගනගරේ - වංගරාජා අහූ පුරේ
කාලිංගරඤ්ඤො ධීතා'සි - මහේසී තස්ස රාජිනෝ

ඈත කාලයේ දඹදිව වංග රටෙහි වංග නමැති නගරයේ වංග නමින් රජෙක් සිටියා. කාලිංග රජ්ජුරුවන්ගේ දියණිය ඒ වංග රජු හට අග මෙහෙසිය බවට පත්වුනා.

2. සෝ රාජා දේවියා තස්සා - ඒකං අලභි ධීතරං
නේමිත්තා ව්‍යාකරුං තස්සා - සංවාසං මිගරාජිනා

වංග රජ්ජුරුවන්ගේ අගමෙහෙසියට එක් දූවක් උපන්නා. ඒ දියණිය අනාගතයේ මෘගරාජ වූ සිංහයෙකු සමග අඹුසැමියන් ලෙස ජීවත් වෙන බවට නිමිතිකරුවෝ අනාවැකි පළකළා.

3. අතීව රූපිනී ආසි - අතීව කාමගිද්ධිනී
දේවේන දේවියා චා'පි - ලජ්ජායා'සි ජිගුච්ඡිතා

ඇය අතිශයින් ම රූප ශෝභාවකින් යුක්තයි. එසේ ම කාමයට දැඩි ගිජු බවකින් යුක්තයි. ඇගේ ගතිගුණ ගැන ඇගේ පියා වන වංග රජුත් මව් වූ අගබිසවත් ලැජ්ජාවට පත්වුනා. ඇව පිළිකුල් කළා.

4. ඒකාකිනී සා නික්ඛම්ම - සේරිචාරසුඛත්ථිනී
සත්ථේන සහ අඤ්ඤාතා - අගා මගධගාමිනා

එතකොට ඇ නිදහසේ තමන් කැමති කැමති ලෙස වාසය කරන්ට කැමැත්තෙන් තනියම රාජ මාළිගාවෙන් පැනලා ගියා. කාටවත් හඳුනාගන්ට බැරි විදිහට වෙස් වලාගත්තා. මගධ රාජ්‍ය දෙසට ගමන් කරන ගැල් සමූහයකට එකතු වෙලා ඔවුන් සමග පිටත් වුනා.

5. ලාළරට්ඨේ අටවියා - සීහෝ සත්ථමභිද්දවි
අඤ්ඤත්ථ සේසා ධාවිංසු - සීහාගතදිසන්තු සා

එසේ ගමන් කරද්දී ලාට නමැති රටේ මහා වනාන්තරේ මැද දී සිංහයෙක් ගැල් සමූහය වෙත කඩා පැන්නා. ගැල් වල සිටිය මිනිසුන් හිස් ලූ ලූ අත වෙනත් තැන් වලට පැනලා දිව්වා. එතකොට සුප්පාදේවී නමැති ඇ සිංහයා එන දිසාවට දිව්වා.

6. ගණ්හිත්වා ගෝචරං සීහෝ - ගච්ඡං දිස්වා තමා'රතෝ
රත්තෝ උපාග ලාළෙන්තෝ - ලංගුලං පන්නකණ්ණකෝ

සිංහයා ගවයෙකු මරා ගොදුර ඩැහැගෙන තමන්ගේ වාසස්ථානයට ආපසු යද්දී තමන් වෙතට දුවගෙන එන රාජ දියණියව දුර දී ම දැක්කා. දුටු මනින් ම ඇ කෙරෙහි රාගය ඇති වුනා. කන් පහතට නමාගෙන වලිගය සොලවමින් ඇ වෙතට ළං වුනා.

7. සා තං දිස්වා සරිත්වාන - නේමිත්තවචනං සුතං
අභීතා තස්ස අංගානි - රඤ්ජයන්තී පරාමසි

සුප්පාදේවී රාජ කන්‍යාව තමන් වෙත එන සිංහයාව දැකලා නිමිති කියන්නවුන් විසින් තමා ගැන කියූ අනාගත වාක්‍යය මතක් වුනා. එතකොට ඈ කිසි භයක් නැතිව තමන් වෙත ආ සිංහයාව සතුටු කරවමින් හිස පටන් වලිගය තෙක් ඒ සිංහයාගේ ශරීර අවයව පිරිමැද්දා.

8. **තස්සා ඵස්සේනා'තිරත්තෝ - පිට්ඨිං ආරෝපියා'සු තං**
සීහෝ සකගුහං නෙත්වා - තාය සංවාසමාචරි

ඇගේ ස්පර්ශයෙන් සිංහයා තුළ බලවත් ඇල්මක් ඇතිවුනා. එතකොට ඈ සිංහයාගේ පිටට ගොඩවුනා. ඈව පිටේ තබාගත් සිංහයා තමන්ගේ ගුහාවට ගියා. සුප්පා දේවිය සමග අඹුසැමියන් සේ හැසිරුනා.

9. **තේන සංවාසමන්වාය - කාලේන යමකේ දුවේ**
පුත්තඤ්ච ධීතරඤ්චාති - රාජධීතා ජනේසි සා

සිංහයා සමග අඹුසැමියන් සේ හැසිරුනු සුප්පාදේවිය නමැති රාජ දියණිය ටික කලකින් පුතෙකු හා දුවක වශයෙන් නිවුන් දරු දෙදෙනෙකු ලැබුවා.

10. **පුත්තස්ස හත්ථපාදා'සුං - සීහාකාරා තතෝ අකා**
නාමේන සීහබාහුං තං - ධීතරං සීහසීවලිං

තම පුත් කුමාරයාගේ අත්පා ආදිය සිංහයෙකුගේ බඳුව ඉතා ජවසම්පන්නව තිබුණා. එනිසා ඈ තම පුත්‍රයාට සිංහබාහු යන නම දැම්මා. දියණියට සිංහසීවලී යන නම දැම්මා.

11. **පුත්තෝ සෝළසවස්සෝ සෝ - මාතරං පුච්ඡි සංසයං**
තුවං පිතා ච නෝ අම්ම - කස්මා විසදිසා ඉති

සිංහබාහු පුත්‍රයා වයස අවුරුදු දහසයක් වෙද්දී තමන් තුළ හටගත් සැකයක් සිය මෑණියන් වන සුප්පාදේවියගෙන් ඇසුවා. 'මෑණියනි.... අප හා ඔබ වෙනමත් පියා වෙනමත් වශයෙන් වෙනස්ව පෙනෙන්නේ මක් නිසා ද?'

12. **සා සබ්බමබ්‍රවී තස්ස - කිං න යාමාති සො'බ්‍රවි**
ගුහං ථකේති තාතෝ තේ - පාසාණේනා'ති සා'බ්‍රවි

සුප්පාදේවිය සිදු වූ හැම දෙයක් ම සිය පුතාට කිව්වා. එතකොට ඔහු 'මැණියනි, ඇයි අපි මිනිසුන් ජීවත්වෙන පළාතට නොයන්නේ?' කියලා ඇහුවා. 'පුතණ්ඩ, තොපගේ පියා ගල් ලෙනෙන් පිටතට යද්දී විසාල ගලකින් අප වාසය කරන මේ ගල් ලෙන වසා දමනවා නොවැ' කියා ඈ පිළිතුරු දුන්නා.

13. **මහාගුහාය ථකනං - ඛන්ධේනාදාය සෝ අකා**
ඒකාහේනේ'ව පඤ්ඤාසයෝජනානි ගතාගතං

එතකොට සිංහබාහු කුමාරයා මහා ගුහාව වසන ඒ ගල් පියන කර මත තබාගෙන එක් දවසක් තුළ යොදුන් පණහක් දුරට ගොහින් ආපසු ආවා.

14. **ගෝචරාය ගතේ සීහේ - දක්ඛිණස්මිං හි මාතරං**
වාමේ කණිට්ඨිං කත්වාන - තතෝ සීඝං අපක්කමී

දවසක් සිංහයා ගොදුරු සොයාගෙන පිටත් වුනාට පස්සේ සිංහබාහු කුමාරයා තම මැණියන්ව දකුණු උරහිස මත තියාගත්තා. නැගණියන්ව වම් උරහිස මත තියාගත්තා. ඉතා ඉක්මණින් ඒ ගල් ලෙනෙන් නික්ම පැනලා ගියා.

15. **නිවාසෙත්වාන සාඛං තේ - පච්චන්තං ගාමමාගමුං**
තත්ථාසි රාජධීතාය - මාතුලස්ස සුතෝ තදා

කොළ අතු ඇඳගත් ඔවුන් එක්තරා පිටිසර ගම්මානෙකට ආවා. ඒ ගම්මානේ සුප්පාදේවියගේ මාමාගේ පුත්‍රයෙකු වූ අනුර නමැති සෙනෙවියා වාසය කළා.

16. **සේනාපති වංගරඤ්ඤෝ - ඨිතෝ පච්චන්තගාමකේ**
නිසින්නෝ වටමූලේ සෝ - කම්මන්තං සංවිධාපයං

වංග රජ්ජුරුවන්ගේ සෙන්පතියෙකු වූ අනුර නමැත්තා ඒ පිටිසර ගම්මානේ වැඩකටයුතු සංවිධානය කරමින් නුග රුක් සෙවණක වාඩි වෙලා සිටියා.

17. **දිස්වා තේ පුච්ඡි තේ'වෝචුං - අටවීවාසිනෝ මයං**
ඉති සෝ දාපයී තේසං - වත්ථානි ධජිනීපති

එතැනට පැමිණි මොවුන් දුටු අනුර සෙන්පතියා 'නුඹලා කොහි ඉන්න පිරිසක් ද?' කියා ඇහුවා. 'අපි වනාන්තරේ ඉන්න අය' කියලා ඔවුන් පිළිතුරු දුන්නා. එතකොට ඒ සෙන්පතියා ඔවුන්ට ඇඳගන්ට වස්ත්‍ර ලබාදුන්නා.

18. **තානාහේසුං උළාරානි - භත්තං පණ්ණේසු දාපයි**
සෝවණ්ණභාජනානා'සුං - තේසං පුඤ්ඤේන තානි ච

ඔවුන්ගේ පින් බලයෙන් තමන්ට ලැබුණු වස්ත්‍ර වංග රටේ ඉතා වටිනා පට වස්ත්‍ර බවට පත්වුනා. තල් කොළවලින් ගොටු තනලා ඔවුන්ට ආහාර දුන්නා. ඒවා රන් බඳුන් බවට පත්වුනා.

19. **තේන සෝ විම්හිතෝ පුච්ඡි - කේ තුම්හේ'ති චමූපති**
තස්ස සා ජාතිගොත්තානි - රාජධීතා නිවේදයි

මේ අද්භූත සිදුවීම් දෙක නිසා අනුර සෙනෙවියා මහත් පුදුමයට පත්වුනා. 'නුඹලා කවුද?' කියා ප්‍රශ්න කළා. එතකොට ඈ 'මම වගු රජ්ජුරුවන්ගේ දියණියව සිටි සුප්පාදේවිය යි' කියලා පිළිතුරු දුන්නා.

20. **පිතුච්ඡාධීතරං තං සෝ - ආදාය ධජිනීපති**
ගන්ත්වාන වංගනගරං - සංවාසං තාය කප්පයි

අනුර සෙනෙවියා ඈ තම පියාගේ නැගණියගේ දියණිය බව හඳුනාගත්තා. ඔවුන්ව යානයක නංවාගෙන වංග නුවරට ගෙන ගියා. සුප්පාදේවිය තම බිරිඳ වශයෙන් තබාගත්තා.

21. **සීහෝ සීසං ගුහං ගන්ත්වා - තේ අදිස්වා තයෝ ජනේ**
අට්ටිතෝ පුත්තසෝකේන - න ච ඛාදි න චා'පිවි

එදා සිංහයා ඉක්මනින් ම ගල්ලෙනට ගියා. තුන් දෙනා ම දකින්ට හිටියේ නෑ. දරු දුක නිසා ශෝකයෙන් පෙලුනු ඔහු කිසි ගොදුරක් ආහාරයට ගත්තෙත් නෑ. වතුර බිව්වෙත් නෑ.

22. **දාරකේ තේ ගවේසන්තෝ - අගා පච්චන්තගාමකේ**
උබ්බාසීයති සෝ සෝ'ව - යං යං ගාමමුපේති සෝ

සිංහයා තම දරුවන් සොය සොයා පිටිසර ගම්මානවලට ගියා. ඔහු යන්නේ යම් යම් ගමකට ද ඒ ඒ ගම්මානය පාලු කරලා දානවා.

23. **පච්චන්තවාසිනෝ ගන්ත්වා - රඤ්ඤෝ තං පටිවේදයුං**
සීහෝ පීළේති තේ රට්ඨං - තං දේව පටිසේධය

පිටිසර ගම්වැසි මිනිස්සු රාජාංගනයට රැස්වෙලා රජ්ජුරුවන්ට මේ කාරණය දැනුම් දුන්නා. 'දේවයන් වහන්ස, ඔබවහන්සේගේ රට සිංහයෙක් විනාශ කරනවා. ඒ සිංහයාව විනාශ කරන්ට' කියලා.

24. **අලභං නිසේධකං තස්ස - හත්ථික්ඛන්ධගතං පුරේ**
ආදේතු සීහාදායීති - සහස්සං සෝ පචාරයි

ඒ සිංහයාව මැඩලන්න හැකි ශූර පුරුෂයෙක් සොයා ගන්ට බැරිවුනා. එතකොට ඇතෙකු පිටේ දහසින් බැඳි පියල්ලක් තිබ්බා. 'සිංහයාව අල්ලා ගන්නා තැනැත්තා මෙය ගනීවා!' කියලා නුවර පුරා අඬබෙර ගැස්සුවා.

25. **තථේව ද්වේ සහස්සානි - තීණි චා'පි නරිස්සරෝ**
ද්වීසු වාරේසු වාරේසි - මාතා සීහභුජං හි තං

රජ්ජුරුවෝ මුලින් කහවණු දහසක් දෙනවා කිව්වා.

දෙවනුව කහවණු ගණන දෙදහසක් කළා. තුන්වෙනුව කහවණු තුන් දහසක් කළා. මෙසේ ප්‍රචාරය වෙද්දී ඒ කහවණු ලබාගන්නට මෑණියන්ගෙන් ඇසුවා. මෑණියන් පළමු වතාවෙත් දෙවන වතාවෙත් යන අවස්ථා දෙකේ දී ම ඔහුව වැළැක්කුවා.

26. **අග්ගහී තතියේ වාරේ - සීහබාහු අපුච්ඡිය**
මාතරං තිසහස්සං තං - ඝාතේතුං පිතරං සකං

තුන්වන වතාවේ අඬබෙර ගසද්දී සිංහබාහු කුමාරයා මෑණියන්ගෙන් ඇසුවේ නෑ. සිය පියා වන සිංහයාව ඝාතනය කිරීම පිණිස කහවණු තුන්දහසක පියල්ල අරගත්තා.

27. **රඤ්ඤෝ කුමාරං දස්සේසුං - තං රාජා ඉදමබ්‍රවි**
ගහිතෝ යදි සීහෝ තේ - දම්මි රට්ඨං තදේව තේ

රාජ සේවකයන් සිංහබාහු කුමාරයාව වංග රජ්ජුරුවන්ට ඉදිරිපත් කළා. රජ්ජුරුවෝ මෙය කිව්වා. 'ඉදින් යම් රටක දී තොප සිංහයාව ඇල්ලුවොත් ඒ රට ම තොපට දෙනවා' කියලා.

28. **සෝ තං ගන්ත්වා ගුහාද්වාරං - සීහං දිස්වා'ව ආරකා**
එන්තං පුත්තසිනේහේන - විජ්ඣිතුං තං සරං ඛිපි

සිංහබාහු කුමාරයා සිංහයා ඉන්න ගල්ලෙනේ දොරකඩට ගියා. පුත්‍ර ප්‍රේමයෙන් යුතුව තමන් වෙත එන සිංහයාව දුර දී ම දැක්කා. එතකොට සිංහබාහු කුමාරයා සිංහයාට හීයක් විද්දා.

29. **සරෝ නළාටමාහච්ච - මෙත්තචිත්තේන තස්ස තු**
කුමාරපාදමූලේ'ව - නිවත්තෝ පති භූමියං

සිංහයා තුළ දරු සෙනෙහසින් උපන් මෙත් සිතේ අනුහසින් තමන්ගේ නළල මත වැදුනු ඒ ඊ තලය නැවත හැරී ගොස් කුමාරයාගේ පාමුල වැටුනා.

30. **තථා'සි යාව තතියං - තතෝ කුජ්ඣි මිගාධිපෝ**
තතෝ ඛිත්තෝ සරෝ තස්ස - කායං නිබ්භිජ්ජ නික්ඛමි

කුමාරයා ඒ විදිහට තුන් වරක් ම විද්දා. එහෙයින් සිංහයාගේ මෙත් සිත නැති වෙලා කෝපයට පත්වුනා. සතරවන වතාවේ විදපු ඊතලය සිංහයාගේ නළලට වැදී කය සිදුරු කරගෙන ගිහින් පොළවට වැටුනා.

31. **සකේසරං සීහසීසං - ආදාය ස පුරං අගා**
මතස්ස වංගරාජස්ස - සත්තාහානි තදා අහු

සිංහබාහු කුමාරයා සිංහයාගේ කේසර සහිත වූ හිස රැගෙන වංග පුරයට ගියා. ඒ වෙද්දී වංග රටේ රජ්ජුරුවෝ මිය ගිහින් දින හතක් ගතවෙලා තිබුණා.

32. **රඤ්ඤෝ අපුත්තකත්තා ච - පතීතා ච'ස්ස කම්මුනා**
සුත්වා ච රඤ්ඤෝ නත්තුත්තං - සඤ්ජානිත්වා ච මාතරං

රජ්ජුරුවන්ට වෙන දරුවන් සිටියෙත් නෑ. සිංහබාහු කුමාරයා සිංහයාව නැසීමේ ක්‍රියාව නිසා ප්‍රසිද්ධයටත් පත්ව සිටියා. ඔහු මිය ගිය රජ්ජුරුවන්ගේ මුණුබුරෙකු වන බවත් අසන්ට ලැබුනා. ඒ වගේ ම ඔහුගේ මව රජ්ජුරුවන්ගේ එකම දියණිය වන සුප්පාදේවිය බවත් දැනගන්ට ලැබුනා.

33. **අමච්චා සන්නිපතිතා - අඛිලා ඒකමානසා**
සීහබාහු කුමාරස්ස - රාජා හෝහී'ති අබ්‍රවුං

සියලු ඇමතිවරු එක්රැස් වුනා. තනි අදහසක් ඇති කරගත්තා. 'ඔබ අපගේ රජ්ජුරුවෝ බවට පත් වෙන්ට ඕනෑ' කියලා සිංහබාහු කුමාරයාට කියා සිටියා.

34. **සෝ රජ්ජං සම්පටිච්ඡිත්වා - දත්වා මාතුපතිස්ස තං**
සීහසීවලිමාදාය - ජාතිභූමිං ගතෝ සයං

එතකොට සිංහබාහු කුමාරයා ඒ රාජ්‍යය පිළිඅරගත්තා. තමන්ගේ මෑණියන්ගේ ස්වාමියාව සිටි අනුර සෙනෙවියාට

රාජ්‍යය භාර දුන්නා. තමන් සිය නැගණිය වන සිංහසීවලී කුමාරිය රැගෙන තමන් උපන් ප්‍රදේශය බලා පිටත් වුනා.

35. **නගරං තත්ථ මාපේසි - ආහු සීහපුරන්ති තං**
අරඤ්ඤේ යෝජනසතේ - ගාමේ චාපි නිවේසයි

'සිංහපුරය' නමින් එහි අලුතින් නගරයක් නිර්මාණය කළා. සියක් යොදුන් වනය එළි පෙහෙළි කරවා ජලපහසුව ඇති තැන් වල අලුත් ගම්මාන පිහිටෙව්වා.

36. **ලාළරට්ඨේ පුරේ තස්මිං - සීහබාහු නරාධිපෝ**
රජ්ජං කාරේසි කත්වාන - මහේසිං සීහසීවලිං

ලාට රටෙහි තමන් ම ඉදි කළ සිංහපුර නගරයෙහි රජ වූ සිංහබාහු රජ්ජුරුවෝ සිංහසීවලී කුමරිය අගමෙහෙසී තනතුරට පත් කරවාගෙන රාජ්‍යය කළා.

37. **මහේසී සෝළසක්ඛත්තුං - යමකේ ච දුවේ දුවේ**
පුත්තේ ජනයි කාලේ සා - විජයෝ නාම ජෙට්ඨකෝ

සිංහසීවලී බිසොව සුදුසු කාලයේ දී නිවුන් පුත්‍රයන් දෙදෙනා බැගින් දහසය වතාවක් දරුවන් වැදුවා. ඒ දරුවන්ගෙන් වැඩිමලා වූයේ විජය කුමාරයා ය.

38. **සුමිත්තෝ නාම දුතියෝ - සබ්බේ ද්වත්තිංස පුත්තකා**
කාලේන විජයං රාජා - උපරජ්ජේ'භිසේචයි

මෙසේ ඇයට ලැබුණු සියලු දරුවන්ගේ ගණන තිස්දෙකයි. ඇයගේ දෙවන පුත්‍රයා සුමිත්ත නමින් හැඳින්වුනා. සිංහබාහු රජ්ජුරුවෝ සුදුසු කාලයේ දී විජය කුමාරයාව යුවරජු වශයෙන් අභිෂේක කළා.

39. **විජයෝ විසමාචාරෝ - ආසි තම්පරිසා පි ච**
සාහසානි අනේකානි - දුස්සහානි කරිංසු තේ

විජය යුවරජු විෂමාචාර ගතිගුණවලින් යුක්ත වුනා. ඔහුට ම ගැලපෙන පිරිසකුත් සිටියා. ඔවුන් අන්‍යයන්ට

ඉවසිය නොහැකි ආකාරයේ නොයෙක් සැහැසි ක්‍රියාවල යෙදුනා.

40. **කුද්ධෝ මහාජනෝ රඤ්ඤො - තමත්ථං පටිවේදයි**
රාජා තේ සඤ්ඤපෙත්වාන - පුත්තං ඕවදි සාධුකං

මහජනයා යුවරජුන් ගැන කිපුනා. රාජාංගණයට රැස්වෙලා උද්ඝෝෂණය කරලා සිංහබාහු රජ්ජුරුවන්ට විජය කුමාරයාගේ සාහසික ක්‍රියා ගැන දැනුම් දුන්නා. රජ්ජුරුවෝ විජයගේ පිරිසටත් එවැනි සැහැසි දේ නොකරන ලෙස අවවාද කළා. පුත්‍රයාට හොඳින් අවවාද කළා.

41. **සබ්බං තථේව දුතියං - අහෝසි තතියං පන**
කුද්ධෝ මහාජනෝ ආහ - පුත්තං ඝාතේහි තේ ඉති

පළමු අවවාදයෙන් කීකරු නොවූ ඔවුන් නැවතත් සැහැසි ලෙස හැසිරුනා. මහජනයා රැස්ව රජ්ජුරුවන්ට කරුණු කිව්වා. දෙවන වතාවෙත් අවවාද කළා. එයින් පලක් වුනෙත් නෑ. මහජනයා රැස්වෙලා රජ්ජුරුවන්ට කරුනු කිව්වා. මහරජ්ජුරුවෝ තුන්වෙනි වතාවෙත් ඔවුන්ට අවවාද කළා. එයින් පලක් වුනෙත් නෑ. අන්තිමේ දී හොඳට ම කිපුණු මහජනයා "මහරජ්ජුරුවෙනි, ඔබගේ පුත්‍රයාව නසා දමනු මැන" කියා ඉල්ලා සිටියා.

42. **රාජා'ථ විජයං තඤ්ච - පරිවාරඤ්ච තස්ස තං**
සත්තසතානි පුරිසේ - කාරෙත්වා අද්ධමුණ්ඩකේ

සිංහබාහු රජ මහජනයාගේ හඬට කන් දුන්නා. තම පුත්‍රයා වන යුවරජව සිටි විජය කුමාරයත්, සත්සියයක් වූ ඔහුගේ පිරිවරත් ඇල්ලුවා. ඔවුන්ගේ හිස අඩක් මුඩු කෙරෙව්වා.

43. **නාවාය පක්ඛිපාපෙත්වා - විස්සජ්ජාපේසි සාගරේ**
තථා තේසං භරියායෝ - තථේව ච කුමාරකේ

නැවකට ගොඩ කෙරෙව්වා. මහාසාගරයට මුදා හැරියා. ඒ විදිහට ම ඔවුන්ගේ බිරින්දෑවරුන්වත්, කුමාරවරුන්වත් වෙන ම නැව්වල නග්ගලා මුහුදට පිටත් කෙරෙව්වා.

44. **විසුං විසුං තේ විස්සට්ඨා - පුරිසිත්ථිකුමාරකා**
විසුං විසුං දීපකස්මිං - ඔක්කමිංසු වසිංසු ච

එතකොට එසේ නැව්වල නංවා මුහුදට යවන ලද ඒ මිනිස්සුත්, ස්ත්‍රීනුත්, ඔවුන්ගේ දරුවනුත් වෙන් වෙන් දිවයින් වලට ගොඩ බැස්සා. ඒ තැන්වල වාසය කළා.

45. **නග්ගදීපෝති ඤායිත්ථ - කුමාරොක්කන්තදීපකෝ**
භරියොක්කන්තදීපෝ තු - මහිලාදීපකෝ ඉති

කුමාරවරුන් ගොඩ බැස්ස දිවයින 'නග්ගදීප' යන නමින් ප්‍රසිද්ධ වුනා. භාර්යාවන් ගොඩ බැස්ස දිවයින 'මහිලා දිවයින' නමින් ප්‍රසිද්ධ වුනා.

46. **සුප්පාරකේ පට්ටනම්හි - විජයෝ පන ඔක්කමි**
පරිසා සාහසේනෙ'ත්ථ - භීතෝ නාවං පුනා'රුහි

විජය ඇතුලු පිරිස සිටිය නැව දඹදිව සුප්පාරක පටුනට ගොඩ බැස්සා. නමුත් ඒ පිරිසේ ඇති නොයෙකුත් සාහසික ක්‍රියා නිසා සුප්පාරක පටුනේ මිනිසුන් මොවුන්ව නසන්ට සූදානම් වුනා. භයට පත් මේ පිරිස ආයෙමත් නැව් නැග්ගා.

47. **ලංකායං විජයසනාමකෝ කුමාරෝ**
ඕතිණ්ණෝ ථිරමති තම්බපණ්ණිදීපේ
සාලානං යමකගුණානමන්තරස්මිං
නිබ්බාතුං සයිතදිනේ තථාගතස්සා'ති.

ස්ථිර ප්‍රඥා ඇති විජය නම් කුමාරයා තම්බපණ්ණි දිවයිනට ගොඩබැස්සා. උපවර්තන සල් වනයේ ප්‍රධාන මාවත දෙපසින් එකිනෙකට ගැලපෙන ලෙස යුගල වශයෙන්

පිහිටුවා තිබූ සල්ගස් අතරේ පනවන ලද සයනයෙහි සැතපී වදාළ අප තථාගත භාග්‍යවතුන් වහන්සේ පිරිනිවන් පා වදාළේ ද එදා ය.

සුජනපසාදසංවේගත්ථාය කතේ මහාවංසේ විජයාගමනං නාම ඡට්ඨෝ පරිච්ඡේදෝ.

සත්පුරුෂ ජනයන්ගේ ප්‍රසාදයත් සංවේගයත් ඇතිකරනු පිණිස කරන ලද මහාවංශයෙහි විජය කුමාරයාගේ සම්ප්‍රාප්තිය නම් වූ සයවෙනි පරිච්ඡේදය යි.

7

සත්තමෝ පරිච්ඡේදෝ
සත්වෙනි පරිච්ඡේදය

විජයාභිසේකෝ
විජය රජ්ජුරුවන්ගේ අභිෂේකය

1. සබ්බලෝකහිතං කත්වා - පත්වා සන්තිකරං පදං
පරිනිබ්බානමඤ්චම්හි - නිපන්නෝ ලෝකනායකෝ

ලෝකනායක වූ අප භාග්‍යවතුන් වහන්සේ සියලු ලෝක සත්වයාගේ හිතසුව පිණිස බුද්ධ කෘත්‍ය සම්පූර්ණ කොට වදාළා. උතුම් වූ පරම ශාන්තිය වූ අනුපාදිශේෂ පරිනිර්වාණයට පත්වීමේ අවස්ථාව පැමිණියා. පිරිනිවන් පෑම පිණිස පනවන ලද සයනෙහි සැතපී සිටියා.

2. දේවතාසන්නිපාතම්හි - මහන්තම්හි මහාමුනි
සක්කං තත්‍ර සමීපට්ඨං - අවෝච වදතං වරෝ

වාදීන් අතර උත්තම වූ අප මහාමුනීන්ද්‍රයන් වහන්සේ එහි රැස් වූ මහාදෙව් පිරිස අතර තමන් වහන්සේ සමීපයෙහි සිටි සක් දෙවිඳුන් හට මෙය වදාළා.

3. විජයෝ ලාළවිසයා - සීහබාහුනරින්දජෝ
ඒස ලංකමනුප්පත්තෝ - සත්තභච්චසතානුගෝ

'සිංහබාහු නමැති රජ්ජුරුවන්ගේ පුත්‍රයා වන විජය කුමාරයා සත්සියයක් පිරිවර සහිතව ලාට රටින් පිටත් වෙලා අද ලංකා දිවයිනට ගොඩ බැස්සා.

4. **පතිට්ඨිස්සති දේවින්ද - ලංකායං මම සාසනං**
තස්මා සපරිවාරං තං - රක්ඛ ලංකඤ්ච සාධුකං

දේවේන්ද්‍රය, මාගේ බුද්ධ ශාසනය පිහිටන්නේ ලංකාද්වීපයේ ය. එනිසා පිරිවර සහිත ඔහුවත් ලංකාද්වීපයත් හොඳින් රකින්ට ඕනෑ.'

5. **තථාගතස්ස දේවින්දෝ - වචෝ සුත්වා'ව සාදරෝ**
දේවස්සුප්පලවණ්ණස්ස - ලංකාරක්ඛං සමප්පයි

එතකොට සක්දෙවිඳු තථාගතයන් වහන්සේගේ වචනය ආදර සහිතව අසාගත්තා. ලංකාවේ ආරක්ෂාව උපුල්වන් දෙව්රජු හට භාර කළා.

6. **සක්කේන වුත්තමත්තෝ සෝ - ලංකං ආගම්ම සජ්ජුකං**
පරිබ්බාජකවේසේන - රුක්ඛමූලමුපාවිසි

සක්දෙවිඳුන්ගේ ඒ වචනයත් සමඟ උපුල්වන් දෙවියෝ එකෙණෙහි ම ලංකාවට පැමිණියා. ඔවුන්ට පෙනෙන මානයෙන් තාපසයෙකුගේ වෙස්ගෙන එක්තරා රුක්සෙවනක වාඩි වී හුන්නා.

7. **විජයප්පමුඛා සබ්බේ - තං උපෙච්ච අපුච්ඡිසුං**
අයං භෝ කෝ නු දීපෝ'ති - ලංකාදීපෝති සෝ'බ්‍රවි

විජය කුමාරයා ප්‍රමුඛ ඒ සියලු පිරිස තවුස් වෙස් ගෙන හුන් උපුල්වන් දෙවියන් වෙත ආවා. 'භවත, මේ කවර නම් ඇති දිවයිනක් ද?' කියා ඇසුවා. එතකොට තවුසා මෙය කිව්වා. 'මේ දිවයිනට කියන්නේ ලංකා' කියලයි.

8. **න සන්ති මනුජා එත්ථ - න ච හෙස්සති වෝ භයං**
ඉති වත්වා කුණ්ඩිකාය - තේ ජලේන නිසිඤ්චිය

මෙහි මනුස්ස වාසයක් නෑ. තොපට භයක් ඇති වෙන්නේ නෑ' කියලා පැන් කෙණ්ඩිය ගෙන ඔවුන්ට පිරිත් පැන් ඉස්සා.

9. **සුත්තං ච තේසං හත්ථේසු - ලගෙත්වා නභසා'ගමා**
දස්සේසි සෝණිරූපේන - පරිචාරිකයක්ඛිනී

ඔවුන්ගේ අත්වල පිරිත් නූලුත් බැන්දා. අහසින් පිටත්ව ගියා. එතකොට කුවේණියගේ දාසියක වන සීසපාති නමැති යකින්න පැටවුන් වැදූ බැල්ලියකගේ වෙස් ගෙන ඔවුන් ඉදිරියේ පෙනී සිටියා.

10. **ඒකෝ තං වාරියන්තෝපි - රාජපුත්තේන අන්වගා**
ගාමම්හි විජ්ජමානම්හි - භවන්ති සුනඛා ඉති

එතන හිටපු අයෙක් ඒ බැල්ලිය පසුපසින් යන්ට සූදානම් වෙද්දී විජය රාජ පුත්‍රයා විසින් ඔහුව වැළැක්කුවා. නමුත් ගමක් තිබුනොතින් නොවැ බල්ලන් ඉන්නේ කියලා ඔහු ඒ බැල්ලියගේ පසුපසින් ගියා.

11. **තස්සා ච සාමිනී තත්ථ - කුවේණී නාම යක්ඛිනී**
නිසීදි රුක්ඛමූලම්හි - කන්තන්තී තාපසී විය

ඇයගේ ස්වාමි දියණිය කුවේණී නමැති යකින්නකි. කුවේණිය කපු කටින තාපසියකගේ වෙස් ගෙන රුක් සෙවනක වාඩි වී උන්නා.

12. **දිස්වාන සෝ පොක්ඛරණිං - නිසින්නං තඤ්ච තාපසිං**
තත්ථ න්හාත්වා පිවිත්වා ච - ආදාය ච මුලාලියෝ

බැල්ලිය පසු පසින් ගිය පුරුෂයාට පොකුණක් දකින්ට ලැබුනා. ඒ වගේ ම ගසක් යට වාඩි වී සිටින තාපසියකුත් දකින්ට ලැබුනා. ඉතින් ඔහු පොකුණෙන් වතුර නාලා, පැනුත් බිව්වා. නෙළුම් අලත් ගලවා ගත්තා.

13. **වාරිඤ්ච පොක්ඛරේහේව - වුට්ඨාසි සා තමබ්‍රවි**
භක්ඛෝසි මම තිට්ඨාති - අට්ඨා බද්ධෝව සෝ නරෝ

නෙළුම් කොලේකට පැන් අරගෙන ගොඩට ආවා. එතකොට ම තවුසිය 'එම්බා පුරුෂය, නුඹ මට ගොදුරක් වුනා. ඔහොම හිටු' කියලා කිව්වා විතරයි. කණුවක ඈතෙකු බැන්ද සෙයින් යා ගත නොහැකිව හඬ හඬා නැවතී සිටගත්තා.

14. **පරිත්තසුත්තතේජේන - භක්ඛිතුං සා න සක්කුණී**
යාචියන්තෝපි තං සුත්තං - නා'දා යක්ඛිනියා නරෝ

තවුස් වෙස් ගත් උපුල්වන් දෙව්රජුන් බැඳපු පිරිත් නූලේ තේජසින් කුවේණියට ඔහුව බිලිගන්ට පුළුවන් වුනේ නෑ. යකින්නි ඒ පිරිත් නූල තමන්ට දෙන්ට කියලා ඉල්ලා සිටියා. නමුත් ඒ මිනිසා එය ඈට දුන්නෙ නෑ.

15. **තං ගහෙත්වා සුරුංගායං - රුදන්තං යක්ඛිනී ඛිපි**
ඒවං ඒකේකසෝ තත්ථ - ඛිපි සත්තසතානි ච

යකින්නී හඬා වැළපෙන ඒ පුරුෂයාව අල්ලාගෙන උමගක හැංගුවා. මේ විදිහට එක් එක්කෙනා බැගින් එතැනට ආ හත්සිය දෙනාව ම උමගෙහි හැංගුවා.

16. **අනායන්තේසු සබ්බේසු - විජයෝ භයසංකිතෝ**
නද්ධපඤ්චායුධෝ ගන්ත්වා - දිස්වා පොක්ඛරණිං සුභං

ගිය කව්රුවත් ආපසු ආවේ නැති නිසා ඔවුන්ට අනතුරක්වත් උනාද කියලා විජය කුමාරයා තුළ භය සැක සංකා ඇති වුනා. ඔහු පඤ්චායුධයෙන් සන්නද්ධ වුනා. අනිත් අය ගිය පෙදෙසට ම යද්දී අලංකාර පොකුණ දකින්ට ලැබුනා.

17. **අපස්සං උත්තිණ්ණපදං - පස්සං තඤ්චේව තාපසිං**
ඉමාය ඛලු භච්චා මේ - ගහිතා නූනි'ති චින්තිය

පොකුණ ළඟට ගොස් බලද්දී පොකුණින් ගොඩට

ආ පාද සටහන් තියෙනවා දැක්කා. ඒ අසල වාඩි වී ඉන්න තාපසියවත් දැක්කා. මාගේ සේවකයන් ව මේ තැනැත්තිය විසින් අල්ලා ගත්තාවත් දැයි සිතුවා.

18. **කිං න පස්සසි භච්චෙ මේ - හෝති ත්වං ඉති ආහ තං**
කිං රාජපුත්ත භච්චේහි - පිව න්හායාති ආහ සා

'භවතී, කිම තී මාගේ සේවකයන්ව දැක්කේ නැද්ද?' කියලා ඇහුවා. 'රාජපුත්‍රය, සේවකයන්ගෙන් ඇති ඵලය කිම? මේ පොකුණට බැස පැන් වැළඳුව මැනව. ස්නානය කළ මැනව' කියලා යකින්නී පිළිතුරු දුන්නා.

19. **යක්ඛිනී තාව ජානාති - මම ජාතින්ති නිච්ඡිතෝ**
සීඝං සනාමං සාවෙත්වා - ධනුං සන්ධායු'පාගතෝ

එතකොට විජය කුමාරයා 'රාජපුත්‍රය කියා මා ඇමතීමෙන් මේ යකින්නිය නිසැකව ම මාගේ ජාතිය දන්නවා' යැයි නිශ්චය කළා. 'මම් සිංහබාහු රජ්ජුරුවන්ගේ පුත්‍ර වූ විජය කුමාරයා යි' කියලා වහාම තමන්ගේ නම කියලා දුනු ඊතල අමෝරාගෙන ඒ යකින්නි ළඟට වේගයෙන් ආවා.

20. **යක්ඛිං ආදාය ගීවාය - නාරාචවලයේන සෝ**
වාමහත්ථේන කේසේසු - ගහෙත්වා දක්ඛිණේන තු

යකින්නී දුවන්ට පටන් ගත්තා. විජය කුමාරයා වේගයෙන් ඇ ලුහු බැන්දා. ඇගේ බෙල්ලේ දමාගෙන සිටි යකඩ වළල්ලෙන් ඈව ඇදලා ගත්තා. වම් අතින් කෙස් වැටියෙන් අල්ලා ගත්තා. දකුණු අතින්,

21. **උක්ඛිපිත්වා අසිං ආහ - භච්චේ මේ දේහි දාසි තං**
මාරේමීති භයට්ටා සා - ජීවිතං යාචි යක්ඛිනී

කඩුව ඔසවා ගත්තා. 'මේ එම්බල දාසී, මාගේ සේවකයන් දීපිය, නැත්නම් තීව මෙතැන ම මරණවා' කියලා කිව්වා. යකින්නි හොඳට භය වුනා. කුමාරයාගෙන් ජීවිතය ඉල්ලා සිටියා.

22. **ජීවිතං දේහි මේ සාමි - රජ්ජං දජ්ජාමි තේ අහං**
කරිස්සාමි'ත්ථිකිච්චං ච - කිච්චං අඤ්ඤං යථිච්ඡිතං

'ස්වාමීනී, මාගේ ජීවිතය දෙනු මැනව. මං ඔබවහන්සේට ලංකා රාජ්‍යය දෙන්නම්. ස්ත්‍රියක විසින් තම සැමියාට කළයුතු යම් දෙයක් ඇද්ද ඒවාත් කරන්නම්. ඔබවහන්සේ සිතන පතන සියලු දේ කර දෙන්නම්' කියලා කියා සිටියා.

23. **අදුබ්භත්ථාය සපථං - සෝ තං යක්ඛිං අකාරයි**
ආනේහි හච්චේ සීඝන්ති - වුත්තමත්තාව සා'නයි

විජය කුමාරයා යළි කවදාවත් ම තමන්ට ද්‍රෝහී නොවන ලෙසට ඒ යක්ෂණිය ව දිවුරවා ගත්තා. 'දැන් වහාම මගේ සේවකයන් අරගෙන වර' යි කී සැණින් ම ඒ සේවකයන් ව රැගෙන ආවා.

24. **ඉමේ ඡාතාති වුත්තා සා - තණ්ඩුලාදිං විනිද්දිසි**
භක්ඛිතානං වාණිජානං - නාවට්ඨං විවිධං බහුං

මේ පිරිස යකින්නියට තමන්ට බඩගිනි ඇති බව පැවසුවා. එතකොට ඈ කලින් බිලිගත් වෙළඳුන් සතු වූ නැව්වල තිබුනු සහල් පැණි සකුරු ආදිය පෙන්නා දුන්නා.

25. **භච්චා තේ සාධයිත්වාන - භත්තානි ව්‍යඤ්ජනානි ච**
රාජපුත්තං භෝජයිත්වා - සබ්බේ චාපි අභුඤ්ජිසුං

සේවකයෝ බත් හා සූපව්‍යඤ්ජන ආදිය පිළියෙල කළා. රාජපුත්‍රයාව අනුභව කෙරෙව්වා. සියලු දෙනාත් අනුභව කළා.

26. **දාපිතං විජයේනග්ගං - යක්ඛී භුඤ්ජිය පීණිතා**
සෝළසවස්සිකං රූපං - මාපයිත්වා මනෝහරං

විජය කුමාරයා ඒ භෝජනයේ අග්‍රභාගය යකින්නියට දුන්නා. එය අනුභව කළ ඈ ඒ රසයෙන් පිනාගියා. සිත් ඇද

සත්වෙනි පරිච්ඡේදය 173

බැඳ ගන්නා හැඩරුවින් යුතු සොළොස් හැවිරිදි කන්‍යාවකගේ වෙස් ගත්තා.

27. **රාජපුත්තමුපාගඤ්ඡි - සබ්බාභරණභූසිතා**
මාපේසි රුක්ඛමූලස්මිං - සයනඤ්ච මහාරහං

සියලු ආභරණයෙන් සැරසිලා රාජපුත්‍රයා වෙත ගියා. ඒ රුක් සෙවනේ ඉතා වටිනා සයනයක් මැව්වා.

28. **සාණියා සුපරික්ඛිත්තං - විතානසමලංකතං**
තං දිස්වා රාජතනයෝ - පෙක්ඛං අත්ථමනාගතං

හාත්පස තිරරෙදිවලින් ආවරණය කෙරෙව්වා. උඩු වියනකින් අලංකාර කෙරෙව්වා. එය දැක්ක රාජ පුත්‍රයා අනාගතයේ තමන් ඇතුළු පිරිසට සලසාගත හැකි යහපත සලකා බලා,

29. **කත්වාන තාය සංවාසං - නිපජ්ජි සයනේ සුඛං**
සාණී පරික්ඛිපිත්වාන - සබ්බේ භච්චා නිපජ්ජිසුං

ඈ සමඟ අඹුසැමියන් සේ හැසිරුනා. යහනෙහි සැපසේ සැතපුනා. සියලු සේවකයෝ වටතිරය පිරිවරාගෙන නිදාගත්තා.

30. **රත්තිං තුරියසද්දං ච - සුත්වා ගීතරවඤ්ච සෝ**
අපුච්ඡි සහ සේමානං - කිං සද්දෝ ඉති යක්ඛිනිං

එදා රාත්‍රියෙහි තූර්යනාදය ඇසුනා. ගී කියමින් විනෝදවන හඬක් ඇසුනා. විජය කුමාරයා තමා සමඟ සැතපෙන යකින්නිගෙන් 'සොඳුර, මේ ශබ්දය කුමක් ද?' කියා ඇසුවා.

31. **රජ්ජඤ්ච සාමිනෝ දෙය්‍යං - සබ්බේ යක්ඛේ ච ඝාතිය**
මනුස්සාවාසකරණා - යක්ඛා මං ඝාතයන්ති හි

'සියලු යකුන්ව මරවා මේ රාජ්‍යය මගේ මේ ස්වාමියාට

දෙන්ට ඕනෑ. නමුත් මේ රට මනුෂ්‍යවාසයක් කෙරෙව්වා කියලා යක්කු මාව මරාදමාවි.'

32. **ඉති චින්තිය යක්ඛී සා - අබ්‍රවී රාජනන්දනං**
සිරීසවත්ථු නාමේතං - සාමි යක්ඛපුරං ඉධ

මෙහෙම සිතපු යකින්නි රාජකුමාරයාට සතුට දනවන මෙය කිව්වා. 'ස්වාමීනී, මෙහි සිරීශවාස්තු නම් යක්ෂ පුරයක් තියෙනවා.

33. **තත්ථ ජෙට්ඨස්ස යක්ඛස්ස - ලංකානගරවාසිනී**
කුමාරිකා ඉධා'නීතා - තස්සා මාතා ච ආගතා

එහි මහාකාලසේන නමින් ජ්‍යෙෂ්ඨ යකෙක් ඉන්නවා. ඒ යක්ෂයාට ලංකා පුරයෙන් පෝලමිත්තා නමැති යකිනි කුමරියක් කැන්දන් ආවා. ගොණ්ඩා නමැති ඇගේ මෑණියනුත් අද තෑගි භෝග අරන් ඇවිල්ලා.

34. **ආවාහමංගලේ තත්ථ - සත්තාහං උස්සවෝ මහා**
වත්තතේ තත්ථ සද්දෝ'යං - මහාහේ'ස සමාගමෝ

මේ ආවාහ මංගල්ලෙ නිසා ඒ සිරීශවාස්තු පුරයෙහි සත්දිනක මහා උත්සවයක් පැවැත්වෙනවා. එහි මහා යක් පිරිසක් රැස්වෙලා ඉන්නේ. මේ ඇහෙන්නේ ඔවුන්ගේ ශබ්දය තමා.

35. **අජ්ජේව යක්ඛේ ඝාතේහි - න හි සක්ඛා ඉතෝ පරං**
සෝ ආහා'දිස්සමානේ තේ - ඝාතෙස්සාමි කථං අහං

අද ම යකුන්ව මැරුව මැනව. මෙවැනි අවස්ථාවක් මීට පස්සෙ ලැබෙන්නේ නෑ' කිව්වා. 'මට යකුන් පෙනෙන්නේ නෑ නොවැ. මං කොහොමද ඔවුන්ව මරන්නේ?' කියල රාජකුමාරයා ඇහැව්වා.

36. **යත්ථ සද්දං කරිස්සාමි - තේන සද්දේන ඝාතය**
ආයුධං මේ'නුභාවේන - තේසං කායේ පතිස්සති

මං යම් තැනක ඉඳන් ශබ්දයක් කරන්නම්. එතකොට ඔබ එතැනට කඩුවෙන් කොටනු මැනව. මාගේ ආනුභාවයෙන් ඒ ආයුධය ඔවුන්ගේ ඇඟටයි වැටෙන්නේ.

37. **තස්සා සුත්වා තථා කත්වා - සබ්බේ යක්ඛේ අඝාතයි**
සයම්පි ලද්ධවිජයෝ - යක්ඛරාජපසාධනං

යකින්නිගේ වචනය අසා ගෙන ඒ ආකාරයෙන් ම කටයුතු කොට සියලු යකුන් මරා දැම්මා. තමන් ම ජයග්‍රහණය ලබාගත්තා. මහා කාලසේන යක් රජුගේ පළඳනාව පැළඳගත්තා.

38. **පසාධනේහි සේසේහි - තං තං භච්චං පසාධයි**
කතිපාහං වසිත්වෙත්ථ - තම්බපණ්ණිං උපාගමි

අනිත් යක් අමාත්‍යයන්ගේ පළඳනාවන් ඒ ඒ සේවක ජනයන්ට ගැලපෙන ලෙස පැළැන්දෙව්වා. සිරීශවස්තු නැමැති ඒ යක්පුරයෙහි කිහිප දිනක් වාසය කොට තම්බපණ්ණියට පැමිණියා.

39. **මාපයිත්වා තම්බපණ්ණි - නගරං විජයෝ තහිං**
වසී යක්ඛිනියා සද්ධිං - අමච්චපරිවාරිතෝ

විජය කුමාරයා ඒ ප්‍රදේශයෙහි තම්බපණ්ණි නමින් නුවරක් කෙරෙව්වා. තමන්ගේ අමාත්‍යවරුන් පිරිවරා ගෙන යකින්නිය සමග වාසය කළා.

40. **නාවාය භූමිං ඔතිණ්ණා - විජයප්පමුඛා තදා**
කිලන්තා පාණිනා භූමිං - ආලම්බිය නිසීදිසුං

එදා විජය ප්‍රමුඛ පිරිස නැවෙන් ඇවිත් බිමට ගොඩ බැස්සාට පස්සේ ඔවුන්ට අධික වෙහෙස හේතුවෙන් කලන්තේ හැදුනා. අත්වලින් භූමියට බරදීලා වාඩි වුනා.

41. **තම්බභූමිරජෝඵුට්ඨයෝ - තම්බෝ පාණි යතෝ අහු**
සෝ දේසෝ චේව දීපෝ ච - තේන තන්නාමකෝ අහු

තඹ පැහැගත් බිමෙහි තිබූ දූවිල්ලෙන් ඔවුන්ගේ අතුල් තඹ පැහැ ගත්තා. ඒ නිසා ඒ ප්‍රදේශයත්, ඒ දිවයිනත් තම්බපණ්ණි යන නාමයෙන් හැඳින්වුනා.

42. **සීහබාහුනරින්දෝ සෝ - සීහමාදින්නවා ඉති**
සීහළෝ තේන සම්බන්ධා - ඒතේ සබ්බේපි සීහළා

ඒ සිංහබාහු රජ්ජුරුවෝ කාටවත් අල්ලාගන්ට නොහැකි වූ සිංහයාව අල්ලාගත්තු නිසා ඔහුට 'සිංහලයා' යන නම පට බැඳුනා. සිංහබාහු රජුගේ සම්බන්ධය ඇති විජය කුමාරයාටත් ඔහුගේ පිරිසටත් ඔවුන්ගේ දරු මුණුබුරු, මී මුණුබුරු ආදී මුළු පරම්පරාවට ම අද දක්වා කියන්නේ 'සිංහලයෝ' කියලයි.

43. **තත්ථ තත්ථ ච ගාමේ තේ - තස්සාමච්චා නිවේසයුං**
අනුරාධගාමං තන්නාමෝ - කදම්බනදියන්තිකේ

විජය කුමාරයාගේ ඇමතිවරු ජලපහසුව තිබුන ඒ ඒ තැන්වල ගම්මාන ඉදිකරගෙන වාසය කළා. කදම්බ නදී නැමැති කොළොම්හෝ ඉවුරට යාබදව අනුරාධ ඇමැතියා ඉදි කළ ගම්මානය අනුරාධගම නමින් හැඳින්නුවා.

44. **ගම්භීරනදීයා තීරේ - උපතිස්සෝ පුරෝහිතෝ**
උපතිස්සගාමං මාපේසි - අනුරාධස්ස උත්තරේ

අනුරාධගමට උතුරින් පිහිටි ගම්භීර නැමැති ගං ඉවුරට යාබදව උපතිස්ස නැමැති පුරෝහිත බ්‍රාහ්මණයා විසින් ඉදිකළ ගම්මානය උපතිස්ස ගම නමින් හැඳින්නුවා.

45. **අඤ්ඤේ තයෝ අමච්චා තේ - මාපයිංසු විසුං විසුං**
උජ්ජේනිං උරුවේලඤ්ච - විජිතං නගරං තථා

වෙනත් අමාත්‍යවරු තුන්දෙනෙක් උජ්ජේනි, උරුවේල, විජිත නගරය නමින් ගම්මාන තුනක් ඉදි කරගෙන වාසය කළා.

46. **නිවාසෙත්වා ජනපදං - සබ්බේ'මච්චා සමෙච්ච තං**
අවෝචුං රාජතනයං - සාමි රජ්ජේ'භිසේචය

අලුත් ජනපදවල ජනයා වාසය කරන්ට සලස්වලා, ඒ සියලු ඇමතිවරු විජය කුමාරයා ළඟට රැස්වෙලා 'ස්වාමීනි, රාජ්‍යයෙහි අභිෂේකය ලබනු මැනව' කියා ඉල්ලා සිටියා.

47. **ඉති වුත්තෝ රාජපුත්තෝ - න ඉච්ඡි අභිසේචනං**
විනා ඛත්තියකඤ්ඤාය - අභිසේකං මහේසියා

විජය රාජපුත්‍රයා රාජාභිෂේකය ලබන්ට කැමති වුනේ නෑ. ක්ෂත්‍රිය චාරිත්‍ර අනුව රාජාභිෂේකයේ දී රජු සමග මෙහෙසියකුත් අභිෂේක ලබනවා. මෙහි ක්ෂත්‍රිය රාජ කන්‍යාවක් නැති ව එය කරන්ට පුළුවන්කමක් නැති නිසයි අකමැති වුනේ.

48. **අථා'මච්චා සාමිනෝ තේ - අභිසේකේ කතාදරා**
දුක්කරේසු පි කිච්චේසු - තදත්ථභීරුතාතිගා

එතකොට අමාත්‍යවරු තමන්ගේ ස්වාමියාගේ අභිෂේකය පිළිබඳව ආදර සහිත වුනා. දුකසේ කළ යුතු ඒ කාර්යයේදී එහි යහපත සලකාගෙන තව තවත් දිවි කැප කොට උනන්දු වුනා.

49. **පණ්ණාකාරේ මහාසාරේ - මණිමුත්තාදිකේ බහූ**
ගාහාපයිත්වා පාහේසුං - දක්ඛිණං මධුරං පුරං

මැණික්, මුතු ආදී ඉතාමත් ම වටිනා තෑගිභෝග සෑහෙන්ට පිළියෙල කරවාගෙන දකුණු දඹදිව මධුරා පුරයට දූතයන්ව පිටත් කළා.

50. **පණ්ඩුරාජස්ස ධීතත්ථං - සාමිනෝ සාමිභත්තිනෝ**
අඤ්ඤේසං චාපි ධීතත්ථං - අමච්චානං ජනස්ස ච

ඒ, ස්වාමි භක්තියෙන් යුක්තව තම ස්වාමියා වූ විජය රාජ පුත්‍රයාට පඬි රජ්ජුරුවන්ගේ දියණිය ලබා ගැනීමට ත්,

අනිත් අමාත්‍යවරුන්ටත්, ජනයාටත් අනිත් ක්ෂත්‍රිය වංශික දියණිවරුන් ලබා ගැනීමටත් ය.

51. **සීඝං නාවාය ගන්ත්වාන - දූතා තේ මධුරං පුරං**
පණ්ණාකාරේ ච ලේඛඤ්ච - තස්ස රඤ්ඤො අදස්සයුං

රාජදූතයෝ ඉක්මනින් නැවෙන් ගොස් මධුරා පුරයට පැමිණියා. පඬි රජ්ජුරුවන්ව බැහැ දැකලා, තමන් ගෙනා තුටු පඬුරුත්, සන්දේශයත් ඉදිරිපත් කළා.

52. **තතෝ රාජා අමච්චේහි - මන්තයිත්වා සධීතරං**
පාහේතුකාමෝ'මච්චානං - අඤ්ඤෙසං චාපි ධීතරෝ

එය අසා පඬිරජ්ජුරුවෝ ඇමතිවරුන් කැඳවා මේ පිළිබඳව සාකච්ඡා කළා. තමන්ගේ රාජ දියණියත්, ඇමතිවරුන්ගේ ක්ෂත්‍රිය වංශික දියණිවරුන් වත් ලංකාදීපයට යවන්ට කැමැති වුනා.

53. **ලද්ධා ඌනසතං කඤ්ඤා - අථ භේරිං චරාපයි**
ලංකාය ධීතුගමනං - ඉච්ඡමානා නරා ඉධ

ඔය ආකාරයට ක්ෂත්‍රිය කන්‍යාවන් අනූනව දෙනෙක් ලැබුනා. ඊටපසු රජ්ජුරුවෝ අඬ බෙර ගැස්සෙව්වා. මේ මධුරා නුවර මිනිසුනි, තමන්ගේ දූවරුන්ව ලංකාවෙහි අලුත් රාජ්‍යයට පිටත් කොට යවන්ට කැමැති නම්,

54. **නිවාසයිත්වා දිගුණං - සරද්වාරේසු ධීතරෝ**
ඨපෙන්තු තේන ලිංගේන - ආදියිස්සාමි තා ඉති

තම දූවරුන්ව දෙගුණයක් කොට රෙදි අන්දවාගේ දොරකොට සිටුවා නවත්වන්ට ඕනෑ! ඒ සලකුණින් අපි ඒ දූවරුන්ව හඳුනා ගන්නවා!' යි ප්‍රකාශ කෙරෙව්වා.

55. **ඒවං ලද්ධා බහූ කඤ්ඤා - තප්පයිත්වාන තං කුලං**
සම්පන්නසබ්බාලංකාරං - ධීතරං සපරිච්ඡදං

ඔය ආකාරයට බොහෝ කන්‍යාවන් ලැබුනා. ඒ දියණිවරුන් අයත් පවුල් නොයෙක් තෑගි භෝගවලින් සතුටු කෙරෙව්වා. ඊට පසු දියණිය ඇතුලු සියලු කන්‍යාවන්ට පාවිච්චියට උවමනා නොයෙකුත් බඩුබාහිර දීලා, සියලු අලංකාර ආභරණවලින් සැරසෙව්වා.

56. සබ්බා තා ලද්ධසක්කාරා - කඤ්ඤායෝ ච යථාරහං
රාජාරහේ ච හත්ථස්සරථපෙස්සියකාරකේ

ඒ සියලු කන්‍යාවන් සුදුසු පරිදි නොයෙක් සත්කාර ලැබුවා. රජ කෙනෙකුට සුදුසු පරිදි ඇත්තු, අශ්වයන්, රථ, දක්ෂ රියැදුරන්,

57. අට්ඨාරසන්නං සේණීනං - සහස්සඤ්ච කුලානි සෝ
ලේඛං දත්වාන පේසේසි - විජයස්ස ජිතාරිනෝ

දහඅටක් වූ ශිල්ප ශාස්ත්‍ර පරම්පරාවන්ට අයත් පවුල් දහසකුත්, සංදේශයකුත් දීලා සතුරන් දිනූ විජය කුමාරයා වෙත පිටත් කළා.

58. සබ්බෝ සෝ'තරි නාවාහි - මහාතිත්ථේ මහාජනෝ
තේනේව පට්ටනං තං හි - මහාතිත්ථං'ති වුච්චති

රාජනුග්‍රහය ලැබූ ඒ සියලු මහජනයා දකුණු දඹදිව මධුරාපුරාසන්න තොටුපලින් නැව් නැග්ගා. ලංකාවේ මහතොටට ගොඩ බැස්සා. එනිසා ම ඔවුන් ගොඩ බැස්ස තොටුපළට මහාතිත්ථ හෙවත් මහතොට කියලා කියනවා.

59. විජයස්ස සුතෝ ධීතා - තස්සා යක්ඛිනියා අහු
රාජකඤ්ඤාගමං සුත්වා - විජයෝ ආහ යක්ඛිනිං

ඒ වෙද්දී කුවේණී යකින්නට විජය කුමාරයා නිසා ජීවහත්ථ නැමැති පුතෙකුයි, දිපෙල්ලා නැමැති දුවකුයි ලැබිලා සිටියා. මෙහෙසියක් ලෙස අභිෂේක ලබන්ට සුදුසු

රාජකන්‍යාවක් පැමිණිය බව කුමාරයාට අසන්ට ලැබුනා. ඔහු යකින්නිට මෙය කිව්වා.

60. **ගච්ඡ දානි තුවං භෝති - ඨපෙත්වා පුත්තකේ දුවේ**
මනුස්සා අමනුස්සේහි - භායන්ති හි සදා ඉති

'සොඳුරිය, දැන් ඔබ පුතාවත් දුවවත් මෙහි තියලා පිටත් වෙන්ට ඕනෑ. මිනිස්සු හැමදාම අමනුෂ්‍යයන්ට බියයි නොවැ'

61. **සුත්වා තං යක්ඛභයතෝ - භීතං තං ආහ යක්ඛිනිං**
මා චින්තයි සහස්සේන - දාපයිස්සාමි තේ බලිං

විජය කුමාරයාගේ ඒ කතාව අසා යකුන්ගෙන් තමාට සිදුවියහැකි අනතුරු ගැන කුවේණි යකින්නි භයට පත්වුනා. එතකොට විජය කුමාරයා 'ඒ ගැන ඔතරම් සිතන්ට එපා! මං තිට බලි දහසක් ලැබෙන්ට සලස්සනවා' කියලා කිව්වා.

62. **පුනප්පුනං තං යාචිත්වා - උභෝ ආදාය පුත්තකේ**
භීතාපි සා අගතියා - ලංකාපුරමුපාගමි

යකින්නි නැවත නැවතත් ඉල්ලලා දරු දෙදෙනා තමන් ළඟට ගත්තා. ඈ හොඳට ම බියට පත්ව සිටියත් වෙන යන්ට තැනක් නැති නිසා ඈ කලින් හිටිය ලංකාපුර නැමැති යක්ෂ ජනපදයට ම ගියා.

63. **පුත්තේ බහි නිසීදෙත්වා - සයං පාවිසි තං පුරං**
සඤ්ජානිත්වාන තං යක්ඛිං - භීතා චෝරීති සඞ්කිනෝ

දරුවන් දෙන්නා ලංකාපුරයෙන් පිටත තැනක වාඩිකෙරෙව්වා. ඈ තනියම යක්පුරයට ඇතුල්වුනා. එතකොට ඈ ඔත්තු බලාගෙන යන්ට සොරෙන් ආ බව සිතා යක්කු හොඳට ම භය වුනා.

64. **සංඛුභිංසු පුරේ යක්ඛා - ඒකෝ සාහසිකෝ පන**
ඒකපාණිප්පහාරේන - විලයං නයි යක්ඛිනිං

ලංකාපුරයේ යක්කු කැළඹිලා ගියා. එතකොට ම එක්තරා දරුණු යක්ෂයෙක් එක් පැහැර ගැසූ ඇතුල් පහරකින් යකින්නිය මරලා දැම්මා.

65. **තස්සා තු මාතුලෝ යක්ඛෝ - නික්ඛම්ම නගරා බහි**
දිස්වා තේ දාරකේ පුච්ඡි - තුම්හේ කස්ස සුතා ඉති

කුවේණිගේ මාමා වූ යකෙක් ලංකාපුරයෙන් පිටතට ආවා. පිටත සිටින දරු දෙන්නා දකින්ට ලැබුනා. 'තොපි කාගේ දරුවන් ද?' කියලා ප්‍රශ්න කළා.

66. **කුවේණියා'ති සුත්වා'හ - මාතා වෝ මාරිතා ඉධ**
තුම්හේපි දිස්වා මාරෙය්‍යුං - පලායථ ලහුං ඉති

'අපේ මැණියන් කුවේණිය යි' කියලා කිව්වා. 'මෙතැන තොපේ මැණියන් ව මරලා දැම්මා. තොපිව දැක්කොත් මරා දමාවි. ඉක්මනින් පැනගනින්' කියලා යක්ෂයා පැවසුවා.

67. **අගුං සුමනකූටං තේ - පලායිත්වා තතෝ ලහුං**
වාසං කප්පේසි ජෙට්ඨෝ සෝ - වුද්ධෝ තාය කණිට්ඨියා

එතකොට ඔවුන් දෙන්නා ඉක්මනින් ම ඒ ප්‍රදේශයෙන් පැනගත්තා. සමන්කුළු පව්ව පාමුල වනයේ වාසය කළා. තරුණයෙකු බවට පත් ඒ පුත්‍රයා ඒ තමාගේ නැගණිය සමඟ පවුල් ජීවිතයක් පටන් ගත්තා.

68. **පුත්තධීතාහි වඩ්ඪිත්වා - රාජානුඤ්ඤාය තේ වසුං**
තත්ථේව මලයේ ඒසෝ - පුලින්දානං හි සම්භවෝ

තම දරුවන් සමන්කුළු පව්වේ පාමුල ඉන්න බව දැනගත් විජය රජතුමා ඔවුන්ට ඒ කඳු ප්‍රදේශයේ ම වාසය කරන්ට අනුමැතිය දුන්නා. ඊටපස්සේ ඔවුන් දූපුතුන් ඇති කරගෙන දරුපරපුරක් බිහි කළා. ලංකාවේ වැද්දන්ගේ ආරම්භය ඇති වුනේ ඔය ආකාරයට යි.

69. **පණ්ඩුරාජස්ස දූතා තේ - පණ්ණාකාරං සමප්පයුං**
විජයස්ස කුමාරස්ස - රාජධීතාදිකා ච තා

පඬි රජ්ජුරුවන්ගේ දූතයෝ තමන් ගෙනා රාජකීය තුටු පඬුරු විජය කුමාරයාට පිළිගැන්නුවා. රාජකන්‍යාව පෙරටු කොට ඒ කන්‍යාවන් ද ලබාදුන්නා.

70. **කත්වා සක්කාරසම්මානං - දූතානං විජයෝ පන**
අදා යථාරහං කඤ්ඤා - අමච්චානං ජනස්ස ච

විජය කුමාරයාත් රාජදූතයන්ට ගෞරව සම්මාන දැක්කුවා. ඒ ඒ ඇමැතිවරුන් හට තම තමන්ගේ වංශයන්ට ගැලපෙන විදිහට ඒ කන්‍යාවන් භාර දුන්නා.

71. **යථාවිධිං ච විජයං - සබ්බේ'මච්චා සමාගතා**
රජ්ජේ සමභිසිඤ්චිංසු - කරිංසු ච මහාඡණං

සියලු අමාත්‍යවරුන් රැස්වුනා. ක්ෂත්‍රිය රාජපරම්පරාවල සිදුකෙරෙන විධීන්ට අනුකූලව විජය කුමාරයාව ලංකා රාජ්‍යයෙහි රජු ලෙස අභිෂේක කෙරෙව්වා. මහා සැණකෙළියක් කළා.

72. **තතෝ සෝ විජයෝ රාජා - පණ්ඩුරාජස්ස ධීතරං**
මහතා පරිහාරේන - මහේසිත්තේ'භිසේචයි

ඊටපසු විජය රජ්ජුරුවෝ දකුණු දඹදිව පඬි රජ්ජුරුවන්ගේ දියණිය මහත් උත්සවාකාරයෙන් රාජමහේෂිකාව හැටියට අභිෂේක කළා.

73. **ධනාන'දා අමච්චානං - අදාසි සසුරස්ස තු**
අනුවස්සං සංඛමුත්තං - සතසහස්සද්වයාරහං

අමාත්‍යවරුන්ට ධනය ලබාදුන්නා. සිය මාමණ්ඩිය බවට පත් වූ දකුණු දඹදිව මධුරා රජ්ජුරුවන්ට අවුරුදු පතා කහවනු දෙලක්ෂයක් අගනා හක්ගෙඩිත් මුතුත් යැව්වා.

සත්වෙනි පරිච්ඡේදය 183

74. හිත්වාන පුබ්බාචරිතං විසමං සමේන
ධම්මේන ලංකමඛිලං අනුසාසමානෝ
සෝ තම්බපණ්ණිනගරේ විජයෝ නරින්දෝ
රජ්ජං අකාරයි සමා බලු අට්ඨතිංසා'ති.

විජය රජ්ජුරුවෝ මේ දිවයිනට ගොඩ බසින්ට පෙර තිබුනු දරුණු ගතිගුණ අත්හැරියා. ධර්මයෙන් හා සාමයෙන් යුක්තව ලංකාරාජ්‍යයට අනුශාසනා කළා. තමන්ගේ තම්බපණ්ණි නගරයේ සිට තිස් අට වර්ෂයක් රජකම් කළා.

සුජනපසාදසංවේගත්ථාය කතේ මහාවංසේ විජයාභිසේකෝ නාම සත්තමෝ පරිච්ඡේදෝ.

සත්පුරුෂ ජනයන්ගේ ප්‍රසාදයත් සංවේගයත් ඇතිකරනු පිණිස කරන ලද මහාවංශයෙහි විජය රජ්ජුරුවන්ගේ අභිෂේකය නම් වූ සත්වෙනි පරිච්ඡේදය යි.

8

අට්ඨමෝ පරිච්ඡේදෝ
අටවෙනි පරිච්ඡේදය

පණ්ඩුවාසුදේවාභිසේකෝ
පණ්ඩුවාසුදේව රජුගේ අභිෂේකය

1. විජයෝ සෝ මහාරාජා - වස්සේ අන්තිමකේ ඨිතෝ
ඉති චින්තයි වුද්ධෝ'හං - න ච විජ්ජති මේ සුතෝ

විජය රජ්ජුරුවෝ තමන්ගේ රාජ්‍යානුශාසනයේ අන්තිම අවුරුද්දේ දී මෙසේ කල්පනා කළා. 'මම් දැන් වයස යි. රාජ මහේෂිකාවට මා නිසා ලැබුණු පුත්‍රයෙකු ත් නෑ.

2. කිච්ඡේන වාසිතං රට්ඨං - නස්සෙය්‍යාථ මම අච්චයේ
ආණාපෙය්‍යං රජ්ජහේතු - සුමිත්තං භාතරං මම

මා විසින් මේ රට ඉතා දුකසේ පිහිටුවා ගත්තේ. මගේ මරණයෙන් පසු රජකමට පුතෙක් නැති නිසා වැනසිලා යාවි. මාගේ සහෝදර සුමිත්තයන් රජකමට ගෙන්නා ගත්තොත් තමයි හොඳ.

3. අථා'මච්චේහි මන්තෙත්වා - ලේඛං තත්ථ විසජ්ජයි
ලේඛං දත්වාන විජයෝ - න චිරේන දිවංගතෝ

ඉතින් රජ්ජුරුවෝ මේ කාරණය ගැන ඇමතිවරුන් සමග සාකච්ඡා කළා. දඹදිව සිංහපුරයට සංදේශයක් යැව්වා. සංදේශය යවලා සුළු කලකින් විජය රජ්ජුරුවෝ දිවංගත වුනා.

4. **තස්මිං මතේ අමච්චා තේ - පෙක්ඛන්තා ඛත්තියාගමං**
උපතිස්සගාමේ ඨත්වාන - රජ්ජං සමනුසාසිසුං

රජ්ජුරුවන් අභාවයට පත් වුනාට පසුව රාජ කුමාරයාගේ ආගමනය බලාපොරොත්තුවෙන් ඇමතිවරු උපතිස්ස ගමේ සිට රටෙහි පාලනය ගෙන ගියා.

5. **මතේ විජයරාජම්හි - ඛත්තියාගමනා පුරා**
ඒකං වස්සං අයං ලංකාදීපෝ ආසි අරාජකෝ

විජය රජ්ජුරුවන්ගේ අභාවයෙන් පස්සේ රාජකුමාරයා ලංකාවට සැපත් වෙන්ට කලින් රජෙක් නැතිව එක් අවුරුද්දක් ගෙවුනා.

6. **තස්මිං සීහපුරේ තස්ස - සීහබාහුස්ස රාජිනෝ**
අච්චයේන සුමිත්තෝ සෝ - රාජා තස්ස සුතෝ අහු

ඒ වෙද්දී දඹදිව සිංහපුරයේ සිංහබාහු රජ්ජුරුවන්ගෙන් පස්සේ ඔහුගේ පුත්‍රයෙකු වූ සුමිත්ත කුමාරයා රජබවට පත්වෙලා හිටියේ.

7. **තස්ස පුත්තා තයෝ ආසුං - මද්දරාජස්ස ධීතුයා**
දූතා සීහපුරං ගන්ත්වා - රඤ්ඤෝ ලේඛං අදංසු තේ

ඒ සුමිත්ත රජ්ජුරුවෝ නිසා මධු රජුගේ දූ කුමරිය වූ චිත්‍රා නැමැති මෙහෙසියට පුත්‍රයන් තුන්දෙනෙක් ලැබිලා හිටියා. ලංකාවෙන් පිටත්ව ගිය දූතයෝ සිංහපුරයට ගිහින් සුමිත්ත රජ්ජුරුවන්ට සංදේශය පිළිගැන්නුවා.

8. **ලේඛං සුත්වාන සෝ රාජා - පුත්තේ ආමන්තයී තයෝ**
අහං මහල්ලකෝ තාතා - ඒකෝ තුම්හේසු ගච්ඡතු

සංදේශයේ විස්තර ඇසූ සුමිත්ත රජු තම පුත්කුමාරවරුන් තිදෙනා ඇමතුවා. 'මම මහළුයි දරුවෙනි, ඔබෙන් එක් කෙනෙක් යන්න.'

9. **ලංකං නේකගුණං කන්තං - මම භාතුස්ස සන්තකං**
තස්ස'ච්චයේන තත්ථේව - රජ්ජං කාරේතු සෝභනං

මාගේ සහෝදරයා සන්තක වූ, නොයෙක් ගුණයෙන් යුතු, රම්‍ය වූ, අලංකාර ලංකාද්වීපයට ගොහින් ඔහුගෙන් පසුව එහිම රාජ්‍යය කරන්ට ඕනෑ!'

10. **කණිට්ඨකෝ පණ්ඩුවාසු - දේවෝ රාජකුමාරකෝ**
ගමිස්සාමීති චින්තෙත්වා - ඤත්වා සොත්ථිගතිම්පි ච

ඒ රාජකුමාරවරුන් තිදෙනාගේ බාලයා වූයේ පණ්ඩුවාසුදේව නමැති රාජකුමාරයා යි. ලංකාවට ගියොත් තමන්ට රජකම ලැබෙන බවට නිමිති කියන්නන් පැවසූ අනාගත වාක්‍යයන් සිහිකොට ඒ නිසා ඒ රටට සිදුවන යහපතත් සිහිකොට යන්ට ඕනෑ කියලා කල්පනා කළා.

11. **පිතරා සමනුඤ්ඤාතෝ - ද්වත්තිංසාමච්චදාරකේ**
ආදාය ආරුහී නාවං - පරිබ්බාජකලිංගවා

පිය රජ්ජුරුවන්ගෙන් ගමනට අවසර ලැබුනා. ඇමතිවරුන්ගේ දරුවන් තිස් දෙදෙනෙකුත් සමඟ තාපසයන්ගේ වෙස් අරගෙන නැව් නැග්ගා.

12. **මහාකන්දරනජ්ජා තේ - මුඛද්වාරම්හි ඕතරුං**
තේ පරිබ්බාජකේ දිස්වා - ජනෝ සක්කරි සාධුකං

ඒ පිරිස මහතොට ගඟෙහි මෝයකට ළඟින් මේ දිවයිනට ගොඩ බැස්සා. මහජනයා ඒ තාපසයන් ව දැකලා ආහාර පානාදියෙන් හොඳින් සත්කාර කළා.

13. **පුච්ඡිත්වා නගරං එත්ථ - උපයන්තා කමේන තේ**
උපතිස්සගාමං සම්පත්තා - දේවතාපරිපාලිතා

එතනදී ඔවුන් 'ඔබගේ නගරය තිබෙන්නේ කොහිද?' කියා ඇසුවා. ඒ අසාගත් පිළිවෙළින් ක්‍රමයෙන් යමින් දෙවියන්ගේ ආරක්ෂාව ද ඇතිව උපතිස්සගමට පැමිණියා.

14. **අමච්චානුමතෝ මච්චෝ - පුච්ඡි නේමිත්තකං තහිං**
ඛත්තියාගමනං තස්ස - සෝ ව්‍යාකාසි පරම්පි ච

ඇමතිවරු රැස්වෙලා රාජකුමාරයෙකුගේ පැමිණීම මග බලාගෙන හිටියා. නිමිති කියන්නෙකුගෙන් ඒ ගැන විස්තර ඇසූ විට ඔහු වෙනත් විස්තරත් කිව්වා.

15. **සත්තමේ දිවසේ යේව - ආගමිස්සති ඛත්තියෝ**
බුද්ධසාසන මේතස්ස - වංසජෝ'ව ඨපෙස්සති

රාජ කුමාරයා සත් දවසෙකින් ම පැමිණේවි. මොහුගේ වංශ පරම්පරාවේ උපදින රජෙක් සම්බුද්ධ ශාසනයත් පිහිටුවනවා.

16. **සත්තමේ දිවසේ යේව - තේ පරිබ්බාජකේ තහිං**
පත්තේ දිස්වාන පුච්ඡිත්වා - අමච්චා තේ විජානිය

හරියට ම දවස් හතකින් උපතිස්ස ගමට පැමිණි ඒ තවුසන්ව දැක්කා. ඔවුන්ගෙන් විස්තර ඇසූ ඇමතිවරු රාජකුමාරයා සැපත් වී සිටින බව දැනගත්තා.

17. **තං පණ්ඩුවාසුදේවං තේ - ලංකාරජ්ජේන අප්පයුං**
මහේසියා අභාවා සෝ - න තාව අභිසේචයි

පඬුවස් දෙව් කුමාරයාට ලංකා රාජ්‍යය පැවරුවා. නමුත් අභිෂේක කරන්ට රාජ කන්‍යාවක් මෙහි නැති නිසා කුමාරිකාවක් ගෙන්නා ගන්නා තෙක් රාජාභිෂේකය කළේ නෑ.

18. **අමිතෝදනසක්කස්ස - පණ්ඩුසක්කෝ සුතෝ අහු**
ඤත්වා විනාසං සක්‍යානං - සෝ ආදාය සකං ජනං

අප භාග්‍යවතුන් වහන්සේගේ පියා වන සුද්ධෝදන රජ්ජුරුවන්ගේ සහෝදරයෙකු වන අමිතෝදන ශාක්‍යයාට පණ්ඩුශාක්‍ය කියා පුත් කුමාරයෙක් හිටියා. විඩූඩභගේ ශාක්‍ය සංහාරය කලින් ම දැනගෙන තමන්ගේ සෙනඟත් රැගෙන කිඹුල්වත් නුවරින් පැනලා ගියා.

19. **ගන්ත්වා අඤ්ඤාපදේසේන - ගංගාපාරං තහිං පුරං**
මාපෙත්වා තත්ථ කාරේසි - රජ්ජං සත්ත සුතේ ලභි

ගිහින් වෙළඳාමේ යන ව්‍යාජයෙන් ගංගා නම් ගඟින් එතෙර වුනා. එතෙර වෙලා ඒ ප්‍රදේශයේ නගරයක් ඉදි කරගත්තා. එහි රජකම් කළා. පණ්ඩුශාක්‍ය රජුට පුත් කුමාරවරු සත් දෙනෙක් ලැබුනා.

20. **ධීතා කණිට්ඨිකා ආසි - භද්දකච්චානනාමිකා**
සබ්බලක්ඛණසම්පන්නා - සුරූපා අභිපත්ථිතා

ඒ රජුට භද්දකච්චානා නමින් බාල දියණියකුත් සිටියා. මේ රාජ කන්‍යාව රන්රුවක් සේ අතිශයින් බබලන සිරුරින් යුතු වුනා. ඇව ආවාහ කරගන්ට බොහෝ රජවරු කැමැත්තෙන් සිටියා.

21. **තදත්ථං සත්තරාජානෝ - පණ්ණාකාරේ මහාරහේ**
පේසේසුං රාජිනෝ තස්ස - භීතෝ රාජූහි සෝ පන

ඈ ලබාගන්ට කැමතිව රජවරු සත් දෙනෙක් මහානීය තුටු පඬුරු පණ්ඩුශාක්‍ය රජුට එව්වා. මේ සත් රජුන්ගෙන් වන පෙළඹවීමෙන් රජතුමා භයට පත්වුනා.

22. **ඤත්වාන සොත්ථිගමනං - අභිසේකඵලම්පි ච**
සහ ද්වත්තිංසඉත්ථීහි - නාවං ආරෝපියා'සු තං

නැවක නගගලා ගංගා නම් ගඟේ පා කළොත් භද්දකච්චානා කුමරියගේ ඒ ගමනෙන් යහපතක් වෙන බවත් රාජ මහේෂිකාවක් ලෙස අභිෂේක ලබන බවත් පණ්ඩුශාක්‍ය

රජු නිමිති කියන්නෙකුගෙන් දැනගත්තා. එනිසා ඇයව තව තිස් දෙකක් වූ කුමාරිකාවන් සමඟ නැවක නැග්ගුවා.

23. **ගංගාය ඛිපි ගණ්හාතු - පහූ මේ ධීතරං ඉති**
ගහේතුං තේ න සක්ඛිංසු - නාවා සා පන සීඝගා

'පුළුවන් කෙනෙක් ඉන්නවා නම් මාගේ දියණිය ලබා ගනිත්වා!' කියලා ගංගා නම් ගඟෙහි පා කොට හැරියා. වේගයෙන් පහළට ගසා ගෙන ගිය ඒ නැව අල්ලාගන්ට කාටවත් පුළුවන් වුනේ නෑ.

24. **දුතියේ දිවසේ යේව - ගෝණගාමකපට්ටනං**
පත්තා පබ්බජිතාකාරා - සබ්බා තා තත්ථ ඕතරුං

දෙවන දවස වෙද්දී ඒ නැව ගෝණගම් පටුනට සේන්දු වුනා. පැවිදි තැනැත්තියන්ගේ වෙස් ගත් සියලු කන්‍යාවෝ එතැනින් ගොඩ බැස්සා.

25. **පුච්ඡිත්වා නගරං එත්ථ - තා කමේනෝපයන්තියෝ**
උපතිස්සගාමං සම්පත්තා - දේවතාපරිපාලිතා

ඇලා නගරය තියෙන්නේ කොහිද කියා අසාදැනගෙන ඒ අනුව කෙමෙන් කෙමෙන් ඇවිත් දෙවියන්ගේ රැකවල් ඇතිව උපතිස්ස ගමට පැමිණියා.

26. **නේමිත්තකස්ස වචනං - සුත්වා තත්ථා'ගතා තු තා**
දිස්වා අමච්චෝ පුච්ඡිත්වා - ඤත්වා රඤ්ඤෝ සමප්පයි

පණ්ඩුවාසදේව කුමාරයා ක්ෂත්‍රිය කන්‍යාවක නැතිව අභිෂේක ලබන්නේ නැති නිසා ඇමැතිවරු විජිත නම් ඇමතියෙකු ලවා කාලදේව නැමැති නිමිති කියන්නා ළඟට ඒ ගැන දැනගන්ට පිටත් කළා. නිමිතිකාරයා කීවේ ඒ රාජ කන්‍යාව අද ම එනවා කියලයි. උපතිස්ස ගමට ආ කන්‍යාවන්ගෙන් තොරතුරු ඇසූ ඇමතිවරු ඔවුන්

රාජකන්‍යාවන් බව දැන පණ්ඩුවාසුදේව කුමාරයාට ඔවුන්ව භාර දුන්නා.

27. **තං පණ්ඩුවාසුදේවං තේ - අමච්චා සුද්ධබුද්ධිනෝ**
රජ්ජේ සමභිසිඤ්චිංසු - පුණ්ණසබ්බමනෝරථං

ඒ පිරිසිදු බුද්ධි ඇති ඇමතිවරු ඔවුන්ගේ බලාපොරොත්තු හැම එකක් ම සම්පූර්ණ වූ නිසා ඒ පණ්ඩුවාසුදේව කුමාරයාව ලංකා රාජ්‍යයෙහි අභිෂේක කළා.

28. **සුභද්දකච්චානමනෝමරූපිනිං**
මහේසිභාවේ අභිසිඤ්චියත්තනෝ
සහාගතා තාය පදාය අත්තනා
සහාගතානං වසි භූමිපෝ සුඛං ති.

පණ්ඩුවාසුදේව රජ්ජුරුවෝ තමන්ගේ මෙහෙසිය හැටියට අලාමක රූප සෞන්දර්යයෙන් හෙබි භද්දකච්චානා ශාක්‍ය වංශික රාජකන්‍යාව අභිෂේක කළා. භද්දකච්චානා සමග ආ යෙහෙළියන් තිස් දෙදෙනාව තමන් සමග පැමිණි අමාත්‍ය කුමාරවරු දෙතිස් දෙනාට ආවාහ කරවලා දුන්නා. රජතුමා ඒ විජිත නගරයෙහි සැපසේ රාජ්‍යානුශාසනයේ යෙදුනා.

සුජනප්පසාදසංවේගත්ථාය කතේ මහාවංසේ
පණ්ඩුවාසුදේවා'භිසේකෝ නාම අට්ඨමෝ පරිච්ඡේදෝ.

සත්පුරුෂ ජනයන්ගේ ප්‍රසාදයත් සංවේගයත් ඇතිකරනු පිණිස කරන ලද මහාවංශයෙහි පණ්ඩුවාසුදේව රජුගේ අභිෂේකය නම් වූ අටවෙනි පරිච්ඡේදය යි.

9

නවමෝ පරිච්ඡේදෝ
නවවෙනි පරිච්ඡේදය

අභයාභිසේකෝ
අභය රජ්ජුරුවන්ගේ අභිෂේකය

1. මහේසී ජනයී පුත්තේ - දස ඒකඤ්ච ධීතරං
සබ්බජෙට්ඨෝ'භයෝ නාම - චිත්තා නාම කනිට්ඨිකා

පඬුවස්දෙව් රජ්ජුරුවන්ගේ රාජමහේසිකාව වන භද්දකච්චායනා පුත් කුමාරවරුන් දස දෙනෙක් බිහිකළා. එක් දියණියකුත් බිහිකළා. සියල්ලන්ට ම වැඩිමහලු වූයේ අභය කුමාරයා ය. බාල දියණිය චිත්‍රා කුමරිය ය.

2. පස්සිත්වා තං වියාකංසු - බ්‍රාහ්මණා මන්තපාරගා
රජ්ජහේතු සුතෝ අස්සා - ඝාතයිස්සති මාතුලේ

වේදයෙහි පරතෙරට ම ඉගෙනගත් බ්‍රාහ්මණවරු චිත්‍රා කුමරිය දැක අනාවැකියක් කිව්වා. ඇයගේ පුත්‍ර කුමාරයෙක් රාජ්‍යය අල්ලාගැනීම පිණිස සිය මාමාවරුන්ව ඝාතනය කරවන බවයි.

3. ඝාතෙස්සාම කනිට්ඨන්ති - නිච්ඡිතේ භාතරෝ'භයෝ
වාරේසි කාලේ වාසේසුං - ගේහේ තං ඒකථූණිකේ

මේ අනාවැකිය දැනගත් සහෝදර කුමාරවරු බාල නැගණිය මරවන්ට ඕනෑ කියලා නිශ්චය කළා. නමුත් වැඩිමහල් අභය කුමාරයා ඔවුන්ව ඒ ක්‍රියාවෙන් වැළැක්කුවා. චිත්‍රා කුමරිය යොවුන් වියට පත් වූ විට එක්ටැම් ගෙයක සිරකොට තැබුවා.

4. **රඤ්ඤො’ච සිරිගබ්භේන - තස්ස ද්වාරං අකාරයුං**
අන්තො ඨපේසුං ඒකඤ්ච - දාසිං නරසතං බහි

රජ්ජුරුවන්ගේ ශ්‍රී යහන් ගබඩාවෙන් පමණක් ඒ එක්ටැම් ගෙයට යන්ට පුළුවන් විදිහට දොරටුවක් කෙරෙව්වා. කුමරියට උපස්ථාන පිණිස ඒ එක්ටැම් ගෙයි එක් දාසියක තැබ්බෙව්වා. එක්ටැම් ගෙයට පිටතින් රැකවල් පිණිස අතරක් නැතිව රාජ පුරුෂයන් සියයක් රැඳෙව්වා.

5. **රූපේනුම්මාදයී නරේ - දිට්ඨමත්තා’ව සා යතෝ**
තතෝ උම්මාදචිත්තාති - නාමං සෝපපදං ලභි

යම් විදිහකින් ඒ චිත්‍රා කුමරියව මිනිස්සුන්ට දකින්ට ලැබුනොත් ඇගේ රූපශ්‍රීය නිසා ඇව දකින මිනිස්සු උමතු වෙලා යනවා. එනිසා ඇගේ චිත්‍රා නමට උපපදයකුත් එකතු වුනා. ‘උන්මාදචිත්‍රා’ යන නම ලැබුනා.

6. **සුත්වාන ලංකාගමනං - භද්දකච්චානදේවියා**
මාතරා චෝදිතා පුත්තා - ඨපෙත්වේකඤ්ච ආගමුං

දඹදිව පණ්ඩුශාක්‍ය රජ්ජුරුවන්ගේ මෙහෙසිය වන සුසීම දේවිය යනු භද්දකච්චානා දේවියගේ මෑණියෝ ය. තම දියණිය ලංකාවට පිටත් කොට හැරිය පුවත ඇසූ ඈ දියණියගේ සැපදුක් බලාගෙන එන්ට කියලා සිය පුතුන් සත් දෙනාගෙන් වැඩිමහල්ලා වූ ගාමිණී කුමරු එහි නවත්වාගෙන අනිත් සය දෙනා ම මෙහාට එව්වා.

7. **දිස්වාන තේ පණ්ඩුවාසු - දේවං ලංකින්දමාගතා**
දිස්වාන තං කනිට්ඨිඤ්ච - රෝදිත්වා සහ තාය ච

ඔවුන් මෙහි ඇවිත් ලක්රජු වන පණ්ඩුවාසුදේව රජ්ජුරුවන්ව බැහැදැක්කා. තමන්ගේ බාල නැගණිය වන භද්දකච්චානා දේවිය දුටු අවස්ථාවෙහි ඇය හා එක්ව තුටු කඳුළු වැගිරෙව්වා.

8. **රඤ්ඤා සුකතසක්කාරා - රඤ්ඤානුඤ්ඤාය චාරිකං**
චරිංසු ලංකාදීපම්හි - නිවාසඤ්ච යථාරුචිං

රජ්ජුරුවන්ගෙන් ඉතා හොඳින් සත්කාර සම්මාන ලැබුනා. රජුගේ අනුමැතියෙන් ලංකාවේ නොයෙක් තැන් බලන්ට චාරිකාවේ ගියා. ඒ ඒ ප්‍රදේශවල තමන් කැමති ආකාරයට නිවාස තනාගත්තා.

9. **රාමේන වසිතඨානං - රාමගෝණන්ති වුච්චති**
උරුවේලානුරාධානං - නිවාසා ච තථා තථා

රාම කුමාරයා තමන් පිණිස සකසාගත් භූමිය රාම ගෝණය නමින් හැඳින්වුනා. ඒ වගේ ම උරුවේල ගම්මානය උරුවේල කුමාරයා නමිනුත් අනුරාධ ගම්මානය අනුරාධ කුමාරයා නමිනුත් හැඳින්වුනා.

10. **තථා විජිතදීඝායු - රෝහණානං නිවාසකා**
විජිතගාමෝ දීඝායු - රෝහණන්ති ච වුච්චරේ

ඒ වගේ ම විජිතගම විජිත කුමාරයා නමින් හැඳින්වුනා. දීඝායුගම දීඝායු කුමාරයා නමින් හැඳින්වුනා. රෝහණ කුමාරයා විසූ ප්‍රදේශය රුහුණ නමින් හැඳින්වුනා.

11. **කාරේසි අනුරාධෝ සෝ - වාපිං දක්ඛිණතෝ තතෝ**
කාරාපෙත්වා රාජගේහං - තත්ථ වාසං අකප්පයී

අනුරාධ කුමාරයා වැවක් කෙරෙව්වා. ඒ වැවට දකුණු පැත්තෙන් රජගෙයක් කරවා එහි වාසය කළා.

12. **මහාරාජා පණ්ඩුවාසු - දේවෝ ජෙට්ඨසුතං සකං**
අභයං උපරජ්ජම්හි - කාලේ සමභිසේචයි

පණ්ඩුවාසුදේව මහරජ්ජුරුවෝ තමන්ගේ ජ්‍යෙෂ්ඨ පුත් කුමාරයා වන අභය කුමාරයාව කල්යල් බලා උපරාජ පදවියෙහි අභිෂේක කෙරෙව්වා.

13. **දීඝායුස්ස කුමාරස්ස - තනයෝ දීඝගාමණී**
සුත්වා උම්මාදචිත්තං තං - තස්සං ජාතකුතූහලෝ

දීඝායු කුමාරයාට දීඝගාමිණී කියලා පුත් කුමරෙක් සිටියා. උන්මාද චිත්‍රා කුමරිය ගැන ඔහුටත් අසන්ට ලැබුනා. ඈ මොන වගේ රූප සෝභාවකින් හෙබි කුමරියක්දැයි සිය දෑසින් ම ඇයව දැකගන්ට දැඩි කුතුහලයක් හටගත්තා.

14. **ගන්ත්වා'පතිස්සගාමං - තං අපස්සි මනුජාධිපං**
අදා සහෝපරාජේන - රාජූපට්ඨානමස්ස සෝ

එතකොට දීඝගාමිණී කුමාරයා ගෝපකචිත්ත සහ කාලවේල යන දාසයන් දෙදෙනාත් සමග උපතිස්ස ගමට ආවා. පඬුවස්දෙව් මහරජුන්ව බැහැදැක්කා. රජ්ජුරුවෝ යුවරාජ අභය කුමාරයා සමග රාජ උපස්ථානයට සම්බන්ධ වීම පිණිස දීඝගාමිණී කුමරුට යුවරාජ පදවියක් දුන්නා.

15. **ගවක්ඛාභිමුඛට්ඨානේ - තං උපෙච්ච ඨිතං තු සා**
දිස්වාන ගාමිණිං චිත්තා - රත්තචිත්තාහ දාසිකං

එක් දවසක් උන්මාදචිත්‍රා කුමරිය එක්ටැම් ගෙයි දැල් කවුළුව ඉදිරියේ සිටගෙන පිටත බලාගෙන සිටියා. එතකොට ඇයට දීඝගාමිණී කුමාරයාව දකින්ට ලැබුනා. ඔහු කෙරෙහි තමන්ගේ සිත ඇලී ගියා. ඇය සිය දාසිය ඇමතුවා.

16. **කෝ ඒසෝති තතෝ සුත්වා - මාතුලස්ස සුතෝ ඉති**
දාසිං තත්ථ නියෝජේසි - සද්ධිං කත්වාන සෝ තතෝ

'දාසිය, අර තරුණයා කවුද?' කියා ඇසුවා. ඔහු උන්මාදචිත්‍රා කුමරියගේ මාමා කෙනෙකුගේ පුත් කුමාරයෙක් බව දාසියගෙන් අසන්ට ලැබුනා. එතකොට ඈ තමා වෙතින්

නොයෙක් තුටු පඬුරු දීඝාගාමිණී කුමරුට යැවීම පිණිසත් ඔහුගෙන් ලැබෙන තුටු පඬුරු තමා වෙත ගෙන්වා ගැනීම පිණිසත් දාසියව යොදවා ගත්තා. එකිනෙකා මුණගැසෙන්ටත් දාසිය සමග සැලසුම් කළා.

17. **ගවක්ඛම්හි ඨසාපෙත්වා - රත්තිං කක්කටයන්තකං**
ආරුය්හ ජින්දයිත්වාන - කවාටං තේන පාවිසි

දීඝගාමිණී කුමාරයා රාත්‍රියෙහි කඹ ඉණිමගක් ගෙන එහි අග කොක්කක් අමුණා ඒ කොක්ක දැල් කවුළුව වෙත වීසි කළා. එය කවුළුවෙහි ඇමිණුනා. එතකොට කඹේ එල්ලී උඩට නැග්ගා. දැල් කවුළුව සිදුරු කරගෙන එක්ටැම් ගෙයට ඇතුල්වුනා.

18. **තාය සද්ධිං වසිත්වාන - පච්චූසේයේව නික්ඛමි**
ඒවං නිච්චං වසී තත්ථ - ඡිද්දාභාවා අපාකටෝ

උන්මාදචිත්‍රා කුමරිය සමඟ රාත්‍රිය ගත කරලා පාන්දරින්ම පිටත් වෙලා යනවා. ඔය විදිහට නිතර වාසය කළා. ඇතුළතින් වූ සිදුර පිටතට පෙනුනේ නැති නිසා ඔවුන්ගේ සම්බන්ධය ප්‍රකට වුනේ නෑ.

19. **සා තේන අග්ගහී ගබ්භං - ගබ්භේ පරිණතේ තතෝ**
මාතු ආරෝචයී දාසී - මාතා පුච්ඡිය ධීතරං

මේ ඇසුර නිසා උන්මාදචිත්‍රා කුමරිය ගැබ්ගත්තා. ගැබ මෝරා ගියා. දාසිය විසින් මේ කාරණය මව්බිසව වන භද්දකච්චානා දේවියට දැනුම් දුන්නා. එතුමිය තම දියණිය කැඳවා මෙහි විස්තර විමසුවා.

20. **රඤ්ඤෝ ආරෝචයී රාජා - ආමන්තෙත්වා සුතෙබ්‍රවි**
පෝසියෝ සෝ පි අම්හේහි - දේම තස්සේව තං ඉති

මව්බිසව උන්මාදචිත්‍රා කුමරිය ගැබ්ගෙන ඇති බව රජ්ජුරුවන්ට සැළකළා. රජ්ජුරුවෝ තමන්ගේ පුත්

කුමාරවරුන් රැස්කොට මෙය පැවසුවා. 'ඒ දීඝගාමිණී කුමාරයාත් පෝෂණය කළයුත්තේ අප විසින් නොවැ. ඒ නිසා තොපගේ නැගණිය ඔහුට ම දෙමු.'

21. **පුත්තෝ චේ මාරයිස්සාම - තන්ති තස්ස අදංසු තං**
සා සූතිකාලේ සම්පත්තේ - සූතිගේහඤ්ච පාවිසි

එතකොට කුමාරවරු 'යම් හෙයකින් ඈ පුතෙකු බිහිකළොත්තින් අපි ඒ බිළිඳාව මරාදමන්ට ඕනෑ' කියා ගිවිස්සගත්තා. උන්මාදචිත්‍රා කුමරිය දීඝගාමිණී කුමාරයාට පාවා දුන්නා. ඇය දරුවා වැදීමට ආසන්න වීම නිසා ප්‍රසූතිකාගාරයට පිවිසියා.

22. **සංකිත්වා ගෝපකං චිත්තං - කාලවේලඤ්ච දාසකං**
තස්මිං කම්මේ නිස්සයාති - ගාමණී පරිචාරකේ

උන්මාදචිත්‍රා කුමරියගේ සහෝදර කුමාරවරු දීඝගාමිණී කුමාරයා සමඟ චිත්‍රා කුමරියගේ සම්බන්ධයට සැක කළේ ගෝපකචිත්ත සහ කාලවේල යන දාසයින්ව යි. මෙවැනි දෙයක් සිදුවූයේ මොවුන් දෙදෙනා නිසා තමයි කියා කල්පනා කළා.

23. **තේ පටිඤ්ඤං අදෙන්තේ තේ - රාජපුත්තා අඝාතයුං**
යක්ඛා හුත්වාන රක්ඛිංසු - උභෝ ගබ්භේ කුමාරකං

අලුත උපදින දරුවා පුත් කුමරෙකු වුවහොත් මරා දමන බවට ඔවුන් ඇතිකරගත් ප්‍රතිඥාවට මේ දාසයන් දෙදෙනා එකඟ වුනේ නෑ. එනිසා රාජකුමාරවරු ඒ දෙදෙනාව ඝාතනය කෙරෙව්වා. මරණයට පත් වූ ඔවුන් යක්ෂයින් වෙලා උපන්නා. මව්කුසේ සිටියදී ම සිඟිත්තාව ආරක්ෂා කළා.

24. **අඤ්ඤං උපවිජඤ්ඤං සා - සල්ලක්ඛාපේසි දාසියා**
චිත්තා සා ජනයී පුත්තං - සා ඉත්ථී පන ධීතරං

උන්මාදචිත්‍රා කුමරිය සිය දාසිය ලවා දරුවෙකු වදන්ට ආසන්න වූ මේරූ මච්කුස ඇති ගැහැණියක සෙව්වා. චිත්‍රා කුමරිය පුතෙකු බිහි කළා. ඔවුන් සොයාගත් ගැහැණිය දුවක බිහි කළා.

25. චිත්තා සහස්සං දාපෙත්වා - තස්සා පුත්තං සකම්පි ච
ආණාපෙත්වා ධීතරං තං - නිපජ්ජාපේසි සන්තිකේ

එතකොට චිත්‍රා කුමරිය කහවණු දහසකුත් සමඟ අලුත උපන් තමන්ගේ බිලිඳු කුමාරයාව ඒ ස්ත්‍රිය වෙත පිටත් කෙරෙව්වා. ඇය බිහි කළ දියණිය තමන් ළඟට ගෙන්වා ගත්තා.

26. ධීතා ලද්ධාති සුත්වාන - තුට්ඨා රාජසුතා අහුං
මාතා ච මාතුමාතා ච - උභෝ පන කුමාරකං

තම නැගණිය දුවක බිහි කළා යන පුවත ඇසූ රාජ කුමාරවරු මහත්සේ සතුටු වුනා. අලුත උපන් කුමාරයාගේ මව වන චිත්‍රා කුමරියත් එතුමියගේ මව වන භද්දකච්චානා දේවියත් යන දෙදෙනා එක්ව සිඟිති කුමාරයාට,

27. මාතාමහස්ස නාමඤ්ච - ජෙට්ඨස්ස මාතුලස්ස ච
ඒකං කත්වා තමකරුං - පණ්ඩුකාභයනාමකං

ඒ කුමරුගේ සීයා වන පණ්ඩුවාසුදේව මහරජුගේ නමින් කොටසකුත් ඒ කුමරුගේ මාමා වන අභය යුවරාජයාගේ නමින් කොටසකුත් එක්කොට පණ්ඩුකාභය යන නම තැබුවා.

28. ලංකාපාලෝ පණ්ඩුවාසු - දේවෝ රජ්ජමකාරයි
තිංස වස්සානි ජාතම්හි - මතෝ සෝ පණ්ඩුකාභයේ

ලංකාධිපති වශයෙන් පඬුවස්දෙව් රජතුමා තිස් වසරක් ලංකාවෙහි රාජ්‍ය පාලනය කළා. පණ්ඩුකාභය කුමාරයා උපන්නාට පසුවයි ඒ රජු අභාවයට පත්වූයේ.

29. තස්මිං මතස්මිං මනුජාධිපස්මිං
සබ්බේ සමාගම්ම නරින්දපුත්තා
තස්සාභයස්සාභයදස්ස භාතු
රාජාභිසේකං අකරුං උළාරන්ති.

රජ්ජුරුවන්ගේ අභාවයෙන් පසු ඒ රජුගේ පුත්‍රයන් සියලු දෙනාම එකතු වෙලා උන්මාදචිත්‍රා කුමරියට ජීවිතාරක්ෂාව ලබාදුන් තම ජ්‍යෙෂ්ඨ සහෝදරයා වන අභය යුවරාජයන්ව මහත් උත්සවාකාරයෙන් ලංකාවෙහි රජු ලෙස අභිෂේක කළා.

සුජනප්පසාදසංවේගත්ථාය කතේ මහාවංසේ
අභයාභිසේකෝ නාම නවමෝ පරිච්ඡේදෝ.

සත්පුරුෂ ජනයන්ගේ ප්‍රසාදයත් සංවේගයත් ඇතිකරනු පිණිස කරන ලද මහාවංශයෙහි අභය රජුගේ අභිෂේකය නම් වූ නවවෙනි පරිච්ඡේදය යි.

10

දසමෝ පරිච්ඡේදෝ

දසවෙනි පරිච්ඡේදය

පණ්ඩුකාභයාභිසේකෝ

පණ්ඩුකාභය රජුගේ අභිෂේකය

1. උම්මාදචිත්තායාණත්තා - දාසී ආදාය දාරකං
සමුග්ගේ පක්ඛිපිත්වාන - ද්වාරමණ්ඩලකං අගා

උන්මාදචිත්‍රා කුමරියගේ අණ පරිදි දාසිය සිඟිති කුමාරයාව හොඳින් සැකසූ පැසෙක දමාගෙන ද්වාරමණ්ඩලයට හෙවත් දොරමඩලාවට යන්ට පිටත් වුනා.

2. රාජපුත්තා ච මිගවං - ගතා තුම්බරකන්දරේ
දිස්වා දාසිං කුහිං යාසි - කිමේතන්ති ච පුච්ඡිසුං

එදා රාජකුමාරවරු උපතිස්ස ගමටත් දොරමඩලාවටත් අතර පිහිටි තුන්බරකන්දර නැමැති කැලෑබද පර්වත බෑවුමේ දඩයමේ ගිහින් සිටියා. එතකොට පැසක් ඔසවාගෙන එන මේ දාසියව දැක්කා. 'ඔය පැසෙහි තී අරගෙන යන්නේ මොනවාද?' කියලා ඔවුන් ඇසුවා.

3. ද්වාරමණ්ඩලකං යාමි - ධීතු මේ ගුළපූවකං
ඉච්චාහ ඕරෝපේහීති - රාජපුත්තා තමබ්‍රවුං

'අනේ කුමාරවරුනි, මං මේ මාගේ දියණියට හකුරු කැවුම් අරගන යන දොරමඩලා යන ගමන්' කියා ඈ පිළිතුරු දුන්නා. එතකොට රාජපුත්‍රයෝ 'එහෙමනම් ඔය පැස බිමින් තියාපං' කියා අණ කළා.

4. චිත්තෝ ච කාලවේලෝ ච - තස්ස රක්ඛාය නිග්ගතා
මහන්තං සූකරං තේසං - තං ඛණේයේව දස්සයුං

සිගිති කුමාරයාගේ ආරක්ෂාවට පිටත්ව සිටි ගෝපකචිත්ත, කාලවේල යන යක්ෂයින් දෙන්නා එසැණින් ම විශාල ඌරෙකුගේ වේශයක් මවාගෙන ඒ රජකුමාරවරුන්ට පෙනෙන්ට සැලැස්සුවා.

5. තේ තං සමනුබන්ධිංසු - සා තං ආදාය තත්‍රගා
දාරකඤ්ච සහස්සඤ්ච - ආයුත්තස්ස අදාරහෝ

රාජකුමාරවරු දාසිය අත්හැරලා ඌරා පසුපසින් ලුහුබැඳ ගියා. දාසිය සිගිති කුමාරයාව රැගෙන දොරමඩලාවට ගියා. ඒ ගමේ සිටින අයකැමියා ගෝපකචිත්තගේ මිතුරෙකුව සිටි කෙනෙක්. ඔහුට කහවණු දහසයි සිගිති කුමාරයාවයි දාසිය විසින් රහසේ ම භාර කළා.

6. තස්මිං යේව දිනේ තස්ස - භරියා ජනයී සුතං
යමකේ ජනයී පුත්තේ - භරියා මේ'ති පෝසි තං

ඒ දවසේ ම අයකැමියාගේ බිරිඳත් පුතෙකු බිහි කළා. 'මාගේ බිරින්දෑ නිවුන් පුතුන් දෙදෙනෙකු බිහි කළා නොවැ' කියලා ගමෙහි ප්‍රචාරය කළා. සිගිති කුමාරයාව හොඳින් පෝෂණය කළා.

7. සෝ සත්තවස්සිකෝ චාපි - තං විජානිය මාතුලා
හන්තුං සරසි කීළන්තේ - දාරකේ ච පයෝජයුං

කුමාරයාට වයස අවුරුදු සතක් වෙද්දී ඔහුගේ මාමාවරුන්ට සිය නැගණිය වැදුවේ පුත් කුමරෙකු බවත් ඒ

කුමරු දැන් දොරමඬලාවේ සිටින බවත් දැනගන්ට ලැබුනා. එතකොට 'විලෙහි දියක්‍රීඩා කරමින් සිටින දරුවන් සමග කුමාරයාව මරාපියව්' කියලා මිනිසුන්ව පිටත් කෙරෙව්වා.

8. ජලට්ඨං රුක්ඛසුසිරං - ජලච්ඡාදිතඡිද්දකං
නිමුජ්ජමානො ඡිද්දේන - පවිසිත්වා චිරට්ඨිතෝ

ඒ විලේ ජලය ඇතුලේ ඉන්ද්‍රවාරණ නමැති ලොකු සිදුරක් සහිත රුකක් තිබුණා. සිදුරත් සහිත ඒ රුක් බෙණය ජලයෙන් වැසිලා තියෙනවා. පණ්ඩුකාභය කුමාරයා විල් දියේ කිමිදිලා ඒ සිදුරින් බෙණයට ඇතුලු වෙනවා. බොහෝ වෙලාවක් රැඳිලා ඉන්නවා.

9. තතෝ තථේව නික්ඛම්ම - කුමාරෝ සේසදාරකේ
උපෙච්ච පුච්ඡියන්තෝපි - වඤ්චේතඤ්ඤවචෝහි සෝ

පසුව ඒ කුමාරයා බෙණයෙන් නික්ම ළමයින් වෙත එනවා. 'කොහේද හිටියේ කියලා ළමයින් අසද්දී බොරු කියලා රවට්ටනවා.

10. මනුස්සේහාගතාහේ සෝ - නිවාසෙත්වාන වත්ථකං
කුමාරෝ වාරිමෝගය්හ - සුසිරම්හි ඨිතෝ අහු

කුමාරයාව මරන්ට ආපු මිනිස්සු විල වටකළ දවසේ කුමාරයා ඇඳගෙන සිටි ඇඳුම පිටින් ම විලට බැස කිමිදුනා. වෙනදා වගේ ම ගිහින් ගස් බෙනයේ සැඟවුනා.

11. වත්ථකානි ගණෙත්වා තේ - මාරෙත්වා සේසදාරකේ
ගන්ත්වා ආරෝචයුං සබ්බේ - දාරකා මාරිතා ඉති

මිනිස්සු ඇවිත් එතන සිටි දරුවන් ඝාතනය කළා. ඒ දරුවන්ගේ ඇඳුම් ගණන් කොට සියලු දෙනා මැරූ බව තේරුම් ගත්තා. කුමාරයා ඇතුලු දරුවන් මරා දැම්මා කියලා රාජකුමාරවරුන්ට දැනුම් දුන්නා.

12. **ගතේසු තේසු සෝ ගන්ත්වා - ආයුත්තකඝරං සකං**
වසං අස්සාසිතෝ තේන - අහූ ද්වාදසවස්සිකෝ

මිනිස්සු ආපසු හැරී ගිය විට පණ්ඩුකාභය කුමාරයා විලෙන් ගොඩට ඇවිත් අයකැමියාගේ ගෙදර ගියා. ඔවුන්ව අස්වැසුවා. කුමාරයා ක්‍රමයෙන් දොළොස් හැවිරිදි වියට පත්වුනා.

13. **පුන සුත්වාන ජීවන්තං - කුමාරං තස්ස මාතුලං**
තත්ථ ගෝපාලකේ සබ්බේ - මාරේතුං සන්නියෝජයුං

ඔහුගේ මාමාවරුන් වන රාජකුමාරවරුන්ට නැවතත් කුමාරයා ජීවත්වන බවට ආරංචි වුනා. එතකොට ඔවුන් දොරමඩලා ගමෙහි සිටින ගවයන් බලන සියලු ගොපලු දරුවන් ව මරවන්ට මිනිසුන්ව යෙදෙව්වා.

14. **තස්මිං අහනි ගෝපාලා - ලද්ධා ඒකං චතුප්පදං**
අග්ගිං ආහරිතුං ගාමං - පේසේසුං තං කුමාරකං

එදා ගවයන් බලන ළමයි දඩයමේ ගොසින් සිව්පාවෙකුව මරාගත්තා. සතාව පුළුස්සා ගන්ට ගින්දර රැගෙන එන්ට කියලා ඔවුන් කුමාරයාව ගමට පිටත් කෙරෙව්වා.

15. **සෝ ගන්ත්වා ඝරමායුත්ත - පුත්තකං යේව පේසයි**
පාදා රුජන්ති මේ නේහි - අග්ගිං ගෝපාලසන්තිකං

කුමාරයා ගෙදර ගිහින් අයකැමියාගේ පුත්‍රයාව පිටත් කෙරෙව්වා. 'මගේ කකුල් රිදෙනවා. නුඹ ගොපල්ලන් ළඟට ගින්දර ගෙනියපන්.

16. **තත්ථ අංගාර මංසඤ්ච - ඛාදිස්සසි තුවං ඉති**
නේසි සෝ තං වචෝ සුත්වා - අග්ගිං ගෝපාලසන්තිකං

එතකොට නුඹට එතනදී අඟුරින් පිළිස්සූ මස් කන්ට පුළුවන් නොවැ' කියලා කිව්වා. කුමාරයාගේ වචනය ඇසූ ඔහු ගොපලු දරුවන් වෙත ගින්දර අරගෙන ගියා.

17. **තස්මිං ඛණේ පේසිතා තේ - පරික්ඛිපිය මාරයුං**
සබ්බේ ගෝපේ මාරයිත්වා - මාතුලානං නිවේදයුං

එසැණින් ම රාජකුමාරවරු එවපු මිනිස්සු ඔවුන්ව මරාදැම්මා. සියලු ගොපලු දරුවන්ව මරාදැමූ බව මාමාවරුන්ට දැනුම් දුන්නා.

18. **තතෝ සෝළසවස්සං තං - විජානිංසු ච මාතුලා**
මාතා සහස්සඤ්චාදාසි - තස්ස රක්ඛඤ්ච ආදිසි

කුමාරයාට වයස දහසය වෙද්දී ඔහුගේ මාමාවරුන්ට නැවතත් කුමාරයා ගැන දැනගන්ට ලැබුනා. උන්මාදචිත්‍රා මැණියන් තව මසුරන් දහසක් අයකැමියාට දුන්නා. කුමාරයාගේ ආරක්ෂාවට විධිවිධානත් යෙදෙව්වා.

19. **ආයුත්තෝ මාතුසන්දේසං - සබ්බං තස්ස නිවේදයී**
දත්වා දාසං සහස්සඤ්ච - පේසේසි පණ්ඩුලන්තිකං

එතකොට අයකැමියා උන්මාදචිත්‍රා මැණියන් විසින් එවන ලද සංදේශයට අනුව කළයුතු දේ පිළිබඳව පුත් කුමාරයාට දැනුම් දුන්නා. මසුරන් දහසකුයි දාසයෙකුයි සහිතව කුමාරයාව පණ්ඩුල බ්‍රාහ්මණයා ළඟට පිටත් කෙරෙව්වා.

20. **පණ්ඩුලබ්‍රාහ්මණෝ නාම - භෝගවා වේදපාරගෝ**
දක්ඛිණස්මිං දිසාභාගේ - වසී පණ්ඩුලගාමකේ

තුන් වේදය පරතෙරට ඉගෙන ගත්, භෝග සම්පත් තියෙන, පණ්ඩුල නමැති බ්‍රාහ්මණයෙක් දකුණු ප්‍රදේශයේ පණ්ඩුල ගමෙහි වාසය කළා.

21. **කුමාරෝ තත්ථ ගන්ත්වාන - පස්සි පණ්ඩුලබ්‍රාහ්මණං**
ත්වං පණ්ඩුකාභයෝ තාත - ඉති පුච්ඡිය ව්‍යාකතේ

කුමාරයා පණ්ඩුල ගමට ගිහින් පණ්ඩුල බ්‍රාහ්මණයාව මුණගැසුනා. 'දරුව, තෝ පණ්ඩුකාභය කුමාරයා ද?' කියා

ඇසුවා. 'කළයුතු දෑ ඔබ දන්නවා නොවැ' කියා කුමාරයා පිළිතුරු දුන්නා.

22. **තස්ස කත්වාන සක්කාරං - ආහ රාජා භවිස්සසි**
සමසත්තතිවස්සානි - රජ්ජං ත්වං කාරයිස්සසි

පණ්ඩුල බ්‍රාහ්මණයා කුමාරයාට හොඳින් සත්කාර කළා. 'පුත්‍රය, තෝ රජබවට පත්වෙනවා. හරියට ම සැත්තෑ අවුරුද්දක් ලංකා රාජ්‍යය පාලනය කරනවා.

23. **සිප්පං උග්ගණ්හ තාතාති - සිප්පුග්ගහමකාරයී**
චන්දේන චස්ස පුත්තේන - ඛිප්පං සිප්පං සමාපිතං

එනිසා පුත්‍රය, හොඳින් ශිල්ප ඉගෙන ගත මැනව' කියලා කුමාරයාට ශිල්ප ඉගැන්වීම කෙරෙව්වා. පණ්ඩුකාභය කුමාරයා ඒ බ්‍රාහ්මණයාගේ පුත්‍රයා වන චන්ද කුමාරයාත් සමග වහ වහා ශිල්ප ඉගෙන ගෙන අවසන් කළා.

24. **අදා සතසහස්සං සෝ - යෝධසංගාහකාරණා**
යෝධේසු සංගහීතේසු - තේන පඤ්චසතේසු සෝ

පණ්ඩුල බ්‍රාහ්මණයා බලසේනා රැස්කරගැනීම පිණිස කුමාරයාට මසුරන් ලක්ෂයක් දුන්නා. කුමාරයාත් බලසේනා පන්සීයක් රැස්කරගත් පසු,

25. **සියුං යාය ගහීතානි - පණ්ණානි කනකානි තං**
මහේසිං කුරු චන්දඤ්ච - මම පුත්තං පුරෝහිතං

පණ්ඩුල බ්‍රාහ්මණයා මෙහෙම කිව්වා. 'යම් කුමාරිකාවක් තමන් අතට ගත් කොළපත් රන්තැටි බවට පත්වෙනවා දැක්කොත්, ඒ කුමාරිකාව තමන්ගේ රාජ මහේෂිකාව කරගත මැනව. ඒ වගේ ම මාගේ පුත්‍ර චන්ද ව පුරෝහිත බ්‍රාහ්මණ තනතුරටත් පත් කළ මැනව.'

26. **ඉති වත්වා ධනං දත්වා - සයෝධං නීහරී තතෝ**
සෝ නාමං සාවයිත්වාන - තතෝ නික්ඛම්ම පුඤ්ඤවා

මෙසේ පවසා ධනයත් දී යුධභටයන් සහිත වූ කුමාරයාව පිටත් කෙරෙව්වා. පින්වත් කුමාරයා 'මම තමයි පණ්ඩුකාභය කුමාරයා' කියලා කෑ ගසා තමන්ගේ නම අස්සවලා පිටත් වුනා.

27. **ලද්ධා පණෙ නගරකේ - කාසපබ්බත සන්තිකේ**
සත්තසතානි පුරිසේ - සබ්බේසං භෝජනානි ච

කසාගල පර්වතය ආසන්නයේ පණ නමැති නගරයක් තිබුණා. එහි වාසය කරන පුහුණුව ලත් යුද භටයන් සත්සියයකුත් කුමාරයාට ලැබුනා. සියල්ලන්ට ම ආහාරපානත් ලැබුනා.

28. **තතෝ නරසහස්සේන - ද්විසතේන කුමාරකෝ**
ගිරිකණ්ඩ පබ්බතං නාම - අගමා පරිවාරිතෝ

එතැනින් තික්මුනු කුමාරයා එක්දහස් දෙසීයක යුධභට පිරිසක් පිරිවරාගෙන ගිරිකණ්ඩක නමැති පර්වතයට ගියා.

29. **ගිරිකණ්ඩසිවෝ නාම - පණ්ඩුකාභය මාතුලෝ**
තං පණ්ඩුවාසුදේවේන - දින්නං භුඤ්ජති දේසකං

එහි ගිරිකණ්ඩසිව නමැති පණ්ඩුකාභය කුමාරයාගේ මාමා කෙනෙක් ඉන්නවා. ඔහු සිය පියා වූ පණ්ඩුවාසුදේව මහරජු විසින් ප්‍රදානය කළ ඒ ප්‍රදේශය භුක්ති විඳිනවා.

30. **තදා කරීසසතමත්තං - සෝ ලාවයති ඛත්තියෝ**
තස්ස ධීතා රූපවතී - පාලී නාමාසි ඛත්තියා

එදා ඒ ගිරිකණ්ඩසිව ක්ෂත්‍රියයා කිරිය සියයක් හෙවත් හාරසිය අමුණක ප්‍රමාණයෙන් යුතු මහකුඹුරු යායෙහි ගොයම් කප්පවමින් සිටියා. ඔහුට පාලී නමැති ඉතා රූපසම්පන්න ක්ෂත්‍රිය දූකුමාරිකාවක් ඉන්නවා.

31. **සා මහාපරිවාරේන - යානමාරුය්හ සෝභනං**
පිතුභත්තං ගාහයිත්වා - ලාවකානඤ්ච ගච්ඡති

එදා පාලී කුමරිය අලංකාර යානාවක නැගලා මහත් පිරිවර සේනාවක් සමග සිය පියාණන් උදෙසා පිළියෙල කළ බතත්, ගොයම් කපන්නවුන්ට පිළියෙල කළ බතත් රැගෙන එමින් සිටියා.

32. කුමාරස්ස මනුස්සා තං - දිස්වා තත්ථ කුමාරිකං
ආරෝචේසුං කුමාරස්ස - කුමාරෝ සහසා ගතෝ

පණ්ඩුකාභය කුමාරයාගේ මිනිස්සු කෙතට යමින් සිටි මනා රූ ඇති කුමාරිකාව දැක්කා. දැකලා කුමාරයාට දැනුම් දුන්නා. කුමාරයා වහාම එතැනට ගියා.

33. ද්වේභාගං පරිසං කත්වා - සකං යානං අපේසයි
තදන්තිකං සපරිසෝ - කත්ථ යාසීති පුච්ඡි තං

කුමාරියගේ පිරිවර ජනයා දෙපැත්තට බෙදෙන ලෙසින් පිරිස් සහිත වූ තමන්ගේ යානය පාලී කුමරිය ළඟට එළඹෙව්වා. ඒ කුමරියගෙන් 'කොහේද යන්නේ?' කියලා ඇහුවා.

34. තාය වුත්තේ ස සබ්බස්මිං - තස්සා සාරත්තමානසෝ
අත්තනෝ සංවිභාගතං - භත්තේනායාචි ඛත්තියෝ

ඇය විසින් සියලු විස්තර කිව්වා. පණ්ඩුකාභය කුමාරයාට කුමරිය පිළිබඳ සිතක් ඇතිවුනා. 'අපටත් හරි බඩගිනියි නොවැ. කරුණාකර අපටත් බත් දෙනවාද?' කියා කුමාරයා ඇසුවා.

35. සා සමෝරුය්හ යානම්හා - අදා සෝවණ්ණපාතියා
භත්තං නිග්‍රෝධ මූලස්මිං - රාජපුත්තස්ස ඛත්තියා

එතකොට ඈ යානාවෙන් බැස්සා. නුගරුක් සෙවනේ ඉඳගත් ක්ෂත්‍රිය රාජකුමාරයාට රන් තලියක දැමූ බත පිළිගැන්නුවා.

36. ගණ්හි නිග්‍රෝධපණ්ණානි - භෝජේතුං සේසකේ ජනේ
සෝවණ්ණභාජනානාසුං - තානි පණ්ණානි තං ඛණේ

කුමාරයාගේ පිරිවර ජනයාට බත් දීම පිණිස ඒ නුග රුකෙන් ලොකු නුගපත් කැඩුවා. එසැණින් ම ඈ කඩන ලද නුග පත්‍රයන් රන් බඳුන් බවට පත්වුනා.

37. තානි දිස්වා රාජපුත්තෝ - සරිත්වා දිජභාසිතං
මහේසීභාවයොග්ගා මේ - කඤ්ඤාලද්ධාති තුස්සි සෝ

එය දුටු රාජපුත්‍රයාට පණ්ඩුල බ්‍රාහ්මණයා කිවූ අනාවැකිය මතක් වුනා. තමාගේ රාජමහේෂිකාව වෙන්ට සුදුසු වූ ක්ෂත්‍රිය කන්‍යාවක් ලැබුනා නොවැ කියලා කුමාරයා සතුටට පත්වුනා.

38. සබ්බේ භෝජාපයී තේ සා - තං න ඛීයිත්ථ භෝජනං
ඒකස්ස පටිවිංසෝ'ව - ගහිතෝ තත්ථ දිස්සථ

ඈ සියලු දෙනාට ම බත් අනුභව කෙරෙව්වා. නමුත් බත් අවසන් වුනේ නෑ. බත් බඳුනෙහි අඩු වී පෙනුනේ එක් කෙනෙකු උදෙසා ගත් බත් කොටසක් විදිහටයි.

39. ඒවං පුඤ්ඤගුණූපේතා - සුකුමාරී කුමාරිකා
සුවණ්ණපාලී නාමේන - තතෝ පභුති ආසි සා

මෙවැනි පුණ්‍ය ගුණයෙන් උපලක්ෂිත වූ සැබෑ ලෙසට ම කන්‍යාවක් වූ කුමාරිකාව එදා සිට ස්වර්ණපාලී නමින් හැඳින්වුනා.

40. තං කුමාරිං ගහෙත්වාන - යානං ආරුය්හ ඛත්තියෝ
මහාබලපරිබ්බූළ්හෝ - අනුස්සංකී අපක්කමි

පණ්ඩුකාභය කුමාරයා ඒ ස්වර්ණපාලී කුමරිය සිය යානාවට නගග්වාගත්තා. මහත් යුධභට සේනාව ද පිරිවරාගෙන කිසි භයක් සැකක් නැතිව පිටත් වෙලා ගියා.

41. **තං සුත්වාන පිතා තස්සා - නරේ සබ්බේ අපේසයි**
තේ ගන්ත්වා කලහං කත්වා - තජ්ජිතා තේහි ආගමුං

එතකොට සිය දියණිය පැහැරගෙන ගිය පුවත ගිරිකණ්ඩසිව ක්ෂත්‍රියයාට අසන්ට ලැබුනා. ඔවුන්ව අල්ලා ගැනීම පිණිස අවිගත් සියලු මිනිසුන්ව පිටත් කළා. ඔවුන් ගිහින් කෝලාහල කළා. නමුත් පණ්ඩුකාභය කුමාරයාගේ භටයන් ඔවුන්ට තර්ජනය කළ නිසා ආපසු හැරී ගියා.

42. **කලහනගරං නාම - ගාමෝ තත්ථ කතෝ අහු**
තං සුත්වා භාතරෝ තස්සා - පඤ්චයුද්ධායුපාගමුං

ඔවුන් කෝලාහල කළ ප්‍රදේශය එදා සිට කලහ නගරය නමින් හැඳින්වුනා. මේ සිදුවීම අසන්ට ලැබුනු පාලි කුමාරියගේ සහෝදරයන් පස් දෙනාත් පණ්ඩුකාභය කුමාරයා ඇතුලු පිරිස සමග යුද්ධ කරන්ට පැමිණියා.

43. **සබ්බේ තේ පණ්ඩුලසුතෝ - චන්දෝයේව අඝාතයි**
ලෝහිතවාහඛණ්ඩෝති - තේසං යුද්ධමහී අහු

එතකොට පණ්ඩුල බ්‍රාහ්මණයාගේ පුත්‍රයා වූ චන්ද කුමාරයා තනියම ඔවුන් සියලු දෙනාවම මැරෙව්වා. ඔවුන් යුද්ධ කළ ස්ථානය එදා සිට ලෝහිතවාහඛණ්ඩ හෙවත් ලේවාකඩ කියලා හැඳින්වුනා.

44. **මහතා බලකායේන - තතෝ සෝ පණ්ඩුකාභයෝ**
ගංගාය පාරිමේ තීරේ - දෝළපබ්බතකං අගා

මහත් බලසේනාවකින් යුක්ත වූ පණ්ඩුකාභය කුමාරයා එතැනින් නික්මුනා. ගංගාවෙන් එතෙර වී දෝලපබ්බත හෙවත් දෝලංග නම් පර්වතයට ගියා.

45. **තත්‍ර චත්තාරි වස්සානි - වසි තං තත්ථ මාතුලා**
සුත්වා ඨපෙත්වා රාජානං - තං යුද්ධත්ථං උපාගමුං

එහි සතර අවුරුද්දක් වාසය කළා. උන්මාදචිත්‍රාගේ පුත්‍රයා වන පණ්ඩුකාභය කුමාරයා එහි වාසය කරන බව නැවතත් කුමාරයාගේ මාමාවරුන්ට ආරංචි වුනා. එතකොට අභය රජ්ජුරුවන්ව උපතිස්ස ගමෙහි ම නවත්තලා අනිත් මාමාවරු කුමාරයා සමග යුද්ධ කිරීම පිණිස පිටත් වුනා.

46. **ඛන්ධාවාරං නිවේසෙත්වා - ධූමරක්ඛාග සන්තිකේ**
භාගිනෙයොයේන යුජ්ඣිංසු - භාගිනෙය්‍යා තු මාතුලේ

ඔවුන් ඇවිත් දිඹුලාගලට නොදුරු එක්තරා ගම්මානයක කඳවුරු බැඳගත්තා. මාමාවරු බෑණා සමග යුද්ධ කළා. එතකොට බෑණා සිය මාමාවරුන්ව,

47. **අනුබන්ධී ඕරගංගං - පලාපෙත්වා නිවත්තිය**
තේසඤ්ච ඛන්ධාවාරම්හි - දුවේ වස්සානි සෝ වසී

ගංගාවෙන් මෙතෙර දක්වා පලවා හැරියා. එතැන ම කඳවුරු බැඳගෙන නැවතුනා. පණ්ඩුකාභය කුමාරයා එහි දෙවසරක් වාසය කළා.

48. **ගන්ත්වෝ'පතිස්සගාමං තේ - තමත්ථං රාජිනෝ'බ්‍රවුං**
රාජාලේඛං කුමාරස්ස - සරහස්සං ස පාහිණි

මාමාවරුන් නැවත උපතිස්ස ගමට හැරී ගොස් පණ්ඩුකාභය විසින් තමන්ව පලවා හැරිය බව අභය රජ්ජුරුවන්ට කියා සිටියා. රජ්ජුරුවෝ කුමාරයාට රහස් සන්දේශයක් පිටත් කළා.

49. **භුඤ්ජස්සු පාරගංගං ත්වං - මාගා ඕරං තතෝ ඉති**
තං සුත්වා තස්ස කුජ්ඣිංසු - භාතරෝ නව රාජිනෝ

'තෝ ගඟෙන් එතෙර ප්‍රදේශය භුක්ති විඳපන්. ගඟෙන් මේ පැත්තට එන්ට එපා' කියලා. එය ආරංචි වුන ගමන් රජ්ජුරුවන්ගේ සහෝදර කුමාරවරු නව දෙනා හොඳට ම කෝපයට පත්වුනා.

50. උපත්ථම්භෝ ත්වමේවාසි - චිරං තස්ස ඉදානි තු
රට්ඨං දදාසි තස්මා ත්වං - මාරෙස්සාමාති අබ්‍රවුං

'තෝ තමයි බොහෝ කලක් තිස්සේ උන්මාදචිත්‍රාට කන්‍යා අවධියේ ඉඳන් උදව් කළේ. දැන් තෝ අපට සතුරු වූ ඒ මහාසොරාට රටත් පාවා දෙන්ට හදනවා. දැන් තෝවයි අපි මරන්නේ' කියලා කිව්වා.

51. සෝ තේසං රජ්ජමප්පේසි - තේ තිස්සං නාම භාතරං
සබ්බේව සහිතාකංසු - රජ්ජස්ස පරිණායකං

එතකොට අභය රජ්ජුරුවෝ ඔවුන්ට රාජ්‍යය භාරදුන්නා. සහෝදර කුමාරවරු නව දෙනාම එකතු වෙලා තිස්ස නමැති තම සොයුරාව ලංකා රාජ්‍යයෙහි අධිපති බවට පත්කළා.

52. ඒසෝ වීසතිවස්සානි - අභයෝ'භය දායකෝ
තත්‍ථෝපතිස්සගාමම්හි - රාජා රජ්ජං අකාරයි

අන්‍යයන් හට අභය දානය ලබාදුන් ඒ අභය රජ්ජුරුවෝ උපතිස්ස ගමෙහි විසි අවුරුද්දක් රාජ්‍යය පාලනය කළා.

53. වසන්ති ධූමරක්ඛාගේ - සරේ තුම්බරියංගණේ
චරතේ වළවාරූපා - යක්ඛිනී චේතියනාමිකා

සිරීශවස්තු නගරයේ දී විජය කුමරු සමඟ කළ සටනින් මිය ගිය ජුතින්ධර නමැති යක්ෂයාගේ බිරිඳව සිටි චේතියා නමැති යකින්නක් ඒ දිනවල දිඹුලාගල වාසය කළා. ඈ තිඹිරියගන නමැති විල අසල වෙළඹකගේ වෙස් ගෙන සැරිසැරුවා.

54. ඒකෝ දිස්වාන සේතංගං - රත්තපාදං මනෝරමං
ආරෝචේසි කුමාරස්ස - වළවෙත්ථීදිසී ඉති

කුමාරයාගේ එක් භටයෙක් 'මුළුමනින්ම සුදු පැහැයෙන් යුතු, රතු පැහැයෙන් යුතු පාදයන් ඇති, ඉතාම

දසවෙනි පරිච්ඡේදය 211

ලස්සන වූ වෙළඹක් අසවල් තැන හැසිරෙනවා' කියලා කුමාරයාට සැළකළා.

55. **කුමාරෝ රස්මිමාදාය - ගහේතුං තං උපාගමි**
පච්ඡතෝ ආගතං දිස්වා - භීතා තේජේන තස්ස සා

එතකොට කුමාරයා රැහැන්පොටක් රැගෙන වෙළඹව අල්ලාගන්ට ළඟට ගියා. තමාගේ පසුපසින් එන කුමාරයාගේ තේජස නිසා වෙළඹ වෙස් ගත් යකින්නිය බියට පත්වුනා.

56. **ධාවිනන්තරධායිත්වා - ධාවන්තිං අනුබන්ධි සෝ**
ධාවමානා සරං තං සා - සත්තක්ඛත්තුං පරික්ඛිපි

ඈය අතුරුදහන් නොවී දුවන්ට පටන් ගත්තා. කුමාරයා වෙළඹ පසුපසින් අල්ලාගන්ට දිව්වා. එතකොට වෙළඹ තිඹිරියගන විල වටා සත්වටයක් දිව්වා. කුමාරයත් පස්සෙන් දුවගෙන ගියා.

57. **ඕතරිත්වා මහාගංගං - උත්තරිත්වා තතෝ පන**
ධූමරක්ඛං පබ්බතං තං - සත්තක්ඛත්තුං පරික්ඛිපි

එතකොට වෙළඹ මහාගංගාවට පැන්නා. ගඟෙන් එතෙර වෙලා එතනින් දිඹුලාගල පර්වතයට දිව්වා. ඒ පර්වතය වටා සත්වටයක් දිව්වා.

58. **තං සරං පන තික්ඛත්තුං - පරික්ඛිපි තතෝ පුන**
ගංගං කච්ඡකතිත්ථේන - සමෝතරි තහිං තු සෝ

ආයෙමත් විල දෙසට දුව ඇවිත් තිඹිරියගන විල වටා නැවත තුන් වටයක් දිව්වා. ආයෙමත් කසාතොටින් ගංගාවට බැස්සා. ඒ ගංගාවෙහි දී ම,

59. **ගහේසි තං වාලධිස්මිං - තාලපත්තඤ්ච තෝයගං**
තස්ස පුඤ්ඤානුභාවේන - සෝ අහෝසි මහා අසි

කුමාරයා වෙළඹගේ වලිගයෙන් අල්ලා ගත්තා. ඒ වගේ ම දියෙහි ගසාගෙන යන තල් පත්‍රයකුත් ගත්තා.

කුමාරයාගේ පුණ්‍යානුභාවය නිසා ඒ තල්පත මහා කඩුවක් බවට පත්වුනා.

60. **උච්චාරේසි අසිං තස්සා - මාරේමී'ති තමාහ සා**
රජ්ජං ගහෙත්වා තේ දජ්ජං - සාමි මා මං අමාරයි

එතකොට කුමාරයා කඩුව ඔසවාගෙන 'මං තී මරනවා' කියලා වෙළඹට කිව්වා. බියට පත් වෙළඹ 'අනේ ස්වාමීනී, මාව මරන්ට එපා. මං ඔබට ලංකා රාජ්‍ය බලය ලබාදෙන්නම්' කියලා කිව්වා.

61. **ගීවාය තං ගහෙත්වා සෝ - විජ්ඣිත්වා අසිකෝටියා**
නාසාය රජ්ජුයා බන්ධි - සා අහෝසි වසානුගා

පණ්ඩුකාභය කුමාරයා වෙළඹගේ බෙල්ලෙන් අල්ලාගෙන කඩුතුඩින් ඇගේ නාසය විද්දා. රැහැන් පටින් බැඳගත්තා. එතැන් පටන් යකින්නි කුමාරයාගේ වසඟයට පත්වුනා.

62. **ගන්ත්වා තං ධූමරක්ඛං සෝ - තමාරුය්හ මහාබලෝ**
තත්ථ චත්තාරි වස්සානි - ධූමරක්ඛේ නගේ වසි

මහා බල ඇති කුමාරයා වෙළඹගේ පිට නැගී දිඹුලාගලට ගියා. දිඹුලාගල පර්වතයෙහි සතර අවුරුද්දක් වාසය කළා.

63. **තතෝ නික්ඛම්ම සබලෝ - ආගම්මාරිට්ඨපබ්බතං**
යුද්ධකාලං අපෙක්ඛන්තෝ - තත්ථ සත්ත සමා වසී

ඊට පසු කුමාරයා බලසෙන් සහිත ව දිඹුලාගලින් නික්ම ආවා. අරිට්ඨ පර්වතය හෙවත් රිටිගලට පැමිණියා. අනාගතයෙහි මාමාවරුන්ගෙන් කොයි මොහොතක හෝ යුද්ධයක් පැමිණිය හැකි හෙයින් යුධ කාලය බලාපොරොත්තුවෙන් සත් අවුරුද්දක් රිටිගල වාසය කළා.

64. ද්වේ මාතුලේ ඨපෙත්වාන - තස්ස සේසට්ඨමාතුලා
යුද්ධසජ්ජා අරිට්ඨං තං - උපසංකම්ම පබ්බතං

අභය සහ ගිරිකණ්ඩසිව යන මාමාවරු දෙන්නා හැර ඔහුගේ අනිත් මාමාවරු අට දෙනා ම යුද්ධයට සැරසිලා රිටිගල පර්වතය වෙත ආවා.

65. ඛන්ධාවාරං නගරකේ - නිවේසෙත්වා චමූපති
දත්වා පරික්ඛිපාපේසුං - සමන්තාරිට්ඨපබ්බතං

නගරක නම් ගම්මානයේ ඔවුන් කඳවුරු බැඳගත්තා. සෙන්පතියෙකුට සේනා ලබා දී රිටිගල පර්වතය හතරවටින් ම වට කළා.

66. යක්ඛිනියා මන්තයිත්වා - සෝ තස්සා වචනයුත්තියා
දත්වා රාජපරික්ඛාරං - පණ්ණාකාරායුධානි ච

එතකොට පණ්ඩුකාභය කුමාරයා සතුරන් සතර අතින් ම වටකරගෙන සිටින නිසා දැන් තමා කුමක් කළ යුතුදැයි චේතියා යකින්න සමඟ සාකච්ඡා කළා. යකින්නියගේ උපදෙස් මත රජවරුන් පරිහරණය කරන බඩුත් තුටු පඬුරුත් ආයුධත් මාමාවරුන් වෙත භාරදුන්නා.

67. ගණ්හථ සබ්බානේතානි - ඛමාපෙස්සාමි වෝ අහං
ඉති වත්වාන පේසේසි - කුමාරෝ පුරතෝ බලං

මේවා ඔක්කොම ගනු මැනව. මං ඔබලාගෙන් සමාව ගන්නවා කියා කුමාරයා තම බලසෙනඟ ඉස්සෙල්ලාම මාමාවරුන් ළඟට පිටත් කොට යැව්වා.

68. ගණ්හිස්සාම පවිට්ඨන්ති - විස්සට්ඨේසු තු තේසු සෝ
ආරුය්හ යක්ඛිවළවං - මහාබලපුරක්ඛතෝ

එතකොට කුමාරයාව රැවටීමට මාමාවරු විශ්වාසවන්ත බවක් මතුපිටින් පෙන්වද්දී කුමාරයා වෙළඹ යකිනියගේ පිට මත නැගී මහා බලසේනාවක් පෙරටු කරගෙන,

69. **යුද්ධාය පාවිසි යක්ඛී - මහාරාවං අරාවි සා**
අන්තෝ බහිබලඤ්චස්ස - උක්කුට්ඨිං මහතිං අකා

යුද්ධයට පිවිසුනා. එතකොට යකින්නි බිහිසුණු හඬින් කෑගැසුවා. ඒත් එක්ක ම රජවරුන් ළඟට ගිය තමන්ගේ සේනාවත් තමා හා සිටින සේනාවත් එක්වන් මහා හඬින් කෑගැසුවා.

70. **කුමාරපුරිසා සබ්බේ - පරසේනා නරේ බහූ**
ඝාතෙත්වා මාතුලේ ඡට්ඨ - සීසරාසිං අකංසු තේ

කුමාරයාගේ සියලු පිරිස පරසතුරු සේනාවට අයත් බොහෝ මිනිසුන්වත් මාමාවරුන් අට දෙනාවත් ඝාතනය කළා. ඔවුන්ගේ සියලු හිස් ගොඩකට ගැසුවා.

71. **සේනාපති පලායිත්වා - ගුම්බට්ඨානං ස පාවිසි**
සේනාපති ගුම්බකෝති - තේන ඒස පවුච්චති

සේනාපති පලා ගිහින් වනලැහැබකට රිංගුවා. එදා සිට ඒ වනලැහැබ සේනාපති රිංගූ තැන යන අරුතින් සේනාපතිගුම්බක යන නමින් ප්‍රසිද්ධ වුනා.

72. **උපරිට්ඨමාතුලසිරං - සීසරාසිං ස පස්සිය**
ලාබුරාසීව ඉච්ඡාහ - තේනාහු ලාබුගාමකෝ

යුද්ධයේ දී මරන ලද මිනිසුන්ගේ හිස් ගොඩගසා තිබුන තැන උඩින් ම තිබුනේ මාමාවරුන්ගේ හිස් රැසයි. එය දුටු කුමාරයා 'මෙතන ලබුගොඩක් වගේ නොවැ' කියලා කිව්වා. එතැන් පටන් කලින් නගරක නමැති ගම්මානයට ලබුගම යන නම ලැබුනා.

73. **ඒවං විජිතසංගාමෝ - තතෝ සෝ පණ්ඩුකාභයෝ**
අයාකස්සානුරාධස්ස - වසනට්ඨානමාගමි

ඔය ආකාරයට දිනාගත් යුද්ධය ඇති ඒ පණ්ඩුකාභය කුමාරයා තම මෑණියන්ගේ මව වන භද්දකච්චානා දේවියගේ

සොහොයුරෙකු වූ තමන්ගේ සීයා කෙනෙකු වන අනුරාධ ක්ෂත්‍රියයා වසන තැනට පිටත්වුනා.

74. **අත්තනෝ රාජගේහං සෝ - තස්ස දත්වාන අය්‍යකෝ**
අඤ්ඤත්ථවාසං කප්පේසි - සෝ තු තස්මිං ඝරේ වසි

එතකොට ඒ අනුරාධ සීයා තමන් වාසය කළ රජගෙය කුමාරයාට දුන්නා. තමන් වෙන තැනක පදිංචියට ගියා. කුමාරයා ඒ රජගෙයි වාසය කළා.

75. **පුච්ඡාපෙත්වාන නේමිත්තං - වත්ථුවිජ්ජාවිදුං තථා**
නගරං පවරං තස්මිං - ගාමේ යේව අමාපයි

පණ්ඩුකාභය කුමාරයා නිමිත්තපාඨකයින්වත් වාස්තු විද්‍යා ශිල්පීන්වත් කැඳෙව්වා. ඒ අනුරාධ ගම්මානය ම උසස් නගරයක් ලෙස නිර්මාණය කළා.

76. **නිවාසත්තානුරාධානං - අනුරාධපුරං අහු**
නක්ඛත්තේනානුරාධේන - පතිට්ඨාපිතතාය ච

විජය කුමාරයා සමග ආ අනුරාධ ඇමතියාත් භද්දකච්චානා දේවියගේ සහෝදරයා වූ අනුරාධ කුමාරයාත් යන මේ අනුරාධයන් දෙදෙනා වාසය කළ නිසාත් අනුර නැකතින් නගරය පිහිටවූ නිසාත් එම නගරය අනුරාධපුර නමින් හැඳින්වුනා.

77. **ආණාපෙත්වා මාතුලානං - ඡත්තං ජාතස්සරේ ඉධ**
ධෝවාපෙත්වා ධාරයිත්වා - තං සරේ යේව වාරිනා

මාමාවරුන්ගේ රාජ්‍ය ඡත්‍රය අනුරාධගමට ගෙන්නුවා. අනුරාධපුරයෙහි ඉබේ හටගත් විලක් තියෙනවා. ඒ විලේ ජලයෙන් ඒ සේසත සේදෙව්වා. ඒ විලෙහි ම ජලයෙන්,

78. **අත්තනෝ අභිසේකං සෝ - කාරයී පණ්ඩුකාභයෝ**
සුවණ්ණපාලි දේවිං තං - මහේසිත්තේභිසේචයි

පණ්ඩුකාභය කුමාරයා තමන්ගේ රාජ්‍යාභිෂේකය කෙරෙව්වා. ස්වර්ණපාලී දේවිය රාජ මහේෂිකාව ලෙස අභිෂේක කළා.

79. **අදා චන්දකුමාරස්ස - පෝරෝහිච්චං යථාවිධි**
ඨානන්තරානි සේසානං - භච්චානඤ්ච යථාරහං

චන්ද කුමාරයාට චාරිත්‍රානුකූලව පුරෝහිත තනතුර දුන්නා. අනිත් සේවකාදීන්ට සුදුසු අයුරින් තනතුරු ලබාදුන්නා.

80. **මාතුයා උපකාරත්තා - අත්තනෝ ච මහීපතිං**
අඝාතෙත්වාව ජෙට්ඨං තං - මාතුලං අභයං පන

තමන්ගේ මෑණියන්ටත් තමන්ටත් උපකාර කළ නිසා එය සිහි කොට තමන්ගේ වැඩිමහලු මාමා වන කලින් සිටි අභය රජ්ජුරුවන්ව මරණයට පත්කෙරෙව්වේ නෑ.

81. **රත්තිරජ්ජං අදා තස්ස - අහු නගරගුත්තිකෝ**
තදුපාදාය නගරේ - අහුං නගරගුත්තිකා

ඔහුට රාත්‍රියෙහි රජකම දුන්නා. ඔහු නගරාරක්ෂකයෙක් වුනා. එතැන් පටන් අනුරාධපුර නගරයෙහි නගරගුත්තික තනතුර ඇතිවුනා.

82. **සසුරං තං අඝාතෙත්වා - ගිරිකණ්ඩසිවම්පි ච**
ගිරිකණ්ඩදේසං තස්සේව - මාතුලස්ස අදාසි සෝ

ස්වර්ණපාලී දේවියගේ පියා වූ තම මාමණ්ඩිය වන ගිරිකණ්ඩසිව ක්ෂත්‍රියයාට ගිරිකණ්ඩසිව ප්‍රදේශය ම ඔහුගේ පාලනයට ලබාදුන්නා.

83. **සරං තඤ්ච ඛණාපෙත්වා - කාරාපේසි බහූදකං**
ජයේ ජලස්ස ගාහේන - ජයවාපීති ආහුතං

ඉබේ හටගත් යම් විලකින් ඡත්‍රය ධෝවනය කෙරෙව්වේද, තමන්ගේ අභිෂේකය කෙරෙව්වේද, එම

විල ලොකුවට සාරවා බොහෝ ජලය රැඳි තැනක් බවට පත් කෙරෙව්වා. ඒ විලේ ජලයෙන් තමන්ගේ ජයග්‍රහණය අභිෂේක කළ හෙයින් ජයවැව යන නම තැබුවා.

84. **කාලවේලං නිවේසේසි - යක්ඛං පුරපුරත්ථිමේ**
යක්ඛං තු චිත්තරාජානං - හෙට්ඨා අභයවාපියා

අනුරාධපුරයට නැගෙනහිරින් කාලවේල යක්ෂයා හට දෙවොලක් කෙරෙව්වා. චිත්‍රරාජ යක්ෂයාට අභයවැවට පහළින් දෙවොලක් කෙරෙව්වා.

85. **පුබ්බෝපකාරිං දාසිං තං - නිබ්බත්තං යක්ඛයෝනියා**
පුරස්ස දක්ඛිණද්වාරේ - සෝ කතඤ්ඤූ නිවේසයි

තමන්ට කලින් උපකාරී වූ ගුම්බකභූතා නමැති දාසිය මියගොස් යක්ෂ යෝනියේ ඉපිද සිටියා. ඇය කළ උපකාරය සිහිකොට අනුරාධපුරයේ දකුණු දොරටුවේ ඈ වෙනුවෙන් දෙවොලක් කෙරෙව්වා.

86. **අන්තෝ නරින්දවත්ථුස්ස - වළවාමුඛයක්ඛිනිං**
නිවේසේසි බලිං තේසං - අඤ්ඤේසඤ්චානුවස්සකං

රජවාසල මැද දෙවොලක් තනවා වළවාමුඛී හෙවත් වෙළඹ වෙසින් හුන් චේතියා යකින්නිය වාසය කෙරෙව්වා. මේ යකුන් යක්ෂණියන් හට වාර්ෂිකව බිලි පූජෝත්සව පැවැත්තුවා.

87. **දාපේසි ඡණකාලේ තු - චිත්තරාජේන සෝ සහ**
සමාසනේ නිසීදිත්වා - දිබ්බමානුසනාටකං

උත්සව අවස්ථාවන්හි දී පණ්ඩුකාභය රජ්ජුරුවෝ චිත්‍රරාජ යක්ෂයා සමඟ සම අසුන්වල වාඩි වී සිටියා. එහි දී දිව්‍ය මනුෂ්‍ය නැටුම් රඟ දැක්කෙව්වා.

88. **කාරෙන්තෝ'භිරමි රාජා - රතිඛිඩ්ඩා සමප්පිතෝ**
ද්වාරගාමේ ච චතුරෝ - භයවාපිඤ්ච කාරයි

නොයෙකුත් ක්‍රීඩාවන්හි ඇලී සිටි රජ්ජුරුවෝ එහි සිත් අලවා වාසය කළා. නගරයේ ප්‍රධාන දොරටු සතර ආසන්නයේ ගම්මාන සතරකුත් අභයවැවත් කෙරෙව්වා.

89. **මහාසුසානාඝාතනං - පච්ඡිමරාජිනී තථා**
වෙස්සවණස්ස නිග්‍රෝධං - ව්‍යාධිදේවස්ස තාලකං

පොදු සුසාන භූමියකුත්, වැරදි කළවුන්ට මරණ දඬුවම් පමුණුවන දංගෙඩිය පිහිටුවන තැනකුත්, බටහිරින් පච්ඡිමරාජිනියට දෙවොලකුත්, යක්ෂාධිපති වෛශ්‍රවණ දෙව්රජුට නුගරුක් සෙවනේ දෙවොලකුත්, තල්රුක් සෙවනේ ව්‍යාධ නමැති අඩයම් දෙවියාට දෙවොලකුත් කෙරෙව්වා.

90. **යෝනසභාග වත්ථුඤ්ච - මහෙජ්ජාඝරමේව ච**
ඒතානි පච්ඡිමද්වාර - දිසාභාගේ නිවේසයි

සෝණ යකුට සභාගවත්ථු නැමැති දෙවොලත්, මහේජ යකුට තවත් දෙවොලකුත් කෙරෙව්වා. මේවා පිහිටෙව්වේ බටහිර දොරටු දිසාව පැත්තෙන් ය.

91. **පඤ්චසතානි චණ්ඩාල - පුරිසේ පුරසෝධකේ**
ද්වේසතානි චණ්ඩාල - පුරිසේ වච්චසෝධකේ

නගරය පිරිසිදු කරන්ට සැඬොල් පුරුෂයන් පන්සීයක් යොදවා තිබුණා. අසුචි බැහැරකරවන්ට සැඬොල් පුරුෂයන් දෙසීයක් යොදවා තිබුණා.

92. **දියඩ්ඪසතචණ්ඩාලේ - මතනීහාරකේපි ච**
සුසාන ගොපචණ්ඩාලේ - තත්තකේයේව ආදිසි

නගරයෙන් බැහැර සොහොනට මළසිරුරු ගෙනයන සැඬොල් පුරුෂයන් එක්සිය පණස් දෙනෙක් යොදවා තිබුණා. සුසාන භූමිය රකින්ටත් එබඳුම සැඬොල් පිරිසක් යොදවා තිබුණා.

93. **තේසං ගාමං නිවේසේසි - සුසානපච්ඡිමුත්තරේ**
යථා විහිතකම්මානි - තානි නිච්චං අකංසු තේ

ඔවුන්ගේ ගම්මානය සොහොනට වයඹ දිගිනුයි පිහිටලා තිබුනේ. ඔවුන් තම තමන්ට නියමිත වූ ඒ ඒ රාජකාරීන් පවරා ඇති ආකාරයෙන් ම කළා.

94. **තස්ස චණ්ඩාලගාමස්ස - පුබ්බුත්තරදිසාය තු**
නීචසුසානකං නාම - චණ්ඩාලානං අකාරයි

ඒ සැඩොල්ගමට ඊසාන දිගින් නීච සුසාන නමින් සැඩොලුන් සඳහා වෙනම සොහොන් බිමක් කෙරෙව්වා.

95. **තස්සුත්තරේ සුසානස්ස - පාසාණපබ්බතන්තරේ**
ආවාසපාලිව්‍යාධානං - තදා ආසි නිවේසිතා

ඒ සොහොන් බිමට උතුරු පැත්තෙන් ගල් පර්වත අතරෙහි දඩයම් කරුවන්ගේ වාසය පිණිස ගෙවල් පෙළක් පිහිටුවලා තිබුණා.

96. **තදුත්තරේ දිසාභාගේ - යාව ගාමණි වාපියා**
තාපසානං අනේකේසං - අස්සමෝ ආසි කාරිතෝ

ඒ දඩයක්කාරයන්ගේ ගෙවල් පෙළට උතුරින් ගාමිණී වැව ළඟට එනතෙක් තාපසයන් හට නොයෙක් ආශ්‍රමයන් කරවලා තිබුණා.

97. **තස්සේව ච සුසානස්ස - පුරත්ථිමදිසාය තු**
ජෝතියස්ස නිගණ්ඨස්ස - ඝරං කාරේසි භූපති

ඒ නීච සුසානයට නැගෙනහිරින් නගර නිර්මාණ කරන්නෙකු වූ ජෝතිය නමැති නිගණ්ඨ බ්‍රාහ්මණයාට පණ්ඩුකාභය රජ්ජුරුවෝ ගෙයක් කරවා දුන්නා.

98. **තස්මිං යේව දේසස්මිං - නිගණ්ඨෝ ගිරිනාමකෝ**
නානාපාසණ්ඩිකා චේව - වසිංසු සමණා බහූ

ඒ ප්‍රදේශයේ ම ගිරි නමැති නිගණ්ඨයාත් වාසය කළා. විවිධ මත දරන පාෂාණ්ඩ තවුසනුත් වාසය කළා. බොහෝ ශ්‍රමණයනුත් වාසය කළා.

99. **තත්‍රේව ච දේවකුලං - අකාරේසි මහීපති**
කුම්භණ්ඩස්ස නිගණ්ඨස්ස - තන්නාමිකමහෝසි තං

රජ්ජුරුවෝ ඒ ප්‍රදේශයේ ම කුම්භාණ්ඩ නමැති නිගණ්ඨයා වෙනුවෙන් දෙවොලක් කෙරෙව්වා. එම දෙවොල ඒ නිගණ්ඨයාගේ නමින් කෙරවූ නිසා කුම්භණ්ඩක දේවාලය නමින් හැඳින්වුනා.

100. **තතෝ තු පච්ඡිමේ භාගේ - ව්‍යාධපාලිපුරත්ථිමේ**
මිච්ඡාදිට්ඨිකුලානං තු - වසී පඤ්චසතං තහිං

එයට බටහිරින් දඩයක්කාරයන්ගේ ගෙවල් පෙළට නැගෙනහිරින් මිසදිටු පවුල් පන්සීයක් පමණ වාසය කළා.

101. **පාරං ජෝතියගේහම්හා - ඕරං ගාමණිවාපියා**
සෝ පරිබ්බාජකාරාමං - කාරාපේසි තථේව ච

ජෝතිය නිගණ්ඨයාගේ ආවාසයෙන් එපිට ගාමිණී වැවෙන් මෙපිට ඒ දෙක අතරෙහි පිරිවැජියන්ට ආරාමයක් කෙරෙව්වා.

102. **ආජීවකානං ගේහඤ්ච - බ්‍රාහ්මණවත්ථුමේව ච**
සිවිකා සොත්ථිසාලං ච - අකාරේසි තහිං තහිං

ආජීවකයන්ටත් ගෙයක් කෙරෙව්වා. බ්‍රාහ්මණයන්ටත් වාසස්ථාන කෙරෙව්වා. ඒ බ්‍රාහ්මණයන්ට සිවිකාශාලා නමැති යාග මණ්ඩපත්, සොත්ථිසාලා නමැති සෙත් පතන ශාලාවනුත් තැනින් තැන කෙරෙව්වා.

103. **දසවස්සාභිසිත්තෝ සෝ - ගාමසීමා නිවේසයි**
ලංකාදීපම්හි සකලේ - ලංකින්දෝ පණ්ඩුකාභයෝ

ලංකාධිපති පණ්ඩුකාභය රජ්ජුරුවෝ අභිෂේකයෙන් දස අවුරුද්දක් ගත වූ තැන මුළු ලංකාවේ ම ඒ ඒ ගම්මානයන්ට සීමාවන් නියම කළා.

104. සෝ කාලවේලචිත්තේහි - දිස්සමානේහි භූපති
සහානුභෝසි සම්පත්තිං - යක්ඛභූතසහාය වා

ඒ පණ්ඩුකාභය රජ්ජුරුවෝ කාලවේල, චිත්තරාජ යන යක්ෂයින්ව ඇස් පනාපිට පෙනෙන්ට ම ඇසුරු කළා. යක්ෂ භූතයන් සමඟ මිත්‍රත්වයෙන් යුතුව ඉසුරු සැප අනුභව කළා.

105. පණ්ඩුකාභයරඤ්ඤො ච - අභයස්ස ච අන්තරේ
රාජසුඤ්ඤානි වස්සානි - අහේසුං දසසත්ත ච

පණ්ඩුකාභය රජුටත්, අභය රජුටත් අතර රජෙකුගෙන් හිස්ව ලංකාව පැවති කාලය දාහත් වසරකි.

106. සෝ පණ්ඩුකාභයමහීපති සත්තතිංස
වස්සෝධිගම්ම ධිතිමා ධරණීපතිත්තං
රම්මේ අනූනමනුරාධපුරේ සමිද්ධේ
වස්සානි සත්තති අකාරයි රජ්ජමෙත්ථාති.

වීරියෙන් හා ප්‍රඥාවෙන් යුක්ත වූ ඒ පණ්ඩුකාභය රජතුමා රජකමට පත්වෙන විට වයස තිස් හතයි. රම්‍ය වූ අනුරාධපුරයෙහි සියලු සැපයෙන් සමෘද්ධිමත්ව සැත්තෑ අවුරුද්දක් රාජ්‍යය පාලනය කළා.

සුජනප්පසාදසංවේගත්ථාය කතේ මහාවංසේ
පණ්ඩුකාභයාභිසේකෝනාම දසමෝ පරිච්ඡේදෝ.

සත්පුරුෂ ජනයන්ගේ ප්‍රසාදයත් සංවේගයත් ඇතිකරනු පිණිස කරන ලද මහාවංශයෙහි පණ්ඩුකාභය රජුගේ අභිෂේකය නම් වූ දසවෙනි පරිච්ඡේදය යි.

11

ඒකාදසමෝ පරිච්ඡේදෝ

එකොළොස්වෙනි පරිච්ඡේදය

දේවානම්පියතිස්සාභිසේකෝ

දේවානම්පියතිස්ස රජුගේ අභිෂේකය

1. තස්සච්චයේ තස්ස සුතෝ - මුටසීවෝති විස්සුතෝ
සුවණ්ණපාලියා පුත්තෝ - පත්තෝ රජ්ජමනාකුලං

පණ්ඩුකාභය රජුට දාව ස්වර්ණපාලී බිසොවට මුටසීව නමැති පුත් කුමරෙක් සිටියා. රජ්ජුරුවන්ගේ ඇවෑමෙන් පසු සොර සතුරු වියවුල් ආදී කිසිවකින් තොර වූ ලංකාද්වීපයේ රජු බවට පත් වුනා.

2. මහාමේඝවනුය්‍යානං - නාමානුගගුණෝදිතං
ඵලපුප්ඵතරූපේතං - සෝ රාජා කාරයී සුභං

ඒ මුටසීව රජ්ජුරුවෝ මල් පල බරින් යුක්ත වූ වෘක්ෂයන්ගෙන් සැදි, උයනක පිහිටිය යුතු නොයෙක් ගුණාංගයන්ගෙන් යුක්ත වූ සුන්දර උද්‍යානයක් 'මහාමේඝ වනෝද්‍යානය' නමින් කෙරෙව්වා.

3. උය්‍යානඨානග්ගහණේ - මහාමේඝෝ අකාලජෝ
පාවස්සි තේන උය්‍යානං - මහාමේඝවනං අහු

ඒ උද්‍යානය පිහිටුවන ස්ථානය සැලසුම් කළ දා අකාලයේ මහාවැහි වළාවක් පැන නැගී මහා වැස්සක් ඇද හැලී වැව් පොකුණු පිරී ගියා. ඒ නිසයි ඒ උද්‍යානයට 'මහාමේඝවනය' යන නම ලැබුනේ.

4. **සට්ඨිවස්සානි මුටසිවෝ - රාජා රජ්ජමකාරයි**
අනුරාධෙ පුරවරේ - ලංකාභූවදනේ සුභේ

ලංකාංගනාවගේ සොඳුරු මුවමඬල බඳු උතුම් අනුරාධපුරයෙහි මුටසීව රජ්ජුරුවෝ සැට වසරක් රාජ්‍ය පාලනය කළා.

5. **තස්ස පුත්තා දසාහේසුං - අඤ්ඤමඤ්ඤහිතේසිනෝ**
දුවේ ධීතා චානුකූලා - කුලානුච්ඡවිකා අහූ

මුටසීව රජුට එකිනෙකා කෙරෙහි ඉතා හිතවත්ව සිටින පුත් කුමාරවරුන් දස දෙනෙක් සිටියා. ක්ෂත්‍රිය සිරිත් විරිත් අනුව හැඩගැසුනු රූපවත් වූ දියණිවරු දෙදෙනෙක් හිටියා.

6. **දේවානම්පියතිස්සෝති - විස්සුතෝ දුතියෝ සුතෝ**
තේසු භාතුසු සබ්බේසු - පුඤ්ඤපඤ්ඤාධිකෝ අහු

ඒ මුටසීව රජ්ජුරුවන්ගේ දෙවෙනි පුත් කුමාරයා දේවානම්පියතිස්ස නමින් ප්‍රසිද්ධ වෙලා සිටියා. සියලු සහෝදර කුමාරවරුන් අතර පෙර ආත්මයන්හි රැස් කළ පින් බලයෙනුත් ප්‍රඥාවෙනුත් ඉදිරියෙන් සිටියේ දෙවනපෑතිස් කුමරු ය.

7. **දේවානම්පියතිස්සෝ සෝ - රාජාසි පිතු අච්චයේ**
තස්සාභිසේකේන සමං - බහූනච්ඡරියානහුං

සිය පිය වූ මුටසීව රජුගේ ඇවෑමෙන් ඒ දෙවනපෑතිස් කුමරු ලක්දිව රජු බවට පත් වුනා. ඔහුගේ රාජාභිෂේකයත් සමඟ බොහෝ ආශ්චර්යවත් දේ වුනා.

8. **ලංකාදීපම්හි සකලේ - නිධයෝ රතනානි ච**
අන්තෝ ඨිතානි උග්ගන්ත්වා - පඨවීතලමාරුහුං

මුළු මහත් ලංකාදීපයේ පොළොව යට තිබුනු නිධානයන්, මැණික් වර්ග උඩට මතුවෙලා පොලෝ මත පෙනෙන්ට වුනා.

9. **ලංකාදීපසමීපම්හි - භින්නනාවාගතානි ච**
තත්‍ර ජාතානි ච ථලං - රතනානි සමාරුහුං

ලක්දිව ආසන්නයේ බිඳී ගිය නැව්වල තිබුනු මැණික් වර්ගත් මුහුදේ තිබෙනා වෙනත් මැණික් වර්ගත් පොලෝ තලය මතට ආවා.

10. **ඡාතපබ්බතපාදම්හි - තිස්සෝ ච වේළුයට්ඨියෝ**
ජාතා රථපතෝදේන - සමානා පරිමාණතෝ

අනුරාධපුරයට ගිණිකොණ දිසාවෙහි යොදුන් දෙකක් පමණ දුරින් ඡාත නමින් පර්වතයක් තියෙනවා. ඒ පර්වතය පාමුල උණගස් තුනක් පැන නැංගා. ඒවා ප්‍රමාණයෙන් රථ යෂ්ටි තරම් විශාලත්වයෙන් යුක්තයි.

11. **තාසු ඒකා ලතායට්ඨි - රජතාභා තහිං ලතා**
සුවණ්ණවණ්ණා රුචිරා - දිස්සන්තේ තා මනෝරමා

ඒවායෙන් එකකට කියන්නේ ලතා යෂ්ටි කියලයි. එහි යෂ්ටිය රිදී පැහැයෙන් යුක්තයි. එහි වෙලී තිබෙන වැල් රම්‍ය වූ රන්වන් පාටින් දිස්වුනා.

12. **ඒකා කුසුමයට්ඨි තු - කුසුමානි තහිං පන**
නානානි නානාවණ්ණානි - දිස්සන්තේ'තිඵුටානි ච

ඊළඟ යෂ්ටියට කියන්නේ කුසුම යෂ්ටිය කියලයි. එයත් රිදී පැහැයෙන් යුක්තයි. එහි ඉතා පැහැදිලිව රේණු සහිතව පිපී ගිය මල් පොකුරු නිල් රතු ආදී නොයෙක් පැහැයෙන් දිස්වුනා.

13. **ඒකා සකුණයට්ඨී තු - තහිං පක්ඛිමිගා බහූ**
නානා ච නානාවණ්ණා ච - සජීවා විය දිස්සරේ

අනිත් එක හඳුන්වන්නේ සකුණ යෂ්ටිය කියලයි. එහි බොහෝ කුරුල්ලෝ දිස්වුනා. නොයෙක් පැහැයෙන් යුක්ත නානා කුරුළු වර්ග ජීවමානාකාරයෙන් දිස්වුනා.

14. **හයගජරථාමලකා - වලයංගුලිවේඨකා**
කකුධඵලා පාකතිකා - ඉච්චේතා අට්ඨජාතියෝ

අශ්වරූප හැඩයෙන් යුතු මුතු, ඇත් රූප හැඩය ගත් මුතු, රථ මුතු, නෙල්ලි මුතු, වළලු මුතු, මුදු මුතු, කකුධඵල මුතු, ප්‍රකෘති මුතු යන මේ අටවැදෑරුම් වූ,

15. **මුත්තාසමුද්දා උග්ගන්ත්වා - තීරේ වට්ටි වියට්ඨිතා**
දේවානංපියතිස්සස්ස - සබ්බං පුඤ්ඤවිජම්භිතං

මුතු වර්ග මුහුදෙන් ගොඩට ගසා වෙරලේ වැටියක් වගේ තිබුණා. මේ හැම දෙයක් ම මතු වුනේ දේවානම්පියතිස්ස රජ්ජුරුවෝ පෙර රැස් කළ පුණ්‍යානුභාවය නිස යි.

16. **ඉන්දනීලං වේළුරියං - ලෝහිතංකමණී ච්'මේ**
රතනානි පනේතානි - මුත්තා තා, තා ච යට්ඨියෝ

ඉන්ද්‍රනීල මාණික්‍යය, වෛඩූර්ය මාණික්‍යය, ලෝහිතංක මාණික්‍යය ආදී මැණික් වර්ගත්, නොයෙක් මුතු වර්ගත්, ඒ උණ යෂ්ටි තුනත්,

17. **සත්තාහබ්භන්තරේ යේව - රඤ්ඤෝ සන්තිකමාහරුං**
තානි දිස්වා පතීතෝ සෝ - රාජා ඉති විචින්තයි

දේවානම්පියතිස්ස රජ්ජුරුවෝ රාජාභිෂේක ලබා දවස් හතක් ගතවෙද්දී මේ වස්තුව තමන් වෙත ලැබුනා. ඒ වස්තුව දුටු රජතුමා ගොඩාක් සතුටට පත්ව මෙහෙම සිතුවා.

18. **රතනානි අනග්ඝානි - ධම්මාසෝකෝ ඉමානි මේ**
සහායෝ'රහතේ නා'ඤ්ඤෝ - තස්ස දස්සං ඉමාන'තෝ

මේ මහා අනර්ඝ මැණික් වර්ග සුදුසු මාගේ යහළු වූ ධර්මාශෝක මහරජ්ජුරුවන්ට යි. මේවා වෙන කෙනෙකුට සුදුසු නෑ. එහෙයින් ඔහුට ම මේවා දෙන්ට ඕනෑ.

19. **දේවානම්පියතිස්සෝ ච - ධම්මාසෝකෝ ච තේ ඉමේ**
ද්වේ අදිට්ඨසහායා හි - චිරප්පභූති භූපති

අපගේ දේවානම්පියතිස්ස රජ්ජුරුවෝත්, ධර්මාශෝක රජ්ජුරුවෝත් මුහුණට මුහුණ නොදැක්කත් බොහෝ කල් සිට මිත්‍රත්වයෙන් සිටියා.

20. **භාගිනෙය්‍යං මහාරිට්ඨං - අමච්චං පමුඛං තතෝ**
දිජං අමච්චං ගණකං - රාජා තේ චතුරෝ ජනේ

ඉතින් දෙවනපෑතිස් රජතුමා තම සහෝදරියගේ පුත්‍රයා හෙයින් තම බෑණා කෙනෙකු වන මහා අරිට්ඨ අමාත්‍යයා ප්‍රධානත්වයෙන් යුක්ත කොට තාලිපබ්බත බ්‍රාහ්මණයාත්, මල්ල නමැති ඇමතියාත්, තිස්ස නමැති ගණකයාත් යන සතර දෙනා,

21. **දූතේ කත්වාන පාහේසි - බලෝඝපරිවාරිතේ**
ගාහාපෙත්වා අනග්ඝානි - රතනානි ඉමානි සෝ

දූතයන් වශයෙන් පිළියෙල කරවා, බල පිරිස් පිරිවර ඇතිව මහා වටිනා මැණික් වර්ගත් පිළියෙල කරවා,

22. **මණිජාතී ච තිස්සෝ තා - තිස්සෝ ච රථයට්ඨියෝ**
සංඛඤ්ච දක්ඛිණාවත්තං - මුත්තා ජාතී ච අට්ඨතා

ඉන්ද්‍රනීල, වෛඩූර්‍ය, පද්මරාග යන මැණික් වර්ග තුනත්, රථ යෂ්ටි ප්‍රමාණයෙන් තිබුනු ලතා, කුසුම, සකුණ යන නම් ලද යෂ්ටි තුනත්, දක්ෂිණාවෘත්ත සංඛයකුත්, කලින් කියූ අටවැදෑරුම් මුතු වර්ගත් රැගෙන,

23. **ආරුය්හ ජම්බුකෝලම්හි - නාවං සත්තදිනේන තේ**
සුඛේන තිත්ථං ලද්ධාන - සත්තාහේන තතෝ පුන

එකොළොස්වෙනි පරිච්ඡේදය 227

ඔවුන් දඹකොල පටුනෙන් නැව් නැංගා. සත්දිනකින් දඹදිව වරායට සැපසේ පැමිණියා. නැවත එතැනින් පිටත් වෙලා සත් දිනකින්,

24. පාටලිපුත්තං ගන්ත්වාන - ධම්මාසෝකස්ස රාජිනෝ
අදංසු පණ්ණාකාරේ තේ - දිස්වා තානි පසීදි සෝ

පාටලීපුත්ත නගරයට ගිහින් ධර්මාශෝක මහරජ්ජුරුවන් බැහැදැකලා තුටුපඬුරු පරිත්‍යාග කළා. ඒවා දුටු රජ්ජුරුවෝ ගොඩාක් සතුටුවුනා.

25. රතනානි'දිසානෙත්ථ - නත්ථි මේ ඉති චින්තිය
අදා සේනාපතිට්ඨානං - තුට්ඨෝ'රිට්ඨස්ස භූපති

'මේ වගේ මැණික් වර්ග ආදිය දඹදිව අපේ රටේ නැහැ නොවැ' කියලා සිතූ රජතුමා සතුටට පත්ව මහා අරිට්ඨ අමාත්‍යතුමාට සේනාපති තනතුර දුන්නා.

26. පෝරෝහිච්චං බ්‍රාහ්මණස්ස - දණ්ඩනායකතම්පන
අදාසි තස්සා'මච්චස්ස - සෙට්ඨිත්තං ගණකස්ස තු

තාලිපබ්බත බ්‍රාහ්මණයාට පුරෝහිත තනතුර දුන්නා. මල්ල ඇමතියාට දණ්ඩනායක තනතුර දුන්නා. තිස්ස ගණකයාට සිටු තනතුර දුන්නා.

27. තේසං අනප්පකේ භොගේ - දත්වා වාසඝරානි ච
මහා'මච්චේහි මන්තෙන්තෝ - පස්සිත්වා පටිපාභතං

ඔවුන්ට බොහෝ භෝග සම්පත් දුන්නා. පාටලීපුත්‍රයේ සිටින කාලය තුළ සුවසේ වාසය කරන්ට නිවාසත් දුන්නා. ඇමැතිවරුන් සමඟ සාකච්ඡා කොට දඹදිවින් ලංකාවට එවිය යුතු තුටු පඬුරු දැක,

28. වාලවීජනිමුණ්හීසං - ඛග්ගං ඡත්තඤ්ච පාදුකං
මෝලිං වටංසං පාමංගං - භිංකාරං හරිචන්දනං

සෙමර මුවාගේ වලිගයෙන් කළ චාමරය, නලල් පට, මගුල්කඩුව, ඡත්‍රය, රන් මිරිවැඩි සඟල, හිස් මුදුනේ පළඳින ඔටුන්න, කන් පළඳනා, දකුණු උරහිසින් සිරුර වටා පහළට වැටෙන්ට දමන රන් කැටයම් කළ මුතුවැල, රන් කෙණ්ඩිය, රත් සඳුන්,

29. **අධෝවිමං වත්ථකෝටිං - මහග්ඝං හත්ථපුඤ්ඡනිං**
නාගාහටං අඤ්ජනඤ්ච - අරුණාභඤ්ච මත්තිකං

ගින්නෙහි රත් කළ පමණින් කිළිටි පහවී පිරිසිදු වන වස්ත්‍ර යුවලක්, ඉතා වටිනා අත් පිස්නා දෙකක්, නාගලෝකයෙන් ගෙනෙන ලද අඳුන්, අරුණාලෝකයේ පැහැය ගත් හිමාලයෙන් ගෙන ආ මැටි,

30. **අනෝතත්තෝදකඤ්චේව - ගංගාසලිලමේව ච**
සංඛඤ්ච නන්දියාවට්ටං - වඩ්ඪමානං කුමාරිකං

අනෝතත්ත විලෙන් ගෙන ආ පැන් කදක්, ගංගා නම් ගඟෙන් ගත් ජලය, දක්ෂිණාවෘත සංඛයක්, ගෝරෝචන, ඇඟ ගල්වන සුණු, ක්ෂත්‍රිය කන්‍යාවක්,

31. **හේමභෝජනභණ්ඩඤ්ච - සිවිකඤ්ච මහාරහං**
හරීටකං ආමලකං - මහග්ඝං අමතෝසධං

රන් භාජන, රන් බඩු, මාහැඟි වියන් ගෙයක්, බෙහෙත් අරළු, බෙහෙත් නෙල්ලි, ඉතා වටිනා අමෘත ඖෂධ නමැති බෙහෙත් ගුලි,

32. **සුකාහටානං සාලීනං - සට්ඨිවාහසතානි ච**
අභිසේකෝපකරණං - පරිවාරවිසේසිතං

ගිරවුන් විසින් ගෙනෙන ලද ගැල් හය දාහක ඇල් වී ත් විශේෂ කොට පිරිවරා ගත් දෙයින් යුතු අභිෂේක උපකරණ,

33. **දත්වා කාලේ සහායස්ස - පණ්ණාකාරං නරිස්සරෝ**
දූතේ පාහේසි සද්ධම්ම - පණ්ණාකාරමිමම්පි ච

ආදී තුටු පඬුරු සූදානම් කොට දී දෙවනපෑතිස් රජුගේ මිත්‍ර වූ ධර්මාශෝක අධිරාජයා මේ සදහම් තුටුපඬුරත් ද සමගින් දූතයන්ව පිටත් කෙරෙව්වා.

34. අහං බුද්ධඤ්ච ධම්මඤ්ච - සංඝඤ්ච සරණං ගතෝ
උපාසකත්තං දේසේසිං - සක්‍යපුත්තස්ස සාසනේ

"මම ශාක්‍යපුත්‍ර වූ භාග්‍යවත් බුදුරජාණන් වහන්සේව සරණ ගියා. උන්වහන්සේ විසින් විශිෂ්ටඥාණයෙන් යුතුව වදාළ ධර්මයත් සරණ ගියා. උන්වහන්සේගේ ශ්‍රාවක සංඝයාත් සරණ ගියා. ශාක්‍යපුත්‍ර ගෞතම සම්බුදු සසුනෙහි උපාසකභාවය ප්‍රතිඥා දුන්නා.

35. ත්වම්පි'මානි රතනානි - උත්තමානි නරුත්තම
චිත්තං පසාදයිත්වාන - සද්ධාය සරණං වජ

රජතුමනි, මේ උතුම් ත්‍රිවිධ රත්නය කෙරෙහි සිත පහදවා ගෙන ශ්‍රද්ධාවෙන් යුතුව සරණ යන්ට" කියන සදහම් පඬුරත් පිටත් කළා.

36. කරෝථ මේ සහායස්ස - අභිසේකං පුනෝ ඉති
වත්වා සහයාමච්චේ තේ - සක්කරිත්වා ච පේසයි

මාගේ මිත්‍රයාව නැවතත් චාරිත්‍රානුකූලව අභිෂේක කරන්ට කියලා පවසා තම මිත්‍ර රජු වූ දෙවනපෑතිස් රජුගේ ඇමතිවරුන්ව සත්කාර කොට පිටත් කළා.

37. පඤ්චමාසේ වසිත්වාන - තේ'මච්චා'තිවසක්කතා
වේසාඛසුක්ඛපක්ඛාදි - දිනේ දූතා විනිග්ගතා

ධර්මාශෝක නරේන්ද්‍රයාගෙන් බොහෝ සත්කාර ලද ඒ අමාත්‍යවරු පාටලීපුත්‍ර නගරයෙහි පස් මාසයක් වාසය කළා. වෙසක් මස පුර පක්ෂයේ පළමු දිනයෙහි දූතයෝ ලක්දිව බලා පිටත් වුනා.

38. **තාමලිත්තියමාරුය්හ - නාවං තේජම්බුකෝලකේ**
ඕරුය්හ භූපං පස්සිංසු - පත්වා ද්වාදසියං ඉධ

තාම්‍රලිප්ති නම් තොටුපළින් නැව් නැගී ඔවුන් දඹකොල පටුනෙන් ගොඩබැස්සා. දොළොස් දවසකින් ලංකාවට පැමිණිලා දෙවනපෑතිස් රජ්ජුරුවන්ව මුණගැසුනා.

39. **අදංසු පණ්ණාකාරේ තේ - දූතා ලංකාධිපස්ස තේ**
තේසං මහන්තං සක්කාරං - ලංකාපති අකාරයි

ලංකාධිපති රජුට ඔවුන් ගෙනා ඒ තුටුපඬුරු පිළිගැන්නුවා. එතකොට දෙවනපෑතිස් රජතුමා ඔවුන්ට මහත් සේ සත්කාර කළා.

40. **තේ මග්ගසිරමාසස්ස - ආදිචන්දෝදයේ දිනේ**
අභිසිත්තඤ්ච ලංකින්දං - අමච්චා සාමිභත්තිනෝ

ස්වාමිභක්තියෙන් යුක්ත වූ අමාත්‍යවරු ධර්මාශෝක රජ්ජුරුවන්ව බැහැදැකීමට දඹදිව යන්ට කලින් උඳුවප් හෙවත් දෙසැම්බර් මාසයේ පුර පෝයට කලින් දවසේ ලංකාධිපති ලෙස දෙවනපෑතිස් රජුව මුලින් ම අභිෂේක කොට තිබුණා.

41. **ධම්මාසෝකස්ස වචනං - වත්වා සාමිහිතේ රතා**
පුනෝපි අභිසිඤ්චිංසු - ලංකාහිතසුඛේ රතං

ධර්මාශෝක නරේන්ද්‍රයාගෙන් ඇසූ වචනයට අනුව තම ස්වාමියාගේ දියුණුව කෙරෙහි ඇලුනු සිත් ඇති ඒ ඇමතිවරු ලංකාවාසීන්ගේ හිතසුව කැමැති දෙවනපෑතිස් රජුන්ව නැවත වතාවක් දඹදිව කෙරෙන ක්ෂත්‍රිය චාරිත්‍ර අනුව අභිෂේක කළා.

42. **වේසාඛේ නරපති පුණ්ණමායමේවං**
දේවානං පියවචනෝපගූළ්හනාමෝ
ලංකායං පවිතතපීති උස්සවායං
අත්තානං ජනසුඛදෝ'භිසේචයී සෝ ති.

දේවානම්ප්‍රිය යන උපපදය යුක්ත කොට පවසන, තමන්ගේ ජනයාට සැපය සලසන්නා වූ ඒ රජ්ජුරුවෝ වෙසක් මස පුන් පොහෝ දවසේදී ලංකාවෙහි මහා උත්සවාකාරයෙන් නැවතත් අභිෂේක කළා.

සුජනප්පසාදසංවේගත්ථාය කතේ මහාවංසේ දේවානංපියතිස්සාභිසේකෝ නාම ඒකාදසමෝ පරිච්ඡේදෝ.

සත්පුරුෂ ජනයන්ගේ ප්‍රසාදයත් සංවේගයත් ඇතිකරනු පිණිස කරන ලද මහාවංශයෙහි දේවානම්පියතිස්ස රජුගේ අභිෂේකය නම් වූ එකොළොස්වෙනි පරිච්ඡේදය යි.

12

ද්වාදසමෝ පරිච්ඡේදෝ

දොළොස්වෙනි පරිච්ඡේදය

නානාදේසපසාදෝ

රහතන් වහන්සේලා විසින් නොයෙක් රටවල් බුදුසසුනට පැහැදවීම

1. ථේරෝ මොග්ගලිපුත්තෝ සෝ - ජිනසාසන ජෝතකෝ
   නිට්ඨාපෙත්වාන සංගීතිං - පෙක්ඛමානෝ අනාගතං

ගෞතම සම්මා සම්බුදු සසුන බබුලුවාලූ අපගේ ශ්‍රීමත් මොග්ගලීපුත්ත මහරහතන් වහන්සේ තුන්වෙනි ධර්ම සංගායනාව සමාප්ත කොට වදාළා. ඊට පසු අනාගතයෙහි බුදු සසුන පිහිටන්නේ කොයි ප්‍රදේශයකද කියා නුවණින් බැලුවා.

2. සාසනස්ස පතිට්ඨානං - පච්චන්තේසු අවෙක්ඛිය
   පේසේසි කත්තිකේ මාසේ - තේ තේ ථේරේ තහිං තහිං

ඈත පිටිසර රාජ්‍යවල, බුදුසසුන පිහිටන බව උන්වහන්සේට වැටහුනා. ඉල් හෙවත් නොවැම්බර් මාසයේ දී තෝරාගත් ඒ ඒ ප්‍රදේශ වලට ඒ ඒ රහතන් වහන්සේලා බුදුසසුන පිහිටුවීම පිණිස පිටත් කොට වදාළා.

3. **ථේරං කස්මීරගන්ධාරං - මජ්ඣන්තිකමපේසයි**
අපේසයී මහාදේවත්ථේරං මහිසමණ්ඩලං

කාශ්මීර ගන්ධාර (වර්තමාන ඇෆ්ගනිස්ථාන්) රටට මජ්ඣන්තික මහරහතන් වහන්සේව පිටත් කොට වදාළා. ඒ වගේ ම මහිසමණ්ඩලයට මහාදේව රහතන් වහන්සේ පිටත් කොට වදාළා.

4. **වනවාසිං අපේසේසි - ථේරං රක්ඛිතනාමකං**
තථා'පරන්තකං යෝනධම්මරක්ඛිතනාමකං

වනවාස ප්‍රදේශයට රක්ඛිත මහරහතන් වහන්සේ පිටත් කොට වදාළා. ඒ වගේ ම අපරන්ත නැමැති ප්‍රදේශයට යෝනකධම්මරක්ඛිත මහරහතන් වහන්සේව පිටත් කොට වදාළා.

5. **මහාරට්ඨං මහාධම්මරක්ඛිතත්ථේරනාමකං**
මහාරක්ඛිතථේරං තු - යෝනලෝකමපේසයි

මහාරාෂ්ට්‍ර නැමැති ප්‍රදේශයට මහාධම්මරක්ඛිත මහරහතන් වහන්සේව පිටත් කොට වදාළා. යෝනක ලෝකය හෙවත් ග්‍රීකයන් වසන රටට මහාරක්ඛිත මහරහතන් වහන්සේව පිටත් කොට වදාළා.

6. **පේසේසි මජ්ඣිමං ථේරං - හිමවන්තපදේසකං**
සුවණ්ණභූමිං ථේරේ ද්වේ - සෝණමුත්තරමේව ච

හිමාල ප්‍රදේශයට මජ්ඣිම මහරහතන් වහන්සේව පිටත් කොට වදාළා. සුවණ්ණභූමි රටට සෝණ සහ උත්තර යන මහරහතන් වහන්සේලාව පිටත් කොට වදාළා.

7. **මහාමහින්දථේරං තං - ථේරං ඉට්ඨියමුත්තියං**
සම්බලං භද්දසාලඤ්ච - සකේ සද්ධිවිහාරිකේ

මහා මහින්ද මහරහතන් වහන්සේ ඇතුළු තම ශිෂ්‍ය

භික්ෂූන් වහන්සේලා වන ඉට්ඨීය, උත්තිය, සම්බල, භද්දසාල නැමැති රහතන් වහන්සේලාට,

8. **ලංකාදීපේ මනුඤ්ඤම්හි - මනුඤ්ඤං ජිනසාසනං**
පතිට්ඨාපේථ තුම්හේ'ති - පඤ්ච ථේරේ අපේසයි

'ඔබවහන්සේලා ඉතා රම්‍ය වූ ලංකාද්වීපයට වැඩම කොට ඉතා සොඳුරු වූ ගෞතම සම්මා සම්බුද්ධ ශාසනය පිහිටුවන්නට ඕනෑ' කියා ඒ මහරහතන් වහන්සේලා පස් නම පිටත් කොට වදාළා.

9. **තදා කස්මීරගන්ධාරේ - පක්කං සස්සං මහිද්ධිකෝ**
ආරවාලෝ නාගරාජා - වස්සං කරකසඤ්ඤිතං

ඒ කාලයේ කාශ්මීර ගන්ධාර ප්‍රදේශයේ මහාඉර්ධිමත් ආරවාල නැමැති නාගරාජයෙක් සිටියා. ඔහු හොඳට පැසුණු ගොයම් මතට අයිස් කැට සහිත කරක නමැති මහා වැස්සක්,

10. **වස්සාපෙත්වා සමුද්දස්මිං - සබ්බං ඛිපති දාරුණෝ**
තත්‍ර මජ්ඣන්තිකත්ථේරෝ - ඛිප්පං ගන්ත්වා විහායසා

වස්සවලා ඒ දරුණු නාගරාජයා අර ගොයම් සියල්ල මුහුදෙහි වැටෙන්ට සලස්සනවා. ඒ නාගරාජයා එදාත් කරක වැස්ස වස්සවද්දී මජ්ඣන්තික මහරහතන් වහන්සේ වහා අහසින් වැඩියා.

11. **ආරවාලදහේ වාරිපිට්ඨේ චංකමනාදිකේ**
අකාසි දිස්වා තං නාගා - රුට්ඨා රඤ්ඤෝ නිවේදයුං

ඊටපසු හිමාල පර්වත අතර නාගරාජයා අරක්ගෙන සිටි අරවාල නමැති මහවිල මතට වැඩම කොට ජලය මත සක්මන් කිරීම ආදී මහා හාස්කම්වලින් යුක්තව ඉරියව් පවත්වන්ට පටන් ගත්තා. එතකොට ඒ විලෙහි සිටි නාගයෝ හොඳටම කිපිලා අරවාල නාගරාජයාට දැනුම් දුන්නා.

12. **නාගරාජා'ථ රුට්ඨයෝ සෝ - විවිධා හිංසිකා'කරි**
වාතා මහන්තා වායන්ති - මේඝෝ ගජ්ජති වස්සති

එතකොට ඒ අරවාල නාගරජ්ජුරුවෝ හොඳටම කෝප වෙලා හාස්කම් අරමුණු මවා පෙන්වන්ට පටන්ගත්තා. දරුණු සුළි සුළං එව්වා. අහස් ගිගිරුම් සහිත වැසි වැස්සුවා.

13. **ඵලන්ත්‍ය'සනියෝ විජ්ජූ - නිච්ඡරන්ති තතෝ තතෝ**
මහීරුහා පබ්බතානං - කූටානි පපතන්ති ච

ඒ ඒ තැනින් භයානක හෙන හඬ පුපුරුවමින් විදුලි කොටන්ට පටන් ගත්තා. මහාගස් ඇද වැටෙන්ට වුනා. කඳු මුදුන්වල පස්කඳු කඩා වැටුනා.

14. **විරූපරූපා නාගා ච - හිංසාපෙන්ති සමන්තතෝ**
සයං ධූපායති ජලති - අක්කෝසන්තෝ අනේකධා

නාගයෝ නොයෙක් විරූපී රූප භයජනක විදිහට හතර පැත්තෙන් ම පෙන්නන්ට පටන් ගත්තා. අරවාල නාගරජ්ජුරුවෝ තමන් ම නොයෙක් අයුරින් දුම් දමමින්, ගිනිජාලා පිට කරමින් ආක්‍රෝශ කරන්ට පටන් ගත්තා.

15. **සබ්බං තං ඉද්ධියා ථේරෝ - පටිබාහිය හිංසනං**
අවෝච නාගරාජං තං - දස්සෙන්තෝ බලමුත්තමං

එතකොට අපගේ මහරහතන් වහන්සේ ඒ භයජනක සියලු දේවල් තමන්වහන්සේගේ ඉර්ධි බලයෙන් මැඩ පැවැත්තුවා. තමන් වහන්සේගේ උතුම් වූ කිසිවිට බිය තැති නොගන්න නිකෙලෙස් බලය අරවාල නාරජුන්ට පෙන්වමින් මෙය වදාළා.

16. **සදේවකෝපි චේ ලෝකෝ - ආගන්ත්වා තාසයෙය්‍ය මං**
න මේ පටිබලෝ අස්ස - ජනේතුං භයභේරවං

නාරජ්ජුරුවෙනි, ඔහොම නොවෙයි. දෙවියන් සහිත

ලෝකයාම ඇවිදින් භයජනක අරමුණුවලින් මාව තැති ගන්නවන්ට හැදුවත් ඒ කාටවත් මාගේ සිතට භය තැති ගැනීම් ඇතුල් කරවන්ට බැහැ.

17. **සචේපි ත්වං මහිං සබ්බං - සසමුද්දං සපබ්බතං**
උක්ඛිපිත්වා මහානාග - ඛිපෙය්‍යාසි මමෝ'පරි

ඉදින් මහා නාගය, ඔබත් මහා සාගරය සහිත, මේ පර්වතයන් සහිත මුළු මහපොළොව ඔසොවලා මාගේ හිස මත්තට දැම්මත්,

18. **නේව මේ සක්කුණෙය්‍යාසි - ජනේතුං භයභේරවං**
අඤ්ඤදත්ථු තවේවස්ස - විඝාතෝ උරගාධිප

මාගේ සිතට භය තැතිගැනීම්, සලිතවීම් මොකවත් කරන්ට පුළුවන් වෙන්නේ නෑ. හැබැයි නාරජ්ජුරුවෙනි, එය ඔබට නම් මහා පීඩාවක් වෙහෙසක් පිණිස පවතීවි.

19. **තං සුත්වා නිම්මදස්ස'ස්ස - ථේරෝ ධම්මමදේසයි**
තතෝ සරණසීලේසු - නාගරාජා පතිට්ඨහි

එය ඇසූ නාගරාජයා උඩගුවෙන් මත්වී සිටිය ගතිගුණ නැති කරගත්තා. අපගේ මහරහතන් වහන්සේ ධර්මය දේශනා කොට වදාළා. එයින් පැහැදුනු නාගරාජයා තුන් සරණ සහිතව පංච ශීලයෙහි පිහිටියා.

20. **තථේව චතුරාසීති - සහස්සානි භුජංගමා**
හිමවන්තේ ච ගන්ධබ්බා - යක්ඛා කුම්භණ්ඩකා බහූ

ඒ නාරජු වගේ ම අසූහාරදහසක් නාගයෝත්, හිමාලවාසී බොහෝ ගාන්ධර්වයෝ ත් යක්ෂයෝත් කුම්භාණ්ඩයෝත් තුන් සරණය සහ පන්සිල්හි පිහිටියා.

21. **පණ්ඩකෝ නාම යක්ඛෝ තු - සද්ධිං හාරිත යක්ඛියා**
පඤ්චසතේහි පුත්තේහි - ඵලං පාපුණි ආදිකං

එහි සිටි පණ්ඩක නැමැති යක්ෂයෙක් සිය බිරිඳ වන හාරිතා නැමැති යකින්නිය ද පන්සියයක් පුත්‍රයන් ද සමග අපගේ මහරහතන් වහන්සේගෙන් ධර්මය අසා සෝවාන් ඵලයට පත් වුනා.

22. **මා'දානි කෝධං ජනයිත්ථ - ඉතෝ උද්ධං යථා පුරේ**
සස්සඝාතඤ්ච මා'කත්ථ - සුඛකාමාහි පාණිනෝ

"දැන් ඉතින් ඉස්සර වගේ ක්‍රෝධය ඇති කරගන්ට එපා! මිනිසුන්ගේ ජීවත් වීම උදෙසා ඇති ගොයම් ආයෙමත් වැසි වස්වලා විනාශ කරන්ට එපා! සත්වයෝ සැපයට කැමතියි නොවැ.

23. **කරෝථ මෙත්තං සත්තේසු - වසන්තු මනුජා සුඛං**
ඉති තේනා'නුසිට්ඨා තේ - තථේව පටිපජ්ජිසුං

සත්වයන් කෙරෙහි මෙත් සිත පැතිරීම කරන්ට. මිනිස්සු සැපයෙන් වසත්වා!"යි මේ ආදී වශයෙන් ඔවුන්ට අනුශාසනා ලැබුනා. ඔවුනුත් ඒ අයුරින් ම පිළිපැද්දා.

24. **තතෝ රතනපල්ලංකේ - ථේරං සෝ උරගාධිපෝ**
නිසීදාපිය අට්ඨාසි - වීජමානෝ තදන්තිකේ

ඊටපසු නාරජ්ජුරුවෝ තමන්ගේ මැණික් පළඟෙහි අපගේ මජ්ඣන්තික රහතන් වහන්සේව වඩා හිඳුවාගෙන උන්වහන්සේට චාමරයකින් පවන් සලන්ට පටන් ගත්තා.

25. **තදා කස්මීරගන්ධාරවාසිනෝ මනුජා'ගතා**
නාගරාජස්ස පූජත්ථං - මන්ත්වා ථේරං මහිද්ධිකං

ඒ වේලාවේ කාශ්මීර-ගන්ධාර ප්‍රදේශවැසි මිනිස්සු නා රජ්ජුරුවන්ට පූජාවන් පැවැත්වීම පිණිස එතැනට ආ විට, අපගේ මහරහතන් වහන්සේව දැක්කා.

26. **ථේරමේවාභිවාදෙත්වා - ඒකමන්තං නිසීදිසුං**
තේසං ධම්මමදේසේසි - ථේරෝ ආසිවිසෝපමං

උන්වහන්සේ වෙත ගිහින් ආදරයෙන් වන්දනා කොට එකත්පස්ව වාඩිවුනා. මහරහතන් වහන්සේ ඒ මිනිසුන්ට අප භාග්‍යවතුන් වහන්සේ වදාළ දෙසුමක් වන ආසිවිසෝපම සූත්‍රය මුල් කොට ධර්ම දේශනා කොට වදාළා.

27. **අසීතියා සහස්සානං - ධම්මාභිසමයෝ අහු**
සතසහස්සපුරිසා - පබ්බජුං ථේරසන්තිකේ

අසූ දහසක් ජනයාට ධර්මාවබෝධය ඇති වුනා. ලක්ෂයක් පුරුෂයෝ මහරහතන් වහන්සේ ළඟ පැවිදි බවට පත් වුනා.

28. **තතොප්පභූති කස්මිර - ගන්ධාරා තේ ඉදානිපි**
ආසුං කාසාවපජ්ජෝතා - වත්ථුත්තයපරායනා

කාශ්මීර ගන්ධාර පෙදෙස්වල බුදු සසුන එතැනින් ආරම්භ වුනා. ඒ මිනිස්සු මේ දක්වා ම තුන් සරණයේ පිහිට ඇතිව වාසය කරනවා. කසාවතින් බබලනවා. (මෙයින් අදහස් කරන්නේ මහාවංශය ලියන කාලය වන ක්‍රි:ව: පස්වෙනි සියවස ය.)

29. **ගන්ත්වා මහාදේවථේරෝ - දේසං මහිසමණ්ඩලං**
සුත්තන්තං දේවදූතං සෝ - කථේසි ජනමජ්ඣගෝ

මහාදේව රහතන් වහන්සේ වැඩියේ මහිෂ මණ්ඩලයට ය. මහජනතාව මැදට වැඩිය උන්වහන්සේ භාග්‍යවතුන් වහන්සේ වදාරන ලද දේවදූත සූත්‍රය මුල් කොට දහම් දෙසා වදාළා.

30. **චත්තාලීස සහස්සානි - ධම්මචක්ඛුං විසෝධයුං**
චත්තාලීස සහස්සානි - පබ්බජිංසු තදන්තිකේ

සතළිස් දහසක් ජනයාට ධර්මාවබෝධය ඇති වුනා. හතළිස් දහසක් පුරුෂයන් උන්වහන්සේ ළඟ පැවිදි බවට පත්වුනා.

31. **ගන්ත්වා'ථ රක්ඛිතත්ථේරෝ - වනවාසිං නභේ ඨිතෝ**
සංයුත්තමනමතග්ගං - කථේසි ජනමජ්ඣගෝ

රක්ඛිත මහරහතන් වහන්සේ වනවාස ප්‍රදේශයට වැඩම කොට අහසේ සිට, එහි රැස් වූ ජනයාට අනමතග්ග සංයුත්තය වදාළා.

32. **සට්ඨිනරසහස්සානං - ධම්මාභිසමයෝ අහු**
සත්තතිංස සහස්සානි - පබ්බජිංසු තදන්තිකේ

ඒ දහම් දෙසුම නිසා සැටදහසක් මනුෂ්‍යයන්ට ධර්මාවබෝධය ඇති වුනා. තිස් හත් දහසක් දෙන අපගේ මහරහතන් වහන්සේ ළඟ පැවිදි වුනා.

33. **විහාරානං පඤ්චසතං - තස්මිං දේසේ පතිට්ඨහි**
පතිට්ඨාපේසි තත්ථේවං - ථේරෝ සෝ ජිනසාසනං

වනවාස ප්‍රදේශයේ පන්සියයක් විහාරයන් ඇති වුනා. අප මහරහතන් වහන්සේ මේ විදිහට ඒ ප්‍රදේශයෙහිත් ගෞතම බුදු සසුන පිහිටුවා වදාළා.

34. **ගන්ත්වා'පරන්තකං ථේරෝ - යෝනකෝ ධම්මරක්ඛිතෝ**
අග්ගික්ඛන්ධෝපමං සුත්තං - කථෙත්වා ජනමජ්ඣගෝ

ග්‍රීක ජාතික ධම්මරක්ඛිත මහරහතන් වහන්සේ අපරන්ත දේශයට වැඩම කොට ජනයා මධ්‍යයේ දී භාග්‍යවතුන් වහන්සේ වදාළ අග්ගික්ඛන්ධෝපම සූත්‍රය දේශනාව වදාළා.

35. **සත්තතිංස සහස්සානි - පාණේ තත්ථ සමාගතේ**
ධම්මාමතමපායේසි - ධම්මාධම්මේසු කෝවිදෝ

ධර්මය-අධර්මය වෙන් කොට දැකීමෙහි දක්ෂ වූ අපගේ යෝනක ධම්මරක්ඛිත මහරහතන් වහන්සේ එහි රැස්ව හුන් තිස්හත්දහසක් මනුෂ්‍යයන්ට දහම් අමාපැන් පොවා වදාළා.

36. **පුරිසානඤ්ච සහස්සඤ්ච - ඉත්ථියෝ ච තතෝ'ධිකා**
ඛත්තියානං කුලා යේව - නික්ඛමිත්වාන පබ්බජුං

පුරුෂයන් දහසකුත්, ඊටත් වැඩියෙන් ස්ත්‍රීනුත් රාජවංශිකයන්ගෙන් ම නික්මිලා ඇවිත් බුදු සසුනෙහි පැවිදි වුනා.

37. **මහාරට්ඨමිසී ගන්ත්වා - සෝ මහාධම්මරක්ඛිතෝ**
මහානාරදකස්සපව්හං - ජාතකං කථයී තහිං

මහාධම්මරක්ඛිත නමැති සංඝයාමීන් වහන්සේ මහාරාෂ්ට්‍ර ප්‍රදේශයට වැඩම කොට එහි දී වදාළේ මහා නාරදකස්සප යන ජාතක දේශනාව මුල් කරගත් ධර්මයකි.

38. **මග්ගඵලං පාපුණිංසු - චතුරාසීති සහස්සකා**
තේරසන්තු සහස්සානි - පබ්බජිංසු තදන්තිකේ

ඒ ධර්මය ඇසූ අසූ සාරදහසක් ජනයාට මාර්ගඵලාවබෝධය ඇති වුනා. දහතුන් දහසක් දෙනා උන්වහන්සේ ළඟ පැවිදි වුනා.

39. **ගන්ත්වාන යෝනවිසයං - සෝ මහාරක්ඛිතෝ ඉසි**
කාළකාරාම සුත්තන්තං - කථේසි ජනමජ්ඣගෝ

මහා රක්ඛිත නමැති සංඝයාමීන් වහන්සේ යෝනක දේශය හෙවත් ග්‍රීක දේශයට වැඩම කරලා එහි රැස් වූ ජනයාට භාග්‍යවතුන් වහන්සේගේ දේශනාවක් වන කාලාකාරාම සූත්‍රය මුල් කොට උතුම් ධර්මය වදාළා.

40. **පාණසත සහස්සානි - සහස්සානි ච සත්තති**
මග්ගඵලං පාපුණිංසු - දස සහස්සානි පබ්බජුං

එක් ලක්ෂ සැත්තෑදහසක් ජනයාට මාර්ගඵලාවබෝධය වුනා. දස දහසක් දෙනා පැවිදි බවට පත්වුනා.

41. **ගන්ත්වා චතුහි ථේරේහි - දේසේසි මජ්ඣිමෝ ඉසි**
හිමවන්තපදේසස්මිං - ධම්මචක්කප්පවත්තනං

මජ්ඣිම නැමැති සංඝයාමීන් වහන්සේ කස්සප ගොත්ත, මූලකදේව, දුන්දුභිස්සර, සහදේව යන රහතන් වහන්සේලා සමග හිමාල ප්‍රදේශයට වැඩම කළා. එහි රැස් වූ ජනයාට භාග්‍යවතුන් වහන්සේ විසින් වදාරණ ලද දම්සක් පැවතුම් සූත්‍ර දේශනාව මුල් කොට ධර්ම දේශනා කොට වදාළා.

42. **මග්ගඵලං පාපුණිංසු - අසීතිපාණකෝටියෝ**
විසුං තේ පඤ්චරට්ඨානි - පඤ්චථේරා පසාදයුං

අසූ කෙළක් සත්වයන් හට මාර්ගඵලාවබෝධය ඇති වුනා. එහි වැඩම කළ මහරහතන් වහන්සේලා පස් නම ඒ හිමවත් ප්‍රදේශයේ තිබූ රටවල් පහේම මිනිසුන්ව බුදු සසුන කෙරෙහි පැහැදෙව්වා.

43. **පුරිසසතසහස්සානි - ඒකේකස්සේව සන්තිකේ**
පබ්බජිංසු පසාදේන - සම්මාසම්බුද්ධ සාසනේ

ගෞතම සම්මා සම්බුදු සසුන කෙරෙහි පැහැදුන ඒ පුරුෂයෝ ලක්ෂය බැගින් එක් එක් තෙරුන් වහන්සේ ළඟ පැවිදි වුනා.

44. **සද්ධිං උත්තරථේරේන - සෝණත්ථේරෝ මහිද්ධිකෝ**
සුවණ්ණභූමිං අගමා - තස්මිං තු සමයේ පන

මහත් ඉර්ධිබලයෙන් යුක්ත වූ අපගේ සෝණ මහරහතන් වහන්සේ උත්තර මහරහතන් වහන්සේත් සමඟ සුවණ්ණ භූමියට වැඩම කළා.

45. **ජාතේ ජාතේ රාජගේහේ - දාරකේ රුද්දරක්ඛසී**
සමුද්දතෝ නික්ඛමිත්වා - භක්ඛිත්වා පන ගච්ඡති

ඒ දවස්වල එක්තරා රෞද්‍ර දිය රකුසියක් මහා සාගරෙන් ඇවිදින් රජගෙදර උපදින උපදින දරුවන් කාලා යනවා.

46. **තස්මිං ඛණේ රාජගේහේ - ජාතෝ හෝති කුමාරකෝ**
ථේරේ මනුස්සා පස්සිත්වා - රක්ඛසානං සහායකා

අපගේ රහතන් වහන්සේලා සුවණ්ණභූමියට වැඩිය අවස්ථාවේත් රජගෙදර කුමාරයෙක් උපන්නා. එතකොට අපගේ රහතන් වහන්සේලා ගැන මිනිස්සු සිතුවේ දිය රකුසන්ගේ යාළුවෝ කියලයි.

47. **ඉති චින්තිය මාරේතුං - සායුධා උපසංකමුං**
කිමේතන්තිව පුච්ඡිත්වා - ථේරා තේ ඒවමාහු තේ

එහෙම සිතලා උන්වහන්සේලාව ඝාතනය කරන්ට ආයුධත් අත ඇතිව ළඟට එළඹියා. එතකොට 'පින්වත්නි, මොකද ඔය අවිආයුධ අරගෙන අප දෙසට එල්ල කරගෙන එන්නේ?' කියලා රහතන් වහන්සේලා ඇහුවා. අහලා ඒ මිනිසුන්ට මෙහෙම කිව්වා.

48. **සමණා මයං සීලවන්තා - න රක්ඛසි සහායකා**
රක්ඛසී සා සපරිසා - නික්ඛන්තා හෝති සාගරා

"අපි කුරා කුහුඹියෙකුටවත් හිංසා නොකරන සිල්වත් ශ්‍රමණවරු. රකුසියගේ හිතවතුන් නොවේ" කියලා. එතකොට රකුසියත් පිරිවර සේනාවත් එක්ක සාගරයෙන් නික්මිලා ආවා.

49. **තං දිස්වාන මහාරාවං - විරවිංසු මහාජනා**
දිගුණේ රක්ඛසේ ථේරෝ - මාපයිත්වා භයානකේ

පිරිවර සහිත රකුසිය දුටු මහජනයා භීතියට පත්වෙලා මහා හඬින් කෑගැහුවා. අපගේ රහතන් වහන්සේලා ඉර්ධිබලයෙන් රකුසියගේ පිරිසට වඩා දෙගුණයක් වෙන්ට භයානක රකුසන්ව මැව්වා.

50. **තං රක්ඛසිං සපරිසං - පරික්ඛිපි සමන්තතෝ**
ඉදං ඉමේහි ලද්ධන්ති - මන්ත්වා භීතා පලායි සා

පිරිස සහිත රකුසිය ව හතර පැත්තෙන් ම වට කරගත්තා. එතකොට රකුසිය සිතුවේ අලුත් රකුසන් පිරිසක් මේ රට අල්ලාගෙන සිටින බවයි. ඒ රකුසන්ට භය වූ රකුසිය පිරිස සහිතව මුහුදට පලා ගියා.

51. **තස්ස දේසස්ස ආරක්ඛං - ඨපෙත්වාන සමන්තතෝ**
තස්මිං සමාගමේ ථේරෝ - බ්‍රහ්මජාලමදේසයි

අපගේ රහතන් වහන්සේලා ඒ රට හතරවටේ ම ආයෙමත් රකුසියට එන්ට බැරි විදිහට ආරක්ෂාව සැලැස්සුවා. රැස්ව සිටි මහාජනයාට භාග්‍යවතුන් වහන්සේ වදාරණ ලද බ්‍රහ්මජාල සූත්‍රය මුල් කොට දහම් දෙසා වදාළා.

52. **සරණේසු ච සීලේසු - අට්ඨංසු බහවෝ ජනා**
සට්ඨියා තු සහස්සානං - ධම්මාභිසමයෝ අහු

බොහෝ ජනතාව උතුම් තිසරණ සහිතව පන්සිල්හි පිහිටියා. සැටදහසක් ජනයාට ධර්මාවබෝධය ඇති වුනා.

53. **අඩ්ඪුඩ්ඪානි සහස්සානි - පබ්බජුං කුලදාරකා**
පබ්බජිංසු දියඩ්ඪන්තු - සහස්සං කුලධීතරෝ

කුල දරුවන් තුන්දහස් පන්සිය දෙනෙක් බුද්ධ ශාසනයේ පැවිදි වුනා. කුල දියණිවරු එක් දහස් පන්සියයක් පැවිදි වුනා.

54. **තතොප්පභුති සඤ්ජාතේ - රාජගේහේ කුමාරකේ**
නාමං කරිංසු රාජානෝ - සෝණුත්තර සනාමකේ

මේ සිදුවීමෙන් පස්සෙ රජවරු රජගෙදර උපදින පුත් කුමාරවරුන්ට අපගේ සෝණ උත්තර රහතන් වහන්සේලාගේ නම් ගෙන සෝණ, උත්තර කියා නම් තැබුවා.

55. **මහාදයස්සාපි ජිනස්ස කඩ්ඪනං**
විහාය පත්තං අමතං සුඛම්පි තේ

කරිංසු ලෝකස්ස හිතං තහිං තහිං
භවෙය්‍ය කෝ ලෝකහිතේ පමාදවාති.

මහා කාරුණික වූ අපගේ භාග්‍යවතුන් වහන්සේ පවා නිතර නිතර සමවැදීමෙන් වෙන් නොවී සිටි ඒ රහත්ඵල සමාපත්තිය නම් අමා සැපය විඳීම පවා අත්හරිමින් අපගේ රහතන් වහන්සේලා ඒ ඒ රට රාජ්‍යයන්ට වැඩම කොට ලෝක සත්වයාට බොහෝ කල් හිත සුව පිණිස කටයුතු සලසා වදාළා. එනිසා ලෝක සත්වයාට හිත සුව සලසන්ට කව්රු නම් ප්‍රමාද වෙත් ද!

සුජනප්පසාද සංවේගත්ථාය කතේ මහාවංසේ
නානාදේසපසාදෝ නාම ද්වාදසමෝ පරිච්ඡේදෝ.

සත්පුරුෂ ජනයන්ගේ ප්‍රසාදයත් සංවේගයත් ඇතිකරනු පිණිස කරන ලද මහාවංශයෙහි රහතන් වහන්සේලා විසින් නොයෙක් රටවල් බුදු සසුනට පැහැදවීම නම් වූ දොළොස්වෙනි පරිච්ඡේදයයි.

13

තේරසමෝ පරිච්ඡේදෝ

දහතුන්වෙනි පරිච්ඡේදය

මහින්දාගමනෝ

මිහිඳු මහරහතන් වහන්සේගේ වැඩමවීම

1. මහාමහින්දත්ථේරෝ සෝ - තදා ද්වාදසවස්සිකෝ
උපජ්ඣායේන ආණත්තෝ - සංඝේන ච මහාමතී

තුන්වන ධර්ම සංගායනාවෙන් පස්සේ රහතන් වහන්සේලා ඈත පිටිසර රටවලට පිටත් කොට යවන කාලයේ දී අපගේ මහා නුවණැති මහා මහින්ද මහරහතන් වහන්සේට උපසම්පදාව ලබා දොළොස් අවුරුද්දයි. උන්වහන්සේගේ උපාධ්‍යාය වූ මොග්ගලීපුත්ත තිස්ස මහරහතන් වහන්සේ විසිනුත් උතුම් සංඝ රත්නය විසිනුත් උන්වහන්සේට නියම කරනු ලැබුවේ ලංකාවට වඩින්ට යි.

2. ලංකාදීපං පසාදේතුං - කාලං පෙක්ඛං විචින්තයී
වුද්ධෝ මුටසිවෝ රාජා - රාජා හෝතු සුතෝ ඉති

එතකොට උන්වහන්සේ ගෞතම සම්මා සම්බුදු සසුන කෙරෙහි ලංකාද්වීපවාසීන් පහදවනු පිණිස ඊට සුදුසු කාලය බලාපොරොත්තුවෙන් සිටියා. "ලංකාවේ දැන් සිටින

මුටසීව රජ්ජුරුවෝ ඉතා මහලුයි නොවැ. ඔහුගේ පුත්‍ර වූ දේවානම්පියතිස්ස කුමරු ඊළඟට රජ බවට පත්වේවා!" යි සිතා වදාළා.

3. **තදන්තරේ ඤාතිගණං - දට්ඨුං කත්වාන මානසං**
උපජ්ඣායඤ්ච සංඝඤ්ච - වන්දිත්වා පුච්ඡ භූපතිං

ලංකා රාජ්‍යයේ අලුත් රජෙක් බිහිවෙන කාලය අතරතුර තමන් වහන්සේගේ නෑදෑයන් දකින්ට අදහස් කළා. ඒ සඳහා උපාධ්‍යායන් වහන්සේත් සංඝ රත්නයත් වැඳ අවසර ගෙන සිය පියාණන් වූ ධර්මාශෝකාධිරාජයාටත් දැනුම් දුන්නා.

4. **ආදාය චතුරෝ ථේරේ - සංඝමිත්තාය අත්‍රජං**
සුමනං සාමණේරඤ්ච - ඡළභිඤ්ඤං මහිද්ධිකං

කලින් සඳහන් කළ ඉට්ඨිය, උත්තිය, සම්බල, භද්දසාල යන රහතන් වහන්සේලා සතර නමත්, ෂඩ් අභිඤ්ඤාලාභී මහා ඉර්ධිමත් සුමන නමැති සාමණේරයන් වහන්සේත් කැටුව,

5. **ඤාතීනං සංගහං කාතුං - අගමා දක්ඛිණාගිරිං**
තතෝ තත්ථ චරන්තස්ස - ඡම්මාසා සමතික්කමුං

ඤාතීන්ට උපකාරී වන්ට රජගහ නුවර හරහා දක්ඛිණාගිරි ජනපදයට වැඩියා. ඉල් මාසයේ සිට බක් මාසය දක්වා පා ගමනින් වැඩි ඒ ගමනට හයමාසයක් ගත වුනා.

6. **කමේන වේදිසගිරිං - නගරං මාතුදේවියා**
සම්පත්වා මාතරං පස්සි - දේවී දිස්වා පියං සුතං

අනුක්‍රමයෙන් තමන් වහන්සේගේ මෑණියන් වූ දේවී කුමාරියගේ නගරය වන වේදිසගිරියට වැඩම කළා. මව් දේවිය තමන්ගේ ප්‍රිය පුත්‍රයන් වහන්සේව දැකලා,

7. **භෝජයිත්වා සපරිසං - අත්තනා යේව කාරිතං**
විහාරං වේදිසගිරිං - ථේරං ආරෝපයී සුභං

සඟ පිරිස සහිත උන්වහන්සේට ප්‍රණීත ඛාද්‍යභෝජ්‍යයන් වළඳවලා තමන් විසින් ම කරවන ලද සුන්දර වූ වේදිසගිරි විහාරය පිහිටි පර්වතයට නැංගෙව්වා.

8. **අවන්තිරට්ඨං භුඤ්ජන්තෝ - පිතරා දින්නමත්තනෝ**
සෝ අසෝක කුමාරෝ හි - උජ්ජේනීගමනා පුරා

එකල තමන්ගේ පියරජුන් වන බින්දුසාර මහරජ්ජුරුවන් විසින් ධර්මාශෝක කුමාරයාට යුවරජ තනතුරු දීලා අවන්ති රට භාර දුන්නා. ඉතින් අශෝක යුවරජු අවන්ති රටට යන ගමන් එහි නගරය වන උජ්ජේනි නුවරට යන්ට කලින්,

9. **වේදිසේ නගරේ වාසං - උපගන්ත්වා තහිං සුභං**
දේවින්නාම ලභිත්වාන - කුමාරිං සෙට්ඨිධීතරං

වේදිසගිරි නගරයේ දේව නම් සිටුවරයාගේ මාළිගයේ නවාතැන් ගත්තා. ඒ සිටුතුමාට දේවී කුමාරිය නම් ඉතා ශෝභාසම්පන්න දියණියක් සිටියා.

10. **සංවාසං තාය කප්පේසි - ගබ්භං ගණ්හිය තේන සා**
උජ්ජේනියං කුමාරං තං - මහින්දං ජනයී සුභං

දේවී කුමරිය දුටු අශෝක යුවරජුට ඈ පිළිබඳ සිතක් ඇතිවුනා. තම සිතෙහි හට ගත් කරුණ සිටුතුමාට දැනුම් දුන්විට ඔවුන් තම දියණිය අශෝක යුවරාජ කුමාරයාට සරණපාවා දුන්නා. අශෝක කුමරු නිසා දේවී කුමාරියගේ කුසින් උදේනි නුවරදී ඉතා සොඳුරු වූ මිහිඳු කුමාරයා උපන්නා.

11. **වස්සද්වයමතික්කම්ම - සංඝමිත්තඤ්ච ධීතරං**
තස්මිං කාලේ වසති සා - වේදිසේ නගරේ තහිං

පුතු ලැබී වසර දෙකක් ගත වූ විට දේවී කුමරියට සංඝමිත්තා නමින් දියණියකුත් ලැබුනා. අශෝක කුමරු පාටලීපුත්‍රයේ රජකමට පත් වෙද්දී දේවී කුමාරිය තම දරුවන් දෙදෙනා පාටලීපුත්‍රයේ දරුවන්ගේ පියාණන් ළඟට පිටත් කෙරෙව්වා. ඈ දිගට ම වේදිසා නගරයේ සිටු මැදුරේ ම වාසය කළා.

12. **ථේරෝ තත්ථ නිසීදිත්වා - කාලඤ්ඤූ ඉති චින්තයි**
පිතරා මේ සමාණත්තං - අභිසේක මහුස්සවං

අනාගතයේ සිදුවන දේ පිළිබඳ සුදුසු කාලය දන්නා අපගේ මිහිඳු මහරහතන් වහන්සේ වේදිසගිරි විහාරයේ වැඩ හිඳ මේ විදිහට සිතින් අධිෂ්ඨාන කොට වදාළා. "මාගේ පිය රජ්ජුරුවන්ගේ මෙහෙය වීමෙන් සිදු කෙරෙන දෙවන අභිෂේකෝත්සවය,

13. **දේවානංපියතිස්සෝ සෝ - මහාරාජා'නුභෝතු ච**
වත්ථුත්තයගුණේ චාපි - සුත්වා ජානාතු දූතතෝ

ඒ දේවානම්පියතිස්ස මහරජ්ජුරුවෝ අනුභව කරත්වා! පියරජුන් විසින් යවන දූතයන්ගෙන් තුණුරුවන්ගේ ගුණ අසා දැන ගනිත්වා!

14. **ආරෝහතු මිස්සනගං - ජෙට්ඨමාසස්සු'පෝසථේ**
තදහේව ගමිස්සාම - ලංකාදීපවරං මයං

ඒ දෙවනපෑතිස් රජු ලබන පොසොන් පොහෝ දිනයේ මිස්සක නමැති පර්වතයට නගීවා! ඒ දවසේ ම අපි උත්තම ලංකාද්වීපයට යන්ට ඕනෑ" කියලා අධිෂ්ඨාන කළා.

15. **මහින්දෝ උපසංකම්ම - මහින්දත්ථේර මුත්තමං**
යාහි ලංකං පසාදේතුං - සම්බුද්ධේනා'සි ව්‍යාකතෝ

එතකොට මහාඉන්ද්‍ර නැමැති සක් දෙව්රජුන් අපගේ උත්තම වූ මිහිඳු මහරහතන් වහන්සේ වෙත පැමිණියා.

"සම්බුදු සසුන කෙරෙහි පහදවන්ට ලංකාවට වඩින්ට ස්වාමීනී, අපගේ සම්බුදුරජාණන් වහන්සේත් ලංකාවෙහි බුදු සසුන ඔබවහන්සේ විසින් පිහිටුවන බවට පිරිනිවන් පානා අවස්ථාවේදී අපට වදාළා.

16. මයම්පි තත්ථුපත්ථම්හා - භවිස්සාමා'ති අබ්‍රවි
දේවියා භගිනී ධීතු - පුත්තෝ භණ්ඩුක නාමකෝ

අපිත් ලක්දිව බුදු සසුනට පැහැදීම සම්බන්ධයෙන් ඔබවහන්සේලාට උපකාරී වෙන්නම්" යනුවෙන් කියා සිටියා. ඒ වගේ ම මිහිඳු මහරහතන් වහන්සේගේ මෑණියන්ගේ සහෝදරියගේ දුවට භණ්ඩුක නමින් පුත් කුමාරයෙක් සිටියා.

17. ථේරේන දේවියා ධම්මං - සුත්වා දේසිතමේව තු
අනාගාමිඵලං පත්වා - වසි ථේරස්ස සන්තිකේ

මිහිඳු මහරහතන් වහන්සේ තම මෑණියන් වූ දේවී කුමාරියට වදාළ ධර්මයට සවන් දීමෙන් භණ්ඩුක කුමාරයා අනාගාමී ඵලයට පත්ව අපගේ මහරහතන් වහන්සේ ළඟම වාසය කළා.

18. තත්ථ මාසං වසිත්වාන - ජෙට්ඨමාසස්සුපෝසථේ
ථේරෝ චතූහි ථේරේහි - සුමනේනා'ථ භණ්ඩුනා

මිහිඳු මහරහතන් වහන්සේ වේදිසගිරි විහාරයේ මාසයක් වාසය කළා. පොසොන් පුර පසළොස්වක පොහෝ දවසක අපගේ මිහිඳු මහරහතන් වහන්සේ තම ශිෂ්‍ය භික්ෂූන් වන රහතන් වහන්සේලා සතර නමත්, සුමන නැමැති සාමණේර රහතන් වහන්සේත් යන සඟපිරිසත් කැටුව අනාගාමී උපාසකයෙක් වන භණ්ඩුක යන

19. සද්ධිං තේන ගහට්ඨේන - න රතෝ ඤාතිහේතුනා
තස්මා විහාරා ආකාසං - උග්ගන්ත්වා සෝ මහිද්ධිකෝ

ගිහි කෙනාත් ගමනට කැඳවා ගත්තේ තමන්

මනුෂ්‍යයන් බව පෙන්වා දෙන්ට යි. ඉතින් ඥාතීන් කෙරෙහි බැඳීම් නැති ඒ මහා ඉර්ධිමත් මහින්ද මහරහතන් වහන්සේ වේදිසගිරි විහාරයෙන් අහසට පැන නැංගා.

20. **ඛණේනේව ඉධාගම්ම - රම්මේ මිස්සක පබ්බතේ**
අට්ඨාසි සීලකූටම්හි - රුචිරම්බත්ථලේ වරේ

ඒ සියලු පිරිවර සමගින් අපගේ ලංකාද්වීපයට වැඩම කොට රම්‍ය වූ මිස්සක පර්වතයෙහි ඉතා සිත්කළු වූ උතුම් වූ අම්බස්ථල ගල්කුළ මත වැඩ සිටි සේක.

21. **ලංකාපසාදනගුණේන වියාකතෝ සෝ**
ලංකාහිතාය මුනිනා සයිතේන අන්තේ
ලංකාය සත්ථුසදිසෝ හිතහේතු තස්සා
ලංකාමරූහි මහිතෝ'භිනිසීදි තත්ථාති.

ලංකාව කෙරෙහි හිතානුකම්පී වූ අපගේ ශාක්‍ය මුනීන්ද්‍රයාණන් වහන්සේ විසින් පිරිනිවන් පාන අවස්ථාවේ යහන මත සැතපී සිට ලංකාදීප ප්‍රසාදක ගුණයෙන් යුතු මිහිඳු මහරහතන් වහන්සේ ගැන වදාළා. ලංකාවට ශාස්තෲන් වහන්සේ බඳු අපගේ මිහිඳු මහරහතන් වහන්සේ ලංකාවැසි දෙවියන්ගෙන් පිදුම් ලබමින් ලංකාවේ යහපත උදෙසා එහි වැඩ වදාළා. මෙය අප භාග්‍යවතුන් වහන්සේ පිරිනිවන් පා දෙසිය තිස් හයවෙනි වර්ෂයයි.

සුජනප්පසාදසංවේගත්ථාය කතේ මහාවංසේ
මහින්දාගමනෝ නාම තේරසමෝ පරිච්ඡේදෝ.

සත්පුරුෂ ජනයන්ගේ ප්‍රසාදයත් සංවේගයත් ඇතිකරනු පිණිස කරන ලද මහාවංශයෙහි මිහිඳු මහරහතන් වහන්සේගේ වැඩමවීම නම් වූ දහතුන්වෙනි පරිච්ඡේදය යි.

14

චුද්දසමෝ පරිච්ඡේදෝ

දහහතරවෙනි පරිච්ඡේදය

නගරප්පවේසනෝ

මිහිඳු මහරහතන් වහන්සේ අනුරාධපුර නගරයට වැඩමවීම

1. දේවානංපියතිස්සෝ සෝ - රාජා සලිලකීළිතං
දත්වා නගරවාසීනං - මිගවං කීළිතුං අගා

අපගේ ඒ දේවානම්පියතිස්ස රජ්ජුරුවෝ එදා පොසොන් පොහෝ දා අනුරාධපුර නගරවැසියන්ට ජලක්‍රීඩා උත්සව කරන්ට නියම කළා. එසේ නියම කොට තමන් මුව දඩයමට ගියා.

2. චත්තාලීසසහස්සේහි - නරේහි පරිවාරිතෝ
ධාවන්තෝ පදසායේව - අගමා මිස්සකං නගං

හතළිස් දහසක් මිනිසුන් පිරිවරාගෙන පා ගමනින් ම දුවගෙන යද්දී මිස්සක පර්වතයට ගියා.

3. ථේරේ දස්සේතුමිච්ඡන්තෝ - දේවෝ තස්මිං මහීධරේ
ගුම්භංභක්ඛයමානෝව - අට්ඨා ගෝකණ්ණරූපවා

එතකොට ඒ පර්වතයෙහි අධිගෘහිත දෙවියෙක් රහතන් වහන්සේලාව රජ්ජුරුවන්ට පෙන්වන්ට ඕනෑ නිසා ගෝණෙකුගේ වේශයෙක් මවාගෙන තණ පඳුරක් කමින් සිටින ආකාරයක් පෙන්නුම් කළා.

4. **රාජා දිස්වා පමත්තං තං - න යුත්තං විජ්ඣිතුං ඉති**
ජියාසද්දමකා ධාවි - ගෝකණ්ණෝ පබ්බතන්තරං

ගොදුරු කන නිසා වටපිට බලන්ට ප්‍රමාද වී සිටින සතාට ඊතලයෙන් විදින එක සුදුසු නෑ කියා සිතූ අපගේ දේවානම්පියතිස්ස රජ්ජුරුවෝ දුන්නේ ලනුව ගස්සලා ශබ්ද කළා. ගෝණා පර්වතය පැත්තට දිව්වා.

5. **රාජා'නුධාවි සෝ ධාවං - ථේරානං සන්තිකං ගතෝ**
ථේරේ දිට්ඨේ නරින්දේන - සයමන්තරධායි සෝ

රජ්ජුරුවෝ ගෝණා පස්සෙන් ලුහුබැන්දා. එතකොට ගෝණා රහතන් වහන්සේලා වැඩ සිටි තැනට දිව්වා. රජ්ජුරුවන්ට අපගේ රහතන් වහන්සේලාව දකින්ට ලැබුනු ගමන් ගෝණ වෙස් ගෙන සිටි ඒ දෙවියා නොපෙනී ගියා.

6. **ථේරෝ බහූසු දිට්ඨේසු - අතිභායිස්සතී තිසෝ**
අත්තානමේව දස්සේසි - පස්සිත්වා තං මහීපති

අපගේ මිහිඳු මහරහතන් වහන්සේ සිතුවේ බොහෝ දෙනෙක්ව එක්වරම දකින්ට ලැබුනොත් රජ්ජුරුවෝ බොහෝ භයට පත්වේවි කියලයි. ඒ නිසා තමන් වහන්සේව පමණක් පෙනෙන්ට සැලැස්සුවා. රජ්ජුරුවෝ අපගේ රහතන් වහන්සේව දැකලා,

7. **භීතෝ අට්ඨාසි තං ථේරෝ - ඒහි තිස්සාති අබ්‍රවි**
තිස්සාති වචනේනේව - රාජා යක්ඛෝති චින්තයී

හොඳටෝ ම භය වුනා. අප රහතන් වහන්සේ 'තිස්සයෙනි, එන්න' කියා වදාළා. 'තිස්සයෙනි' කියා

රජ්ජුරුවන්ගේ නමින් ම අමතා කතා කළ නිසා රජ්ජුරුවෝ සිතුවේ යකෙක් ම කියලා.

8. **සමණා මයං මහාරාජ - ධම්මරාජස්ස සාවකා**
තවේව අනුකම්පාය - ජම්බුදීපා ඉධාගතා

"මහරජ්ජුරුවෙනි, අපි ශ්‍රමණයෝ. ධර්මරාජයාණන් වහන්සේගේ ශ්‍රාවකයන්. ඔබ කෙරෙහි අනුකම්පාවෙන් ම යි දඹදිව සිට මෙහි ආවේ" කියලා.

9. **ඉච්චාහ ථේරෝ තං සුත්වා - රාජා වීතභයෝ අහු**
සරිත්වා සඛිසන්දේසං - සමණා ඉති නිච්ඡිතෝ

අපගේ මහරහතන් වහන්සේ මෙය වදාළා. එය ඇසූ රජ්ජුරුවන්ගේ භය නැතිව ගියා. තම මිත්‍ර ධර්මාශෝක නරේන්ද්‍රයන් එවූ හසුනෙහි තිබූ කරුණ මතක් වෙලා ශ්‍රමණයෝ ම ය කියලා නිශ්චයකට පැමිණියා.

10. **ධනුං සරඤ්ච නික්ඛිප්ප - උපසංකම්ම තං ඉසිං**
සම්මෝදමානෝ ථේරේන - සෝ නිසීදි තදන්තිකේ

ඔසොවාගෙන සිටිය දුනු ඊතල පසෙකට දැම්මා. අපගේ මිහිඳු මහ ඍෂීන් වහන්සේ වෙත පැමිණියා. මහරහතන් වහන්සේ සමඟ සතුටු කතාබහ කොට උන්වහන්සේ ළඟින් වාඩි වුනා.

11. **තදා තස්ස මනුස්සා තේ - ආගම්ම පරිවාරයුං**
තදා සේසේ ඡ දස්සේසි - මහාථේරෝ සහාගතේ

එතකොට රජ්ජුරුවන්ගේ මිනිස්සු ඇවිත් වටේට පිරිවරා ගත්තා. ඒ අවස්ථාවේ මහරහතන් වහන්සේ තමන් සමග පැමිණි ඉතිරි සය දෙනා පෙනෙන්ට සැලැස්සුවා.

12. **තේ දිස්වා අබ්‍රවී රාජා - කදා මේ ආගතා ඉති**
මයා සද්ධිංති ථේරේන - වුත්තේ පුච්ඡි ඉදං පුන

ඒ පිරිස දුටු රජ්ජුරුවෝ 'මේ ඇත්තෝ ආවේ කවද්ද?' කියලා ඇසුවා. 'මාත් සමගයි මේ පිරිස ආවේ' කියා අපගේ මහරහතන් වහන්සේ වදාළා. එතකොට රජ්ජුරුවෝ නැවතත්,

13. **සන්ති ඊදිසකා අඤ්ඤේ - ජම්බුදීපේ යතී ඉති**
ආහ කාසාවපජ්ජෝතෝ - ජම්බුදීපෝ තහිං පන

'මේ විදිහේ තවත් යතිවරයන් වහන්සේලා දඹදිව ඉන්නවාද?' කියලා ඇහැව්වා. 'රජ්ජුරුවෙනි, දඹදිව කසාවත් පෙරවූ මෙබඳු ශ්‍රමණයන්ගෙන් බබලනවා. එහි,

14. **තේවිජ්ජා ඉද්ධිප්පත්තා ච - චේතෝපරියකෝවිදා**
දිබ්බසෝතා'රහන්තෝ ච - බහූ බුද්ධස්ස සාවකා

ත්‍රිවිද්‍යා ලැබූ අය, ඉර්ධිබල ලැබූ අය, අනුන්ගේ සිත් දන්නා අය, දිවකනින් අසන්ට පුළුවන් අය, රහතන් වහන්සේලා ආදී බුදුරජාණන් වහන්සේගේ බොහෝ ශ්‍රාවකයන් වැඩ ඉන්නවා' කියලා පහදලා දුන්නා.

15. **පුච්ඡි කේනා'ගතත්ථාති - න ථලේන න වාරිනා**
ආගතම්හා'ති වුත්තේ සෝ - විජානි නභසාගමං

'එතකොට ඔබවහන්සේලා මොකෙන්ද මෙහි වැඩියේ?' කියලා ඇසුවා. 'අප ගොඩබිමෙන් ආවෙත් නෑ. ජලයෙන් ආවෙත් නෑ' කියලා අප මහරහතන් වහන්සේ පිළිතුරු දුන්නා. එතකොට 'එහෙම නම් මුන්වහන්සේලා අහසින් වැඩලා තියෙන්නෙ' කියලා රජ්ජුරුවෝ තේරුම් ගත්තා.

16. **වීමංසං සෝ මහාපඤ්ඤෝ - සණ්හං පඤ්හමපුච්ඡි තං**
පුට්ඨෝ පුට්ඨෝ වියාකාසි - තං තං පඤ්හං මහීපති

අපගේ මහාප්‍රාඥ වූ මිහිඳු මහරහතන් වහන්සේ දෙවනපෑතිස් රජ්ජුරුවන්ගේ ඤාණවන්ත භාවය විමසන්ට ඔහුගෙන් ප්‍රශ්න අසා වදාළා. ඒ ඇසූ ඇසූ සෑම ප්‍රශ්නයට ම රජ්ජුරුවෝ පිළිතුරු දුන්නා.

17. **රුක්ඛෝ'යං රාජ කින්නාමෝ - අම්බෝ නාම අයං තරු**
ඉමං මුඤ්චිය අත්ථ'ම්බෝ - සන්ති අම්බතරූ බහූ

"රජ්ජුරුවෙනි, මේ වෘක්ෂයේ නම මොකක්ද?" "මේ වෘක්ෂය අඹ නම් වෙයි" "මේ අඹ රුක හැර තව අඹ ගස් තියෙනවාද?" "තව බොහෝ අඹ ගස් තියෙනවා."

18. **ඉමඤ්ච අම්බං තේ ච'ම්බේ - මුඤ්චිය'ත්ථි මහීරුහා**
සන්ති භන්තේ බහූ රුක්ඛා - අනම්බා පන තේ තරූ

"මේ අඹ ගසත් හැර, ඒ අඹ ගසුත් හැර වෙනත් වෘක්ෂයෝ තියෙනවාද?" "බොහෝ වෘක්ෂයන් තියෙනවා ස්වාමීනී, හැබැයි ඒවා අඹ නම් නොවේ."

19. **අඤ්ඤේ අම්බේ අනම්බේ ච - මුඤ්චිය'ත්ථි මහීරුහා**
අයං භන්තේ අම්බරුක්ඛෝ - පණ්ඩිතෝ'සි නරිස්සර

"ඒ අඹ ගසුත්, අඹ නොවන ගසුත් අත්හල විට වෙනත් ගස් තියෙනවාද?" "ඇයි ස්වාමීනී, මේ අඹ රුක!" රජ්ජුරුවෙනි, තෙපි නුවණැත්තෙක් නොවැ."

20. **සන්ති තේ ඤාතකා රාජ - සන්ති භන්තේ බහුජ්ජනා**
සන්ති අඤ්ඤාතකා රාජ - සන්ති තේ ඤාතිතෝ බහූ

"රජ්ජුරුවෙනි, තොපට නෑදෑයෝ ඉන්නවාද?" "ස්වාමීනී, බොහෝ දෙනෙක් ඉන්නවා" "එතකොට රජ්ජුරුවෙනි, නෑදෑ නොවන අයත් ඉන්නවාද?" "නෑදෑයන් නොවන අයත් බොහෝ ඉන්නවා."

21. **ඤාතකේ තේ ච අඤ්ඤේ ච - මුඤ්චිය'ඤ්ඤෝ'පි අත්ථී නු**
හන්තේ'හමේව සාධු ත්වං - පණ්ඩිතෝ'සි නරිස්සර

"නෑදෑයෝත්, නෑයින් නොවන ඒ උදවියත් අත්හළ විට තව කවුරුවත් ඉන්නවාද?" "ස්වාමීනී, මම ඉන්නවා නොවැ" "ඉතා හොඳයි, රජ්ජුරුවෙනි, තෙපි නුවණැතියෙක්."

22. **පණ්ඩිතෝ'ති විදිත්වාන - චූළහත්ථිපදෝපමං**
සුත්තන්තං දේසයී ථේරෝ - මහීපස්ස මහාමතී

අපේ මහා නුවණැති මිහිඳු මහරහතන් වහන්සේ රජ්ජුරුවෝ නුවණැතියෙක් බව වටහාගෙන, රජ්ජුරුවන්ට භාග්‍යවතුන් වහන්සේ වදාළ චූළ හත්ථිපදෝපම සූත්‍රය මුල්කොට ධර්ම දේශනාව වදාළා.

23. **දේසනාපරියෝසානේ - සද්ධිං තේහි නරේහි සෝ**
චත්තාලීසසහස්සේහි - සරණේසු පතිට්ඨහි

ඒ ධර්මදේශනාව අවසන් වූ විට ඒ සතළිස් දහසක් වූ පිරිවර මිනිසුන් සමඟ රජ්ජුරුවෝ තෙරුවන් සරණෙහි පිහිටියා.

24. **භත්තාභිහාරං සායන්හේ - රඤ්ඤෝ අභිහරුං තදා**
න භුඤ්ජිස්සන්ති'දානි'මේ - ඉති ජානම්පි භූපති

ඒ අවස්ථාවේ සේවකයෝ සවස් යාමයෙහි වැළඳිය යුතු රාජභෝජන පිළියෙල කරගෙන රජ්ජුරුවන් වෙත ගෙනාවා. චූළ හත්ථිපදෝපම සූත්‍රයෙහි සඳහන් පිරිදි භික්ෂූන් වහන්සේලා විකාල භෝජනය නොවළඳන බව ඇසූ හෙයින්, මුන්වහන්සේලා මේ වෙලාවට නොවළඳින බව රජ්ජුරුවෝ දන්නා නමුත්,

25. **පුච්ඡිතුං යේව යුත්තන්ති - භත්තේනා'පුච්ඡිතේ ඉසී**
න භුඤ්ජාම ඉදානී'ති - වුත්තේ කාලඤ්ච පුච්ඡි සෝ

ඇසීම යුතුකමක් ය කියා සිතා ඒ රහත් ඉර්ෂීන් වහන්සේලාගෙන් දැන් බත් වළඳින සේක් දැයි ඇසුවා. 'දැන් අප බත් වළඳින වේලාව නොවේය කියා අපගේ මහරහතන් වහන්සේ වදාළා. එතකොට රජ්ජුරුවෝ දන් වැළඳීමට කැප වේලාව ගැන උන්වහන්සේගෙන් විස්තර ඇසුවා.

26. **කාලං වුත්තේ'බ්‍රවි ඒවං - ගච්ඡාම නගරං ඉති**
තුවං ගච්ඡ මහාරාජ - වසිස්සාම මයං ඉධ

දන් වැළඳීමට කැප වූ කාලය වදාළ විට 'එහෙනම් ස්වාමීනී, අපි නගරයට යමු නේද?' කියා ඇසුවා. 'මහරජ්ජුරුවෙනි, ඔබ යනු මැනවි. අපි මෙහි වාසය කරන්නම්.'

27. **ඒවං සති කුමාරෝ'යං - අම්හේහි සහ ගච්ඡතු**
අයඤ්හි ආගතඵලෝ - රාජ විඤ්ඤාතසාසනෝ

'එහෙමනම් මේ කුමාරයා අපත් සමග යන්ට පැමිණේවා!' "රජ්ජුරුවෙනි, මේ කුමාරයා බුද්ධ ශාසනය ගැන හොඳාකාරව දන්නවා. එහි ප්‍රතිඵල ලබා සිටිනා කෙනෙක්.

28. **අපෙක්ඛමානෝ පබ්බජ්ජං - වසත'ම්හාකමන්තිකේ**
ඉදානි පබ්බාජෙස්සාම - ඉමං ත්වං ගච්ඡ භූමිප

පැවිදි වීමේ අපේක්ෂාවෙනුයි අප ළඟ වාසය කරන්නේ. අපි දැන් මොහු පැවිදි කරන්ටයි යන්නේ. එනිසා රජ්ජුරුවෙනි, ඔබතුමා යන්ට."

29. **පාතෝ රථං පේසයිස්සං - තුම්හේ තත්ථ ඨිතා පුරං**
යාථා'ති ථේරේ වන්දිත්වා - භණ්ඩුං නෙත්වේ'කමන්තකං

"එසේ නම් ස්වාමීනී, හෙට උදෙන් රථය එවන්නම්. ඔය සිටින නුඹවහන්සේලා ඒ රථයෙන් නගරයට වඩිනු මැනව" කියා රජ්ජුරුවෝ අපගේ මිහිඳු මහරහතන් වහන්සේ ප්‍රමුඛ සංඝයාට වන්දනා කොට භණ්ඩුක කුමාරයාව පසෙකට කැඳෙව්වා.

30. **පුච්ඡි ථේරාධිකාරං සෝ - රඤ්ඤෝ සබ්බමභාසි සෝ**
ථේරං ඤත්වාති තුට්ඨෝ සෝ - ලාභා මේ ඉති චින්තයි

මිහිඳු මහරහතන් වහන්සේ පිළිබඳ විස්තර ඇසුවා. එතකොට භණ්ඩුක කුමාරයා සියලු විස්තර රජ්ජුරුවන්ට කිව්වා. ඒ විස්තරවලින් මිහිඳු මහරහතන් වහන්සේ ධර්මාශෝක නිරිඳුන් සමඟ ඇති සම්බන්ධය ආදිය දැනගෙන

ජනයාගේ යහපත පිණිස තව තවත් කටයුතු කළ හැකි බවත් දැන අතිශයින්ම සතුටට පත්වුනා. මෙය මට මහත් ලාභයක් ය කියා කල්පනා කළා.

31. **භණ්ඩුස්ස ගිහිභාවේන - ගතාසංකෝ නරිස්සරෝ**
අඤ්ඤාසි නරභාවං සෝ - පබ්බාජේම ඉමං ඉති

භණ්ඩුක කුමාරයාගේ තිබුනු ගිහියෙකුගේ සලකුණු නිසා සැක සංකා නැතිව සිටි රජ්ජුරුවෝ මේ අය මනුෂ්‍යයන් බව තේරුම් ගත්තා. අපි මේ කුමාරයාව පැවිදි කරන්ට ඕනෑ කියලා,

32. **ථේරෝ තං ගාමසීමායං - තස්මිං යේව ඛණේ අකා**
භණ්ඩුකස්ස කුමාරස්ස - පබ්බජ්ජමුපසම්පදං

ඒ අවස්ථාවේදී ම මහරහතන් වහන්සේ ඒ ගම් සීමාවේ දී ඒ සඟ පිරිස අතර දී ම භණ්ඩුක කුමාරයාට පැවිද්දත් උපසම්පදාවත් ලබාදුන්නා.

33. **තස්මිං යේව ඛණේ සෝ ච - අරහත්තමපාපුණි**
සුමනං සාමණේරං තං - ථේරෝ ආමන්තයී තතෝ

පැවිදි වූ සැණින් ආයුෂ්මත් භණ්ඩුකයන් වහන්සේ අර්හත්වයට පත්වුනා. එතකොට අපගේ මිහිඳු මහරහතන් වහන්සේ සුමන රහතන් සාමණේරයන් වහන්සේ අමතා වදාළා.

34. **ධම්මසවණකාලං ත්වං - සෝසේහී'ති අපුච්ඡි සෝ**
සාවෙන්තෝ කිත්තකං ඨානං - භන්තේ සෝසේමහං ඉති

'සුමනයෙනි, දැන් බණ අසන්ට කාලයයි. එය හඬ නගා දැනුම් දෙව' 'ස්වාමීනී, කොපමණ දුරක් දක්වා හඬ නගා අස්සවන්ට ද?' කියා ඇසූ විට,

35. **සකලං තම්බපණ්ණී'ති - වුත්තේ ථේරේන ඉද්ධියා**
සාවෙන්තෝ සකලං ලංකං - ධම්මකාලමඝෝසයී

'මුළු තම්බපණ්ණියට ම ඇසෙන්ට' යි අප මිහිඳු මහරහතන් වහන්සේ වදාළ විට සුමන සාමණේරයන් වහන්සේ ඉර්ධි බලයෙන් මුළු ලංකාවට ඇසෙන පරිදි හඬ නගා ධර්ම ශ්‍රවණ කාලය යි' කියලා දැනුම් දුන්නා.

36. රාජා නාගචතුක්කේ සෝ - සොණ්ඩිපස්සේ නිසීදිය
භුඤ්ජන්තෝ තං රවං සුත්වා - ථේරන්තිකමපේසයි

බටහිර පැත්තේ නාග පොකුණ අසල වාඩි වී බොජුන් වළඳමින් සිටි දෙවනපෑතිස් රජ්ජුරුවන්ට සුමන සාමණේරයන් ඉර්ධියෙන් කළ ඝෝෂාව ඇසිලා අපගේ මහරහතන් වහන්සේ ළඟට ඇමතියන් යැව්වා.

37. උපද්දවෝ නු අත්ථීති - ආහ නත්ථි උද්දවෝ
සෝතුං සම්බුද්ධවචනං - කාලෝ සෝසාපිතෝ ඉති

ඔවුන් ගිහින් 'මොකුත් කරදරයක් වත් දැයි' ඇසුවා. කිසි උපද්‍රවයක් නැති බවත් සම්බුදු රජාණන් වහන්සේගේ උතුම් වචනයන් අස්සවන්ට කාලය බව හඬ නගා දෙවියන්ට දැනුම් දීමක් කළ බවත් අප මහරහතන් වහන්සේගෙන් පිළිතුරු ලැබුනා.

38. සාමණේරරවං සුත්වා - භුම්මා දේවා අඝෝසයුං
අනුක්කමේන සෝ සද්දෝ - බ්‍රහ්මලෝකං සමාරුහි

සාමණේරයන් වහන්සේගේ හඬ නගා දැනුම් දීම ඇසූ භූමාටු දෙවිවරුන් එය ම හඬ නගා දැනුම් දුන්නා. මෙසේ අනුක්‍රමයෙන් එසේ හඬ නගා දැනුම් දීමේ ශබ්දය බ්‍රහ්ම ලෝකය දක්වා පැතිර ගියා.

39. තේන සෝසේන දේවානං - සන්නිපාතෝ මහා අහු
සමචිත්තසුත්තං දේසේසි - ථේරෝ තස්මිං සමාගමේ

කල් දැනුම් දීම පිණිස හඬ නගා කළ ඒ දැනුම් දීමෙන් මහා දෙව් පිරිසක් රැස්වුනා. එසේ රැස් වූ ඒ මහා

දෙව් පිරිසට අපගේ මිහිඳු මහරහතන් වහන්සේ අපගේ ධර්ම සේනාධිපතීන් වහන්සේ වදාළ දෙසුමක් වන සමචිත්තපරියාය සූත්‍රය මුල් කොට ධර්ම දේශනාව වදාළා.

40. **අසංඛියානං දේවානං - ධම්මාභිසමයෝ අහු**
බහූ නාගා සුපණ්ණා ච - සරණේසු පතිට්ඨහුං

අසංඛෙය්‍ය ගණන් දෙවිවරුන්ට ධර්මාවබෝධය ඇති වුනා. බොහෝ දිව්‍ය නාගයෝ, දිව්‍ය ගරුඬාදීන් ද තෙරුවන් සරණයෙහි පිහිටියා.

41. **යථේදං සාරිපුත්තස්ස - සුත්තං ථේරස්ස භාසතෝ**
තථා මහින්දත්ථේරස්ස - අහූ දේවසමාගමෝ

එදා අපගේ ධර්මසේනාධිපති සාරිපුත්ත මහරහතන් වහන්සේ මෙම සමචිත්ත පරියාය සූත්‍ර දේශනාව වදාරණ අවස්ථාවේ රැස් වූ මහා දෙව් පිරිස සෙයින් අප මිහිඳු මහරහතන් වහන්සේත් මෙම දෙසුම වදාරද්දී මහා දෙව් පිරිසක් රැස්වුනා.

42. **රාජා පභාතේ පාහේසි - රථං සාරථී සෝ ගතෝ**
ආරෝහථ රථං යාම - නගරං ඉති තේ'බ්‍රවි

රජ්ජුරුවෝ එදා රෑ එළිවුනාට පස්සේ තෙරුන් වහන්සේලා වඩම්මවන්ට රථය පිටත් කළා. රියැදුරාත් එතැනට ගිහින් 'රථයට ගොඩවනු මැනව. අපි නගරයට යන්ට ඕනෑ' කියලා කිව්වා.

43. **නාරෝහාම රථං ගච්ඡ - ගච්ඡාම තව පච්ඡතෝ**
ඉති වත්වාන පේසෙත්වා - සාරථිං සුමනෝරථං

'අපි රථයට ගොඩ වෙන්නේ නෑ. ඔබ යන්න. අපි ඔබට පසුව එන්නම්' කියා රියැදුරාව ආපසු පිටත් කෙරෙව්වා. හොඳින් දියුණු කරගත් සිත් නමැති රථ ඇති,

44. වේහාසමබ්භුගන්ත්වා - තේ නගරස්ස පුරත්ථතෝ
පඨමත්ථූපඨානම්හි - ඕතරිංසු මහිද්ධිකා

අපගේ මහා ඉර්ධිමත් රහතන් වහන්සේලා අහසට පැන නැගී නගරයට නැගෙනහිරින් පොළවට ගොඩ බැස්සා. 'පඨමක චෛත්‍යය' පිහිටා තියෙන්නේ එතැනයි.

45. ථේරේහි පඨමෝතිණ්ණට්ඨානම්හි කතචේතියං
අජ්ජාපි වුච්චතේ තේන - ඒවං පඨමචේතියං

අපගේ මහරහතන් වහන්සේලා මුලින්ම නගරයට වැඩි තැන සිහි කරන්නට කරවූ යම් චෛත්‍යයක් ඇද්ද අද පවා (මහාවංශය ලියන කාලයේ) ඒ චෛත්‍යයට මෙසේ පඨමක චෛත්‍යය කියලා කියනවා.

46. රඤ්ඤෝ ථේරගුණං සුත්වා - සබ්බා අන්තේපුරිත්ථියෝ
ථේරදස්සනමිච්ඡිංසු - යස්මා තස්මා මහීපති

රජ්ජුරුවන්ගේ අන්තඃපුර බිසෝවරුන්ට රජ්ජුරුවන් වෙතින් ම අප මිහිඳු මහරහතන් වහන්සේගේ ගුණ අසන්ට ලැබුනා. එතකොට ඒ බිසොවුන් වහන්සේලාටත් අපගේ රහතන් වහන්සේලාව බැහැදකින්ට කැමැත්ත ඇතිවුනා. එතකොට රජ්ජුරුවෝ,

47. අන්තෝ'ව රාජවත්ථුස්ස - රම්මං කාරේසි මණ්ඩපං
සේතේහි වත්ථපුප්ඵේහි - ඡාදිතං සමලංකතං

රාජ මන්දිරය ඇතුලේ ම රම්‍ය වූ මණ්ඩපයක් කෙරෙව්වා. සුදු වස්ත්‍රවලින් වසලා මල්වලින් ඉතා ලස්සනට සැරසුවා.

48. උච්චසෙය්‍යාවිරමණං - සුතත්තා ථේරසන්තිකේ
කංඛී උච්චාසනේ ථේරෝ - නිසීදෙය්‍ය නු නෝ'ති ච

භාග්‍යවතුන් වහන්සේගේ භික්ෂු සංඝයා වටිනා සුඛෝපභෝගී ආසන පරිහරණයෙන් වැළකී සිටින බව

මහරහතන් වහන්සේගෙන් අසා දැනගෙන තිබුනු නිසා මාළිගාවේ තිබෙන උසස් ආසනවල තෙරුන් වහන්සේ වැඩ හිඳිත් දෝ හෝ යි සැකයක් ඇතිවුනා.

49. **තදන්තරේ සාරථී සෝ - ථේරේ දිස්වා තහිං ඨිතේ**
චීවරං පාරුපන්තේ තේ - අතිවිම්හිතමානසෝ

ඒ අවස්ථාවේ රථය ආපසු පදවාගෙන ආ රියැදුරා පඨමචේතිය පිහිටි තැන වැඩ සිටි අපගේ රහතන් වහන්සේලා නගරයට වඩිනු පිණිස දෙවුර වසා සිවුර පොරවනවා දැක අතිශයින් විස්මයට පත් වුනා.

50. **ගන්ත්වා රඤ්ඤෝ නිවේදේසි - සුත්වා සබ්බං මහීපති**
නිසජ්ජං න කරිස්සන්ති - පීඨකේසූ'ති නිච්ඡිතෝ

ගිහින් තෙරුන් වහන්සේලා රථයෙන් නොවැඩි බවත් නමුත් තමා එන්ට පෙරම වැඩමවා ඇති බවත් රජ්ජුරුවන්ට දැනුම් දුන්නා. සියල්ල අසාගෙන සිටි රජ්ජුරුවෝ රාජකීය පුටුවල උන්වහන්සේලා වාඩිවෙන එකක් නැහැ කියා නිශ්චය කළා.

51. **සුසාධු භුම්මත්ථරණං - පඤ්ඤාපේථා'ති භාසිය**
ගන්ත්වා පටිපථං ථේරේ - සක්කච්චං අභිවාදිය

'එහෙනම් ඉතා යහපත් ආකාරයෙන් බුමුතුරුණු එළා අසුන් පණවන්ට' කියා රජ්ජුරුවෝ නියෝග කරලා රහතන් වහන්සේලා පිළිගැනීම පිණිස පෙර ගමන් කොට උන්වහන්සේලාට ආදරයෙන් වන්දනා කොට,

52. **මහාමහින්දත්ථේරස්ස - හත්ථතෝ පත්තමාදිය**
සක්කාරපූජාවිධිනා - පුරං ථේරං පවේසයි

මිහිඳු මහරහතන් වහන්සේගේ අතින් පාත්‍රය ගත්තා. සත්කාර පුද පූජාවලින් යුක්තව උන්වහන්සේලාව නගරයට වැඩැම්මෙව්වා.

53. දිස්වා ආසනපඤ්ඤත්තිං - නේමිත්තා ව්‍යාකරුං ඉති
ගහිතා පඨවී'මේහි - දීපේ හෙස්සන්ති ඉස්සරා

තෙරුන් වහන්සේලා උදෙසා රජගෙදර ආසන පනවා ඇති අයුරු දුටු නිමිති කියන්නෝ මෙහෙම කිව්වා. 'මුන්වහන්සේලා විසින් මේ මහ පොළොව ගත්තා. ලංකාදීපයේ ස්වාමිවරු බවට පත්වෙනවා' කියලා.

54. නරින්දෝ පූජයන්තෝ තේ - ථේරේ අන්තේපුරං නයි
තත්ථ තේ දුස්සපීඨේසු - නිසීදිංසු යථාරහං

රජ්ජුරුවෝ ඒ රහතන් වහන්සේලාට පූජා පවත්වමින් ඇතුළු නුවරට වඩම්මාගෙන ආවා. උන්වහන්සේලා එහි ඇතිරිලි ඇතිරූ ආසනවල වැඩිමහළු පිළිවෙළින් වැඩ හිඳගත්තා.

55. තේ යාගුඛජ්ජභොජ්ජේහි - සයං රාජා අතප්පයි
නිට්ඨිතේ භත්තකිච්චම්හි - සයං උපනිසීදිය

රජ්ජුරුවෝ ප්‍රණීත ලෙස පිළියෙල කරන ලද කැඳවලිනුත් ඛාද්‍යභෝජ්‍යවලිනුත් සිය අතින් ම දන් පැන් පුදා උන්වහන්සේලාව වැළඳෙව්වා. උන්වහන්සේලා දන් වළඳා අවසන් වුනාට පස්සේ තමන් ම උන්වහන්සේලා අසලින් ම වාඩිවුනා.

56. කනිට්ඨස්සෝපරාජස්ස - මහානාගස්ස ජායිකං
වසන්තිං රාජගේහේ'ව - පක්කෝසාපේසි චා'නුලං

තම බාල සහෝදරයෙකු වන මහානාග යුවරජ්ජුරුවන්ගේ බිසොව වන රජගෙදර ම වාසය කරන අනුලා දේවියවත් කැඳෙව්වා.

57. ආගම්ම අනුලා දේවී - පඤ්චඉත්ථිසතේහි සා
ථේරේ වන්දිය පූජෙත්වා - ඒකමන්තමුපාවිසි

එතකොට අනුලා දේවිය පන්සියයක් ස්ත්‍රීන් පිරිවරාගෙන ඇවිත් අපගේ රහතන් වහන්සේලාට වන්දනා කළා. පූජාවන් පැවැත්තුවා. එකත්පස්ව වාඩිවුනා.

58. **පේතවත්ථුං විමානඤ්ච - සච්චසංයුත්තමේව ච**
දේසේසි ථේරෝ තා ඉත්ථී - පඨමං ඵලමජ්ඣගුං

මිහිඳු මහරහතන් වහන්සේ, පව් රැස් කොට ප්‍රේතලොව ඉපිද දුක් විඳින සත්වයන්ගේ විස්තර ප්‍රේතවස්තුවෙනුත්, පින් රැස් කොට දෙව්ලොව ඉපිද සැප විඳින සත්වයන්ගේ විස්තර විමානවස්තුවෙනුත් වදාරා මේ දුක් අවසන් කිරීමට ඇති එකම උපාය චතුරාර්ය සත්‍යාවබෝධය බව පෙන්වා දීම පිණිස සච්ච සංයුත්තයෙන් ධර්ම දේශනාව වදාළා. දේශනාව අවසානයේ ඒ ස්ත්‍රීන් සියලු දෙනා සෝවාන් ඵලයට පත්වුනා.

59. **හියෝ දිට්ඨමනුස්සේහි - සුත්වා ථේරගුණේ බහූ**
ථේරදස්සනමිච්ඡන්තා - සමාගන්ත්වාන නාගරා

කලින් දවසේ අපගේ රහතන් වහන්සේලා බැහැදුටු මිනිසුන්ගෙන් උන්වහන්සේලාගේ ගුණ ඇසූ අනුරාධපුර නුවර වැස්සෝ මිහිඳු මහරහතන් වහන්සේ බැහැදකින්ට කැමැත්තෙන් රැස් වෙන්ට පටන් ගත්තා.

60. **රාජද්වාරේ මහාසද්දං - අකරුං තං මහීපති**
සුත්වා පුච්ඡිය ජානිත්වා - ආහ තේසං හිතත්ථිකෝ

රාජ දොරටුව ළඟ රැස් වූ ඔවුන් තෙරුන් වහන්සේලා දකින්ට ඕනෑය යන මහත් සේ සෝෂාව කළා. එය ඇසූ රජ්ජුරුවෝ ඔවුන්ගේ අදහස දැනගත්තා. ඒ නගරවාසීන්ට සිදුවන යහපත කැමැතිව,

61. **සබ්බේසං ඉධ සම්බාධෝ - සාලං මංගලහත්ථිනෝ**
සෝධේථ තත්ථ දක්ඛින්ති - ථේරේ'මේ නාගරා ඉති

'හැමෝට ම මෙහි ඇවිත් උන්වහන්සේලාව දැක

ගන්ට ගියොත් ඉඩකඩ මදි. මංගල හස්තියා බඳින ශාලාව සෝදලා ගන්ට. එතනදි නගරවාසීන්ට අපගේ තෙරුන් වහන්සේලාව බැහැ දකින්ට පුළුවනි.'

62. **සෝධෙත්වා හත්ථිසාලං තං - විතානාදීහි සජ්ජුකං**
අලංකරිත්වා සයනේ - පඤ්ඤපේසුං යථාරහං

ඉක්මනින් ඇත් හල සෝදවලා, උඩු වියන් බන්දවලා සරසවලා උන්වහන්සේලාට ගැලපෙන පරිදි සයනාසන පැණෙව්වා.

63. **සථේරෝ තත්ථ ගන්ත්වාන - මහාථේරෝ නිසීදිය**
සෝ දේවදූතසුත්තන්තං - කථේසි කථිකෝ මහා

මහා ධර්මකථික වූ අපගේ මිහිඳු මහරහතන් වහන්සේ අනිත් රහතන් වහන්සේලා ද සහිතව ඒ ඇත්හලට වැඩම කොට ආසන වල වැඩ සිටියා. එතැනදී උන්වහන්සේ අප භාග්‍යවතුන් වහන්සේ වදාළ දෙසුමක් වන දේවදූත සූත්‍රය මුල් කොට දහම් දෙසා වදාළා.

64. **තං සුත්වාන පසීදිංසු - නාගරා තේ සමාගතා**
තේසු පාණසහස්සන්තු - පඨමං ඵලමජ්ඣගා

එතැනට රැස් වූ නුවරවැස්සෝ ඒ ධර්මය අසා ගොඩාක් පැහැදුනා. ඒ ධර්ම දේශනාව අවසානයේ ඔවුන් අතර සිටි දහසක් දෙනා සෝවාන් ඵලයට පත්වුනා.

65. **ලංකාදීපේ සෝ සත්ථුකප්පෝ අකප්පෝ**
ලංකාධිට්ඨානේ ද්වීසු ඨානේසු ථේරෝ
ධම්මං භාසිත්වා දීපභාසාය ඒවං
සද්ධම්මෝතාරං කාරයී දීපදීපෝති.

අධර්මයෙන් මුදවා ධර්මයට මිනිසුන් පමුණුවාලීමේදී ඒ අපගේ ශාස්තෘන් වහන්සේ හා සමාන වූ මිහිඳු මහරහතන් වහන්සේ ලංකාවේ සම්බුදු සසුන පිහිටුවීමේ ඒකායන

අදහසින් යුක්ත වුනා. ලංකාවේ රජමැදුරේත්, ඇත් හලේදී යන ස්ථාන දෙකේ දී ලංකාවාසීන් කතා කරන දීප භාෂාවෙන් ධර්මය වදාළා. මේ දිවයිනට පිළිසරණ වූ උන්වහන්සේ සද්ධර්ම මාර්ගයෙහි බැසගන්ට කටයුතු කොට වදාළා.

සුජනප්පසාදසංවේගත්ථාය කතේ මහාවංසේ
නගරප්පවේසනං නාම චුද්දසමෝ පරිච්ඡේදෝ.

සත්පුරුෂ ජනයන්ගේ ප්‍රසාදයත් සංවේගයත් ඇතිකරනු පිණිස කරන ලද මහාවංශයෙහි මිහිඳු මහරහතන් වහන්සේ අනුරාධපුර නගරයට වැඩමවීම නම් වූ දහහතරවෙනි පරිච්ඡේදය යි.

15

පණ්ණරසමෝ පරිච්ඡේදෝ

පහළොස්වෙනි පරිච්ඡේදය

මහාවිහාරපටිග්ගහණෝ

මිහිඳු මහරහතන් වහන්සේ මහාවිහාරය පිළිගැනීම

1. හත්ථිසාලාපි සම්බාධා - ඉති තත්ථ සමාගතා
තේ නන්දනවනේ රම්මේ - දක්ඛිණද්වාරතෝ බහි

පිළියෙල කරගත් ඇත් හලේත් එහි රැස් වූ ජනයාට ඉඩකඩ මදි වුනා. එතකොට ජනයා දකුණු දොරටුවට පිටින් රම්‍ය වූ නන්දන වනයේ,

2. රාජුය්‍යානේ ඝනච්ඡායේ - සීතලේ නීලසද්දලේ
පඤ්ඤාපේසුං ආසනානි - ථේරානං සාදරා නරා

ඒ ඝන සෙවන ඇති, ඉතා සිසිල් වූ, ගැවසීගත් නිල් තණ බිම ඇති රාජ උද්‍යානයෙහි, බණ ඇසීම පිණිස ආදරයෙන් යුක්ත වූ මිනිස්සු අපගේ රහතන් වහන්සේලාට වැඩ ඉන්ට අසුන් පැනෙව්වා.

3. නික්ඛම්ම දක්ඛිණද්වාරා - ථේරෝ තත්ථ නිසීදි ච
මහාකුලීනා චා'ගම්ම - ඉත්ථියෝ බහුකා තහිං

මිහිඳු මහරහතන් වහන්සේ දකුණු දොරටුවෙන් නික්මිලා නන්දන වනයට වැඩලා පනවන ලද අසුනෙහි වැඩ සිටියා. මහා කුලවන්ත කාන්තාවෝ බොහෝ දෙනෙක් ඇවිත්,

4. **ථේරං උපනිසීදිංසු - උය්‍යානං පූරයන්තියෝ**
බාලපණ්ඩිතසුත්තන්තං - තාසං ථේරෝ අදේසයි

උයන පිරියන තරමට ඇවිත් අප මහරහතන් වහන්සේට නුදුරින් හිඳගත්තා. උන්වහන්සේ අප භාග්‍යවතුන් වහන්සේ වදාළ අසත්පුරුෂ බාලයා ගැනත් සත්පුරුෂ නුවණැත්තා ගැනත් කියවෙන බාලපණ්ඩිත සූත්‍රය මුල් කොට ධර්ම දේශනාව වදාළා.

5. **සහස්සං ඉත්ථියෝ තාසු - පඨමං ඵලමජ්ඣගුං**
ඒවං තත්ථේව උය්‍යානේ - සායණ්හසමයෝ අහු

ඔවුන් අතර හුන් දහසක් කාන්තාවන් සෝවාන් ඵලයට පත්වුනා. මේ විදියට ඒ උයනේ ම ගතකරද්දී සවස් වුනා.

6. **තතෝ ථේරා නික්ඛමිංසු - යාම තං පබ්බතං ඉති**
රඤ්ඤෝ පටිනිවේදේසුං - සීඝං රාජා උපාගමි

අපගේ රහතන් වහන්සේලා දැන් මිස්සක පර්වතයට යන්ට ඕනෑ කියලා උයනින් නික්ම වැඩියා. තෙරුන් වහන්සේලා නන්දන උයනින් පිටත වඩින බව රජ්ජුරුවන්ට දැනුම් දුන්නා. එතකොට දෙවනපෑතිස් රජ්ජුරුවෝ වහා එතැනට සැපත් වුනා.

7. **උපාගම්මාබ්‍රවී ථේරං - සායං දූරෝ ච පබ්බතෝ**
ඉධේව නන්දනුය්‍යානේ - නිවාසෝ ඵාසුකෝ ඉති

ඇවිදින් 'ස්වාමීනී, දැන් සවස් වෙලා නොවැ. පර්වතයට සෑහෙන්ට දුරයි. මේ නන්දන වනෝද්‍යානේ ම ගත කිරීම පහසුයි නේද?'

8. **පුරස්ස අච්චාසන්නත්තා - අසාරුප්පන්ති භාසිතේ**
මහාමේඝවනුය්‍යානං - නාතිදූරාතිසන්තිකේ

'නගරයට ගොඩක් ම ළඟ නිසා මෙතැන අපට සුදුසු මදි' කියා වදාළා. 'ස්වාමීනී, මහමෙව්නා උයන නම් නගරයට දුරත් නෑ. ළඟත් නෑ.

9. **රම්මං ඡායූදකූපේතං - නිවාසෝ තත්ථ රෝචතු**
නිවත්තිතබ්බං භන්තේ'ති - ථේරෝ තත්ථ නිවත්තයි

රම්‍ය සෙවණින් යුක්තයි. මිහිරි ජලයෙනුත් යුක්තයි. ඔබවහන්සේලා එහි විසීමට රුචි වෙත්වා. ස්වාමීනී, එහි නැවතුන මැනව' එතකොට මිහිඳු මහරහතන් වහන්සේ මහමෙව්නා උයනෙහි නැවතුන සේක.

10. **තස්මිං නිවත්තඨානම්හි - කදම්බනදියන්තිකේ**
නිවත්තචේතියං නාම - කතං වුච්චති චේතියං

එදා උන්වහන්සේලා නැවතී වැඩ සිටි තැන පිහිටා තිබුනේ කොළොම් ගඟ අසබඩ ය. එතැන කරන ලද චෛත්‍යය හඳුන්වන්නේ 'නිවත්තකචේතිය' යන නමිනි.

11. **තං නන්දනා දක්ඛිණේන - නයං ථේරං රථේසභෝ**
මහාමේඝවනුය්‍යානං - පාචීනද්වාරකං නයි

රජ්ජුරුවෝ නන්දන උයනට දකුණින් පිහිටි මහමෙව්නා උයනේ බටහිර දොරටුව වෙතට තමන් ම රහතන් වහන්සේව වඩම්මවාගෙන ආවා.

12. **තත්ථ රාජඝරේ රම්මේ - මඤ්චපීඨානි සාධුකං**
සාධූනි සන්ථරාපෙත්වා - වසථේ'ත්ථ සුඛං ඉති

ඒ මහමෙව්නාව උයනෙහි පිහිටි රම්‍ය වූ රජ ගෙදර මනාකොට කරවා තිබෙන ඇඳපුටු මත ඉතා යහපත්ව ඇතිරිලි අතුරවා 'ස්වාමීනී, මෙහි සැපසේ වසනු මැනව' කියලා

13. **රාජා ථේරේභිවාදෙත්වා - අමච්චපරිවාරිතෝ**
පුරං පාවිසි ථේරා තු - තං රත්තිං තත්ථ තේ වසුං

රජ්ජුරුවෝ අපගේ මහරහතන් වහන්සේට වන්දනා කොට ඇමතිවරු පිරිවරාගෙන නගරයට පිවිසුනා. අපගේ රහතන් වහන්සේලා එදා රාත්‍රී මහමෙව්නා උයනේ පිහිටි රජගෙහි වාසය කොට වදාළා.

14. **පභාතේ යේව පුප්ඵානි - ගාහෙත්වා ධරණීපති**
ථේරේ උපෙච්ච වන්දිත්වා - පූජෙත්වා කුසුමේහි ච

පසුවදා උදෑසනින් ම රජ්ජුරුවෝ මල් ගෙන්වා ගෙන ඇවිත් රහතන් වහන්සේලා වෙත අවුත් උන්වහන්සේලා වන්දනා කොට මල්වලින් ද පූජා පවත්වා,

15. **පුච්ඡි කච්චි සුඛං වුත්ථං - උය්‍යානං ඵාසුකං ඉති**
සුඛං වුත්ථං මහාරාජ - උය්‍යානං යතිඵාසුකං

'කිම ස්වාමීනී, සැපසේ වාසය කළා ද? මහමෙව්නා උයන පහසු තැනක් ද?' 'එසේය මහරජ්ජුරුවෙනි, සැපසේ වාසය කළා. මහමෙව්නා උයන ශ්‍රමණවරුන්ට පහසුවෙන් ඉන්ට පුළුවන් තැනක්.'

16. **ආරාමෝ කප්පතේ භන්තේ - සංඝස්සාති අපුච්ඡි සෝ**
කප්පතේ ඉති වත්වාන - කප්පාකප්පේසු කෝවිදෝ

'ස්වාමීනී, සංඝයා වහන්සේට ආරාම පිළිගැනීම කැප ද?' 'කැපයි' කියා වදාළා. කැප අකැප දේ පිළිබඳ වටහා ගැනීමෙහි දක්ෂ වූ,

17. **ථේරෝ වේළුවනාරාම - පටිග්ගහණමබ්‍රවි**
තං සුත්වා අතිහට්ඨෝ සෝ - තුට්ඨහට්ඨෝ මහාජනෝ

අපගේ මහරහතන් වහන්සේ භාග්‍යවතුන් වහන්සේ රජගහ නුවර දී බිම්බිසාර මහරජුගේ වනෝද්‍යානය වන වේළුවනාරාමය පිළිගත් කතාව දෙවනපෑතිස් රජ්ජුරුවන්ට පැහැදිලි කළා. එය ඇසූ රජ්ජුරුවෝ ඉතාම සතුටට පත්වුනා. මහජනයාත් බොහෝ සන්තෝෂයට පත්වුනා.

18. **ථේරානං වන්දනත්ථාය - දේවී තු අනුලාගතා**
සද්ධිං පඤ්චසතිත්ථීහි - දුතියං ඵලමජ්ඣගා

ඒ අවස්ථාවේ අපගේ රහතන් වහන්සේලා වන්දනා කිරීම පිණිස පන්සියයක් ස්ත්‍රීන් සමග අනුලා දේවිය පැමිණියා. මහරහතන් වහන්සේ ඔවුන්ට වදාළ ධර්ම දේශනාව අවසානයේ සියලු දෙනා සකදාගාමී ඵලයට පත්වුනා.

19. **සා සපඤ්චසතා දේවී - අනුලා'හ මහීපතිං**
පබ්බජිස්සාම දේවා'ති - රාජා ථේරමවෝච සෝ

පන්සියයක් ස්ත්‍රීන් සමග වූ අනුලා දේවිය 'දේවයන් වහන්ස, අපටත් පැවිදි වෙන්ට ඕනෑ' කියා රජ්ජුරුවන්ට පවසා සිටියා. එතකොට රජ්ජුරුවෝ මහරහතන් වහන්සේට මෙය පැවසුවා.

20. **පබ්බාජේථ ඉමායෝ'ති - ථේරෝ ආහ මහීපතිං**
න කප්පති මහාරාජ - පබ්බාජේතුං ථියෝ හි නෝ

'ස්වාමීනී, මේ කාන්තාවන් පැවිදි කරන සේක්වා!' යි රජ්ජුරුවෝ මහරහතන් වහන්සේට පවසා සිටියා. 'මහරජ්ජුරුවෙනි, අපට ස්ත්‍රීන් පැවිදි කරන්ට කැප නැහැ නොවැ. නමුත්,

21. **අත්ථි පාටලිපුත්තස්මිං - භික්ඛුනී මේ කනිට්ඨිකා**
සංඝමිත්තාති නාමේන - විස්සුතා සා බහුස්සුතා

පාටලීපුත්‍ර නගරයේ මාගේ නැගණිය වන භික්ෂුණියක් ඉන්නවා. ඈ ධර්මය විනය පිළිබඳ බොහෝ ඇසූ පිරූ තැන් ඇති බහුශ්‍රැත තැනැත්තියක්. සංඝමිත්තා යන නමින් ඈ ප්‍රසිද්ධයි.

22. **නරින්ද සමණින්දස්ස - මහාබෝධිදුමින්දතෝ**
දක්ඛිණං සාඛමාදාය - තථා භික්ඛුනියෝ වරා

නරේන්ද්‍රයෙනි, 'අපගේ ශ්‍රමණේන්ද්‍ර වූ භාග්‍යවතුන්

වහන්සේගේ ශ්‍රී මහා බෝධීන් වහන්සේගේ දකුණු ශාඛා වහන්සේත් රැගෙන එසේ ම උතුම් භික්ෂුණීන් වහන්සේලා,

23. **ආගච්ඡතූ'ති පේසේහි - රඤ්ඤො නෝ පිතු සන්තිකං**
පබ්බාජෙස්සති සා ථේරී - ආගතා ඉත්ථියෝ ඉමා

මෙහි වඩිනා සේක්වා!' යි අපගේ පිය රජ්ජුරුවන් සමීපයට සංදේශයක් යවනු මැනව. ඒ තෙරණින් වහන්සේ වැඩම කරලා මේ කාන්තාවන්ව පැවිදි කරාවි.

24. **සාධූ'ති වත්වා ගණ්හිත්වා - රාජා භිංකාරමුත්තමං**
මහාමේඝවනුය්‍යානං - දම්මි සංඝස්සිමං ඉති

'ඉතා හොඳයි ස්වාමීනී' යි කියා පිළිතුරු දුන් රජ්ජුරුවෝ ඊළඟට උතුම් රන් කෙණ්ඩිය රැගෙන, මේ මහමෙව්නා උයන සංඝයා වහන්සේට පූජා කරමි' කියලා

25. **මහින්දථේරස්ස කරේ - දක්ඛිණෝදකමාකිරී**
මහියා පතිතේ තෝයේ - අකම්පිත්ථ මහාමහී

අපගේ මිහිඳු මහරහතන් වහන්සේගේ අතට, පූජා කරන්නා වූ ඒ පැන් වැක්කෙරෙව්වා. ඒ පැන් මිහිතලය මතට වැටෙද්දී මහ පොළොව කම්පාවට පත්වුනා.

26. **කස්මා කම්පති භූමීති - භූමිපාලෝ අපුච්ඡි තං**
පතිට්ඨිතත්තා දීපම්හි - සාසනස්සාති සෝ බ්‍රවි

'ස්වාමීනී, මහ පොළොව කම්පා වූ කාරණාව මොකක්ද?' කියා රජ්ජුරුවෝ උන්වහන්සේගෙන් ඇහුවා. 'මහ රජ්ජුරුවනි, මේ ලංකාද්වීපයේ ගෞතම සම්මා සම්බුද්ධ ශාසනය පිහිටි නිසා' කියා පිළිතුරු දී වදාළා.

27. **ථේරස්ස උපනාමේසි - ජාතිපුප්ඵානි ජාතිමා**
ථේරෝ රාජසරං ගන්ත්වා - තස්ස දක්ඛිණතෝ ඨිතෝ

උසස් ක්ෂත්‍රිය වංශයෙහි උපන් දෙවනපෑතිස්

රජ්ජුරුවෝ අපගේ මිහිඳු මහරහතන් වහන්සේට සමන් පිච්ච මල් පිළිගැන්නුවා. ඒ මල් පිළිගත් අප මහරහතන් වහන්සේ රජගෙට වැඩම කොට ඒ රජගෙදරට දකුණු පැත්තේ වැඩසිට,

28. **රුක්ඛම්හි පිචුලේ අට්ඨ - පුප්ඵමුට්ඨී සමෝකිරි**
තත්‍ථාපි පුථුවී කම්පි - පුට්ඨයෝ තස්සාහ කාරණං

පිචුල හෙවත් නාවා නැමැති හිඹුල් වෘක්ෂය මුලට සමන් මල් අට මිටක් ඉස වදාළා. එතැනදීත් කලින් වගේම පොළොව කම්පා වුනා. 'ස්වාමීනී, පොළොව කම්පා වෙන්ට කාරණාව කුමක්ද?' කියා රජ්ජුරුවෝ විමසුවා.

29. **අහෝසි තිණ්ණං බුද්ධානං - කාලේපි ඉධ මාලකෝ**
නරින්ද සංඝකම්මත්‍ථං - භවිස්සති ඉදානිපි

'මහරජ්ජුරුවෙනි, අතීතයේ සම්මා සම්බුදුරජාණන් වහන්සේලා තුන් නමකගේ සසුන් පිහිටි කාලයේදීත් මෙතැන සංඝයාගේ විනය කර්ම උදෙසා සීමා මාලක තිබුණා. දැන් මේ ගෞතම බුදු සසුන පිහිටන කාලයේත් සීමා මාලකයක් මෙතැන ඉදිවෙනවා.

30. **රාජගේහා උත්තරතෝ - චාරුපොක්ඛරණිං අගා**
තත්තකානේව පුප්ඵානි - ථේරෝ තත්‍ථාපි ඕකිරි

රජගෙදරට උතුරින් ඉතා අලංකාර මරුන්ත නමැති පොකුණක් තිබුණා. එතැනට වැඩම කළ අපගේ මිහිඳු මහරහතන් වහන්සේ කලින් වගේම සමන් මල් අට මිටක් එතැනත් විසිරෙව්වා.

31. **තත්‍ථාපි පුථුවී කම්පි - පුට්ඨයෝ තස්සාහ කාරණං**
ජන්තාඝරපොක්ඛරණී - අයං හෙස්සති භූමිප

එතැනදීත් පොළොව කම්පා වුනා. 'ස්වාමීනී, පොළොව කම්පා වෙන්ට කාරණාව කුමක්ද?' කියා රජ්ජුරුවෝ ඇහුවා. 'මහරජ්ජුරුවෙනි, මේ පොකුණ අනාගතයේදි සංඝයාගේ

ගිනිහල්ගේ පොකුණ බවට පත්වෙනවා' කියා වදාළා.

32. **තස්සේව රාජගේහස්ස - ගන්ත්වාන ද්වාරකොට්ඨකං**
තත්තකේහේව පුප්ඵේහි - තං ඨානං පූජයී ඉසි

අපගේ මිහිඳු මහා ඍෂීන් වහන්සේ ඒ රජගෙදර ම දොරටුව ළඟට වැඩම කොට කලින් වගේම සමන් මල් අට මිටක් ඒ ස්ථානයට පූජා කළා.

33. **තත්ථාපි පුථුවී කම්පි - හට්ඨලෝමෝ අතීව සෝ**
රාජා තං කාරණං පුච්ඡි - ථේරෝ තස්සාහ කාරණං

ඒ අවස්ථාවේදීත් මහපොළොව කම්පා වුනා. අතිශයින් ලොමු ඩැහැගැන්වී ගිය රජ්ජුරුවෝ 'ස්වාමීනී, මෙතැනදී දැඩි සේ මහ පොළොව සැලී ගියා. මෙයට කාරණාව මොකක්ද?' කියා ඇසුවා. එතකොට අපගේ මිහිඳු මහරහතන් වහන්සේ,

34. **ඉමම්හි කප්පේ බුද්ධානං - තිණ්ණන්නං බෝධිරුක්ඛතෝ**
ආනෙත්වා දක්ඛිණා සාඛා - රෝපිතා ඉධ භූමිප

'මහරජ්ජුරුවෙනි, මේ මහා භද්‍ර කල්පයේ අප බුදුරජාණන් වහන්සේට කලින් බුද්ධ බවට පත් වී වදාළ කකුසඳ, කෝණාගමන, කාශ්‍යප යන තුන් බුදුවරයන් වහන්සේලා බුදු වන අවස්ථාවේ පිට දුන් මහරි ය, දිඹුල් ය, නුග ය යන බෝධීන් වහන්සේලාගෙන් දකුණු ශාඛා බෝධීන් වහන්සේලා වඩම්මවාගෙන අවුත් මෙතැන රෝපණය කරවා තියෙනවා.

35. **තථාගතස්ස අම්හාකං - බෝධිසාඛාපි දක්ඛිණා**
ඉමස්මිං යේව ඨානම්හි - පතිට්ඨිස්සති භූමිප

මහරජ්ජුරුවෙනි, අප තථාගතයන් වහන්සේ බුද්ධත්වය ලබන මොහොතේ පිට දී වදාළ ඇසතු බෝධීන් වහන්සේගේ දකුණු ශාඛා බෝධීන් වහන්සේත් මේ ස්ථානයේදී පිහිටුවනු ලබනවා.'

36. තතෝගමා මහාථේරෝ - මහාමුචලමාලකං
තත්තකානේව පුප්ඵානි - තස්මිං ඨානේ සමෝකිරි

අපගේ මහරහතන් වහන්සේ එතැනින් මුචලමාලකය නමැති මිදෙල්ල ගස් සෙවණේ ඇති වටකුරු භූමියට වැඩියා. එතැනත් කලින් වගේම සමන් මල් අට මිටක් විසිරෙව්වා.

37. තථාපි පුථවී කම්පි - පුට්ඨෝ තස්සාහ කාරණං
සංඝස්සුපෝසථාගාරං - ඉධ හෙස්සති භූමිප

එතැනත් පොළොව කම්පා වුනා. එසේ කම්පා වෙන්ට හේතුව මොකක්ද කියලා මහරහතන් වහන්සේගෙන් ඇසුවා. 'මහරජ්ජුරුවෙනි, මෙතැන තමයි සංඝයා පොහොය කරන උපෝසථාගාරය ඉදිවෙන්නේ' කියා වදාළා.

38. පඤ්හම්බමාලකට්ඨානං - තතෝගමා මහීපති
සුපක්කං අම්බපක්කඤ්ච - වණ්ණගන්ධරසුත්තමං

මහා නුවණැති අපගේ මිහිඳු මහරහතන් වහන්සේ එතැනින් පඤ්චම්බමාලකයට හෙවත් අඹගස් පසකින් රවුමට වට වූ තැනට වැඩියා. ඒ අවස්ථාවේ මනා පැහැයෙන් යුතු මිහිරි සුවඳින් යුතු උතුම් රසයෙන් යුතු මනාව ඉදී ගිය අඹ ගෙඩියක්,

39. මහන්තං උපනාමේසි - රඤ්ඤෝ උය්‍යානපාලකෝ
තං ථේරස්සුපනාමේසි - රාජා අතිමනෝරමං

උයන් පාලකයා රජ්ජුරුවන්ට ගෙනැවිත් දුන්නා. ඉතා මනරම් වූ ඒ අඹ ගෙඩිය අපගේ මිහිඳු මහරහතන් වහන්සේට පූජා කරන්ට සූදානම් වුනා.

40. ථේරෝ නිසීදනාකාරං - දස්සේසි ජනතාහිතෝ
අත්ථරාපේසි තත්ථේව - රාජා අත්ථරණං වරං

එතකොට ජනයාගේ යහපත කැමති අප මහරහතන් වහන්සේ වැඩහිඳින්ට අවශ්‍ය ආකාරයක් දක්වා වදාළා.

එතකොට රජ්ජුරුවෝ එතැනට උතුම් ඇතිරිල්ලක් ඇතිරෙව්වා.

41. අදා තත්ථ නිසින්නස්ස - ථේරස්සම්බං මහීපති
ථේරෝ තං පරිභුඤ්ජිත්වා - රෝපනත්ථාය රාජිනෝ

ඇතිරිල්ල මත වැඩහුන් අපගේ මහරහතන් වහන්සේට රජ්ජුරුවෝ ඒ අඹ ගෙඩිය පිළිගැන්නුවා. උන්වහන්සේ ඒ අඹ ගෙඩිය වළඳා සිටුවීම පිණිස රජ්ජුරුවන්ට,

42. අම්බට්ඨිකං අදා රාජා - තං සයං තත්ථ රෝපයි
හත්ථේ තස්සෝපරි ථේරෝ - ධෝවි තස්ස විරූළ්හියා

අඹ ඇටය දුන්නා. රජ්ජුරුවෝ තමන්ගේ අතින් ම අඹ ඇටය එතැන රෝපණය කළා. අඹ ඇටය පැළවීම පිණිස මහරහතන් වහන්සේ ඒ මතට සිය දෝත සේදුවා.

43. තං ඛණං යේව බීජම්හා - තම්හා නික්ඛම්ම අංකුරෝ
කමේනා'තිමහාරුක්ඛෝ - පත්තපක්කධරෝ අහු

සැණෙකින් ම ඒ අඹ ඇටයෙන් අංකුරයක් මතුවුනා. ක්‍රමයෙන් අතුපතර විහිදී පත්‍ර මෙන්ම ගෙඩි පිරීගිය මහා අඹ රුකක් බවට පත්වුනා.

44. තං පාටිහාරියං දිස්වා - පරිසා සා සරාජිකා
නමස්සමානා අට්ඨාසි - ථේරේ හට්ඨතනූරුහා

ඒ ප්‍රාතිහාර්ය දුටු රජ්ජුරුවන් සහිත පිරිසේ ඇඟ මවිල් කෙලින් වුනා. රහතන් වහන්සේලාට වන්දනා කරගෙන සිටියා.

45. ථේරෝ තදා පුප්ඵමුට්ඨී - අට්ඨ තත්ථ සමෝකිරි
තත්ථාපි පුථවීකම්පි - පුට්ඨයෝ තස්සාහ කාරණං

එතකොට මිහිඳු මහරහතන් වහන්සේ එතැන සමන් මල් අට මිටක් විසිරෙව්වා. එතැනත් කලින් වගේම පොළොව

කම්පා වුනා. රජ්ජුරුවෝ එයට කාරණය කුමක්දැයි විමසුවා.

46. **සංඝස්සුප්පන්නලාභානං - අනේකේසං නරාධිප**
සංගම්ම භාජනඨානං - ඉදං ඨානං භවිස්සති

'මහරජ්ජුරුවෙනි, මේ ස්ථානයේ තමයි සංඝයා වහන්සේලාට ලැබෙන නොයෙක් ලාභයන් සමගිව රැස් වෙන සංඝයාට පොදුවේ පූජා කරන්නේ.'

47. **තතෝ ගන්ත්වා චතුස්සාලාඨානං තත්ථ සමෝකිරි**
තත්තකානේව පුප්ඵානි - කම්පි තත්ථාපි මේදිනී

මිහිඳු මහරහතන් වහන්සේ එතැනින් චතුශ්ශාලාව පිහිටන තැනට වැඩියා. එතැනත් සමන් මල් අට මිටක් ඇතිරෙව්වා. එතැනත් පොළොව කම්පා වුනා.

48. **තං කම්පකාරණං පුච්ඡි - රාජා ථේරෝ වියාකරි**
තිණ්ණන්නං පුබ්බබුද්ධානං - රාජුය්‍යානපටිග්ගහේ

පොළොව කම්පා වෙන්ට කාරණාව මොකක්ද කියා රජ්ජුරුවෝ ඇහුවා. අප මහරහතන් වහන්සේ මෙසේ පිළිතුරු දී වදාළා. 'මහරජ්ජුරුවෙනි, අපගේ බුදුරජාණන් වහන්සේට කලින් බුදු වූ කකුසඳ, කෝණාගමන, කාශ්‍යප යන තුන් බුදුවරයන් වහන්සේලාගේ කාලයේ මේ උයන පිළිගත්තට පස්සේ,

49. **දාන වත්ථූනා'හටානි - දීපවාසීහි සබ්බතෝ**
ඉධ ඨපෙත්වා භෝජේසුං - සසංඝේ සුගතේ තයෝ

ලක්වැසි ජනයා හැම පළාතෙන් ම දාන වස්තු රැගෙන ඇවිත් මෙතැන තබලයි සංඝයා වහන්සේලා සහිත වූ ඒ තුන් බුදුවරයන් වහන්සේලාව වැළඳෙව්වේ.

50. **ඉදානි පන එත්ථේව - චතුස්සාලා භවිස්සති**
සංඝස්ස ඉධ භත්තග්ගං - භවිස්සති නරාධිප

මෙවරත් චතුශ්ශාලාව හැදෙන්නේ මෙතැන ම යි. මහරජ්ජුරුවෙනි, මෙතැනයි සංඝයා වහන්සේලා දන් වළඳන ස්ථානය හැදෙන්නේ.'

51. **මහථූපඨිතඨානං - ඨානාඨානවිදූ තතො**
අගමාසි මහාථේරො - මහින්දො දීපදීපනො

ඊටපසු ශ්‍රී ලංකාද්වීපය දියුණුවට පමුණුවන, තැන නොතැන පිළිබඳ මනා අවබෝධය ඇති අපගේ මිහිඳු මහරහතන් වහන්සේ රුවන්මැලි මහසෑය පිහිටන ස්ථානයට වැඩම කළා.

52. **තදා අන්තො පරික්ඛේපෙ - රාජුය්‍යානස්ස බුද්දිකා**
කකුධව්හා අහු වාපී - තස්සෝපරි ජලන්තිකේ

ඒ දිනවල රාජ උද්‍යානය ඇතුළු සීමාවට ඇතුලත්ව කකුධ නමින් කුඩා වැවක් තිබුණා. ඒ වැවට ඉහළින් දිය කෙළවර ඉවුරු කොණේ,

53. **ථූපාරහං ථලට්ඨානං - අහූ ථේරේ තහිං ගතේ**
රඤ්ඤො චම්පකපුප්ඵානං - පුටකා'නට්ඨ ආහරුං

මහාසෑයක් පිහිටුවීමට සුදුසු ආකාරයේ උස්බිම් කොටසක් තිබුණා. මිහිඳු මහරහතන් වහන්සේ එම භූමියට වැඩම කළවිට රජ්ජුරුවන් වෙත සපුමල් අටමිටක් රැගෙන ආවා.

54. **තානි චම්පකපුප්ඵානි - රාජා ථේරස්සුපානයි**
ථේරො චම්පකපුප්ඵේහි - තේහි පූජේසි තං ථලං

රජ්ජුරුවෝ තමන්ට දුන් ඒ සපුමල් අට මිට අපගේ මිහිඳු මහරහතන් වහන්සේට පිළිගැන්නුවා. අප මහරහතන් වහන්සේ සපුමල් අටමිටත් ඒ උස් බිම්කඩට පූජා කොට වදාළා.

පහළොස්වෙනි පරිච්ඡේදය 279

55. තත්ථාපි පුඨවී කම්පි - රාජා තං කම්පකාරණං
පුච්ඡි ථේරෝනුපුබ්බේන - ආහ තං කම්පකාරණං

එතැනදිත් මහපොළොව කම්පා වුනා. රජ්ජුරුවෝ පොළොව කම්පා වීමට හේතු වූ කරුණ කුමක්ද කියා තෙරුන් වහන්සේගෙන් අසා සිටියා. අපගේ මිහිඳු මහරහතන් වහන්සේ පොළොව කම්පා වීමට හේතු වූ කරුණ අනුපිළිවෙළින් වදාළා.

56. ඉදං ඨානං මහාරාජ - චතුබුද්ධනිසේවිතං
ථූපාරහං හිතත්ථාය - සුඛත්ථාය ච පාණිනං

"මහරජ්ජුරුවෙනි, මේ ස්ථානය කකුසඳ, කෝණා-ගමන, කාශ්‍යප, ගෞතම යන සම්බුදුරජාණන් වහන්සේලා සතර නම ම සමාපත්ති සුවයෙන් වැඩහිඳ පරිභෝග කොට වදාළ තැනක්. සත්වයන්ගේ හිතසුව පිණිස මේ භූමිය සෑයකට ඉතා සුදුසුයි.

57. ඉමම්හි කප්පේ පඨමං - කකුසන්ධෝ ජිනෝ අහු
සබ්බධම්මවිදූ සත්ථා - සබ්බලෝකානුකම්පකෝ

මේ මහා භද්‍ර කල්පයේ පළමුවෙන් ලොව පහළ වී වදාළේ කකුසඳ බුදුරජාණන් වහන්සේ. සියලු ධර්මයන් පිළිබඳ මනා අවබෝධයෙන් යුතු, සියලු ලෝක සත්වයා කෙරෙහි අනුකම්පා ඇති, ලොවට ශාස්තෘ වූ සේක් උන්වහන්සේ ය.

58. මහාතිත්ථව්හයං ආසි - මහාමේඝවනං ඉදං
නගරං අභයං නාම - පුරත්ථිමදිසායහු

ඒ කාලේ මේ මහමෙව්නා උයන හැඳින්වූයේ මහාතිත්ථ යන නමින්. මහාතිත්ථ උයනට නැගෙනහිරින් අභය කියලා නගරයක් තිබුණා.

59. කදම්බනදියා පාරේ - තත්ථ රාජාභයෝ අහු
ඕජදීපෝති නාමේන - අයං දීපෝ තදා අහු

කොළොම් හොයට එපිටින් නැගෙනහිරට වෙන්ට පිහිටි ඒ අභය පුරයේ හිටියේ අභය නමින් රජකෙනෙක්. ඒ කාලයේ මේ ලංකාද්වීපය හැඳින්වූයේ ඕජදීප කියලා.

60. **රක්ඛසේහි ජනස්සෙත්ථ - රෝගෝ පජ්ජරකෝ අහු**
කකුසන්ධෝ දසබලෝ - දිස්වාන තදුපද්දවං

ඕජදීපවාසීන්ට පුණ්ණකාල නම් රකුසෙක් නිසා හටගත් පජ්ජරක නම් උණ රෝගයක් වැළඳිලා තිබුණා. අපගේ කකුසඳ දසබලයන් වහන්සේ ඕජදීපවාසීන්ට ඇති වී තිබෙන ඒ උපද්‍රවය දැක වදාළා.

61. **තං ගන්ත්වා සත්තවිනයං - පවත්තිං සාසනස්ස ච**
කාතුං ඉමස්මිං දීපස්මිං - කරුණාබලචෝදිතෝ

ඒ උපද්‍රවය නසා මනුෂ්‍යයන් හට විනයත්, කකුසඳ බුදු සසුනේ පැවැත්ම පිණිසත් මේ ද්වීපය කෙරෙහි උපන් කරුණා බලය නිසාවෙන්,

62. **චත්තාළීසසහස්සේහි - තාදීහි පරිවාරිතෝ**
නභසාගම්ම අට්ඨාසි - දේවකූටම්හි පබ්බතේ

හතළින් දහසක් රහතන් වහන්සේලා පිරිවරාගෙන ඉර්ධිබලයෙන් යුතුව අහසින් වැඩමවා දෙව්කුළු නමැති පර්වතය මතට වැඩ වදාළා.

63. **සම්බුද්ධස්සානුභාවේන - රෝගෝ පජ්ජරකෝ ඉධ**
උපසන්තෝ මහාරාජ - දීපම්හි සකලේ තදා

මහරජ්ජුරුවෙනි, කකුසඳ සම්බුදුරජාණන් වහන්සේගේ බුද්ධානුභාවයෙන් මේ මුළු ද්වීපයෙහිම තිබුනු පජ්ජරක රෝගය සංසිඳී ගියා.

64. **තත්ථට්ඨිතෝ අධිට්ඨාසි - නරිස්සර මුනිස්සරෝ**
සබ්බේ මං අජ්ජ පස්සන්තු - ඕජදීපම්හි මානුසා

නරේශ්වරයෙනි, එහි වැඩසිටි ඒ මුනිවරයන් වහන්සේ මේ ඕජදීපවාසී සියලු මිනිස්සු අද මාව හොඳින් දකිත්වා කියා අධිෂ්ඨාන කොට වදාළා.

65. **ආගන්තුකාමා සබ්බේව - මනුස්සා මම සන්තිකං**
ආගච්ඡන්තු අකිච්ඡේන - ඛිප්පඤ්චාපි මහාමුනි

ඒ වගේම මා වෙතට එන්ට කැමති සියලුම මනුෂ්‍යයෝ ඉතා සුවසේ ඉක්මනින්ම පැමිණෙත්වා' යි කකුසඳ මහා මුනීන්ද්‍රයන් වහන්සේ අධිෂ්ඨාන කළා.

66. **ඕභාසන්තං මුනින්දං තං - ඕභාසන්තඤ්ච පබ්බතං**
රාජා ච නාගරා චේව - දිස්වා ඛිප්පං උපාගමුං

බුද්ධ රශ්මි මාලාවෙන් බබළන කකුසඳ බුදුරජාණන් වහන්සේත් ඒ බුදු රැසින් දිලිසෙන දෙව්කූළ පර්වතයත් දුටු අභය රජ්ජුරුවෝත් නුවරවැස්සෝත් වහාම එතැනට පැමිණියා.

67. **දේවතාබලිදානත්ථං - මනුස්සා ච තහිං ගතා**
දේවතා ඉති මඤ්ඤිංසු - සසංඝං ලෝකනායකං

දෙව්කූළ පර්වතවාසී දෙවියන්ට පුදපූජා පැවැත්වීම පිණිස එහි ගිය මිනිස්සුත් සිටියා. ශ්‍රාවක සංඝයා වහන්සේලා සහිත ලෝකනාථයන් වහන්සේ දුටු ඔවුන් සිතුවේ දේවතාවෝ පෙනෙන්ට ම වැඩම කොට සිටින බවයි.

68. **රාජා සෝ මුනිරාජං තං - අතිහට්ඨෝ'භිවාදිය**
නිමන්තයිත්වා භත්තේන - ආනෙත්වා පුරසන්ති කං

ඒ අභය රජ්ජුරුවෝ අතිශයින් ම සතුටට පත්ව කකුසඳ මුනිරජාණන් වහන්සේට ආදරයෙන් වන්දනා කොට දානය පිණිස ආරාධනා කළා. අභයපුරය සමීපයෙහි පිහිටි මහාතිත්ථ උද්‍යානයට වඩමවාගෙන ගියා.

69. **සසංඝස්ස මුනින්දස්ස - නිසජ්ජාරහමුත්තමං**
රමණීයමිදං ඨානමසම්බාධන්ති චින්තිය

සංඝයා වහන්සේලා සහිත වූ කකුසඳ බුදුරජාණන් වහන්සේට වැඩ හිඳීමට කැපසරුප් ආකාරයෙන් උතුම් ආසනයන් පිළියෙළ කෙරෙව්වා. මේ මහාසෑ පිහිටන උස්භූමිය උන්වහන්සේලාට බාධා රහිතව සුවසේ වැඩහිඳින්ට පුළුවන් රමණීය තැනක් බව සිතා,

70. **කාරිතේ මණ්ඩපේ රම්මේ - පල්ලංකේසු වරේසු තං**
නිසීදාපේසි සම්බුද්ධං - සසංඝං ඉධ භූපති

කරවන ලද රම්‍ය වූ මණ්ඩපයේ උතුම් ආසනවල සංඝයා සහිත වු සම්බුදුරජාණන් වහන්සේව අභය රජ්ජුරුවෝ වඩා හිඳෙව්වා.

71. **නිසින්නම්පිධ පස්සන්තා - සසංඝං ලෝකනායකං**
දීපේ මනුස්සා ආනේසුං - පණ්ණාකාරේ සමන්තතෝ

සංඝයා සහිත වූ බුදුරජාණන් වහන්සේ වැඩ හිඳින ආකාරය දකින ලද ඕජදීපවාසී මනුෂ්‍යයෝ සතර අතින් ම තෑගි භෝග තුටු පඬුරු පිරිකර රැගෙන ආවා.

72. **අත්තනෝ ඛජ්ජභොජ්ජේහි - තේහි තේහා'හතේහි ච**
සන්තප්පේසි සසංඝං තං - රාජා සෝ ලෝකනායකං

රජ්ජුරුවෝ තමන් වෙනුවෙන් පිළියෙල කළා වූත්, මිනිසුන් විසින් ගෙනාවා වූත් ප්‍රණීත ඛාද්‍ය භෝජ්‍යයන් ගෙන් සංඝයා සහිත වූ බුදුරජාණන් වහන්සේට දානය පිළිගැන්නුවා.

73. **ඉධේව පච්ඡාභත්තං තං - නිසින්නස්ස ජිනස්ස සෝ**
මහාතිත්ථකමුය්‍යානං - රාජා'දා දක්ඛිණං වරං

මේ ස්ථානයේ ම දානයෙන් පසුවත් වැඩහුන් කකුසඳ භාග්‍යවතුන් වහන්සේට අභය රජ්ජුරුවෝ මහා තීර්ථක උද්‍යානය උතුම් දානයක් වශයෙන් පූජා කළා.

74. **අකාලපුප්ඵාලංකාරේ - මහාතිත්ථවනේ තදා**
පටිග්ගහීතේ බුද්ධේන - අකම්පිත්ථ මහාමහී

ඒ අවස්ථාවේ මහා තිත්ථ වනය අකාලයේ පිපී ගිය මලින් අලංකාර වුනා. කකුසඳ භාග්‍යවතුන් වහන්සේ එය පිළිගනිද්දී මහපොළොව කම්පා වුනා.

75. **එත්ථේව සෝ නිසීදිත්වා - ධම්මං දේසේසි නායකෝ**
චත්තාළීස සහස්සානි - පත්තා මග්ගඵලං නරා

එතැනම වැඩහුන් ලෝකනාථයන් වහන්සේ ධර්ම දේශනා කොට වදාළා. ඒ දෙසුම අවසානයේ හතළිස් දහසක් මනුෂ්‍යයෝ මාර්ගඵලාවබෝධයට පත්වුනා.

76. **දිවාවිහාරං කත්වාන - මහාතිත්ථවනේ ජිනෝ**
සායණ්හසමයේ ගන්ත්වා - බෝධියානාරහං මහිං

මහාතිත්ථ වනයේ දිවා විහරණය කළ කකුසඳ භාග්‍යවතුන් වහන්සේ සවස් යාමයේදී තමන් වහන්සේ පිටදුන් බෝධිය වන මහරි බෝරුක පිහිටුවීමට යෝග්‍ය වූ භූමිය වෙත වැඩම කළා.

77. **නිසින්නෝ තත්ථ අප්පෙත්වා - සමාධිං වුට්ඨිතෝ තතෝ**
ඉති චින්තයි සම්බුද්ධෝ - හිතත්ථං දීපවාසිනං

එතැන වැඩහුන් සම්බුදුරජාණන් වහන්සේ සමාධියට සමවැදුන සේක. සමාධියෙන් නැගී සිටි භාග්‍යවතුන් වහන්සේ ඕජදීපවාසීන්ට හිත පිණිස කාරණාවක් සිතා වදාළ සේක.

78. **ආදාය දක්ඛිණං සාඛං - බෝධිතෝ මේ සිරීසතෝ**
ආගච්ඡතු රූපනන්දා - භික්ඛුනී සහභික්ඛුනී

එනම් 'මාගේ බෝධිය වන මහරි බෝධි වෘක්ෂයෙන් දකුණු ශාඛාවක් රැගෙන භික්ෂුණීන් වහන්සේලා ද සමග රූපනන්දා භික්ෂුණිය මෙහි පැමිණේවා!'යි යන කාරණාවයි.

79. **තස්ස තං චිත්තමඤ්ඤාය - සා ථේරී තදනන්තරං**
ගහෙත්වා තත්ථ රාජානං - උපසංකම්ම තං තරුං

ඒ සැණින් ම රූපනන්දා රහත් මෙහෙණින් වහන්සේ කකුසඳ බුදුරජාණන් වහන්සේගේ එම සිත දැන ඛේම නුවර ඛේම රජ්ජුරුවන්ට මෙකරුණ සැළකළා. රජ්ජුරුවන් ද සමග මහරි බෝධීන් වහන්සේ ළඟට වැඩම කළා.

80. **ලේඛං දක්ඛිණසාඛාය - දාපෙත්වාන මහිද්ධිකා**
මනෝසිලාය ඡින්නං තං - ඨිතං හේමකටාහකේ

මහා ඉර්ධිමත් වූ රූපනන්දා රහත් මෙහෙණින් වහන්සේ ඛේම රජ්ජුරුවන් ලවා රත් සිරියල්වලින් මහරි බෝධීන් වහන්සේගේ දකුණු ශාඛාවට රේඛාවක් ඇන්දෙව්වා. එතකොට ඒ දකුණු මහරි මහබෝ ශාඛාව බෝධීන් වහන්සේගෙන් වෙන්වී ගොස් රන් කටාරමේ පිහිටියා.

81. **ඉද්ධියා බෝධිමාදාය - සපඤ්චසතභික්ඛුනී**
ඉධානෙත්වා මහාරාජ - දේවතා පරිවාරිතා

මහරජ්ජුරුවෙනි, පන්සියයක් රහත් මෙහෙණින් වහන්සේලා පිරිවරාගත් රූපනන්දා භික්ෂුණිය මහරි මහබෝ ශාඛාවත් රැගෙන ඉර්ධියෙන් මෙහි වැඩමවා දේවතාවුන් වහන්සේලා පිරිවරාගෙන,

82. **සසුවණ්ණකටාහං තං - සම්බුද්ධේන පසාරිතේ**
ඨපේසි දක්ඛිණේ හත්ථේ - තං ගහෙත්වා තථාගතෝ

කකුසඳ සම්බුදුරජාණන් වහන්සේ දිගු කොට වදාළ දකුණු ශ්‍රී හස්තය මත බෝධි ශාඛාව සහිත ඒ රන් කටාරම තැබුවා. එය ගත් තථාගතයන් වහන්සේ,

83. **පතිට්ඨාපේතුං පාදාසි - බෝධිං රඤ්ඤෝ'භයස්ස තං**
මහාතිත්ථම්හි උය්‍යානේ - පතිට්ඨාපේසි භූපති

බෝධීන් වහන්සේ පිහිටුවනු පිණිස අභය රජ්ජුරුවන්ට දුන්නා. අභය රජ්ජුරුවෝ මහාතිත්ථ උයනෙහි බෝධීන් වහන්සේ රෝපණය කළා.

84. **තතෝ ගන්ත්වාන සම්බුද්ධෝ - ඉතෝ උත්තරතෝ පන**
සිරිසමාලකේ රම්මේ - නිසීදිත්වා තථාගතෝ

ඒ බෝධි රෝපණයෙන් පසු කකුසඳ තථාගත සම්බුදු රජාණන් වහන්සේ මෙයින් උතුරු දෙස පිහිටි රම්‍ය වූ සිරීසමාලයට වැඩම කොට එහි වැඩහිඳ,

85. **ජනස්ස ධම්මං දේසේසි - ධම්මාභිසමයෝ තහිං**
වීසතියා සහස්සානං - පාණානං ආසි භූමිප

මහජනයාට ධර්මය දේශනා කොට වදාළා. මහරජ්ජුරුවෙනි, ඒ ධර්ම දේශනාව අවසානයේ විසිදහසක් සත්වයන් හට ධර්මාවබෝධය ඇතිවුනා.

86. **තතෝපි උත්තරං ගන්ත්වා - ථූපරාමමහිං ජිනෝ**
නිසින්නෝ තත්ථ අප්පෙත්වා - සමාධිං වුට්ඨිතෝ තතෝ

කකුසඳ බුදුරජාණන් වහන්සේ එතැනින් උතුරු දෙසට වැඩම කොට ථූපාරාමය පිහිටි තැන වැඩහිඳ සමාධියට සමවැදුනා. සමාධියෙන් නැගිට,

87. **ධම්මං දේසේසි සම්බුද්ධෝ - පරිසාය තහිං පන**
දසපාණසහස්සානි - පත්තමග්ගඵලාන'හුං

එතැන් රැස්ව සිටි පිරිසට කකුසඳ සම්බුදුරජාණන් වහන්සේ ධර්ම දේශනා කොට වදාළා. ඒ අවස්ථාවේදී දස දහසක් සත්වයන් මාර්ගඵලාවබෝධයට පත්වුනා.

88. **අත්තනෝ ධම්මකරකං - මනුස්සානං නමස්සිතුං**
දත්වා සපරිවාරං තං - ඨපෙත්වා ඉධ භික්ඛුනිං

මිනිසුන්ට වන්දනාමාන කිරීම පිණිස තමන් වහන්සේ පරිහරණය කළ පෙරහන්කඩය දී වදාළ කකුසඳ භාග්‍යවතුන්

වහන්සේ පිරිවර සහිත වූ රූපනන්දා භික්ෂුණිය මේ ඕජදීපයෙහි අභයපුරයෙහි වැඩවාසය කරන්ට සැලැස්සුවා.

89. **සහ භික්ඛුසහස්සේන - මහාදේවඤ්ච සාවකං**
ඨපෙත්වා ඉධ සම්බුද්ධො - තතෝ පාචීනතෝ පන

තම ශ්‍රාවක මහාදේව රහතන් වහන්සේව ද දහසක් රහතන් වහන්සේලා සමග මෙහි වැඩ වාසය කරන්ට සලස්වා සම්බුදුරජාණන් වහන්සේ එතැනින් නැගෙනහිර දෙසින්,

90. **ඨිතෝ රතනමාලම්හි - ජනං සමනුසාසිය**
සසංඝෝ නභමුග්ගන්ත්වා - ජම්බුදීපං ජිනෝ අගා

පිහිටි රුවන් මළුවෙහි වැඩහිඳ ජනයාගේ යහපත පිණිස උතුම් අනුශාසනා කොට සංඝයා වහන්සේ සමඟ අහසට පැන නැගී දඹදිවට වැඩි සේක.

91. **ඉමම්හි කප්පේ දුතියං - කෝණාගමන නායකෝ**
අහූ සබ්බවිදූ සත්ථා - සබ්බලෝකානුකම්පකෝ

මේ මහා භද්‍ර කල්පයේ දෙවනුව පහළ වූ සේක් කෝණාගමන බුදුරජාණන් වහන්සේ ය. සියල්ල මැනවින් දත් සකල ලෝකසත්වයාට අනුකම්පා ඇති උන්වහන්සේත් දෙව් මිනිසුන්ගේ ශාස්තෘන් වහන්සේ වූ සේක.

92. **මහානාමව්හයං ආසි - මහාමේඝවනං ඉදං**
වඩ්ඪමානපුරං නාම - දක්ඛිණාය දිසාය'හු

ඒ කාලයේ මහමෙව්නා උයනට කිව්වේ මහානාම උද්‍යානය කියලා. ඒ උයනට දකුණු දිසාවට වෙන්ට වඩ්ඪමානපුර නමින් නගරයක් තිබුණා.

93. **සමිද්ධො නාම නාමේන - තත්ථ රාජා තදා අහු**
නාමේන වරදීපෝ'ති - අයං දීපෝ තදා අහු

ඒ කාලයේ හිටපු රජ්ජුරුවන්ව හැඳින්නුවේ සමිද්ධි

යන නමිනුයි. මේ ලංකාද්වීපයට ඒ කාලේ කිව්වේ වරදීප කියලයි.

94. **දුබ්බුට්ඨුපද්දවො එත්ථ - වරදීපේ තදා අහු**
ජිනො ස කෝණාගමනො - දිස්වාන තමුපද්දවං

ඒ කාලයේ ඒ වරදීපයෙහි නියඟයක් ඇවිදින් දුර්භික්ෂයෙන් හටගත් බලවත් උපද්‍රවයක් තිබුණා. කෝණා-ගමන බුදුරජාණන් වහන්සේ වරදීපවාසීන් මුහුණ දී සිටින මේ උපද්‍රවය දැක වදාළා.

95. **තං හන්ත්වා සත්තවිනයං - පවත්තිං සාසනස්ස ච**
කාතුං ඉමස්මිං දීපස්මිං - කරුණාබලචෝදිතො

ඒ දුර්භික්ෂ උපද්‍රවය නැති කොට මනුෂ්‍යයන් හට විනයත්, කෝණාගමන බුදු සසුනෙහි පැවැත්මත් පිණිස මේ ද්වීපය කෙරෙහි උපන් කරුණා බල නිසාවෙන්,

96. **තිංසභික්ඛුසහස්සේහි - තාදීහි පරිවාරිතො**
නභසා'ගම්ම අට්ඨාසි - නගේ සුමනකූටකේ

තිස් දහසක් රහතන් වහන්සේලා පිරිවරින් යුක්ත කොට සමන්කුළු නමැති පර්වතය මතට ඉර්ධිබලයෙන් අහසින් වැඩ වදාළා.

97. **සම්බුද්ධස්සානුභාවේන - දුබ්බුට්ඨී සා ඛයං ගතා**
සාසනන්තරධානන්තා - සුබ්බුට්ඨී ච තදා අහූ

කෝණාගමන සම්බුදුරජාණන් වහන්සේගේ උතුම් බුද්ධානුභාවයෙන් දුර්භික්ෂය නැති වෙලා ගියා. කෝණා-ගමන බුදුසසුන අතුරුදහන් වන කාලය දක්වා ම නිසි කලට මනාකොට වැසි වැස්සා.

98. **තත්ථට්ඨිතො අධිට්ඨාසි - නරිස්සර මුනිස්සරො**
සබ්බේ මං අජ්ජ පස්සන්තු - වරදීපම්හි මානුසා

නරේශ්වරයෙනි, එහි වැඩසිටි ඒ කෝණාගමන මුනීශ්වරයන් වහන්සේ වරදීපවාසී සියලු මිනිස්සු අද මාව හොඳින් දකිත්වා!'යි අධිෂ්ඨාන කොට වදාළා.

99. **ආගන්තුකාමා සබ්බේව - මනුස්සා මම සන්තිකං**
ආගච්ඡන්තු අකිච්ඡේන - ඛිප්පඤ්චා'ති මහාමුනි

ඒ වගේ ම මා වෙතට එන්ට කැමති සියලු මනුෂ්‍යයන් ඉතා සුවසේ ඉක්මනින් ම පැමිණෙත්වා! යි කෝණාගමන මහා මුනීන්ද්‍රයන් වහන්සේ අධිෂ්ඨාන කළා.

100. **ඕභාසන්තං මුනින්දං තං - ඕභාසන්තඤ්ච පබ්බතං**
රාජා ච නාගරා චේව - දිස්වා ඛිප්පමුපාගමුං

බුද්ධ රශ්මි මාලාවෙන් බබලන කෝණාගමන බුදුරජාණන් වහන්සේත් ඒ බුදුරැසින් දිලිසෙන සමන්කූළ පර්වතයත් දුටු සමිද්ධි රජ්ජුරුවෝත් නුවරවැස්සෝත් වහාම එතැනට පැමිණියා.

101. **දේවතාබලිදානත්ථං - මනුස්සා ච තහිං ගතා**
දේවතා ඉති මඤ්ඤිංසු - සසංඝං ලෝකනායකං

සමන්කූළ පර්වතවාසී දෙවියන්ට පුදපූජා පැවැත්වීම පිණිස එහි ගිය මිනිස්සුත් සිටියා. ශ්‍රාවක සංඝයා වහන්සේලා සහිත ලෝකනාථයන් වහන්සේ දුටු ඔවුන් සිතුවේ දේවතාවුන් වහන්සේලා ඇස්පනාපිට ම වැඩම කොට සිටින බවයි.

102. **රාජා සෝ මුනිරාජං තං - අතිහට්ඨෝ'භිවාදිය**
නිමන්තයිත්වා භත්තේන - ආනෙත්වා පුරසන්තිකං

සමිද්ධි රජ්ජුරුවෝ අතිශයින් ම සතුටට පත්ව කෝණාගමන බුදුරජාණන් වහන්සේට ආදරයෙන් වන්දනා කොට දානය පිණිස ආරාධනා කළා. වඩ්ඪමාන පුරයට ආසන්නයේ පිහිටි මහානාම වනෝද්‍යානයට වැඩමවාගෙන ගියා.

103. **සසංඝස්ස මුනින්දස්ස - නිසජ්ජාරහමුත්තමං**
රමණීයමිදං ඨානං - අසම්බාධන්ති චින්තිය

සංඝයා වහන්සේලා සහිත වූ කෝණාගමන බුදුරජාණන් වහන්සේට වැඩහිඳීමට කැපසරුප් ආකාරයෙන් උතුම් ආසනයන් පිළියෙල කෙරෙව්වා. මේ මහාසෑය පිහිටන උස් භූමිය උන්වහන්සේලාට බාධා රහිතව සුවසේ වැඩ හිඳින්ට පුළුවන් රමණීය තැනක් බව සිතා,

104. **කාරිතේ මණ්ඩපේ රම්මේ - පල්ලංකේසු වරේසු තං**
නිසීදාපයි සම්බුද්ධං - සසංඝං ඉධ භූපති

කරවන ලද රම්‍ය වූ මණ්ඩපයේ උතුම් ආසනවල සංඝයා සහිත වූ කෝණාගමන බුදුරජාණන් වහන්සේව සමිද්ධි රජ්ජුරුවෝ මෙතන වඩා හිඳෙව්වා.

105. **නිසින්නම්පිධ පස්සන්තා - සසංඝං ලෝකනායකං**
දීපේ මනුස්සා ආනේසුං - පණ්ණාකාරේ සමන්තතෝ

සංඝයා සහිත වූ බුදුරජාණන් වහන්සේ වැඩ හිඳින ආකාරය දකින ලද වරදීපවාසී මනුෂ්‍යයෝ සතර අතින් ම තෑගි භෝග තුටු පඬුරු පිරිකර රැගෙන ආවා.

106. **අත්තනෝ ඛජ්ජභොජ්ජේහි - තේහි තේහා'හතේහි ච**
සන්තප්පේසි සසංඝං තං - රාජා සෝ ලෝක නායකං

රජ්ජුරුවෝ තමන් වෙනුවෙන් පිළියෙල කළා වූත්, මිනිසුන් විසින් ගෙනාවා වූත් ප්‍රණීත ඛාද්‍ය භෝජ්‍යයන් ගෙන් සංඝයා සහිත වූ බුදුරජාණන් වහන්සේට දානය පිළිගැන්නුවා.

107. **ඉධේව පච්ඡාභත්තං තං - නිසින්නස්ස ජිනස්ස සෝ**
මහානාමකමුය්‍යානං - රාජා'දා දක්ඛිණං වරං

මේ ස්ථානයේ ම දානයෙන් පසුවත් වැඩහුන් කෝණාගමන භාග්‍යවතුන් වහන්සේට සමිද්ධි රජ්ජුරුවෝ මහානාමක උද්‍යානය උතුම් දානයක් වශයෙන් පූජා කළා.

108. **අකාලපුප්ඵාලංකාරේ - මහානාමවනේ තදා**
පටිග්ගහීතේ බුද්ධේන - අකම්පිත්ථ මහාමහී

ඒ අවස්ථාවේ මහානාම වනය අකාලයේ පිපී ගිය මලින් අලංකාර වුනා. කෝණාගමන භාග්‍යවතුන් වහන්සේ එය පිළිගනිද්දී මහපොළොව කම්පා වුනා.

109. **එත්ථේව සෝ නිසීදිත්වා - ධම්මං දේසේසි නායකෝ**
තදා තිංස සහස්සානි - පත්තා මග්ගඵලං නරා

එතැනම වැඩහුන් ලෝකනාථයන් වහන්සේ ධර්ම දේශනා කොට වදාළා. ඒ දෙසුම අවසානයේ තිස්දහසක් මනුෂ්‍යයෝ මාර්ගඵලාවබෝධයට පත්වුනා.

110. **දිවාවිහාරං කත්වාන - මහානාමවනේ ජිනෝ**
සායණ්හසමයේ ගන්ත්වා - පුබ්බබෝධිට්ඨිතං මහිං

මහානාම වනයේ දිවා විහරණය කළ කෝණාගමන භාග්‍යවතුන් වහන්සේ සවස් යාමයේදී පෙර කකුසඳ බුදුරජාණන් වහන්සේගේ බෝධිය පිහිටි භූමිය වෙත වැඩම කළා.

111. **නිසින්නෝ තත්ථ අප්පෙත්වා - සමාධිං වුට්ඨිතෝ තතෝ**
ඉති චින්තේසි සම්බුද්ධෝ - හිතත්ථං දීපවාසිනං

එතැන වැඩහුන් සම්බුදුරජාණන් වහන්සේ සමාධියට සමවැදුන සේක. සමාධියෙන් නැගී සිටි භාග්‍යවතුන් වහන්සේ වරදීපවාසීන්ට හිත පිණිස වූ කාරණාවක් සිතා වදාළ සේක.

112. **ආදාය දක්ඛිණං සාඛං - මමෝදුම්බරබෝධිතෝ**
ආයාතු කනකදත්තා - භික්ඛුනී සහ භික්ඛුනී

එනම් 'මාගේ බෝධිය වන දිඹුල් බෝධි වෘක්ෂයෙන් දකුණු ශාඛාවක් රැගෙන කනකදත්තා භික්ෂුණිය භික්ෂුණීන් වහන්සේලාත් සමඟ මෙහි පැමිණේවා!' යි යන කාරණාවයි.

113. **තස්ස තං චිත්තමඤ්ඤාය - සා ථේරී තදනන්තරං**
ගහෙත්වා තත්ථ රාජානං - උපසංකම්ම තං තරුං

එසැණින් ම කනකදත්තා රහත් මෙහෙණින් වහන්සේ ඒ අදහස දැන දඹදිව ශෝභවතී නුවර ශෝභන නමැති රජ්ජුරුවන්ට මෙකරුණ සැළකළා. ඊටපසු ශෝභන රජ්ජුරුවන් සමග දිඹුල් බෝධීන් වහන්සේ ළඟට වැඩම කළා.

114. **ලේඛං දක්ඛිණසාඛාය - දාපෙත්වාන මහිද්ධිකා**
මනෝසිලාය ඡින්නං තං - ඨිතං හේමකටාහකේ

මහා ඉර්ධිමත් වූ කනකදත්තා රහත් මෙහෙණින් වහන්සේ ශෝභන රජ්ජුරුවන් ලවා රත් සිරියල්වලින් දිඹුල් බෝධීන් වහන්සේගේ දකුණු ශාඛාවට රේඛාවක් ඇන්දෙව්වා. එතකොට ඒ දකුණු දිඹුල් මහබෝ ශාඛාව බෝධීන් වහන්සේගෙන් වෙන්වී ගොස් රන් කටාරමේ පිහිටියා.

115. **ඉද්ධියා බෝධිමාදාය - සපඤ්චසතභික්ඛුනී**
ඉධාගන්ත්වා මහාරාජ - දේවතාපරිවාරිතා

මහරජ්ජුරුවෙනි, පන්සියයක් රහත් මෙහෙණින් වහන්සේලා පිරිවරාගත් කනකදත්තා භික්ෂුණිය දිඹුල් මහබෝ ශාඛාවත් රැගෙන ඉර්ධියෙන් මෙහි වැඩමවා දේවතාවුන් වහන්සේලා පිරිවරාගෙන,

116. **සසුවණ්ණකටාහං තං - සම්බුද්ධේන පසාරිතේ**
ඨපේසි දක්ඛිණේ හත්ථේ - තං ගහෙත්වා තථාගතෝ

කෝණාගමන සම්බුදුරජාණන් වහන්සේ දිගු කොට වදාළ දකුණු ශ්‍රී හස්තය මත බෝධි ශාඛාව සහිත ඒ රන් කටාරම තැබුවා. එය ගත් තථාගතයන් වහන්සේ,

117. **පතිට්ඨපේතුං රඤ්ඤෝ'දා - සමිද්ධස්ස ස තං තහිං**
මහානාමම්හි උය්‍යානේ - පතිට්ඨාපේසි භූපති

බෝධීන් වහන්සේ පිහිටුවනු පිණිස සමිද්ධි රජ්ජුරුවන්ට දුන්නා. සමිද්ධි රජ්ජුරුවෝ මහානාම උයනෙහි බෝධීන් වහන්සේ රෝපණය කළා.

118. **තතෝ ගන්ත්වාන සම්බුද්ධෝ - සිරීසමාලකුත්තරේ**
ජනස්ස ධම්මං දේසේසි - නිසින්නෝ නාගමාලකේ

ඒ බෝධි රෝපණයෙන් පසු කෝණාගමන තථාගත සම්බුදුරජාණන් වහන්සේ මෙයින් උතුරු දෙස පිහිටි රම්‍ය වූ සිරීසමාලකය අතර පිහිටි නාගමාලකයට වැඩම කොට එහි වැඩ හිඳ ජනයාට ධර්මය දේශනා කළා.

119. **තං ධම්මදේසනං සුත්වා - ධම්මාභිසමයෝ තහිං**
වීසතියා සහස්සානං - පාණානං ආසි භූමිප

මහරජ්ජුරුවෙනි, ඒ ධර්ම දේශනාව අසා එහි සිටි විසිදහසක් සත්වයන් හට ධර්මාවබෝධය ඇතිවුනා.

120. **පුබ්බබුද්ධනිසින්නං තං - ඨානං ගන්ත්වා පුරුත්තරං**
නිසින්නෝ තත්ථ අප්පෙත්වා - සමාධිං වුට්ඨිතෝ තතෝ

පෙර කකුසඳ බුදුරජාණන් වහන්සේ වැඩහුන්, නගරයට උතුරු දෙසින් ථූපාරාමය පිහිටන තැනට වැඩම කොට එහි වැඩහිඳ සමාධියට සමවැදුනා. සමාධියෙන් නැගිට,

121. **ධම්මං දේසේසි සම්බුද්ධෝ - පරිසාය තහිං පන**
දසපාණසහස්සානි - පත්තා මග්ගඵලං අහුං

එතැන රැස්ව සිටි පිරිසට කෝණාගමන සම්බුදු රජාණන් වහන්සේ ධර්ම දේශනා කොට වදාළා. ඒ අවස්ථාවේදී දස දහසක් සත්වයන් මාර්ගඵලාවබෝධයට පත්වුනා.

122. **කායබන්ධනධාතුං සෝ - මනුස්සේහි නමස්සිතුං**
දත්වා සපරිවාරං තං - ඨපෙත්වා ඉධ භික්ඛුනිං

මිනිසුන්ට වන්දනාමාන කිරීම පිණිස තමන් වහන්සේ පරිහරණය කළ බඳපටිය දී වදාළ කෝණාගමන භාග්‍යවතුන් වහන්සේ පිරිවර සහිත වූ කනකදත්තා භික්ෂුණිය මේ වරදීපයෙහි වඩ්ඪමානපුරයෙහි වැඩවාසය කරන්ට සැලැස්සුවා.

123. **සහ භික්ඛුසහස්සේන - මහාසුම්මඤ්ච සාවකං**
ඨපෙත්වා ඉධ සම්බුද්ධෝ - ඕරං රතනමාලතෝ

තම ශ්‍රාවක මහාසුම්ම රහතන් වහන්සේව ද දහසක් රහතන් වහන්සේලා සමඟ මෙහි වැඩ වාසය කරන්ට සලස්වා සම්බුදු රජාණන් වහන්සේ රතනමාලකයෙන් මෙපිට,

124. **ඨත්වා සුදස්සනේ මාලේ - ජනං සමනුසාසිය**
සසංඝෝ නහමුග්ගම්ම - ජම්බුදීපං ජිනෝ අගා

පිහිටි සුදර්ශන මාලකයෙහි වැඩහිඳ ජනයාගේ යහපත පිණිස උතුම් අනුශාසනා කොට සංඝයා වහන්සේ සමග අහසට පැන නැගී දඹදිවට වැඩි සේක.

125. **ඉමම්හි කප්පේ තතියං - කස්සපෝ ගොත්තතෝ ජිනෝ**
අහූ සබ්බවිදූ සත්ථා - සබ්බලෝකානුකම්පකෝ

මේ මහා භද්‍ර කල්පයේ තෙවනුව පහළ වූ සේක් ගෝත්‍රයෙන් කාශ්‍යප වූ බුදුරජාණන් වහන්සේ ය. සියල්ල මැනවින් දත් සකල ලෝකසත්වයාට අනුකම්පා ඇති උන්වහන්සේත් දෙව් මිනිසුන්ගේ ශාස්තෘන් වහන්සේ වූ සේක.

126. **මහාමේඝවනං ආසි - මහාසාගරනාමකං**
විසාලං නාම නගරං - පච්ඡිමාය දිසාය'හු

ඒ කාලයේ මහමෙව්නා උයනට කිව්වේ මහාසාගර උද්‍යානය කියලා. ඒ උයනට බටහිර දිසාවට වෙන්ට විසාලා නමින් නගරයක් තිබුනා.

127. **ජයන්තෝ නාම නාමේන - තත්ථ රාජා තදා අහූ**
නාමේන මණ්ඩදීපෝති - අයං දීපෝ තදා අහූ

ඒ කාලයේ හිටපු රජ්ජුරුවන්ව හැඳින්නුවේ ජයන්ත යන නමිනුයි. මේ ලංකාද්වීපයට ඒ කාලේ කිව්වේ මණ්ඩදීප කියලයි.

128. **තදා ජයන්තරඤ්ඤො ච - රඤ්ඤො කනිට්ඨභාතු ච**
යුද්ධං උපට්ඨිතං ආසි - හිංසනං සත්තහිංසනං

ඒ වෙද්දි ජයන්ත රජ්ජුරුවෝත් රජ්ජුරුවන්ගේ මල්ලිත් අතර සත්වයන්ට හිංසාව ඇතිවන මහත් භයානක යුද්ධයක් ඇතිවෙලා තිබුණා.

129. **කස්සපෝ සෝ දසබලෝ - තේන යුද්ධේන පාණිනං**
මහන්තං ව්‍යසනං දිස්වා - මහාකාරුණිකෝ මුනි

මහාකාරුණික වූ ඒ කාශ්‍යප නම් වූ දසබලධාරී මුනීන්ද්‍රයන් වහන්සේ ඒ යුද්ධය නිසා ප්‍රාණීන්ට සිදුවෙන මහත් වූ විපත්තිය දැක වදාළා.

130. **තං හන්ත්වා සත්තවිනයං - පවත්තිං සාසනස්ස ච**
කාතුං ඉමස්මිං දීපස්මිං - කරුණාබලචෝදිතෝ

ඒ යුද්ධය සංසිඳවා මනුෂ්‍යයන් හට විනයත්, කාශ්‍යප බුදු සසුනෙහි පැවැත්මත් පිණිස මේ ද්වීපය කෙරෙහි උපන් කරුණා බල නිසාවෙන්,

131. **වීසතියා සහස්සේහි - තාදීහි පරිවාරිතෝ**
නභසාගම්ම අට්ඨාසි - සුභකූටම්හි පබ්බතේ

විසි දහසක් රහතන් වහන්සේලා පිරිවරින් යුක්ත කොට සුභකූට නමැති පර්වතය මතට ඉර්ධිබලයෙන් අහසින් වැඩ වදාළා.

132. **තත්‍රට්ඨිතෝ අධිට්ඨාසි - නරිස්සර මුනිස්සරෝ**
සබ්බේ මං අජ්ජ පස්සන්තු - මණ්ඩදීපම්හි මානුසා

නරේශ්වරයෙනි, ඒ කාශ්‍යප මුනීශ්වරයන් වහන්සේ මණ්ඩදීපවාසී සියලු මිනිස්සු අද මාව හොඳින් දකිත්වා!'යි එහි සිට අධිෂ්ඨාන කොට වදාළා.

133. **ආගන්තුකාමා සබ්බේව - මානුසා මම සන්තිකං**
ආගච්ඡන්තු අකිච්ඡේන - ඛිප්පඤ්චාති මහාමුනි

ඒ වගේ ම මා වෙතට එන්ට කැමති සියලු මනුෂ්‍යයන් ඉතා සුවසේ ඉක්මනින් ම පැමිණෙත්වා! යි කාශ්‍යප මහා මුනීන්ද්‍රයන් වහන්සේ අධිෂ්ඨාන කළා.

134. **ඕභාසන්තං මුනින්දං තං - ඕභාසන්තඤ්ච පබ්බතං**
රාජා ච නාගරා චේව - දිස්වා ඛිප්පං උපාගමුං

බුද්ධ රශ්මි මාලාවෙන් බබලන කාශ්‍යප බුදුරජාණන් වහන්සේත් ඒ බුදුරැසින් දිලිසෙන සුභකූට පර්වතයත් දුටු ජයන්ත රජ්ජුරුවෝත් නුවරවැස්සෝත් වහාම එතැනට පැමිණියා.

135. **අත්තනෝ අත්තනෝ පත්තවිජයාය ජනා බහූ**
දේවතාබලිදානත්ථං - තං පබ්බතමුපාගතා

යුද්ධයේදී තම තමන්ගේ පක්ෂයට ජය ලබාගැනීම පිණිස දෙවියන්ට භාරහාර වෙන්ට සුභකූට පර්වතයට බොහෝ ජනයා ඇවිත් හිටියා.

136. **දේවතා ඉති මඤ්ඤිංසු - සසංඝං ලෝකනායකං**
රාජා ච සෝ කුමාරෝ ච - යුද්ධමුජ්ඣිංසු විම්හිතා

ශ්‍රාවක සංඝයා වහන්සේලා සහිත ලෝකනාථයන් වහන්සේ දුටු ඔවුන් සිතුවේ දේවතාවුන් වහන්සේලා ඇස්පනාපිට ම වැඩම කොට සිටින බවයි. යුද්ධයට පැමිණ සිට රජ්ජුරුවොත් ඒ කුමාරයාත් මහත් විස්මයට පත් වෙලා යුද්ධය අත්හැරියා.

137. **රාජා සෝ මුනිරාජං තං - අතිහට්ඨෝ'භිවාදිය**
නිමන්තයිත්වා භත්තේන - ආනෙත්වා පුරසන්තිකං

ජයන්ත රජ්ජුරුවෝ අතිශයින් ම සතුටට පත්ව කාශ්‍යප බුදුරජාණන් වහන්සේට ආදරයෙන් වන්දනා කොට දානය පිණිස ආරාධනා කළා. විසාලා පුරයට ආසන්නයේ පිහිටි මහාසාගර වනෝද්‍යානයට වැඩමවාගෙන ගියා.

138. **සසංඝස්ස මුනින්දස්ස - නිසජ්ජාරහමුත්තමං**
රමණීයමිදං ඨානං - අසම්බාධන්ති චින්තිය

සංඝයා වහන්සේලා සහිත වූ කාශ්‍යප බුදුරජාණන් වහන්සේට වැඩහිඳීමට කැපසරුප් ආකාරයෙන් උතුම් ආසනයන් පිළියෙල කෙරෙව්වා. මේ මහාසෑය පිහිටන උස් භූමිය උන්වහන්සේලාට බාධා රහිතව සුවසේ වැඩ හිඳින්නට පුළුවන් රමණීය තැනක් බව සිතා,

139. **කාරිතේ මණ්ඩපේ රම්මේ - පල්ලංකේසු වරේසු තං**
නිසීදාපේසි සම්බුද්ධං - සසංඝං ඉධ භූපති

කරවන ලද රම්‍ය වූ මණ්ඩපයේ උතුම් ආසනවල සංඝයා සහිත වූ කාශ්‍යප බුදුරජාණන් වහන්සේව ජයන්ත රජ්ජුරුවෝ මෙතන වඩා හිඳෙව්වා.

140. **නිසින්නම්පිධ පස්සන්තා - සසංඝං ලෝකනායකං**
දීපේ මනුස්සා ආනේසුං - පණ්ණාකාරේ සමන්තතෝ

සංඝයා සහිත වූ බුදුරජාණන් වහන්සේ වැඩ හිඳින ආකාරය දකින ලද මණ්ඩදීපවාසී මනුෂ්‍යයෝ සතර අතින් ම තෑගි භෝග තුටු පඬුරු පිරිකර රැගෙන ආවා.

141. **අත්තනෝ ඛජ්ජභොජ්ජේහි - තේහි තේහා'භතේහි ච**
සන්තප්පේසි සසංඝං තං - රාජා සෝ ලෝකනායකං

රජ්ජුරුවෝ තමන් වෙනුවෙන් පිළියෙල කළා වූත්, මිනිසුන් විසින් ගෙනාවා වූත් ප්‍රණීත ඛාද්‍ය භෝජ්‍යයන්

ගෙන් සංඝයා සහිත වූ බුදුරජාණන් වහන්සේට දානය පිළිගැන්නුවා.

142. **ඉධේ'ව පච්ඡාභත්තං තං - නිසින්නස්ස ජිනස්ස සෝ**
මහාසාගරමුය්‍යානං - රාජා'දා දක්ඛිණං වරං

මේ ස්ථානයේ ම දානයෙන් පසුවත් වැඩහුන් කාශ්‍යප භාග්‍යවතුන් වහන්සේට ජයන්ත රජ්ජුරුවෝ මහාසාගර උද්‍යානය උතුම් දානයක් වශයෙන් පූජා කළා.

143. **අකාලපුප්ඵාලංකාරේ - මහාසාගරකානනේ**
පටිග්ගහීතේ බුද්ධේන - අකම්පිත්ථ මහාමහී

ඒ අවස්ථාවේ මහාසාගර වනය අකාලයේ පිපී ගිය මලින් අලංකාර වුනා. කාශ්‍යප භාග්‍යවතුන් වහන්සේ එය පිළිගනිද්දී මහපොළොව කම්පා වුනා.

144. **එත්ථේව සෝ නිසීදිත්වා - ධම්මං දේසේසි නායකෝ**
තදා වීසං සහස්සානි - පත්තා මග්ගඵලං නරා

එතැනම වැඩහුන් ලෝකනාථයන් වහන්සේ ධර්ම දේශනා කොට වදාළා. ඒ දෙසුම අවසානයේ විසිදහසක් මනුෂ්‍යයෝ මාර්ගඵලාවබෝධයට පත්වුනා.

145. **දිවාවිහාරං කත්වාන - මහාසාගරකානනේ**
සායණ්හේ සුගතෝ ගන්ත්වා - පුබ්බබෝධිට්ඨිතං මහිං

මහාසාගර වනයේ දිවා විහරණය කළ කාශ්‍යප භාග්‍යවතුන් වහන්සේ සවස් යාමයේදී කලින් බුදුවරයන් වහන්සේලාගේ බෝධීන් පිහිටි ස්ථානයට වැඩම කළා.

146. **නිසින්නෝ තත්ථ අප්පෙත්වා - සමාධිං වුට්ඨිතෝ තතෝ**
ඉති චින්තේසි සම්බුද්ධෝ - හිතත්ථං දීපවාසිනං

එතැන වැඩහුන් සම්බුදුරජාණන් වහන්සේ සමාධියට සමවැදුන සේක. සමාධියෙන් නැගී සිටි භාග්‍යවතුන්

වහන්සේ මණ්ඩදීපවාසීන්ට හිත පිණිස වූ කාරණාවක් සිතා වදාළ සේක.

147. **ආදාය දක්ඛිණං සාඛං - මම නිග්‍රෝධබෝධිතෝ**
සුධම්මා භික්ඛුනී ඒතු - ඉදානි සහ භික්ඛුනී

එනම් 'මාගේ බෝධිය වන නුග බෝධි වෘක්ෂයෙන් දකුණු ශාඛාවක් රැගෙන සුධර්මා භික්ෂුණිය භික්ෂුණීන් වහන්සේලාත් සමඟ මෙහි පැමිණෙත්වා!' යි යන කාරණාවයි.

148. **තස්ස තං චිත්තමඤ්ඤාය - සා ථේරී තදනන්තරං**
ගහෙත්වා තත්ථ රාජානං - උපසංකම්ම තං තරුං

එසැණින් ම සුධර්මා රහත් මෙහෙණින් වහන්සේ උන්වහන්සේගේ ඒ අදහස දැන දඹදිව බරණැස් නුවර කිකී නමැති රජ්ජුරුවන්ට මෙකරුණ දන්වා වදාළා. කිකී රජ්ජුරුවන් සමඟ නුග බෝධීන් වහන්සේ ළඟට වැඩම කළා.

149. **ලේඛං දක්ඛිණසාඛාය - දාපෙත්වාන මහිද්ධිකා**
මනෝසිලාය ඡින්නං තං - ඨිතං හේමකටාහකේ

මහා ඉර්ධිමත් වූ සුධර්මා රහත් මෙහෙණින් වහන්සේ කිකී රජ්ජුරුවන් ලවා රත් සිරියල්වලින් නුග බෝධීන් වහන්සේගේ දකුණු ශාඛාවට රේඛාවක් ඇන්දෙව්වා. එතකොට ඒ දකුණු නුග මහබෝ ශාඛාව බෝධීන් වහන්සේගෙන් වෙන්වී ගොස් රන් කටාරමේ පිහිටියා.

150. **ඉද්ධියා බෝධිමාදාය - සපඤ්චසතභික්ඛුනී**
ඉධානෙත්වා මහාරාජ - දේවතාපරිවාරිතා

මහරජ්ජුරුවෙනි, පන්සියයක් රහත් මෙහෙණින් වහන්සේලා පිරිවරාගත් සුධර්මා භික්ෂුණිය නුග මහබෝ ශාඛාවත් රැගෙන ඉර්ධියෙන් මෙහි වැඩමවා දේවතාවුන් වහන්සේලා පිරිවරාගෙන,

151. **සසුවණ්ණකටාහං තං - සම්බුද්ධේන පසාරිතේ**
ඨපේසි දක්ඛිණේ හත්ථේ - තං ගහෙත්වා තථාගතෝ

කාශ්‍යප සම්බුදුරජාණන් වහන්සේ දිගු කොට වදාළ දකුණු ශ්‍රී හස්තය මත බෝධි ශාඛාව සහිත ඒ රන් කටාරම තැබුවා. එය ගත් තථාගතයන් වහන්සේ,

152. **පතිට්ඨපේතුං රඤ්ඤෝ’දා - ජයන්තස්ස ස තං තහිං**
මහාසාගරමුය්‍යානේ - පතිට්ඨාපේසි භූපති

බෝධීන් වහන්සේ පිහිටුවනු පිණිස ජයන්ත රජ්ජුරුවන්ට දුන්නා. ජයන්ත රජ්ජුරුවෝ මහාසාගර උයනෙහි බෝධීන් වහන්සේ රෝපණය කළා.

153. **තතෝ ගන්ත්වාන සම්බුද්ධෝ - නාගමාලකඋත්තරේ**
ජනස්ස ධම්මං දේසේසි - නිසින්නෝ’සෝකමාලකේ

ඒ බෝධි රෝපණයෙන් පසු එතැනින් වැඩම කළ කාශ්‍යප සම්බුදුරජාණන් වහන්සේ නාගමාලකයට උතුරින් පිහිටි අසෝක මාලකයෙහි වැඩ හිඳ එහි රැස් වූ ජනයාට ධර්ම දේශනා කොට වදාළා.

154. **තං ධම්මදේසනං සුත්වා - ධම්මාභිසමයෝ තහිං**
අහු පාණසහස්සානං - චතුන්නං මනුජාධිප

මහරජ්ජුරුවෙනි, ඒ ධර්ම දේශනාව අසා එහි සිටි හාරදහසක් සත්වයන් හට ධර්මාවබෝධය ඇතිවුනා.

155. **පුබ්බබුද්ධනිසින්නන්තං - ඨානං ගන්ත්වා පුනුත්තරං**
නිසින්නෝ තත්ථ අප්පෙත්වා - සමාධිං වුට්ඨිතෝ තතෝ

පෙර බුදුවරයන් වහන්සේලා වැඩහුන්, නගරයට උතුරුදෙසින් ථූපාරාමය පිහිටන තැනට වැඩම කොට එහි වැඩ හිඳ සමාධියට සමවැදුනා. සමාධියෙන් නැගිට,

156. **ධම්මං දේසේසි සම්බුද්ධෝ - පරිසාය තහිං පන**
දසපාණසහස්සානි - පත්තමග්ගඵලානහුං

එතැන රැස්ව සිටි පිරිසට කාශ්‍යප සම්බුදුරජාණන් වහන්සේ ධර්ම දේශනා කොට වදාළා. ඒ අවස්ථාවේදී දස දහසක් සත්වයන් මාර්ගඵලාවබෝධයට පත්වුනා.

157. **ජලසාටිකධාතුං සෝ - මනුස්සේහි නමස්සිතුං**
දත්වා සපරිවාරන්තං - ඨපෙත්වා ඉධ භික්ඛුනිං

මිනිසුන්ට වන්දනාමාන කිරීම පිණිස තමන් වහන්සේ පරිහරණය කළ නහනාකඩ ධාතුන් වහන්සේ දී වදාළ කාශ්‍යප භාග්‍යවතුන් වහන්සේ පිරිවර සහිත වූ සුධර්මා භික්ෂුණිය මේ මණ්ඩදීපයෙහි විසාලාපුරයෙහි වැඩවාසය කරන්ට සැලැස්සුවා.

158. **සහ භික්ඛුසහස්සේන - සබ්බනන්දිඤ්ච සාවකං**
ඨපෙත්වා නදිතෝ ඕරං - සෝ සුදස්සනමාලතෝ

තම ශ්‍රාවක සබ්බනන්දි රහතන් වහන්සේව ද දහසක් රහතන් වහන්සේලා සමඟ නදියෙන් මෙතෙර වැඩ වාසය කරන්ට සලස්වා සම්බුදුරජාණන් වහන්සේ එතැනින් නැගෙනහිර දෙසින් පිහිටි සුදර්ශන මාලකයෙන් නික්ම,

159. **සෝමනස්සේ මාලකස්මිං - ජනං සමනුසාසිය**
සංඝේන නභමුග්ගන්ත්වා - ජම්බුදීපං ජිනෝ අගා

සෝමනස්ස මාලකයේ දී ජනයාට ධර්මයෙන් අනුශාසනා කොට කාශ්‍යප මුනිඳුන් වහන්සේ සංඝයා වහන්සේ සමග අහසට පැන නැගී දඹදිවට වැඩි සේක.

160. **අහු ඉමස්මිං කප්පස්මිං - චතුත්ථං ගෝතමෝ ජිනෝ**
සබ්බධම්මවිදූ සත්ථා - සබ්බලෝකානුකම්පකෝ

මහරජ්ජුරුවෙනි, මේ මහා භද්‍ර කල්පයේ සතරවෙනිව ශ්‍රී සම්බුද්ධත්වයට පත් වී වදාළේ අපගේ ගෞතම භාග්‍යවතුන් වහන්සේ ය. සියලු ධර්මයන් මනාව අවබෝධ කළ, සකල ලෝක සත්වයා කෙරෙහි මහත් දයානුකම්පා ඇති උන්වහන්සේ

දෙව් මිනිසුන්ගේ ශාස්තෘන් වහන්සේ වන සේක.

161. **පඨමං සෝ ඉධාගන්ත්වා - යක්ඛනිද්ධමනං අකා**
දුතියං පුනරාගම්ම - නාගානං දමනං අකා

ඒ අපගේ භාග්‍යවතුන් වහන්සේ පළමුවෙන් මේ දිවයිනට වැඩම කොට යක්ෂයන් දමනය කොට වදාළා. ආයෙමත් දෙවන වතාවටත් අප භාග්‍යවතුන් වහන්සේ මෙහි වැඩමකොට නාගයින්ව දමනය කොට වදාළා.

162. **කල්‍යාණියං මණිඅක්ඛි - නාගේනා'භිනිමන්තිතෝ**
තතියං පුනරාගම්ම - සසංඝෝ තත්ථ භුඤ්ජිය

කැළණියෙහි සිටි මණිඅක්ඛික නැමැති නාරජ්ජුරුවන්ගේ ආරාධනයෙන් අප භාග්‍යවතුන් වහන්සේ තුන්වන වතාවටත් සංඝයා වහන්සේලාත් සමඟ වැඩම කළා. කැළණියේ දී නාරජුන් විසින් පිළිගන්වන ලද දිව්‍ය ආහාරපාන වළඳා,

163. **පුබ්බබෝධියීතට්ඨානං - ථූපට්ඨානමිදම්පි ච**
පරිභෝගධාතුට්ඨානඤ්ච - නිසජ්ජායෝ'පභුඤ්ජිය

කලින් බුදු සසුන්වල දි බෝධීන් වහන්සේලා වැඩ සිටි ස්ථානයත්, මහාසෑය පිහිටන මේ ස්ථානයත්, මේ කල්පයේ අප බුදුරජුන්ට පෙර බුදු වූ කකුසඳ, කෝණාගමන, කාශ්‍යප යන තුන් බුදුවරයන් වහන්සේලා විසින් පරිභෝග කරන ලද වස්තු තැන්පත් කොට පාරිභෝගික චෛත්‍ය පිහිටුවන ථූපාරාම චෛත්‍ය ස්ථානයත් යන තැන්වල වැඩ හිඳ සමාපත්ති සුවයට සමවැදී සිටීමෙන් පරිභෝග කොට වදාළා.

164. **පුබ්බබුද්ධයීතට්ඨානා - ඕරං ගන්ත්වා මහාමුනි**
ලංකාදීපේ ලෝකදීපෝ - මනුස්සාභාවතෝ තදා

අප බුදුරජාණන් වහන්සේට පෙර බුදු වූ කාශ්‍යප බුදුරජාණන් වහන්සේ වැඩ සිටි සෝමනස්ස මාලකය මෙපිටට වැඩම කළ ලෝකයට එකම පිළිසරණ වූ අපගේ

මහාමුනීන්ද්‍රයන් වහන්සේ එකල ලංකාද්වීපයෙහි මිනිසුන්ගේ වාසයක් නොතිබුනු නිසා,

165. **දීපට්ඨං දේවසංඝඤ්ච - නාගේ සමනුසාසිය**
සසංඝෝ නභමුග්ගන්ත්වා - ජම්බුදීපං ජිනෝ අගා

ලංකාවාසී දෙව් පිරිසටත් නා පිරිසටත් ඔවුන්ගේ යහපත උදෙසා අනුශාසනා කොට සංඝයා වහන්සේලා සහිත වූ අප භාග්‍යවතුන් වහන්සේ අහසට පැන නැගී දඹදිවට වැඩ වදාළා.

166. **ඒවං ඨානමිදං රාජ - චතුබුද්ධනිසේවිතං**
අස්මිං ඨානේ මහාරාජ - ථූපෝ හෙස්සති'නාගතේ

මහරජ්ජුරුවෙනි, ඔය විදිහට මහා සෑ පිහිටන මෙම ස්ථානය සතර බුදුරජාණන් වහන්සේලා පරිභෝග කොට වදාළ තැනක්. අනාගතයේ මහ සෑ රජුන් ඉදිවන්නේ මෙතැනයි. රජ්ජුරුවෙනි,

167. **බුද්ධසාරීරධාතූනං - දෝණධාතුනිධානවා**
වීසංහත්ථසතං උච්චෝ - හේමමාලී'ති විස්සුතෝ

අප භාග්‍යවතුන් වහන්සේගේ ද්‍රෝණයක් ශ්‍රී සර්වඥ ධාතූන් වහන්සේලා නිධන් කරවා එක්සිය විසි රියනක් උස් කොට ඉදිවන ඒ මහා සෑය රුවන්මැලි යන නාමයෙන් දෙව් මිනිස් ලෝකයා අතර මහත් ප්‍රසිද්ධියට පත්වෙනවා."

168. **අහමේව කාරාපෙස්සාමි - ඉච්චාහ පුථවිස්සරෝ**
ඉධ අඤ්ඤානි කිච්චානි - බහූනි තව භූමිප

එතකොට රජ්ජුරුවෝ 'ස්වාමීනී, ඒ මහා සෑය මම ම කරවන්ට ඕනෑ' කියා පැවසුවා. "මහරජාණෙනි, ඔබ විසින් කළ යුතු වෙනත් බොහෝ කටයුතු තියෙනවා නොවැ.

169. **තානි කාරේහි නත්තා තේ - කාරෙස්සති ඉමං පන**
මහානාගස්ස තේ භාතු - උපරාජස්ස අත්‍රජෝ

ඔබතුමා ඒවා කළ මැනව. මේ මහා සෑය ඔබගේ මුණුබුරෙක් කරනවා ඇති. ඔබතුමාගේ සොහොයුරෙකු වන මහානාග යුවරජ්ජුරුවන්ට පුත් කුමාරයෙක් උපදිනවා.

170. **සො යට්ඨාලකතිස්සොති - රාජා හෙස්සත'නාගතෙ**
රාජා ගොඨාභයො නාම - තස්ස පුත්තො භවිස්සති

ඒ පුත් කුමාරයා අනාගතයේ යටාලකතිස්ස නමින් රජ බවට පත්වෙනවා. ඒ යටාලතිස්ස රජ්ජුරුවන්ගේ පුත් කුමාරයා වන ගෝඨාභය කුමාරයා ඊට පස්සේ රජ බවට පත්වෙනවා.

171. **තස්ස පුත්තො කාකවණ්ණතිස්සො නාම භවිස්සති**
තස්ස රඤ්ඤො සුතො රාජ - මහාරාජා භවිස්සති

ඒ ගෝඨාභය රජ්ජුරුවන්ට පුත් කුමාරයෙක් ලැබෙනවා. ඒ පුත් කුමාරයා කාවන්තිස්ස යන නාමය ලබනවා. රජ්ජුරුවෙනි, ඒ කාවන්තිස්ස රජ්ජුරුවන්ගේ පුත් කුමාරයා මහා රජ්ජුරු කෙනෙක් වෙනවා.

172. **දුට්ඨගාමණිසද්දෙන - පාකටො'භයනාමකො**
කාරෙස්සතී'ධ ථූපං සො - මහාතේජිද්ධිවික්කමො

දුටුගැමුණු යන නාමයෙන් මහත්සේ ප්‍රසිද්ධ වන ඒ මහරජ්ජුරුවන් අභය යන නාමයෙන් යුක්තයි. මහා තේජසින් යුතු, පුණ්‍ය ඉර්ධියෙන් යුතු, ශූර වීර වික්‍රමයෙන් යුතු ඒ මහරජ්ජුරුවෝ මේ ස්ථානයේ රුවන්මැලි මහා සෑය කරනවා ඇති.

173. **ඉච්චාහ ථෙරො ථෙරස්ස - වචනෙනෙත්ථ භූපති**
උස්සාපෙසි සිලාථම්භං - තං පවත්තිං ලිඛාපිය

අපගේ මිහිඳු මහරහතන් වහන්සේ මෙය වදාළා. එතකොට දේවානම්පියතිස්ස රජ්ජුරුවෝ අප මහරහතන් වහන්සේගේ වචනයෙන් ඒ විස්තර මෙහි ගල්ටැඹක ලියවා ඔසවා තැබ්බෙව්වා.

174. **රම්මං මහාමේඝවනං - තිස්සාරාමං මහාමති**
මහාමහින්දථේරෝ සෝ - පටිග්ගය්හ මහිද්ධිකො

මහා නුවණින් යුක්ත වූ, මහා ඉර්ධි බලයෙන් යුක්ත වූ අපගේ මිහිඳු මහරහතන් වහන්සේ මහමෙව්නා උයනෙහි රම්‍ය වූ තිස්සාරාමය පිළිගෙන වදාළා.

175. **අකම්පෝ කම්පයිත්වාන - මහිං ඨානේසු අට්ඨසු**
පිණ්ඩාය පවිසිත්වාන - නගරං සාගරූපමං

අකම්පිත සිත් ඇති අපගේ මිහිඳු මහරහතන් වහන්සේ මේ මහපොළොව අට තැනකදී කම්පා කෙරෙව්වා. සාගරයක් බඳු අනුරපුර නගරයට පිණ්ඩපාතේ වැඩම කොට,

176. **රඤ්ඤෝ ඝරේ භත්තකිච්චං - කත්වා නික්ඛම්ම මන්දිරං**
නිසජ්ජ නන්දනවනේ - අග්ගික්ඛන්ධෝපමං තහිං

රජ්ජුරුවන්ගේ මාළිගයේ දී දන් වළඳා රාජ මන්දිරයෙන් පිටතට වැඩලා නන්දන වනයෙහි වැඩ හිඳ එහි දී අප භාග්‍යවතුන් වහන්සේ වදාළ අග්ගික්ඛන්ධෝපම,

177. **සුත්තං ජනස්ස දේසෙත්වා - සහස්සං මානුසේ තහිං**
පාපයිත්වා මග්ගඵලං - මහාමේඝවනේ වසි

සූත්‍ර දේශනාව මුල් කොට ජනයාට ධර්ම දේශනාව කොට වදාළා. ඒ දේශනාව අවසානයේ දහසක් මනුෂ්‍යන්ට මාර්ගඵලාවබෝධය ඇති කරවා වදාළා. එදා රාත්‍රියේ අප මහරහතන් වහන්සේ මහමෙව්නා උයනෙහි වාසය කළා.

178. **තතියේ දිවසේ ථේරෝ - රාජගේහම්හි භුඤ්ජිය**
නිසජ්ජ නන්දනවනේ - දේසියා'සිවිසෝපමං

තුන්වෙනි දවසේ මිහිඳු මහරහතන් වහන්සේ රාජ මාළිගයේ දී දන් වළඳා නන්දන වනයෙහි වැඩ හිඳ අප භාග්‍යවතුන් වහන්සේ වදාළ ආසිවිසෝපම සූත්‍ර දේශනාව මුල් කොට ධර්ම දේශනා කොට වදාළා.

පහළොස්වෙනි පරිච්ඡේදය 305

179. **පාපයිත්වා'භිසමයං - සහස්සපුරිසේ තතෝ**
තිස්සාරාමං අගා ථේරෝ - රාජා ච සුතදේසනෝ

ඒ දෙසුම අවසානයේ දහසක් පුරුෂයන්ට මාර්ගඵලාවබෝධය ඇති කරවූ මිහිඳු මහරහතන් වහන්සේ එතැනින් තිස්සාරාමයට පැමිණ වදාළා. අප මහරහතන් වහන්සේගෙන් අසන ලද බණ ඇසීමෙන් ලද අවබෝධයෙන් යුතු රජ්ජුරුවෝ,

180. **ථේරං උපනිසීදිත්වා - සෝ පුච්ඡි ජිනසාසනං**
පතිට්ඨිතන්නු භන්තේ'ති - න තාව මනුජාධිප

මිහිඳු මහරහතන් වහන්සේ සමීපයෙහි හිඳගෙන 'ස්වාමීනී, අප භාග්‍යවතුන් වහන්සේගේ ගෞතම සම්මා සම්බුද්ධ ශාසනය මේ ලංකාද්වීපයේ පිහිටියා නේද?' කියා ඇසුවා. 'රජ්ජුරුවෙනි, තවම පිහිටියේ නෑ.

181. **උපෝසථාදිකම්මත්ථං - ජිනාණාය ජනාධිප**
සීමාය ඉධ බද්ධාය - පතිට්ඨිස්සති සාසනං

රජ්ජුරුවෙනි, සංඝයාගේ උපෝසථ කර්මාදිය කිරීම පිණිස බුදුරජාණන් වහන්සේගේ නියමය පරිදි මෙහි සීමාවක් බැන්දවිට බුදු සසුන පිහිටනවා' කියා වදාළා.

182. **ඉච්චබ්‍රවි මහාථේරෝ - තං රාජා ඉදමබ්‍රවි**
සම්බුද්ධාණාය අන්තෝහං - වස්සිස්සාමි ජුතින්ධර

අපගේ මිහිඳු මහරහතන් වහන්සේ එසේ වදාළා. එතකොට දෙවනපෑතිස් රජ්ජුරුවෝ මෙය පැවසුවා. 'ප්‍රඥාලෝකයෙන් බබලන ස්වාමීනී, මං සම්බුදුරජාණන් වහන්සේගේ ආඥාව තුළ වාසය කරන්නම්.

183. **තස්මා කත්වා පුරං අන්තෝ - සීමං බන්ධථ සජ්ජුකං**
ඉච්චබ්‍රවි මහාරාජා - ථේරෝ තං ඉධමබ්‍රවි

එනිසා පුරය ඇතුල්කොට ඉක්මනින් සීමාව බැන්ද

මැනව' කියා රජ්ජුරුවෝ කියා සිටියා. එතකොට අපගේ මිහිඳු මහරහතන් වහන්සේ රජ්ජුරුවන්ට මෙය වදාළා.

184. **ඒවං සති තුවං යේව - පජාන පුථවිස්සර**
සීමාය ගමනට්ඨානං - බන්ධිස්සාම මයං හි තං

'එහෙනම් රජ්ජුරුවෙනි, සීමාව අයිති වෙන තැන ඔබ ම දැනගත මැනව. අපි ඒ අනුව සීමාව බඳින්නම්.'

185. **සාධූ'ති වත්වා භූමින්දෝ - දේවින්දෝ විය නන්දනා**
මහාමේඝවනා රම්මා - පාවිසි මන්දිරං සකං

'එහෙමයි ස්වාමීනී' කියා රජ්ජුරුවෝ නන්දන වනයෙන් වෛජයන්ත ප්‍රාසාදයට යන ශක්‍ර දේවේන්ද්‍රයාගේ ලීලාවෙන් මහමෙව්නා උයනේ තිස්සාරාමයෙන් නික්ම තමන්ගේ රාජ මන්දිරයට පිවිසියා.

186. **චතුත්ථේ දිවසේ ථේරෝ - රඤ්ඤෝ ගේහම්හි භුඤ්ජිය**
නිසජ්ජ නන්දනවනේ - දේසේස'නමතග්ගියං

සතර වැනි දවසේ මිහිඳු මහරහතන් වහන්සේ රජ මාළිගයේ දී දානය වළඳා එතැනින් පිටතට වැඩලා නන්දන වනයේ වැඩ හිඳ අනමතග්ග සංයුත්තය දේශනා කොට වදාළා.

187. **පායෙත්වා'මතපානං සෝ - සහස්සපුරිසේ තහිං**
මහාමේඝවනාරාමං - මහාථේරෝ උපාගමි

එතැනදීත් දහසක් මනුෂ්‍යයන්ට දහම් අමාපැන් පොවා වදාළ මහරහතන් වහන්සේ මහාමේඝවනාරාමයට පැමිණ වදාළා.

188. **පාතෝ භේරිං චරාපෙත්වා - මණ්ඩයිත්වා පුරං වරං**
විහාරගාමිමග්ගඤ්ච - විහාරඤ්ච සමන්තතෝ

පසුදා උදෑසන නුවර අඬබෙර හසුරුවලා උතුම් නුවරත්, තිස්සාරාම විහාරයට යන මාර්ගයත්, විහාරය හතර

වටේමත් ලස්සනට සරසලා,

189. **රථේසභෝ රථට්ඨෝ සෝ - සබ්බාලංකාරභූසිතෝ**
සහාමච්චෝ සහෝරෝධෝ - සයොග්ගබලවාහනෝ

සියලු රාජාභරණයෙන් සැරසුනු රජ්ජුරුවෝ රථයට නැගී සිටියා. ඇමතිවරුනුත් එක්වෙලා සිටියා. අන්තඃපුර ස්ත්‍රීනුත් එක්වෙලා සිටියා. සිව්රඟ සේනාත් එක්වෙලා හිටියා.

190. **මහතා පරිවාරේන - සකාරාමමුපාගමි**
තත්ථ ථේරේ උපාගන්ත්වා - වන්දිත්වා වන්දනාරහේ

මහත් පිරිවර සමග තමන් පූජා කළ තිස්සාරාමයට ගියා. එතැනදී වැඳුම් පිදුම් ලැබීමට යෝග්‍ය වූ රහතන් වහන්සේලා වන්දනා කරලා,

191. **සහ ථේරේහි ගන්ත්වාන - නදියෝ'පරිතිත්ථකං**
තතෝ කසන්තෝ අගමි - හේමනංගලමාදිය

ඊටපසු රජ්ජුරුවෝ රහතන් වහන්සේලා සමඟ කොළොම් හොයෙන් උඩුගං තොටට ගිහින් එතැන ඉඳලා රන් නගුල අරගෙන සීමා ලකුණු පිණිස සී සාමින් ගියා.

192. **මහාපදුමෝ කුඤ්ජරෝ ච - උභෝ නාගා සුමංගලා**
සුවණ්ණනංගලේ යුත්තා - පඨමේ කුන්තමාළකේ

මහා පදුම, කුඤ්ජර යන ඉතා සොඳුරු මංගල ඇත් රජුන් දෙන්නා මැදි කරලයි රන් නගුල බැඳලා තිබුනේ. ඉස්සෙල්ලාම කුන්තමාලයේ ඉඳලා,

193. **චතුරංගමහාසේනෝ - සහ ථේරේහි ඛත්තියෝ**
ගහෙත්වා නංගලං සීතං - දස්සයිත්වා අරින්දමෝ

ඇත්, අස්, රිය, පාබල යන චතුරංගිනී සේනාවෙන් යුක්තව, රහතන් වහන්සේලා ද සමඟින් සතුරන් දමනය කරන ක්ෂත්‍රිය රජ්ජුරුවෝ රන් නගුල ගෙන නගුල් හාමින් ගිය ලකුණු දක්වලා,

194. සමලංකතං පුණ්ණඝටං - නානාරාගං ධජං සුභං
පාතිං චන්දනචුණ්ණඤ්ච - සොණ්ණරජත දණ්ඩකං

ඉතා ලස්සනට සැරසූ පුන්කලස්, නොයෙක් පැහැයෙන් යුතු සුන්දර ධජ, සඳුන් කුඩු පිරවූ පාත්‍රය, රන් රිදී දඬු,

195. ආදාසං පුප්ඵභරිතං - සමුග්ගං කුසුමග්ඝියං
තෝරණකදලීඡත්තාදිං - ගහිතිත්ථිපරිවාරිතෝ

කැඩපත්, මල් පිරවූ පෙට්ටි, මල්වලින් සැරසූ කණු, කෙසෙල් තොරන්, ඡත්‍ර ගත් ස්ත්‍රීන් පිරිවරා ගෙන,

196. නානාතුරියසංඝුට්ඨයෝ - බලෝඝපරිවාරිතෝ
ථුතිමංගලගීතේහි - පූරයන්තෝ චතුද්දිසං

නොයෙක් තූර්ය නාද ඝෝෂාවෙන් යුක්තව, සිව්රඟ සේනාවන් පිරිවරාගෙන ස්තුති මංගල ගීතයන්ගෙන් සතර දිසාව ම පිරී ඉතිරී ගියා.

197. සාධුකාරනිනාදේහි - චේලුක්ඛේපසතේහි ච
මහතා ඡණපූජාය - කසන්තෝ භූමිපෝ අගා

සාදු හඬින් ගිගුම් දෙවමින්, හිසට උඩින් නොයෙක් සිය ගණන් සළු කරකවමින්, විශාල උත්සව පූජාවන්ගෙන් යුක්තව රජ්ජුරුරුවෝ රන් නගුලින් ලකුණු කරගෙන ගියා.

198. විහාරඤ්ච පුරඤ්චේව - කුරුමානෝ පදක්ඛිණං
සීමාය ගමනඨානං - නදිං පත්වා සමාපයි

තිස්සාරාම විහාරයත්, නගරයත් පැදකුණු කරමින් කොළොම් ගං තොටට ඇවිත් සීමාව සටහන් කළ තැන සමාප්ත කළා.

199. කේන කේන නිමිත්තේන - සීමා එත්ථ ගතාති චේ
ඒවං සීමාගතඨානං - ඉච්ඡමානා නිබෝධථ

එතැනදී කොයි කොයි නිමිති ලකුණු කරමින් ද සීමා මායිම් කළේ. සීමා නිමිති ලකුණු කරමින් ගිය තැන් තේරුම් ගන්ට ඕනෑ මේ විදිහටයි.

200. නජ්ජා පාසාණතිත්ථම්හි - පාසාණේ කුඩ්ඩවාටකං
තතෝ කුම්බලවාටන්තං - මහානීපං තතෝ අගා

කොළොම් හොය පාසාණ තීර්ථයේ ඉඳන් කුඩ්ඩවාටක යන තැනට ය. එතැනින් කුම්බලවාටක යන තැනට ය. එතැනින් මහාමිදෙල්ල ගස ළඟට ගියා.

201. තතෝ කකුධපාළිංගෝ - මහාඅංගණගෝ තතෝ
තතෝ ඛුජ්ජමධූලඤ්ච - මරුත්තපොක්ඛරණිං තතෝ

එතැනින් කුඹුක් ගොල්ලෑවට ගියා. එතැනින් මහා අංගනයට ගියා. එතැනින් කුඩා මී ගස ළඟට ගියා. එතැනින් මුරුත පොකුණට ගියා.

202. විජයාරාමඋය්‍යානේ - උත්තරද්වාරකොට්ඨගෝ
ගජකුම්භකපාසාණං - ථුසවට්ටිකමජ්ඣගෝ

එතැනින් විජයාරාම උයනේ උතුරු දොරටුවට ගියා. එතැනින් ගජකුම්භ පාසාණයට ගියා. එතැනින් තුසවැටියට මැදින් ගිහින්,

203. අභයේ බලාකපාසාණං - මහාසුසානමජ්ඣගෝ
දීඝපාසාණකං ගන්ත්වා - කම්මාරදේවවාමතෝ

අභය උයනේ කොක්ගලට ගියා. එතැනින් මහා සුසානයට මැදින් දීඝපාසාණකයට ගියා. එතැනින් කම්මාර දෙවියාගේ දෙවොලට වම් පැත්තෙන්,

204. නිග්‍රෝධමංගණං ගන්ත්වා - හියගල්ලසමීපකේ
දියාවසබ්‍රාහ්මණස්ස - දේවෝකං පුබ්බදක්ඛිණං

නිග්‍රෝධ අංගණයට ගිහින් හියගල්ල අසළින් ගිනිකොණ පැත්තේ දියාවස බ්‍රාහ්මණයාගේ දෙවොලට ගියා.

205. තතෝ තේලුමපාලිංගෝ - තතෝ තාලචතුක්කගෝ
අස්සමණ්ඩලවාමේන - සසවාණං තතෝ අගා

එතැනින් තෙලුම්ගොල්ලෑවට ගියා. එතැනින් තාලචතුක්කයට ගියා. එතැනින් අස්මඬලට වමෙන් සසවාණට ගියා. එතැනින්,

206. තතෝ මරුම්බතිත්ථංගෝ - තතෝ උද්ධං නදිං අගා
පඨමචේතියපාචීනේ - ද්වේ කදම්බා අජායිසුං

බොරළුතොටට ගියා. එතැනින් කොළොම් හොය උඩට ගියා. පඨමක චේතියට නැගෙනහිරින් කොළොම් ගස් දෙකක් තිබුණා.

207. සේනින්දගුත්තරජ්ජම්හි - දමිළා දකසුද්ධිකා
නදිං දූරන්ති බන්ධිත්වා - නගරාසන්නමකංසු තං

සේනින්දගුත්ත රජ කරන කාලේ දියේ බැහැලා පවි සෝදන දෙමළ අය නදියට දුරයි කියලා නගරාසන්නේ තීර්ථයක් කළා.

208. ජීවමානකදම්බඤ්ච - අන්තෝසීමගතං අහු
මතකදම්බතීරේන - සීමා උද්දකදම්බගා

එහි නොමැරී තිබෙන කොළොම් ගස ඇතුළු සීමාවට අයත් වුනා. මැරුණ කොළොම් ගස සීමා ඉඩම උඩින් හිටියා.

209. සීහසිනානතිත්ථේන - උග්ගන්ත්වා තීරතෝ වජං
පාසාණතිත්ථං ගන්ත්වාන - නිමිත්තං සට්ටයි ඉසි

සිංහනාන තොටින් උඩු අතට තෙරෙන් ගිහින් පාසාණ තීර්ථයට ගියවිට අපගේ මිහිඳු මහා ඍෂීන් වහන්සේ සීමා සලකුණු ගලපා වදාළා.

210. නිමිත්තේ තු පනේතස්මිං - සට්ටිතේ දේවමානුසා
සාධුකාරං පවත්තේසුං - සාසනං සුප්පතිට්ඨිතං

සීමා සලකුණු ගැලපූ වෙලාවේ 'ගෞතම සම්මා සම්බුද්ධ සාසනය හොඳාකාරව පිහිටියා' කියලා දෙව් මිනිස්සු සාධුකාර දුන්නා.

211. **රඤ්ඤා දින්නාය සීතාය - නිමිත්තේ පරිකිත්තයි**
ද්වත්තිංසසමාළකත්ථඤ්ච - ථූපාරාමත්ථමේව ච

රජ්ජුරුවෝ අලංකාර ඇත් ජෝඩුව යොදවූ රන් නගුලෙන් ලකුණු කොට දුන්නු හී වැටත් සීමා සලකුණු ප්‍රකාශ කොට වදාළා. තිස් දෙකක් සීමා මලුත්, ථූපාරාමයත් පිණිස,

212. **නිමිත්තේ කිත්තයිත්වාන - මහාථේරෝ මහාමති**
සීමන්තරනිමිත්තේ ච - කිත්තයිත්වා යථාවිධිං

මහා නුවණැති අපගේ මිහිඳු මහරහතන් වහන්සේ ඔය විදිහට සීමා සලකුණු ප්‍රකාශ කරලා, විනයෙහි පාළියෙහි සඳහන් අයුරින් ඇතුළු සීමා සලකුණුත් ප්‍රකාශ කරලා,

213. **අබන්ධී සබ්බා සීමායෝ - තස්මිං යේව දිනේ වසී**
මහාමහී අකම්පිත්ථ - සීමාබන්ධෙ සමාපිතේ

ඉන්ද්‍රිය දමනයෙන් යුතු අප මහරහතන් වහන්සේ එක දවසින් ම සියලු සීමාවන් බැඳ වදාළා. සීමා බන්ධනය සමාප්ත වෙද්දී මහා පොළොව කම්පා වුනා.

214. **පඤ්චමේ දිවසේ ථේරෝ - රඤ්ඤෝ ගේහම්හි භුඤ්ජිය**
නිසජ්ජ නන්දනවනේ - සුත්තන්තං ඛජ්ජනීයකං

පස්වෙනි දවසේ අපගේ මිහිඳු මහරහතන් වහන්සේ රජ්ජුරුවන්ගේ මාළිගාවේදී දන් වළඳා නන්දන වනයට වැඩලා එහිදී භාග්‍යවතුන් වහන්සේ වදාළ ඛජ්ජනීය සූත්‍රය මුල් කොට,

215. **මහාජනස්ස දේසෙත්වා - සහස්සං මානුසේ තහිං**
පායෙත්වා අමතං පානං - මහාමේඝවනේ වසී

මහාජනයාට ධර්ම දේශනාව වදාළා. එතැනදී දහසක්

මනුෂ්‍යයන්ට අමාපැන් පානය කරවා එදා රාත්‍රී මහමෙව්නා උයනේ තිස්සාරාමයේ වාසය කොට වදාළා.

216. **ඡට්ඨේපි දිවසේ ථේරෝ - රඤ්ඤෝ ගේහම්හි භුඤ්ජිය**
නිසජ්ජ නන්දනවනේ - සුත්ත ගෝමයපිණ්ඩිකං

සයවෙනි දවසේ අපගේ මිහිඳු මහරහතන් වහන්සේ රජ්ජුරුවන්ගේ මාළිගාවේදී දන් වළඳා නන්දන වනයට වැඩලා එහිදී භාග්‍යවතුන් වහන්සේ වදාළ ගෝමයපිණ්ඩූපම සූත්‍රය මුල් කොට,

217. **දේසයිත්වා දේසනඤ්ඤ - සහස්සං යේව මානුසේ**
පාපයිත්වා'භිසමයං - මහාමේඝවනේ වසී

ධර්ම දේශනාව කොට වදාළා. දේශනාව වටහාගත් දහසක් මනුෂ්‍යයන් හට ධර්මාවබෝධය ඇති කරවා එදා රාත්‍රී මහමෙව්නා උයනේ තිස්සාරාමයේ වාසය කොට වදාළා.

218. **සත්තමේ පි දිනේ ථේරෝ - රාජගේහම්හි භුඤ්ජිය**
නිසජ්ජ නන්දනවනේ - ධම්මචක්කප්පවත්තනං

සත්වෙනි දවසේ අපගේ මිහිඳු මහරහතන් වහන්සේ රජ්ජුරුවන්ගේ මාළිගාවේදී දන් වළඳා නන්දන වනයට වැඩලා එහිදී භාග්‍යවතුන් වහන්සේ වදාළ දම්සක් පැවතුම් සූත්‍රය මුල් කොට,

219. **සුත්තන්තං දේසයිත්වාන - සහස්සං යේව මානුසේ**
පාපයිත්වා'භිසමයං - මහාමේඝවනේ වසී

මහාජනයාට ධර්ම දේශනාව වදාළා. එතැනදී දහසක් මනුෂ්‍යයන්ට ධර්මාවබෝධය ඇති කරවා එදා රාත්‍රී මහමෙව්නා උයනේ තිස්සාරාමයේ වාසය කොට වදාළා.

220. **ඒවංහි අඩ්ඪනවමසහස්සානි ජුතින්ධරෝ**
කාරයිත්වා'භිසමයං - දිවසේහේ'ව සත්තහි

ඔය විදිහට බුදු සසුන බබළවන මිහිඳු මහරහතන්

වහන්සේ සතියක් ඇතුලත මාර්ගඵලලාභීන් අටදහස් පන්සියයක් ඇති කොට වදාළා.

221. **තං මහානන්දනවනං - වුච්චතේ තේන තාදිනා**
සාසනජෝතිතට්ඨානමිති ජෝතිවනං ඉති

මිහිඳු මහරහතන් වහන්සේ බුදු සසුන බබුළුවා වදාළ තැන යන අර්ථයෙන් මහා නන්දන වනයට 'ජෝතිවනය' යන නාමය ලැබුනා.

222. **තිස්සාරාමම්හි කාරේසි - රාජා ථේරස්ස ආදිතෝ**
පාසාදං සීඝමුක්කාය - සුක්ඛාපෙත්වාන මත්තිකා

රජ්ජුරුවෝ මිහිඳු මහරහතන් වහන්සේ උදෙසා මුලින් කෙරෙව්වේ තිස්සාරාමයයි. ගිනි පන්දම්වලින් ඉක්මනින් මැටි පිළිස්සුවා. ඒ මැටි වලිනුයි තිස්සාරාම ප්‍රසාදය කෙරෙව්වේ.

223. **පාසාදෝ කාළකාභාසෝ - ආසි සෝ තේන තං තහිං**
කාළපාසාදපරිවේණමිති සංඛමුපාගතං

එනිසා ඒ තිස්සාරාමය නැමැති ප්‍රාසාදය කලු පැහැ ගත්තා. එයට 'කාලප්‍රාසාදය පිරිවෙන' කියලා නම වැටුනේ එම කාරණාව නිසයි.

224. **තතෝ මහාබෝධිඝරං - ලෝහපාසාදමේව ච**
සලාකග්ගඤ්ච කාරේසි - භත්තසාලඤ්ච සාධුකං

ඊටපසු ශ්‍රී මහා බෝධීන් වහන්සේගේ වන්දනා පිණිස බෝධිඝරයකුත්, ලෝවාමහාප්‍රාසාදය පිහිටි තැන ප්‍රාසාදයකුත්, දන් දෙන මිනිසුන්ගේ නම් ලියා ඒවා බෙදන තැනත්, දාන ශාලාවත් පිළිවෙළකට කෙරෙව්වා.

225. **බහූනි පරිවේණානි - සාධු පොක්ඛරණීපි ච**
රත්තියාන දිවාට්ඨාන - පභුතීනි ච කාරයි

බොහෝ පිරිවෙනුත්, ඉතා සොඳුරු පොකුණුත්, රෑ කාලයේත් දහවල් කාලයේත් වසන්ට සුදුසු සෙනසුනුත් කෙරෙව්වා.

226. **තස්ස නහාතපාපස්ස - නහානපොක්ඛරණීතටේ**
සුනහාතපරිවේණන්ති - පරිවේණං පවුච්චති

කෙලෙසුන් නැසූ අප මිහිඳු මහරහතන් වහන්සේ උදෙසා නහන පොකුණේ ඉවුරේ කරවූ පිරිවෙණට 'සුනහාත' කියලා කියනවා.

227. **තස්ස චංකමිතට්ඨානේ - දීපදීපස්ස සාධුනෝ**
වුච්චතේ පරිවේණං තං - දීඝචංකමනං ඉති

ලංකාදීපයට පිළිසරණ වූ, සොඳුරු ගුණැති අපගේ මිහිඳු මහරහතන් වහන්සේ සක්මන් කළ ස්ථානයේ 'දීඝචංකමන' නමැති පිරිවෙණක් කෙරෙව්වා.

228. **අග්ගඵලසමාපත්තිං - සමාපජ්ජ යහිං තු සෝ**
ඵලග්ගපරිවේණන්ති - ඒතං තේන පවුච්චති

අපගේ මිහිඳු මහරහතන් වහන්සේ උතුම් රහත් ඵල සමාපත්තියට සමවැදී වැඩ හුන් ස්ථානයේ කරවූ යම් පිරිවෙණක් ඇද්ද, ඒ අරහත්ඵල සමාපත්තියෙන් වැඩ හුන් නාමයෙන් 'ඵලග්ග පිරිවෙන' කියලා කියනවා.

229. **අපස්සිය අපස්සේනං - ථේරෝ යත්ථ නිසීදි සෝ**
ථේරාපස්සයපරිවේණං - ඒතං තේන පවුච්චති

අපගේ මිහිඳු මහරහතන් වහන්සේ යම් තණ පළසක ඇතිරිලිත් අතුරා ඒ මත මැඩ හුන් සේක් ද එතැන කරවූ පිරිවෙන ඒ නමින් 'ථේරාපස්සය පිරිවෙණ' කියලා කියනවා.

230. **බහූ මරුගණා යත්ථ - උපාසිංසු උපෙච්ච තං**
තේනේව තං මරුගණ - පරිවේණන්ති වුච්චති

අපගේ මිහිඳු මහරහතන් වහන්සේ බැහැදකින්ට පැමිණි මහත් දෙව් පිරිස උන්වහන්සේට උපස්ථාන කළේ යම් තැනක ද, එතැන කරවූ පිරිවෙන 'මරුගණ පිරිවෙන' කියලා කියනවා.

231. සේනාපති තස්ස රඤ්ඤෝ - ථේරස්ස දීඝසන්දකෝ
කාරේසි චූළපාසාදං - මහාථම්භේහි අට්ඨහි

දේවානම්පියතිස්ස රජ්ජුරුවන්ගේ දීඝසන්ද නම් වූ සෙන්පතිතුමා විසින් අප මිහිඳු මහරහතන් වහන්සේ උදෙසා මහා කළුගල් ස්ථම්භ අටකින් යුක්තව 'චූළප්‍රාසාදය' නමින් ප්‍රාසාදයක් කෙරෙව්වා.

232. දීඝසන්දසේනාපතිපරිවේණන්ති තං තහිං
වුච්චතේ පරිවේණං තං - පමුඛං පමුඛාකරං

ඒ චූළප්‍රාසාදයෙහි වූ පිරිවෙන 'දික්සඳසෙනෙවි පිරිවෙණ' කියා කියනවා. එය සියලු පිරිවෙන් වල ප්‍රධාන පිරිවෙනයි. එය ඉතා උස්කොට තැනවූ විහාරයක්.

233. දේවානං පියවචනෝ'පගුළ්හනාමෝ
ලංකායං පඨමමිමං මහාවිහාරං
රාජා සෝ සුමති මහාමහින්දථේරං
ආගම්මාමලමතිමෙත්ථ කාරයිත්ථාති.

'දේවානම්පිය' යන නාමයෙන් යුක්ත වූ සොඳුරු නුවණැති රජ්ජුරුවෝ නිමල ප්‍රඥා ඇති අපගේ මිහිඳු මහරහතන් වහන්සේ වෙත පැමිණ මේ අනුරාධපුරයේ කරවූ මේ විහාරය ලංකාවේ පළමු මහාවිහාරය යි.

සුජනප්පසාද සංවේගත්ථාය කතේ මහාවංසේ
මහාවිහාරපටිග්ගහණෝ නාම පඤ්ඤරසමෝ පරිච්ඡේදෝ.

සත්පුරුෂ ජනයන්ගේ ප්‍රසාදයත් සංවේගයත් ඇතිකරනු පිණිස කරන ලද මහාවංශයෙහි මිහිඳු මහරහතන් වහන්සේ මහාවිහාරය පිළිගැනීම නම් වූ පහළොස්වෙනි පරිච්ඡේදය යි.

16

සෝළසමෝ පරිච්ඡේදෝ

දහසයවෙනි පරිච්ඡේදය

චේතියපබ්බතවිහාරපටිග්ගහණෝ

මිහිඳු මහරහතන් වහන්සේ මිහින්තලේ සෑගිරි විහාරය පිළිගැනීම

1. පුරේ චරිත්වා පිණ්ඩාය - කරිත්වා ජනසංගහං
රාජගේහම්හි භුඤ්ජන්තෝ - කරොන්තෝ රාජසංගහං

අපගේ මිහිඳු මහරහතන් වහන්සේ අනුරාධපුරයේ පිණ්ඩපාතේ වඩිමින් මහජනයාට ධර්මයෙන් සංග්‍රහ කොට වදාළා. රජ මාළිගයේ දන් වළඳමින් රජ්ජුරුවන්ට ධර්මයෙන් සංග්‍රහ කොට වදාළා.

2. ඡබ්බීස දිවසේ ථේරෝ - මහාමේඝවනේ වසී
ආසළ්හසුක්කපක්ඛස්ස - තේරසේ දිවසේ පන

උන්වහන්සේ ඔය විදිහට විසිහය දවසක් මහමෙව්නා උයනේ වැඩවාසය කළා. ඇසළ මාසයේ පුර පක්ෂයේ දහතුන් වෙනිදා,

3. රාජගේහම්හි භුඤ්ජිත්වා - මහාරඤ්ඤෝ මහාමති
මහාප්පමාදසුත්තන්තං - දේසයිත්වා තතෝ ච සෝ

මහා නුවණැති මිහිඳු මහරහතන් වහන්සේ රජමැඳුරේ දන් වළඳා මහා අප්‍රමාද සූත්‍ර දේශනාව මුල් කොට රජ්ජුරුවන්ට ධර්ම දේශනා කොට වදාළා.

4. **විහාරකරණං ඉච්ඡං - තත්ථ චේතියපබ්බතේ**
නික්ඛම්ම පුරිමද්වාරා - අගා චේතියපබ්බතං

ඊටපසු අප මහරහතන් වහන්සේ චේතිය පර්වතයෙහි සංඝයා උදෙසා විහාරයක් කරවන්නට කැමැතිව රජගෙදරින් නික්මිලා චේතිය පර්වතය හෙවත් සෑගිරියට වැඩියා.

5. **ථේරං තත්ථ ගතං සුත්වා - රථං ආරුය්හ භූපති**
දේවියෝ ද්වේ ච ආදාය - ථේරස්සානුපදං අකා

අපගේ මිහිඳු මහරහතන් වහන්සේ මහාවිහාරයට වඩින මාවතෙන් බැහැරවෙලා සෑගිරියට යන පාරෙන් වැඩිය වග රජ්ජුරුවන්ට අසන්ට ලැබුනා. එතකොට රජ්ජුරුවෝ රථයට නැගී දේවීන් වහන්සේලා දෙදෙනෙකුත් නංවාගෙන මහරහතන් වහන්සේගේ පියවර සටහන් ඔස්සේ පිටත් වුනා.

6. **ථේරා නාගචතුක්කම්හි - නහාත්වා රහදේ තහිං**
පබ්බතාරෝහණත්ථාය - අට්ඨංසු පටිපාටියා

අපගේ මිහිඳු මහරහතන් වහන්සේ නාගචතුක්ක නමැති විලෙන් පැන් පහසු වෙලා පර්වතයට නගිනු පිණිස වැඩිමහලු පිළිවෙළින් වැඩසිටියා.

7. **රාජා රථා තදෝරුය්හ - සබ්බේ ථේරේ'භිවාදයි**
උණ්හේ කිලන්තෝ කිං රාජ - ආගතෝසී'ති ආහු තේ

චේතිය පර්වතේට වඩින්ට සූදානම්ව සිටි රහතන් වහන්සේලා දුටු රජ්ජුරුවෝ රථයෙන් බැහැලා රහතන් වහන්සේලා අට නමට ආදරෙන් වන්දනා කළා. 'මහරජ්ජුරුවෙනි, මේ රස්නෙන් වෙහෙසට පත්වෙලා කුමක් නිසාද මෙහි පැමිණියේ?'

8. **තුම්හාකං ගමනාසංකී - ආගතෝම්හී'ති භාසිතේ**
ඉධේව වස්සං වසිතුං - ආගතම්හා'ති භාසිය

'ස්වාමීනී, ඔබවහන්සේ අප්‍රමාදී වෙන්ට කියා මා හට දහම් දෙසා වැඩියේ ආපසු දඹදිවට වඩින්ට වත්ද කියලා සැකයෙනුයි මං ආවේ' 'රජ්ජුරුවෙනි, මේ චේතිය පර්වතේ ම වස් වසන්ට හිතාගෙනයි මං වැඩියේ.

9. **වස්සූපනායිකං ථේරෝ - ඛන්ධකං ඛන්ධකෝවිදෝ**
කථේසි රඤ්ඤෝ තං සුත්වා - භාගිනෙය්‍යෝ ච රාජිනෝ

ඛන්ධක නමැති පරිච්ඡේදයන්ගෙන් යුක්ත වූ මහා වග්ගපාළිය නම් විනය කොටස පිළිබඳ දක්ෂ වූ අප මිහිඳු මහරහතන් වහන්සේ වස් වැසීම පිළිබඳව භාග්‍යවතුන් වහන්සේ වදාළ විස්තර ඇතුළත් වස්සූපනායිකක්ඛන්ධකය විස්තර කරමින් 'වස් වැසීම' යනු කුමක්දැයි රජ්ජුරුවන්ට පහදා දුන්නා. එය ඇසූ රජ්ජුරුවන්ගේ නැගණියගේ පුත්‍රයා වූ,

10. **මහාරිට්ඨෝ මහාමච්චෝ - පඤ්චපඤ්ඤාසභාතුහි**
සද්ධිං ජෙට්ඨකනිට්ඨේහි - රාජානමභිතෝ ඨිතෝ

මහා අරිට්ඨ මහාමාත්‍යතුමා තම වැඩිමහලු බාල සහෝදරයන් පනස්පස් දෙනාත් සමඟ රජ්ජුරුවන් ඉදිරියේ සිටගත්තා.

11. **යාචිත්වා තදහු චේව - පබ්බජුං ථේරසන්තිකේ**
පත්තාරහත්තං සබ්බේපි - තේ ඛුරග්ගේ මහාමතී

රජ්ජුරුවන්ගෙන් අවසර ඉල්ලාගෙන එදින ම මිහිඳු මහරහතන් වහන්සේ ළඟ උතුම් පැවිදි බව ලබාගත්තා. සසරේ රැස්කළ පිනෙන් මහා ප්‍රඥාවන්ත වූ ඒ සියලු දෙනා ම පැවිද්ද පිණිස කෙස් රැවුල් බා අවසන් වෙනවාත් සමඟ ම උතුම් අර්හත්වයට පත්වුනා.

12. කන්තකචේතියට්ඨානේ - පරිතෝ තදහේව සෝ
කම්මානි ආරභාපෙත්වා - ලේණානි අට්ඨසට්ඨියෝ

දේවානම්පියතිස්ස රජ්ජුරුවෝ එදා ම කන්තක නම් චෛත්‍යස්ථානය වටා ගල් ලෙන් හැට අටක වැඩ කටයුතු ආරම්භ කරවා,

13. අගමාසි පුරං රාජා - ථේරා තත්ථේව තේ වසුං
කාලේ පිණ්ඩාය නගරං - පවිසන්තානුකම්පකා

නැවත අනුරාධපුරයට පිටත් වුනා. ඒ රහතන් වහන්සේලා එහි ම වැඩ වාසය කළා. මහාජනයාට අනුකම්පා ඇති උන්වහන්සේලා උදේ වරුවේ පිණ්ඩපාතේ පිණිස නගරයට වැඩියා.

14. නිට්ඨිතේ ලේණකම්මම්හි - ආසාළ්හිපුණ්ණමාසියං
ගන්ත්වා අදාසි ථේරානං - රාජා විහාරදක්ඛිණං

ගල්ලෙන් සකස් කොට අවසන් වුනාට පස්සේ ඇසළ පුන් පොහෝ දා රජ්ජුරුවෝ ඇවිත් රහතන් වහන්සේලාට වැඩ ඉන්ට විහාර පූජාව කළා.

15. ද්වත්තිංසමාළකානඤ්ච - විහාරස්ස ච තස්ස බෝ
සීමං සීමාතිගෝ ථේරෝ - බන්ධිත්වා තදහේව සෝ

අපගේ මිහිඳු මහරහතන් වහන්සේ ප්‍රමුඛ සංඝයා වහන්සේ ඒ චේතියගිරියටත් තිස් දෙකක් වූ සීමා මාලකයන්ටත් කර්ම වාක්‍ය කියවා සීමාව සම්මත කෙරෙව්වා.

16. තේසං පබ්බජ්ජාපෙක්ඛානං - අකාසි උපසම්පදං
සබ්බේසං සබ්බපඨමං - බද්ධේ තුම්බරුමාළකේ

මහා අරිට්ඨයන් ඇතුලු පැවිදි උපසම්පදා අපේක්ෂක සියල්ලන්ගේ යහපත උදෙසා මිහිඳු මහරහතන් වහන්සේ

විසින් හැමට පළමුවෙන් බඳින ලද තුම්බරු නම් සීමා මාලකයෙහි එදාම උපසම්පදා කෙරෙව්වා.

17. ඒතේ ද්වාසට්ඨී අරහන්තෝ - සබ්බේ චේතියපබ්බතේ
තත්ථ වස්සං උපගන්ත්වා - අකංසු රාජසංගහං

ඒ හැට දෙනමක් වූ සියලු රහතන් වහන්සේලා සෑගිරියෙහි වස් සමාදන්ව රජ්ජුරුවන් හට ධර්මයෙන් සංග්‍රහ කොට වදාළා.

18. දේවමනුස්සගණා ගණිනං තං
තඤ්ච ගණං ගුණවිත්ථතකිත්තිං
යාතමුපෙච්ච ච මානයමානා
පුඤ්ඤචයං විපුලං අකරිංසූ ති.

තමන් වහන්සේගේ උතුම් ගතිගුණ නිසා මිහිඳු මහරහතන් වහන්සේ මහත් කීර්තියට පත්වුනා. උන්වහන්සේගේ ශිෂ්‍ය වූ රහත් භික්ෂූන් වහන්සේලාගේ ගුණවත්කම් ගැනත් බොහෝ පැහැදුනා. උන්වහන්සේලා වෙත පැමිණ ගෞරවාදර දැක්වූ දෙවියෝත් මිනිස්සුත් බොහෝ පින් රැස්කර ගත්තා.

සුජනපසාදසංවේගත්ථාය කතේ මහාවංසේ
චේතියපබ්බතවිහාරපටිග්ගහණෝ නාම සෝළසමෝ
පරිච්ඡේදෝ.

සත්පුරුෂ ජනයන්ගේ ප්‍රසාදයත් සංවේගයත් ඇතිකරනු පිණිස කරන ලද මහාවංශයෙහි මිහිඳු මහරහතන් වහන්සේ මිහින්තලේ සෑගිරි විහාරය පිළිගැනීම නම් වූ දහසයවෙනි පරිච්ඡේදය යි.

17

සත්තරසමෝ පරිච්ඡේදෝ

දහහත්වෙනි පරිච්ඡේදය

ධාතුආගමනෝ

සර්වඥ ධාතූන් වහන්සේලා වැඩමවීම

1. වුත්ථවස්සෝ පවාරෙත්වා - කත්තිකපුණ්ණමාසියං
අවෝචේදං මහාරාජං - මහාථේරෝ මහාමති

මහා නුවණැති අපගේ මිහිඳු මහරහතන් වහන්සේ වස් වසා අවසන්ව වස් පවාරණය කරලා ඉල් පුන් පොහෝ දවසේ මහරජ්ජුරුවන්ට මෙය වදාළා.

2. චිරදිට්ඨෝ හි සම්බුද්ධෝ - සත්ථා නෝ මනුජාධිප
අනාථවාසං අවසිම්හ - නත්ථි නෝ පූජියං ඉධ

'මහරජ්ජුරුවෙනි, අපගේ ශාස්තෘ වූ සම්මා සම්බුදු රජාණන් වහන්සේ බැහැදැක වන්දනා කොට දැන් සෑහෙන කලක් ගතවුනා. මෙහිදී උන්වහන්සේව පුදන්ට නැති නිසා අපි අනාථවාසයකිනුයි ඉන්නේ. දඹදිව යන්ටයි අදහස.'

3. භාසිත්ථ නනු භන්තේ මේ - සම්බුද්ධෝ නිබ්බුතෝ ඉති
ආහ ධාතුසු දිට්ඨේසු - දිට්ඨෝ හෝති ජිනෝ ඉති

'ස්වාමීනී, සම්මා සම්බුදුරජාණන් වහන්සේ පිරිනිවන් පා වදාළ බව මට කලින් වදාළා නොවේද?' 'එසේය මහරජ්ජුරුවෙනි, භාග්‍යවතුන් වහන්සේගේ ධාතූන් වහන්සේලා බැහැදැක්ක විට ජීවමාන භාග්‍යවතුන් වහන්සේ දැක්කා සමානයි.'

4. **විදිතෝ වෝ අධිප්පායෝ - ථූපස්ස කරණේ මයා**
කාරෙස්සාමි අහං ථූපං - තුම්හේ ජානාථ ධාතුයෝ

'ස්වාමීනී, ධාතූන් වහන්සේලාට පූජා පිණිස ස්ථූපයක් කරවීම ඔබවහන්සේගේ අදහස බව මට වැටහුනා. මං ස්ථූපයක් කරන්නම්. ස්වාමීනී, ධාතූන් වහන්සේලා පිළිබඳව ඔබවහන්සේලා දන්නා සේක්වා!'

5. **මන්තේහි සුමනේනාති - ථේරෝ රාජානමබ්‍රවි**
රාජාහ සාමණේරං තං - කුතෝ ලච්ඡාම ධාතුයෝ

'සුමන සාමණේරයන් සමග මේ පිළිබඳව සාකච්ඡා කරන්නැ'යි මිහිඳු මහරහතන් වහන්සේ රජ්ජුරුවන්ට වදාළා. රජ්ජුරුවෝ සාමණේරයන් වහන්සේගෙන් 'ස්වාමීනී, ධාතූන් වහන්සේලා ලබාගන්නේ කොහෙන්ද?' කියා ඇසුවා.

6. **විභූසයිත්වා නගරං - මග්ගඤ්ච මනුජාධිප**
උපෝසථී සපරිසෝ - හත්ථිං ආරුය්හ මංගලං

"මහරජ්ජුරුවෙනි, ඉස්සෙල්ලා ම නගරයත් මාර්ගයත් ලස්සනට සරසන්ට ඕනෑ. ඊටපස්සේ පිරිසත් සමඟ උපෝසථ සීලයේ පිහිටලා මංගල හස්තිරාජයාගේ පිටේ නැගලා,

7. **සේතච්ඡත්තං ධාරයන්තෝ - තාලාවචරසංහිතෝ**
මහානාගවනුය්‍යානං - සායන්හසමයේ වජ

සුදු සේසතක් ඔසවාගෙන තූර්ය වාදනයන් වාදනය කරමින් සවස් යාමයේ මහානාග වනෝද්‍යානයට යන්ට ඕනෑ.

8. ධාතුභේදඤ්ඤුනෝ රාජ - ධාතුයෝ තත්ථ ලච්ඡසි
ඉච්ඡාහ සාමණේරෝ සෝ - සුමනෝ තං සුමානසං

මහරජ්ජුරුවෙනි, ධාතූන් වහන්සේලා බිඳීයාම පිළිබඳ අවබෝධයෙන් යුතුව අධිෂ්ඨාන කොට වදාළ අප භාග්‍යවතුන් වහන්සේගේ ධාතූන් වහන්සේලා එහි දී ඔබතුමාට ලැබේවි" ඒ සුමන සාමණේර රහතන් වහන්සේ සතුටු සිතින් යුතු දේවානම්පියතිස්ස රජ්ජුරුවන්ට වදාළා.

9. ථේරෝ'ථ රාජකුලතෝ - ගන්ත්වා චේතියපබ්බතං
ආමන්තිය සාමණේරං - සුමනං සුමනෝ ගතිං

අපගේ මිහිඳු මහරහතන් වහන්සේ රජමාළිගාවෙන් නික්ම චේතිය පර්වතය හෙවත් සෑගිරියට වැඩම කරලා සොඳුරු සිතින් යුතු ගතිගුණ ඇති සුමන සාමණේරයන් වහන්සේ අමතා වදාළා.

10. ඒහි ත්වං භද්‍ර සුමන - ගන්ත්වා පුප්ඵපුරං වරං
අය්‍යකං තේ මහාරාජං - ඒවං නෝ වචනං වද

"සොඳුරු සුමනයෙනි, මෙහි එන්න. ඔබ උතුම් පුෂ්පපුර නමැති පාටලීපුත්‍ර නගරයට ගොහින් ඔබගේ සීයා වූ ධර්මාශෝක මහරජ්ජුරුවන්ට මේ අයුරින් අපගේ වචනය සැල කරන්ට.

11. සහායෝ තේ මහාරාජ - මහාරාජා මරුප්පියෝ
පසන්නෝ බුද්ධසමයේ - ථූපං කාරේතුමිච්ඡති

'මහරජ්ජුරුවෙනි, ඔබතුමන්ගේ යහළුවා වන දේවානම්පියතිස්ස රජු බුද්ධ ශාසනය කෙරෙහි ඉතා පැහැදීමෙන් යුක්තයි. ඔහු දැන් චෛත්‍යයක් හදන්ටත් කැමැත්තෙන් ඉන්නවා.

12. මුනිනෝ ධාතුයෝ දේහි - පත්තං භුත්තඤ්ච සත්ථුනා
සරීරධාතුයෝ සන්ති - බහවෝ හි තවන්තිකේ

අප භාග්‍යවතුන් වහන්සේගේ ධාතූන් වහන්සේලා දුන මැනව. ඒ වගේ ම ශාස්තෘන් වහන්සේ දත් වැළඳූ පාත්‍රයත් දුන මැනව. ඔබතුමා ළඟ බොහෝ සර්වඥ ධාතූන් වහන්සේලා තියෙනවා නොවැ' කියලා.

13. **පත්තපූරා ගහෙත්වා තා - ගන්ත්වා දේවපුරං වරං**
සක්කං දේවානමින්දං තං - ඒවං නෝ වචනං වද

ධර්මාශෝක රජ්ජුරුවන් වෙතින් අප භාග්‍යවතුන් වහන්සේ දත් වැළඳූ පාත්‍රයට සර්වඥ ධාතූන් වහන්සේලා පුරවාගෙන උතුම් දෙව්ලොව ගොහින් ශක්‍ර දේවේන්ද්‍රයන් මුණ ගැසී එතුමන්ටත් මේ විදිහට අපගේ වචනය පවසන්ට.

14. **තිලෝකදක්ඛිණෙය්‍යස්ස - දාඨාධාතු ච දක්ඛිණා**
තවන්තිකම්හි දේවින්ද - දක්ඛිණක්ඛකධාතු ච

'දේවේන්ද්‍රයෙනි, තුන් ලොවෙන් ම පුද පූජා ලැබීමට යෝග්‍ය වූ අපගේ භාග්‍යවතුන් වහන්සේගේ දකුණු දළදා වහන්සේ, දකුණු අකු ධාතූන් වහන්සේ ඔබතුමන් ළඟ තියෙනවා නොවැ.

15. **දාඨං ත්වමේව පූජේහි - අක්ඛකං දේහි සත්ථුනෝ**
ලංකාදීපස්ස කිච්චේසු - මා පමජ්ජ සුරාධිප

දකුණු දළදා වහන්සේට ඔබතුමා ම පූජා පවත්වන්ට. අපට ශාස්තෘන් වහන්සේගේ අකු ධාතූන් වහන්සේ දුන මැනව. දිව්‍ය රාජයාණෙනි, ලංකාදීපයේ බුද්ධ ශාසනයෙහි කටයුතු ගැන ප්‍රමාද වෙන්ට එපා' කියා පවසන්න."

16. **ඒවං භන්තේති වත්වා සෝ - සාමණේරෝ මහිද්ධිකෝ**
තං ඛණං යේව අගමා - ධම්මාසෝකස්ස සන්තිකං

'එසේය, ස්වාමීන් වහන්ස' කියා පිළිතුරු දුන් ඒ මහා ඉර්ධිමත් සුමන රහත් සාමණේරයන් වහන්සේ එකෙණෙහි ම ධර්මාශෝක මහරජ්ජුරුවන් සමීපයට ඉර්ධියෙන් වැඩියා.

17. **සාලමූලම්හි ඨපිතං - මහාබෝධිං තහිං සුභං**
කත්තිකච්ඡණපූජාහි - පූජියන්තඤ්ච අද්දස

එවේලේ ධර්මාශෝක රජ්ජුරුවන් සල් රුක් සෙවනේ වඩා හිඳුවන ලද ජය ශ්‍රී මහා බෝධීන් වහන්සේගේ සොඳුරු වූ දකුණු ශාඛා බෝධියට ඉල් මාසයේ කරන්නා වූ කාර්තික උත්සව පූජාවන්ගෙන් පුදන අවස්ථාවේ අපගේ සුමන සාමණේරයන් වහන්සේට දැකගන්ට ලැබුනා.

18. **ථේරස්ස වචනං වත්වා - රාජතෝ ලද්ධධාතුයෝ**
පත්තපූරං ගහෙත්වාන - හිමවන්තමුපාගමි

තම උපාධ්‍යාය වූ මිහිඳු මහරහතන් වහන්සේගේ වචන පවසා ධර්මාශෝක රජ්ජුරුවන්ගෙන් භාග්‍යවතුන් වහන්සේ දන් වැළඳූ පාත්‍රයට ධාතූන් වහන්සේලා පුරවාගෙන හිමාලයට වැඩම කළා.

19. **හිමවන්තේ ඨපෙත්වාන - සධාතුං පත්තමුත්තමං**
දේවින්දසන්තිකං ගන්ත්වා - ථේරස්ස වචනං භණි

ධාතූන් වහන්සේලා සහිත වූ උතුම් පාත්‍රය තම අධිෂ්ඨාන බලයෙන් හිමාල පර්වත මුදුනෙහි තැන්පත් කරවා ශක්‍ර දේවේන්ද්‍රයන්ගේ සමීපයට වැඩම කොට මිහිඳු මහරහතන් වහන්සේ පැවසූ වචනයන් කියා සිටියා.

20. **චූළාමණි චේතියම්හා - ගහෙත්වා දක්ඛිණක්ඛකං**
සාමණේරස්ස පාදාසි - සක්කෝ දේවානමිස්සරෝ

ඒ ඇසූ ශක්‍ර දේවේන්ද්‍රයෝ සිළුමිණ සෑයෙහි වැඩසිටි අප භාග්‍යවතුන් වහන්සේගේ දකුණු අකු ධාතූන් වහන්සේ සුමන සාමණේරයන් වහන්සේට ප්‍රදානය කළා.

21. **තං ධාතුං ධාතුපත්තඤ්ච - ආදාය සුමනෝ තතෝ**
ආගම්ම චේතියගිරිං - ථේරස්සාදාසි තං යති

එතකොට සුමන සාමණේරයන් වහන්සේ සක් දෙවිඳුගෙන් ලද දකුණු අකු ධාතූන් වහන්සේත් ධාතූන් වහන්සේලා පිරවූ පාත්‍රයත් රැගෙන සෑගිරියට වැඩම කරලා තම උපාධ්‍යාය වූ මිහිඳු මහරහතන් වහන්සේගේ අතට දුන්නා.

22. මහානාගවනුය්‍යානං - වුත්තේන විධිනා'ගමා
සායණ්හසමයේ රාජා - රාජසේනා පුරක්ඛතෝ

සුමන සාමණේරයන් වහන්සේ කලින් කියූ ආකාරයට ම සවස් කාලය පැමිණෙද්දී රාජ සේනාව පෙරටුකොට ගත් දේවානම්පියතිස්ස රජ්ජුරුවෝ මහානාග වනෝද්‍යානයට සැපත් වෙලා සිටියා.

23. ඨපේසි ධාතුයෝ සබ්බා - ථේරෝ තත්ථේව පබ්බතේ
මිස්සකං පබ්බතං තස්මා - ආහු චේතිය පබ්බතං

මිහිඳු මහරහතන් වහන්සේ ඒ සියලු ධාතූන් වහන්සේලා ඒ පර්වතයේම තබා වදාළා. ඒ නිසා කලින් මිස්සක පර්වතය නමින් හැඳින්වූ ඒ පර්වතයට චේතිය පර්වතය හෙවත් සෑගිරි යන නම ලැබුනා.

24. ඨපෙත්වා ධාතුපත්තං තං - ථේරෝ චේතියපබ්බතේ
ගහෙත්වා අක්ඛකං ධාතුං - සංකේතං සගණෝ'ගමා

මිහිඳු මහරහතන් වහන්සේ ධාතූන් වහන්සේලා සහිත සර්වඥ පාත්‍රය එහි වඩා හිඳුවලා අකු ධාතූන් වහන්සේ රැගෙන සඟ පිරිසත් සමඟින් සාමණේරයන් විසින් කියන ලද තැන වූ මහානාග වනෝද්‍යානයට වැඩියා.

25. සචා'යං මුනිනෝ ධාතු - ඡත්තං නමතු මේ සයං
ජණ්ණුකේහි කරී ඨාතු - ධාතුචංගෝටකෝ අයං

එතකොට රජ්ජුරුවෝ මෙහෙම අධිෂ්ඨාන කළා. "ඉදින් මේ අකු ධාතූන් වහන්සේ අප භාග්‍යවතුන්

වහන්සේගේ ම ධාතූන් වහන්සේ නම් මාගේ මේ සුදු සේසත ඒ පැත්තට නැමී යේවා! මේ මංගල හස්තිරාජයා තමන් දණ බිම නමාගෙන සිටීවා!

26. **සිරස්මිං මේ පතිට්ඨාතු - ආගම්ම සහ ධාතුකෝ**
ඉති රාජා විචින්තේසි - චින්තිතං තං තථා අහු

මේ ධාතු කරඬුව ධාතූන් වහන්සේත් සමඟින් ම අපගේ තෙරුන් වහන්සේගේ අතින් මිදී මගේ සිරසෙහි වැඩ සිටීවා!" කියා රජ්ජුරුවෝ අධිෂ්ඨාන කළ මේ හැම දෙයක් ම ඒ විදිහට ම සිදුවුනා.

27. **අමතේනා'භිසිත්තෝව - අහූ හට්ඨෝ'ති භූපති**
සීසතෝ තං ගහෙත්වාන - හත්ථික්ඛන්ධෙ ඨපේසි තං

අමෘතයෙන් අභිෂේක ලැබූ කලක සෙයින් රජ්ජුරුවෝ අතිශයින් ම සතුටට පත්වුනා. ධාතු කරඬුව හිස මතින් වඩම්මවාගෙන ගිහින් මංගල හස්තිරාජයාගේ කඳ මත තැබුවා.

28. **හට්ඨෝ හත්ථී කුඤ්චනාදං - අකා කම්පිත්ථ මේදිනී**
තතෝ නාගෝ නිවත්තිත්වා - සථේරබලවාහනෝ

සතුටට පත් හස්තිරාජයා කුඤ්චනාද කළා. මහ පොළොව කම්පා වුනා. මංගල හස්තිරාජයාත් රහතන් වහන්සේලාත් බලවාහන සමඟ එතැනින් ආපසු හැරී,

29. **පුරත්ථිමේන ද්වාරේන - පවිසිත්වා පුරං සුභං**
දක්ඛිණේන ච ද්වාරේන - නික්ඛමිත්වා තතෝ පුන

නැගෙනහිර දොරටුවෙන් සුන්දර නගරයට පිවිසුනා. නැවත දකුණු දොරටුවෙන් නගරයෙන් පිටතට නික්මුනා.

30. **ථූපාරාමේ චේතියස්ස - ඨානතෝ පච්ඡතෝ කතං**
පමෝජවත්ථුං ගන්ත්වාන - බෝධිට්ඨානේ නිවත්තිය

ථූපාරාම චෛත්‍ය වහන්සේ පිහිටන තැනින් පිටුපසට වෙන්ට කරලා තිබුනු මහේජ නම් යක්ෂයාගේ දේවාලයට ගිහින් බෝධිස්ථානය නමැති තැනින් ආපසු හැරිලා,

31. පුරත්ථාවදනෝ අට්ඨා - ථූපට්ඨානං තදා හි තං
කදම්බපුප්ඵආදාරිවල්ලීහි විතතං අහු

නැගෙනහිර පැත්තට මුහුණලා ථූපාරාම චෛත්‍ය වහන්සේ පිහිටන තැනට මුහුණලා නැවතුනා. ඒ දවස්වල එතැන කීරමල්වලිනුත් ආදාරී නම් වැල්වලිනුත් ගහණව තිබුණා.

32. මනුස්සදේවෝ දේවේහි - තං ඨානං රක්ඛිතං සුචිං
සෝධාපෙත්වා භූසයිත්වා - තං ඛණං යේව සාධුකං

රජ්ජුරුවෝ දෙවියන් විසින් ආරක්ෂා කරන ලද ඒ පවිත්‍ර ස්ථානය එවේලේ ම කටුකොහොල් ඉවත් කරලා සෝදවලා බිම හොඳාකාරව සරසවලා,

33. ධාතුං ඕරෝපනත්ථාය - ආරභී හත්ථික්ඛන්ධතෝ
නාගෝ න ඉච්ඡිතං රාජා - ථේරං පුච්ඡිත්ථ තං මනං

ධාතු කරඬුව හස්තිරාජයාගේ පිටින් පහළට වඩම්මා ගන්ට සූදානම් වුනා. හස්තිරාජයා එයට කැමති වුනේ නෑ. එතකොට රජ්ජුරුවෝ ඇත්රජා සිතා සිටින්නේ කුමක්ද? කියා මිහිඳු මහරහතන් වහන්සේගෙන් ඇහුවා.

34. අත්තනෝ ඛන්ධසමකේ - ඨානේ ඨපනමිච්ඡති
ධාතුඕරෝපනං තේන - න ඉට්ඨමීති සෝ'බ්‍රවි

'මහරජ්ජුරුවෙනි, ඇත්රජා කැමති තමන්ගේ කුම්භස්ථලය හා සමාන උස් ස්ථානයක ධාතු කරඬුව වඩාහිඳුවන්ටයි. ඊට පහත් තැනකට ධාතු කරඬුව වඩම්මවන්ට ඇතා කැමති නෑ' කියලා මිහිඳු මහරහතන් වහන්සේ පිළිතුරු දී වදාළා.

35. **ආණාපෙත්වා ඛණං යේව - සුක්ඛාතෝ'භයවාපිතෝ**
සුක්ඛකද්දමඛණ්ඩේහි - චිනාපෙත්වාන තං සමං

එතකොට රජ්ජුරුවෝ එවේලෙ ම රාජපුරුෂයන්ට අණ කරවලා අභය වැවේ වියළී ගිය තැන්වලින් වියළි මැටි පිඬු ගෙන්වලා ඇත් කඳ හා සමාන ලෙස උස්ව ගොඩ ගස්වලා චෛත්‍යයක් කරවා,

36. **අලංකරිත්වා බහුධා - රාජා තං ඨානමුත්තමං**
ඕරෝපෙත්වා හත්ථික්ඛන්ධා - ධාතුං තත්ථ ඨපේසි තං

ධාතු පිහිටන ඒ උතුම් තැන බොහෝ ක්‍රමවලින් අලංකාර කරවා ධාතු කරඬුව ඇත් කඳින් ඔසවලා ඒ මැටි සෑය මත වඩාහිඳෙව්වා.

37. **ධාතාරක්ඛං සංවිධාය - ඨපෙත්වා තත්ථ හත්ථිනං**
ධාතුථූපස්ස කරණේ - රාජා තුරිතමානසෝ

ධාතු කරඬුවට ආරක්ෂාව සලස්වලා එහි ඇත් රජාත් නවත්වලා ධාතු චෛත්‍ය වහන්සේ සදන්ට ඕනෑ කියන ඉක්මන් සිතින් යුතුව රජ්ජුරුවෝ,

38. **බහූ මනුස්සේ යෝජෙත්වා - ඉට්ඨිකාකරණේ ලහුං**
ධාතුකිච්චං විචින්තෙන්තෝ - සාමච්චෝ පාවිසී පුරං

බොහෝ මිනිස්සු යොදවලා ඉක්මනින් ම ගඩොල් සාදවන්ට පටන් ගත්තා. ධාතුන් වහන්සේ වෙනුවෙන් කළයුතු දේ ගැන සිතමින් රජ්ජුරුවෝ ඇමතිවරුන් සමඟ නගරයට පිටත් වුනා.

39. **මහාමහින්දත්ථේරෝ තු - මහාමේඝවනං සුභං**
සගණෝ අභිගන්ත්වාන - තත්ථ වාසමකප්පයි

අපගේ මිහිඳු මහරහතන් වහන්සේ සඟ පිරිසත් සමග සොඳුරු වූ මහමෙව්නා උයනේ තිස්සාරාමයට වැඩම කරලා එහි වැඩ වාසය කළා.

40. රත්තිං නාගෝනුපරියාති - තං ඨානං සෝ සධාතු කං
බෝධිඨානම්හි සාලාය - දිවා ඨාති සධාතුකෝ

හස්තිරාජයා ධාතු කරඬුව වඩා හිඳුවා ඇති ස්ථානය වටා රෑ කාලයෙහි සැරිසැරුවා. දවල් කාලයෙහි චෛත්‍ය භූමිය සකස් කරන්ට ඉඩදීම පිණිස ධාතු කරඬුව ආයෙමත් කුම්භස්ථලය මත තබාගෙන බෝධිස්ථානය නමැති තැන පිහිටි ශාලාවේ සිටියා.

41. වත්ථුස්ස තස්සෝ'පරිතෝ - ථූපං ථේරමතානුගෝ
ජංඝාමත්තං චිනාපෙත්වා - කතිපාහේන භූපති

රජ්ජුරුවෝ මිහිඳු මහරහතන් වහන්සේගේ අනුශාසනා පරිදි ඒ භූමිය මත කිහිප දිනකින් කෙණ්ඩා පමණට සෑය ගොඩ නංවලා,

42. තත්ථ ධාතුපතිට්ඨානං - ඝෝසාපෙත්වා උපාගමි
තතෝ තතෝ සමන්තා ච - සමාගමි මහාජනෝ

එහි ධාතූන් වහන්සේ තැන්පත් කරන බවට අණබෙර අස්සවලා ථූපාරාම භූමියට පැමිණියා. ඒ ඒ දෙසින් අවට ජනයාත් වටේට රැස්වුනා.

43. තස්මිං සමාගමේ ධාතු - හත්ථික්ඛන්ධා නභුග්ගතා
සත්තතාලප්පමාණම්හි - දිස්සන්ති නභසිට්ඨිතා

පිරිස රැස්ව හුන් ඒ අවස්ථාවෙහි ඇත්කඳ මත වැඩසිටි ධාතු කරඬුවෙන් අකුධාතූන් වහන්සේ තල්ගස් සතක් පමණ උසට අහසට පැන නැගී පේන්ට පටන් ගත්තා.

44. විම්භාපයන්ති ජනතං - යමකං පාටිහාරියං
ගණ්ඩම්බමූලේ බුද්ධෝ'ව - අකරී ලෝමහංසනං

ජනතාව පුදුමෙන් පුදුමයට පත් කරමින් එදා ගන්ඩබ්බ රුක් මුලදී අපගේ භාග්‍යවතුන් වහන්සේ යමක

මහා ප්‍රාතිහාර්යය දක්වා වදාළ අවස්ථාව සෙයින් ඇඟ මවිල් කෙළින් සිටින මහා ප්‍රාතිහාර්යයන් සිදුවුනා.

45. තතෝ නික්ඛක්ඛජාලාහි - ජලධාරාහි චා'සකිං
අයං ඕභාසිතා'සිත්තා - සබ්බාලංකාමහී අහූ

අහසේ වැඩහුන් අකුධාතූන් වහන්සේගෙන් නික්මී ගිය ගිනිජාලාවෙනුත් ජලධාරාවෙනුත් මුළු ලංකාව ම ආලෝකවත් වුනා. තෙමිලා ගියා.

46. පරිනිබ්බානමඤ්චම්හි - නිපන්නේන ජිනේන හි
කතං මහාඅධිට්ඨානපඤ්චකං පඤ්චචක්ඛුනා

එදා පිරිනිවන් මඤ්චකයෙහි සැතපී වැඩහුන් පසැස් ඇති අපගේ භාග්‍යවතුන් වහන්සේ විසින් කරන ලද මහා අධිෂ්ඨාන පසක් ඇත්තේය.

47. ගය්හමානා මහාබෝධිසාඛා'සෝකේන දක්ඛිණා
ඡිජ්ජිත්වාන සයං යේව - පතිට්ඨාතු කටාහකේ

ධර්මාශෝක රජ්ජුරුවන් විසින් ගනිද්දි ශ්‍රී මහා බෝධීන් වහන්සේගේ දකුණු ශාඛාව තමන් ම මහබෝධියෙන් වෙන් වී රන් කටාරමෙහි හිඳිත්වා! යන්න පළමු අධිෂ්ඨානයයි.

48. පතිට්ඨහිත්වා සා සාඛා - ඡබ්බණ්ණරස්මියෝ සුභා
රඤ්ජයන්තී දිසා සබ්බා - ඵලපත්තේහි මුඤ්චතු

ඒ දකුණු බෝධි ශාඛාව රන් කටාරමේ පිහිටියාට පස්සේ සොඳුරු වූ ෂඩ්වර්ණ රශ්මි ධාරාවෝ බෝධි පත්‍ර පල ආදියෙන් නිකුත් වෙලා හැම දිශාවක් ම ප්‍රීතියට පත් කරත්වා! යන්න දෙවැන්නයි.

49. සසුවණ්ණකටාහා සා - උග්ගන්ත්වාන මනෝරමා
අදිස්සමානා සත්තාහං - හිමගබ්භම්හි තිට්ඨතු

ඒ මනරම් බෝධි ශාඛාව රන් කටාරමත් එක්ක ම තමන් ම අහසට පැන නැගී නොපෙනී ගොසින් සත් දවසක් ම හිමවළා ගැබක සිටීවා! යන්න තුන්වැන්නයි.

50. **ථූපාරාමේ පතිට්ඨන්තං - මම දක්ඛිණඅක්ඛකං**
කරෝතු නහමුග්ගන්ත්වා - යමකං පාටිහාරියං

ථූපාරාමයෙහි පිහිටන්නා වූ මාගේ අකු ධාතුව අහසට පැන නැගී යමක මහා ප්‍රාතිහාර්යය කෙරේවා! යන්න සතරවෙනි අධිෂ්ඨානයයි.

51. **ලංකාලංකාරභූතම්හි - හේමමාලිකචේතියේ**
පතිට්ඨහන්තියෝ ධාතු - දෝණමත්තා පමාණතෝ

ලංකාද්වීපයට මහත් අලංකාරයක් වූ ස්වර්ණමාලී මහා චෛත්‍යයෙහි ද්‍රෝණයක් පමණ වූ මාගේ නිර්මල ධාතූන් වහන්සේලා පිහිටද්දි,

52. **බුද්ධවේසධරා හුත්වා - උග්ගන්ත්වා නභසිට්ඨිතා**
පතිට්ඨං තු කරිත්වාන - යමකං පාටිහාරියං

බුදුරජාණන් වහන්සේගේ ජීවමාන වේශය ගෙන අහසට පැන නැගී වැඩ සිට යමක මහා ප්‍රාතිහාර්යය දැක්වීමෙන් පසු ඒ ධාතූන් වහන්සේලා පිහිටත්වා! යන පස්වැනි අධිෂ්ඨානයයි.

53. **අධිට්ඨානානි පඤ්චේවං - අධිට්ඨාසි තථාගතෝ**
අකාසි තස්මා සා ධාතු - තදා තං පාටිහාරියං

අප තථාගත වූ භාග්‍යවතුන් වහන්සේගේ මහා අධිෂ්ඨාන පස මේ ය. එනිසා යි එදා අකු ධාතූන් වහන්සේ අහසට පැන නැගී යමාමහ පෙළහර දක්වා වදාළේ.

54. **ආකාසා ඕතරිත්වා සා - අට්ඨාභූපස්ස මුද්ධනි**
අතීවහට්ඨෝ තං රාජා - පතිට්ඨාපේසි චේතියේ

අකු ධාතූන් වහන්සේ අහසින් පහළට වැඩම කරලා දේවානම්පියතිස්ස රජ්ජුරුවන්ගේ හිස මත පිහිටියා. අතිශයින් ම සතුටට පත් රජ්ජුරුවෝ අකු ධාතූන් වහන්සේ චෛත්‍යය තුළ වඩා හිඳෙව්වා.

55. **පතිට්ඨිතාය තස්සා ච - ධාතුයා චේතියේ තදා**
අහූ මහාභූමිචාලෝ - අබ්භුතෝ ලෝමහංසනෝ

ඒ ධාතූන් වහන්සේ චෛත්‍යයෙහි පිහිටුවන අවස්ථාවේ මහා පොළෝ කම්පාවක් ඇතිවුනා. අද්භූත වූ ලොමුඩැහැගැනුම් ඇතිවුනා.

56. **ඒවං අචින්තියා බුද්ධා - බුද්ධධම්මා අචින්තියා**
අචින්තියේ පසන්නානං - විපාකෝ හෝති අචින්තියෝ

මෙසේ බුදුවරයන් වහන්සේලා රූපකායෙන් ද අචින්තය වන සේක. බුදුවරයන් වහන්සේලා ධර්මකායෙන් ද අචින්තය වන සේක. අචින්තනීය වූ බුදුවරයන් වහන්සේලාගේ රූපකාය පිළිබඳවත් ධර්මකාය පිළිබඳවත් සිත පහදවා ගත්තවුන් හට ලැබෙන විපාකත් අචින්තය වෙයි.

57. **තං පාටිහාරියං දිස්වා - පසීදිංසු ජනේ ජනා**
මත්තාභයෝ රාජපුත්තෝ - කනිට්ඨෝ රාජිනෝ පන

ඒ ප්‍රාතිහාර්යය දැකපු ජනයා අපගේ භාග්‍යවතුන් වහන්සේ කෙරෙහි බොහෝ පැහැදීමට පත්වුනා. දේවානම්පියතිස්ස රජ්ජුරුවන්ගේ බාල සහෝදරයෙකු වන මත්තාභය රාජපුත්‍රයා,

58. **මුනිස්සරේ පසීදිත්වා - යාචිත්වාන නරිස්සරං**
පුරිසානං සහස්සේන - සහ පබ්බජි සාසනේ

අපගේ සම්බුදු මුනීශ්වරයන් වහන්සේ කෙරෙහි පැහැදුනා. නරේශ්වරයන්ගෙන් අවසර ඉල්ලාගෙන පුරුෂයින් දහසක් සමඟ සම්බුදු සසුනෙහි පැවිදි වුනා.

59. චේතාරිගාමතෝ චාපි - ද්වාරමණ්ඩලතෝපි ච
විහීරබීජතෝ චා'පි - තථා ගල්ලකපීඨතෝ

නගරයට දකුණින් පිහිටි චේතාරි ගමෙනුත් දොරමඬලාවෙනුත් විහාරබීජ ගමෙනුත් ගල්පිටියෙනුත්,

60. තථෝ'පතිස්සගාමා ච - පඤ්ච පඤ්ච සතානි ච
පබ්බජුං දාරකා හට්ඨා - ජාතසද්ධා තථාගතේ

ඒ වගේ ම උපතිස්ස ගමෙනුත් තථාගතයන් වහන්සේ කෙරෙහි ශ්‍රද්ධාවට පත් ගම්දරුවෝ පන්සියය බැගින් බුදු සසුනෙහි පැවිදි බව ලබාගත්තා.

61. ඒවං පුරා බාහිරා ච - සබ්බේ පබ්බජිතා තදා
තිංස භික්ඛුසහස්සානි - අහේසුං ජිනසාසනේ

එකල්හි නගරයෙනුත් නගරයෙන් බැහැරිනුත් බුද්ධ ශාසනයේ පැවිදි වූ සියලු භික්ෂූන්ගේ ගණන තිස් දහසක් වුනා.

62. ථූපාරාමේ ථූපවරං - නිට්ඨාපෙත්වා මහීපති
රතනාදීහිනේකේහි - සදා පූජමකාරයි

දෙවනපෑතිස් රජ්ජුරුවෝ ථූපාරාමයෙහි උතුම් චෛත්‍යය නිමවලා නොයෙක් මැණික් ආදියෙන් හැම කල්හි ම පූජාවන් පැවැත්තුවා.

63. රාජෝරෝධා ඛත්තියා ච - අමච්චා නාගරා තථා
සබ්බේ ජානපදා චේව - පූජාකංසු විසුං විසුං

රජුගේ අන්තඃපුර ස්ත්‍රීනුත් ක්ෂත්‍රියනුත් ඇමතිවරුත් ඒ වගේ ම අනුරපුර නගරවාසීනුත් සියලු ජනපදවාසීනුත් වෙන් වෙන්ව පූජෝපහාරයන් පැවැත්තුවා.

64. ථූපපුබ්බංගමං රාජා - විහාරං තත්ථ කාරයි
ථූපාරාමෝති තේනේ'ස - විහාරෝ විස්සුතෝ අහු

රජ්ජුරුවෝ ඒ ස්තූපය මුල්කොට එතැන සංඝයා උදෙසා විහාරයක් කෙරෙව්වා. ඒ නිසා ඒ විහාරයත් ථූපාරාමය යන නමින් ප්‍රසිද්ධියට පත්වුනා.

65. **සකධාතුසරීරකේන චේ'වං**
පරිනිබ්බානගතෝපි ලෝකනාථෝ
ජනතායහිතං සුඛඤ්ච සම්මා
බහුධාකාසි ඨිතේ ජිනේ කථාවකාති.

පිරිනිවන් පා වදාළ අපගේ ලෝකනාථයන් වහන්සේ තමන් වහන්සේගේ ශාරීරික ධාතූන් වහන්සේලාගෙන් පවා ලෝක සත්වයාට හිතසුව පිණිස නොයෙක් අයුරින් ඉතා යහපත් ලෙස මග සැලසූ සේක. භාග්‍යවතුන් වහන්සේ ජීවමානව වැඩවිසූ කාලයෙහි ලෝකයා උදෙසා කරන ලද යහපත ගැන කතා කොට කාහට නම් අවසන් කළ හැකිද!

සුජනප්පසාදසංවේගත්ථාය කතේ මහාවංසේ
ධාතුආගමනෝ නාම සත්තරසමෝ පරිච්ඡේදෝ.

සත්පුරුෂ ජනයන්ගේ ප්‍රසාදයත් සංවේගයත් ඇතිකරනු පිණිස කරන ලද මහාවංශයෙහි සර්වඥ ධාතූන් වහන්සේලා වැඩමවීම නම් වූ දහහත්වෙනි පරිච්ඡේදය යි.

18

අට්ඨාරසමෝ පරිච්ඡේදෝ

දහඅටවෙනි පරිච්ඡේදය

මහාබෝධිගහණෝ

ජය ශ්‍රී මහා බෝධියේ දකුණු ශාඛා වහන්සේ ගැනීම

1. මහාබෝධිඤ්ච ථේරිඤ්ච - ආණාපේතුං මහීපති
ථේරේන වුත්තවචනං - සරමානෝ සකේ සරේ

ජය ශ්‍රී මහා බෝධි දක්ෂිණ ශාඛාවත්, සංඝමිත්තා තෙරණින් වහන්සේත් ලංකාද්වීපයට වඩම්මවා ගන්ට කියලා අපගේ මිහිඳු මහරහතන් වහන්සේ වදාළ වචනය සිහි කරමිනුයි රජ්ජුරුවෝ තම මාළිගයේ සිටියේ.

2. අන්තෝවස්සේ'කදිවසං - නිසින්නෝ ථේරසන්තිකේ
සහාමච්චේහි මන්තෙත්වා - භාගිනෙය්‍යං සයං සකං

වස් කාලයේ එක්තරා දවසක් මිහිඳු මහරහතන් වහන්සේ සමීපයෙහි මිටි අසුනක වාඩිවෙලා ඇමතිවරුන් සමග සාකච්ඡා කළා. තමන්ගේ නැගණියගේ පුත්‍රයා වන

3. අරිට්ඨනාමකාමච්චං - තස්මිං කම්මේ නියෝජිතුං
මන්ත්වා ආමන්තයිත්වා නං - ඉදං වචනමබ්‍රවි

අරිට්ඨ නමැති ඇමතිතුමාව ඒ කටයුත්ත සඳහා තමන් ම මෙහෙයවලා යොදවන්ට සාකච්ඡා කරලා අමතලා මේ වචනය පැවසුවා.

4. **තාත සක්ඛිස්සසි - ධම්මාසෝකස්ස සන්තිකා**
මහාබෝධිං සංඝමිත්තං - ථේරිං ආනයිතුං ඉධ

'දරුව, ඔබට ධර්මාශෝක රජ්ජුරුවන් සමීපයට ගොහින් මහාබෝධි ශාඛාවත්, සංඝමිත්තා තෙරණියත් මෙහි වඩම්මවාගෙන එන්ට පුළුවනි ද?'

5. **සක්ඛිස්සාමි අහං දේව - ආනේතුං තා දුවේ තතෝ**
ඉධා'ගතෝ පබ්බජිතුං - සචේ ලච්ඡාමි මානද

'දේවයන් වහන්ස, ඉදින් මට නැවත මෙහි ආ විට පැවිදි වෙන්ට අවසර ලැබෙනවා නම්, ජනයාගෙන් ගෞරව ලබන්නාණෙනි, මං මහාබෝධි ශාඛාවත් සඟමිත් තෙරණින් වහන්සේත් වඩම්මාගෙන එන්නම්.'

6. **ඒවං හෝතූති වත්වාන - රාජා තං තත්ථ පේසයි**
සෝ ථේරස්ස ච රඤ්ඤෝ ච - සාසනං ගය්හ වන්දිය

රජ්ජුරුවෝ 'එසේම වේවා!' කියා අරිට්ඨ අමාත්‍යයාව එහි පිටත් කෙරෙව්වා. අරිට්ඨ ඇමතිතුමා අපගේ මිහිඳු මහරහතන් වහන්සේටත් රජ්ජුරුවන්ටත් වන්දනා කරලා සංදේශයත් අරගෙන,

7. **අස්සයුජසුක්කපක්ඛේ - නික්ඛන්තෝ දුතියේහනි**
සානුයුත්තෝ ජම්බුකෝලේ - නාවමාරුය්හ පට්ටනේ

වප් මාසය පුර පක්ෂයෙහි දෙවෙන දවසේ පිටත් වුනා. රාජකීය දූත මෙහෙවරක යෙදවෙන අරිට්ඨ ඇමතිතුමා දඹකොළ පටුනෙන් නැව් නැගලා,

8. **මහෝදධිං තරිත්වාන - ථේරාධිට්ඨානයෝගතෝ**
නික්ඛන්තදිවසේ යේව - රම්මං පුප්ඵපුරං අගා

මිහිඳු මහරහතන් වහන්සේගේ අධිෂ්ඨාන බලයෙන් මහා සමුද්‍රය තරණය කරලා නික්මුණු දවසේ ම රම්‍ය වූ පාටලීපුත්‍ර නගරයට ගියා.

9. **තදා තු අනුලාදේවී - පඤ්චකඤ්ඤාසතේහි ච**
අන්තේපුරිකඉත්ථීනං - සද්ධිං පඤ්චසතේහි පි

රජ්ජුරුවන්ගේ සහෝදරයාගේ බිරිඳ වන අනුලා දේවියත් ඇය සමග ඇයගේ පරිවාර කන්‍යාවන් පන්සිය දෙනාත් ඒ වගේම අන්තඃපුර ස්ත්‍රීන් පන්සිය දෙනෙකුත්,

10. **දසසීලං සමාදාය - කාසාය වසනා සුචි**
පබ්බජ්ජාපෙක්ඛිනී සේඛා - පෙක්ඛන්තී ථේරියා'ගමං

දස සිල් සමාදන් වෙලා, කසාවත් පොරවාගෙන, පිරිසිදු පැවිදි බව අපේක්ෂාවෙන් ධර්ම මාර්ගය පුහුණු වෙමින් සංඝමිත්තා තෙරණින් වහන්සේගේ වැඩමවීම බලපොරොත්තුවෙන්,

11. **නගරස්සේකදේසම්හි - රම්මේ භික්ඛුනූපස්සයේ**
කාරාපිතේ නරින්දේන - වාසං කප්පේසි සුබ්බතා

නගරයෙහි එක්තරා ප්‍රදේශයක දෝළ නමැති අමාත්‍යයාගේ නිවසෙහි රජු විසින් කරවන ලද රම්‍ය වූ භික්ෂුණී ආරාමයෙහි මනා වත පිළිවෙතින් යුක්තව වාසය කළා.

12. **උපාසිකාහි තාහේස - වුත්තෝ භික්ඛුනූපස්සයෝ**
උපාසිකාවිහාරෝති - තේන ලංකාය විස්සුතෝ

ඒ දසසිල් උපාසිකාවෝ ඒ භික්ෂුණී අසපුවෙහි වාසය කළ නිසා ඒ කරුණෙන් 'උපාසිකා විහාරය' යන නමින් ලංකාවේ ප්‍රසිද්ධියට පත්වුනා.

13. **භාගිනෙය්‍යෝ මහාරිට්ඨෝ - ධම්මාසෝකස්ස රාජිනෝ
අප්පෙත්වා රාජසන්දේසං - ථේරසන්දේසමබ්‍රවි**

දේවානම්පියතිස්ස රජ්ජුරුවන්ගේ නැගණියගේ පුත්‍රයා වන මහාඅරිට්ඨ අමාත්‍යතුමා ධර්මාශෝක මහරජ්ජුරුවන් බැහැ දැක රාජ සන්දේශයත් මිහිඳු මහරහතන් වහන්සේගේ සංදේශයත් දැනුම් දුන්නා.

14. **භාතුජායා සහායස්ස - රඤ්ඤෝ තේ රාජකුඤ්ජර
ආකංඛමානා පබ්බජ්ජං - නිච්චං වසති සඤ්ඤතා**

'මහරජ්ජුරුවන් වහන්ස, ඔබවහන්සේගේ මිත්‍ර වූ අපගේ දෙවනපෑතිස් රජාණන්ගේ සොයුරු රාජපුත්‍රයාගේ බිරිඳ වන අනුලා බිසොවුන් වහන්සේ නිතර සිල් සමාදන්ව සංවරව උතුම් පැවිදි බව අපේක්ෂාවෙන් ඉන්නවා.

15. **සංඝමිත්තං භික්ඛුනිං තං - පබ්බාජේතුං විසජ්ජය
තාය සද්ධිං මහාබෝධි - දක්ඛිණසාඛමේව ච**

අනුලා දේවී උත්තමාව පැවිදි කරවන්ට සංඝමිත්තා භික්ෂුණීන් වහන්සේත්, ඒ භික්ෂුණීන් වහන්සේ සමඟ ශ්‍රී මහාබෝධි දකුණු ශාඛාවත් වඩම්මවා දෙන සේක්වා!' කියා ඉල්ලා සිටියා.

16. **ථේරියා ච තමේවත්ථං - අබ්‍රවි ථේරභාසිතං
ගන්ත්වා පිතුසමීපං සා - ථේරී ථේරමතං බ්‍රවී**

ඒ වගේ ම අපගේ මිහිඳු මහරහතන් වහන්සේ වදාළ මෙම කාරණය සංඝමිත්තා තෙරණින් වහන්සේටත් දැනුම් දුන්නා. සංඝමිත්තා තෙරණින් වහන්සේ මිහිඳු මහරහතන් වහන්සේගේ මතය පිය රජ්ජුරුවන්ට පවසා සිටියා.

17. **ආහ රාජා තුවං අම්ම - අපස්සන්තෝ කථං අහං
සෝකං විනෝදයිස්සාමි - පුත්තනත්තුවියෝගජං**

එතකොට රජ්ජුරුවෝ මෙහෙම කිව්වා. 'මෑණියනි, ඔබත් දකින්ට නැතිව ගියොත්, මාගේ පුත්‍ර මහින්ද තෙරණුවෝත්, මුණුබුරු සුමන සාමණේරයෝත් වියෝග යෙන් ඉන්නා මම ශෝකය දුරු කරගන්නේ කොහොමද?'

18. **ආහ සා මේ මහාරාජ - භාතුනෝ වචනං ගරු**
පබ්බාජනීයා ච බහූ - ගන්තබ්බං තත්ථ තේන මේ

සංඝමිත්තා තෙරණින් වහන්සේ මෙහෙම කිව්වා. 'මහරජ්ජුරුවෙනි, සහෝදරයන් වහන්සේගේ වචනයට මං ගරු කරන්ට ඕනෑ. ඒ වගේ ම බුදු සසුනෙහි පැවිදි වෙන්ට ආශාවෙන් බොහෝ කාන්තාවන් එහි සිටිනවා නොවැ. මේ කරුණු නිසාවෙන් මා ලංකාවට යන්ට ඕනෑ.'

19. **සත්ථඝාතමනාරහා - මහාබෝධිමහීරුහා**
කථන්නු සාඛං ගණ්හිස්සං - ඉති රාජා විචින්තයී

එයට එකඟ වූ රජ්ජුරුවෝ ඊළඟට කල්පනා කළේ 'ජය ශ්‍රී මහාබෝධීන් වහන්සේ ආයුධයකින් තුවාල කොට කැපීම සුදුසු දෙයක් නම් නොවේ. මං දකුණු බෝධි ශාඛාව ගන්නේ කොහොමද?'

20. **අමච්චස්ස මහාදේවනාමකස්ස මතේන සෝ**
භික්ඛුසංඝං නිමන්තෙත්වා - භෝජෙත්වා පුච්ඡි භූපතිං

ඊට පසු රජ්ජුරුවෝ ඒ කරුණ මහාදේව නමැති ඇමතියාට සැළකළා. ඔහුගේ උපදෙස් පරිදි භික්ෂු සංඝයා වහන්සේ මාළිගයට වඩම්මවලා දන්පැන් වළඳවා උන්වහන්සේලාගෙන් විමසා සිටියා.

21. **භන්තේ ලංකං මහාබෝධි - පේසේතබ්බා නු බෝ ඉති**
ථේරෝ මොග්ගලිපුත්තෝ සෝ - පේසේතබ්බාති භාසිය

'ස්වාමීනී, ලංකාවට මහාබෝධි ශාඛාවක් වඩම්මවන්ට ඕනෑ නොවේද?' අපගේ මොග්ගලීපුත්ත තිස්ස මහරහතන්

වහන්සේ 'එසේය මහරජ්ජුරුවෙනි, වඩම්මවන්ට ඕනෑ' කියා වදාළා.

22. **කතං මහාඅධිට්ඨාන - පඤ්චකං පඤ්චචක්ඛුනා**
අභාසි රඤ්ඤො තං සුත්වා - තුස්සිත්වා ධරණීපති

පසැස් ඇති භාග්‍යවතුන් වහන්සේ පිරිනිවන් මඤ්චකයෙහි සැතපී වැඩහිඳ කරන ලද පංච මහා අධිෂ්ඨානය ගැනත් ධර්මාශෝක මහරජ්ජුරුවන්ට පවසා වදාළා. එය ඇසූ රජ්ජුරුවෝ මහත් සතුටට පත්වුනා.

23. **සත්තයෝජනිකං මග්ගං - සෝ මහාබෝධිගාමිනං**
සෝධාපෙත්වාන සක්කච්චං - භූසාපේසි අනේකධා

ඊටපසු රජ්ජුරුවෝ ජය ශ්‍රී මහා බෝධීන් වහන්සේ වෙත ගමන් කරන යොදුන් සතක මාර්ගය සෝදවලා, නොයෙක් ආකාරයෙන් හොඳාකාර ලෙස සැරසෙව්වා.

24. **සුවණ්ණං නීහරාපේසි - කටාහකරණාය ච**
විස්සකම්මෝ ච ආගන්ත්වා - ස තුලාධාරරූපවා

රන් කටාරමක් කරවන්ට භාණ්ඩාගාරයෙන් රන් ලබා දුන්නා. එතකොට විශ්වකර්ම දිව්‍ය පුත්‍රයා රන්කරුවෙකුගේ වේශයෙන් ආවා.

25. **කටාහං කිං පමාණං නු - කරෝමීති අපුච්ඡිතං**
ඤත්වා පමාණං ත්වං යේව - කරෝහි ඉති භාසිතේ

'දේවයන් වහන්ස, කටාරම තනවන්නේ කොයි ප්‍රමාණයට ද?' කියා ඇසුවා. 'තොප ම ප්‍රමාණය දැන කටාරම කරව' කියා රජ්ජුරුවෝ පැවසුවා.

26. **සුවණ්ණානි ගහෙත්වාන - හත්ථේන පරිමජ්ජිය**
කටාහං තං ඛණං යේව - නිම්මිනිත්වාන පක්කමි

රන් අරගත් විස්කම් දෙව්පුතු ඒවා සිය අතින් පිරිමැද්දා. එසැණින් ම කටාරම නිර්මාණය කරවලා පිටත්ව ගියා.

27. **නවහත්ථපරික්ඛේපං - පඤ්චහත්ථං ගභීරතෝ**
තිහත්ථවික්ඛම්භයුතං - අට්ඨංගුලඝනං සුභං

ඒ කටාරමේ වට රවුම රියන් නවයකින් යුක්තයි. ගැඹුර රියන් පහයි. විෂ්කම්භය රියන් තුනයි. අඟල් අටක ඝනකමින් යුක්තයි. ලස්සනයි.

28. **යුවස්ස හත්ථිනෝ සොණ්ඩ - පමාණමුඛවට්ටිකං**
ගාහාපෙත්වාන තං රාජා - බාලසූරසමප්පභං

තරුණ ඇත් රජෙකුගේ සොඬේ ප්‍රමාණයට කටාරමේ මුවවිට තිබුණා. රජ්ජුරුවෝ ළාහිරු කාන්තියේ පැහැයෙන් බබලන ඒ රන් කටාරම ගෙන්නවලා,

29. **සත්තයෝජනදීඝාය - විත්ථතාය තියෝජනං**
සේනාය චතුරංගිනියා - මහාභික්ඛුගණේන ච

යොදුන් සතක් දික් වූ තුන් යොදුනක් පළල් වූ චතුරංගිනී සේනාවත්, මහත් භික්ෂු සංඝයා වහන්සේත් සමග,

30. **උපාගම්ම මහාබෝධිං - නානාලංකාරභූසිතං**
නානාරතනචිත්තං තං - විවිධද්ධජමාලිනිං

ජය ශ්‍රී මහාබෝධීන් වහන්සේ ළඟට පැමිණිලා නොයෙක් අලංකාරයෙන් යුක්ත, නොයෙක් මාණික්‍යයන් ගෙන් විසිතුරු වුණු නොයෙක් ධජපතාක, නොයෙක් මල් මාලා,

31. **නානාකුසුමසංකිණ්ණං - නානාතුරියඝෝසිතං**
සේනාය පරිවාරෙත්වා - පරික්ඛිපිය සාණියා

නොයෙක් වර්ගයේ මල්වලින් පූජා පවත්වලා, නොයෙක් තූර්යනාදයන්ගෙන් පූජා පවත්වලා සිවුරඟ සේනා පිරිවරාගෙන මහබෝධිය තිරයකින් වටකරලා,

32. **මහාථේරසහස්සේන - පමුඛේන මහාගණේ**
රඤ්ඤං පත්තාභිසේකානං - සහස්සේනාධිකේන ච

භික්ෂු මහා සංඝයා අතර මහා තෙරුන් වහන්සේලා දහස් නමක් මුල් කොට, දඹදිව ප්‍රාදේශීය රජවරු ලෙස අභිෂේක ලැබූ දහසකට අධික රජදරුවනුත්,

33. **අත්තානං පරිවාරෙත්වා - මහාබෝධිඤ්ච සාධුකං**
ඕලෝකේසි මහාබෝධිං - පග්ගහෙත්වාන අඤ්ජලිං

තමාත් ජය ශ්‍රී මහා බෝධීන් වහන්සේ ඉතා යහපත් ලෙස පිරිවරා ගෙන ඇඳිලි බැඳ වන්දනා කරගෙන මහා බෝධීන් වහන්සේ දෙස බලා සිටියා.

34. **තස්සා දක්ඛිණසාඛාය - චතුහත්ථප්පමාණකං**
ඨානං ඛන්ධඤ්ච වජ්ජෙත්වා - සාඛා අන්තරධායිසුං

එතකොට ජය ශ්‍රී මහා බෝධීන් වහන්සේගේ දකුණු ශාඛාව සතර රියන් ප්‍රමාණයට කඳත් සමග ඉතිරි වෙලා අනිත් ශාඛා නොපෙනී ගියා.

35. **තං පාටිහාරියං දිස්වා - පතීතෝ පුථුවීපති**
පූජේමහං මහාබෝධිං - රජ්ජේනා'ති උදීරිය

ඒ ප්‍රාතිහාර්යය දුටු ධර්මාශෝක මහරජ්ජුරුවෝ මහත් සතුටට පත්වෙලා 'මං ජය ශ්‍රී මහා බෝධීන් වහන්සේට දඹදිව මුළු රාජ්‍යය ම පූජා කරනවා' කියලා හඬනගා කිව්වා.

36. **අභිසිඤ්චි මහාබෝධිං - මහාරජ්ජේ මහීපති**
පුප්ඵාදීහි මහාබෝධිං - පූජෙත්වාන පදක්ඛිණං

රජ්ජුරුවෝ දඹදිව මහා රාජ්‍යයෙන් ජයශ්‍රී මහා බෝධීන් වහන්සේ අභිෂේක කළා. නොයෙක් මල් ආදියෙන් මහාබෝධීන් වහන්සේට පූජා පවත්වලා තුන් වටයක් ප්‍රදක්ෂිණා,

37. **කත්වා අට්ඨසු ඨානේසු - වන්දිත්වාන කතඤ්ජලී**
සුවණ්ණබච්තේ පීඨේ - නානාරතනමණ්ඩිතේ

කරලා අට ස්ථානයකින් ඇදිලි බැඳ වන්දනා කරලා රන් කැටයමින් අලංකාර වූ නොයෙක් මැණික් වර්ගයන් ගෙන් සරසන ලද සකස් කළ පීඨිකාවේ,

38. **ස්වාරෝහේ යාවසාඛුච්චේ - තං සුවණ්ණකටාහකං**
ඨපාපෙත්වාන ආරුය්හ - ගහේතුං සාඛමුත්තමං

ඉතා පහසුවෙන් බිම සිට ජය ශ්‍රී මහා බෝධීන් වහන්සේගේ දකුණු ශාඛාව ළඟට යන්නට හැකි ලෙස තිබූ ඒ පීඨිකාව මත රන් කටාරම තබ්බවලා, තමනුත් උතුම් දකුණු මහා බෝධි ශාඛාව ගැනීම පිණිස එතැනට නැගලා,

39. **ආදියිත්වාන සෝවණ්ණතූලිකාය මනෝසිලං**
ලේඛං දත්වාන සාඛාය - සච්චක්‍රියමකා ඉති

අතට ගත් රන් පින්සලෙන් සිරියල් ගෙන බෝධි ශාඛාවෙහි රේඛාවක් ඇඳලා මේ විදිහට සත්‍ය ක්‍රියාවක් කළා.

40. **ලංකාදීපං යදි ඉතෝ - ගන්තබ්බං උරුබෝධියා**
නිබ්බේමතිකෝ බුද්ධස්ස - සාසනම්හි සචේ අහං

'ඉදින් ජය ශ්‍රී මහා බෝධීන් වහන්සේ මේ තැනින් නික්ම ලංකාද්වීපයට වැඩම කළයුතු නම්, ඉදින් මම ගෞතම සම්මා සම්බුද්ධ ශාසනය කෙරෙහි සැකයක් නැතිව ඉන්නවා නම්,

41. **සයං යේව මහාබෝධි - සාඛායං දක්ඛිණා සුභා**
ඡිජ්ජිත්වාන පතිට්ඨාතු - ඉධ හේමකටාහකේ

සුන්දර වූ මේ ජය ශ්‍රී මහා බෝධී දකුණු ශාඛා වහන්සේ තමන් ම ඡේදනය වී මෙතැන තිබෙන රන් කටාරමෙහි පිහිටා වදාරණ සේක්වා!'

42. **ලේඛට්ඨානේ මහාබෝධි - ඡිජ්ජිත්වා සයමේව සා**
ගන්ධකද්දමපූරස්ස - කටාහස්සෝපරිට්ඨිතා

එතකොට ජය ශ්‍රී මහා බෝධි දකුණු ශාඛා වහන්සේ රේඛාව සටහන් කළ තැනින් තමන් ම ඡේදනය වී සුවඳ මඩ පිරවූ රන් කටාරමෙහි පිහිටා වදාළා.

43. **මූලලේඛාය උපරි - තියංගුලතියංගුලේ**
දදං මනෝසිලා ලේඛා - පරික්ඛිපි නරිස්සරෝ

මුලින් සටහන් කළ රේඛාවට උඩින් අඟල් තුනෙන් තුනට වෙන්ට රජ්ජුරුවෝ සිරියල් රේඛාවන් දහයක් බෝධි ශාඛාව වටා ඇන්දා.

44. **ආදියා ථූලමූලානි - ඛුද්දකානිතරාහි තු**
නික්ඛමිත්වා දස දස - ජාලීභූතානි ඕතරුං

මුලින් ඇන්ද රේඛාවෙන් ලොකු මුල් දහයක් එවෙලේම මතුවුනා. අනිත් රේඛාවලින් කුඩා මුල් දහය ගණනේ ඇවිත් දැල් කච්ලුවක් වගේ පහළට බැස්සා.

45. **තං පාටිහාරියං දිස්වා - රාජා'තීව පමෝදිතෝ**
තත්ථේවාකාසි උක්කුට්ඨිං - සමන්තා පරිසාපි ච

ඒ ප්‍රාතිහාර්යය දැකපු රජ්ජුරුවෝ අතිශයින් ම ප්‍රීතියට පත්වෙලා වන්දනා කරගෙන මහ හඬින් ප්‍රීතිඝෝෂා කළා. හාත්පස සිටි මහා පිරිසත් ප්‍රීතිඝෝෂා කළා.

46. **භික්ඛුසංඝෝ සාධුකාරං - තුට්ඨචිත්තෝ පවේදයි**
චේලුක්ඛේපසහස්සානි - පවත්තිංසු සමන්තතෝ

භික්ෂු සංඝයා වහන්සේ සතුටු සිතින් සාධුකාර දුන්නා. හාත්පස රැස් වූ මහාජනයා දහස් ගණන් උතුරු සළු හිස මතට උඩින් කරකවමින් ප්‍රීතිඝෝෂා පැවැත්තුවා.

47. **ඒවං සතේන මූලානං - තත්ථ සා ගන්ධකද්දමේ**
පතිට්ඨාසි මහාබෝධි - පසාදෙන්තී මහාජනං

ඔය විදිහට මහාජනයා ප්‍රසාදයට පත් කරවමින් ජය ශ්‍රී මහා බෝධි දකුණු ශාඛා වහන්සේ මුල් සියයකින් යුක්තව ඒ සුවඳ මඩ පිරි රන් කටාරමේ මනාකොට පිහිටියා.

48. **තස්සා ඛන්ධෝ දසහත්ථෝ - පඤ්චසාඛා මනෝරමා**
චතුහත්ථා චතුහත්ථා - දසද්ධඵලමණ්ඩිතා

ඒ ජය ශ්‍රී මහා බෝධි දකුණු ශාඛා වහන්සේගේ කඳ රියන් දහයක් ව තිබුණා. මනරම් අතු පහක් තිබුණා. ඒ හැම අත්තක් ම රියන් සතරක්ව තිබුණා. ඒ හැම අත්තක ම බෝ ගෙඩි පහ බැගින් තිබුණා.

49. **සහස්සන්තු පසාඛානං - සාඛානං තාසමාසි ච**
ඒවං ආසි මහාබෝධි - මනෝහරසිරීධරා

ඒ බෝ අතු වල ඉතා කුඩා ශාඛා දහසක් පමණ තිබුණා. මේ විදිහට ජය ශ්‍රී මහා බෝධි දකුණු ශාඛා වහන්සේ මනස්කාන්ත ශ්‍රීයෙන් ශෝභමාන ව වැඩ සිටියා.

50. **කටාහම්හි මහාබෝධි - පතිට්ඨිතක්ඛණේ මහී**
අකම්පි පාටිහීරානි - අහේසුං විවිධානි ච

ජය ශ්‍රී මහා බෝධි දකුණු ශාඛා වහන්සේ රන් කටාරමේ වැඩහුන් සැණින් ම මහා පොළොව කම්පා වුනා. නොයෙක් ප්‍රාතිහාර්යයන් ඇතිවුනා.

දහඅටවෙනි පරිච්ඡේදය 347

51. **සයං නාදේහි තුරියානං - දේවේසු මානුසේසු ච**
සාධුකාරනිනාදේහි - දේවබ්‍රහ්මගණස්ස ච

දෙව්ලොවේත් මනුලොවේත් තිබුනු ආතත, විතත, විතතාතත, ඝන, සුසිර යන පංච තූර්ය නාදයන් ඉබේම වාදනය වෙන්ට පටන් ගත්තා. දෙව් බඹුන්ගේ සාධු හඬ ගිගුම් දුන්නා.

52. **මේඝානං මිගපක්ඛිනං - යක්ඛාදීනං රවේහි ච**
රවේහි ච මහීකම්පේ - ඒකකෝලාහලං අහූ

මහා වළාකුළු නැගී අහස ගිගුම් දුන්නා. සිව්පාවුන් නාද කළා. පක්ෂීනුත් නාද කළා. යක්ෂ අසුරාදීනුත් ප්‍රීති නාද පැවැත්තුවා. පොළොවත් ගිගුම් දුන්නා. එකම මහා ඝෝෂාවකින් නින්නාද වුනා.

53. **බෝධියා ඵලපත්තේහි - ඡබ්බණ්ණරස්මියෝ සුභා**
නික්ඛමිත්වා චක්කවාළං - සකලං සෝභයිංසු ච

ජය ශ්‍රී මහාබෝධි දකුණු ශාඛා වහන්සේගේ ඵල පත්‍රයන්ගෙන් විහිදී ගිය සුන්දර වූ ෂඩ්වර්ණ රශ්මි ධාරාවෙන් මුළු සක්වල ම ශෝභමාන වුනා.

54. **සකටාහා මහාබෝධි - උග්ගන්ත්වාන තතෝ නභං**
අට්ඨාසි හිමගබ්භම්හි - සත්තාහානි අදස්සනා

ඒ ජය ශ්‍රී මහාබෝධි දකුණු ශාඛා වහන්සේ රන් කටාරමත් සමඟින් අහසට පැන නැංගා. සත් දවසක් හිම වළා ගැබ තුළ නොපෙනී වැඩ සිටියා.

55. **රාජා ඕරුය්හ පීඨම්හා - තං සත්තාහං තහිං වසං**
නිච්චං මහාබෝධිපූජං - අකාසි ච අනේකධා

රජතුමා පීඨිකාවෙන් බිමට බැහැලා ඒ දවස් හතේ ම

එතැන වාසය කරමින් නිරන්තරයෙන් නොයෙක් අයුරින් ජය ශ්‍රී මහා බෝධීන් වහන්සේට පූජාවන් පැවැත්තුවා.

56. **අතීතේ තම්හි සත්තාහේ - සබ්බේ හිමවලාවකා**
පවිසිංසු මහාබෝධිං - සබ්බා තා රංසියෝපි ච

සත් දවස ගෙවී යද්දී සියලු හිම වළාවනුත් සියලු සවණක් ඝන රැස් මාලාවනුත් ජය ශ්‍රී මහාබෝධි දකුණු ශාඛා වහන්සේ තුළට උරාගත්තා.

57. **සුද්ධේ නභසි දිස්සිත්ථ - සා කටාහේ පතිට්ඨිතා**
මහාජනස්ස සබ්බස්ස - මහාබෝධි මනෝරමා

වළාකුළු රහිත පිරිසිදු අහසේ රන් කටාරමේ වැඩහිඳින අපගේ මනරම් ජය ශ්‍රී මහාබෝධි දකුණු ශාඛා වහන්සේ එතැන හුන් හැමෝට ම දැකගන්ට ලැබුනා.

58. **පවත්තම්හි මහාබෝධි - විවිධේ පාටිහාරියේ**
විම්හාපයන්තී ජනතං - පඨවීතලමෝරුහි

අපගේ ජය ශ්‍රී මහාබෝධි දකුණු ශාඛා වහන්සේ නා නා ආකාරයේ ප්‍රාතිහාර්යයන් දක්වමින් මහජනයා විස්මයට පත් කරවමින් මහා පොළොවට බැස රන් පීඨිකාව මතට වැඩ වදාළා.

59. **පාටිහීරේහි නේකේහි - තේහි සෝ පීණිතෝ පුන**
මහාරාජා මහාබෝධිං - මහාරජ්ජේන පූජයි

අපගේ ජය ශ්‍රී මහබෝධි දකුණු ශාඛා වහන්සේගෙන් සිදු වූ නොයෙක් ප්‍රාතිහාර්යයන් දැකීම නිසා ප්‍රීතියෙන් පිනා ගිය ධර්මාශෝක රජ්ජුරුවෝ දඹදිව මහා රාජ්‍යයෙන් ආයෙමත් මහා බෝධීන් වහන්සේට පූජා කළා.

60. **මහාබෝධිං මහාරජ්ජේ - නාභිසිඤ්චිය පූජයං**
නානාපූජාහි සත්තාහං - පුන තත්ථේව සෝ වසි

රජ්ජුරුවෝ දඹදිව මහා රාජ්‍යයෙන් අපගේ ජය ශ්‍රී මහාබෝධි දකුණු ශාඛා වහන්සේට අභිෂේක පූජා පවත්වලා ආයෙමත් සතියක් ම නා නා පූජාවන් පවත්වමින් එහි ම වාසය කළා.

61. **අස්සයුජසුක්කපක්ඛේ - පන්නරසඋපෝසථේ**
අග්ගහේසි මහාබෝධිං - ද්විසත්තාහච්චයේ තතෝ

වප් මාසෙ පුර පසළොස්වක වස් පවාරණ උපෝසථ දවසේ ඉඳලා දෙසතියක් ඇවෑමෙන් පස්සේ අපගේ ජය ශ්‍රී මහාබෝධි දකුණු ශාඛා වහන්සේ වැඩහුන් රන් කටාරම එතැනින් ඔසොවා ගත්තා.

62. **අස්සයුජකාළපක්ඛේ - චාතුද්දසඋපෝසථේ**
රථේ සුභේ ඨපෙත්වාන - මහාබෝධිං රථේසභෝ

වප් මාසෙ කරුවල පක්ෂයේ තුදුස්වක අමාවක උපෝසථ දවසේ ධර්මාශෝක රජ්ජුරුවෝ සොඳුරු රථයක අපගේ ජය ශ්‍රී මහාබෝධි දකුණු ශාඛා වහන්සේ වඩමවාගෙන,

63. **පූජෙන්තෝ තං දිනං යේව - උපනෙත්වා සකං පුරං**
අලංකරිත්වා බහුධා - කාරෙත්වා මණ්ඩපං සුභං

එදාම තමන්ගේ පාටලීපුත්‍ර නගරයට වඩම්මවලා නොයෙක් අයුරින් අලංකාරව සැරසූ ලස්සන මණ්ඩපයක් කරවලා,

64. **කත්තිකේ සුක්කපක්ඛස්ස - දිනේ පාටිපදේ තහිං**
මහාබෝධිං මහාසාල - මූලේ පාචිනකේ සුභේ

ඉල් මාසෙ පුර පක්ෂයේ පළමු දවසේ අපගේ ජය ශ්‍රී මහාබෝධි දකුණු ශාඛා වහන්සේ සොඳුරු මහා සල් වෘක්ෂයක් සෙවනේ නැගෙනහිර දිසාවට වෙන්ට වඩා හිඳෙව්වා. අපගේ මිහිඳු මහරහතන් වහන්සේ දඹදිව පිටත්

කරවපු සුමන සාමණේර රහතන් වහන්සේට රජ්ජුරුවන්ව මුණ ගැසුනේ මෙතැන දී ය.

65. ධපාපෙත්වාන කාරේසි - පූජානේකා දිනේ දිනේ
ගාහතෝ සත්තරසමේ - දිවසේ තු නවංකුරා

එතැන වඩා හිඳවලා දවස් පතා නොයෙක් ආකාරයෙන් පූජාවන් පැවැත්තුවා. අපගේ ජය ශ්‍රී මහාබෝධි ශාඛා වහන්සේ කටාරමේ වඩා හිඳුවා දවස් දාහතක් ගතවෙද්දී බෝ අංකුර නවයක්,

66. සකිං යේව අජායිංසු - තස්සා තේන නරාධිපෝ
තුට්ඨචිත්තෝ මහාබෝධිං - පුන රජ්ජේන පූජයි

එක්වරම පැන නැංගා. එයින් සතුටු වූ ධර්මාශෝක මහරජ්ජුරුවෝ ආයෙමත් දඹදිව මහරාජ්‍යයෙන් බෝධීන් වහන්සේ පූජා කළා.

67. මහාරජ්ජේ'භිසිඤ්චිත්වා - මහාබෝධිං මහිස්සරෝ
කාරේසි ච මහාබෝධි - පූජං නානප්පකාරකං

රජ්ජුරුවෝ අපගේ ජය ශ්‍රී මහාබෝධි ශාඛා වහන්සේ දඹදිව මහාරාජ්‍යයෙන් අභිෂේක කරලා නොයෙක් අයුරින් වූ මහා බෝධි පූජාවන් කළා.

68. ඉති කුසුමපුරේ සරේ සරංසා
බහුවිධචාරුධජාකුලා විසාලා
සුරුචිරපවරෝරු බෝධිපූජා
මරුනරචිත්තවිකාසිනී අහෝසීති.

ධර්මාශෝක රජ්ජුරුවෝ නැමැති සූර්යයා තමන්ගේ රශ්මිය නැමැති සම්පත්වලින් බොහෝ සිත්කලු ධජ පතාකයන්ගෙන් මුළු නුවර ම ලස්සනට සරසවලා, ඉතා අලංකාර අයුරින් උතුම් මහා බෝධි පූජාවක් පවත්වලා

කුසුමපුරය හෙවත් පාටලීපුත්‍ර නගරය නමැති විලෙහි දෙවියන්ගේත් මිනිසුන්ගේත් සිත් නැමැති පියුම් විකසිත කෙරෙව්වා.

සුජනප්පසාදසංවේගත්ථාය කතේ මහාවංසේ මහාබෝධිගහණෝ නාම අට්ඨාරසමෝ පරිච්ඡේදෝ.

සත්පුරුෂ ජනයන්ගේ ප්‍රසාදයත් සංවේගයත් ඇතිකරනු පිණිස කරන ලද මහාවංශයෙහි ජය ශ්‍රී මහා බෝධියේ දකුණු ශාඛා වහන්සේ ගැනීම නම් වූ දහඅටවෙනි පරිච්ඡේදය යි.

19

ඒකූනවීසතිමෝ පරිච්ඡේදෝ

දහනවවෙනි පරිච්ඡේදය

බෝධිආගමනෝ

ජය ශ්‍රී මහා බෝධීන් වහන්සේ වැඩමවීම

1. මහාබෝධිරක්ඛනත්ථං - අට්ඨාරස රජේසභෝ
දේවකුලානි දත්වාන - අට්ඨාමච්චකුලානි ච

ධර්මාශෝක මහරජ්ජුරුවෝ අපගේ ජය ශ්‍රී මහා බෝධි දකුණු ශාඛා වහන්සේට ආරක්ෂාව සැපයීම වෙනුවෙන් ක්ෂත්‍රීය පවුල් දහඅටක් ලබාදුන්නා. ඇමති පවුල් අටකුත් ලබාදුන්නා.

2. අට්ඨ බ්‍රාහ්මණකුලානි - අට්ඨ වෙස්සකුලානි ච
ගෝපකානං තරච්ඡානං - කුලිංගානං කුලානි ච

බ්‍රාහ්මණ පවුල් අටකුත් ලබාදුන්නා. ගෘහපති සිටු පවුල් අටකුත් ලබාදුන්නා. ගොපලු පවුල්වලිනුත් වලස් කුලේ පවුල්වලිනුත් කාලිංග කුලයේ පවුල්වලිනුත්,

3. තථේව පේසකාරානං - කුම්භකාරානමේව ච
සබ්බේසඤ්චාපි සේනීනං - නාගයක්ඛානමේව ච

ඒ වගේ ම පේසකාර කුලේ පවුල්වලිනුත් කුඹල් කුලයේ පවුල්වලිනුත් සියලු සේනාවන්ට අයත් පවුල්වලිනුත් නාග යක්ෂ කුලයන්ගේ පවුල්වලිනුත් අට බැගින් ලබාදුන්නා.

4. **හේමසජ්ඣසටේ චේව - දත්වා අට්ඨට්ඨ මානදෝ**
ආරෝපෙත්වා මහාබෝධිං - නාවං ගංගාය භූසිතං

ඊටපස්සේ රජ්ජුරුවෝ අපගේ ජය ශ්‍රී මහා බෝධි දකුණු ශාඛා වහන්සේට නිතිපතා පැන් වැඩීමට රන් කලස් අටකුත් රිදී කලස් අටකුත් ලබාදුන්නා. ගංගා නම් නදියේ ඉතා අලංකාරව සරසන ලද නැවට අපගේ ජය ශ්‍රී මහා බෝධි දකුණු ශාඛා වහන්සේ නැංගෙව්වා.

5. **සංඝමිත්තං මහාථේරිං - සඑකාදසභික්ඛුනිං**
තථේවා'රෝපයිත්වාන - අරිට්ඨපමුඛේපි ච

සංඝමිත්තා රහත් භික්ෂුණීන් වහන්සේ සමඟ එකොළොස් නමක් රහත් භික්ෂුණීන් වහන්සේලාත් ඒ නැවෙහි ම නැංගෙව්වා. ලංකාවෙන් පැමිණි අරිට්ඨ අමාත්‍යතුමා ප්‍රමුඛ පිරිසත් නැංගෙව්වා.

6. **නගරා නික්ඛමිත්වාන - විඣ්ඣාටවිමතිච්ච සෝ**
තාමලිත්තිං අනුප්පත්තෝ - සත්තාහේනේව භූපති

ලංකාවට වැඩමවන මහ බෝධියට පසුගමන් පිණිස පාටලීපුත්‍ර නගරයෙන් නික්මුණු ධර්මාශෝක රජ්ජුරුවෝ පහළට යමින් වින්ධ්‍යා වනයත් පසු කරලා තාම්‍රලිප්තියට සතියකින් සැපත් වුනා.

7. **අච්චුළාරාහි පූජාහි - දේවා නාගා නරාපි ච**
මහාබෝධිං පූජයන්තා - සත්තාහේනේවුපාගමුං

දෙවියනුත් නාගයනුත් මිනිස්සුත් කරනු ලබන උදාර වූ පුද පූජාවන් ලබමින් අපගේ ජය ශ්‍රී මහා බෝධි දකුණු

ශාඛා වහන්සේ වඩා හිඳුවාගත් නෞකාවත් සත් දවසකින් ම තාම්‍රලිප්තියට සැපත් වුනා.

8. **මහාසමුද්දතීරම්හි - මහාබෝධිං මහීපති**
ඨපාපෙත්වාන පූජේසි - මහාරජ්ජේන සෝ පුන

ධර්මාශෝක රජ්ජුරුවෝ අපගේ ජය ශ්‍රී මහා බෝධි දකුණු ශාඛා වහන්සේ මහා සමුද්‍ර තීරයෙහි වඩා හිඳුවලා ආයෙමත් දඹදිව මහා රාජ්‍යයෙන් පූජා කළා.

9. **මහාබෝධිං මහාරජ්ජේ - අභිසිඤ්චිය කාමදෝ**
මග්ගසිරසුක්කපක්ඛේ - දිනේ පාටිපදේ තතෝ

කැමති දේ දෙන රජ්ජුරුවෝ දඹදිව මහා රාජ්‍යයෙන් අපගේ ජය ශ්‍රී මහා බෝධි දකුණු ශාඛා වහන්සේ අභිෂේක කරවා උඳුවප් මාසයේ පුර පක්ෂයේ පළවෙනි දවසේ එතැනින්,

10. **උච්චාරේතුං මහාබෝධිං - තේහි යේවට්ඨ අට්ඨහි**
සාලමූලම්හි දින්නේහි - ජාතුග්ගතකුලේහි සෝ

ජය ශ්‍රී මහා බෝධීන් වහන්සේ නැවට වඩම්මවන්ට පාටලීපුත්‍ර නගරයේ මහා සල් රුක් සෙවණේදී බෝධීන් වහන්සේගේ ආරක්ෂාව පිණිස ලබාදුන් ජාතියෙන් උසස් වූ පවුල් අට බැගින් වූ පිරිස් අටක් සමගින් රජ්ජුරුවෝ,

11. **උක්ඛිපිත්වා මහාබෝධිං - ගලමත්තං ජලං තහිං**
ඕගාහෙත්වා ස නාවාය - පතිට්ඨාපයි සාධුකං

ජය ශ්‍රී මහා බෝධීන් වහන්සේ වැඩහුන් රන් කටාරම ඔසොවාගෙන ගෙල ප්‍රමාණයට මුහුදු ජලයේ බැසගෙන ඉතා පරිස්සමෙන් නෞකාවෙහි වඩා හිඳෙව්වා.

12. **නාවං ආරෝපයිත්වා තං - මහාථේරිං සථේරිකං**
මහාරිට්ඨං මහාමච්චං - ඉදං වචනමබ්‍රවි

රහත් තෙරණියන් වහන්සේලා සහිත සංඝමිත්තා රහත් තෙරණියන් වහන්සේත් නැවට නංවලා අපගේ මහා අරිට්ඨ අමාත්‍යතුමා ඇතුලු පිරිසත් නැවට නංවලා අරිට්ඨ ඇමතිතුමාට මෙහෙම කිව්වා.

13. **අහං රජ්ජේන තික්ඛත්තුං - මහාබෝධිමපූජයිං**
ඒවමේවාභිපූජේතු - රාජා රජ්ජේන මේ සඛා

'මං තුන් වතාවක් ම දඹදිව මහා රාජ්‍යයෙන් ජය ශ්‍රී මහා බෝධීන් වහන්සේ පිදුවා. ඒ අයුරින් ම මාගේ හිතමිත්‍ර දේවානම්පියතිස්ස රජ්ජුරුවොත් ලංකා රාජ්‍යයෙන් මේ ජය ශ්‍රී මහා බෝධීන් වහන්සේ පුදාවා!'

14. **ඉදං වත්වා මහාරාජා - තීරේ පඤ්ජලිකෝ ඨිතෝ**
ගච්ඡමානං මහාබෝධිං - පස්සං අස්සූනි වත්තයි

මේ විදිහට කියූ ධර්මාශෝක මහරජ්ජුරුවෝ බෝධීන් වහන්සේට වන්දනා කරගෙන මුහුදු තීරයේ සිටගෙන සිටියා. ජය ශ්‍රී මහා බෝධීන් වහන්සේ දඹදිව අත්හැර ලංකාදීපය බලා නැවෙන් වඩිනවා දකිද්දි කඳුළු වැගිරෙව්වා.

15. **මහාබෝධි වියෝගේන - ධම්මාසෝකෝ සසෝකවා**
කන්දිත්වා පරිදේවිත්වා - අගමාසි සකං පුරං

'අන්න මාගේ දසබල තථාගතයන් වහන්සේගේ ජය ශ්‍රී මහා බෝධීන් වහන්සේ හිරු මඬලක් සේ රශ්මි ධාරා විහිදුවමින් වඩින අපූරුව අන්න බලාපල්ලා' කියමින් ජය ශ්‍රී මහා බෝධීන් වහන්සේගේ වෙන්වීමෙන් ශෝකයට පත් ධර්මාශෝක මහරජ්ජුරුවෝ නොයෙක් අයුරින් බුදු ගුණ කිය කියා හඬ හඬා වැළපි වැළපී පාටලීපුත්‍ර නගරයට ගියා.

16. **මහාබෝධි සමාරූළ්හා - නාවා පක්ඛන්දි තෝයධිං**
සමන්තා යෝජනේ වීචි - සන්නිසීදි මහණ්ණවේ

ජය ශ්‍රී මහා බෝධීන් වහන්සේ වඩාහිඳුවා ගත් නෞකාව මහා සයුරට වේගයෙන් ඇතුලු වුනා. මහා සයුරේ නැව වටා යොදුනක් ප්‍රමාණයේ මුහුදු රළ නැතුව ගියා.

17. **පුප්ඵිංසු පඤ්චවණ්ණානි - පදුමානි සමන්තතෝ**
අන්තලික්ඛේ පවජ්ජිංසු - අනේකතුරියානි ච

හාත්පස මුහුදු ජලය පාට පහකින් යුතුව නෙළුම් මල් පිපී ගියා. අහසින් මිහිරි තූර්ය නාදයන් නොයෙක් අයුරින් ඇසුනා.

18. **දේවතාහි අනේකාහි - පූජානේකා පවත්තිතා**
ගහේතුඤ්ච මහාබෝධිං - නාගාකංසු විකුබ්බනං

දේවතාවුන් විසින් නොයෙක් විදිහේ පුදපූජාවන් පැවැත්තුවා. ජය ශ්‍රී මහා බෝධීන් වහන්සේ තමන් සතු කරගැනීම පිණිස මුහුදුවැසි නාගයින් ඉර්ධි බලයෙන් නොයෙක් බලපෑම් කරන්ට පටන් ගත්තා.

19. **සංඝමිත්තා මහාථේරී - අභිඤ්ඤාබලපාරගා**
සුපණ්ණරූපා හුත්වාන - තේ තාසේසි මහෝරගේ

එතකොට අභිඥා බලයෙන් පරතෙරපත් අපගේ සංඝමිත්තා මහරහත් තෙරණින් වහන්සේ ගුරුළු රාජයෙකුගේ වේශයක් ඉර්ධියෙන් මවාගෙන ඒ මහා නාගයින්ව තැති ගැන්නුවා.

20. **තේ තාසිතා මහාථේරිං - යාචිත්වාන මහෝරගා**
නයිත්වාන මහාබෝධිං - භුජංගභවනං තතෝ

තැතිගැනීමට පත් මුහුදුවැසි නාගයින් සංඝමිත්තා මහරහත් තෙරණින් වහන්සේට නොයෙක් අයුරින් ආයාචනා කරලා අපගේ ජය ශ්‍රී මහා බෝධීන් වහන්සේ රන් කටාරම පිටින් නාග භවනට නැවෙන් වඩම්මා ගත්තා.

21. සත්තාහං නාගරජ්ජේන - පූජාහි විවිධාහි ච
පූජයිත්වාන ආනෙත්වා - නාවායං ඨපයිංසු තේ

සතියක් ම නාගරාජ්‍යයෙනුත් නොයෙකුත් පුදපූජාවන්ගෙනුත් මහත් ශ්‍රද්ධාවෙන් පූජා පවත්වලා නැවතත් නැවට වඩම්මලා එහි වඩා හිඳෙව්වා.

22. තදහේව මහාබෝධි - ජම්බුකෝලම්ධාගමා
දේවානංපියතිස්සෝ තු - රාජා ලෝකහිතේ රතෝ

එදා ම ජය ශ්‍රී මහා බෝධීන් වහන්සේ මේ ලංකාද්වීපයෙහි දඹකොළ පටුනට වැඩම කොට වදාළා. ලෝකයාගේ යහපත උදෙසා කරන කටයුතු වල ඇලී සිටින දේවානම්පියතිස්ස රජ්ජුරුවෝ,

23. සුමනා සාමණේරම්හා - පුබ්බේ සුතතදාගමෝ
මග්ගසිරාදිදිනතෝ - පහුතී'ව ච සාදරෝ

මීට කලින් ධාතූන් වහන්සේලා වැඩමද්දි සුමන රහත් සාමණේරයන් වහන්සේගෙන් ජය ශ්‍රී මහා බෝධීන් වහන්සේගේ වැඩමවීම ගැන අසා දැනගෙන තිබුණා. උඳුවප් මාසයේ පුර පක්ෂයේ පළමු දවසේ පටන් ම ජය ශ්‍රී මහා බෝධීන් වහන්සේට පූජා පවත්වනු පිණිස මහත් ආදරයෙන් යුක්තව සිටියා.

24. උත්තරද්වාරතෝ යාව - ජම්බුකෝලං මහාපථං
විභූසයිත්වා සකලං - මහාබෝධිගතාසයෝ

අනුරාධපුර නගරයේ උතුරු දොරටුවේ සිට දඹකොළ පටුන වරාය දක්වා ඇති මහා මාවත ජය ශ්‍රී මහා බෝධීන් වහන්සේගේ වැඩමවීම වෙනුවෙන් මුළු මාර්ගය දිගට ම පංච වර්ණ පුෂ්පයන්ගෙන් අලංකාර කෙරෙව්වා.

25. සමුද්දාසනසාලාය - ඨානේ ඨත්වා මහණ්ණවේ
ආගච්ඡන්තං මහාබෝධිං - මහාථේරිද්ධියාද්දස

සමුද්‍රාසන ශාලාව පිහිටි ස්ථානයෙහි වූ ශාලාවක සිටි රජ්ජුරුවෝ මිහිඳු මහරහතන් වහන්සේගේ ඉර්ධිබලයේ මහිමයෙන් මහා සයුරින් වැඩමවන ජය ශ්‍රී මහා බෝධීන් වහන්සේ දැක බලා ගත්තා.

26. තස්මිං ඨානේ කතා සාලා - පකාසේතුං තමබ්භුතං
සමුද්දාසනසාලාති - නාමේනාසිධ පාකටා

මහ සයුරින් වැඩම කරවන ඒ ජය ශ්‍රී මහා බෝධීන් වහන්සේ දැකගත් ආශ්චර්ය අද්භූත ආකාරය ඉස්මතු කොට පෙන්වීම පිණිස එතැන කරවපු ශාලාව 'සමුද්‍රාසන ශාලාව' නමින් ලංකාවේ ප්‍රසිද්ධියට පත්වුනා.

27. මහාථේරානුභාවේන - සද්ධිං ථේරේහි තේහි ච
තදහේවගමා රාජා - ජම්බුකෝලං ස සේනකෝ

අපගේ මිහිඳු මහරහතන් වහන්සේගේ ආනුභාවයෙන් ඒ තෙරුන් වහන්සේලාත් සිව්රඟ සේනාව සහිත වූ රජ්ජුරුවෝත් දඹකොළ පටුනට එදා ම පැමිණියා.

28. මහාබෝධාගමේ පීති - වේගේනුන්නෝ උදානයං
ගලප්පමාණං සලිලං - විගාහෙත්වා සුවිග්ගහෝ

ජය ශ්‍රී මහා බෝධීන් වහන්සේ ශ්‍රී ලංකාද්වීපයට වැඩමවීම ගැන උපන් ප්‍රීති උද්වේගයෙන් යුක්තව 'අන්න! අප භාග්‍යවතුන් වහන්සේගේ හිරු රැස් බඳු රැස් ධාරා විහිදුවමින් ජය ශ්‍රී මහා බෝධීන් වහන්සේ වඩින අයුරු!' යනාදි වශයෙන් උදන් අනමින් මනාව පිහිටි අඟපසඟ ඇති දෙවනපෑතිස් රජ්ජුරුවෝ ගෙල ප්‍රමාණයට මුහුදු දියට බැස්සා.

29. මහාබෝධිං සෝළසහි - කුලේහි සහ මුද්ධනා
ආදායෝරෝපයිත්වාන - වේලායං මණ්ඩපේ සුභේ

ලංකාවෙහි සිටි දහසයක් වූ මහා කුලයන් හා එක්ව

ජය ශ්‍රී මහා බෝධීන් වහන්සේ හිස් මුදුනින් වඩම්මවාගෙන ඇවිත් වෙරළෙහි කරවපු ඉතා අලංකාර මණ්ඩපයක,

30. **ඨපයිත්වාන ලංකින්දෝ - ලංකාරජ්ජේන පූජයි**
සෝළසන්නං සමප්පෙත්වා - කුලානං රජ්ජමත්තනෝ

වඩා හිඳවපු ලංකාධිපති දෙවනපෑතිස් රජ්ජුරුවෝ ලංකා රාජ්‍යයෙන් ජය ශ්‍රී මහා බෝධීන් වහන්සේ පිදුවා. රජ්ජුරුවෝ තමන්ගේ රාජ්‍යය ඒ දහසයක් වූ කුලයන්ට භාරකොට,

31. **සයං දෝවාරිකට්ඨානේ - ඨත්වාන දිවසේ තයෝ**
තත්ථේව පූජං කාරේසි - විවිධං මනුජාධිපෝ

තමන්ම දොරටුපාල තනතුර ලබාගෙන තුන් දවසක් දොරටුපාලයෙක් හැටියට සිටි රජ්ජුරුවෝ එතැනදීම නොයෙක් පූජාවන් පැවැත්තුවා.

32. **මහාබෝධිං දසමියං - ආරෝපෙත්වා රථේසුභේ**
ආනයන්තෝ මනුස්සින්දෝ - දුමින්දං තං ඨපාපයි

උඳුවප් මාසයේ පුර පක්ෂයේ දසවෙනි දවසේ ඉතා සුන්දර රථයක අපගේ ජය ශ්‍රී මහා බෝධීන් වහන්සේ වඩා හිඳුවාගෙන එන රජ්ජුරුවෝ පාචීන විහාරය ඉදිවන ස්ථානයෙහි බෝධීන් වහන්සේ තැබ්බෙව්වා.

33. **පාචීනස්ස විහාරස්ස - ඨානේ ඨානවිචක්ඛණෝ**
පාතරාසං පවත්තේසි - සසංඝස්ස ජනස්ස සෝ

ඒ ඒ තැන් පිළිබඳ වටහා ගැනීමෙහි දක්ෂ වූ රජ්ජුරුවෝ පාචීන විහාරය පිහිටන තැනට වැඩමවා වදාළ සංඝයා වහන්සේලාටත් පැමිණි මහජනයාටත් හීල ආහාරය පිළිගැන්නුවා.

34. **මහාමහින්දථේරෙත්ථ - කතං දසබලේන තං**
කථේසි නාගදමනං - රඤ්ඤො තස්ස අසේසතෝ

එතැනදී අපගේ මිහිඳු මහරහතන් වහන්සේ දසබලධාරී අපගේ භාග්‍යවතුන් වහන්සේ විසින් ලංකාවේ නාගදීපයෙහිදී කරන ලද නාග දමනය ගැන රජ්ජුරුවන්ට සම්පූර්ණයෙන් ම විස්තර සහිතව පහදා දී වදාළා.

35. **ථේරස්ස සුත්වා කාරෙත්වා - සඤ්ඤාණානි තහිං තහිං**
පරිභුත්තේසු ඨානේසු - නිසජ්ජාදීහි සත්ථුනා

රජ්ජුරුවෝ අපගේ භාග්‍යවතුන් වහන්සේ ලංකාවේ නාගදිවයිනට වැඩම කොට කළ නාග දමනයේ විස්තර අහලා ශාස්තෘන් වහන්සේ ඒ ඒ තැන්වල වැඩහුන් තැන්, පරිභෝග කළ තැන් සලකුණු කෙරෙව්වා.

36. **තිවක්කස්ස බ්‍රාහ්මණස්ස - ගාමද්වාරේ ච භූපති**
ඨපාපෙත්වා මහාබෝධිං - ඨානේසු තේසු තේසු ච

රජ්ජුරුවෝ තිවක්ක බ්‍රාහ්මණයාගේ ගමෙහි දොරටුව ළඟ ජය ශ්‍රී මහා බෝධීන් වහන්සේ වඩා හිඳෙව්වා. දඹකොළ පටුනේ සිට අනුරාධපුරය තෙක් මාර්ගයේ ඒ ඒ තැන වඩා හිඳුවා,

37. **සුද්ධවාලුකසන්ථාරේ - නානාපුප්ඵසමාකුලේ**
පග්ගහිතධජේ මග්ගේ - පුප්ඵග්ඝිකවිභූසිතේ

සුදුවැලි අතුරවලා නොයෙක් මල් වර්ගවලින් සරසවලා ධජ පතාක ඔසොවලා තැනින් තැන මලින් මාලාවෙන් සැරසූ කණු තබ්බවලා,

38. **මහාබෝධිං පූජයන්තෝ - රත්තින්දිවමතන්දිතෝ**
ආනයිත්වා චුද්දසියං - අනුරාධපුරන්තිකං

දිවා රාත්‍රී දෙකේ ම ජය ශ්‍රී මහා බෝධීන් වහන්සේට කළයුතු පූජාවන් වල අනලස්ව නිරත වෙලා පුද පූජා පවත්වලා උඳුවප් මාසයේ පුර පක්ෂයේ දාහතරවෙනි දවසේ අනුරාධපුරයට සමීප වුනා.

39. **වඩ්ඪමානකච්ඡායාය - පුරං සාධු විභූසිතං**
උත්තරේන ච ද්වාරේන - පූජයන්තෝ පවේසිය

එදින සවස් යාමයෙහි ජය ශ්‍රී මහා බෝධීන් වහන්සේට පූජා පවත්වමින් ඉතා අලංකාර ලෙස සැරසූ නගරයට උතුරු දොරටුවෙන් ඇතුලු වුනා.

40. **දක්ඛිණේන ච ද්වාරේන - නික්ඛමිත්වා පවේසිය**
මහාමේඝවනාරාමං - චතුබුද්ධනිසේවිතං

ඊටපස්සේ දකුණු දොරටුවෙන් නගරයෙන් නික්මිලා කකුසඳ, කෝණාගමන, කාශ්‍යප, ගෞතම යන සතර බුදුවරයන් වහන්සේලා සමාපත්ති සුවයෙන් වැඩහිඳීමෙන් පරිභෝග කරන ලද මහමෙව්නා උයනට පිවිසියා.

41. **සුමනස්සේව වචසා - පදේසං සාධුසංඛතං**
පුබ්බබෝධියීතට්ඨානං - උපනෙත්වා මනෝරමං

සුමන සාමණේරයන් වහන්සේගේ වචනයෙන් පෙර බුදුවරයන් වහන්සේලාගේ බෝධීන් වහන්සේලාත් වැඩසිටි ඒ පවිත්‍ර භූමි ප්‍රදේශය ඉතා අලංකාරව සරසවලා තිබුණා. ඒ මනරම් භූමියට අපගේ ජය ශ්‍රී මහා බෝධීන් වහන්සේ වැඩමෙව්වා.

42. **කුලේහි සෝ සෝළසහි - රාජාලංකාරධාරිහි**
ඕරෝපෙත්වා මහාබෝධිං - පතිට්ඨාපේතුමොස්සජි

රාජාභරණයන්ගෙන් සැරසී හුන් ඒ දහසයක් මහා කුලයන්ට අයත් පිරිස අපගේ ජය ශ්‍රී මහා බෝධීන් වහන්සේ

රථයෙන් බස්සවා එතැන පිහිටුවීම පිණිස ඉතා පරිස්සමෙන් අතින් මුදා හැරියා.

43. හත්ථතෝ මුත්තමත්තා සා - අසීතිරතනං නභං
උග්ගන්ත්වාන ඨිතා මුඤ්චි - ඡබ්බණ්ණා රස්මියෝ සුභා

අතින් නිදහස් වුනා පමණයි. අපගේ ජය ශ්‍රී මහා බෝධීන් වහන්සේ අසූ රියනක් පමණ අහස උසට පැන නැංග සේක. ආකාසයේ වැඩ හිඳිමින් ඉතා අලංකාර ෂඩ් වර්ණ රශ්මිධාරා විහිදුවා වදාළා.

44. දීපේ පත්ථරියාහච්ච - බ්‍රහ්මලෝකං ඨිතා අහු
සූරියත්ථංගමනා යාව - රස්මියෝ තා මනෝරමා

ඒ මනරම් රශ්මිධාරාවෝ ලංකාදීපයේ පොළොවේ වැදිලා බ්‍රහ්ම ලෝකය දක්වා පැතිරිලා හිරු අවරට යනකල් ම පැවතුනා.

45. පුරිසා දසසහස්සානි - පසන්නා පටිහාරියේ
විපස්සිත්වානාරහත්තං - පත්වාන ඉධ පබ්බජුං

මේ මහා ප්‍රාතිහාර්යයෙන් ඉතා පැහැදීමට පත් දස දහසක් පුරුෂයින් බුද්ධානුස්සතිය මුල්කොට විදර්ශනාව වඩා උතුම් අර්හත්වයට පත්වෙලා මේ බුද්ධ ශාසනයෙහි පැවිදි බව ලබාගත්තා.

46. ඕරෝහිත්වා මහාබෝධි - සූරියත්ථංගමේ තතෝ
රෝහිණියා පතිට්ඨාසි - මහියං කම්පි මේදිනී

හිරු බැසයද්දී අපගේ ජය ශ්‍රී මහා බෝධීන් වහන්සේ අහසින් පහළට වැඩම කොට රෙහෙණ නැකතින් පොළොව මත පිහිටා වදාළා. එතකොට මහපොළොව කම්පා වුනා.

47. මූලානි තානි උග්ගන්ත්වා - කටාහමුඛවට්ටිතෝ
විනන්ධන්තා කටාහං තං - ඕතරිංසු මහීතලං

ජය ශ්‍රී මහා බෝධීන් වහන්සේගේ ඒ සිරියල් රේඛාවලින් හටගත් මුල් රන් කටාරම වටා වැළඳගනිමින් පහළට ඇවිත් මහපොළොවෙහි බැසගත්තා.

48. **පතිට්ඨිතං මහාබෝධිං - ජනා සබ්බේ සමාගතා**
ගන්ධමාලාදිපූජාහි - පූජයිංසු සමන්තතෝ

එතැනට රැස් වූ සියලු මහජනයා මැනවින් පොළොවෙහි පිහිටා වදාළ අපගේ ජය ශ්‍රී මහා බෝධීන් වහන්සේට හාත්පසින් සුවඳ මල් ආදියෙන් පූජාවන් පැවැත්තුවා.

49. **මහාමේඝෝ පවස්සිත්ථ - හිමගබ්භා සමන්තතෝ**
මහාබෝධිං ඡාදයිංසු - සීතලානි ඝනානි ච

එතකොට මහාවැස්සක් ඇද හැලුනා. හාත්පස හිම ගැබිනුත් සීතල වළාවන්ගෙනුත් ජය ශ්‍රී මහා බෝධීන් වහන්සේ වසාගත්තා.

50. **සත්තාහානි මහාබෝධිං - තහිං යේව අදස්සනා**
හිමගබ්භේ සන්නිසීදි - පසාදජනනී ජනේ

භාග්‍යවතුන් වහන්සේ පිළිබඳ ලංකාවාසීන් තුළ මහත් ශ්‍රද්ධා උපදවමින් අපගේ ජය ශ්‍රී මහා බෝධීන් වහන්සේ එහි ම නොපෙනී ගොස් සත් දිනක් ඒ හිම ගැබෙහි වැඩ වාසය කළා.

51. **සත්තාහාතික්කමේ මේඝා - සබ්බේ අපගමිංසු තේ**
මහාබෝධි ච දිස්සිත්ථ - ඡබ්බණ්ණා රංසියෝපි ච

සත් දවස ඉක්ම ගියාට පස්සේ සියලු වළාකුළු පහවෙලා ගියා. ෂඩ් වර්ණ රශ්මිධාරා විහිදුවමින් අපගේ ජය ශ්‍රී මහා බෝධීන් වහන්සේ වැඩ සිටින අයුරු දැකබලා ගන්ට ලැබුනා.

52. **මහාමහින්දත්ථේරෝ ච - සංඝමිත්තා ච භික්ඛුනී**
තත්ථාගඤ්ජුං සපරිසා - රාජා සපරිසෝපි ච

මහසඟ පිරිස සහිත අපගේ මිහිඳු මහරහතන් වහන්සේත් භික්ෂුණීන් සහිත වූ සංඝමිත්තා රහත් තෙරණින් වහන්සේත් පිරිස සහිත රජ්ජුරුවෝත් ජය ශ්‍රී මහා බෝධීන් වහන්සේ වැඩහුන් තැනට පැමිණියා.

53. **ඛත්තියා කාජරග්ගාමේ - චන්දනග්ගාම ඛත්තියා**
තිවක්කබ්‍රාහ්මණෝ චේව - දීපවාසී ජනාපි ච

කතරගමවැසි ක්ෂත්‍රියවරුත් චන්දන ගමෙහි ක්ෂත්‍රියවරුත් තිවක්ක බ්‍රාහ්මණයාත් ලංකාදීපවාසී බොහෝ ජනයාත්,

54. **දේවානුභාවේනාගඤ්ජුං - මහාබෝධි මහුස්සුකා**
මහාසමාගමේ තස්මිං - පාටිහාරියවිම්හිතේ

දේවානුභාවයෙන් එතැනට පැමිණියා. ජය ශ්‍රී මහා බෝධිපූජා මහෝත්සවයට උනන්දුවෙන් රැස්වූ ඒ මහා ජනයා නොයෙකුත් ප්‍රාතිහාර්යයන් නිසා පුදුමයෙන් පුදුමයට පත්ව සිටියා.

55. **පක්කං පාචීනසාඛාය - පෙක්ඛතං පක්කමක්ඛතං**
ථේරෝ පතන්තමාදාය - රෝපේතුං රාජිනෝ අදා

ජය ශ්‍රී මහා බෝධීන් වහන්සේගේ නැගෙනහිර පැත්තේ ශාඛාව දෙස බලාගෙන සිටින විට හොඳින් මෝරා ගිය බෝ ගෙඩියක් ඒ අවස්ථාවේ ම වැටෙද්දී එය රැගත් මිහිඳු මහරහතන් වහන්සේ එය රෝපණය කිරීම පිණිස රජ්ජුරුවන්ට දුන්නා.

56. **පංසූනං ගන්ධමිස්සානං - පුණ්ණේ සොණ්ණකටාහකේ**
මහාසනස්ස ඨානේ තං - ඨපිතං රෝපයිස්සරෝ

මහා ආසනය මත සුවඳ පස් පුරවා තිබුනු රන් කටාරමේ ඒ බෝ ගෙඩිය රජ්ජුරුවෝ රෝපණය කළා.

57. **පෙක්ඛතං යේව සබ්බේසං - උග්ගන්ත්වා අට්ඨ අංකුරා**
ජායිංසු බෝධිතරුණා - අට්ඨංසු චතුහත්ථකා

හැමෝ ම බලාගෙන සිටිද්දී ඒ බෝ ගෙඩියෙන් අංකුර අටක් පැන නැංගා. රියන් සතරක් උසට යොවුන් බෝධීන් වහන්සේලා බවට පත්වුනා.

58. **රාජා තේ බෝධිතරුණේ - දිස්වා විම්හිතමානසෝ**
සේතච්ඡත්තේන පූජේසි - අභිසේකමදාසි ච

රජ්ජුරුවෝ ඒ යොවුන් බෝධීන් වහන්සේලා දැකලා පුදුමයට පත් වූ සිතින් යුක්තව ශ්වේත ඡත්‍රයෙන් පිදුවා. අභිෂේකයත් දුන්නා.

59. **පතිට්ඨාපේසි අට්ඨන්නං - ජම්බුකෝලම්හි පට්ටනේ**
මහාබෝධිඨිතට්ඨානේ - නාවායෝරෝහනේ තදා

ඒ බෝධීන් වහන්සේලා අට නමෙන් එක් නමක් ජය ශ්‍රී මහා බෝධීන් වහන්සේ ලංකාදීපයට වඩමවාගෙන ආ දවසේ නැවෙන් ගොඩට වඩම්මලා පළමුවෙන් වඩා හිඳවාපු ස්ථානයෙහි රෝපණය කෙරෙව්වා.

60. **තිවක්කබ්‍රාහ්මණගාමේ - ථූපාරාමේ තථේව ච**
ඉස්සරසමණාරාමේ - පඨමේ චේතියංගණේ

තිවක්ක බ්‍රාහ්මණයාගේ ගමෙහි තව නමක් රෝපණය කෙරෙව්වා. ඒ වගේ ම ථූපාරාමයේත් බෝධීන් වහන්සේ නමක් රෝපණය කෙරෙව්වා. ඉසුරුමුනිය හෙවත් කසුප් ගිරි වෙහෙරේ ඉහළ බෝධි සරයෙහි තව නමක් රෝපණය කෙරෙව්වා. පඨමක චේතියංගණයෙහි තව බෝධීන් වහන්සේ නමක් රෝපණය කෙරෙව්වා.

61. චේතිය පබ්බතාරාමේ - තථා කාජරගාමකේ
චන්දනගාමකේ චාති - ඒකේකං බෝධිලට්ඨිකං

මිහින්තලේ සෑගිරි අරමෙහි තවත් නමක් රෝපණය කෙරෙව්වා. කතරගමත් එක් නමක් රෝපණය කෙරෙව්වා. චන්දන ගමෙහිත් එක් නමක් රෝපණය කෙරෙව්වා.

62. සේසා චතුපක්කජාතා - ද්වත්තිංස බෝධිලට්ඨියෝ
සමන්තා යෝජනට්ඨානේ - විහාරේසු තහිං තහිං

ජය ශ්‍රී මහා බෝධීන් වහන්සේගේ අනිත් ශාඛා වලත් ගෙඩි හතරක් හටගෙන තිබුණා. ඒවායෙන් යොවුන් බෝධීන් වහන්සේලා තිස් දෙනමක් හටගත්තා. ලංකාව පුරා යොදුනක් ගානේ ඒ ඒ විහාරවල ඒ බෝධීන් වහන්සේලා රෝපණය කෙරෙව්වා.

63. දීපවාසීජනස්සේව - හිතත්ථාය පතිට්ඨිතේ
මහාබෝධිදුමින්දම්හි - සම්මාසම්බුද්ධතේජසා

ජය ශ්‍රී මහා බෝධීන් වහන්සේ තුළ පිහිටි අප සම්මා සම්බුදුරජාණන් වහන්සේගේ තේජස කරණ කොටගෙන ලංකාවාසීන්ගේ හිත සුව පිණිස මැනවින් පිහිටියා.

64. අනුලා සා සපරිසා - සංඝමිත්තාය ථේරියා
සන්තිකේ පබ්බජිත්වාන - අරහත්තමපාපුණි

කන්‍යාවන් පන්සියයකින් ද අන්තඃපුර ස්ත්‍රීන් පන්සියයකින් ද පිරිවර සහිත අනුලා දේවී සංඝමිත්තා මහරහත් මෙහෙණින් වහන්සේ වෙතින් පැවිදි බව ලබාගෙන උතුම් අර්හත්වයට පත්වුනා.

65. අරිට්ඨෝ සෝ පඤ්චසත - පරිවාරෝ ච ඛත්තියෝ
ථේරන්තිකේ පබ්බජිත්වා - අරහත්තමපාපුණි

ඒ අරිට්ඨ රාජපුත්‍රයා පන්සියයක් පිරිවර සහිතව මිහිඳු මහරහතන් වහන්සේ වෙතින් පැවිදි බව ලබාගෙන උතුම් අර්හත්වයට පත්වුනා.

66. යානි සෙට්ඨිකුලානට්ඨ - මහාබෝධිමිධාහරුං
බෝධාහරකුලානීති - තානි තේන පවුච්චරේ

යම් අට සිටුකුලයක් ජය ශ්‍රී මහා බෝධීන් වහන්සේ මෙහි වඩමවාගෙන ආවා ද, ඒ හේතුව නිසා ඔවුන්ව 'බෝධාහර කුල' කියලා හඳුන්වනවා.

67. උපාසිකා විහාරෝති - ඤාතේ භික්ඛුනුපස්සයේ
සසංඝා සංඝමිත්තා සා - මහාථේරී තහිං වසි

උපාසිකා විහාරය යන නමින් ප්‍රසිද්ධ වී තිබුන භික්ෂුණී ආරාමයෙහි භික්ෂුණී සංඝයා සහිත සංඝමිත්තා මහරහත් මෙහෙණින් වහන්සේ වැඩ වාසය කළා.

68. අගාරත්තයපාමොක්ඛේ - අගාරේ තත්ථ කාරයි
ද්වාදස තේසු ඒකස්මිං - මහාගාරේ ඨපාපයි

දඹදිවින් භික්ෂුණීන් වහන්සේලා වැඩමවීමෙන් පස්සේ ඒ උපාසිකා වෙහෙර වටකොට චූලගණය, මහාගණය, සිරිවඩ්ඪ නමින් මහා ප්‍රාසාද තුනක් කෙරෙව්වා. එහි තවත් ප්‍රාසාද නවයක් කරවා දොළොස් ප්‍රාසාදයක් ඇතිවුනා. එයින් චූලගණය නමැති මහා ප්‍රාසාදයේ,

69. මහාබෝධිසමේතාය - නාවාය කූපයට්ඨිකං
ඒකස්මිං පියමේකස්මිං - අරිත්තං තේහි තේ විදූං

ජය ශ්‍රී මහා බෝධීන් වහන්සේ වඩමවාගෙන ආ නැවෙහි කුඹගස තැබ්බෙව්වා. මහාගණ නමැති අනෙක් ප්‍රාසාදයේ නැවෙහි සුක්කානම තැබ්බෙව්වා. සිරිවඩ්ඪ නම් අනෙක් මහා ප්‍රාසාදයේ නැවෙන් ගෙනා හබලක් තැබ්බෙව්වා.

70. ජාතේ අඤ්ඤනිකායේපි - අගාරා ද්වාදසාපි තේ
හත්ථාළකභික්ඛුනීහි - වළඤ්ජීයිංසු සබ්බදා

ධම්මරුචික ආදී වෙනත් නිකායයන් පහළ වුනාට පසුවත් ඒ දොළොස් ප්‍රාසාදය ම සැම කාලයේ ම හත්ථාල්හක භික්ෂුණීන් විසින් පමණක් පරිහරණය කළා.

71. රඤ්ඤො මංගලහත්ථී සෝ - විචරන්තෝ යථාසුඛං
පුරස්ස ඒකපස්සම්හි - කන්දරන්තම්හි සීතලේ

රජ්ජුරුවන්ගේ මංගල ඇත්රජා නිදහසේ කැමති පරිදි හැසිරෙමින් නගරයේ එක් පැත්තක සීතල බෑවුමක,

72. කදම්බපුප්ඵගුම්බන්තේ - අට්ඨාසි ගෝචරං චරං
හත්ථිං තත්ථරතං ඤත්වා - අකංසු තත්ථ ආළ්හකං

කොළොම් මල් පඳුරක ගොදුරු කමින් සිටියා. ඇත්රජා එතැන ඉන්ට කැමති බව දැනගත් ඇත්ගොව්වෝ ඇතා බඳින ටැඹ එතැන ඉදිකොට ඇත්හළ එතැන හැදුවා.

73. අථේකදිවසං හත්ථී - න ගණ්හි කබළානි සෝ
දීපප්පසාදකං ථේරං - රාජා සෝ පුච්ඡිතං මනං

එක් දවසක් ඇත් රජා ගොදුරු කෑවේ නෑ. රජ්ජුරුවෝ ලංකාදීපප්පසාදක වූ අපගේ මිහිඳු මහරහතන් වහන්සේ ගෙන් ඇතා කුමන අදහසින් ඉන්නවාද කියා ඇසුවා.

74. කදම්බපුප්ඵගුම්බස්මිං - ථූපස්ස කරණං කරී
ඉච්ඡතීති මහාථේරෝ - මහාරාජස්ස අබ්‍රවි

'මහරජාණෙනි, මේ කොළොම් මල් ගොමුව තියෙන තැන ස්ථූපයක් දකින්ටයි ඇත්රජා ආසා කියලා අපගේ මිහිඳු මහරහතන් වහන්සේ රජ්ජුරුවන්ට පැහැදිලි කළා.

75. සධාතුකං තත්ථ ථූපං - ථූපස්ස ඝරමේව ච
ඛිප්පං රාජා අකාරේසි - නිච්චං ජනහිතේ රතෝ

නිතර ජනතාවගේ යහපත උදෙසා ඇලී කටයුතු කරන රජ්ජුරුවෝ එතැන ධාතූන් වහන්සේලා නිධන් කොට ස්ථූපයකුයි ස්ථූපයට වටදාගෙයකුයි ඉක්මනින් කෙරෙව්වා.

76. **සංඝමිත්තා මහාථේරී - සුඤ්ඤාගාරාභිලාසිනී**
ආකිණ්ණත්තා විහාරස්ස - වුස්සමානස්ස තස්ස සා

සංඝමිත්තා මහරහත් මෙහෙණින් වහන්සේ ශූන්‍යාගාරයක වාසයටයි වඩාත් කැමති. තමන් වාසය කරන ඒ උපාසිකා විහාරය බොහෝ භික්ෂුණීන්ගෙනුත් අන්‍ය උපාසිකාවන්ගෙනුත් ජනාකීර්ණව තිබුන නිසා,

77. **වුද්ධත්ථිනී සාසනස්ස - භික්ඛුනීනං හිතාය ච**
භික්ඛුනූපස්සයං අඤ්ඤං - ඉච්ඡමානා විචක්ඛණා

බුද්ධ ශාසනයේ දියුණුව ප්‍රාර්ථනා කරන, භික්ෂුණීන් වහන්සේලාගේ යහපත ම අපේක්ෂා කරන එතුමිය ඉතා නුවණින් යුක්තව වෙනත් විවේකී භික්ෂුණී සේනාසනයක් කැමති වෙලා,

78. **ගන්ත්වා චේතියගේහං තං - පවිවේකසුඛං භුසං**
දිවාවිහාරං කප්පේසි - විහාරකුසලාමලා

ඒ චෛත්‍ය ගෘහයට වැඩම කළා. නොයෙකුත් නිර්මල සමාපත්ති වලට සමවදින්ට දක්ෂ වූ අපගේ සංඝමිත්තා රහත් තෙරණින් වහන්සේ සුන්දර වූ හුදෙකලා සුවය විඳිමින් ඒ වටදාගෙය තුළ දිවා විහරණයෙන් වැඩ වාසය කළා.

79. **ථේරියා වන්දනත්ථාය - රාජා භික්ඛුනූපස්සයං**
ගන්ත්වා තත්ථ ගතං සුත්වා - ගන්ත්වා තං තත්ථ වන්දිය

රජ්ජුරුවෝ සඟමිත් තෙරණින් වහන්සේව වන්දනා කරන්ට භික්ෂුණී ආරාමයට ගියා. එහිදී අසන්ට ලැබුවේ භික්ෂුණීන් වහන්සේ අලුතින් සැදූ චෛතියඝරයට විවේකී

විහරණ පිණිස වැඩිය බවයි. එතකොට රජ්ජුරුවෝ එතැනට ගිහින් ඒ උත්තමාවියට වන්දනා කළා.

80. **සම්මෝදිත්වා තාය සද්ධිං - තත්ථාගමනකාරණං**
තස්සා ඤත්වා අධිප්පායං - අධිප්පායවිදූ විදූ

සංඝමිත්තා තෙරණින් වහන්සේ සමග සතුටු සාමීචියේ යෙදිලා උපාසිකා වෙහෙරින් මෙතැනට වඩින්ට කාරණාව කුමක්ද කියලා ඇහුවා. අනුන්ගේ අදහස් තේරුම් ගන්ට දක්ෂ රජ්ජුරුවෝ භික්ෂුණීන්ගේ විවේකවාසයට මෙතැන රුචි බව දැනගත්තා.

81. **සමන්තා ථූපගේහස්ස - රම්මං භික්ඛුනූපස්සයං**
දේවානංපියතිස්සෝ සෝ - මහාරාජා අකාරයි

ඒ දේවානම්පියතිස්ස රජ්ජුරුවෝ ඒ චෛත්‍ය ගෘහය වටකොට ඉතා අලංකාර භික්ෂුණී සේනාසනයක් කෙරෙව්වා.

82. **හත්ථාළ්හකසමීපම්හි - කතෝ භික්ඛුනූපස්සයෝ**
හත්ථාළ්හකවිහාරෝති - විස්සුතෝ ආසි තේන සෝ

ඇත්හළ අසළ කරනා ලද භික්ෂුණී සේනාසනය ඒ හේතුවෙන් 'හත්ථාළ්හක විහාරය' යන නමින් ප්‍රසිද්ධියට පත්වුනා.

83. **සුමිත්තා සංඝමිත්තා සා - මහාථේරී මහාමතී**
තස්මිං හි වාසං කප්පේසි - රම්මේ භික්ඛුනූපස්සයේ

ලොවට මහත් යහපත සලසන කල්‍යාණ මිතුරියක් වන මහා නුවණැති ඒ සඟමිත් මහරහත් තෙරණින් වහන්සේ ඒ රම්‍ය වූ භික්ෂුණී සේනාසනයෙහි වැඩ වාසය කළා.

84. **ඒවං ලංකාලෝකහිතං සාසනවුද්ධිං**
සංසාධෙන්තෝ ඒස මහාබෝධිදුමින්දෝ
ලංකාදීපේ රම්මේ මහාමේඝවනස්මිං
අට්ඨා දීඝං කාලමනේකබ්භුතයුත්තෝති

අපගේ ජය ශ්‍රී මහා බෝධිද්‍රුමරාජයාණන් වහන්සේ නොයෙක් ආශ්චර්යයන්ගෙන් යුක්තව ලංකාවාසීන්ගේ හිතසුව පිණිස, බුද්ධ ශාසනයේ දියුණුව පිණිස ලංකාදීපයේ රම්‍ය වූ මහමෙව්නා උයනේ බොහෝ කල් සුවසේ වැඩ වසන සේක.

මහාබෝධිං පූජිස්සන්ති - ලංකේ'තස්මිං නරාධිපා
පච්චත්ථිකා න හිංසෙය්‍යුං - ඒසා සම්බෝධි ධම්මතා

මේ ලංකාද්වීපයෙහි රජදරුවෝ ජය ශ්‍රී මහා බෝධීන් වහන්සේට නිතර ම පූජා සත්කාර පවත්වනවා නම් සතුරන්ට ඔවුන්ව පෙළන්ට ලැබෙන්නේ නෑ. ඒක අප භාග්‍යවතුන් වහන්සේගේ ශ්‍රී සම්බුදු මහිමය යි!

සුජනප්පසාදසංවේගත්ථාය කතේ මහාවංසේ
බෝධිආගමනෝ නාම ඒකූනවීසතිමෝ පරිච්ඡේදෝ.

සත්පුරුෂ ජනයන්ගේ ප්‍රසාදයත් සංවේගයත් ඇතිකරනු පිණිස කරන ලද මහාවංශයෙහි ජය ශ්‍රී මහා බෝධීන් වහන්සේ වැඩමවීම නම් වූ දහනවවෙනි පරිච්ඡේදය යි.

20

වීසතිමෝ පරිච්ඡේදෝ

විසිවෙනි පරිච්ඡේදය

ථේරපරිනිබ්බානං

මිහිඳු මහරහතන් වහන්සේගේ පරිනිර්වාණය

1. **අට්ඨාරසම්හි වස්සම්හි - ධම්මාසෝකස්ස රාජිනෝ**
මහාමේඝවනාරාමේ - මහාබෝධි පතිට්ඨහි

ධර්මාශෝක රජ්ජුරුවෝ තමන්ගේ අභිෂේකයෙන් දහඅට වෙනි අවුරුද්දේ ලංකාද්වීපයේ මහමෙව්නා උයනේ ජය ශ්‍රී මහා බෝධීන් වහන්සේ පිහිටුවා වදාළා.

2. **තතෝ ද්වාදසමේ වස්සේ - මහේසී තස්ස රාජිනෝ**
පියා අසන්ධිමිත්තා සා - මතා සම්බුද්ධමාමකා

ඊට දොළොස් අවුරුද්දකට පස්සේ ඒ රජ්ජුරුවන්ගේ ප්‍රිය වූ අග්‍ර මහේෂිකාව වන, බුද්ධ ශාසනය කෙරෙහි මහත් ලබැඳියාවකින් සම්බුද්ධමාමකව සිටිය අසන්ධිමිත්‍රා දේවීන් වහන්සේ අභාවයට පත්වුනා.

3. **තතෝ චතුත්ථේ වස්සම්හි - ධම්මාසෝකෝ මහීපති**
තිස්සරක්ඛං මහේසිත්තේ - ඨපේසි විසමාසයං

ඊට හතර අවුරුද්දකට පස්සේ ධර්මාශෝක රජ්ජුරුවෝ නපුරු අදහස් ඇති තිස්සරක්ඛා නමැති රාජ කන්‍යාව අග්‍ර මහේෂිකා තනතුරේ තැබුවා.

4. **තතෝ තු තතියේ වස්සේ - සා බාලා රූපමානිනී**
මයාපි ච අයං රාජා - මහාබෝධිං මමායති

ඊට තුන් අවුරුද්දකට පස්සේ රූප මාන්නයෙන් මත් වී සිටි ඒ අඥාන බිසව 'මේ රජ්ජුරුවෝ මටත් වඩා ආදරය දක්වන්නේ මහබෝධියට නොවැ' කියලා,

5. **ඉති කෝධවසං ගන්ත්වා - අත්තනෝ'නත්ථකාරිකා**
මණ්ඩුකණ්ටකයෝගේන - මහාබෝධිමඝාතයි

ජය ශ්‍රී මහා බෝධීන් වහන්සේ කෙරෙහි ක්‍රෝධ බැඳගත්තා. තමන්ට විපත් කරගන්නා ඇය විස මඬු කටු ගස්සවා දඹදිව වජිරාසනය ළඟ වැඩහුන් අපගේ ජය ශ්‍රී මහා බෝධීන් වහන්සේ අපවත් කෙරෙව්වා.

6. **තතෝ චතුත්ථේ වස්සම්හි - ධම්මාසෝකෝ මහායසෝ**
අනිච්චතාවසම්පත්තෝ - සත්තතිංස සමා ඉමේ

ඊට සතර අවුරුද්දකට පස්සේ මහා යසපිරිවර ඇතිව සිටි ධර්මාශෝක මහරජ්ජුරුවෝ අනිත්‍ය ස්වභාවයට පත්වුනා. ධර්මාශෝක රජ්ජුරුවන් අභිෂේක ලබා කළ රාජ්‍ය කාලය මෙසේ තිස් හත් අවුරුද්දකි. මෙහි ගණන් කළ විට හතළිස් එක් වසරක් ලැබේ. නමුත් කාල පරිච්ඡේද අවසානයට වර්ෂයක් හැටියට ගණන් ගැනීමෙනි. එබඳු දෙයකට ඉඩ නොතබා අටුවාවෙහි සමතිස් හත් වසරක් රජකළ බව මැනවින් කියා තිබේ.

7. **දේවානංපියතිස්සෝ තු - රාජා ධම්මගුණේ රතෝ**
මහාවිහාරේ නවකම්මං - තථා චේතියපබ්බතේ

සත්පුරුෂ ධර්මයෙහි පිහිටා දහම් ගුණයෙහි ඇලී සිටි දේවානම්පියතිස්ස රජ්ජුරුවෝ මහා විහාරයෙහිත් මිහින්තලේ සෑගිරි විහාරයේත් අලුත්වැඩියා කටයුතු කෙරෙව්වා.

8. **ථූපාරාමේ නවකම්මං - නිට්ඨාපෙත්වා යථාරහං**
දීපප්පසාදකං ථේරං - පුච්ඡි පුච්ඡිතකෝවිදං

ථූපාරාමයෙහිත් අලුත්වැඩියා කටයුතු ඊට සුදුසු පරිදි කරවා අසනු ලබන ප්‍රශ්නයට පිළිතුරු දීමෙහි දක්ෂ රජ්ජුරුවෝ දීපප්පසාදක මිහිඳු මහරහතන් වහන්සේගෙන් මෙකරුණ විමසා සිටියා.

9. **කාරාපෙස්සාමහං භන්තේ - විහාරේසු බහූ ඉධ**
පතිට්ඨපේතුං ථූපේසු - කථං ලච්ඡාමි ධාතුයෝ

'ස්වාමීනී, මට මේ ලංකාද්වීපයෙහි බොහෝ විහාර කරවන්ට ඕනෑ. ඒ විහාර වල ඉදිකරන චෛත්‍යයන් තුළ නිධන් කරන්ට ධාතූන් වහන්සේලා ලබාගන්නේ කොහොමද?'

10. **සම්බුද්ධපත්තං පූරෙත්වා - සුමනේනාභටා ඉධ**
චේතියපබ්බතේ රාජ - ඨපිතා අත්ථි ධාතුයෝ

'මහරජ්ජුරුවෙනි, අපගේ සුමන සාමණේරයන් විසින් භාග්‍යවතුන් වහන්සේ දන් වැළඳූ පාත්‍රය ම පුරවාගෙන මෙහි ගෙනා ධාතූන් වහන්සේලා චේතිය පර්වතයේ හෙවත් සෑගිරියේ වැඩ ඉන්නවා නොවැ.

11. **හත්ථික්ඛන්ධේ ඨපෙත්වා තා - ධාතුයෝ ඉධ ආහර**
ඉති වුත්තෝ ස ථේරේන - තථා ආහරි ධාතුයෝ

හස්තිරාජයාගේ පිට මත වඩා හිඳුවාගෙන ඒ ධාතූන් වහන්සේලා මෙහි වඩමවාගෙන එන්ට.' මිහිඳු මහරහතන් වහන්සේ එසේ වදාළ විට ඒ ආකාරයට ම ධාතූන් වහන්සේලා වඩමවාගෙන ආවා.

12. විහාරේ කාරයිත්වාන - ඨානේ යෝජනයෝජනේ
ධාතුයෝ තත්ථ ථූපේසු - නිධාපේසි යථාරහං

ඊට පස්සේ යොදුනක් යොදුනක් ගාණේ විහාරයන් කරවා ඒ ඒ චෛත්‍යයන් තුළ උතුම් සර්වඥ ධාතූන් වහන්සේලා සුදුසු පරිදි නිධන් කෙරෙව්වා.

13. සම්බුද්ධභුත්තපත්තං තු - රාජවත්ථුසරේ සුභේ
ඨපයිත්වාන පූජේසි - නානාපූජාහි සබ්බදා

අප භාග්‍යවතුන් වහන්සේ දන් වැළඳූ ශ්‍රී සම්බුද්ධ පාත්‍රය රජතුමා රජ මාළිගයේ ම වටිනා වස්තු තැන්පත් කළ මන්දිරයේ වඩා හිඳුවා හැම කල්හි ම නොයෙක් පුද පූජාවන්ගෙන් උපස්ථාන කළා.

14. පඤ්චසතේහි'ස්සරේහි - මහාථේරස්ස සන්තිකේ
පබ්බජ්ජ වසිතට්ඨානේ - ඉස්සරසමණකෝ අහු

අප මිහිඳු මහරහතන් වහන්සේ සමීපයෙහි ඉසුරුමත් ක්ෂත්‍රිය කුලයේ පන්සියයක් කුමාරවරු පැවිදිව වාසය කළ තැන කරවූ විහාරයට 'ඉසුරුමුනිය' කියලයි කියන්නේ.

15. පඤ්චසතේහි වෙස්සේහි - මහාථේරස්ස සන්තිකේ
පබ්බජ්ජ වසිතඨානේ - තථා වෙස්සගිරී අහු

වෛශ්‍ය හෙවත් වෙළඳ කුලයෙන් ආ පන්සියයක් දෙනා මිහිඳු මහරහතන් වහන්සේ සමීපයේ පැවිදිව වාසය කළ ස්ථානයේ ඉදි වූ විහාරයට කියන්නේ 'වෙස්සගිරිය' කියලයි.

16. යා යා මහාමහින්දේන - ථේරේන වසිතා ගුහා
සපබ්බතවිහාරේසු - සා මහින්දගුහා අහු

අපගේ මිහිඳු මහරහතන් වහන්සේ මිහින්තලේ චේතිය පර්වතය හෙවත් සෑගිරියේ යම් යම් ගුහාවක වැඩ

වාසය කළා ද, ඒ හැම ගුහාවකට ම කියන්නේ මිහිඳු ගුහාව කියලයි.

17. **මහාවිහාරං පඨමං - දුතියං චේතියව්හයං**
ථූපාරාමං තු තතියං - ථූපපුබ්බංගමං සුභං

මිහිඳු මහරහතන් වහන්සේ ලංකාවට වැඩම කළ මුල් අවුරුද්දේ ම ඉදි කළේ මහමෙව්නා උයනේ මහා විහාරය යි. දෙවනුව කරවන ලද්දේ මිහින්තලේ චේතියගිරි විහාරයයි. තුන්වැනිව කරවන ලද්දේ සුන්දර වූ ස්ථූපය මුල්කොට ගත් ථූපාරාමය යි.

18. **චතුත්ථං තු මහාබෝධි - පතිට්ඨාපනමේව ච**
ථූපට්ඨානීයභූතස්ස - පඤ්චමං පන සාධුකං

සතරවැනිව කරන ලද්දේ ජය ශ්‍රී මහා බෝධීන් වහන්සේ පිහිටුවාලීම යි. පස්වනුව කරවන ලද්දේ රුවන්මැලි මහාසෑය පිහිටුවන සැලැස්ම හොඳාකාර ලෙසට පිළියෙල කොට,

19. **මහාචේතියඨානම්හි - සිලායූපස්ස චාරුනෝ**
සම්බුද්ධගීවාධාතුස්ස - පතිට්ඨාපනමේව ච

මහාසෑය පිහිටන ස්ථානයේ ඒ බව සඳහන් කොට ගල්ටැඹ පිහිටුවීම යි. ඒ වගේම සොඳුරු රූපශ්‍රීයෙන් යුතු අප භාග්‍යවතුන් වහන්සේගේ ග්‍රීවා ධාතූන් වහන්සේගේ පිහිටුවීමත් වුනා.

20. **ඉස්සරසමණං ඡට්ඨං - තිස්සවාපින්තු සත්තමං**
අට්ඨමං පඨමං ථූපං - නවමං වෙස්සගිරිව්හයං

සයවැනිව කරන ලද්දේ ඉසුරුමුනි විහාරය පිහිටුවීම යි. සත්වැනිව කරන ලද්දේ තිසාවැව යි. අටවැනිව කරන ලද්දේ පඨමක චේතිය යි. නවවැනිව කරන ලද්දේ වෙස්සගිරි විහාරය යි.

21. **උපාසිකවිහයං රම්මං - තථා හත්ථාළ්හකවිහයං**
භික්ඛුනූපස්සයේ ද්වේමේ - භික්ඛුනීඵාසුකාරණා

රම්‍ය වූ උපාසිකා විහාරයත් හත්ථාළ්හක විහාරයත් යන මේ භික්ෂුණී සේනාසන දෙක කරවන ලද්දේ භික්ෂුණීන්ට සුවසේ වාසය කිරීම පිණිස ය.

22. **හත්ථාළ්හකේ ඕසරිත්වා - භික්ඛුනීනං උපස්සයේ**
ගන්ත්වාන භික්ඛුසංඝේන - භත්තග්ගහණකාරණා

හත්ථාළ්හක භික්ෂුණී සෙනසුනට සියලු භික්ෂුණීන් එකතු වෙනවා. ඊටපස්සේ ඒ භික්ෂුණීන් වහන්සේලා භික්ෂු සංඝයා පෙරටු කොට ගෙන දන් පිළිගැනීමට යෝග්‍ය පරිදි කරවූ

23. **භත්තසාලං සූපහාරං - මහාපාළිකනාමකං**
සබ්බූපකරණූපේතං - සම්පන්නපරිචාරිකං

මහාපාලී නමැති දාන ශාලාවට වඩිනවා. එහි ඉතා සුන්දර ආකාරයෙන් භික්ෂු භික්ෂුණී උභය සංඝයා වහන්සේට වෙන් වෙන්ව වඩින්ට පුළුවන් ආකාරයට ආලින්දයන් සකසා තිබුණා. සංඝයාට අවශ්‍ය නොයෙක් උපකරණත් දානෝපස්ථානයට නොයෙක් සේවක ජනයාත් එහි සිටියා.

24. **තථා භික්ඛුසහස්සස්ස - සපරික්ඛාරමුත්තමං**
පවාරණාය දානඤ්ච - අනුවස්සකමේව ච

ඒ වගේ ම වාර්ෂිකව භික්ෂූන් දහස් නමකට පිරිකර සහිතව පූජා කරන වස් පවාරණ පින්කමක් සිදුකෙරුනා.

25. **නාගදීපේ ජම්බුකෝල - විහාරං තම්හි පට්ටනේ**
තිස්සමහාවිහාරඤ්ච - පාචීනාරාමමේව ච

නාගදීපයේ දඹකොළ විහාරයත්, ඒ වරායේ තිස්සමහා විහාරයත්, පාචීනාරාමයත්,

26. **ඉති ඒතානි කම්මානි - ලංකාජනහිතත්ථිකෝ**
දේවානංපියතිස්සෝ සෝ - ලංකින්දෝ පුඤ්ඤපඤ්ඤවා

යන මේ කටයුතු ලාංකික ජනයාගේ යහපත කැමතිව මහා පින් ඇති, නුවණ ඇති දේවානම්පියතිස්ස රජ්ජුරුවෝ,

27. **පඨමේ යේව වස්සම්හි - කාරාපේසි ගුණප්පියෝ**
යාව ජීවන්තුනේකානි - පුඤ්ඤකම්මානි ආචිනි

සත්පුරුෂ ගුණයන්ට ආසා කළ නිසා මිහිඳු මහරහතන් වහන්සේ වැඩම කළ පළමු අවුරුද්දේ ම කෙරෙව්වා. ඒ රජ්ජුරුවෝ දිවි ඇති තෙක් නොයෙක් පින්කම් රැස් කළා.

28. **අයං දීපෝ අහූ ඵීතෝ - විජිතේ තස්ස රාජිනෝ**
වස්සානි චත්තාළීසං සෝ - රාජා රජ්ජමකාරයි

මේ ලංකාද්වීපය ඒ දේවානම්පියතිස්ස රජ්ජුරුවන්ගේ අණසක යටතේ පැවතුන කාලයේ ඉතා සමෘද්ධිමත් වුනා. ඒ රජ්ජුරුවෝ සතළිස් අවුරුද්දක් රාජ්‍යය කළා.

29. **තස්සච්චයේ තං කනිට්ඨෝ - උත්තියෝ ඉති විස්සුතෝ**
රාජපුත්තෝ අපුත්තං තං - රජ්ජං කාරේසි සාධුකං

දෙවනපෑතිස් රජ්ජුරුවන්ගේ අභාවයෙන් පස්සේ ඒ රජුගේ මලණු කෙනෙක් වූ උත්තිය නමින් ප්‍රසිද්ධ වූ රාජපුත්‍රයා දරුවෙකු නොමැතිව තිබූ ඒ දේවානම්පියතිස්ස රජ්ජුරුවන්ගේ රාජ්‍යය හොඳින් කරගෙන ගියා.

30. **මහාමහින්දත්ථේරෝ තු - ජිනසාසනමුත්තමං**
පරියත්තිං පටිපත්තිං - පටිවේධඤ්ච සාධුකං

අපගේ මිහිඳු මහරහතන් වහන්සේ පර්යාප්ති, ප්‍රතිපත්ති, ප්‍රතිවේධ යන උතුම් බුද්ධ ශාසනය ඉතා යහපත් ලෙස,

31. ලංකාදීපම්හි දීපෙත්වා - ලංකාදීපෝ මහාගණී
ලංකාය සෝ සත්ථුකප්පෝ - කත්වා ලංකාහිතං බහුං

ත්‍රිපිටක ධර්මය කටපාඩම් කරවීම් ආදියෙන් භාණක පරම්පරා බිහි කොට ලංකාදීපය බැබලෙව්වා. ලංකාවට මහත් පිහිටක් ලබාදුන්නා. මහා සඟ පිරිවරකින් යුක්ත වුනා. උන්වහන්සේ ලංකාවට ශාස්තෲන් වහන්සේ හා සමානව ලොවට යහපත පිණිස බොහෝ කටයුතු සිදුකොට වදාළා.

32. තස්ස උත්තියරාජස්ස - ජයවස්සම්හි අට්ඨමේ
අන්තෝවස්සං සට්ඨිවස්සෝ - චේතියපබ්බතේ වසං

උත්තිය රජ්ජුරුවෝ රාජ්‍යාභිෂේක කරලා ජයග්‍රාහී අටවෙනි වර්ෂයේ උපසම්පදාවෙන් සැට වසරක් ගත වුන අපගේ මිහිඳු මහරහතන් වහන්සේ මිහින්තලේ සෑගිරි විහාරයේ වැඩ වාසය කළා.

33. අස්සයුජස්ස මාසස්ස - සුක්කපක්ඛට්ඨමේ දිනේ
පරිනිබ්බායි ථේරෝ'තං - දිනං තන්නාමකං අහු

වප් මාසයේ පුර පක්ෂයේ අටවෙනි දවසේ අපගේ මිහිඳු මහරහතන් වහන්සේ පිරිනිවන් පා වදාළා. ඒ නිසා වප් මාසයේ පුර අටවක දවස උන්වහන්සේගේ නමින් හැඳින්වුනා.

34. නිබ්බුතස්ස මහින්දස්ස - අට්ඨමියං දිනේ පන
තේන තං දිවසං නාම - අට්ඨමියාති සම්මතං

අපගේ මිහිඳු මහරහතන් වහන්සේ අටවක දා පිරිනිවන් පෑ සේක. එනිසා ඒ පුර අටවක දා 'ශ්‍රී මිහිඳු පුර අටවක'යි සම්මත වුනා.

35. තං සුත්වා උත්තියෝ රාජා - සෝකසල්ලසමප්පිතෝ
ගන්ත්වාන ථේරං වන්දිත්වා - කන්දිත්වා බහුධා බහුං

අපගේ මිහිඳු මහරහතන් වහන්සේගේ පිරිනිවන් පෑම අහන්ට ලැබුනු උත්තිය රජ්ජුරුවෝ ශෝක හුලින් පහර කන ලදුව මිහින්තලේ සෑගිරියට ගිහින් මහරහතන් වහන්සේගේ නිසල ශ්‍රී දේහයට වන්දනා කොට උන්වහන්සේගේ ගුණ කියමින් නොයෙක් ආකාරයෙන් හඬා වැළපුනා.

36. **ආසිත්තගන්ධතේලාය - ලහුං සෝවණ්ණදෝණියා**
ථේරදේහං ඛිපාපෙත්වා - තං දෝණිං සාධුඵුස්සිතං

ඊට පසු රන් දෙනක සුවඳ තෙල් පුරවලා මිහිඳු මහරහතන් වහන්සේගේ ශ්‍රී දේහය ඉක්මනින් ඒ රන් දෙණේ තැන්පත් කරවා ඒ දෙන හොඳින් වසා,

37. **සෝවණ්ණකූටාගාරම්හි - ඨපාපෙත්වා අලංකතේ**
කූටාගාරං ගාහයිත්වා - කාරෙන්තෝ සාහුකීළිතං

රන්වන් කුළු ගෙයක් මත තබ්බවලා ඒ අලංකාර කූටාගාරය වඩම්මවාගෙන සාදුනාද පවත්වමින්,

38. **මහතා ච ජනෝඝේන - ආගතේන තතෝ තතෝ**
මහතා ච බලෝඝේන - කාරෙන්තෝ පූජනාවිධිං

ඒ ඒ තැනින් පැමිණි මහාජන ගංගාවෙන් යුතුව මහත් භට සේනාව ලවා නොයෙක් ආකාරයේ පුද පූජාවන් පවත්වමින්,

39. **අලංකතේන මග්ගේන - බහුධාලංකතං පුරං**
ආනයිත්වාන නගරේ - චාරෙත්වා රාජවීථියෝ

ඉතා අලංකාරව සරසන ලද මාර්ගයෙන් නොයෙක් අයුරින් සරසන ලද අනුරාධපුරයට වඩමවාගෙන ඇවිත් රජවීදියෙහි සංචාරය කරවා,

40. **මහාවිහාරං ආනෙත්වා - එත්ථ පඤ්හම්බමාළකේ**
කූටාගාරං ඨපාපෙත්වා - සත්තාහං සෝ මහීපති

මහා විහාරයට වඩම්මවලා එහි පංච අම්බ මාලකයෙහි කූටාගාරය තැන්පත් කරවා ඒ උත්තිය රජ්ජුරුවෝ සත් දවසක්,

41. **තෝරණද්ධජපුප්ඵේහි - ගන්ධපුණ්ණඝටේහි ච**
විහාරඤ්ච සමන්තා ච - මණ්ඩිහං යෝජනත්තයං

විහාරය අවට හාත්පස යොදුනක ප්‍රමාණයෙන් තොරන් බැන්දෙව්වා. ධජ පතාක එසෙව්වා. සුවඳ මලින් සැරසෙව්වා. පුන්කළස් තැබ්බෙව්වා.

42. **අහු රාජානුභාවේන - දීපන්තු සකලං පන**
ආනුභාවේන දේවානං - තථේවාලංකතං අහු

රාජානුභාවයෙන් මුළු ලංකාව ම ඔය ආකාරයට සැරසෙව්වා. දෙවියන්ගේ දේවානුභාවයෙන් ඒ විදිහට ම අලංකාර වුනා.

43. **නානාපූජං කාරයිත්වා - සත්තාහං සෝ මහීපති**
පුරත්ථිමදිසාභාගේ - ථේරානං බද්ධමාළකේ

උත්තිය රජ්ජුරුවෝ සත් දවසක් නොයෙක් ආකාරයෙන් පුදපූජාවන් පවත්වලා නැගෙනහිර දිසාවට වෙන්ට මිහිඳු මහරහතන් වහන්සේගේ ශ්‍රී දේහය ආදාහනය කිරීම සඳහා බද්ධමාලක නම් තැනක,

44. **කාරෙත්වා ගන්ධචිතකං - මහාථූපං පදක්ඛිණං**
කරොන්තෝ තත්ථ නෙත්වා තං - කූටාගාරං මනෝරමං

සුවඳ දරින් චිතකයක් කෙරෙව්වා. මහාසෑ ප්‍රදක්ෂිණා කරමින් එතැනට වඩමවාගෙන ඇවිත් ඒ ඉතා සිත්කළු කූටාගාරය,

45. **චිතකම්හි ඨපාපෙත්වා - සක්කාරං අන්තිමං අකා**
චේතියඤ්චෙත්ථ කාරේසි - ගාහාපෙත්වාන ධාතුයෝ

චිතකය මත තැන්පත් කරවා අවසාන සත්කාර දක්වා ආදාහනය කළා. මිහිඳු මහරහතන් වහන්සේගේ ධාතූන් වහන්සේලා අඩක් නිධන් කරලා එතැන චෛත්‍යයක් කෙරෙව්වා.

46. **උපඩ්ඪධාතුං ගාහෙත්වා - චේතියෙ පබ්බතේපි ච**
සබ්බේසු ච විහාරේසු - ථූපේ කාරේසි ඛත්තියෝ

උත්තිය රජ්ජුරුවෝ ධාතූන් වහන්සේලාගෙන් අඩක් වඩමවාගෙන ගිහින් මිහින්තලේ සෑගිරියේ වඩාහිඳෙව්වා. සියලු විහාරවල ස්ථූපයන් කෙරෙව්වා.

47. **ඉසිනෝ දේහනික්ඛේපකතඨානං හි තස්ස තං**
වුච්චතේ බහුමානේන - ඉසිභූමංගනං ඉති

මිහිඳු මහරහත් ඍෂීන් වහන්සේගේ ශ්‍රී දේහය ආදාහනය කළ ඒ ස්ථානය එතැන් පටන් උන්වහන්සේට කරන ගෞරවයක් ලෙස ඉසිභූමංගන කියා කියනවා.

48. **තතෝප්පභූත්‍යාරියානං - සමන්තා යෝජනත්තයේ**
සරීරං ආහරිත්වාන - තම්හි දේසම්හි ඩය්හති

එතැන් පටන් මහා විහාරය අවට යොදුන් තුනක ප්‍රමාණයක් තුළ වැඩ විසූ ආර්යයන් වහන්සේලා කලුරිය කළාට පස්සේ උන්වහන්සේලාගේ ශ්‍රී දේහයන් ද රැගෙනවිත් ඒ ප්‍රදේශයේ ම යි ආදාහනය කරන්නේ.

49. **සංඝමිත්තා මහාථේරී - මහාභිඤ්ඤා මහාමතී**
කත්වා සාසනකිච්චානි - තථා ලෝකහිතං බහුං

මහත් අභිඥා ඇති මහත් නුවණ ඇති අපගේ සංඝමිත්තා මහරහත් තෙරණින් වහන්සේ තම සහෝදර මිහිඳු මහරහතන් වහන්සේ සෙයින් ම ලෝකයට හිතසුව පිණිස පවතින බුද්ධ ශාසනයට අයත් බොහෝ කටයුතු සම්පූර්ණ කරලා,

50. ඒකූනසට්ඨිවස්සා සා - උත්තියස්සේව රාජිනෝ
වස්සම්හි නවමේ ඛේමේ - හත්ථාළ්හකඋපස්සයේ

උත්තිය රජ්ජුරුවන්ගේ නවවෙනි ඛේම නම් වර්ෂයේදී උපසම්පදාවෙන් පනස්නව වසරක වස් ඇති සංඝමිත්තා තෙරණීන් වහන්සේ හත්ථාළ්හක භික්ෂුණී සෙනසුනේ,

51. වසන්තී පරිනිබ්බායී - රාජා තස්සාපි කාරයි
ථේරස්ස විය සත්තාහං - පූජාසක්කාර මුත්තමං

වැඩවාසය කරමින් සිට පිරිනිවන් පා වදාළා. උත්තිය රජ්ජුරුවෝ මිහිඳු මහරහතන් වහන්සේට වගේ ම සංඝමිත්තා තෙරණීන් වහන්සේගේ ශ්‍රී දේහයටත් සත් දවසක් උතුම් පූජා සත්කාර කළා.

52. සබ්බා අලංකතා ලංකා - ථේරස්ස විය ආසි ච
කූටාගාරගතං ථේරි - දේහං සත්තදිනච්චයේ

මිහිඳු මහරහතන් වහන්සේ වෙනුවෙන් කළා වගේ ම මුළු ලංකාව ම සැරසෙව්වා. සංඝමිත්තා තෙරණීන් වහන්සේගේ දේහය තැන්පත් කරන ලද කූටාගාරය සත්වෙනි දවසේ,

53. නික්ඛාමෙත්වාන නගරා - ථූපරාමපුරත්ථතෝ
චිත්තසාලාසමීපම්හි - මහාබෝධිපදස්සයේ

නගරයෙන් පිටතට වඩම්මලා ථූපාරාමයට නැගෙනහිරින් චිත්‍රශාලාව ළඟ ථූපාරාමයෙහි රෝපණය කරන ලද බෝධීන් වහන්සේ වැඩවසන තැන කිට්ටුව,

54. ථේරියා වුත්ථඨානම්හි - අග්ගිකිච්ච මකාරයි
ථූපඤ්ච තත්ථ කාරේසි - උත්තියෝ සෝ මහීපති

සංඝමිත්තා තෙරණීන් වහන්සේ වැඩ වාසය කළ තැන ආදාහන කටයුතු සිදු කළා. ඒ මහා නුවණැති උත්තිය රජ්ජුරුවෝ එතැන ස්ථූපයක් ද කෙරෙව්වා.

55. **පඤ්චාපි තේ මහාථේරා - ථේරාරිට්ඨාදයෝපි ච**
තථානේකසහස්සානි - භික්ඛූ ඛීණාසවාපි ච

මිහිඳු මහරහතන් වහන්සේ සමග මෙහි වැඩම කොට වදාළ මහරහතන් වහන්සේලා පස් නමත්, අරිට්ඨ ආදී අනිත් රහතන් වහන්සේලාත් ඒ වගේම නොයෙක් දහස් ගණන් නිකෙලෙස් භික්ෂූන් වහන්සේලාත්,

56. **සංඝමිත්තාප්පභූතයෝ - තා ච ද්වාදසථේරියෝ**
ඛීණාසවා භික්ඛුනියෝ - සහස්සානි බහූනි ච

සංඝමිත්තා තෙරණින් වහන්සේ ඇතුළත්ව මෙහි වැඩම කළ දොළොසක් වූ තෙරණින් වහන්සේලාත් බොහෝ දහස් ගණන් නිකෙලෙස් භික්ෂුණින් වහන්සේලාත්,

57. **බහුස්සුතා මහාපඤ්ඤා - විනයාදිජිනාගමං**
ජෝතයිත්වාන කාලේන - පයාතානිච්චතාවසං

තථාගත ධර්මය පිළිබඳ බොහෝ ඇසූපිරූ තැන් ඇතිව බහුශ්‍රැතව මහා ප්‍රඥා ඇතිව භාග්‍යවතුන් වහන්සේගේ ධර්ම විනය බබුළුවා පිරිනිවන් පෑමට සුදුසු කාලයෙහි අනිත්‍ය භාවයට පත්වුනා.

58. **දසවස්සානි සෝ රාජා - රජ්ජං කාරේසි උත්තියෝ**
ඒවං අනිච්චතා ඒසා - සබ්බලෝකවිනාසිනී

ඒ උත්තිය රජ්ජුරුවෝ දස අවුරුද්දක් ලංකා රාජ්‍යය පාලනය කළා. මෙසේ මේ හටගත් දේ නැසී යන අනිත්‍ය ස්වභාවය සියලු ලෝකය නසා දමනවා.

59. **තං ඒතං අතිසාහසං අතිබලං නාවාරියං යෝ නරෝ**
ජානන්තෝපි අනිච්චතං භවගතේ නිබ්බින්දතේ නේව ච
නිබ්බින්නෝ විරතිං රතිං න කුරුතේ පාපේහි පුඤ්ඤේහි ච
තස්සේසා අතිමෝහජාලබලතා ජානම්පි සම්මුය්හතීති.

විසිවෙනි පරිච්ඡේදය 385

අතිශයින් ම සාහසික වූ ඉතා බලවත් වූ කිසිවෙකුටත් වළක්වාලන්ට නොහැකි වූ මේ අනිත්‍ය ස්වභාවය යම් මනුෂ්‍යයෙක් දැනගෙන සිටත් භව දුකට අයත් අනිත්‍ය වූ සසර ගැන කළකිරෙන්නේ නැත්නම්, කළකිරුනත් පාපයෙන් දුරුවීමත් පින් වලට ඇලීමත් නොකරයි නම්, එය ඔහුගේ දැඩි මෝහයේ ඇති බලවත් බවයි. දැන දැන ම මුළාවට පත්වීම යි.

සුජනප්පසාදසංවේගත්ථාය කතේ මහාවංසේ
ථේරපරිනිබ්බානං නාම වීසතිමෝ පරිච්ඡේදෝ.

**සත්පුරුෂ ජනයන්ගේ ප්‍රසාදයත් සංවේගයත් ඇතිකරනු පිණිස
කරන ලද මහාවංශයෙහි මිහිඳු මහරහතන් වහන්සේගේ
පරිනිර්වාණය නම් වූ විසිවෙනි පරිච්ඡේදය යි.**

21

ඒකවීසතිමෝ පරිච්ඡේදෝ

විසිඑක්වෙනි පරිච්ඡේදය

පඤ්චරාජකෝ

රජවරු පස්දෙනාගේ පාලනය

1. උත්තියස්ස කනිට්ඨෝ තු - මහාසිවෝ තදච්චයේ
දසවස්සානි කාරේසි - රජ්ජං සුජනසේවකෝ

උත්තිය රජ්ජුරුවන්ගේ අභාවයෙන් පස්සේ ඔහුගේ මලණු කෙනෙක් වන මහාසිව රජ්ජුරුවෝ යහපත් ජනතා සේවකයෙක් ලෙස දස අවුරුද්දක් රාජ්‍යය කළා.

2. භද්දසාලම්හි සෝ ථේරේ - පසීදිත්වා මනෝරමං
කාරේසි පුරිමායන්තු - විහාරං නගරංගණං

මහාසිව රජ්ජුරුවෝ භද්දසාල මහරහතන් වහන්සේ කෙරෙහි පැහැදිලා නැගෙනහිර දිසාවට වෙන්ට ඉතා සිත්කලු 'නගරංගණ විහාරය' කෙරෙව්වා.

3. මහාසිවකනිට්ඨෝ තු - සූරතිස්සෝ තදච්චයේ
දසවස්සානි කාරේසි - රජ්ජං පුඤ්ඤේසු සාදරෝ

මහාසිව රජ්ජුරුවන්ගේ අභාවයෙන් පස්සේ ඔහුගේ මලණුවන් වන පින් රැස් කිරීමට මහත් ආදරයෙන් යුක්ත සූරතිස්ස රජ්ජුරුවෝ දස අවුරුද්දක් රාජ්‍යය කළා.

4. **දක්ඛිණාය දිසායං සෝ - විහාරං නගරං ගණං**
පුරිමාය හත්ථික්ඛන්ධඤ්ච - ගෝකණ්ණගිරිමේව ච

සූරතිස්ස රජ්ජුරුවෝ දකුණු දිසාවට වෙන්ට නගරංගණ නමින් විහාරයක් කෙරෙව්වා. නැගෙනහිරට වෙන්ට ඇත්කඳ නමින් විහාරයකුත් ගෝණගල නමින් විහාරයකුත් කෙරෙව්වා.

5. **වංගුත්තරේ පබ්බතම්හි - පාචීනපබ්බතව්හයං**
රහේරකසමීපම්හි - තථා කෝළම්බකාළකං

වංගුත්තර පර්වතය පාමුල පාචීනපබ්බත නමින් විහාරයක් කෙරෙව්වා. රෙහෙණ නමැති අමුණ ළඟින් කොළඹගල නම් විහාරයක් කෙරෙව්වා.

6. **අරිට්ඨපාදේ මංගුලකං - පුරිමාය'ච්ඡගල්ලකං**
ගිරිනේලපනාකණ්ඩං - නගරස්සු'ත්තරායතු

රිටිගල පර්වතය පාමුල ලංකාරාමය කෙරෙව්වා. අනුරාධපුරයට නැගෙනහිරින් වළස්ගල විහාරය කෙරෙව්වා. නගරයට උතුරු දිසාවෙන් ගිරිනිල්පනාකඩ නමැති විහාරයක් කෙරෙව්වා.

7. **පඤ්චසතානේ'වමාදි - විහාරේ පුථුවීපති**
ගංගාය ඕරපාරං හි - ලංකාදීපේ තහිං තහිං

සූරතිස්ස රජ්ජුරුවෝ ලංකාද්වීපයේ මහවැලි ගඟෙන් එතෙර මෙතෙර ඒ ඒ ස්ථාන වල පන්සියයක් විහාරයන් කෙරෙව්වා.

8. පුරේ රජ්ජා ච රජ්ජේ ච - සට්ඨිවස්සානි සාධුකං
කාරේසි රම්මේ ධම්මේන - රතනත්තය ගාරවෝ

ත්‍රිවිධ රත්නය කෙරෙහි මහත් ආදර ගෞරව ඇති සූරතිස්ස රජ්ජුරුවෝ රජ වෙන්ට කලිනුත් රජ වුනාට පස්සෙත් සැට අවුරුද්දක් ඒ රම්‍ය විහාරයන් ඉතා යහපත් ලෙස කෙරෙව්වා.

9. සුවණ්ණපිණ්ඩතිස්සෝති - නාමං රජ්ජා පුරේ අහූ
සූරතිස්සෝති නාමන්තු - තස්සාහු රජ්ජපත්තියා

රජවෙන්ට කලින් එතුමාව හැඳින්වුනේ සුවණ්ණපිණ්ඩතිස්ස නමින්. රාජ්‍ය පදවි ප්‍රාප්තියෙන් පස්සේ සූරතිස්ස යන නාමය ලැබුනා.

10. අස්සනාවිකපුත්තා ද්වේ - දමිළා සේනගුත්තිකා
සූරතිස්සමහීපාලං - තං ගහෙත්වා මහබ්බලා

අශ්ව නාවිකයෙකුගේ සේන ගුත්තික නමින් දෙමළ පුතුන් දෙදෙනෙක් සිටියා. මහා බලසම්පන්න ඔවුන් ඒ සූරතිස්ස රජ්ජුරුවන්ව ජීවග්‍රාහයෙන් අල්ලාගත්තා.

11. දුවේ වීසතිවස්සානි - රජ්ජං ධම්මේන කාරයුං
තේ ගහෙත්වා අසේලෝ තු - මුටසිවස්ස අත්‍රජෝ

ඔවුන් දෙන්නා අවුරුදු විසි දෙකක් ධාර්මිකව රාජ්‍ය පාලනය කළා. මුටසීව රජ්ජුරුවන්ගේ පුත්‍රයෙක් වන අසේල කුමාරයා සේන ගුත්තික දෙන්නව ජීවග්‍රාහයෙන් අල්ලාගත්තා.

12. සෝදරියානං භාතූනං - නවමෝ භාතුකෝ තතෝ
අනුරාධපුරේ රජ්ජං - දසවස්සානි කාරයි

මුටසීව රජ්ජුරුවන්ගේ වැඩිමහල් පුත් කුමාරයාගේ නම අභය. ඊළඟට දේවානම්පියතිස්ස, උත්තිය, මහාසිව, මහානාග, මත්තාභය, සූරතිස්ස, කීර ය. ඊළඟට සිටියේ එක

කුස උපන් නවවැනියා වූ අසේල කුමාරයා. අනුරාධපුරයේ රජ වූ අසේල රජ්ජුරුවෝ දස වසරක් රජකම් කළා.

13. **චෝළරට්ඨා ඉධාගම්ම - රජ්ජත්ථං උජුජාතිකෝ**
එළාරෝ නාම දමිළෝ - ගහෙත්වා'සේලභූපතිං

සොළී රටේ ඉඳන් රාජ්‍යය අල්ලාගන්ට මේ ලංකාවට ආපු ඍජු ස්වභාව ඇති එළාර නම් දෙමළෙක් අසේල රජ්ජුරුවන්ව ජීවග්‍රාහයෙන් අල්ලාගත්තා.

14. **වස්සානි චත්තාරීසඤ්ච - චත්තාරි ච අකාරයි**
රජ්ජං වෝහාරසමයේ - මජ්ඣත්තෝ මිත්තසත්තුසු

ඔහු හතළිස් හතර අවුරුද්දක් ලංකා රාජ්‍යය පාලනය කළා. එළාර රජ්ජුරුවෝ නඩු විසඳන අවස්ථාවේදී සතුරන් කෙරෙහිත් මිතුරන් කෙරෙහිත් මධ්‍යස්ථව තීන්දු දුන්නා.

15. **සයනස්ස සිරෝපස්සේ - ඝණ්ටං සුදීඝයොත්තකං**
ලම්බාපේසි විරාවේතුං - ඉච්ඡන්තේහි විනිච්ඡයං

රජ්ජුරුවෝ තමන් සැතපෙන ඇඳට ඉහළින් ඉතා දිග ලණුවක් ඇතිව ඝණ්ඨාරයක් එල්ලා තිබුණා. ඒ සාධාරණ විනිශ්චය කැමති අයට නාද කරනු පිණිසයි.

16. **ඒකෝ පුත්තෝ ච ධීතා ච - අහේසුං තස්ස රාජිනෝ**
රථේන තිස්සවාපිං සෝ - ගච්ඡන්තෝ භූමිපාලජෝ

එළාර රජ්ජුරුවන්ට එක පුත්‍රයෙකුයි දුවකුයි සිටියා. රජ්ජුරුවන්ගේ පුත්‍රයා රථයෙන් තිසා වැවට යද්දි,

17. **තරුණං වච්ඡකං මග්ගේ - නිපන්නං සහධේනුකං**
ගීවං අක්කම්මචක්කේන - අසඤ්චිච්ච අඝාතයි

අලුත උපන් වහු පැටියෙක් තමන්ගේ මව් දෙනත් සමග පාරේ ලැගලා හිටියා. පුත් කුමාරයාගේ නොදැනුවත්

කමින් රථයෙන් යද්දී රෝදයට බෙල්ල හසුවෙලා වහුපැටියා මැරුනා.

18. **ගන්ත්වාන ධේනුසණ්ටං තං - සට්ටේසි සට්ටිතාසයා**
රාජා තේනේව චක්කේන - සීසං පුත්තස්ස ඡේදයි

ගවදෙන පුත්‍ර ශෝකයෙන් හඬාගෙන ගිහින් ලණුවෙන් ඇද සණ්ඨාරය නාද කෙරෙව්වා. රජ්ජුරුවෝ ඒ රථ රෝදෙන් ම සිය පුත්‍රයාගේ හිස සින්දෙව්වා.

19. **දිජපෝතං තාලරුක්ඛේ - ඒකෝ සප්පෝ අභක්ඛයි**
තම්පෝතමාතා සකුණී - ගන්ත්වා සණ්ටමඝට්ටයි

එක්තරා සර්පයෙක් තල් ගසක සිටි කුරුලු පැටියෙකුව ගිල දැම්මා. මව් කිරිල්ලි ඇවිත් ඒ සණ්ඨාරය නාද කළා.

20. **ආණාපෙත්වාන තං රාජා - කුච්ඡිං තස්ස විදාළිය**
පෝතං තං නීහරාපෙත්වා - තාලේ සප්පමසප්පයි

රජ්ජුරුවෝ සර්පයා අල්ලාගෙන කුස පලවා කුරුලු පැටියව ඉවත් කළා. යකඩ උලකින් පෙණය විද තල් ගසේ එල්ලුවා.

21. **රතනග්ගස්ස රතනත්තයස්ස ගුණසාරතං**
අජානන්තෝපි සෝ රාජා - චාරිත්තමනුපාලයං

රත්නයන් අතර අග්‍ර වූ තුනුරුවන්ගේ ගුණ සාගරය පිළිබඳ ඒ රජ්ජුරුවෝ නොදැන සිටියත් පරම්පරාගත චාරිත්‍ර අනුව රාජ්‍යය පාලනය කළා.

22. **චේතියපබ්බතං ගන්ත්වා - භික්ඛුසංඝං පවාරිය**
ආගච්ඡන්තෝ රථගතෝ - රථස්ස යුගකෝටියා

මිහින්තලේ සැගිරියට ගිහින් භික්ෂු සංඝයාට දන් පිළිගන්වලා ආපසු රථයෙන් එද්දී රථයේ වියගසේ කොණක්

23. අකාසි ජිනථූපස්ස - ඒකදේසස්ස භඤ්ජනං
අමච්චා දේව ථූපෝ නෝ - තයා භින්නෝති ආහු තං

භාග්‍යවතුන් වහන්සේගේ ස්ථූපයේ වැදීමෙන් ඒ ස්ථූපයේ කොටසක් කැඩී ගියා. එතකොට අමාත්‍යවරයා 'දේවයන් වහන්ස, ඔබවහන්සේ අපගේ භාග්‍යවතුන් වහන්සේ සෑය බින්දා නොවැ' කිව්වා.

24. අසඤ්චිච්ච කතේපේස - රාජා ඕරුය්හ සන්දනා
චක්කේන මම සීසම්පි - ඡින්දථාති පථේ සයි

එතකොට එළාර රජ්ජුරුවෝ තමන් නොදැන කළ දෙයටත් රථයෙන් බැහැලා 'ඔය රථ රෝදෙන් මගේ හිස සිඳිව්' කියලා මහපාරේ දිගා වුනා.

25. පරහිංසං මහාරාජ - සත්ථා නෝ නේව ඉච්ඡති
ථූපං පාකතිකං කත්වා - ඛමාපේහීති ආහු තං

'මහරජ්ජුරුවෙනි, අනුන්ට හිංසා කිරීමට අපගේ ශාස්තෘන් වහන්සේ කිසිසේත් නොකැමති සේක. ඒ නිසා ස්ථූපය ප්‍රකෘතිමත් කරලා බුදුරජාණන් වහන්සේගෙන් සමාව ගත මැනව.'

26. තේ ඨපේතුං පඤ්චදස - පාසණේ පතිතේ තහිං
කහාපණසහස්සානි - අදා පඤ්චදසේව සෝ

ඒ චෛත්‍යයේ කඩා වැටුනු ගල් පෙළි පහළොවක් නියමාකාරයෙන් තැන්පත් කරවලා කහවණු පහළොස් දහසක් වැය කරලා පිළිසකර කෙරෙව්වා.

27. ඒකා මහල්ලිකා වීහිං - සෝසේතුං ආතපේ ඛිපි
දේවෝ අකාලේ වස්සිත්වා - තස්සා වීහිං අතේමයි

එක් මැහැල්ලියක් වී වේලාගන්ට අව්වේ වී දැම්මා. එතකොට අකල් වැස්සක් වැහැලා ඇගේ වී ගොඩ තෙමුනා.

28. **වීහිං ගහෙත්වා ගන්ත්වා සා - සණ්ටං තං සමසට්ටයි**
අකාලවස්සං සුත්වා තං - විස්සජ්ජෙත්වා තමිත්ථිකං

ඒ මහලු අම්මා තෙමුණ වී අරගෙන ගිහින් සණ්ඨාරය නාද කළා. අකලට වැස්ස ඇද හැලීමෙන් වී තෙමී ගිය බව අසා ඒ ස්ත්‍රිය පිටත් කොට යවපු,

29. **රාජා ධම්මම්හි වත්තන්තෝ - කාලේ වස්සං ලභේ ඉති**
තස්සා විනිච්ඡයත්ථාය - උපවාසං නිපජ්ජි සෝ

රජ්ජුරුවෝ 'ධර්මයෙහි පිහිටා ඉන්නවා නම් කලට වැසි ලැබෙනවා නොවැ' කියලා ඒ ස්ත්‍රියගේ වචනයට තීරණයක් ගනු පිණිස ලුණු නැති බත් අනුභව කරලා කොළ අතු අතුරා බිම සැතපී වාසය කිරීමේ උපවාසයක් පටන් ගත්තා.

30. **බලිග්ගාහී දේවපුත්තෝ - රඤ්ඤෝ තේජේන ඔත්ථටෝ**
ගන්ත්වා චාතුමහාරාජ - සන්තිකං තං නිවේදයි

රජ්ජුරුවන්ගෙන් බලිපූජා ලබන දේවපුත්‍රයෙක් රජ්ජුරුවන්ගේ තේජසින් තැති අරගෙන සතරවරම් දෙව්මහරජුන් ළඟට ගිහින් මේ කාරණය දැනුම් දුන්නා.

31. **තේ තමාදාය ගන්ත්වාන - සක්කස්ස පටිවේදයුං**
සක්කෝ පජ්ජුන්නමාහුය - කාලේ වස්සං උපාදිසි

සතර වරම් දෙව් මහරජවරු ඒ දේවපුත්‍රයා කැඳවාගෙන ගිහින් ශක්‍ර දේවේන්ද්‍රයාට දක්වා සිටියා. සක් දෙවිඳු පර්ජන්‍ය නමැති වැස්ස වළාහක දෙවියන් කැඳවලා කලට වැසි වස්සවන්ට කියලා අණ කළා.

32. **බලිග්ගාහී දේවපුත්තෝ - රාජිනෝ තං නිවේදයි**
තතොප්පභුති තං රජ්ජේ - දිවා දේවෝ න වස්සථ

බලි පූජාවන් ගන්න දිව්‍ය පුත්‍රයා රජ්ජුරුවන්ට ඒ කාරණය දැනුම් දුන්නා. එදායින් පස්සේ ඒ රාජ්‍යයේ දහවල් කාලේ වැස්සේ නෑ.

33. **රත්තිං දේවෝනුසත්තාහං - වස්සි යාමම්හි මජ්ඣිමේ**
පුණ්ණානහේසුං සබ්බත්ථ - ඛුද්දකාවාටකානිපි

සතියක් සතියක් පාසා මධ්‍යම රාත්‍රියේ වැසි ඇදහැලුනා. හැමතැන ම කුඩා වළවල් පවා වැසි දියෙන් පිරී ගියා.

34. **අගතිගමනදෝසා මුත්තමත්තේන ඒසෝ**
අනුපහතකුදිට්ඨී පීදිසිං පාපුණිද්ධිං
අගතිගමනදෝසං සුද්ධදිට්ඨීසමානෝ
කථම්ධ හි මනුස්සෝ බුද්ධිමා නෝ ජහෙය්‍යාති.

මේ රජ්ජුරුවෝ මිත්‍යා දෘෂ්ටිය අත් නොහැර ඉඳගෙනත් සතර අගතිගමන දෝෂයෙන් මිදී වාසය කළ පමණින් මෙබඳු වූ ඉර්ධියකට පැමිණිලා සිටියා. සම්‍යක් දෘෂ්ටියෙන් යුක්ත බුද්ධිමත් මනුෂ්‍යයන් කෙසේ නම් සතර අගතිය දෝෂය අත් නොහැර සිටීවි ද! අත්හරිනවා ම යි!

සුජනප්පසාදසංවේගත්ථාය කතේ මහාවංසේ
පඤ්චරාජකෝ නාම ඒකවීසතිමෝ පරිච්ඡේදෝ.

සත්පුරුෂ ජනයන්ගේ ප්‍රසාදයත් සංවේගයත් ඇතිකරනු පිණිස කරන ලද මහාවංශයෙහි රජවරු පස්දෙනාගේ පාලනය නම් වූ විස්එක්වෙනි පරිච්ඡේදය යි.

22

බාවීසතිමෝ පරිච්ඡේදෝ

විසිදෙවෙනි පරිච්ඡේදය

ගාමණීකුමාරසූති

ගැමුණු කුමාරයාගේ උපත

1. එළාරං ඝාතයිත්වාන - රාජාහු දුට්ඨගාමණී
තදත්ථදීපනත්ථාය - අනුපුබ්බකථා අයං

එළාර රජ්ජුරුවන්ව මරවා දුටුගැමුණු රාජපුත්‍රයා ලංකාවේ රජ බවට පත්වුනා. එහි විස්තර කියවෙන අනුපිළිවෙළ කථාව මෙයයි.

2. දේවානම්පියතිස්සස්ස - රඤ්ඤෝ දුතියභාතිකෝ
උපරාජා මහානාගෝ - නාමාහු භාතුනෝ පියෝ

දේවානම්පියතිස්ස රජ්ජුරුවන්ගේ දෙවෙනි මලණුවන් වූ මහානාග නමැති යුවරජ්ජුරුවෝ සහෝදර රජ්ජුරුවන්ට ප්‍රිය මනාපව සිටියා.

3. රඤ්ඤෝ දේවී සපුත්තස්ස - බාලා රජ්ජාභිකාමිනී
උපරාජවධත්ථාය - ජාතචිත්තා නිරන්තරං

දේවානම්පියතිස්ස රජ්ජුරුවන්ගේ දේවිය අඥානකම නිසා තමන්ගේ පුත්‍රයාට රාජ්‍යය ලබාදීමේ ආශාවෙන් නිතරම කල්පනා කළේ මහානාග යුවරජ්ජුරුවන්ව මරවන්ටයි.

4. **වාපිං තරච්ඡනාමං සා - කාරාපෙන්තස්ස පාහිණි**
අම්බං විසේන යෝජෙත්වා - ඨපෙත්වා අම්බමත්ථකේ

දවසක් වළස්වැව කරවමින් සිටි මහානාග යුවරජ්ජුරුවන්ට දෙන්ට කියලා අඹ ගොඩක් මත විෂ පොවාපු පැහැපත් අඹයක් තියලා පිටත් කෙරෙව්වා.

5. **තස්සා පුත්තෝ සහ ගතෝ - උපරාජේන බාලකෝ**
භාජනේ විවටේ යේව - තං අම්බං ඛාදියා'මරි

ඇයගේ ළදරු කුමාරයාත් යුවරජ්ජුරුවන් සමග ගිහින් හිටියේ. අඹ භාජනය විවෘත කළ ගමන් උඩින් තිබුනු ඒ විෂ පොවාපු පැහැපත් අඹය අනුභව කිරීමෙන් ළදරු කුමාරයා මරණයට පත්වුනා.

6. **උපරාජා තතෝ යේව - සදාරබලවාහනෝ**
රක්ඛිතුං සකමත්තානං - රෝහණා'භිමුඛෝ අගා

එතකොට මහානාග යුවරජ්ජුරුවෝ තමන්ගේ පණ රැකගන්ට තම බිරිඳයි බලසේනාවයි සමග රුහුණට පලා ගියා.

7. **යට්ඨාලයවිහාරස්මිං - මහේසී තස්ස ගබ්භිනී**
පුත්තං ජනේසි සෝ තස්ස - භාතුනාමමකාරයි

මහානාග රජ්ජුරුවන්ගේ මෙහෙසිය ගර්භණීව සිටියේ. ඈ යටාල වෙහෙරේ දී පුත් කුමාරයෙකුව බිහි කළා. රජ්ජුරුවෝ පුත් කුමාරයාට තම සහෝදර රජ්ජුරුවන්ගේ තිස්ස යන නම තැබුවා.

8. **තතෝ ගන්ත්වා රෝහණං සෝ - ඉස්සරෝ රෝහණේ’ඛිලේ**
මහාභාගෝ මහාගාමේ - රජ්ජං කාරේසි ඛත්තියෝ

එයින් ගිය මහානාග ක්ෂත්‍රියයා සතුරු උවදුරු නැති මුළු රුහුණු ජනපදයට ම අධිපති වෙලා මහාභෝග සම්පත් ඇතිව මහගම රජබවට පත්වුනා.

9. **කාරේසි සෝ නාගමහාවිහාරං සකනාමකං**
උද්ධකන්දරකාදී ච - විහාරේ කාරයී බහූ

ඒ මහානාග රජ්ජුරුවෝ තමන්ගේ නමින් නාග මහා විහාරය කෙරෙව්වා. උඩුකඳුරු විහාරය ආදී තවත් බොහෝ විහාරයන් කෙරෙව්වා.

10. **යට්ඨාලයකතිස්සෝ සෝ - තස්ස පුත්තෝ තදච්චයේ**
තත්ථේව රජ්ජං කාරේසි - තස්ස පුත්තෝ’භයෝ තථා

රුහුණේ මාගම රජකම් කළ මහානාග රජ්ජුරුවන්ගේ ඇවෑමෙන් ඔහුගේ පුත් කුමාරයා වන යටාලතිස්ස රුහුණේ ම රජවුනා. ඊළඟට යටාලතිස්ස රජ්ජුරුවන්ගේ පුත් කුමාරයා වන ගෝඨාභය කුමාරයා රජබවට පත්වුනා.

11. **ගෝඨාභයසුතෝ කාකවණ්ණතිස්සෝති විස්සුතෝ**
තදච්චයේ තත්ථ රජ්ජං - සෝ අකාරේසි ඛත්තියෝ

ගෝඨාභය රජ්ජුරුවන්ගේ පුත් කුමාරයා කාවන්තිස්ස කුමාරයා නමින් ප්‍රසිද්ධියට පත්වුනා. ගෝඨාභය රජ්ජුරුවන්ගේ ඇවෑමෙන් ඒ කාවන්තිස්ස රාජපුත්‍රයා රුහුණේ රජබවට පත්වුනා.

12. **විහාරදේවී නාමාසි - මහේසී තස්ස රාජිනෝ**
සද්ධස්ස සද්ධාසම්පන්නා - ධීතා කල්‍යාණි රාජිනෝ

ඒ ශ්‍රද්ධාවන්ත කාවන්තිස්ස රජ්ජුරුවන්ට

අගමෙහෙසිය වුනේ විහාරදේවී නම් රාජ කන්‍යාවයි. ශ්‍රද්ධා සම්පන්න වූ ඈ කැළණි රජ්ජුරුවන්ගේ දියණියයි.

13. **කල්‍යාණියං නරින්දො හි - තිස්සො නාමාසි ඛත්තියො**
දේවිසඞ්ඝෙඤ්ඤාගජනිතකෝපෝ තස්ස කනිට්ඨකෝ

කැළණි රජ්ජුරුවොත් තිස්ස යන නමින් යුතු ක්ෂත්‍රිය රාජවංශිකයෙක්. කැළණිතිස්ස රජ්ජුරුවන්ගේ දේවිය සමඟ අයථා සම්බන්ධයක් නිසා රාජ උදහසට ලක් වූ රජ්ජුරුවන්ගේ මලණුවන් වන,

14. **භීතෝ තතෝ පලායිත්වා - අය්‍යඋත්තියනාමකෝ**
අඤ්ඤත්ථ වසි සෝ දේසෝ - තේන තංනාමකෝ අහු

ආර්ය උත්තිය නමැති කුමාරයා රාජ භයින් පළාගියා. ඔහු ගිහින් මුහුදු වෙරළ අසළ පෙදෙසක වාසය කළා. ඔහු වාසය කළ ප්‍රදේශයත් ඔහුගේ නමින් ව්‍යවහාර වුනා.

15. **දත්වා රහස්සලේඛං සෝ - භික්ඛුවේසධරං නරං**
පාහේසි දේවියා ගන්ත්වා - රාජද්වාරේ ඨිතෝ තු සෝ

දවසක් ඔහු රහස් ලියුමක් සකසා භික්ෂු වෙස්ගත් මිනිසෙකු අත කැළණිතිස්ස රජ්ජුරුවන්ගේ දේවිය වෙත පිටත් කළා. භික්ෂු වෙස්ගත් මිනිසා ගිහින් රාජ මාළිගයේ දොරටුව අසළ සිටියා.

16. **රාජගේහේ අරහතා - භුඤ්ජමානේන සබ්බදා**
අඤ්ඤායමානෝ ථේරේන - රඤ්ඤෝ සරමුපාගමි

සැමදා රාජ මාළිගයේ දන් වළඳන රහතන් වහන්සේ නමක් සිටියා. භික්ෂු වෙස්ගත් මිනිසාත් රහසේ ම තෙරුන් වහන්සේ පිටුපසින් රජගෙදරට ඇතුළු වුනා.

17. **ථේරේන සද්ධිං භුඤ්ජිත්වා - රඤ්ඤෝ සහ විනිග්ගමේ**
පාතේසි භූමියං ලේඛං - පෙක්ඛමානාය දේවියා

අපගේ රහතන් වහන්සේ දානෙ වළඳද්දි ඒ සමඟ ඔහුත් ආහාර අනුභව කොට රජ්ජුරුවන් සහ රහතන් වහන්සේ එළියට වඩිද්දී දේවිය බලා සිටිය දී රහස් ලියුම බිම අතහැරියා.

18. **සද්දේන තේන රාජා තං - නිවත්තිත්වා විලෝකයං**
ඤත්වාන ලේඛසන්දේසං - කුද්ධො ථේරස්ස දුම්මති

යමක් බිම වැටුනු ශබ්දයෙන් නැවතී ඒ හොර ලියුම බලා ප්‍රඥාවෙන් තොරව අපගේ රහතන් වහන්සේ ගැන කිපුනා.

19. **ථේරං තං පුරිසං තඤ්ච - මාරාපෙත්වාන කෝධසා**
සමුද්දස්මිං ඛිපාපේසි - කුජ්ඣිත්වා තේන දේවතා

ක්‍රෝධ සිතින් යුතුව අපගේ රහතන් වහන්සේවයි අර භික්ෂු වෙස්ගත් පුද්ගලයාවයි මරවලා මුහුදට වීසි කෙරෙව්වා. රහතන් වහන්සේව නිරපරාදයේ ඝාතනය කරවූ කාරණයෙන් දෙවියෝ කෝප වුනා.

20. **සමුද්දේනො'ත්ථරා පේසුං - තං දේසං සෝ තු භූපති**
අත්තනෝ ධීතරං සුද්ධං - දේවිං නාම සුරූපිනිං

මුහුද ගොඩගලා ඒ ප්‍රදේශය යට කළා. එතකොට රජ්ජුරුවෝ ඉතා යහපත් ගතිගුණ ඇති මනා රූප සෞන්දර්යයෙන් යුක්ත දේවී නමැති තමන්ගේ දියණිය,

21. **ලිඛිත්වා රාජධීතාති - සෝවණ්ණුක්ඛලියා ලහුං**
නිසීදාපිය තත්ථේව - සමුද්දස්මිං විසජ්ජයි

රන් සැළියක වාඩි කරවා ඒ රන් සැළියේ 'මේ රාජ දියණියකි' කියා ලියලා එහි දී ම ඉක්මනින් මුහුදට මුදා හැරියා.

22. ඔක්කන්තං තං තතෝ ලංකේ - කාකවණ්ණෝ මහීපති
අභිසේචයි තේනා'සි - විහාරෝපපදව්හයා

මුහුදට දමාපු ඒ සැළිය එතැනින් රුහුණ දෙසට ගිහින් ලංකා විහාරය ළඟින් ගොඩට ආවා. සැළියෙන් බිමට ගොඩ වූ ඇයව කාවන්තිස්ස රජ්ජුරුවෝ තමන්ගේ රජ ගෙදරට කැඳවාගෙන ගොස් රාජ මහේෂිකාව හැටියට අභිෂේක කළා. විහාරය ළඟින් ගොඩබිමට ආ නිසා ඇයට විහාරදේවී යන නම ලැබුනා.

23. තිස්සමහාවිහාරඤ්ච - තථා චිත්තලපබ්බතං
ගමිට්ඨවාලිං කුටාලිං - විහාරේ ඒවමාදිකේ

කාවන්තිස්ස රජ්ජුරුවෝ තිස්සමහාවිහාරය, සිතුල්පව්ව, ගමිට්ඨවාලි විහාරය, කුටාලි විහාරය ආදී විහාරයන්,

24. කාරෙත්වා සුප්පසන්නේන - මනසා රතනත්තයේ
උපට්ඨහි තදා සංඝං - පච්චයේහි චතුබ්හි සෝ

කරවා රතනත්‍රය කෙරෙහි මහත් පැහැදුනු සිතකින් යුක්තව හැම අවස්ථාවේදී ම සංඝයා වහන්සේට සිව්පසයෙන් ඇප උපස්ථාන කළා.

25. කෝට්පබ්බතනාමම්හි - විහාරේ සීලවත්තිමා
තදා අහු සාමණේරෝ - නානාපුඤ්ඤකරෝ සදා

ඒ දිනවල කෝටපබ්බත නම් විහාරයේ හැම තිස්සේ ම නොයෙකුත් පින්කම් කරන ඉතා සිල්වත් සාමණේරයන් වහන්සේ නමක් සිටියා.

26. සුඛේනාරෝහණත්ථාය - අකාසචේතියංගණේ
ඨපේසි තීණි සෝපාණේ - පාසාණඵලකානි සෝ

උන්වහන්සේ ආකාස චෛත්‍ය මළුවට පහසුවෙන් නැගගන්ට පුළුවන් විදිහට පියගැටපෙළෙහි ගල් පුවරු තුනක් තැබුවා.

27. **අදා පානීයදානඤ්ච - වත්තං සංඝස්ස චා'කරි**
සදා කිලන්තකායස්ස - තස්සා'බාධො මහා අහූ

සංඝයා වහන්සේගේ පරිභෝගයට පැන් ගෙනඒම ඇප උපස්ථාන කිරීම ආදී වත් කළා. නිතර ඇති වූ කයේ වෙහෙස නිසා උන්වහන්සේට බලවත් රෝගාබාධයක් හටගත්තා.

28. **සිවිකාය තමානෙත්වා - භික්ඛවෝ කතවේදිනෝ**
සිලාපස්සයපරිවේණේ - තිස්සාරාමේ උපට්ඨහුං

කෙළෙහිගුණ දත් භික්ෂූන් වහන්සේලා ගිලන් වූ සාමණේරයන්ව සිවි ගෙයකින් තිස්සමහාරාමයේ සිලාපස්සය පිරිවෙනට කැඳවාගෙන ඇවිත් ඇප උපස්ථාන කළා.

29. **සදා විහාරදේවී සා - රාජගේහේ සුසංඛතේ**
පුරේභත්තං මහාදානං - දත්වා සංඝස්ස සඞ්ඝඤතා

හැම කල්හි ඒ විහාරදේවියත් සිල්වත්ව වාසය කරමින් රජගෙහි මනාව පිළියෙළ කළ උදය වරුවේ බත සංඝයා වහන්සේට මහා දානයක් විදිහට පූජා කරගෙන,

30. **පච්ඡාභත්තං ගන්ධමාලං - භේසජ්ජවසනානි ච**
ගාහයිත්වා ගතාරාමං - සක්කරෝති යථාරහං

සවස් වරුවේ සුවඳ මල් බෙහෙත් සිවුරු රෙදි ආදිය ගෙන්වාගෙන ආරාමයට ගිහින් සුදුසු ආකාරයෙන් සංඝයාට සත්කාර කළා.

31. **තදා තථේව කත්වා සා - සංඝත්ථේරස්ස සන්තිකේ**
නිසීදි ධම්මං දේසෙන්තෝ - ථේරෝ තං ඉධ මබ්‍රවි

එදාත් විහාරදේවිය ඒ ආකාරයෙන් ම සංසෝපස්ථාන කරලා මහතෙරුන් වහන්සේ සමීපයට ගොස් වන්දනා කොට එකත්පස්ව වාඩිවුනා. ධර්ම දේශනය කරන තෙරුන් වහන්සේ විහාරදේවියට මෙකරුණ පැවසුවා.

32. **මහාසම්පත්ති තුම්හේහි - ලද්ධායං පුඤ්ඤකම්මුනා**
අප්පමාදෝව කාතබ්බෝ - පුඤ්ඤකම්මේ ඉදානිපි

'පෙර කරන ලද පින්කම් වල අනුසස් බලෙන් ඔබතුමියට මෙවැනි මහා සම්පත් ලැබිලා තියෙන්නේ. එනිසා දැනුත් අප්‍රමාදීව පින්කම් ම යි කරගන්ට ඕනෑ.'

33. **ඒවං වුත්තේ තු සා ආහ - කිං සම්පත්ති අයං ඉධ**
යේසං නෝ දාරකා නත්ථි - වඤ්ඣා සම්පත්ති තේන නෝ

එසේ වදාළ විට විහාරදේවී මෙය පැවසුවා. 'අනේ ස්වාමීනී, මේ සැප සම්පත්වලින් මේ ලෝකයේ ඇති ඵලය කුමක්ද? අනේ අපට දරු සම්පත් නැති නිසාවෙන් අපගේ සම්පත් වඳයි.'

34. **ඡළභිඤ්ඤෝ මහාථේරෝ - පුත්තලාභමවෙක්ඛිය**
ගිලානං සාමණේරං තං - පස්ස දේවීති අබ්‍රවි

එතකොට ෂඩ් අභිඥාලාභී මහරහතන් වහන්සේ ඇයට දරු සම්පතක් ලැබෙන බව දැකලා 'දේවියනි, අර ගිලන් සාමණේරයන්ව බැහැදකින්ට' කියා වදාළා.

35. **සා ගන්ත්වා'සන්න මරණං - සාමණේරමවෝච තං**
පත්ථේහි මම පුත්තත්තං - සම්පත්තී මහතී හි නෝ

ඇය ගිහින් අපවත් වෙන්ට ළං වී සිටි සාමණේරයන්ට මෙය පැවසුවා. 'පින්වත් සාමණේරයන් වහන්ස, මාගේ පුතෙක් වෙන්ට ප්‍රාර්ථනා කළ මැනව. අපට බොහෝ සම්පත් තියෙනවා.'

36. **න ඉච්ඡතීති ඤත්වාන - තදත්ථං මහතිං සුභං**
පුප්ඵපූජං කාරයිත්වා - පුන යාචි සුමේධසා

මිනිස් ලොව උපදින්ට සාමණේරයන්ගේ කැමැත්තක් නැතිබව දැනගත් නුවණින් යුක්ත වූ විහාර දේවිය නැවතත් සාමණේරයන්ට සොඳුරු මල් පූජාවක් කරලා තමන්ගේ පුතෙක් වෙන්ට කියලා ඉල්ලා සිටියා.

37. **ඒවම්ප'නිච්ඡමානස්ස - අත්ථායු'පාය කෝවිදා**
නානාභේසජ්ජවත්ථානි - සංඝේ දත්වා'ථ යාචි තං

එහෙමත් මිනිස් ලොව අකමැති වූ සාමණේරයන් වහන්සේ නමින් උපායෙහි දක්ෂ විහාරදේවිය නොයෙකුත් බෙහෙත් ඖෂධ සිවුරු පිණිස වස්ත්‍ර සංඝයාට පූජා කරලා නැවතත් තමන්ගේ පුතෙක් වෙන්ට ප්‍රාර්ථනා කළ මැනව කියලා ආයාචනා කළා.

38. **පත්ථේසි සෝ රාජකුලං - සා තං ඨානං අනේකධා**
අලංකරිත්වා වන්දිත්වා - යානමාරුය්හ පක්කමි

එතකොට සාමණේරයන් වහන්සේ රජපවුලේ උපදින්ට අධිෂ්ඨාන කරගත්තා. ඊටපස්සේ විහාරදේවිය උන්වහන්සේ සැතපී සිටින ස්ථානය නොයෙක් අයුරින් සරසලා සාමණේරයන්ට වන්දනා කරලා යානාවක නැගී පිටත් වුනා.

39. **තතෝ චුතෝ සාමණේරෝ - ගච්ඡමානාය දේවියා**
තස්සා කුච්ඡිම්හි නිබ්බත්ති - තං ජානිය නිවත්ති සා

ඒ ආත්මභාවයෙන් චුත වූ සාමණේරයන් වහන්සේ රථයේ ගමන් කරමින් සිටි දේවියගේ කුසෙහි පිළිසිඳ ගත්තා. යමෙක් තම කුසෙහි පිළිසිඳ ගත් බව තේරුනු ඇය රථය නැවැත්තුවා.

40. **රඤ්ඤො තං සාසනං දත්වා - රඤ්ඤා සහ පුනාගමා**
සරීරකිච්චං කාරෙත්වා - සාමණේරස්සු'භෝ පි තේ

රජ්ජුරුවන්ට ඒ කාරණය දැනුම් දුන්නා. නැවතත් රජ්ජුරුවන් සමඟ සිලාපස්සය පිරිවෙණට ගිහින් රජ්ජුරුවොත් දේවියත් සාමණේරයන් වහන්සේගේ දේහය පිළිබඳ ආදාහන කටයුතු කරවා

41. **තස්මිං යේව පරිවේණේ - වසන්තා සන්තමානසා**
මහාදානං පවත්තේසුං - භික්ඛුසංඝස්ස සබ්බදා

සන්සුන් සිත් ඇතිව ඒ පිරිවෙනේම වාසය කරමින් භික්ෂු සංඝයා වහන්සේ උදෙසා හැම කල්හි මහා දන් පැවැත්තුවා.

42. **තස්සේවං දෝහළෝ ආහි - මහාපුඤ්ඤාය දේවියා**
උසභමත්තං මධුගණ්ඩං - කත්වා උස්සීසකේ සයං

මහා පින් ඇති විහාර දේවියට මේ ආකාර වූ දොළ දුකක් හටගත්තා. ඉස්බක (රියන් එකසිය හතළිහක) ප්‍රමාණයේ මහා මී වදයක් තමන්ගේ හිස අද්දරින් තබාගෙන,

43. **වාමේතරේන පස්සේන - නිපන්නා සයනේ සුභේ**
ද්වාදසන්නං සහස්සානං - භික්ඛූනං දින්නසේසකං

ශෝභාසම්පන්න යහනක වම් ඇලයෙන් සැතපී දොළොස් දහසක් භික්ෂූන් වහන්සේලාට පූජා කොට ඉතිරි වූ,

44. **මධුං භුඤ්ජිතුකාමා'සි - අථ එළාරරාජිනෝ**
යෝධානමග්ගයෝධස්ස - සීසච්ඡින්නාසිධෝවනං

මී පැණි අනුභව කරන්ට සිතුනා. ඒ වගේ ම එළාර රජ්ජුරුවන්ගේ යෝධයන් අතුරෙන් ප්‍රධාන යෝධයාගේ හිස සින්ද කඩුව සෝදලා ගත් ජලය,

45. **තස්සේව සීසේ ඨත්වාන - පාතුඤ්චේව අකාමයි**
අනුරාධපුරස්සේව - උප්පලක්ඛෙත්තතෝ පන

ඒ යෝධයාගේ හිස මත වාඩිවෙලා බොන්ටත් සිතුනා. අනුරාධපුරයේ මහනෙල් විලෙන්,

46. **ආනීතුප්පලමාලඤ්ච - අමිලාතං පිළන්ධිතුං**
තං දේවී රාජිනෝ ආහ - නේමිත්තේ පුච්ඡි භූපති

ගෙනාපු මහනෙල් මල් මැලවෙන්ට කලින් පළඳින්ටත් සිතුනා. තමන්ගේ මේ දොළ දූක විහාරදේවිය කාවන්තිස්ස රජ්ජුරුවන්ට කිව්වා. රජ්ජුරුවෝ නිමිති කියන අය ගෙන්වලා එහි තේරුම ඇසුවා.

47. **තං සුත්වා ආහු නේමිත්තා - දේවීපුත්තෝ නිසාතිය**
දමිළේ කත්වේකරජ්ජං - සාසනං ජෝතයිස්සති

එය ඇසූ නිමිතිකාරයෝ මෙහෙම කිව්වා. 'දේවයන් වහන්ස, දේවීන් වහන්සේගේ කුස පිළිසිඳගෙන ඉන්න පුත් කුමරා ලක්දිව දෙමළ බලය නැති කරලා ලංකාව එක්සේසත් කරනවා. බුද්ධ ශාසනය බබුලුවනවා.

48. **ඊදිසං මධුගණ්ඩං යෝ - දස්සේති තස්ස ඊදිසිං**
සම්පත්තිං දේති රාජාති - සෝසාපේසි මහීපති

මෙබඳු ආකාරයේ මී වදයක් පෙන්වා දෙන යමෙක් ඉන්නවා නම් රජ්ජුරුවෝ ඔහුට මෙබඳු ආකාරයේ වස්තුව දෙනවා කියලා කාවන්තිස්ස රජ්ජුරුවෝ අඬබෙර ගස්සවලා මාගම්පුරයේ ප්‍රසිද්ධ කළා.

49. **ගෝඨසමුද්දවේලන්තේ - මධුපුණ්ණං නිකුජ්ජිතං**
නාවං දිස්වාන ආචික්ඛි - රඤ්ඤෝ ජනපදේ නරෝ

ගොළු මුහුදේ වෙරළාසන්නයේ කොළොම් වැල් ගාලක මුනින් නවන ලද එක්සිය හතළිස් රියනක් (ඉස්බක්)

පමණැති මහා ඔරු කඳක මී පැණියෙන් පිරී ගිය මහා මී වදයක් තියෙන බව දැනගත් ජනපදවැසි මනුෂ්‍යයෙක් කාවන්තිස්ස රජ්ජුරුවන්ට එය දැනුම් දුන්නා.

50. **රාජා දේවිං තහිං නෙත්වා - මණ්ඩපම්හි සුසංඛතේ**
යථිච්ඡිථං තාය මධුං - පරිභෝගමකාරයි

ඉතා සතුටු වූ රජ්ජුරුවෝ විහාරදේවියත් එතැනට කැඳවාගෙන ගියා. ඒ ඔරුකඳ ඇතුල් කොට අලංකාර මණ්ඩපයක් කරවා මී වදය තමා හිස තබා ඇති තැන ඉහළින් තබ්බවා දේවිය යහනක සතප්පවා දකුණු අතින් සංඝයා උදෙසා මී පැණි පූජා කරවා දේවියටත් වැළඳෙව්වා.

51. **ඉතරේ දෝහළේ තස්සා - සම්පාදේතුං මහීපති**
වේළුසුමනනාමං තං - යෝධං තත්ථ නියෝජයි

අනිත් දොළදුක සන්සිඳුවන්ට කාවන්තිස්ස රජ්ජුරුවෝ වේළුසුමන නම් යෝධයාව ඒ කාරණයට යෙදෙව්වා.

52. **සෝ'නුරාධපුරං ගන්ත්වා - රඤ්ඤෝ මංගලවාජිනෝ**
ගෝපකේන අකා මෙත්තිං - තස්ස කිච්චඤ්ච සබ්බදා

වේළුසුමන යෝධයා අනුරාධපුරයට ගිහින් එළාර රජ්ජුරුවන්ගේ මංගල අශ්වයාගේ අස්ගොව්වා සමඟ මිත්‍රත්වයක් ඇති කරගත්තා. හැම කල්හි ඒ මංගල අශ්වයාගේ නැහැවීම් ආදී උපස්ථාන කටයුතු ත් කළා.

53. **තස්ස විස්සත්ථතං ඤත්වා - පාතෝව උප්පලානසිං**
කදම්බනදියා තීරේ - ඨපෙත්වාන අසංකිතෝ

අස්ගොව්වා තමන් හා මහත් විශ්වාසයෙකින් බැඳුනු බව දැනගත් යෝධයා උදෑසනින් ම මහනෙල් මලුත් කඩාගෙන, කඩුවත් අතැතිව කොළම් ගං ඉවුරේ තබා සැකයක් නැතිව,

54. **අස්සං නෙත්වා තමාරුය්හ - ගණ්හිත්වා උප්පලානසිං**
නිවේදයිත්වා අත්තානං - අස්සවේගේන පක්කමි

එළාර රජ්ජුරුවන්ගේ වාහ නම් ආජානේය සෛන්ධව අශ්වයා නාවන්ට පිටතට ගෙන යන ආකාරයෙන් කොළම් ගං තෙරට ගෙනිහින් ඒ අසු පිට නැගලා මහනෙල් මලුයි කඩුවයි අතට අරන් 'මං රුහුනේ කාවන්තිස්ස රජ්ජුරුවන්ගේ වේළුසුමන නම් ඇමැතියා යි' කියලා උස් හඬින් කියලා පලාගියා.

55. **සුත්වා රාජා ගහේතුං තං - මහායෝධාමපේසයි**
දුතියං සම්මතං අස්සං - ආරුය්හ සෝනුධාවි තං

මෙය අසන්ට ලැබූ එළාර රජ්ජුරුවෝ වේළුසුමන යෝධයාව අල්ලා ගන්ට නන්දිසාරථී නමැති මහා යෝධයාව පිටත් කෙරෙව්වා. ඔහු මංගල සම්මත සිරිගුත්ත නැමැති දෙවෙනි ආජානේය සෛන්ධව අශ්වයා පිට නැගී වේළුසුමන යෝධයා පිටුපසින් ලුහුබඳින්ට පටන් ගත්තා.

56. **සෝ ගුම්බනිස්සිතෝ අස්සපිට්ඨේ යේව නිසීදිය**
එන්තස්ස පිට්ඨිතෝ තස්ස - උබ්බය්හාසිං පසාරයි

එතකොට වේළුසුමන යෝධයා නුගහල නමැති ප්‍රදේශයට ඇවිත් පාරෙන් අයින් වෙලා වන ලැහැබකට මුවාවෙලා අශ්වයාගේ පිට මතම හිඳගෙන කඩුව කොපුවෙන් ඇදගෙන දික් කළා.

57. **අස්සවේගේන යන්තස්ස - සීසං ඡිජ්ජි උභෝ හයේ**
සීසඤ්චාදාය සායං සෝ - මහාගාමමුපාගමි

වේගයෙන් එන අශ්වයාගේ පිටේ උන්නු යෝධයාගේ හිස වෙන්වෙලා ගියා. අශ්වයන් දෙන්නාත්, නන්දිසාරථී මහා යෝධයාගේ හිසත් අරගෙන වේළුසුමන යෝධයා සවස් වෙද්දී මාගම්පුරයේ වඩ්ඪමාන නගරයට ගියා.

58. දෝහළේ තේ ච සා දේවී - පරිභුඤ්ජි යථාරුචි
රාජා යෝධස්ස සක්කාරං - කාරාපේසි යථාරහං

විහාරදේවී කැමැති පරිද්දෙන් තමන්ගේ දොළදුක සන්සිඳුවා ගත්තා. කාවන්තිස්ස රජ්ජුරුවෝ වේළුසුමන යෝධයාට සුදුසු පරිදි සත්කාර ලබාදුන්නා.

59. සා දේවී සමයේ ධඤ්ඤං - ජනයී පුත්තමුත්තමං
මහාරාජකුලේ තස්මිං - ආනන්දෝ ච මහා අහු

විහාරදේවී සුදුසු කාලයේ දී ධන්‍ය පුණ්‍ය ලක්ෂණ ඇති උතුම් පුත් කුමරෙක් බිහි කළා. ඒ පිළිබඳ රජ පවුල තුළ මහත් ආනන්දයක් ඇති වුනා.

60. තස්ස පුඤ්ඤානුභාවේන - තදහේව උපාගමුං
නානාරතනසම්පුණ්ණා - සත්තනාවා තතෝ තතෝ

ඒ කුමාරයාගේ පුණ්‍යානුභාවයෙන් කුමාරයා උපන් දවසේ ම නොයෙක් මැණික් වර්ගයන්ගෙන් පිරුණු නැව් සතක් ඒ ඒ තැනින් මාගම්පුර වරායට ආවා.

61. තස්සේව පුඤ්ඤතේජේන - ඡද්දන්තකුලතෝ කරී
හත්ථිච්ඡාපං ආහරිත්වා - ඨපෙත්වා ඉධ පක්කමි

ඒ කුමාරයාගේ ම පුණ්‍ය තේජසින් ඡද්දන්ත කුලයේ ඇතෙක් ඇත් පැටියෙකු ගෙනවිත් මෙහි තබා ගියා.

62. තං තිත්ථසරතීරම්හි - දිස්වා ගුම්බන්තරේ ඨිතං
කණ්ඩුලව්හෝ බාලිසිකෝ - රඤ්ඤෝ ආචික්ඛි තාවදේ

තොටු විල් ඉවුරේ පඳුරු අස්සේ ඉන්න ඇත් පැටියාව දැකපු කණ්ඩුල නමැති මාළු මරන්නෙක් එවෙලේ ම කාවන්තිස්ස රජ්ජුරුවන්ට දැනුම් දුන්නා.

63. පේසෙත්වා'චරියේ රාජා - තමාණාපිය පෝසයි
කණ්ඩුලෝ ඉති ඤායිත්ථ - දිට්ඨත්තා කණ්ඩුලේන සෝ

රජ්ජුරුවෝ ඇත් ගොවුවන් පිටත් කරවා ඒ ඇත් පැටියාව ගෙන්වා ගෙන පෝෂණය කළා. කණ්ඩුල නමැති තැනැත්තා මොහුව පළමුවෙන් දැක්ක නිසා ඒ ඇත් පැටියාට 'කණ්ඩුල' යන නම තැබුවා.

64. **සුවණ්ණභාජනාදීනං - පුණ්ණා නාවා ඉධාගතා**
ඉති රඤ්ඤො නිවේදසුං - රාජා තානා'හරාපයි

ඒ වගේ ම රත්තරන් භාජන ආදියෙන් පිරීගිය නැව් මෙහි ඇවිත් තියෙනවා කියලා රජ්ජුරුවන්ට දැනුම් දුන්නා. රජ්ජුරුවෝ ඒවාත් ගෙන්නා ගත්තා.

65. **පුත්තස්ස නාමකරණේ - මංගලම්හි මහීපති**
ද්වාදසසහස්සසංඛං - භික්ඛුසංඝං නිමන්තිය

පුත් කුමාරයාගේ නම් තබන මංගල්ලෙට රජ්ජුරුවෝ දොළොස් දහසක් භික්ෂූන් වහන්සේලාට ආරාධනා කළා.

66. **ඒවං චින්තේසි යදි මේ - පුත්තෝ ලංකාතලේ'ඛිලේ**
රජ්ජං ගහෙත්වා සම්බුද්ධ - සාසනං ජෝතයිස්සති

රජ්ජුරුවෝ මෙහෙම සිතුවා. 'ඉදින් මාගේ පුත්‍රයා ලංකාදීපේ පරසතුරු කටුකොහොල් ඉවත් කරලා ලංකාරාජ්‍යයේ හිමිකරු වෙලා උතුම් බුද්ධ ශාසනය බබුළුවනවා නම්,

67. **අට්ඨුත්තරසහස්සං ච - භික්ඛවෝ පවිසන්තු ච**
සබ්බේ තේ උද්ධපත්තඤ්ච - චීවරං පාරුපන්තු ච

භික්ෂූන් වහන්සේලා එක්දහස් අට නමක් ශාලාවට පිවිසෙත්වා! උන්වහන්සේලා සියලු දෙනා උඩු අතට හරවා ගත් පාත්‍රා ඇතිව සිවුරු පොරොවත්වා!

68. **පඨමං දක්ඛිණං පාදං - උම්මාරන්තෝ ඨපෙන්තු ච**
ඒකච්ඡත්තයුතං ධම්මකරකං නීහරන්තු ච

ඇතුළට වඩිද්දී පළමුවෙන් ම දකුණු පාදය උළුවස්සෙන් ඇතුළට තබත්වා! එක් කුඩයකින් යුක්ත වූ පසුම්බියෙන් පෙරහන්කඩය පිටතට ගනිත්වා!

69. **ගෝතමෝ නාම ථේරෝ ච - පතිගණ්හාතු පුත්තකං**
සෝ ච සරණසික්ඛායෝ - දේතු සබ්බං තථා අහු

ගෞතම නම් තෙරුන් වහන්සේ පළමුකොට පුත් කුමරාව පිළිගනිත්වා! උන්වහන්සේ ම උතුම් තිසරණ පන්සිල් දෙන සේක්වා!'යි සිතින් අධිෂ්ඨාන කළා. ඒ හැම දෙයක් ම සිතූ පරිදි වුනා.

70. **සබ්බං නිමිත්තං දිස්වාන - තුට්ඨචිත්තෝ මහීපති**
දත්වා සංඝස්ස පායාසං - නාමං පුත්තස්ස කාරයි

සියලු නිමිති දැකපු රජ්ජුරුවෝ ඉතාමත් සන්තෝෂයට පත්වුනා. භික්ෂු සංඝයා වහන්සේලාට කිරිබත් දානය පූජා කරගෙන පුත් කුමාරයාට නම තැබුවා.

71. **මහාගාමේ නායකත්තං - පිතුනාමඤ්ච අත්තනෝ**
උභෝ කත්වාන ඒකජ්ඣං - ගාමණී අභයෝ ඉති

මාගමේ නායකත්වයත්, තම පිය රජ්ජුරුවන් වන ගෝඨාභය රජ්ජුරුවන්ගේ අභය නාමයත් යන දෙක එකතු කොට කුමාරයාට 'ගාමිණී අභය' යන නාමය තැබුවා.

72. **මහාගාමං පවිසිත්වා - නවමේ දිවසේ තතෝ**
සංගමං දේවියාකාසි - තේන ගබ්භමගණ්හි සා

කුමාරයාගේ නම් තැබීමේ උත්සවයෙන් නව දිනකට පස්සේ රජ්ජුරුවෝ මාගමට ගියා. එහි දී විහාරදේවිය සමඟ එකට හැසිරීම හේතුවෙන් ඇය නැවත ගර්භණියක් වුනා.

73. **කාලේ ජාතං සුතං රාජා - තිස්සනාමං අකාරයි**
මහතා පරිහාරේන - උභෝ වඩ්ඪිංසු දාරකා

සුදුසු කාලයෙහි තව පුත් රුවනක් ලැබුනා. කාවන්තිස්ස රජ්ජුරුවෝ ඒ දෙවෙනි කුමාරයාට තිස්ස යන නම තැබුවා. මේ රජදරුවන් දෙන්නා මහත් ගරු බුහුමන් සහිතව වැඩුනා.

74. **සිත්ථප්පවේසමංගලකාලේ ද්වින්නම්පි සාදරෝ**
භික්ඛුසතානං පඤ්චන්නං - දාපයිත්වාන පායසං

දරු දෙන්නාට ඉඳුල් කට ගෑවීමේ මංගල්‍යය දවසේ ඉතා ආදරයෙන් යුක්තව පන්සියයක් වූ භික්ෂු සංඝයා වහන්සේට කිරිබත් දානය පූජා කරගෙන,

75. **තේහි උපඩ්ඪේ භුත්තම්හි - ගහෙත්වා ථෝකථෝකකං**
සෝවණ්ණසරකේනේසං - දේවියා සහ භූපති

උන්වහන්සේලා භාගයක් වැළඳූ පසු ඉතිරි වූ කිරිබත් ටික ටික ගෙන්වා ගෙන ඒවා රන් තැටියක දමලා රජ්ජුරුවෝ විහාර මහා දේවියත් සමඟ,

76. **සම්බුද්ධසාසනං තුම්හේ - යදි ඡඩ්ඩෙථ පුත්තකා**
මා ජීරතු කුච්ජිගතං - ඉදං වෝ'ති අදාපයි

'දරුවෙනි, ඉදින් ඔයාලා මේ ගෞතම බුදු සසුන අත්හරිනවා නම් මේ අනුභව කරන ආහාරය දිරවන්ට එපා!' කියලා දරුවන්ට කිරිබත් කැව්වා.

77. **විඤ්ඤාය භාසිතත්ථං තේ - උභෝ රාජකුමාරකා**
පායාසං තං අභුඤ්ජිංසු - තුට්ඨචිත්තා'මතං විය

ඒ අදහස තේරුම් ගත් රාජකුමාරවරු දෙන්නා අමෘතයක් ලැබූ කලක සෙයින් මහත් සතුටු සිතින් ඒ කිරිබත් අනුභව කළා.

78. **දසද්වාදසවස්සේසු - තේසු වීමංසනත්ථිකෝ**
තථේව භික්ඛූ භෝජෙත්වා - තේසං උච්ඡිට්ඨමෝදනං

ඒ කුමාරවරුන් දහ දොළොස් හැවිරිදිව ඉන්න කොට ඒ කුමාරවරුන්ගේ අදහස් විමසා බැලීම පිණිස කලින් වගේම භික්ෂූන් වහන්සේලාව වළඳවලා උන්වහන්සේලා ඉතිරි කළ ඉඳුල්බත්,

79. ගාහයිත්වා තට්ටකේන - ඨපාපෙත්වා තදන්තිකේ
තිභාගං කාරයිත්වාන - ඉධමාහ මහීපති

රන් තැටියෙන් ගෙන්නවාගෙන දරුවන් ඉදිරියෙහි තබා ඒ කිරිබත කොටස් තුනකට බෙදලා කාවන්තිස්ස රජ්ජුරුවෝ මෙහෙම කිව්වා.

80. කුලදේවතානං නෝ තාතා - භික්ඛූනං විමුඛා මයං
න හෙස්සාමා'ති චින්තෙත්වා - භාගං භුඤ්ජථිමන්ති ච

'දරුවෙනි, අපගේ කුලදේවතාවුන් වන භික්ෂූන් වහන්සේලා දුටු විට අපි කලකිරී ඉවත බලන්නේ නෑ කියලා මේ බත් කොටස අනුභව කරන්ට ඕනෑ.

81. ද්වේ භාතරෝ මයං නිච්චං - අඤ්ඤමඤ්ඤමදූහකා
භවිස්සාමාති චින්තෙත්වා - භාගං භුඤ්ජථිමන්ති ච

සහෝදර දෙන්නා වන අපි නිතරම එකිනෙකාට ද්‍රෝහී නොවී වාසය කරනවාය කියලා සිතා ඊළඟ බත් කොටසත් අනුභව කරන්ට ඕනෑ.'

82. අමතං විය භුඤ්ජිංසු - තේ ද්වේ භාගේ උභෝපි ච
න යුජ්ඣිස්සාම දමිළේහි - ඉති භුඤ්ජථිමං ඉති

එතකොට කුමාරවරු දෙන්නා අමෘතය වගේ සිතා ඒ බත් කොටස් දෙක ම අනුභව කළා. 'දෙමලුන් එක්ක යුද්ධ කරන්ට යන්නේ නෑ' කියලා මේ තුන්වෙනි කොටස අනුභව කරන්ට ඕනෑ' කියලා,

83. **ඒවං වුත්තේ තු තිස්සෝ සෝ - පාණිනා ඛිපි භෝජනං**
ගාමණි හත්තපිණ්ඩං තු - ඛිපිත්වා සයනං ගතෝ

රජ්ජුරුවෝ කිව්වාම තිස්ස කුමාරයා අතින් ගත් බත් පිඩ රන් තැටියට ම දැම්මා. ගාමිණී කුමාරයා බත් පිඩ රන් තැටියේ අත්හැරලා තමන්ගේ ඇඳට ගියා.

84. **සංකුචිත්වා හත්ථපාදං - නිපජ්ජි සයනේ සයං**
දේවී ගන්ත්වා තෝසයන්තී - ගාමණිං ඒතදබ්‍රවි

අත් පා වකුටු කරගෙන ඇඳේ වැතිරිලා සිටියා. විහාර දේවිය ගැමුණු කුමාරයා ළඟට ගිහින් කුමාරයාව සතුටු කරවමින් මෙහෙම කිව්වා.

85. **පසාරිතංගෝ සයනේ - කිං න සේසි සුඛං සුත**
ගංගාපාරම්හි දමිළා - ඉතෝ ගෝඨමහෝදධි

'පුතේ, අත්පා දිග හැර ඇඳෙහි සුවසේ නිදාගන්නේ නැත්තේ ඇයි?' 'මහවැලි ගඟෙන් එහා පැත්තේ ඉන්නේ බලෙන් රට අල්ලාගත් දෙමෙල්ලු! මේ පැත්තේ තියෙන්නේ ගොළු මුහුද.

86. **කථං පසාරිතංගෝහං - නිපජ්ජාමීති සෝ බ්‍රවි**
සුත්වාන තස්සාධිප්පායං - තුණ්හී ආසි මහීපති

ඉතින් මං කොහොමද අත්පා දිගහැරලා සැනසිල්ලේ ඇඳේ වැතිරිලා ඉන්නේ?' කියලා ගැමුණු කුමාරයා උත්තර දුන්නා. ඔහුගේ අදහස තේරුම්ගත් කාවන්තිස්ස රජ්ජුරුවෝ නිශ්ශබ්ද වුනා.

87. **සෝ කමේනාභිවඩ්ඪන්තෝ - අහු සෝළසවස්සිකෝ**
පුඤ්ඤවා යසවා ධීමා - තේජෝබලපරක්කමෝ

ගැමුණු කුමාරයා ක්‍රමයෙන් වැඩෙද්දී වයස අවුරුදු

දහසයක් වුනා. පිනෙන්, යසපිරිවරින්, ධෛර්ය සම්පන්න බවින්, තේජෝබල පරාක්‍රමයෙන් යුක්ත වුනා.

88. චලාචලායං ගතියං හි පාණිනෝ
උපෙන්ති පුඤ්ඤෙන යථාරුචිං ගතිං
ඉතීති මන්ත්වා සතතං මහාදරෝ
භවෙය්‍ය පුඤ්ඤූපචයම්හි බුද්ධිමා ති.

සත්වයෝ නොයෙක් අයුරින් සැලෙන ඉතා ඉතා සැලෙන උත්පත්තිගති ස්වභාවයෙන් යුක්තයි. තමන් තමන් රැස්කරන්නා වූ පුණ්‍ය බලයෙන් සාමණේරයන් වහන්සේ මැනවින් සිත පිහිටුවා ගෙන යළි මිනිස් ලොව මනා ස්වභාවයෙන් උපන් අයුරින් කැමැති පරිදි උතුම් උපතකට යන්ට පුළුවනි. ඔය විදිහට නුවණින් කල්පනා කරන බුද්ධිමත් කෙනා මහත් ආදරයෙන් යුක්තව පින් රැස් කරගන්ට ඕනෑ.

සුජනප්පසාදසංවේගත්ථාය කතේ මහාවංසේ
ගාමණිකුමාරසූති නාම බාවීසතිමෝ පරිච්ඡේදෝ.

සත්පුරුෂ ජනයන්ගේ ප්‍රසාදයත් සංවේගයත් ඇතිකරනු පිණිස කරන ලද මහාවංශයෙහි ගැමුණු කුමාරයාගේ උපත නම් වූ විසිදෙවෙනි පරිච්ඡේදය යි.

23

තේවීසතිමෝ පරිච්ඡේදෝ

විසිතුන්වෙනි පරිච්ඡේදය

යෝධලාභෝ

දස මහා යෝධයන් ලැබීම

1. බලලක්ඛණරූපේහි - තේජෝජවගුණේහි ච
අග්ගෝ අහු මහාකායෝ - සෝ ච කණ්ඩුලවාරණෝ

කඩොල් ඇතාත් කාය බලයෙන් යුතුව, ඇතෙකුට පිහිටිය යුතු උතුම් ලකුණින් යුතුව, ආරෝහ පරිණාහ දේහයකින් යුතුව තේජසින් යුතුව ජව ගුණයෙන් යුතුව අන් සියලු ඇතුන් අතර අග්‍ර ව මහාකයක් ඇතිව සිටියා.

2. නන්දිමිත්තෝ සූරනිමිලෝ - මහාසෝණෝ ගෝඨයිම්බරෝ
ථේරපුත්තාභයෝ භරණෝ - වේළුසුමනෝ තථේව ච

නන්දිමිත්‍ර ය, සූරනිමල ය, මහාසෝණ ය, ගෝඨයිම්බර ය, ථේරපුත්තාභය ය, භරණ ය, වේළුසුමන ය, ඒ වගේ ම,

3. ඛඤ්ජදේවෝ ඵුස්සදේවෝ - ලභියාවසභෝපි ච
ඒතේ දස මහායෝධා - තස්සා'හේසුං මහබ්බලා

විසිතුන්වෙනි පරිච්ඡේදය 415

බඤ්ජදේව ය, ඵුස්සදේව ය, ලභියවසභ ය කියලා මහා බලසම්පන්න මහා යෝධයෝ දස දෙනෙක් ගැමුණු කුමාරයාට හිටියා.

4. **අහූ එළාරරාජස්ස - මිත්තෝ නාම චමූපති**
තස්ස කම්මන්තගාමම්හි - පාචීනඛණ්ඩරාජියා

එළාර රජ්ජුරුවන්ට මිත්‍ර නමින් සෙනෙවියෙක් සිටියා. නැගෙනහිර පළාතේ 'ඛණ්ඩරාජි' කියලා ඔහුගේ කර්මාන්ත කරවන ගමක් තිබුණා.

5. **චිත්තපබ්බතසාමන්තා - අහූ භගිනියා සුතෝ**
කෝසෝහිතවත්ථගුය්හෝ - මාතුලස්සේව නාමකෝ

චිත්ත පර්වතයට ආසන්නයේ තිබුනු ඒ ගමේ ඔහුගේ නැගණියට පුතෙක් හිටියා. කෝෂයෙන් වැසී ගිය අංගජාතයක් තිබුනු ඔහුට තම මාමාගේ නම වන 'මිත්‍ර' යන නාමය ම ලැබී තිබුණා.

6. **දූරම්පි පරිසප්පන්තං - දහරං තං කුමාරකං**
ආබජ්ඣ නන්දියා කට්‍යං - නිසදම්හි අබන්ධිසුං

මේ මිත්‍ර කුමාරයා ඉතා සිඟිති කාලයේ දණ ගාමින් ගොඩාක් ඈතට යනවා. දරුවගේ ගමන වළක්වන්ට ඉනේ සම්පටියක් බැඳලා අනිත් කෙළවරේ මිරිස් ගලක් ගැට ගැහුවා.

7. **නිසදං කඩ්ඪතෝ තස්ස - භූමියං පරිසප්පතෝ**
උම්මාරාතික්කමේ නන්දි - සා ඡිජ්ජති යතෝ තතෝ

එතකොට 'මිත්‍ර' සිඟිත්තා මිරිස් ගලත් ඇදගෙන බිම දණ ගාගෙන යන අතරේ උළුවස්සෙන් එළියට යද්දි මිරිස් ගලේ බැඳපු වරපට කැඩිලා යනවා.

8. **නන්දිමිත්තෝති ඤායිත්ථ - දසනාගබලෝ අහු**
වුද්ධෝ නගරමාගම්ම - සෝ උපට්ඨාසි මාතුලං

නන්දි කියන්නේ සම්පටියට. මිරිස් ගලේ බැඳපු සම් පටියත් කඩාගෙන ගිය නිසා මේ දරුවාට 'නන්දිමිත්‍ර' කියා නම ලැබුනා. මොහු ඇත්තු දහ දෙනෙකුගේ කාය බලයෙන් යුක්තයි. මොහු තරුණයෙක් වුනාට පස්සේ අනුරාධපුරයට ඇවිත් 'මිත්‍ර' නමැති තමන්ගේ මාමාට සේවය කළා.

9. **ථූපාදීසු අසක්කාරං - කරොන්තේ දමිළේ තදා**
ඌරුං අක්කම්ම පාදේන - හත්ථේන ඉතරන්තු සෝ

ඒ කාලේ චෛත්‍ය මළු ආදියෙහි මලපහ කරන, කැළිකසල දමමින් අගෞරව කරන දෙමළ මිනිසුන්ව මොහුට දකින්ට ලැබෙනවා. එතකොට මොහු ඒ දෙමළාව අල්ලගෙන ඔහුගේ කළවය තම කකුලෙන් පාගාගෙන අනිත් කකුල අතින්,

10. **ගහෙත්වා සම්පදාලෙත්වා - බහික්ඛිපති ථාමවා**
දේවා අන්තරධාපෙන්ති - තේන ඛිත්තං කලේබරං

ඇදලා දෙකට ඉරලා පවුරට උඩින් විසි කරන තරමට ශක්ති සම්පන්නව හිටියා. ඔහු විසින් වීසි කරන සිරුරු දෙවියන් නොපෙනෙන්ට සලස්වනවා.

11. **දමිළානං ඛයං දිස්වා - රඤ්ඤෝ ආරෝචයිංසු තං**
සහොඩ්ඪං ගණ්හථේතං ති - වුත්තං කාතුං න සක්ඛිසුං

දෙමළ ජනයා අඩුවෙන්ට පටන් ගත් නිසා ඒ බව එළාර රජ්ජුරුවන්ට සැළකළා. 'බඩුත් සමග මිනීමරුවා අල්ලපියව්' කියලා සේනාවට අණ කළා. නමුත් කාටවත් නන්දිමිත්‍රව අල්ලා ගන්ට පුළුවන් වුනේ නෑ.

12. **චින්තේසි නන්දිමිත්තෝ සෝ - ඒවම්පි කරතෝ මම**
ජනක්ඛයෝ කේවලං හි - නත්ථි සාසනජෝතනං

දවසක් නන්දිමිත්‍ර මෙහෙම හිතුවා. 'මං දිගටම මෙහෙම කළොත් සිද්ධ වෙන්නේ දෙමළ ජනයා අඩුවෙන එක

විතරයි. මේකෙන් බුද්ධ ශාසනයේ බැබලීමක් ඇතිවෙන්නේ නෑ' කියලා.

13. **රෝහණේ ඛත්තියා සන්ති - පසන්නා රතනත්තයේ**
තත්ථ කත්වා රාජසේවං - ගණ්හිත්වා දමිළේ ඛිලේ

'මෙහේ වගේ නොවේ. රුහුණු රටේ තුනුරුවන්ට පැහැදුනු රජදරුවෝ ඉන්නවා. මං එහේ ගිහින් බෞද්ධ රජදරුවන්ට සේවය කරලා මේ දෙමළ උවදුරෙන් අනුරාධපුරය බේරගෙන,

14. **රජ්ජං දත්වා ඛත්තියානං - ජෝතෙස්සං බුද්ධසාසනං**
ඉති ගන්ත්වා ගාමණිස්ස - තං කුමාරස්ස සාවයි

ඒ රජදරුවන්ට රාජ්‍යය ලබාදීලා බුද්ධ ශාසනයයි බබුලුවන්ට ඕනෑ' කියලා රුහුණු මාගම වඩ්ඪමාන නුවරට ගිහින් ගැමුණු කුමාරයා මුණගැසිලා තම අදහස සැළකළා.

15. **මාතුයා මන්තයිත්වා සෝ - සක්කාරං තස්ස කාරයි**
සක්කතෝ නන්දිමිත්තෝ සෝ - යෝධෝ වසි තදන්තිකේ

මොහු පිළිබඳව විහාර මහා දේවිය සමග සාකච්ඡා කළ ගැමුණු කුමාරයා මොහුට සත්කාර කළා. ගෞරව සැළකිළි ලැබූ ඒ නන්දිමිත්‍ර යෝධයා ගැමුණු කුමාරයා ළඟ වාසය කළා.

16. **කාකවණ්ණෝ තිස්සරාජා - වාරේතුං දමිළේ සදා**
මහාගංගාය තිත්ථේසු - රක්ඛං සබ්බේසු කාරයි

කාවන්තිස්ස රජ්ජුරුවන් රුහුණට සිදුවිය හැකි දෙමළ ආක්‍රමණයක් වෙතොත් එය වළක්වන්ට මහවැලි ගඟේ සියලු තොටුපලවල් වලට හැම තිස්සේ ම ආරක්ෂාව සැලැස්සුවා.

17. **අහු දීඝාභයෝ නාම - රඤ්ඤො'ඤ්ඤභරියාසුතෝ**
කච්ඡකතිත්ථේ ගංගාය - තේන රක්ඛමකාරයි

කාවන්තිස්ස රජ්ජුරුවන්ගේ වෙනත් බිසොවකට දීඝාභය කියලා පුත් කුමාරයෙක් හිටියා. ඒ දීඝාභය කුමාරයා ලවා මහවැලි ගඟේ කසාතොටට රැකවල් සැලැස්සුවා.

18. **සෝ රක්ඛාකරණත්ථාය - සමන්තා යෝජනද්වයේ**
මහාකුලම්හා ඒකේකං - පුත්තං ආණාපයි තහිං

ඔහු කසාතොට ආරක්ෂා කිරීම පිණිස හාත්පස යොදුන් දෙකක ප්‍රමාණයට අයත් භූමියේ පදිංචි මහා කුලවලින් එක එක පුත්‍රයාව කඳවුරට ගෙන්නා ගත්තා.

19. **කොට්ඨිවාලේ ජනපදේ - ගාමේ ඛණ්ඩකවිට්ඨිකේ**
සත්තපුත්තෝ කුලපති - සංඝෝ නාමාසි ඉස්සරෝ

ඒ වගේම යොදුන් තුනක් ඈතින් ඇති කොට්ඨවාල නම් ජනපදයේ ඛණ්ඩකවිට්ඨක 'කඩවිට' කියන ගමේ පුතුන් සත් දෙනෙක් ඉන්න සංඝ නමැති කුල ප්‍රධාන සිටුවරයෙක් හිටියා.

20. **තස්සාපි දූතං පාහේසි - රාජපුත්තෝ සුතත්ථිකෝ**
සත්තමෝ නිමිලෝ නාම - දසහත්ථිබලෝ සුතෝ

දීඝාභය රාජපුත්‍රයා පුත්‍රයෙකුගේ අවශ්‍යතාවය කියලා සංඝ සිටුවරයා වෙතට දූතයෙක් පිටත් කළා. සංඝ සිටුවරයාගේ සත්වෙනි පුත්‍රයා නිමිල නමින් හැඳින්වුනා. ඔහුත් ඇතුන් දහ දෙනෙකුගේ බලයෙන් යුක්තයි.

21. **තස්ස අකම්මසීලත්තා - ඛීයන්තා ඡපි භාතරෝ**
රෝචයුං තස්ස ගමනං - න තු මාතා පිතා පන

නිමිලයා කම්මැලි නිසා ඔහුගේ වැඩිමහල් සහෝදරයන් සය දෙනා ම ඔහුව හෙළා දකිනවා. ඒ සොහොයුරන් ඔහු යනවාට කැමති වුනා. නමුත් දෙමාපියන් කැමති වුනේ නෑ.

22. **කුජ්ඣිත්වා සේසභාතූනං - පාතෝ යේව තියෝජනං**
ගන්ත්වා සුරුඟ්ගමේ යේව - රාජපුත්තං අපස්සි සෝ

නිමිල තමන්ගේ සහෝදරයන් සමග අමනාප වෙලා පාන්දරින් ම පිටත් වුනා. හිරු උදාවෙන කොට යොදුන් තුනක් දුර ඇවිත් දීඝාභය රාජපුත්‍රයාව මුණගැසුනා.

23. සෝ තං වීමංසනත්ථාය - දූරේ කිච්චේ නියෝජයි
චේතියපබ්බතාසන්නේ - ද්වාරමණ්ඩලගාමකේ

නිමිලගේ ගමන් වේගය විමසන්ට ඕනෑ කියලා දීඝාභය කුමාරයා ඔහුව දුර කටයුත්තකට යෙදෙව්වා. 'චේතිය පර්වතයට ආසන්නයේ දොරමඬලාව කියලා ගමක් තියෙනවා.

24. බ්‍රාහ්මණෝ කුණ්ඩලෝ නාම - විජ්ජතේ මේ සහායකෝ
සමුද්දපාරේ භණ්ඩානි - තස්ස විජ්ජන්ති සන්තිකේ

ඒ ගමේ මගේ හිතවත් කුණ්ඩලී නමින් බ්‍රාහ්මණයෙක් ඉන්නවා. පිටරටින් ආපු බඩු වගයක් ඔහු ළඟ තියෙනවා.

25. ගන්ත්වා තං තේන දින්නානි - භණ්ඩකානි ඉධා'හර
ඉති වත්වාන භෝජෙත්වා - ලේඛං දත්වා විසජ්ජයි

ඔබ ගිහින් ඔහු දෙන බඩු අරගෙන මෙහෙට එන්ට' කියලා නිමිලට කන්ට බොන්ට දීලා ලියුමක් දීලා පිටත් කෙරෙව්වා.

26. තතෝ නවයෝජනං හි - අනුරාධපුරං ඉදං
පුබ්බණ්හේ යේව ගන්ත්වාන - සෝ තං බ්‍රාහ්මණ මද්දස

කසාතොට දීඝාභය කුමාරයාගේ කඳවුරේ ඉඳලා මේ අනුරාධපුරයට යොදුන් නවයක් දුරයි. නිමිලයා උදේ වරුවේ ම ගිහින් බ්‍රාහ්මණයාව මුණගැසුනා.

27. නහාත්වා වාපියං තාත - ඒහීති ආහ බ්‍රාහ්මණෝ
ඉධානාගතපුබ්බත්තා - නහාත්වා තිස්සවාපියං

එතකොට බ්‍රාහ්මණයා 'දරුව, වැවෙන් නාගෙන වරෙන්' කියලා කිව්වා. නිමිල මීට කලින් මෙහේ ඇවිත් නැති නිසා තිසා වැවෙන් හොඳට නාලා,

28. **මහාබෝධිඤ්ච පූජෙත්වා - ථූපාරාමේ ච චේතියං**
නගරං පවිසිත්වාන - පස්සිත්වා සකලං පුරං

ජය ශ්‍රී මහා බෝධීන් වහන්සේටත් ථූපාරාම චෛත්‍යයටත් පූජාවන් පවත්වලා අනුරාධපුර නගරයට ගොඩවෙලා මුළු නුවර ම බලලා,

29. **ආපණා ගන්ධමාදාය - උත්තරද්වාරතෝ තතෝ**
නික්ඛම්මුප්පලඛෙත්තම්හා - ගණ්හිත්වා උප්පලානි ච

කඩෙන් සුවඳ වර්ගත් අරගෙන උතුරු දොරටුවෙන් නික්මිලා මහනෙල් කෙතට ගොහින් මහනෙල් මලුත් අරගෙන,

30. **උපාගමි බ්‍රාහ්මණං තං - පුට්ඨෝ තේනාහ සෝ ගතිං**
සුත්වා සෝ බ්‍රාහ්මණෝ තස්ස - පුබ්බාගමම්ධාගමං

බ්‍රාහ්මණයා වෙත ගියා. එතකොට බ්‍රාහ්මණයා 'කොහෙද ගියේ?' කියලා ඇහුවා. නිමිලයා යොදුන් නවයක් දුර සිට උදේ වරුවේ ම ආපු ගමනත් දැන් මේ අනුරාධපුර නගරය පුරා ඇවිදගෙන ගිහින් නැවත බමුණා ළඟට ආ ගමනත් අහලා,

31. **විම්හිතෝ චින්තයී ඒවං - පුරිසාජානියෝ අයං**
සචේ ජානෙය්‍ය එළාරෝ - ඉමං හත්ථේ කරිස්සති

විස්මයට පත්වෙලා මෙහෙම සිතුවා. 'මේකා නම් ආජානේය පුරුෂයෙක් නොවැ. එළාර රජ්ජුරුවන්ට දැන ගන්ට ලැබුනොත් මොහුව අයිති කරගන්නවා.

32. **තස්මායං දමිළාසන්නේ - වාසේතුං නේව අරහති**
රාජපුත්තස්ස පිතුනෝ - සන්තිකේ වාසමරහති

ඒ නිසා දෙමෙල්ලුන් එක්ක මෙවැනි උතුම් කෙනෙක් වාසය කරවීම සුදුසු නෑ. මෙයාව ගැලපෙන්නේ දීඝාභය රාජපුත්‍රයාගේ පියා ළඟ වාසය කරවන එක' කියලා,

33. **ඒවමේවං ලිඛිත්වාන - ලේඛං තස්ස සමප්පයි**
පුණ්ණවඩ්ඪනවත්ථානි - පණ්ණාකාරේ බහූපි ච

නිමිලගේ දක්ෂකම ගැන විස්තරත් තමන්ගේ අදහසත් සඳහන් කරලා ලියුමක් ලියලා පූර්ණවර්ධන නමැති වටිනා වස්ත්‍ර යුග්මයත් බොහෝ තෑගිභෝගත් දීලා,

34. **දත්වා තං භෝජයිත්වා ච - පේසේසි සබ්සන්තිකං**
සෝ වඩ්ඪමානච්ඡායායං - ගන්ත්වා රාජසුතන්තිකං

ආහාරපානයන්ගෙන් හොඳින් සංග්‍රහ කරලා තම මිත්‍රයා ළඟට පිටත් කෙරෙව්වා. නිමිලයා සවස් වෙද්දී ආයෙමත් යොදුන් නවයක් (කිලෝ මීටර් 90 ක් පමණ) දුර ගෙවාගෙන දීඝාභය රාජපුත්‍රයා ළඟට ගිහින්,

35. **ලේඛඤ්ච පණ්ණාකාරේ ච - රාජපුත්තස්ස අප්පයි**
තුට්ඨෝ ආහ සහස්සේන - පසාදේථ ඉමන්ති සෝ

බ්‍රාහ්මණයාගේ ලියුමත් තෑගිභෝගත් රාජපුත්‍රයාට දුන්නා. ඔහු මහා සතුටට පත්වුනා. 'මේ නිමිලයාට මසුරන් දහසකින් තෑග්ගක් දෙව්' කියලා අණ කළා.

36. **ඉස්සං කරිංසු තස්සඤ්ඤේ - රාජපුත්තස්ස සේවකා**
සෝ තං දසසහස්සේන - පසාදාපේසි දාරකං

දීඝාභය රාජපුත්‍රයාගේ අනිත් සේවකයෝ මොහු දහසකින් පුද ලැබීම ගැන ඊර්ෂ්‍යා කළා. එය දැනගත් රාජපුත්‍රයා මසුරන් දසදහසකින් නිමිලයාට ප්‍රසාද පිදූම කළා.

37. **තස්ස කේසං ලිඛාපෙත්වා - ගංගායේව නහාපිය**
පුණ්ණවඩ්ඪනවත්ථයුගං - ගන්ධමාලඤ්ච සුන්දරං
අච්ඡාදෙත්වා විලිම්පෙත්වා - මණ්ඩයිත්වා සුරූපකං

නිමිලයාගේ කෙස් ලිහවලා මහවැලි ගංගාවෙන් ම නහවලා ඔහු රැගෙන ආ පූර්ණවර්ධන නම් වටිනා වස්ත්‍ර යුග්මයත් අන්දවලා, සුන්දර සුවඳ මල්මාලා පළන්දවලා, සුවඳ විලවුන් ගල්වලා, කඩවසම් ලෙස සරසවලා,

38. **සීසං දුකූලපට්ටේන - වේඨයිත්වා උපානයුං**
අත්තනෝ පරිහාරේන - භත්තං තස්ස අදාපයි

දුහුල් පටින් හිස ලස්සනට වෙළලා දීඝාභය රාජපුත්‍රයා වෙත පැමිණෙව්වා. රාජපුත්‍රයා තමන් උදෙසා පිළියෙල කළ රාජ භෝජනයෙන් නිමිල යෝධයාට සංග්‍රහ කළා.

39. **අත්තනෝ දසසහස්ස - අග්ඝනං සයනං සුභං**
සයනත්ථං අදාපේසි - තස්ස යෝධස්ස ඛත්තියෝ

රාජපුත්‍රයා මසුරන් දස දහසක් වටිනා තමන් සැතපෙන සොඳුරු සයනය නිමිල යෝධයාට නිදාගන්ට දුන්නා.

40. **සෝ සබ්බං ඒකතෝ කත්වා - නෙත්වා මාතාපිතන්තිකං**
මාතුයා දසසහස්සං - සයනං පිතුනෝ අදා

නිමිල යෝධයා ඒ සියල්ල එකතු කරගෙන මව්පියන් ළඟට ගියා. මැණියන්ට මසුරන් දස දහස දුන්නා. පියාණන්ට සයනය දුන්නා.

41. **තං යේව රත්තිං ආගන්ත්වා - රක්ඛට්ඨානේ අදස්සයි**
පභාතේ රාජපුත්තෝ තං - සුත්වා තුට්ඨමනෝ අහු

එදා රෑම ආපහු ඇවිත් කසාතොට කඳවුරේ පෙනී සිටියා. පසුදා උදෑසන රාජපුත්‍රයා එය අසා සතුටට පත්වුනා.

42. **දත්වා පරිච්ඡදං තස්ස - පරිවාරජනං තථා**
දත්වා දසසහස්සානි - පේසේසි පිතුසන්තිකං

රාජපුත්‍රයා නිමිල යෝධයාට තෑගි පිරිනමලා, ඒ වගේම දස දහසක් පිරිවර ජනයාත් දීලා තමන්ගේ පියාණන්

වූ කාවන්තිස්ස රජ්ජුරුවන් ළඟට පිටත් කෙරෙව්වා.

43. **යෝධෝ දසසහස්සානි - නෙත්වා මාතාපිතන්තිකං**
තේසං දත්වා කාකවණ්ණතිස්සරාජමුපාගමි

එතකොට ඔහු දස දහසක පිරිවර ජනයාව මව්පියන් වෙත ගෙන ගොස් ඔවුන්ට භාර දුන්නා. කාවන්තිස්ස රජ්ජුරුවන් ළඟට ගියා.

44. **සෝ ගාමණිකුමාරස්ස - තමප්පේසි මහීපති**
සක්කතෝ සුරනිමිලෝ - යෝධෝ වසි තදන්තිකේ

රජ්ජුරුවෝ ඔහුව ගාමිණී කුමාරයාට භාර දුන්නා. ගාමිණී කුමාරයාගෙන් පුද සත්කාර ලැබූ සූරනිමල යෝධයා කුමාරයා ළඟ වාසය කළා.

45. **කුටුම්බරිකණ්ණිකායං - හුන්දරීවාපිගාමකේ**
තිස්සස්ස අට්ඨමෝ පුත්තෝ - අහෝසි සෝණනාමකෝ

රුහුණු ජනපදයේ කුටුම්බරිකර්ණිකා කියන පළාතේ හුන්දරී වැව කියන ගම්මානේ තිස්ස නමැති පවුල්කාරයෙකුගේ අටවැනි පුත්‍රයා හැඳින්වුනේ 'සෝණ' යන නමිනුයි.

46. **සත්තවස්සිකකාලේපි - තාලගච්ඡේ අලුඤ්චි සෝ**
දසවස්සිකකාලම්හි - තාලේ ලුඤ්චි මහබ්බලෝ

ඔහු හත් අවුරුදු වයසේදීත් පොඩි තල් ගස් අතින් ඇදලා උදුරනවා. වයස අවුරුදු දහය වෙද්දී මහ තල් ගස් උදුරලා දාන්ට තරම් මහා බලවතෙක් වුණා.

47. **කාලේන සෝ මහාසෝණෝ - දසහත්ථිබලෝ අහු**
රාජා තං තාදිසං සුත්වා - ගහෙත්වා පිතුසන්තිකා

කල් යාමේදි ඒ මහාසෝණා ඇත්තු දහ දෙනෙකුගේ බලයෙන් යුක්ත වුනා. කාවන්තිස්ස රජ්ජුරුවන්ට ඔහු ගැන

අසන්ට ලැබුනා. සෝණ තරුණයාගේ පියාට සත්කාර දක්වලා මහාසෝණාව තමන් ළඟට ගෙන්වා ගත්තා.

48. **ගාමණිස්ස කුමාරස්ස - අදාසි පෝසනත්ථිකෝ**
තේන සෝ ලද්ධසක්කාරෝ - යෝධෝ වසි තදන්තිකේ

මහාසෝණාගේ ප්‍රයෝජනය සලකා ගැමුණු කුමාරයාට භාරදුන්නා. ගැමුණු කුමාරයාගෙන් පුද සත්කාර ලැබූ මහාසෝණ යෝධයා කුමාරයා ළඟ වාසය කළා.

49. **ගිරිනාමේ ජනපදේ - ගාමේ නිච්චේලවිට්ඨිකේ**
දසහත්ථිබලෝ ආසි - මහානාගස්ස අත්‍රජෝ

ගිරි නමැති ජනපදයේ නිට්ඨුලවිට්ඨික (නිටොල්විටි) කියලා ගම්මානයක් තිබුණා. ඒ ගමේ සිටි මහානාග නමැත්තාට ඇත්තු දහ දෙනෙකුගේ බලය ඇති පුතෙක් හිටියා.

50. **ලකුණ්ටකසරීරත්තා - අහු ගෝඨකනාමකෝ**
කරොන්ති කේළිපරිහාසං - තස්ස ජෙට්ඨා ඡ භාතරෝ

ඒ පුත්‍රයාට මිටි සිරුරක් තිබුන නිසා 'ගෝඨක' යන නම ලැබුනා. ඔහුට වැඩිමහල් සහෝදරයන් සය දෙනා ම ගෝඨකට කෙළි කවටකම් කරන්ට වුනා.

51. **තේ ගන්ත්වා මාසඛෙත්තත්ථං - කොට්ටයිත්වා මහාවනං**
තස්ස භාගං ඨපෙත්වාන - ගන්ත්වා තස්ස නිවේදයුං

ඔවුන් ගිහින් මෑ හේනක් කරන්ට හිතලා මහාවනය කෙටුවා. ගෝඨයා විසින් කැලෑවේ කෙටිය යුතු කොටස ඉතුරු කරලා ගිහින් ඔහුට ඒ බව දැනුම් දුන්නා.

52. **සෝ ගන්ත්වා තං ඛණං යේව - රුක්ඛේ ඉම්බරසඤ්ඤිතේ**
ලුඤ්චිත්වාන සමං කත්වා - භූමිං ගන්ත්වා නිවේදයි

එතකොට ඔහු ගිහින් එසැණෙන්ම එහි තිබූ ඉම්බර

නැමැති මහා ගස් උදුරලා භූමිය සමතලා කරලා ගෙදර ගිහින් සහෝදරවරුන්ට ඒ බව දැනුම් දුන්නා.

53. **ගන්ත්වාන භාතරෝ තස්ස - දිස්වා කම්මන්තමබ්භුතං**
තස්ස කම්මං කිත්තයන්තා - ආගච්ඡිංසු තදන්තිකං

ඒ සහෝදරවරු එය හැබෑද බලන්ට හේනට ගියා. ගෝඨයාගේ ක්‍රියාව දැකලා පුදුමයට පත්වුනා. ඔහු ළඟට ඇවිත් ඔහු කළ දේ ගැන මහත් ප්‍රශංසාවෙන් කතා කළා.

54. **තදුපාදාය සෝ ආසි - ගෝඨයිම්බරනාමකෝ**
තථේව රාජා පාහේසි - තම්පි ගාමණිසන්තිකං

ඔහු විසින් කරන ලද ඉම්බර ගස් ඉදිරීමේ ක්‍රියාව නිසා 'ගෝඨයිම්බර' යන නම ලැබුනා. කාවන්තිස්ස රජ්ජුරුවෝ කලින් වගේ ම ඔහුටත් ගැමුණු කුමාරයා ළඟ ඉන්ට සැලැස්සුවා.

55. **කෝටිපබ්බතසාමන්තා - කිත්තිගාමම්හි ඉස්සරෝ**
රෝහණෝ නාම ගහපති - ජාතං පුත්තකමත්තනෝ

කොටගලට කිට්ටුව කිත්ති කියන ගමේ වාසය කළ රෝහණ නැමැති ඉසුරුමත් පවුල්කාරයෙකුට දාව පුත්‍රයෙක් උපන්නා.

56. **සමානනාමං කාරේසි - ගෝඨකාභයරාජිනෝ**
දාරකෝ සෝ බලී ආසි - දසද්වාදසවස්සිකෝ

ඔහුට ගෝඨාභය රජ්ජුරුවන්ගේ නමින් අභය කුමාරයා කියලා නම තිබ්බා. වයස අවුරුදු දහය දොළහ වෙද්දී ඒ දරුවා මහා බලසම්පන්න කෙනෙක් වුනා.

57. **අසක්කුණෙය්‍යපාසාණේ - උද්ධත්තුං චතුපඤ්චහි**
කීළමානෝ ඛිපි තදා - සෝ කීළාගුළකේ විය

හතරපස් දෙනෙකුටවත් ඔසොවන්ට බැරි ගල් අරගෙන පන්දු ක්‍රීඩාවේ යෙදෙනවා වගේ සෙල්ලම් කරමින් ඒ ගල් වීසි කළා.

58. **තස්ස සෝළසවස්සස්ස - පිතා ගදමකාරයි**
අට්ඨතිංසංගුලාවට්ටං - සෝළසහත්ථදීඝකං

අභය කුමාරයා වයස අවුරුදු දහසය වෙද්දී ඔහුගේ පියා ඔහුට ලොකු මුගුරක් සාදවලා දුන්නා. ඒක රියන් දහසයක් දිගයි. අඟල් තිස් අටක වටයෙන් යුක්තයි.

59. **තාලානං නාළිකේරානං - ඛන්ධේ ආහච්ච තාය සෝ**
තේ පාතයිත්වා තේනේව - යෝධෝ සෝ පාකටෝ අහු

ඔහු ඒ විශාල මුගුරෙන් තල් ගස් වල, පොල් ගස්වල කඳට ගහලා ඒ ගස් බිම හෙළනවා. ඒකෙන්ම ඒ අභය යෝධයා ප්‍රසිද්ධියට පත්වුනා.

60. **තථේව රාජා පාහේසි - තම්පි ගාමණිසන්තිකේ**
උපට්ඨාකෝ මහාසුම්මත්ථේරස්සා'සි පිතා පන

රජ්ජුරුවෝ කලින් වගේම ගැමුණු කුමාරයා ළඟ අභය යෝධයාට ඉන්ට සැලැස්සුවා. අභය යෝධයාගේ පියා මහාසුම්ම රහතන් වහන්සේගේ උපස්ථායකයෙක්.

61. **සෝ මහාසුම්මථේරස්ස - ධම්මං සුත්වා කුටුම්බිකෝ**
සෝතාපත්තිඵලං පත්තෝ - විහාරේ කෝටපබ්බතේ

දවසක් ඒ රෝහණ නමැති අභය යෝධයාගේ පියා කොටගල විහාරෙදි මහාසුම්ම මහරහතන් වහන්සේගෙන් ධර්මය අහලා සෝවාන් ඵලයට පත්වුනා.

62. **සෝ තු සඤ්ජාතසංවේගෝ - ආරෝචෙත්වාන රාජිනෝ**
දත්වා කුටුම්බං පුත්තස්ස - පබ්බජි ථේරසන්තිකේ

ඔහු සසර ගමන කෙරෙහි අවබෝධයෙන්ම කළකිරී රජ්ජුරුවන්ට සැළකරලා තම පුත්‍රයාට පවුලේ ධනය භාරදීලා මහාසුම්ම තෙරුන් ළඟ පැවිදි වුනා.

63. භාවනං අනුයුඤ්ජිත්වා - අරහත්තමපාපුණි
පුත්තෝ තේනස්ස පඤ්ඤායි - ථේරපුත්තාභයෝ ඉති

පැවිදි වූ පසු භාවනානුයෝගීව වාසය කරලා උතුම් රහත් ඵලයට පත්වුනා. ඒ කාරණය නිසා උන්වහන්සේගේ පුත්‍ර අභයට 'ථේරපුත්තාභය' යන නාමය ඇතිවුනා.

64. කප්පකන්දරගාමම්හි - කුමාරස්ස සුතෝ අහු
භරණෝ නාම සෝ කාලේ - දසද්වාදසවස්සිකේ

කප්පකන්දර ගමේ කුමාරයෙකුට භරණ නමින් පුත්‍රයෙක් හිටියා. ඔහු වයස අවුරුදු දහය දොළහ වෙද්දී,

65. දාරකේහි වනං ගන්ත්වා'නුබන්ධිත්වා සසේ බහූ
පාදේන පහරිත්වාන - ද්විඛණ්ඩං භූමියං ඛිපි

කොලු ගැටව් සමග වනාන්තරයට ගිහින් හාවුන් පස්සේ පන්නනවා. පාදයෙන් උන්ට පහර දීලා දෙකට කැඩෙන්ට බිම ගහනවා.

66. ගාමිකේහි වනං ගන්ත්වා - සෝළසවස්සිකෝ පන
තථේව පාතේසි ලහුං - මිගගෝකණ්ණසූකරේ

අවුරුදු දහසය වෙද්දී ගමේ මිනිසුන් එක්ක වනාන්තරේට ගිහින් කලින් විදිහටම පන්නාගෙන ගිහින් මුවන්ව ගෝණුන්ව ඌරන්ව දෙකඩ වෙලා මැරිලා වැටෙන්ට පයින් ගහනවා.

67. භරණෝ සෝ මහායෝධෝ - තේනේව පාකටෝ අහු
තථේව රාජා වාසේසි - තම්පි ගාමණිසන්තිකේ

ඒ කාරණය නිසා භරණයා මහා යෝධයෙක් හැටියට ප්‍රසිද්ධ වුනා. කාවන්තිස්ස රජ්ජුරුවෝ කලින් වගේම මොහුවත් ගෙන්වාගෙන ගැමුණු කුමාරයා ළඟ ඉන්ට සැලැස්සුවා.

68. **ගිරිනාමේ ජනපදේ - කුටුම්බියංගණගාමකේ**
කුටුම්බි වසභෝ නාම - අහෝසි තත්ථ සම්මතෝ

ගිරි නමැති ජනපදයේ කුටුම්බියංගණය කියන ගමේ බොහෝ වස්තුව තියෙනවා කියලා සම්මත වුන වසභ නමැති පවුල්කාරයෙක් හිටියා.

69. **වේළෝ ජනපදෝ තස්ස - සුමනෝ ගිරිභෝජකෝ**
සහායස්ස සුතේ ජාතේ - පණ්ණාකාරපුරස්සරා

මොහුට වේළ නමැති ජනපදවැසියෙකුයි ගිරි ජනපදයේ ආදායමෙන් ජීවත් වෙන සුමන නමැත්තෙකුයි මිත්‍රයන්ව සිටියා. වසභට පුත්‍රයා උපන් දවසේ තෑගිභෝග ගෙන්වාගෙන,

70. **ගන්ත්වා උභෝ සකං නාමං - දාරකස්ස අකාරයුං**
තං වුද්ධං අත්තනෝ ගේහේ - වාසේසි ගිරිභෝජකෝ

ඔහුගේ ගෙදර ගිහින් අලුත උපන් දරුවාට යාලුවන් දෙන්නාගේ ම නම් එකතු කොට 'වේළුසුමන' යන නම තැබුවා. දරුවා හැදී වැඩීගෙන එද්දී ගිරි ජනපදයේ ආදායමෙන් ජීවත් වෙන සුමන නමැත්තා තමන්ගේ ගෙදර රඳවාගත්තා.

71. **තස්සේකෝ සින්ධවෝ පෝසං - කඤ්චි නාරෝහිතුං අදා**
දිස්වා තු වේළුසුමනං - අයං අරෝහකෝ මම

සුමන හට එක් සෛන්ධව අශ්වයෙක් සිටියා. කිසිම පුරුෂයෙකුට තමන්ගේ පිටට නගින්ට ඒ අශ්වයා ඉඩ දුන්නේ නෑ. නමුත් වේළුසුමනව දැක්ක වෙලාවේ 'මෙන්න මගේ පිට උඩ නගින්ට,

72. අනුරූපෝති චින්තෙත්වා - පහට්ඨෝ හේසිතං අකා
තං ඤත්වා භෝජකෝ අස්සං - ආරෝහා'ති තමාහ සෝ

ගැලපෙන කෙනෙක් ඇවිත් ඉන්නවා' කියා සිතා සතුටු සිතින් හේෂාරව කළා. අශ්වයාගේ නාද කිරීම තේරුම්ගත් සුමන අශ්වයාගේ පිට උඩ නගින්ට කියලා වේළුසුමනට කිව්වා.

73. සෝ අස්සං ආරුහිත්වා තං - සීඝං ධාවයි මණ්ඩලේ
මණ්ඩලේ සකලේ අස්සෝ - ඒකාබද්ධෝ අදිස්සි සෝ

එතකොට වේළුසුමන අශ්වයාගේ පිට උඩ නැගිලා ඉතා වේගයෙන් රවුමක හැඩයෙන් දිව්වා. කොපමණ වේගයෙන් අශ්වයා දිව්වාද කියන්නේ බලාගෙන ඉන්න අයට පෙනුනේ පිට්ටනිය පුරා තියෙන රවුමක් විදිහටයි.

74. නිසීදි ධාවතෝ චස්ස - වස්සහාරෝ'වපිට්ඨියං
මෝචේති පි උත්තරියං - බන්ධතිපි අනාදරෝ

අශ්වයාගේ පිට උඩ ඉන්න වේළුසුමනව පෙනුනේත් පුරුෂයන්ගේ රවුමක් හැටියට යි. ඉතින් අසුපිට හුන් වේළුසුමන වැටේවි කියලා කිසි සැකයෙකින් තොරව හිස් වෙළුම ලිහුවා. ආයෙමත් බැන්දා.

75. තං දිස්වා පරිසා සබ්බා - උක්කුට්ඨිං සම්පවත්තයි
දත්වා දසසහස්සානි - තස්ස සෝ ගිරිභෝජකෝ

එය දැකපු සියලු පිරිස මහ හඬින් ඔල්වරසන් දෙමින් ප්‍රීතිඝෝෂා කළා. සුමන සිටුවරයා ඔහුට මසුරන් දස දහසක් දුන්නා.

76. රාජානුච්ඡවිකෝ'යං ති - හට්ඨෝ රඤ්ඤෝ අදාසි තං
රාජා තං වේළුසුමනං - අත්තනෝ යේව සන්තිකේ

'මොහු නම් සුදුසු රජ කෙනෙකුටයි' කියලා සතුටින් කාවන්තිස්ස රජ්ජුරුවන්ට භාර දුන්නා. රජ්ජුරුවෝ වේළුසුමනව තමන් ළඟ ම තියාගත්තා.

77. **කාරෙත්වා තස්ස සක්කාරං - වාසේසි බහුමානයං**
නකුලනගරකණ්ණිකායං - ගාමේ මහින්දදෝණිකේ

ඔහුට සත්කාර සම්මාන දක්වලා බුහුමන් කරවා සුවසේ ඉන්ට සැලැස්සුවා. නකුලනගරකර්ණිකාවේ මහින්දදෝණි කියන ගමේ,

78. **අභයස්සන්තිමෝ පුත්තෝ - දේවෝ නාමාසි ථාමවා**
ඊසකං පන ඛඤ්ජත්තා - ඛඤ්ජදේවෝති තං විදුං

අභය නමැත්තාගේ දේව නැමැති බාල පුත්‍රයා ඉතා බලසම්පන්නයි. දේවයා ටිකක් කොර ගසමින් ඇවිදින නිසා ඛඤ්ජදේව යන නමින් ප්‍රසිද්ධ වුනා.

79. **මිගවං ගාමවාසීහි - සහ ගන්ත්වාන සෝ තදා**
මහිසේ අනුබන්ධිත්වා - මහන්තේ උට්ඨිතුට්ඨිතේ

මේ ඛඤ්ජදේව ගම්වැසියන් සමග ඒ දවස් වල මුව දඩයමේ යනවා. මිනිසුන් දැකලා නැතිගෙන තමන් වෙතට එන උසමහත්ව වැඩුණු, ලොකු මී හරකුන්ව පන්නාගෙන ගිහින්,

80. **හත්ථේන පාදේ ගණ්හිත්වා - භමෙත්වා සීසමත්ථකේ**
ආසුම්භ භූමිං චුණ්ණේති - තේසං අට්ඨීනි මාණවෝ

උන්ගේ පාවලින් අල්ලාගෙන ගිහින් තමන්ගේ හිස වටේ කරකවලා ඇට කුඩු වෙන්ට පොළවේ ගහනවා.

81. **තං පවත්තිං සුණිත්වා ව - ඛඤ්ජදේවං මහීපති**
වාසේසි ආහරාපෙත්වා - ගාමණිස්සේ'ව සන්තිකේ

රජ්ජුරුවන්ට බඤ්ජදේවයා කරන මේ වැඩ ගැන අහන්ට ලැබුනා. ඔහුවත් ගෙන්නාගෙන ගාමිණී කුමාරයා ළඟ වාසය කෙරෙව්වා.

82. **චිත්තලපබ්බතාසන්නේ - ගාමේ කපිට්ඨනාමකේ**
උප්පලස්ස සුතෝ ආසි - ඵුස්සදේවෝති නාමකෝ

සිතුල්පව්වට ළඟින් කපිට්ඨ නමැති ගමක් තිබුණා. මේ ගමේ හිටිය උපුල් නමැත්තාට ඵුස්සදේව කියලා පුත්‍රයෙක් හිටියා.

83. **ගන්ත්වා සහ කුමාරේහි - විහාරං සෝ කුමාරකෝ**
බෝධියා පූජිතං සංඛං - ආදාය ධමි ථාමසා

ළමයින් සමග විහාරයට ගිය මේ ඵුස්සදේව කුමාරයා බෝධීන් වහන්සේට පූජා කළ හක් ගෙඩියක් අරගෙන බලවත් වීරියෙන් පිම්බා.

84. **අසනීපාතසද්දෝව - සද්දෝ තස්ස මහා අහු**
උම්මත්තා විය ආසුං තේ - භීතා සබ්බේ පි දාරකා

හෙණ හඬ පුපුරන ශබ්දයක් වගේ මහා ශබ්දයක් ඇතිවුනා. එතන හිටිය කොලුගැටව් ඔක්කෝම හොඳට භය වෙලා පිස්සු වැටුනා වගේ වුනා.

85. **තේන සෝ ආසි උම්මාදඵුස්සදේවෝ ති පාකටෝ**
ධනුසිප්පං අකාරේසි - තස්ස වංසාගතං පිතා

ඒ හේතුවෙන් ඔහු උන්මාද ඵුස්සදේව යන නමිනුත් ප්‍රසිද්ධ වුනා. ඔහුගේ පියා තමාගේ වංශ පරම්පරාවෙන් ගෙනා දුනු ශිල්පය ඔහුට ඉගැන්නුවා.

86. **සද්දවේධී විජ්ජුවේධී - වාලවේධී ච සෝ අහු**
වාලුකාපුණ්ණසකටං - බද්ධධම්මසතං තථා

ඵුස්සදේවට ශබ්දයට අනුවත් හීයෙන් විදින්ට පුළුවනි. විදුලි කොටන එළියෙනුත් ඊයෙන් විදින්ට පුළුවනි. අස් ලෝමයෙකින් බටු ගෙඩියක් එල්ලා ඒ අස් ලෝමයටත් ඊයෙන් විදින්ට පුළුවනි. වැලි පිරවූ ගැලක් සිදුරු වෙන්ට ඊයෙන් විදින්ට පුළුවනි. ඒ වගේ ම සම් සීයකින් ඔතන ලද දේත් සිදුරු වෙන්ට ඊයෙන් විදින්ට පුළුවනි.

87. **අසනෝදුම්බරමයං - අට්ඨසෝළසඅංගුලං**
තථා අයෝ ලෝහමයං - පට්ටං ද්විචතුරංගුලං

දිඹුල් ලීයෙන් කළ අඟල් අටේ බොල් පුවරුවත් අඟල් දහසයේ බොල් පුවරුවත් අඟල් දෙකක් ඝනකම යකඩ තහඩුවත් අඟල් සතරක් ඝනකම ලෝකඩ තහඩුවත් ඊයෙන් විදින්ට පුළුවනි.

88. **නිබ්බේධයති කණ්ඩේන - කණ්ඩෝ තේන විසජ්ජිතෝ**
ථලේ අට්ඨුසභං යාති - ජලේ තු උසභං පන

හීයෙන් ඒ හැම එකක් ම කෑලි කෑලි සිදුරු වෙන්ට විදිනවා. ඔහු විදින හීය පොළොවේ අට ඉස්බක් දුර යනවා. ජලයේත් ඉස්බක් ඇතුළට යනවා. (ඉස්බ = රියන් 140 ක් දුර)

89. **තං සුණිත්වා මහාරාජා - පවත්තිං පිතුසන්තිකා**
තම්පි ආණාපයිත්වාන - ගාමණිම්හි අවාසයි

කාවන්තිස්ස රජ්ජුරුවන්ට ඵුස්සදේව ගැන දැන ගන්ට ලැබුනා. ඔහුගේ පියා වෙතින් ඵුස්සදේව ගෙන්වාගෙන ගැමුණු කුමාරයා ළඟ වාසය කෙරෙව්වා.

90. **තුලාධාරනගාසන්නේ - විහාරවාපිගාමකේ**
මත්තකුටුම්බිස්ස සුතෝ - අහූ වසභනාමකෝ

තුලාධාර පර්වතය ළඟ වෙහෙර වැව කියන ගම්මානයේ මත්ත නමැති තැනැත්තාට වසභ නමැති පුත්‍රයෙක් සිටියා.

91. තං සුජාතසරීරත්තා - ලභියාවසභං විදූං
සෝ වීසවස්සුද්දේසම්හි - මහාකායබලෝ අහූ

ඔහුට ආරෝහ පරිණාහ සිරුරක් තිබුණ නිසා ලභිය වසභ නමින් ප්‍රසිද්ධ වුනා. වයස අවුරුදු විස්ස වනවිට මහත් කාය බලයෙන් යුක්ත වුනා.

92. ආදාය සෝ කතිපයේ - පුරිසේ යේව ආරභි
ඛෙත්තත්ථිකෝ මහාවාපිං - කරොන්තෝ තං මහබ්බලෝ

කුඹුරක් කරන්ට ආසාවෙන් පුරුෂයන් කිහිප දෙනෙකු එකතු කරගත් ඒ මහා බලසම්පන්න ලභියවසභ මහා වැවක් කරන්ට පටන් ගත්තා.

93. දසහි ද්වාදසහි වා - වහිතබ්බේ නරේහි පි
වහන්තෝ පංසුපිණ්ඩේ සෝ - ලහුං වාපිං සමාපයි

දහ දොළොස් පුද්ගලයන් ඉසිලිය යුතු පස් ගොඩවල් තනියම ඔසවමින් ඔහු ඉක්මනින් ම වැවේ වැඩ සම්පූර්ණ කළා.

94. තේන සෝ පාකටෝ ආසි - තම්පි ආදාය භූමිපෝ
දත්වා තං තස්ස සක්කාරං - ගාමණිස්ස අදාසි තං

ඒ කාරණයෙන් ඔහුව ප්‍රසිද්ධ වුනා. කාවන්තිස්ස රජ්ජුරුවෝ ඔහුවත් ගෙන්වාගෙන සත්කාර සම්මාන පුද කරලා ගාමිණී කුමාරයාගේ භාරකාරත්වයේ තැබුවා.

95. වසභෝදකවාරෝ ති - තං ඛෙත්තං පාකටං අහු
ඒවං ලභියාවසභෝ - වසි ගාමණිසන්තිකේ

වසභ හැදූ වැව් ජලයෙන් සරු වූ ඒ කුඹුරු යාය වසභ අමුණ නමින් ප්‍රසිද්ධ වුනා. ඔය විදිහට ලභිය වසභ යෝධයා ගැමුණු කුමාරයා ළඟ වාසය කළා.

96. **මහායෝධානමේතේසං - දසන්නම්පි මහිපති**
පුත්තස්ස සක්කාරසමං - සක්කාරං කාරයී තදා

කාවන්තිස්ස රජ්ජුරුවෝ මේ මහා යෝධයින් දස දෙනාටත් තමාගේ පුත්‍ර වූ ගැමුණු කුමාරයාට කරන සත්කාර ලෙසින් ම හැම කල්හි සමසේ සත්කාර කළා.

97. **ආමන්තෙත්වා මහායෝධේ - දසාපි ච දිසම්පති**
යෝධේ දසදසේ'කේකෝ - ඒසථා'ති උදාහරි

රජ්ජුරුවෝ ඒ මහා යෝධයන් දස දෙනා අමතලා 'තෙපි එක් එක්කෙනා යෝධ පුරුෂයන් දස දෙනා බැගින් සොයව්' කියලා අණ කළා.

98. **තේ තථේවානයුං යෝධේ - පුනරාහ මහීපති**
තස්ස යෝධසතස්සාපි - තථේව පරියේසිතුං

ඒ දස මහා යෝධයෝ රාජ අණ පරිදි එක් එක්කෙනා තව යෝධ පුරුෂයන් දස දෙනා බැගින් සොයාගෙන රජ්ජුරුවන් ඉදිරියට ඇවිත් පෙනී හිටියා. ඒ යෝධයන් සියලු දෙනාටත් වෙන වෙනම යෝධයන් දහ දෙනා බැගින් සොයාගෙන එන්ට කියලා අණ කළා.

99. **තථා තේ පා'නයුං යෝධේ - තේසම්පාහ මහීපති**
පුන යෝධසහස්සස්ස - තථේව පරියේසිතුං

එතකොට ඔවුන් සියලු දෙනාත් යෝධයන් දහ දෙනා බැගින් සොයාගෙන ඇවිත් රජ්ජුරුවෝ ඉදිරියේ පෙනී සිටියා. රජ්ජුරුවෝ දහසක් වූ ඔවුන්ට කලින් වගේ ම වෙන වෙන ම යෝධයන් දහ දෙනා බැගින් සොයාගෙන එන්ට කියලා නියම කළා.

100. **තථා තේ පා'නයුං යෝධේ - සබ්බේ සම්පිණ්ඩිතා තු තේ**
ඒකාදසසහස්සානි - යෝධා සතං තථා දස

ඒ යෝධයන් දහස් දෙනාත් රාජ අණ පරිදි එක් එක්කෙනා යෝධයන් දහ දෙනා බැගින් සොයාගෙන ආවා. ඒ යෝධයන් සියලු දෙනාම එකතු කළ විට එකොළොස් දහස් එකසිය දහ දෙනෙක් වුනා.

101. **සබ්බේ තේ ලද්ධසක්කාරා - භූමිපාලේන සබ්බදා**
ගාමණිං රාජපුත්තං තං - වසිංසු පරිවාරිය

රජ්ජුරුවන්ගෙන් හැම කල්හි ඔවුන්ට සත්කාර සම්මාන ලැබුනා. ඔවුන් සියලු දෙනා ගාමිණී රාජපුත්‍රයා පිරිවරාගෙන වාසය කළා.

102. **ඉති සුචරිතජාතබ්භුතං**
සුණිය නරෝ මතිමා සුඛත්ථිකෝ
අකුසලපථතෝ පරම්මුඛෝ
කුසලපථේ’භිරමෙය්‍ය සබ්බදා ති.

තමාගේ සැප කැමති බුද්ධිමත් මනුෂ්‍යයා සුචරිතයෙන් උපන් මේ අද්භූත පරපුර ගැන ඔය විදිහට අසා දැනගත්තාට පස්සේ අකුසල් මාර්ගයට පිටුපාලා කුසල් මාර්ගයේ ඉදිරියටයි හැමතිස්සේ ම යන්ට ඕනෑ.

සුජනප්පසාදසංවේගත්ථාය කතේ මහාවංසේ
යෝධලාභෝ නාම තේවීසතිමෝ පරිච්ඡේදෝ.

සත්පුරුෂ ජනයන්ගේ ප්‍රසාදයත් සංවේගයත් ඇතිකරනු පිණිස කරන ලද මහාවංශයෙහි දස මහා යෝධයන් ලැබීම නම් වූ විසිතුන්වෙනි පරිච්ඡේදය යි.

24

චතුවීසතිමෝ පරිච්ඡේදෝ

විසිහතරවෙනි පරිච්ඡේදය

ද්වේභාතිකයුද්ධං

සහෝදර කුමාරවරු දෙදෙනාගේ යුද්ධය

1. හත්ථස්ස ථරුකම්මස්ස - කුසලෝ කතුපාසනෝ
සෝ ගාමණී රාජසුතෝ - මහාගාමේ වසී තදා

හස්ති ශිල්පයෙහිත්, අශ්ව ශිල්පයෙහිත්, කඩු ශිල්පයෙහිත් ඉතා දක්ෂ වූ ඉතා හොඳින් පුහුණුව ලැබූ ඒ ගැමුණු රාජ පුත්‍රයා ඒ දිනවල මාගම වාසය කළා.

2. රාජා රාජසුතං තිස්සං - දීඝවාපිම්හි වාසයි
ආරක්ඛිතුං ජනපදං - සම්පන්නබලවාහනං

රජ්ජුරුවෝ තිස්ස කුමාරයාව දීඝවාපියෙහි වාසය කෙරෙව්වා. බලසේනාවන් ද ලබාදීලා ඒ පැත්තෙන් රුහුණ දෙසට සිදුවෙන්ට පුළුවන් දෙමළ ආක්‍රමණය වළක්වන්ට ජනපදය ආරක්ෂා කෙරෙව්වා.

3. කුමාරෝ ගාමණී කාලේ - සම්පස්සන්තෝ බලං සකං
යුජ්ඣිස්සං දමිළේහීති - පිතුරඤ්ඤෝ කථාපයී

ආක්‍රමණික දෙමළුන් හා යුද්ධ කරන්ට සුදුසු කාලය බලමින් සිටි ගැමුණු කුමාරයා තමන්ගේ බල සේනාවත් රැගෙන දෙමළුන් සමග යුද්ධයට යන්ට ඕනෑ කියලා රජ්ජුරුවන් සමග කතා කෙරෙව්වා.

4. **රාජා තං අනුරක්ඛන්තෝ - ඕරගංගං අලං ඉති**
වාරේසි යාවතතියං - සෝ තථේව කථාපයී

රජ්ජුරුවෝ ගැමුණු කුමාරයාව රැකගන්ට ඕනෑ නිසා 'මහාවැලි ගඟෙන් මේ පැත්ත තිබ්බාම අපට සෑහේ' කියලා යුද්ධයකට යන එක වැළැක්කුවා. ගැමුණු කුමාරයා තුන් වතාවක් ම රජ්ජුරුවන් සමග මේ ගැන කතා කෙරෙව්වා. ඒ හැම අවස්ථාවේ ඒක වැළැක්කුවා.

5. **පිතා මේ පුරිසෝ හොන්තෝ - නේවං වක්ඛති තේනිදං**
පිලන්ධතූති පේසේසි - ඉත්ථාලංකාරමස්ස සෝ

'මගේ පියාණන් පිරිමියෙක් වෙලත් මේ ගැන කියන්නේ නෑ නොවැ. ඒ නිසා මේ ස්ත්‍රී අලංකාරයන් පළඳින සේක්වා' කියලා පිය රජ්ජුරුවන්ට ස්ත්‍රී ආභරණ පිටත් කෙරෙව්වා.

6. **රාජාහ තස්ස කුජ්ඣිත්වා - කරෝථ හේමසංඛලිං**
තාය නං බන්ධයිස්සාමි - නාඤ්ඤථා රක්ඛියෝ හි සෝ

රජ්ජුරුවන්ට ගැමුණු කුමාරයා ගැන හොඳට ම කේන්ති ගියා. 'හදාපියව් රත්තරනින් මාංචුවක්. මං ඒකෙන් මේකාව සිර කරන්ට ඕනෑ. වෙන විදිහකින් රැකගන්ට බෑ' කියලා නියෝග කළා.

7. **පලායිත්වාන මලයං - කුජ්ඣිත්වා පිතුනෝ අගා**
දුට්ඨත්තා යේව පිතරි - ආහු තං දුට්ඨගාමණිං

පිය රජ්ජුරුවන් කිපුණු බව දැනගත් කුමාරයා

කඳුරටට පලාගියා. ස්ත්‍රී පළඳන යැවීමෙන් පියා කෙරෙහි දුෂ්ට වූ නිසා ම ඔහුට 'දුටුගැමුණු' කියන නම හැදුනා.

8. **රාජාථ ආරභී කාතුං - මහාමංගලචේතියං**
නිට්ඨීතේ චේතියේ සංඝං - සන්නිපාතයි භූපති

ඊටපස්සේ රජ්ජුරුවෝ මහානුග්ගල චෛත්‍යයේ වැඩ කටයුතු පටන් ගත්තා. චෛත්‍යය කර්මාන්තය අවසන් වුනාට පස්සේ රජ්ජුරුවෝ සංඝයාව රැස් කෙරෙව්වා.

9. **ද්වාදසාසුං සහස්සානි - භික්ඛූ චිත්තලපබ්බතා**
තතෝ තතෝ ද්වාදසේව - සහස්සානි සමාගමුං

සිතුල් පව්වෙන් භික්ෂූන් වහන්සේලා දොළොස් දාහක් වැඩියා. ඒ ඒ තැන භික්ෂූන් වහන්සේලා තවත් දොළොස් දාහක් වැඩියා.

10. **කත්වාන චේතියමහං - රාජා සංඝස්ස සම්මුඛා**
සබ්බේ යෝධේ සමානෙත්වා - කාරේසි සපථං තදා

රජ්ජුරුවෝ චෛත්‍ය පූජා මහෝත්සවය අවසන් වුනාට පස්සේ සංඝයා වහන්සේ ඉදිරියේ සියලු යෝධයන් රැස් කෙරෙව්වා. එදා හැමෝගෙන් ම දිවුරුම් ගත්තා.

11. **පුත්තානං කලහට්ඨානං - න ගච්ඡිස්සාම නෝ ඉති**
අකංසු සපථං සබ්බේ - තං යුද්ධං තේන නාගමුං

'යම් හෙයකින් මගේ පුත් කුමාරවරුන් අතර කෝළාහලයක් හටගත්තොත් ඒ කිසි අර්බුදයකට මැදිහත් වෙන්නේ නෑ කියා සියලු දෙනා ම සංඝයා ඉදිරියේ සපථ කරව්' කියලා කියා සිටියා. ඔවුන් එසේ ම දිවුරා සිටියා. මව් බිසවත් කඩොල් ඇතාත් තිස්ස කුමාරයාගෙන් ඉල්ලලා චූළංගනී පිටියේදී ගැමුණු කුමාරයාත් තිස්ස කුමාරයාත් අතර යුද්ධයක් හටගත්තා. මේ දිවුරුම් දීම නිසා යෝධයන් සටන් කිරීමෙන් වැළකී සිටියා.

12. චතුසට්ඨී විහාරේ සෝ - කාරාපෙත්වා මහීපති
තත්තකානේව වස්සානි - ඨත්වා මරි තහිං තදා

කාවන්තිස්ස රජ්ජුරුවෝ විහාර හැට හතරක් කෙරෙව්වා. තමනුත් හැට හතර වර්ෂයක් ජීවත් වෙලා අභාවයට පත්වුනා.

13. රඤ්ඤෝ සරීරං ගාහෙත්වා - ඡන්නයානේන රාජිනි
නෙත්වා තිස්සමහාරාමං - තං සංඝස්ස නිවේදයි

විහාර මහා දේවිය රජ්ජුරුවන්ගේ ශරීරය ආවරණය කරගත් වාහනයකින් ගෙන්වා ගෙන තිස්සමහාරාමයට පමුණුවා සංඝයා වහන්සේට දැනුම් දුන්නා.

14. සුත්වා තිස්සකුමාරෝ තං - ආගන්ත්වා දීඝවාපිතෝ
සරීරකිච්චං කාරෙත්වා - සක්කච්චං පිතුනෝ සයං

පිය රජ්ජුරුවන්ගේ අභාවය ඇසූ තිස්ස කුමාරයා දීඝවාපියේ සිට ඇවිත් තමන් ඉතා හොඳාකාරව පිය රජ්ජුරුවන්ගේ ශරීරය පිළිබඳ ආදාහන කටයුතු කළා.

15. මාතරං කණ්ඩුලං හත්ථිං - ආදියිත්වා මහබ්බලෝ
භාතුභයා දීඝවාපිං - අගමාසි ලහුං තතෝ

මහා බල ඇති තිස්ස කුමාරයා විහාර මහා දේවී මැණියන්වත් කඩොල් ඇතාත් අරගෙන සහෝදර දුටුගැමුණු කුමාරයාට භයින් ඉක්මනින් ම දීඝවාපියට ගියා.

16. තං පවත්තිං නිවේදේතුං - දුට්ඨගාමණි සන්තිකං
ලේඛං දත්වා විසජ්ජේසුං - සබ්බේමච්චා සමාගතා

දුටුගැමුණු කුමාරයාට පිය රජ්ජුරුවන්ගේ අභාවය පිළිබඳ ප්‍රවෘත්තිය දැනුම් දීම පිණිස සියලු ඇමතිවරු රැස්වෙලා ලිපියක් සකසා දූතයෙකුව පිටත් කෙරෙව්වා.

17. **සෝ ගුත්තහාලමාගන්ත්වා - තත්ථ චාරේ විසජ්ජිය**
මහාගාමමුපගන්ත්වා - සයං රජ්ජේභිසේචයි

දුටුගැමුණු කුමාරයා ගුත්තිලට ඇවිත් මාගමට චරපුරුෂයන් යවලා සත්‍ය තොරතුරු සොයා බලා දැනගත්තා. ඊටපස්සේ මාගමට ඇවිත් තමන් රුහුණු රාජ්‍යයෙහි අභිෂේක කළා.

18. **මාතත්ථං කණ්ඩුලත්ථඤ්ච - භාතුලේඛං විසජ්ජයි**
අලද්ධා යාවතතියං - යුද්ධාය තමුපාගමි

තමන් ළඟට විහාර මහා දේවී මෑණියන්වත් කඩොල් ඇතාවත් එවන්ට කියලා සහෝදර තිස්ස කුමාරයාට දූතයන් මගින් ලියුම් යැව්වා. තුන් වතාවක් ම ලියුම් යවලත් මෑණියන්වත් කඩොල් ඇතාත් නොලැබුනු නිසා යුද්ධ කරන්ට පිටත් වුනා.

19. **අහු ද්වින්නං මහායුද්ධං - චූළංගණියපිට්ඨියං**
තත්ථ නේකසහස්සානි - පතිංසු රාජිනෝ නරා

චූලංගනිය පිටියේ දී දෙන්නා අතර මහා යුද්ධයක් හටගත්තා. ඒ යුද්ධයේදී දුටුගැමුණු රජ්ජුරුවන්ගේ සේනාවට අයත් දහස් ගණන් මිනිස්සු මැරී වැටුනා.

20. **රාජා ච තිස්සාමච්චෝ ච - වළවා දීඝථූනිකා**
තයෝ යේව පලායිංසු - කුමාරෝ අනුබන්ධි තේ

දුටුගැමුණු රජ්ජුරුවොත් තිස්ස අමාත්‍යයාත් දීඝථූනිකා නම් වෙළඹත් කියන තුන් දෙනා විතරක් පලාගියා. තිස්ස කුමාරයා ඔවුන් පසුපස ලුහුබැන්දා.

21. **උභින්නමන්තරේ භික්ඛූ - මාපයිංසු මහීධරං**
තං දිස්වා භික්ඛුසංඝස්ස - කම්මං ඉති නිවත්ති සෝ

එතකොට ඉර්ධිබලලාභී භික්ෂූන් වහන්සේලා ඒ සහෝදර කුමාරවරුන් දෙන්නා අතර මහා කන්දක් මැව්වා. ඒ

කන්ද දැකපු තිස්ස කුමාරයා මේක භික්ෂූන් වහන්සේලාගේ හාස්කම් ක්‍රියාවක් ය කියලා නැවතුනා.

22. **කප්පකන්දරනජ්ජා සෝ - ජවමාලිතිත්ථමාගතෝ**
රාජාහ තිස්සමච්චං තං - ඡාතජ්ඣත්තා මයං ඉති

දුටුගැමුණු රජ්ජුරුවෝ කප්කඳුරු ගඟෙහි තිබුනු ජීවමාල නැමැති තොටට ආවා. රජ්ජුරුවෝ 'අපට හරි බඩගිනියි නොවැ' කියලා තිස්ස අමාත්‍යයාට කිව්වා.

23. **සුවණ්ණසරකේ ඛිත්තහත්තං නීහරි තස්ස සෝ**
සංඝේ දත්වා භුඤ්ජනතෝ - කාරෙත්වා චතුභාගකං

එතකොට තිස්ස අමාත්‍යයා බත් දමන ලද රන් තලියක් තම උතුරු සළුව අස්සෙන් එළියට රැගෙන දුන්නා. සංඝයාට පූජා කිරීමෙන් පස්සේ භෝජන අනුභව කිරීම අපගේ දුටුගැමුණු රජ්ජුරුවන්ගේ සිරිත නිසා ඒ බත කොටස් හතරකට බෙදුවා.

24. **සෝසේහි කාලමිච්චාහ - තිස්සෝ කාලමඝෝසයි**
සුණිත්වා දිබ්බසෝතේන - රඤ්ඤෝ සික්ඛාය දායකෝ

'තිස්සය, සංඝයා වහන්සේ නමක් උදෙසා දානයක් තියෙනවා' කියලා කෑ ගහලා කියන්ට කිව්වා. තිස්ස අමාත්‍යයාත් කෑ ගහලා එහෙම කිව්වා. ඒ ශබ්දය දිව්‍ය ශ්‍රවණයෙන් අසන්ට ලැබුනු, රජ්ජුරුවන්ට පන්සිල් දී තිබෙන,

25. **ථේරෝ පියංගුදීපට්ඨෝ - ථේරං තත්ථ නියෝජයි**
තිස්සං කුටුම්බිකසුතං - සෝ තත්ථ නභසාගමා

ගෝතම නමැති රහතන් වහන්සේ පුවඟු දිවයිනේ වැඩ සිටියා. උන්වහන්සේ කුටුම්බිකපුත්තතිස්ස නමැති තෙරුන්ට රජ්ජුරුවන්ගේ දානය පිළිගැනීමට වඩින්ට කිව්වා. කුටුම්බපුත්තතිස්ස තෙරුන් වහන්සේ ජීවමාල තොටට අහසින් වැඩියා.

26. **තස්ස තිස්සෝ කරා පත්තං - ආදායාදාසි රාජිනෝ**
සංඝස්ස භාගං සම්භාගං - රාජා පත්තේ ඛිපාපයි

තිස්ස අමාත්‍යයා තෙරුන් වහන්සේගේ අතින් පාත්‍රය අරගෙන අපගේ රජ්ජුරුවන්ට දුන්නා. රජ්ජුරුවෝ සංඝයාට වෙන්කළ කොටසත් තමන්ට වෙන් කළ කොටසත් යන මේ කොටස් දෙකම පාත්‍රයට පූජා කළා.

27. **සම්භාගං ඛිපි තිස්සෝ ච - සම්භාගං වළවාපි ච**
න ඉච්ඡි තස්සා භාගඤ්ච - තිස්සෝ පත්තම්හි පක්ඛිපි

තිස්ස අමාත්‍යයාත් තමන්ගේ කොටස පූජා කරගත්තා. දීඝපූනිකා වෙළඹත් තමන්ගේ කොටස ගන්ට කැමති වුනේ නෑ. තිස්ස අමාත්‍යයා ඇගේ බත් කොටසත් පාත්‍රයට පූජා කළා.

28. **භත්තස්ස පුණ්ණපත්තං තං - අදා ථේරස්ස භූපති**
අදා ගෝතමථේරස්ස - සෝ ගන්ත්වා නභසා ලහුං

අපගේ රජ්ජුරුවෝ බතින් පුරවන ලද පාත්‍රය තෙරුන් වහන්සේ අතට පිළිගැන්නුවා. උන්වහන්සේ ඉක්මනින් අහසින් වැඩම කොට ගෝතම රහතන් වහන්සේට දුන්නා.

29. **භික්ඛූනං භුඤ්ජමානානං - දත්වා ආලෝපභාගසෝ**
පඤ්චසතානං සෝ ථේරෝ - ලද්ධෙහි තු තදන්තිකා

උන්වහන්සේ ඒ පාත්‍රයෙන් ගත් බත් කුඩා පිඬු වශයෙන් ගෙන දන් වළඳමින් සිටි පන්සියයක් භික්ෂූන් වහන්සේලාට පිළිගැන්නුවා. ඒ භික්ෂූන් වහන්සේලා වළඳා ඉතිරිව තිබූ බතින්,

30. **භාගේහි පත්තං පූරෙත්වා - ආකාසේ ඛිපි රාජිනෝ**
දිස්වා ගතං ගහෙත්වා තං - තිස්සෝ භෝජේසි භූපතිං

පාත්‍රයක් පුරවලා රජ්ජුරුවන් වෙනුවෙන් අහසට

දැම්මා. අහසින් පැමිණි පාත්‍රය දුටු තිස්ස අමාත්‍යයා එය රැගෙන රජ්ජුරුවන්ට අහරකිස කෙරෙව්වා.

31. **භුඤ්ජිත්වාන සයඤ්චාපි - වළවඤ්ච අභෝජයි**
සන්නාහං චුම්බටං කත්වා - රාජා පත්තං විසජ්ජයි

තමාත් අනුභව කළා. වෙළඹටත් අනුභව කෙරෙව්වා. රජ්ජුරුවෝ තමන් ඇඳ සිටි සන්නාහය හෙවත් සැට්ටය නවලා දරණුවක් වගේ සකස් කරලා ඒ මත පාත්‍රය තබලා අහසින් ම යැව්වා.

32. **ගන්ත්වාන සෝ මහාගාමං - සමාදාය බලං පුන**
සට්ඨිසහස්සං යුද්ධාය - ගන්ත්වා යුජ්ඣි සභාතරා

දුටුගැමුණු රජ්ජුරුවෝ මාගමට ගිහින් ආයෙමත් සැට දහසක බලසේනාවකුත් රැගෙන යුද්දෙට ගිහින් තමන්ගේ සහෝදර තිස්ස කුමාරයා සමග යුද්ධ කළා.

33. **රාජා වළවමාරුය්හ - තිස්සෝ කණ්ඩුලහත්ථිනං**
ද්වේ භාතරෝ සමාගඤ්ඡුං - යුජ්ඣමානා රණේ තදා

රජ්ජුරුවෝ දීඝථූනිකා වෙළඹගේ පිට මත සිටියා. තිස්ස කුමාරයා කඩොල් ඇතාගේ පිටේ සිටියා. සහෝදරයන් දෙදෙනා එකිනෙකාට විරුද්ධව යුද්ධ කරන්ට රණබිමේ සූදානම්ව සිටියා.

34. **රාජා කරිං කරිත්වන්තෝ - වළවාමණ්ඩලං අකා**
තථාපි ඡිද්දං නෝ දිස්වා - ලංඝාපේතුං මතිං අකා

රජ්ජුරුවෝ තෝමරය දමා ගසන්ට සිදුරක් සොයමින් ඇතා වට කරලා වෙළඹගේ පිටින් වළල්ලක හැඩයට වේගයෙන් දිව්වා. එහෙමත් සිදුරක් සොයාගන්ට බැරිතැන ඇතාගේත් තිස්ස කුමාරයාගේත් උඩින් වෙළඹව පන්නවන්ට අදහස් කළා.

35. **වළවං ලංඝයිත්වාන - හත්ථිනං භාතිකෝපරි**
තෝමරං ඛිපි චම්මංව - යථා ඡිජ්ජති පිට්ඨියං

ඇතාත් සහෝදරයාත් උඩින් වෙළඹව පැන්නුවා. ඇතාගේ පිට වසා තිබුනු සම් සැට්ටය සිදුරු වන ලෙසට තෝමරයෙන් දමා ගැසුවා.

36. **අනේකානි සහස්සානි - කුමාරස්ස නරා තහිං**
පතිංසු යුද්ධේ යුජ්ඣන්තා - භිජ්ජි චේව මහබ්බලං

ඒ යුද්ධයේ දී තිස්ස කුමාරයාගේ දහස් ගණන් මිනිස්සු යුද්ධ කරද්දී මරණයට පත්වුනා. ඔහුගේ මහා බලය බිඳිලා ගියා.

37. **ආරෝහකස්ස වේකල්ලා - ඉත්ථී මං ලංඝයී ඉති**
කුද්ධෝ කරී තං චාලෙන්තෝ - රුක්ඛමේකමුපාගමි

'මාගේ පිට උඩින් ස්ත්‍රී සතෙකුව පැන්නුවේ මේ ඇත්ගොව්වාගේ අදක්ෂකම නිසා ය' කියලා කඩොල් ඇතාට හොඳට ම කේන්ති ගියා. තිස්ස කුමාරයාව බිම වට්ටවන්ට ඇඟ සොලව සොලවා එක්තරා රුකක් වෙත ගියා.

38. **කුමාරෝ ආරුහී රුක්ඛං - හත්ථී සාමිමුපාගමි**
තමාරුය්හ පලායන්තං - කුමාරමනුබන්ධි සෝ

තිස්ස කුමාරයා ගහට ගොඩ වුනා. කඩොල් ඇතා තමාගේ ස්වාමියා වන දුටුගැමුණු රජ්ජුරුවෝ ළඟට ගියා. ඇතා පිට නැගපු දුටුගැමුණු රජ්ජුරුවෝ පලායන තිස්ස කුමාරයාගේ පිටිපස්සෙන් පැන්නුවා.

39. **පවිසිත්වා විහාරං සෝ - මහාථේරඝරං ගතෝ**
නිපජ්ජි හෙට්ඨා මඤ්චස්ස - කුමාරෝ භාතුනෝ භයා

තිස්ස කුමාරයා පලා ගිහින් ළඟ තිබුනු විහාරෙකට රිංගුවා. එහි සිටින මහා තෙරුන් වහන්සේගේ කුටියට

විසිහතරවෙනි පරිච්ඡේදය 445

රිංගුවා. තම සහෝදරයාට භයින් එහි තිබුනු ඇඳක් යට දිගා වෙලා සිටියා.

40. පසාරයි මහාථේරෝ - චීවරං තත්ථ මඤ්චකේ
රාජා අනුපදං ගන්ත්වා - කුහිං තිස්සෝති පුච්ඡථ

මහ තෙරුන් වහන්සේ කුමාරයාව පිටත පෙනෙන්නේ නැතිවෙන්ට බිමට පාත්වෙන ලෙසින් ඇඳ මත සිවුරක් දිගහැරියා. තිස්ස කුමාරයාගේ පියවර සටහන් ඔස්සේ ආපු රජ්ජුරුවෝ 'කොහේද ඉන්නේ තිස්සයා?' කියලා ඇහැව්වා.

41. මඤ්චේ නත්ථී මහාරාජ - ඉති ථේරෝ අවෝච තං
හෙට්ඨා මඤ්චේති ජානිත්වා - තතෝ නික්ඛම්ම භූපති

'මහරජ්ජුරුවෙනි, ඔබගේ සහෝදර කුමාරයා ඇඳ මත නැහැ නොවැ' කියලා මහතෙරුන් වහන්සේ පිළිතුරු දී වදාළා. එතකොට රජ්ජුරුවන්ට තේරුනා එහෙනම් තිස්සයා ඉන්නේ ඇඳ යට ය කියලා. රජ්ජුරුවෝ එතැනින් නික්ම ගියා.

42. සමන්තතෝ විහාරස්ස - රක්ඛං කාරයි තං පන
මඤ්චකම්හි නිපජ්ජෙත්වා - දත්වා උපරි චීවරං

රජ්ජුරුවෝ විහාරයට පිටතින් හතර වටින් ම රැකවල් දැම්මෙව්වා. තිස්ස කුමාරයාට පැනගන්ට විදිහක් නෑ. ඒ නිසා තිස්ස කුමාරයාව ඇඳක හාන්සි කරවා උඩින් වැහෙන්ට සිවුරක් දැම්මා.

43. මඤ්චපාදේසු ගණ්හිත්වා - චත්තාරෝ දහරා යතී
මතභික්ඛුනියාමේන - කුමාරං බහි නීහරුං

තරුණ භික්ෂූන් වහන්සේලා හතර නමක් ඒ ඇඳේ පා හතරින් ඔසොවාගෙන අපවත් වූ භික්ෂුවක් ගෙනියන විදිහට විහාරයෙන් පිටතට අරගෙන ගියා.

44. **නීයමානන්තු තං ඤත්වා - ඉදමාහ මහීපති**
තිස්ස ත්වං කුලදේවානං - සීසේ හුත්වාන නීයාසි

බැහැරට අරගෙන යන්නේ මේ තිස්ස කුමාරයාව තමයි කියලා රජ්ජුරුවෝ තේරුම් ගත්තා. ඊට පස්සේ රජ්ජුරුවෝ මෙහෙම කිව්වා. 'එම්බා තිස්සයෙනි, තෝ මොකද මේ කුලදේවතාවුන්ගේ හිස මතින් ගෙනියන්නේ?'

45. **බලක්කාරේන ගහණං - කුලදේවේහි නත්ථි මේ**
ගුණං ත්වං කුලදේවානං - සරෙය්‍යාසි කදාචිපි

මං කුලදේවතාවුන් අතින් තෝ ව බලහත්කාරයෙන් පැහැර ගැනීමක් කරන්නෙ නෑ. ඒ නිසා එම්බා තිස්ස, තෝ හැමදාමත් තාගේ කුලදේවතාවුන්ගේ ගුණ සිහිකරපන්' කියලා.

46. **තතෝ යේව මහාගාමං - අගමාසි මහීපති**
ආණාපේසි ච තත්ථේව - මාතරං මාතුගාරවෝ

දුටුගැමුණු රජ්ජුරුවෝ එතැනින් ම මාගම වඩ්ඪමාන පුරයට ගියා. මෑණියන් කෙරෙහි මහත් ගෞරවාදරයෙන් යුක්තව තම මව් වන විහාරමහා දේවිවත් මාගමට ම කැඳවා ගත්තා.

47. **වස්සානි අට්ඨසට්ඨීං සෝ - අට්ඨා ධම්මට්ඨමානසෝ**
අට්ඨසට්ඨීවිහාරේ ච - කාරාපේසි මහීපති

ධර්මයෙහි පිහිටුවාගත් සිතින් යුතු දුටුගැමුණු රජ්ජුරුවෝ අවුරුදු හැට අටක් වැඩ සිටියා. විහාරයනුත් හැට අටක් කෙරෙව්වා.

48. **නික්ඛාමිතෝ සෝ භික්ඛූහි - තිස්සෝ රාජසුතෝ පන**
දීඝවාපිං තතෝ යේව - අගමඤ්ඤතරෝ විය

භික්ෂූන් වහන්සේලා විසින් විහාරයෙන් බැහැරට පිටත් කරවපු තිස්ස රාජපුත්‍රයා එතැනින් ම වෙස් වළාගෙන දීඝවාපියට ගියා.

49. **කුමාරෝ ගෝඨගත්තස්ස - තිස්සථේරස්ස ආහ සෝ**
සාපරාධෝ අහං භන්තේ - ඛමාපෙස්සාමි භාතරං

කුමාරයා ගෝඨගත්තතිස්ස තෙරුන් වහන්සේ බැහැදකින්ට ගියා. 'ස්වාමීනී, මැණියනුත් කඩොල් ඇතාවත් තුන් වතාවක් ම ඉල්ලලා නුදුන් නිසා මගේ අතිනුයි මේ අපරාධය වුනේ. මං සහෝදරයාව කමා කරවාගන්ට කැමතියි.'

50. **වෙය්‍යාවච්චකරාකාරං - තිස්සං පඤ්චසතානි ච**
භික්ඛුනමාදියිත්වා සෝ - ථේරෝ රාජමුපාගමි

සංඝයාට වතාවත් කරන කෙනෙකුගේ වේශයෙන් තිස්ස කුමාරයාව රැගෙන පන්සියයක් භික්ෂූන් වහන්සේලා පිරිවරාගෙන ගෝඨගත්තතිස්ස තෙරුන් වහන්සේ රජ්ජුරුවන් මුණගැහෙන්ට මාගම වැඩියා.

51. **රාජපුත්තං ඨපෙත්වාන - ථේරෝ සෝපානමත්ථකේ**
සසංඝෝ පාවිසි සද්ධෝ - නිසීදාපිය භූමිපෝ

පඩිපෙළ මුදුනේ තිස්ස කුමාරයාව නවත්තලා තෙරුන් වහන්සේ සියලු සංඝයා වහන්සේලා සමඟ රජමැඳුරට වැඩම කොට අසුන් ගත්තා. රජ්ජුරුවෝ,

52. **උපානයී යාගු ආදිං - ථේරෝ පත්තං පිධේසි සෝ**
කින්ති වුත්තෝ'බ්‍රවි තිස්සං - ආදාය අගතා ඉති

කැඳ, අවුළුපත් ආදිය උන්වහන්සේලාට පිළිගැන්නුවා. එතකොට මහතෙරුන් වහන්සේ පාත්‍රය වසාගත්තා. 'ඇයි ස්වාමීනී, අද මේ කැඳ අවුලුපත් පිළිගන්නේ නැත්තේ?' 'මහරජ්ජුරුවෙනි, අපි තිස්ස කුමාරයාව එක්කරගෙන ආවා.'

53. **කුහිං චෝරෝති වුත්තෝ ච - ඨිතට්ඨානං නිවේදයි**
විහාරදේවී ගන්ත්වාන - ඡාදියට්ඨාසි පුත්තකං

'කොහේද ඔය හොරා ඉන්නේ?' 'මහරජ්ජුරුවෙනි, කුමාරයා අසවල් තැන ඉන්නවා' කියා වදාළා. එතකොට විහාර මහා දේවිය ඉක්මනින් ගිහින් සිය පුත්‍රයාව මුවා කරවාගෙන සිටගත්තා.

54. රාජාහ ථේරං ඤාතෝ වෝ - දාසභාවෝ ඉදානි නෝ
සාමණේරං පේසයේථ - තුම්හේ මේ සත්තවස්සිකං

රජ්ජුරුවෝ තෙරුන් වහන්සේට මෙහෙම කිව්වා. 'ස්වාමීනී, ඔබවහන්සේලා කෙරෙහි අපගේ ඇති දාසභාවය දැන් ඔබවහන්සේලාට වැටහෙනවා නේද? ඉදින් ඔබවහන්සේලා මේ කලහය විසඳන්ට සත්හැවිරිදි සාමණේර නමක්වත් අප වෙත එවා වදාළා නම්,

55. ජනක්ඛයං විනා යේව - කලහෝ න භවෙය්‍ය නෝ
රාජ, සංඝස්ස දෝසෝ'සෝ - සංඝෝ දණ්ඩං කරිස්සති

මේ ජනයාගේ විනාශයවත් කෝලාහලයවත් මෙහෙම සිද්ධ වෙන්නේ නෑ' 'මහරජ්ජුරුවෙනි, එසේය. මෙය සංඝයාට වූ අපගේ දෝෂයක්. සංඝයා ඊට සුදුසු වූ දඬුවමක් කරන්නේය.'

56. හෙස්සතාගතකිච්චං වෝ - යාගාදිං ගණ්හාථාති සෝ
දත්වා තං භික්ඛුසංඝස්ස - පක්කෝසිත්වාන භාතරං

'ස්වාමීනී, ඔබවහන්සේලා මෙහි වැඩම කළ කාරණය ඉෂ්ට වෙනවා. එනිසා අපගේ කැඳ අවුළුපත් පිළිගන්නා සේක්වා!' කියලා අපගේ දුටුගැමුණු රජ්ජුරුවෝ කැඳ, අවුළුපත්වලින් සංඝයා වහන්සේව වළඳවලා සහෝදර තිස්ස කුමාරයාව ළඟට කැඳවාගත්තා.

57. තත්ථේව සංඝමජ්ඣම්හි - නිසින්නෝ භාතරා සහ
භුඤ්ජිත්වා ඒකතෝ යේව - භික්ඛුසංඝං විසජ්ජයි

විසිහතරවෙනි පරිච්ඡේදය 449

සංඝයා වහන්සේලා මැද්දේ ම වාඩිවෙලා සහෝදර තිස්ස කුමාරයා සමඟ එකට ම කැඳ, අවුළුපත් අනුභව කළා. ඊටපස්සේ සංඝයා වහන්සේලා පිටත් කෙරෙව්වා.

58. **සස්සකම්මානි කාරේතුං - තිස්සං තත්ථේව පාහිණි**
සයම්පි භේරිං චාරෙත්වා - සස්සකම්මානි කාරයි

යුද්ධයක් කරද්දී ආහාරපාන සුලභ වෙන්ට ඕන නිසා තිස්ස කුමාරයා කුඹුරු අස්වද්දන්ට දීඝවාපියට ම පිටත් කෙරෙව්වා. තමාත් අඬබෙර හසුරුවා හැමතැන ම කුඹුරු අස්වැද්දෙව්වා.

59. **ඉති වේරමනේකවිකප්පචිතං**
සමයන්ති බහුං අපි සප්පුරිසං
ඉති චින්තිය කෝ හි නරෝ මතිමා
න භවෙය්‍ය පරේසු සුසන්තමනෝති.

ඔය විදිහට නානා කරුණු මුල්කොට වැඩි වෙවී යන වෛරය පවා සත්පුරුෂයෝ සන්සිඳුවා ගන්නවා. ඔය ගැන සිතන කවර නම් බුද්ධිමත් මනුෂ්‍යයෙක් අදත් කෙසේ නම් මෛත්‍රී කරුණා ගුණ පතුරුවා තම සිත ශාන්ත නොකර ගනියි ද!

සුජනප්පසාදසංවේගත්ථාය කතේ මහාවංසේ
ද්වේභාතිකයුද්ධං නාම චතුවීසතිමෝ පරිච්ඡේදෝ.

සත්පුරුෂ ජනයන්ගේ ප්‍රසාදයත් සංවේගයත් ඇතිකරනු පිණිස කරන ලද මහාවංශයෙහි සහෝදර කුමාරවරු දෙදෙනාගේ යුද්ධය නම් වූ විසිහතරවෙනි පරිච්ඡේදය යි.

25

පඤ්චවීසතිමෝ පරිච්ඡේදෝ

විසිපස්වෙනි පරිච්ඡේදය

දුට්ඨගාමණීවිජයෝ

දුටුගැමුණු රජ්ජුරුවන්ගේ විජයග්‍රහණය

1. **දුට්ඨගාමණීරාජා'ථ - කත්වාන ජනසංගහං**
කුන්තේ ධාතුං නිධාපෙත්වා - සයොග්ගබලවාහනෝ

ඊටපස්සේ අපගේ දුටුගැමුණු රජ්ජුරුවෝ කුඹුරු වතුපිටි අස්වද්දලා ජනයාට සංග්‍රහ කරලා තම කුන්තායුධයෙහි ශ්‍රී සර්වඥ ධාතූන් වහන්සේ වඩා හිඳුවලා බල සේනාවෙන් හා වාහනවලින් යුක්ත වෙලා,

2. **ගන්ත්වා තිස්සමහාරාමං - වන්දිත්වා සංඝමබ්‍රවි**
පාරගංගං ගමිස්සාමි - ජෝතේතුං සාසනං අහං

තිස්සමහාරාමයට ගොහින් මහා සංඝයා වහන්සේට වන්දනා කරලා මෙහෙම කිව්වා. 'ස්වාමීනී, ආක්‍රමණික මිසදිටුවන්ගෙන් කිළිටි වූ අනුරාධපුරයේ ආයෙමත් ශ්‍රී සම්බුද්ධ ශාසනය බබුළුවන්ට මං මහවැලි ගඟෙන් එහා පැත්තට යන්ට ඕනෑ.

3. **සක්කාතුං භික්ඛවෝ දේථ - අම්හේහි සහ ගාමිනෝ**
මංගලඤ්චේව රක්ඛා ච - භික්ඛූනං දස්සනං හි නෝ

ඒ ගමනේදී දන්පැන්වලින් උපස්ථාන කරන්ට අපට භික්ෂූන් වහන්සේලා දුන මැනව. ඒකෙන් අපට භික්ෂූන් වහන්සේලා නිති දැකීම නමැති මංගල කාරණය සිද්ධ වෙනවා. නිතර කරන සංඝෝපස්ථානය නිසා අපට ඒ පිනෙන් ආරක්ෂාවත් ඇතිවෙනවා.

4. **අදාසි දණ්ඩකම්මත්ථං - සංඝෝ පඤ්චසතං යතී**
භික්ඛුසංඝං තමාදාය - තතෝ නික්ඛම්ම භූපති

එදා තිස්ස කුමාරයාත් දුටුගැමුණු රජ්ජුරුවනුත් යන සහෝදරයන්ගේ කලහය සන්සිඳවන්ට සංඝයා මැදිහත් නොවීම නිසා ගෝඨගත්තතිස්ස තෙරුන් වදාළේ සංඝයා ද දඬුවමට සුදුසු බවයි. ඒ වරද සිහිකොට එයට දඬුවම් පිණිස සංඝයා භික්ෂූන් වහන්සේලා පන්සිය නමක් රජ්ජුරුවන්ට දුන්නා. දුටුගැමුණු රජ්ජුරුවෝ ඒ භික්ෂූන් වහන්සේලා පන්සිය නමත් වඩම්මවාගෙන එතැනින් නික්මුනා.

5. **සෝධාපෙත්වාන මලයේ - ඉධාගමනමඤ්ජසං**
කණ්ඩුලං හත්ථිමාරුය්හ - යෝධේහි පරිවාරිතෝ

මලය ප්‍රදේශයේ සිට ගඟින් මෙතෙර එන මාර්ගය පිරිසිදු කරවා කඩොල් ඇතා පිට නැගිලා දස මහා යෝධයන් ප්‍රධාන සියලු යෝධයන් පිරිවරාගෙන,

6. **මහතා බලකායේන - යුද්ධාය අභිනික්ඛමි**
මහාගාමේන සම්බද්ධා - සේනා'ගා ගුත්තහාලකං

මහත් බලසේනාවකින් යුක්තව යුද්ධය පිණිස පිටත් වුනා. මාගමින් පටන්ගත් මහාසේනාව ගුත්තල දක්වා ම දිගට තිබුණා.

7. **මහියංගණමාගම්ම - ඡත්තං දමිළමග්ගහී**
සාතෙත්වා දමිළේ තත්ථ - ආගන්ත්වා අම්බතිත්ථකං

මහියංගණයට ඇවිත් එහි සේනාධිනායකව සිටි ඡත්ත නමැති දෙමළ සෙන්පතියාව අල්ලා ගත්තා. දෙමළුන් පරදවලා එතැනින් අඹතොටට ආවා.

8. **ගංගාපරිඛසම්පන්නං - තිත්ථම්බදමිළම්පන**
යුජ්ඣං චතුහි මාසේහි - කතහත්ථං මහබ්බලං

එක් පැත්තකින් ගංගාවෙනුත් අනිත් පැත්තෙන් දියඅගලකිනුත් වට වූ ඒ දෙමළ කඳවුරේ අම්බතිත්ථ නමැති මහා බලසම්පන්න කෘතහස්ත දෙමළ සෙන්පතියෙක් ඉන්නවා. ඔහු සමග යුද්ධ කරලා මාස හතරකින් වත් ගන්ට බැරිව ගිය තැන,

9. **මාතරං දස්සයිත්වාන - තේන ලේසේන අග්ගහි**
තතෝ ඕරුය්හ දමිළේ - සත්තරාජේ මහබ්බලේ

විහාර මහා දේවි මැණියන්ව ඔහුට විවාහ කොට දෙන ව්‍යාජයෙන් ඇය පෙන්නලා අම්බතිත්ථ දෙමළ සෙන්පතියාව අල්ලගත්තා. එතනින් බැහැලා මහා බලසම්පන්න ප්‍රාදේශීය දෙමළ රජවරු හත් දෙනා සිටි

10. **ඒකාහේනේව ගණ්හිත්වා - ඛේමං කත්වා මහබ්බලෝ**
බලස්සාදා ධනං තේන - ඛේමාරාමෝ'ති වුච්චති

අඹතොට කඳවුර එක දවසකින් ම අල්ලාගෙන මහා බල ඇති දුටුගැමුණු රජ්ජුරුවෝ සිය බලසේනාවට ධනය ප්‍රදානය කරලා ඒ ප්‍රදේශය සතුරු බිය නැති කළ නිසා හැදූ විහාරය ඛේමාරාමය කියලා කියනවා.

11. **මහාකොට්ඨ'න්තරාසොබ්භේ - දෝණේ ගවරමග්ගහී**
හාලකෝලේ ඉස්සරියං - නාළිසොබ්භම්හි නාළිකං

අතුරුහෙබ නමැති ගමේ සිටිය 'මහාකොට්ඨ' දෙමළ සෙන්පතියත් දෝණ නුවර සිටිය 'ගවර' නමැති දෙමළ සෙන්පතියාත් අල්ලාගත්තා. හල්කොළනුවර සිටිය 'ඉසුරු' නමැති දෙමළ සෙන්පතියත් නැල්හෙබ නමැති ගමේ හිටිය

නාළික නමැති දෙමළ සෙන්පතියවත් අල්ලා ගත්තා.

12. **දීඝාභයගල්ලකම්හි - ගණ්හි දීඝාභයම්පි ච**
කච්ඡතිත්ථේ කපිසීසං - චතුමාසේන අග්ගහි

දික්අබාගල සිටිය දීඝාභය දෙමළ සෙන්පතියවත් අල්ලාගත්තා. කස්තොට හිටිය කපිසීස කියන දෙමළ සෙන්පතියව අල්ලා ගන්ට හාරමාසයක් ගතවුනා.

13. **කෝටනගරේ කෝටඤ්ච - තතෝ හාලවහාණකං**
වහිට්ටයේ වහිට්ඨදමිළං - ගාමණිම්හි ච ගාමණිං

කෝටනුවර සිටිය කෝට නමැති දෙමළ සෙන්පතියවත් අල්ලා ගත්තා. එතැනින් ගිහින් හාලවහානක දෙමළ සෙන්පතියවත් අල්ලා ගත්තා. වහිට්ඨ නුවර සිටිය වහිට්ඨ නමැති දෙමළ සෙන්පතියවත් ගාමිණී නගරයේ විසූ ගාමිණී නමැති දෙමළ සෙන්පතියවත් අල්ලා ගත්තා.

14. **කුම්භගාමම්හි කුම්භඤ්ච - නන්දිගාමම්හි නන්දිකං**
ගණ්හි ඛාණුං ඛාණුගාමේ - ද්වේ තු තම්බුණ්ණමේ පන

කුඹගම සිටිය කුම්භ නමැති දෙමළ සෙන්පතියාවත් නන්දිගමේ සිටිය නන්දික නමැති දෙමළ සෙන්පතියාවත් ඛාණුගමේ සිටිය ඛාණු දෙමළ සෙන්පතියාවත් තම්බගමේ සිටිය තම්බ නමැති දෙමළ සෙන්පතියන් දෙන්නාත් අල්ලා ගත්තා.

15. **මාතුලං භාගිනෙය්‍යඤ්ච - තම්බඋන්නමනාමකේ**
ජම්බුං වග්ගහී සෝ සෝ ච - ගාමෝ'හු තං තදව්හයෝ

ඒ මාමාටයි බෑණාටයි දෙන්නාට ම තිබුනේ තම්බ යන නමයි. ජම්බුගමේ සිටිය ජම්බු සෙන්පතියාවත් අල්ලා ගත්තා. ඒ ඒ ගම්වල නමත් ගම්භාරව සිටි දෙමළ සෙන්පතියන්ගේ නමත් බොහෝ විට සමානයි.

16. **අජානිත්වා සකං සේනං - ඝාතෙන්ති සජනා ඉති**
සුත්වාන සච්චකිරියං - අකරී තත්ථ භූපති

තමන්ගේ සේනාව හඳුනාගන්ට බැරි වීම නිසා තම තමන් අතින් තමන්ගේ සේනාව මැරෙන බව දුටුගැමුණු රජ්ජුරුවන්ට දැනගන්ට ලැබුනා. එතකොට රජ්ජුරුවෝ සත්‍යක්‍රියාවක් කළා.

17. **රජ්ජසුඛාය වායාමෝ - නායං මම කදාචිපි**
සම්බුද්ධසාසනස්සේව - ඨපනාය අයං මම

'මාගේ මේ ව්‍යායාමය කිසිකලකත් රජසැප විඳින්ට නොවෙයි. මේ මාගේ ව්‍යායාමය ගෞතම ශ්‍රී සම්බුද්ධ ශාසනයේ චිරස්ථිතිය පිණිසයි.

18. **තේන සච්චේන මේ සේනා - කායෝපගතභණ්ඩිකං**
ජාලවණ්ණංව හෝතූති - තං තථේව තදා අහු

මේ සත්‍යානුභාවයෙන් මාගේ සේනාව කය පැළඳගෙන ඇති භාණ්ඩයන් ගිනිදැල් පැහැයට පත්වේවා!' කියලා සත්‍ය ක්‍රියාව කරනවාත් සමඟ ම එය එසේම වුනා.

19. **ගංගාතීරම්හි දමිළා - සබ්බේ ඝාතිතසේසකා**
විජිතං නගරං නාම - සරණත්ථාය පාවිසුං

ගංතෙරේ සටනට ආ සියලු දෙමළු මරණයට පත්වුනා. අනිත් දෙමළු සරණ සොයාගෙන පලා ගිහින් විජිත නැමැති නගරයට පිවිසුනා.

20. **ඵාසුකේ අංගණට්ඨානේ - ඛන්ධාවාරං නිවේසයි**
තං ඛන්ධාවාරපිට්ඨීති - නාමේනාහෝසි පාකටං

ඊට පසු දුටුගැමුණු රජ්ජුරුවෝ සේනාවත් සමග ඇවිත් පහසු වූ, සමතලා භූමිභාගයක කඳවුරු බැඳගත්තා. එදා සිට එතැනට කඳවුරු පිටිය යන නම ලැබුනා.

21. **විජිතනගරගාහත්ථං - වීමංසන්තෝ නරාධිපෝ**
දිස්වායන්තං නන්දිමිත්තං - විසජ්ජාපේසි කණ්ඩුලං

විජිතපුරය අල්ල ගන්නේ කොහොමද කියලා

දුටුගැමුණු රජ්ජුරුවෝ විමසිල්ලෙන් හිටියේ. විජිතපුරය දෙසට යන්නා වූ නන්දිමිත්‍ර යෝධයාව දැකපු රජ්ජුරුවෝ ඔහු දෙසට කඩොල් ඇතාව යැව්වා.

22. **ගණ්හිතුං ආගතං හත්ථිං - නන්දිමිත්තෝ කරේහි තං**
උභෝ දන්තේ පීළයිත්වා - උක්කුටිකං නිසීදයි

තමන්ව අල්ලාගන්ට එන ඇතාව දැකපු නන්දිමිත්‍ර යෝධයා සිය අත්දෙකෙන් උගේ දළ දෙක අල්ලා තද කරලා පහතට නවලා ඇත් රජාව උක්කුටියෙන් ඉන්දෙව්වා.

23. **හත්ථිනා නන්දිමිත්තෝ තු - යස්මා යත්ථ අයුජ්ඣි සෝ**
තස්මා තත්ථ තතෝ ගාමෝ - හත්ථිපෝරෝති වුච්චති

යම් තැනක කඩොල් ඇතාත් නන්දිමිත්‍රයාත් අතර යම් යුද්ධයක් හටගත්තා ද, එදා සිට ඒ ගම 'ඇත්පොර' නමින් හැඳින්වුනා.

24. **වීමංසිත්වා උභෝ රාජා - විජිතං නගරං අගා**
යෝධානං දක්ඛිණද්වාරේ - සංගාමෝ ආසි භිංසනෝ

රජ්ජුරුවෝ දෙන්නා ගැන ම හොඳින් විමසලා විජිතපුරය බලා පිටත් වුනා. විජිතපුර දකුණු දොරටුවේදී යෝධයන්ට මහා බිහිසුණු යුද්දෙකට මුහුණ දෙන්ට සිද්ධ වුනා.

25. **පුරත්ථිමම්හි ද්වාරම්හි - සෝ වේළුසුමනෝ පන**
අනේකසංඛේ දමිළේ - අස්සාරූළ්හෝ අඝාතයි

නැගෙනහිර දොරටුව පැත්තෙන් ගියේ වේළුසුමන යෝධයා යි. අසුපිට නැග ඔහු කළ යුද්ධයෙන් බොහෝ දෙමළුන් මැරුනා.

26. **ද්වාරං ථකේසුං දමිළා - රාජා යෝධේ විසජ්ජයි**
කණ්ඩුලෝ නන්දිමිත්තෝ ච - සුරනිම්ලෝ ච දක්ඛිණේ

දෙමෙල්ලු දොරටුව වැහුවා. රජ්ජුරුවෝ යෝධයන්ව පිටත් කළා. දකුණු දොරටුවට කඩොල් ඇතාත් නන්දිමිත්‍ර

යෝධයාත් සුරනිමල යෝධයාත් යැව්වා.

27. **මහාසෝණෝ ච ගෝඨෝ ච - ථේරපුත්තෝ ච තේ තයෝ**
ද්වාරේසු තීසු කම්මානි - ඉතරේසු තදා'කරුං

මහාසෝණ යෝධයාත් ගෝඨයිම්බර යෝධයාත් ථේරපුත්තාභය යෝධයාත් යන තුන්දෙනා නැගෙනහිර බටහිර සහ උතුර යන අනිත් දොරටු තුනේ ඉඳන් යුධ කටයුතු සංවිධානය කළා.

28. **නගරං තං තිපරිඛං - උච්චපාකාරගෝපිතං**
අයෝකම්මකතද්වාරං - අරීහි දුප්පධංසියං

විජිතපුර බලකොටුව පිහිටි නගරය දිය අගල් තුනකින් වටකොට තිබුණා. උස ප්‍රාකාරයකින් ආරක්ෂා වෙලා තිබුණා. යකඩ දොරටුවකින් වසලා තිබුණා. සතුරන්ට එය විනාශ කරන්ට හරි අමාරුයි.

29. **ජාණූහි ඨත්වා දාඨාහි - භින්දිත්වාන සිලායුධා**
ඉට්ඨකා චේව හත්ථී සෝ - අයොද්වාරමුපාගමි

කඩොල් ඇතා දණ දෙකෙන් සිටගෙන, දළ දෙකෙන් බිඳලා නොයෙක් ගල් ආයුධත් ගඩොලුත් බිඳගෙන යකඩ දොර ළඟට පැමිණුනා.

30. **ගෝපුරට්ඨා තු දමිළා - ඛිපිංසු විවිධායුධේ**
පක්කං අයෝගුළඤ්චේව - කඨිතඤ්ච සිලේසිකං

ගෝපුර නමැති යකඩ දොර උඩින් උසට කැටයම් කළ තොරණේ සැඟවී සිටි දෙමෙල්ලු ඇතුට විවිධ ආයුධවලින් දමලා ගැහුවා. ගින්දර වගේ රත්කළ යකඩ ගුළි වගේ ම ගින්නෙන් කැකැරූ ඉටිත් පහළට වක්කළා.

31. **පිට්ඨිං ඛිත්තේ සිලේසම්හි - ධූපායන්තේ'ථ කණ්ඩුලෝ**
වේදනට්ටෝ'දකට්ඨානං - ගන්ත්වාන තත්ථ ඕගහී

කඩොල් ඇතාගේ පිටට ගින්නෙන් කැකැරූ ඉටි

වක්කෙරිලා දුම් දම දමා තිබුණා. මහත් වේදනාවට පත් වූ ඇතා දිය අගලට දුවගෙන ගිහින් ජලයට පැන්නා.

32. න ඉදං සුරාපානං තේ - අයොද්වාරවිඝාටනං
ගච්ඡ ද්වාරං විඝාටේහි - ඉච්චාහ ගෝඨයිම්බරෝ

එතකොට ගෝඨයිම්බර යෝධයා 'එම්බල ඇත්රජෝ, මේ තට ජය අරගෙන සුරාපැන් බීමක් නොවෙයි. දැන් ම පලයාං. අපගේ සතුරන්ගේ යකඩ දොර බිඳපාං' කියලා කෑගහලා කිව්වා.

33. සෝ මානං ජනයිත්වාන - කොඤ්චං කත්වා ගජුත්තමෝ
උදකා උට්ඨහිත්වාන - ථලේ අට්ඨාසි දප්පවා

අපගේ උතුම් හස්තිරාජයා මහත් අභිමානයක් උපදවාගෙන කුඤ්චනාද කරලා ජලයෙන් ගොඩ ඇවිත් මහත් ආඩම්බරයෙන් යුක්තව ගොඩ හිටගත්තා.

34. හත්ථිවෙජ්ජෝ වියෝජෙත්වා - සිලේසං ඕසධං අකා
රාජා ආරුය්හ හත්ථිං තං - කුම්භේ ඵුසිය පාණිනා

ඇත් වෙදා දුවගෙන ඇවිත් සමට ඇලී තිබුන ඉටි ගලවලා බෙහෙත් කළා. දුටුගැමුණු රජ්ජුරුවෝ ඇතාගේ පිට නැගලා කුම්භස්ථලය ආදරයෙන් අතගෑවා.

35. ලංකාදීපම්හි සකලේ - රජ්ජං තේ තාත කණ්ඩුල
දම්මීති තං තෝසයිත්වා - භෝජෙත්වා වරභෝජනං

'මගේ පුතේ කණ්ඩුල, මං උඹට උරුම වූ මුළු ලංකා රාජ්‍යය ම අරන් දෙනවා මයෙ පුතේ' කියලා සතුටු කෙරෙව්වා. උතුම් භෝජන කැව්වා.

36. වේඨයිත්වා සාටකේන - කාරයිත්වා සුවම්මිතං
සත්තගුණං මාහිසචම්මං - බන්ධෙත්වා චම්මපිට්ඨියං

ඊටපස්සේ බෙහෙත් ගැල්වූ ඇත්පිට සිනිඳු සළුවෙන් වෙළුවා. හොඳාකාර ලෙස යුධ සන්නාහ යෙදුවා. හොඳින්

තෙත් කළ සුමුදු මීහරක් සම් සත් පොටකින් බැඳ වෙළුවා. සම්පටිවලින් බැන්දෙව්වා.

37. **තස්සෝ'පරි තේලචම්මං - දාපෙත්වා තං විසජ්ජයි**
අසනී විය ගජ්ජන්තෝ - සෝ ගනෙත්වාපද්දවේ සහ

ඒ මත තෙල් තවරපු මීහරක් සමක් විසුරුවලා දැම්මා. ගෝපුරයේ සැඟවී දෙමෙල්ලු විදින නොයෙක් ආයුධ පහරවල් කාගෙන හෙණ හඬ වගේ ගුගුරුවාගෙන ගිය ඇත්රජා,

38. **පදරං විජ්ඣි දාඨාහි - උම්මාරං පදසා'හනි**
සද්වාරබාහං තං ද්වාරං - භූමියං සරවං පති

දළ දෙකෙන්, වසා තිබූ දොර පලුව බින්දා. උළුවස්සට පයින් පහර දුන්නා. දොරබා සහිත ඒ මහා යකඩ දොර මහා හඬ නංවාගෙන බිම වැටුනා.

39. **ගෝපුරේ දබ්බසම්භාරං - පතන්තං හත්ථිපිට්ඨියං**
බාහාහි පහරිත්වාන - නන්දිමිත්තෝ පවට්ටයි

දොරටු තොරණ වන ගෝපුර උඩ තිබූ සියලු ගොඩනැගිලි සමූහය ඇතාගේ පිට මතට කඩා වැටෙද්දී නන්දිමිත්‍ර යෝධයා වහා පෙරට පැනලා තම බාහු බලයෙන් ඉවතට පෙරලුවා.

40. **දිස්වාන තස්ස කිරියං - කණ්ඩුලෝ තුට්ඨමානසෝ**
දාඨාපීළනවේරං තං - ඡඩ්ඩේසි පඨමං කතං

නන්දිමිත්‍ර යෝධයාගේ ක්‍රියාව දැකපු කඩොල් ඇත්රජා ඉතා සතුටට පත්වුනා. එදා නන්දිමිත්‍රයා දළෙන් අල්ලා තමන්ව පීඩාවට පත්කරවපු කරුණ ගැන හිතේ තිබූ වෛරය අත්හැරියා.

41. **අත්තනෝ පිට්ඨිතෝ යේව - පවේසත්ථාය කණ්ඩුලෝ**
නිවත්තිත්වාන ඕලෝකි - යෝධං තත්ථ ගජුත්තමෝ

අපගේ උත්තම ඇත්රජා තමන්ගේ පිට උඩින් ම

නන්දිමිත්‍ර යෝධයාව නංවාගෙන විජිතපුරයට කඩාවදින්ට හිතලා නැවතිලා යෝධයා දෙස බැලුවා.

42. **හත්ථිනා කතමග්ගේන - නප්පවෙක්ඛාමහං ඉති**
නන්දිමිත්තෝ විචින්තෙත්වා - පාකාරං හනි බාහුනා

'ඇතා සකස් කරපු මාර්ගයෙන් මං යන්නේ නෑ' කියා සිතා නන්දිමිත්‍ර යෝධයා තමන්ගේ බාහු බලයෙන් ප්‍රාකාරයට පහර දුන්නා.

43. **සෝ අට්ඨාරස හත්ථුච්චෝ - පති අට්ඨුසභෝ කිර**
ඕලෝකි සූරනිමලං - අනිච්ඡං සෝපි තං පථං

රියන් දහඅටක් උස ඒ පවුර දහස් රියනක් දුරට ගිහින් වැටුනා. නන්දිමිත්‍රයා තමන් කළ සපන්කම ගැන සූරනිමලා දෙස බැලුවා. සූරනිමල යෝධයාත් ඒ මාර්ගයෙන් බලකොටුවට වදින්ට සතුටු වුනේ නෑ.

44. **ලංඝයිත්වාන පාකාරං - නගරබ්භන්තරේ පති**
භින්දිත්වා ද්වාරමේකේකං - ගෝඨෝ සෝණෝ ච පාවිසි

සූරනිමල යෝධයා ප්‍රාකාරය උඩින් විජිතපුරය මැද්දට පැන්නා. එක එක දොරටුව කඩාගෙන ගෝඨයිම්බර යෝධයාත් මහාසෝණ යෝධයාත් ඇතුළට වැදුනා.

45. **හත්ථී ගහෙත්වා රථචක්කං - මිත්තෝ සකටපඤ්ජරං**
නාළිකේරතරුං ගෝඨෝ - නිම්මලෝ ඛග්ගමුත්තමං

ඇත්රජා රථ රෝදයක් ගත්තා. නන්දිමිත්‍ර යෝධයා රථ කූඩුවක් ගත්තා. ගෝඨයිම්බර යෝධයා පොල් ගසක් උදුරලා ගත්තා. සූරනිමල යෝධයා කඩුවක් ගත්තා.

46. **තාලරුක්ඛං මහාසෝණෝ - ථේරපුත්තෝ මහාගදං**
විසුං විසුං වීථිගතා - දමිළේ තත්ථ චුණ්ණයුං

මහාසෝණ යෝධයා තල්ගසක් උදුරලා ගත්තා. ථේරපුත්තාභය යෝධයා මහා මුගුරක් ගත්තා. ඒ ඒ විථිවලින්

තමන් හා සටනට ඇවිත් පහර දෙන දෙමලුන්ව සුණු විසුණු කළා.

47. **විජිතං නගරං හෙත්වා - චතුමාසේන ඛත්තියෝ**
තථෝ ගිරිලකං ගන්ත්වා - ගිරියං දමිළං හනි

දුටුගැමුණු රජ්ජුරුවන්ට විජිතපුරය ගන්ට මාස හතරක් ගතවුනා. එතනින් විජිතපුරයට කිට්ටුවෙන් තිබුන ගිරිලක නම් දෙමළ නගරයට ගිහින් ගිරිය කියන දෙමළ සෙන්පතියව අල්ලා ගත්තා.

48. **ගන්ත්වා මහේලනගරං - තිමහාපරිඛං තතෝ**
කදම්බ පුප්ඵවල්ලීහි - සමන්තා පරිවාරිතං

එතැනින් රජ්ජුරුවෝ අනුරාධපුරයට යන්ට පිටත් වුනා. නමුත් අතරමගදී මහේල නගරය අත්පත් කරගන්නේ නැතුව අනුරාධපුරයට යන්නේ නෑ කියලා කඩොල් ඇතා කළ කුඤ්චනාදය තේරුම් ගත් රජ්ජුරුවෝ ආපහු හැරිලා ආවා. මහා දිය අගල් තුනකින් වට වී තිබුන වටේට ම කොළම් මල් වැල් ගාලකින් වැහිලා තිබූ මහේල නගරයට ගියා.

49. **ඒකද්වාරං දුප්පවේසං - චතුමාසේ වසං තහිං**
ගණ්හි මහේලරාජානං - මන්තයුද්ධේන භූමිපෝ

එක දොරටුවෙකින් පමණක් ඇතුල් වෙන්ට තිබුනු මහේල නගරයට පිවිසීම ඉතාම දුෂ්කරයි. රජ්ජුරුවෝ මහේල නගරාසන්නයේ මාස හතරක් වාසය කළා. නගරය ඇතුළට චරපුරුෂයන් යවලා ව්‍යාජ ප්‍රවෘත්ති පතුරවලා උපායශීලීව මහේල දෙමළ සෙන්පතියාව අල්ලා ගත්තා.

50. **තතෝ'නුරාධනගරං - ආගච්ඡන්තෝ මහීපති**
ඛන්ධාවාරං නිවේසේසි - පරිතෝ කාසපබ්බතං

එතැනින් අනුරාධපුරය බලා එන රජ්ජුරුවෝ කසාගලින් එහා පැත්තේ කඳවුරු පිහිටුවා ගත්තා.

විසිපස්වෙනි පරිච්ඡේදය 461

51. **මාසම්හි ජෙට්ඨමූලම්හි - තළාකං තත්ථ කාරිය**
ජලං කීළි තහිං ගාමෝ - පෝසෝනනගරව්හයෝ

පොසොන් මුල් මාසයෙහි කසාගල පාමුල පජ්ජෝත නමින් වැවක් කළා. ඒ වැවේ ජල ක්‍රීඩා කළා. එතැන ඉදිවූ ගම්මානය පෝසෝන නුවර නමින් හැඳින්වුනා.

52. **තං යුද්ධායාගතං සුත්වා - රාජානං දුට්ඨගාමණිං**
අමච්චේ සන්නිපාතෙත්වා - එළාරෝ ආහ භූමිපෝ

දුටුගැමුණු රජ්ජුරුවෝ අනුරාධපුරය අත්පත් කරගන්ට යුද්ධ පිණිස පැමිණි බව ඇසූ එළාර රජ්ජුරුවෝ ඇමතිවරුන් රැස් කරලා මෙහෙම කිව්වා.

53. **සෝ රාජා ච සයං යෝධෝ - යෝධා චස්ස බහූ කිර**
අමච්චා කින්නු කාතබ්බං - කින්ති මඤ්ඤන්ති නෝ ඉමේ

'ඔය දුටුගැමුණු රජ්ජුරුවෝ කියන්නේ යෝධයෙක්. ඒ වගේ ම ඔහුට තවත් බොහෝ යෝධයෝ ඉන්නවාලු. ඇමතිවරුනි, අපි දැන් මොකක්ද කළයුත්තේ? අපේ මේ අය මේ ගැන මොකක්ද හිතන්නේ?'

54. **දීඝජන්තුප්පභූතයෝ - යෝධා එළාරරාජිනෝ**
සුවේ යුද්ධං කරිස්සාම - ඉති තේ නිච්ඡයං කරුං

එතකොට එළාර රජ්ජුරුවන්ගේ දීඝජන්තු යෝධයා ප්‍රධාන යෝධයෝ 'අපි හෙට ම යුද්දේ කරන්ට ඕනෑ' කියලා තීරණේකට ආවා.

55. **දුට්ඨගාමණිරාජාපි - මන්තෙත්වා මාතුයා සහ**
තස්සා මත්තේ කාරේසි - ද්වත්තිංස බලකොට්ඨකේ

දුටුගැමුණු රජ්ජුරුවොත් සිය මෑණියන් වූ විහාර මහා දේවී සමග සාකච්ඡා කරලා ඇගේ උපදෙස් පිරිදි බලකොටු තිස් දෙකක් කෙරෙව්වා.

56. රාජච්ඡත්තධරේ තත්ථ - ඨපේසි රාජරූපකේ
අබ්භන්තරේ කොට්ඨකේ තු - සයං අට්ඨාසි භූපති

විහාර මහා දේවියගේ උපදෙස් පිරිදි සේසත් දරා සිටින දුටුගැමුණු රජ්ජුරුවන්ගේ රූපය සැකසූ ලී ප්‍රතිමා තිස් දෙකක් කරවලා ඒ ඒ බලකොටු වල තැබ්බෙව්වා. ඇතුල් බලකොටුවක රජ්ජුරුවෝ සිටියා.

57. එළාරරාජා සන්නද්ධො - මහාපබ්බතහත්ථිනං
ආරුය්හ අගමා තත්ථ - සයොග්ගබලවාහනො

සන්නාහෙන් සන්නද්ධ වූ එළාර රජ්ජුරුවෝ මහා පර්වත නමැති ඇතාගේ පිට මත නැගුනා. මහා බල සේනා වාහන සමග එහි පිටත් වුනා.

58. සංගාමේ වත්තමානම්හි - දීඝජන්තු මහබ්බලෝ
ආදාය ඛග්ගඵලකං - යුජ්ඣමානෝ භයානකෝ

යුද්ධ පවතිද්දී මහා බලයකින් යුක්ත දීඝජන්තු දෙමළ සෙන්පතියා කඩුවක් සහ පලිහක් අතට ගෙන භයානක විදිහට යුද්ධ කරමින්,

59. හත්ථේ අට්ඨරසුග්ගන්ත්වා - නභං තං රාජරූපකං
ඡින්දිත්වා අසිනා භින්දි - පඨමං බලකොට්ඨකං

දහඅට රියනක් අහසට උඩ පැනලා එක කඩු පහරින් රජ්ජුරුවන්ගේ රූපය කඩලා පළවෙනි බලකොටුව බින්දා.

60. ඒවං සේසේපි භින්දිත්වා - බලකොට්ඨේ මහබ්බලෝ
ඨිතං ගාමණිරාජේන - බලකොට්ඨමුපාගමි

මේ විදිහට ඉතිරි බලකොටුත් බින්ද මහබලැති දීඝජන්තු දෙමළ සෙන්පතියා දුටුගැමුණු රජ්ජුරුවන් සිටි බලකොටුවට ආවා.

61. යෝධෝ සෝ සූරනිම්ලෝ - ගච්ඡන්තං රාජිනෝ'පරි
සාවෙත්වා අත්තනෝ නාමං - තමක්කෝසි මහබ්බලෝ

එතකොට මහාබල සම්පන්න සූරනිමල යෝධයා දුටුගැමුණු රජ්ජුරුවන් සිටින දෙසට යන දීඝජන්තුට තමන්ගේ නම අස්සවලා කෑගැසුවා.

62. **ඉතරෝ තං වධිස්සන්ති - කුද්ධෝ ආකාසමුග්ගමි**
ඉතරෝ ඕතරන්තස්ස - ඵලකං උපනාමයි

'එම්බල පුළුටු දෙමළෝ, තෝ යුද්ධ කරන්ට ආසා නම් වෙන පැත්තක නොගිහින් සූරනිමල වන මා කරා වර' යනුවෙන් කියූ වචනයෙන් හොඳට ම කිපුණු දීඝජන්තු 'මෙතැන ම තෝව මරණවා' කියල කඩුව අමෝරා ගෙන අහසට පැන නැංගා. තමන් වෙතට වේගයෙන් පතින දීඝජන්තු දෙසට පළිහ ඇල්ලුවා.

63. **ඡින්දාමේතං සඵලකං - ඉති චින්තිය සෝ පන**
ඵලකං හනි ඛග්ගේන - තං මුඤ්චියි'තරෝ සයි

'මේකාව පළිහත් එක්කම මරන්ට ඕනෑ' කියලා පළිහට වැරෙන් කඩුවෙන් පහර දෙනකොට ම සූරනිමල යෝධයා පළිහ අතහැරියා.

64. **කප්පෙන්තෝ මුත්තඵලකං - දීඝජන්තු තහිං පති**
උට්ඨාය සූරනිම්ලෝ - පතිතං සත්තියා'හනි

පළිහ අත්හැරිය ගමන් දීඝජන්තු එතැනම වැටුනා. වහා නැගිට්ට සූරනිමල බිම වැටුන දීඝජන්තු දෙමළ සෙන්පතියාට කඩුපහර දුන්නා.

65. **සංඛං ධමි ඵුස්සදේවෝ - සේනා භිජ්ජිත්ථ දාමිළී**
ඵළාරෝපි නිවත්තිත්ථ - ඝාතේසුං දමිළේ බහූ

එතකොට ඵුස්සදේව යෝධයා කන් බිහිරි කරවන හඬින් හක් ගෙඩිය පිම්බා. දෙමළ සේනාව බිඳී ගියා. එළාර රජ්ජුරුවොත් එතනින් ම නැවතුනා. ඒ සටනේදී දෙමලු බොහෝ දෙනෙක් මැරුනා.

66. **තත්ථ වාපිජලං ආසි - හතානං ලෝහිතාවිලං**
තස්මා කුලත්ථවාපීති - නාමතෝ විස්සුතා අහූ

ඒ යුද්ධයේ දී වැව් ජලය ලේ විලක් වගේ පෙනුනා. මියගියවුන්ගේ ලෙයින් කැලතී ගිය ඒ වැව එදා සිට 'කැලැත්තැවැව' නමින් ප්‍රසිද්ධ වුනා.

67. **චරාපෙත්වා තහිං භේරිං - දුට්ඨගාමණී භූපති**
න හනිස්සතු එළාරං - මං මුඤ්චිය පරෝ ඉති

දුටුගැමුණු රජ්ජුරුවෝ ඒ යුධ පිටියේ අඬබෙර හැසිරෙව්වා. 'මං හැර වෙන කවුරුවත් එළාර රජුව මරන්නේ නෑ' කියලා.

68. **සන්නද්ධෝ සයමාරුය්හ - සන්නද්ධං කණ්ඩුලං කරිං**
එළාරං අනුබන්ධන්තෝ - දක්ඛිණද්වාරමාගමි

සන්නාහයෙන් සන්නද්ධ වූ දුටුගැමුණු රජ්ජුරුවෝ සන්නද්ධ වූ කඩොල් ඇතා පිට නැගී පලායන එළාර රජු ලුහු බඳිමින් අනුරාධපුරයේ කුඹල්ගමට බටහිරින් නගරයට පිවිසෙන දකුණු දොරටුව තෙක් ආවා.

69. **පුරදක්ඛිණද්වාරම්හි - උභෝ යුජ්ඣිංසු භූමිපා**
තෝමරං ඛිපි එළාරෝ - ගාමණී තමවඤ්චයි

අනුරාධපුර දකුණු දොරටුවේදී රජවරු දෙන්නා යුද්ධය පටන් ගත්තා. එළාර රජ්ජුරුවෝ තෝමරයෙන් දමලා ගැහුවා. දුටුගැමුණු රජ්ජුරුවෝ එය වැළැක්කුවා.

70. **විජ්ඣාපේසි ච දන්තේහි - තං හත්ථිං සකහත්ථිනා**
තෝමරං ඛිපි එළාරං - සහත්ථී තත්ථ සෝ පති

දුටුගැමුණු රජ්ජුරුවෝ තමන්ගේ කඩොල් ඇතා ලවා එළාර රජ්ජුරුවෝ ඔසොවාගෙන හිටිය පර්වත ඇතාට දළෙන් ඇන්නුවා. එළාර රජ්ජුරුවන්ට තෝමරයෙන් දමලා ගැසුවා. එතකොට ඇතාත් සමඟ රජ්ජුරුවෝ ඇදගෙන වැටුනා.

71. තතෝ විජිතසංගාමෝ - සයොග්ගබලවාහනෝ
ලංකං ඒකාතපත්තං සෝ - කත්වාන පාවිසි පුරං

දිනාගත් යුද්ධය ඇති, මහා බලසේනා වාහනයන්ගෙන් යුක්ත අපගේ දුටුගැමුණු රජ්ජුරුවෝ ලංකාව එකම ඡත්‍රයක් යටතට අරගෙන අනුරාධපුර නගරයට පිවිසියා.

72. පුරම්හි භේරිං චාරෙත්වා - සමන්තා යෝජනේ ජනේ
සන්නිපාතිය කාරේසි - පූජං එළාරරාජිනෝ

හාත්පස යොදුනක ප්‍රමාණයේ නගරයෙහි අඬබෙර ගස්සවලා ජනයා රැස් කෙරෙව්වා. එළාර රජ්ජුරුවන්ගේ දේහයට පුද සත්කාර කෙරෙව්වා.

73. තං දේහපතිතට්ඨානේ - කූටාගාරේන ඣාපයි
චේතියං තත්ථ කාරේසි - පරිහාරමදාසි ච

රජ්ජුරුවන්ගේ ශරීරය බිම වැටුන තැන කූටාගාරයක් කරවා එහි දේහය තැන්පත් කරලා ආදාහන කෘත්‍යය කළා. එතැන චෛත්‍යයක් කෙරෙව්වා. ගරු සරු දක්වන්ට නියම කළා.

74. අජ්ජාපි ලංකාපතිනෝ - තං පදේසසමීපගා
තේනේව පරිහාරේන - න වාදාපෙන්ති තූරියං

අද පවා ලංකාවේ රජවරු එළාර සෑය අසළින් ගමන් කරද්දී දුටුගැමුණු රජ්ජුරුවන්ගේ රාජාඥාවට ගරු කරලා එතැනට ගරු සරු දැක්වීම් වශයෙන් තූර්ය භාණ්ඩ ආදිය වාදනය කරන්නේ නෑ.

75. ඒවං ද්වත්තිංස දමිළරාජානෝ දුට්ඨගාමණී
ගණ්හිත්වා ඒකච්ඡත්තේන - ලංකාරජ්ජමකාසි සෝ

ඔය විදිහට තිස් දෙකක් දෙමළ රජවරු අල්ලාගෙන දුටුගැමුණු රජ්ජුරුවෝ ලංකා රාජ්‍යය එක් ඡත්‍රයක් යටතට පත් කළා.

76. **විජිතේ නගරේ භින්නේ - යෝධෝ සෝ දීඝජන්තුකෝ**
එළාරස්ස නිවේදෙත්වා - භාගිනෙය්‍යස්ස යෝධතං

දුටුගැමුණු රජ්ජුරුවෝ විජිතපුරය අත්පත් කරගත්විට දීඝජන්තු නමැති යෝධයා තමන්ගේ බෑණා කෙනෙකුන් යෝධයෙක් බව එළාර රජ්ජුරුවන්ට දැනුම් දීලා,

77. **තස්ස හල්ලුක නාමස්ස - භාගිනෙය්‍යස්ස අත්තනෝ**
පේසයීධාගමත්ථාය - තස්ස සුත්වාන හල්ලුකෝ

තමන්ගේ හල්ලුක නමැති ඒ බෑණාට ලංකාවට සේනාවක් අරගෙන එන්ට කියලා පණිවිඩයක් යැව්වා. එය ඇසූ හල්ලුකයා,

78. **එළාරදඞ්ඪදිවසා - සත්තමේ දිවසේ ඉධ**
පුරිසානං සහස්සේහි - සට්ඨියා සහ ඕතරි

එළාර රජ්ජුරුවන්ගේ ආදාහනය කළ දවසේ පටන් සත්වෙනි දවසේ හැට දහසක සේනාවක් සමග මෙහි ගොඩබැස්සා.

79. **ඕතිණ්ණෝ සෝ සුණිත්වාපි - පතනං තස්ස රාජිනෝ**
යුජ්ඣිස්සාමීති ලජ්ජාය - මහාතිත්ථා ඉධාගමා

ගොඩබැස්ස ඔහුට එළාර රජ්ජුරුවෝ පැරදුනා යන කරුණ අසන්ට ලැබිලත් ලැජ්ජාවෙන් යුක්ත වෙලා යුද්ධ කරන්ට ඕනෑ කියලා මාතොටින් මෙහි ආවා.

80. **ඛන්ධාවාරං නිවේසේසි - ගාමේ කෝළම්බහාලකේ**
රාජා තස්සාගමං සුත්වා - යුද්ධාය අභිනික්ඛමි

කොළඹහාලක කියන ගමට ඇවිත් කඳවුරු බැඳගත්තා. අපගේ දුටුගැමුණු රජ්ජුරුවෝ තව ආක්‍රමණකාරී සේනාවක් ආ වග අසා ඔවුන් හා යුද්ධයට නික්මුනා.

81. **යුද්ධසන්නාහසන්නද්ධෝ - හත්ථිමාරුය්හ කණ්ඩුලං**
හත්ථස්සරථයෝධේහි - පත්තීහි ච අනූනකෝ

සන්නාහයෙන් සන්නද්ධ වෙලා කඩොල් ඇතා පිටේ නැගලා ඇත්, අස්, රථ, පාබල යන සේනාවන්ගෙන් අඩු නැතිව

82. **උම්මාදඵුස්සදේවෝ සෝ - දීපේ අග්ගධනුග්ගහෝ**
දසඩ්ඪායුධසන්නද්ධෝ - සේසයෝධා ච අන්වගුං

ලංකාදීපයේ අග්‍ර දුනුවායාව සිටි උන්මාද ඵුස්සදේව යෝධයා පංචායුධයෙන් සන්නද්ධ වෙලා කඩොල් ඇතා පිටේ රජ්ජුරුවන්ට පිටිපස්සෙන් වාඩි වෙලා හිටියා. අනිත් යෝධයෝත් පිටිපස්සෙන් ආවා.

83. **පවත්තේ තුමුලේ යුද්ධේ - සන්නද්ධෝ හල්ලුකෝ තහිං**
රාජාභිමුඛමායාසි - නාගරාජා තු කණ්ඩුලෝ

බිහිසුණු මහා යුද්ධය පවතින වේලේ එතැන සන්නද්ධ වෙලා සිටිය හල්ලුක යෝධයා දුටුගැමුණු රජ්ජුරුවන්ගේ ඉදිරියට ආවා. එතකොට උපායෙහි දක්ෂ වූ කඩොල් ඇත්රජා,

84. **තං වේගමන්දීභාවත්ථං - පච්චෝසක්කි සනිං සනිං**
සේනාපි සද්ධිං තේනේව - පච්චෝසක්කි සනිං සනිං

වේගය අඩුකරලා හෙමින් හෙමින් පසුබසින්ට පටන් ගත්තා. සේනාවත් කඩොල් ඇතාත් සමග සෙමින් සෙමින් පසුබැස්සා.

85. **රාජාහ පුබ්බේ යුද්ධේසු - අට්ඨවීසතියා අයං**
න පච්චෝසක්කි කිං ඒතං - ඵුස්සදේවාති ආහ සෝ

එතකොට රජ්ජුරුවෝ 'එම්බා ඵුස්සදේවයෙනි, මීට කලින් මං මේ ඇත්රජා එක්ක යුද්ධ විසි අටකට ගියා. ඒ එකකදිවත් මේ විදිහට පසුබැස්සේ නැහැ නොවැ. අද මොකොද මේ...?'

86. **ජයෝ නෝ පරමෝ දේව - ජයභූමිං මයං ගජෝ**
පච්චෝසක්කති පෙක්ඛන්තෝ - ජයට්ඨානම්හි ඨස්සති

'දේවයන් වහන්ස, අපට විශිෂ්ට ජයක් ලැබෙනවා ම යි. ඒකයි මේ හස්තියා ජයභූමියක් බලමින් පසුබසින්නේ. ජය භූමියේදී නවතීවි.'

87. **නාගෝ'ථ පච්චෝසක්කිත්වා - පුරදේවස්ස පස්සතෝ**
මහාවිහාරසීමන්තේ - අට්ඨාසි සුප්පතිට්ඨිතෝ

කඩොල් ඇතා පසුබැසගෙන ඇවිත් සොහොන් බිමට උතුරු පැත්තෙන් පිහිටා තිබූ පුරදේවගේ දෙවොලට පැත්තකින් මහාවිහාර ඇතුලු සීමාවෙහි නොසැලී සිටගත්තා.

88. **තත්‍රට්ඨිතේ නාගරාජේ - හල්ලුකෝ දමිළෝ තහිං**
රාජාභිමුඛමාගන්ත්වා - උප්පණ්ඩේසි මහීපතිං

ඇත්රජා එතැන නැවතුනාට පස්සේ හල්ලුක දෙමළ යෝධයා අපේ දුටුගැමුණු රජ්ජුරුවන් ඉදිරියට ඇතා පිටින් ඇවිත් 'රජ්ජුරුවෙනි, මොකෝ ඔය පස්සට යන්නේ?' කියලා අපහාස කළා.

89. **මුඛං පිධාය ඛග්ගේන - රාජා අක්කෝසි තං පන**
රඤ්ඤෝ මුඛම්හි පාතේමි - ඉති කණ්ඩඤ්ච සෝ ඛිපි

එතකොට දුටුගැමුණු රජ්ජුරුවෝ කඩුපතින් මුව වසාගෙන 'නිවට පර දෙමළෝ, තෝ කවුද?' කියලා කෑ ගහලා ඇසුවා. එකෙණෙහි ම හල්ලුක යෝධයා 'මේ රජ්ජුරුවන්ගේ මුඛයට ම විදින්ට ඕනෑ' කියලා හීයක් විද්දා.

90. **ආහච්ච සෝ ඛග්ගතලං - කණ්ඩෝ පපති භූමියං**
මුඛේ විද්ධෝති සඤ්ඤාය - උක්කුට්ඨිං හල්ලුකෝ අකා

කඩුතලයේ වැදුනු හීය බිමට වැටුනා. රජ්ජුරුවන්ගේ මුවට හීය වැදුනා කියලා හිතපු හල්ලුකයා මහත් සේ හඬ නගා ජය ඝෝෂා කළා.

91. **රඤ්ඤෝ පච්ඡා නිසින්නෝ සෝ - ඵුස්සදේවෝ මහබ්බලෝ**
කණ්ඩං ඛිපි මුඛේ තස්ස - සට්ටෙන්තෝ රාජකුණ්ඩලං

දුටුගැමුණු රජ්ජුරුවන්ගේ පස්සෙන් වාඩි වී හුන් මහා බලසම්පන්න ඵුස්සදේව යෝධයා රජ්ජුරුවන්ගේ කන පැළඳ සිටි කුණ්ඩලාභරණයේ වැදීගෙන යන්ට කට ඇරගෙන ජය ඝෝෂා කරන හල්ලුකයාගේ මුඛයට හීයක් විද්දා.

92. රාජානං පාදතෝ කත්වා - පතමානස්ස තස්ස තු
ඛිපිත්වා අපරං කණ්ඩං - විජ්ඣිත්වා තස්ස ජණ්ණුකං

ඇතා පිටේ ම රජ්ජුරුවන්ගේ පැත්තට පා දිගුකොට වැටෙමින් සිටින හල්ලුකයාගේ දණහිසට තවත් හීයක් විද්දා.

93. රාජානං සීසතෝ කත්වා - පාතේසී ලහුහත්ථකෝ
හල්ලුකේ පතිතේ තස්මිං - ජයනාදෝ පවත්තථ

ඔය විදිහට සැහැල්ලු අත් ඇති ඵුස්සදේව යෝධයා දුටුගැමුණු රජ්ජුරුවන්ගේ පැත්තට වැඳ නමස්කාර කරගෙන වැටෙන ආකාරයෙන් හෙලුවා. හල්ලුකයා වැටුන එතැනදී දුටුගැමුණු රජ්ජුරුවන්ගේ සේනාව ජය ඝෝෂා පැවැත්තුවා.

94. ඵුස්සදේවෝ තහිං යේව - ඤාපේතුං දෝස මත්තනෝ
කණ්ණවල්ලිං සකං ඡෙත්වා - පසතං ලෝහිතං සයං

ඵුස්සදේව යෝධයා එතැනදී ම රජ්ජුරුවන්ගේ කුණ්ඩලාභරණයේ වැදීගෙන යන්ට අනවසරයෙන් හීය විදීමේ තමන්ගේ වරද දක්වන්ට තමන් ම කන් පෙත්ත කපාගෙන අතට ලේ පතක් අරගෙන,

95. රඤ්ඤෝ දස්සේසි තං දිස්වා - රාජා නං පුච්ඡි කිං ඉති
රාජදණ්ඩෝ කතෝ මේති - සෝ අවෝච මහීපතිං

දුටුගැමුණු රජ්ජුරුවන්ට පෙන්නුවා. එය දැකපු රජ්ජුරුවෝ 'මේ ලේ මොනවාද?' කියලා ඇහුවා. 'මං රජ්ජුරුවන් වහන්සේගෙන් දඬුවම් ලැබිය යුතු කෙනෙක්' කියලා රජ්ජුරුවන්ට පිළිතුරු දුන්නා.

96. **කෝ තේ දෝසෝති වුත්තෝ ච - ආහ කුණ්ඩලසට්ටනං**
අදෝසං දෝසසඞ්ඛාය - කිමේතං කරි භාතික

'රාජදණ්ඩය ලබන්ට තොපගෙන් වූ වරද කිමෙක් ද?' 'දේවයන් වහන්ස, මං කිසි අවසරයක් නොගෙන ඔබවහන්සේගේ කුණ්ඩලාභරණයේ වැදෙන විදිහට හීය විද්ද එක දෝෂය යි. 'සහෝදරය, වරදක් නැති දෙයක් ගැන වරදක් ය යන හැඟීමෙන් මොකක්ද මේ කරගත්තේ?

97. **ඉති වත්වා මහාරාජා - කතඤ්ඤූ ඉදමාහ ච**
කණ්ඩානුච්ඡවිකෝ තුය්හං - සක්කාරෝ හෙස්සතේ මහා

මෙසේ කියූ කළගුණ දත් අපගේ දුටුගැමුණු රජ්ජුරුවෝ 'වුස්සදේවයෙනි, හීය විදීමෙන් මට යහපතක් ම යි වුනේ. ඊට සුදුසු සත්කාරයන් නුවරට ගිය විට තොපට ලැබෙන්නේය' කියා ඔහුට පැවසුවා.

98. **ඝාතෙත්වා දමිළේ සබ්බේ - රාජා ලද්ධජයෝ තතෝ**
පාසාදතලමාරුය්හ - සීහාසනගතෝ තහිං

යුද්ධයෙන් සියලු දෙමළ සේනාව මැරුම් කෑවා. රජ්ජුරුවන්ට ජය ලැබුනා. රජ්ජුරුවෝ රාජ ප්‍රාසාදයට නැඟී සිංහාසනයේ අසුන් ගෙන සිටියා.

99. **නාටකාමච්චමජ්ඣම්හි - වුස්සදේවස්ස තං සරං**
ආණාපෙත්වා ඨපාපෙත්වා - පුංඛේන උජුකං තලේ

නැටුම් දක්වන පිරිසත්, ඇමැති පිරිසත් මැද වුස්සදේව යෝධයා හල්ලුකට විදපු හීය ගෙන්නුවා. ඒ ඊය උඩු අතට කෙලින් හිටවලා,

100. **කහාපණේහි කණ්ඩං තං - ආසිත්තේහු'පරූපරි**
ඡාදාපෙත්වාන දාපේසි - වුස්සදේවස්ස තං ඛණේ

කහවණුවලින් ඒ හීය වැහෙන කල් ම ගොඩ ගස්සවලා

ඒ අවස්ථාවේ ම වුස්සදේව ගෙන්නලා තෑගි දුන්නා.

101. **නරින්දපාසාදතලේ - නරින්දෝථ අලංකතේ**
සුගන්ධදීපුජ්ජලිතේ - නානාගන්ධසමායුතේ

සුවඳ දුම් පැතිරෙන, පහන් ආලෝකයෙන් බැබළෙන, අලංකාර වූ ඒ රාජප්‍රාසාදයේ නොයෙක් සුවඳ ලීයෙන් සැකසුනු අසුනෙහි වාඩි වී සිටින දුටුගැමුණු නරේන්ද්‍රයා,

102. **නාටකජනයෝගේන - අච්ඡරාහි'ව භූසිතේ**
අනග්ඝත්ථරණත්ථිණ්ණේ - මුදුකේ සයනේ සුභේ

දිව්‍ය අප්සරාවන් බඳු නාටක් ස්ත්‍රීන්ගේ රැඟුම් බලමින් ඉතා වටිනා මුදු සොඳුරු ඇතිරිලි අතුරා ඇති යහන් ගබඩාවේ,

103. **සයිතෝ සිරිසම්පත්තිං - මහතිං අපි පෙක්ඛිය**
කතං අක්ඛෝහිණීඝාතං - සරන්තෝ න සුඛං ලභි

සැතපී සිටිමින්, මහා ශ්‍රී සම්පත්තියෙන් වාසය කරද්දී පවා 'මේ යුද්ධයක් නිසා ඇත්, අස්, රිය, පාබල යන මෙයින් යුක්ත අතිවිශාල යුද සේනාවක් මරණයට පත්වුනා නොවැ' කියලා මතක් වෙන්ට පටන් ගත්තා. මේ නිසා සිතට කිසි සතුටක් ලැබුනේ නෑ.

104. **පියංගුදීපෙ අරහන්තෝ - ඤත්වා තං තස්ස තක්කිතං**
අට්ඨාරහන්තේ පාහේසුං - තමස්සාසේතු මිස්සරං

පුවඟු දිවයිනේ වැඩ වසන රහතන් වහන්සේලා අපගේ දුටුගැමුණු රජ්ජුරුවන්ගේ මේ ශෝකාකූල අදහස් දැනගත්තා. රජ්ජුරුවන්ව අස්වසාලන්ට රහතන් වහන්සේලා අට නමක් ලංකාවට එව්වා.

105. **ආගම්ම තේ මජ්ඣයාමේ - රාජද්වාරම්හි ඕතරුං**
නිවේදිතබ්භාගමනා - පාසාදතලමාරුහුං

උන්වහන්සේලා මධ්‍යම රාත්‍රියෙහි රාජප්‍රාසාදයේ දොරටුව ළඟට අහසින් ගොඩ බැස්සා. තමන් අහසින් වැඩිය බව රජ්ජුරුවන්ට දන්වලා ප්‍රාසාදයට නැග වදාළා.

106. **වන්දිත්වා තේ මහාරාජා - නිසීදාපිය ආසනේ**
කත්වා විවිධසක්කාරං - පුච්ඡි ආගතකාරණං

දුටුගැමුණු රජ්ජුරුවෝ උන්වහන්සේලාට වන්දනා කරලා ආසනවල වඩා හිඳෙව්වා. නොයෙක් අයුරින් සත්කාර දක්වලා උන්වහන්සේලා මේ වැනි වෙලාවක වැඩම කිරීමේ කාරණාව ඇහැව්වා.

107. **පියංගුදීපේ සංඝේන - පේසිතා මනුජාධිප**
තමස්සාසයිතුං අම්හේ - ඉති රාජා පුනාහ තේ

'රජ්ජුරුවෙනි, අපව එව්වේ පුවඟුදීපවාසී සංඝයා වහන්සේ යි. අපි ආවේ ඔබතුමාව සංසිඳුවන්ට යි' එතකොට රජ්ජුරුවෝ උන්වහන්සේලාට නැවත මෙහෙම කිව්වා.

108. **කථන්නු භන්තේ අස්සාසෝ - මම හෙස්සති යේන මේ**
අක්ඛෝහිණිමහාසේනාඝාතෝ කාරාපිතෝ ඉති

'ස්වාමීනී, මට සන්සිඳීමක් ඇති වෙන්නේ කොහොමද? මේ යුද්ධෙ නිසා සිව්රඟ සේනාවේ අක්ෂෝහිනී ගණනින් කියා කිය යුතු අතිවිශාල සේනාවකගේ ජීවිත හානි වුනා නොවැ.'

109. **සග්ගමග්ගන්තරායෝ ච - නත්ථි තේ තේන කම්මුනා**
දියඩ්ඪමනුජා චෙත්ථ - ඝාතිතා මනුජාධිප

'මහරජ්ජුරුවෙනි, යුද්ධයේ දී සිදු වුන දෙයින් තොපට සුගතියෙහි උපදින්ට හෝ නිවන් අවබෝධයට හෝ අන්තරායක් වෙලා නෑ. මහරජ්ජුරුවෙනි, මෙහි දී ඔබ වගකිව යුතු වන්නේ මිනිසුන් එකහමාරකට යි.

110. **සරණේසු ඨිතෝ ඒකෝ - පඤ්චසීලේ පි චා'පරෝ**
මිච්ඡාදිට්ඨී ච දුස්සීලා - සේසා පසුසමා මතා

එක්කෙනෙක් තිසරණයෙහි පිහිටා සිටියා. අනිත් එක්කෙනා තිසරණ සහිත පන්සිල් සමාදන්ව සිටියා. අනිත් හැමෝ ම මිථ්‍යා දෘෂ්ටියෙන් යුක්තයි. දුස්සීලයි. ඔවුන් සතුන් වගේ නොවැ.

111. **ජෝතයිස්සසි චේව ත්වං - බහුධා බුද්ධසාසනං**
මනෝවිලේඛං තස්මා ත්වං - විනෝදය නරිස්සර

මහරජ්ජුරුවෙනි, ඔබ නොයෙක් ආකාරයෙන් බුද්ධ ශාසනය බබුළුවනවා. ඒ නිසා සිතේ තිබෙන ඔය පසුතැවිල්ල දුරුකරගත මැනව.'

112. **ඉති වුත්තෝ මහාරාජා - තේහි අස්සාසමාගතෝ**
වන්දිත්වා තේ විසජ්ජෙත්වා - සයිතෝ පුන චින්තයි

මේ විදිහට රජ්ජුරුවන්ගේ සෝකය සංසිඳුවා පිනට සිත යොමුකරවීම පිණිස කරුණු කීමෙන් ඒ රහතන් වහන්සේලා විසින් රජ්ජුරුවන්ව අස්වැසුවා. උන්වහන්සේලාට වන්දනා කොට පිටත් කරවා හැරිය රජ්ජුරුවෝ නැවත යහනේ සැතපී මෙහෙම සිතුවා.

113. **විනා සංඝේන ආහාරං - මා භුඤ්ජේථ කදාචිපි**
ඉති මාතාපිතාහාරේ - සපිංසු දහරේ'ව නෝ

සංඝයාට පූජා නොකොට කවරදාකවත් ආහාර අනුභව කරන්ට එපාය කියලා අප කුඩා අවදියේ ම අපගේ මව්පියන් අප ලවා දිවුරවා ගත්තා.

114. **අදත්වා භික්ඛුසංඝස්ස - භුත්තං අත්ථි නු ඛෝ ඉති**
අද්දස පාතරාසම්හි - ඒකං මරිචවට්ටිකං

මං සංඝයා වහන්සේට පූජා නොකොට බත් අනුභව කළ අවස්ථාවක් තියෙනවද කියලා සිහි කරද්දී තමා විසින් එකම උදෑසනක එක් ලුණු මිරිසක් වළඳා තිබෙන බව මතක් වුනා.

115. සංඝස්ස අට්ඨපෙත්වාව - පරිභුත්තං සතිං විනා
තදත්ථං දණ්ඩකම්මං මේ - කත්තබ්බන්ති ච චින්තයි

එදා මෙදා තුර මට අමතක වීමකින් සංඝයාට පූජා කළ යුතු කොටස වෙන් නොකර මිරිස්වැටියක් අනුභව කළ නිසා මා විසින් එයට දඬුවම් ලැබිය යුතුයි කියලා කල්පනා කළා.

116. ඒතේ තේ නේකකෝටි ඉධ මනුජගණේ ඝාතිතේ චින්තයිත්වා
කාමානං හේතු ඒතං මනසි ච කයිරා සාධු ආදීනවං තං
සබ්බේසං ඝාතනිං තං මනසි ච කයිරා නිච්චතං සාධු සාධු
ඒවං දුක්ඛා පමොක්ඛං සුභගතිමථවා පාපුණෙය්‍යා'චිරේනාති.

කෝටි ගණන් මිනිසුන් මැරෙන මේ යුද්ධය කාමයන්ගේ ආදීනවය බව සත්පුරුෂයා මෙනෙහි කරන්ට ඕනෑ. ඒ වගේ ම සත්පුරුෂයා සියලු සංස්කාරයන්ට අයත් මේ අනිත්‍ය ලක්ෂණය ගැනත් හොඳට නුවණින් සලකන්ට ඕනෑ. එබඳු තැනැත්තා වැඩිකල් නොයා මෙබඳු දුක් ඇති සංසාරයෙන් අත් මිදී නිවනට පැමිණෙනවා ඇති.

සුජනප්පසාදසංවේගත්ථාය කතේ මහාවංසේ දුට්ඨගාමණිවිජයෝ නාම පඤ්චවීසතිමෝ පරිච්ඡේදෝ.

සත්පුරුෂ ජනයන්ගේ ප්‍රසාදයත් සංවේගයත් ඇතිකරනු පිණිස කරන ලද මහාවංශයෙහි දුටුගැමුණු රජ්ජුරුවන්ගේ විජයග්‍රහණය නම් වූ විසිපස්වෙනි පරිච්ඡේදය යි.

26

ඡබ්බීසතිමෝ පරිච්ඡේදෝ
විසිහයවෙනි පරිච්ඡේදය

මරිච්චවට්ටිකවිහාරමහෝ
මිරිසවැටි මහාවිහාර පූජාව

1. ඒකච්ඡත්තං කරිත්වාන - ලංකාරජ්ජං මහායසෝ
ඨානන්තරං සංවිදහි - යෝධානං සෝ යථාරහං

මහා යස පිරිවර ඇති දුටුගැමුණු රජ්ජුරුවෝ ලංකාරාජ්‍යය එකම ඡත්‍රයක් යටතට පමුණුවා දස මහා යෝධයන්ට සුදුසු පරිදි තනතුරු ප්‍රදානය කළා.

2. ථේරපුත්තාභයෝ යෝධෝ - දියමානං න ඉච්ඡිතං
පුච්ඡිතෝ ච කිමත්ථන්ති - යුද්ධමත්ථීති අබ්‍රවි

ථේරපුත්තාභය යෝධයා තමන් වෙත දුන් තනතුරු ලබාගන්ට කැමැති වුනේ නෑ. 'එය ලබාගන්ට අකැමැති මක් නිසාද?' කියල රජ්ජුරුවෝ ඇසුවා. 'දේවයන් වහන්ස, යුද්ධයක් තියෙනවා නොවැ' කියල පිළිතුරු දුන්නා.

3. ඒකරජ්ජේ කතේ යුද්ධං - කින්නාමත්ථීති පුච්ඡිතෝ
යුද්ධං කිලේසචෝරේහි - කරිස්සාමි සුදුජ්ජයං

'රාජ්‍ය එක් සේසත් කරන්ට යුද්ධයක් කළාට පස්සේ තවත් තියෙන යුද්ධය කුමක් ද?' 'දේවයන් වහන්ස, ජය ගන්ට ඉතා අසීරු වූ මේ කෙලෙස් සතුරන් එක්ක තියෙන යුද්ධෙත් කරන්ට ඕනෑ.'

4. **ඉච්චේවමාහ තං රාජා - පුනප්පුනං නිසේධයි**
පුනප්පුනං සෝ යාචිත්වා - රඤ්ඤෝනුඤ්ඤාය පබ්බජි

රජ්ජුරුවෝ ඔහු පැවිදි වීමට ඉල්ලා සිටීම නැවත නැවත වැළැක්කුවා. ථේරපුත්තාභය යෝධයාත් නැවත නැවත ඉල්ලා රජ්ජුරුවන්ගෙන් අවසර ගෙන පැවිදි වුනා.

5. **පබ්බජිත්වා ච කාලේන - අරහත්තමපාපුණි**
පඤ්චඛීණාසවසත - පරිවාරෝ අහෝසි ච

පැවිදි බව ලැබූ ඔහු සුදුසු කාලයේ සමථ - විදර්ශනා වඩා උතුම් අර්හත් ඵලයට පත් වුනා. පන්සියයක් රහතන් වහන්සේලා පිරිවරා ගත් තෙරනමක් බවට පත්වුනා.

6. **ඡත්තමංගලසත්තාහේ - ගතේ ගතභයෝ'භයෝ**
රාජා කතාභිසේකෝව - මහතා විභවේන සෝ

ලංකාව වෙළාගෙන තිබූ මිසදිටු පරසතුරු භය පහවීමෙන් කිසි සැකයක් නැතිව සිටි දුටුගැමුණු අභය මහරජ්ජුරුවෝ සේසත් ඔසවන මංගල්‍යයෙන් සත්වන දවසේ, අභිෂේක ලැබීමෙන් පසුව මහා පෙරහැරින් යුක්තව,

7. **තිස්සවාපිමගා කීළාවිධිනා සමලංකතං**
කීළිතුං අභිසිත්තානං - චාරිත්තඤ්චානුරක්ඛිතුං

ජල ක්‍රීඩාවට සුදුසු ආකාරයෙන් සැරසිලා තිසා වැවට ගියා. ඒ තිසා වැවේ ජලක්‍රීඩා කරන්ටත්, අභිෂේක ලැබූ රජදරුවන්ගේ සිරිත් ආරක්ෂා කරන්ටත් ය.

8. **රඤ්ඤො පරිච්ඡදං සබ්බං - උපායනසතානි ච**
මරිචවට්ටිවිහාරස්ස - ඨානම්හි ඨපයිංසු ච

රජ්ජුරුවන් පරිහරණය කරන සියලු භාණ්ඩත් ගෙනෙන ලද සිය ගණන් පඬුරුත් මිරිසවැටිය විහාරය පිහිටන ස්ථානයේ තිබ්බා.

9. **තත්ථේව ථූපට්ඨානම්හි - සධාතුං කුන්තමුත්තමං**
ඨපේසුං කුන්තධරකා - උජුකං රාජමානුසා

එහි චෛත්‍ය රාජයා පිහිටන ස්ථනයේ ම කුන්තායුධය ඔසොවා ගෙන යන රාජපුරුෂයෝ සර්වඥ ධාතූන් වහන්සේ සහිත ඒ කුන්තායුධය හරස් අතට නොතබා කෙළින් අතට සිටුවලා තිබ්බා.

10. **සහෝරෝධෝ මහාරාජා - කීළිත්වා සලිලේ දිවා**
සායමාහ ගමිස්සාම - කුන්තං වඩ්ඩේථ හෝ ඉති

දුටුගැමුණු මහරජ්ජුරුවෝ අන්තඃපුර ස්ත්‍රීන් සමඟ දහවල් ජලක්‍රීඩා කරලා සවස් කාලේ 'භවත්නි, මං දැන් පිටත් වෙන්ට ඕනෑ. කුන්තායුධය ඉදිරියෙන් වැඩමවව්' කියලා කිව්වා.

11. **චාලේතුං තං න සක්ඛිංසු - කුන්තං රාජාධිකාරිකා**
ගන්ධාමාලාහි පූජේසුං - රාජසේනා සමාගතා

කුන්තායුධය භාරව කටයුතු කරන රාජසේවකයන්ට එය සොලවන්ට බැරිවුනා. එතැන එකතු වූ රාජසේනාව සුවඳ මල්වලින් සධාතුක කුන්තායුධයට පූජා පැවැත්තුවා.

12. **රාජා මහන්තං අච්ඡේරං - දිස්වා තං හට්ඨමානසෝ**
විධාය තත්ථ ආරක්ඛං - පවිසිත්වා පුරං තතෝ

මහත් ආශ්චර්යය දැකපු රජ්ජුරුවෝ ඉතා සතුටට පත් වුනා. කුන්තායුධයට රැකවල් දම්මවලා එතැනින් නුවරට පිවිසියා.

13. කුන්තං පරික්ඛිපාපෙත්වා - චේතියං තත්ථ කාරයි
ථූපං පරික්ඛිපාපෙත්වා - විහාරඤ්ච අකාරයි

නොසැලී පිහිටි කුන්තායුධය වටකොට එහි චෛත්‍යයක් කෙරෙව්වා. ඒ චෛත්‍යය වටකොට විහාරයක් කෙරෙව්වා.

14. තීහි වස්සේහි නිට්ඨාසි - විහාරෝ සෝ නරිස්සරෝ
සංඝං ස සන්නිපාතේසි - විහරමහකාරණා

අපගේ දුටුගැමුණු රජ්ජුරුවෝ විහාර කර්මාන්තය තුන් අවුරුද්දකින් සම්පූර්ණ කළා. රජ්ජුරුවෝ විහාර පූජා පුණ්‍යෝත්සවයට සංඝයා රැස් කෙරෙව්වා.

15. භික්ඛූනං සතසහස්සානි - තදා භික්ඛුනියෝ පන
නවුති ච සහස්සානි - අහවිංසු සමාගතා

ඒ පිංකමට එදා භික්ෂූන් වහන්සේලා ලක්ෂයක් වැඩියා. භික්ෂුණීන් වහන්සේලා අනූදහසක් වැඩියා.

16. තස්මිං සමාගමේ සංඝං - ඉදමාහ මහීපති
සංඝං භන්තේ විස්සරිත්වා - භුඤ්ජිං මරිචවට්ටිකං

එහි රැස් වූ මහා භික්ෂු සංඝයා වහන්සේට රජ්ජුරුවෝ මෙහෙම කිව්වා. 'ස්වාමීනී, සංඝයාව සිහි නොකොට මං මිරිස්වැටියක් අනුභව කළා.

17. තස්සේතං දණ්ඩකම්මං මේ - භවතූති අකාරයිං
සචේතියං මරිචවට්ටි - විහාරං සුමනෝහරං

ඒ වරදට මට දඬුවමක් වේවා! යි කියලා ඉතා මනහර ලෙස චෛත්‍ය සහිතව මිරිසවැටි විහාරය කෙරෙව්වා.

18. පතිගණ්හාතු තං සංඝෝ - ඉති සෝ දක්ඛිණෝදකං
පාතෙත්වා භික්ඛුසංඝස්ස - විහාරං සුමනෝ අදා

අපගේ සංඝයා වහන්සේ මේ විහාරය පිළිගන්නා සේක්වා! කියලා ඉතා සතුටු සිතින් යුක්තව අතපැන් වක්කරලා භික්ෂු සංඝයා උදෙසා විහාරය පූජා කළා.

19. විහාරේ තං සමන්තා ච - මහන්තං මණ්ඩපං සුභං
කාරෙත්වා තත්ථ සංඝස්ස - මහාදානං පවත්තයි

විහාරය ඇතුලෙත් එය අවටත් ඉතා අලංකාර මහා මණ්ඩපයක් කරවා එහි සංඝයා උදෙසා මහදන් පැවැත්තුවා.

20. පාදේ පතිට්ඨපෙත්වාපි - ජලේ අභයවාපියා
කතෝ සෝ මණ්ඩපෝ ආසි - සේසෝකාසේ කථාව කා

අභය වැවේ ජල සීමාවේ පවා කණු සිටුවලයි මණ්ඩපය කෙරෙව්වේ. මණ්ඩපය හදන්ට එතැන තිබූ ඉඩකඩ පිළිබඳව වෙන කථා කුමට ද?

21. සත්තාහං අන්නපානාදිං - දත්වාන මනුජාධිපෝ
අදා සාමණකං සබ්බං - පරික්ඛාරං මහාරහං

මහරජ්ජුරුවෝ ප්‍රණීත ආහාරපානාදියෙන් සත් දවසක් ම මහදන් දුන්නා. ඉතා වටිනාකමින් යුක්ත වූ, ශ්‍රමණයන් වහන්සේලාට යෝග්‍ය වූ සියලු පිරිකරත් පූජා කළා.

22. අහූ සතසහස්සග්ඝෝ - පරික්ඛාරෝ ස ආදිකෝ
අන්තේ සහස්සග්ඝනකෝ - සබ්බසංඝෝ ච තං ලභි

මුලසුනේ වැඩහුන් සංඝස්ථවිරයන් වහන්සේට පූජා කළ පිරිකර කහවනු ලක්ෂයක් වටිනවා. අවසාන පිරිකර කහවනු දහසක් වටිනවා. වැඩම කළ සියලු සංඝයාට පිරිකර ලැබුනා.

23. යුද්ධේ දානේ ච සූරේන - සූරිනා රතනත්තයේ
පසන්නාමලචිත්තේන - සාසනුජ්ජෝතනත්ථිනා

වියදමෙහි බිය වූ තැනැත්තාට දෙන්ට දානයක් නැත. මරණයෙහි බිය වූ තැනැත්තාට කරන්ට යුද්ධයක් නැත. යුද්ධයෙහි ත් දානයෙහිත් දෙතැන්හි ශූර වූ, ඉතා ශූර වූ රජ්ජුරුවෝ රතනත්‍රය පිළිබඳ ඉතා පැහැදීමෙන් යුක්තව නොකිලිටි සිතින් යුක්තව බුදු සසුන බබුලුවන චේතනාවෙන් ම යුක්ත වුනා.

24. **රඤ්ඤා කතඤ්ඤුනා තේන - ථූපකාරාපනාදිතෝ**
විහාරමහනන්තානි - පූජේතුං රතනත්තයං

කළගුණ දත් රජ්ජුරුවන් විසින් මිරිසවැටිය චෛත්‍යය තනවන්ට පටන් ගත් දා පටන් විහාර පූජාව දක්වා තුනුරුවන් උදෙසා පූජා කරන්ට යෙදුනු,

25. **පරිච්චත්තධනානෙත්ථ - අනග්ඝානි විමුඤ්චිය**
සේසානි හොන්ති ඒකාය - ඌනවීසතිකෝටියෝ

මෙහි පරිත්‍යාග කළ ධනය අනර්ඝ වස්තු අත්හැරලා අනිත් වියදම් එකතු කළ විට කහවනු දහනව කෝටියක් වෙනවා.

26. **භෝගා දසද්ධවිධදෝසවිදූසිතා පි**
පඤ්ඤාවිසේසසහිතේහි ජනේහි පත්තා
හොන්තේව පඤ්චගුණයෝගගහීතසාරා
ඉච්චස්ස සාරගහණේ මතිමා යතෙය්‍යාති.

භෝග වස්තු හානි වෙන්ට භය පහක් තියෙනවා. ගින්නෙන් වන භය, ජලයෙන් වන භය, සොරුන්ගෙන් වන භය, රජුන්ගෙන් වන භය හා තමන් අකැමැති අයට තමන්ගේ දේපළ අයිතිවීමේ භය ය. ඉතින් සියලු භෝග සම්පත් වලට මේ පස්භය සාධාරණ වුනත් විශේෂ නුවණින් යුක්ත ජනයා හට භෝග සම්පත් ලැබුනු විට භෝගයන්ගෙන් ලබා ලබන මේ සාරවත් ගුණපස ලබාගන්නවා. එනම් බොහෝ

දෙනාට ප්‍රිය වෙනවා. සත්පුරුෂයන්ගේ ඇසුර ලබනවා. තමන් පිළිබඳ යහපත් ගුණරාවයක් පැතිරෙනවා. ගිහියෙකු සතු ගුණදහම්වලින් බැහැර නොවී ඉන්නවා. මරණින් මතු දෙවියන් අතර උපදිනවා. යනුවෙන් අපගේ භාග්‍යවතුන් වහන්සේ වදාළ මේ කරුණු පහ අත්පත් කරගන්නවා. තමන් සතු භෝග සම්පත්වලින් මේ සාරවත් ගුණපහ ලබන්ට නුවණැත්තා උත්සාහ කරන්ට ඕනෑ.

සුජනප්පසාදසංවේගත්ථාය කතේ මහාවංසේ
මරිචවට්ටිකවිහාරමහෝනාම ඡබ්බීසතිමෝ පරිච්ඡේදෝ.

සත්පුරුෂ ජනයන්ගේ ප්‍රසාදයත් සංවේගයත් ඇතිකරනු පිණිස කරන ලද මහාවංශයෙහි මිරිසවැටි මහාවිහාර පූජාව නම් වූ විසිහයවෙනි පරිච්ඡේදය යි.

27

සත්තවීසතිමෝ පරිච්ඡේදෝ

විසිහත්වෙනි පරිච්ඡේදය

ලෝහපාසාදමහෝ

ලෝවාමහාප්‍රාසාද පූජාව

1. තතෝ රාජා විචින්තේසි - විස්සුතං සුස්සුතං සුතං
මහාපඤ්ඤෝ සදාපුඤ්ඤෝ - පඤ්ඤාය කතනිච්ඡයෝ

ඊටපසු පරම්පරාවෙන් අස්සවන ලද ඉතා ප්‍රසිද්ධව අසන්ට ලැබුනු කතාවක් ගැන අපගේ දුටුගැමුණු මහරජ්ජුරුවෝ සිත යොමු කළා. එනම්, මහා පින් ඇති, හැමදා පින් ඇති, ප්‍රඥාවෙන් යුක්තව ම තීරණය ගන්නා,

2. දීපප්පසාදකෝ ථේරෝ - රාජිනෝ අය්‍යකස්ස මේ
ඒවං කිරාහ නත්තා තේ - දුට්ඨගාමණිභූපති

ලංකාදීපය තුනුරුවන් කෙරෙහි පැහැද වූ අපගේ මිහිඳු මහරහතන් වහන්සේ මාගේ මුත්තණුවන් කෙනෙකු වන දෙවනපෑතිස් මහරජ්ජුරුවන්ට මෙහෙම කියල තියෙනවාලු. 'මහරජ්ජුරුවෙනි, ඔබගේ මුනුබුරෙකු වන දුටුගැමුණු නමැති,

3. මහාපුඤ්ඤෝ මහාථූපං - සොණ්ණමාලිං මනෝරමං
වීසංහත්ථසතං උච්චං - කාරෙස්සති අනාගතේ

මහා පින්වත් රජ්ජුරුවෝ අනාගතයෙහි ඉතා මනරම් වූ ස්වර්ණමාලි නම් මහා ස්ථූපයක් එක්සිය විසි රියනක් උසට කරවනවා ය,

4. **පුනෝ උපෝසථාගාරං - නානාරතනමණ්ඩිතං**
නවභූමං කරිත්වාන - ලෝහපාසාදමේව ච

ඒ වගේ ම නොයෙක් රන් රුවන්වලින් අලංකාර කරපු ලෝවා මහා ප්‍රාසාදය නමින් මහල් නවයක් උසට පොහොය ගෙයක් කරවනවා ය,

5. **ඉති චින්තිය භූමින්දෝ - ලිඛිත්වේවං ඨපාපිතං**
පෙක්ඛාපෙන්තෝ රාජගේහේ - ඨිතං ඒව කරණ්ඩකේ

කියා අසන ලද කාරණාව සිතලා, එය ලියවලා තැන්පත් කර තියෙනවා කියලත් දැනගෙන ඒ ගැන සොයා බලවද්දී රාජ මාළිගයේ ම කරඬුවක තිබිලා

6. **සෝවණ්ණපට්ටං ලද්ධාන - ලේඛං තත්ථ අවාචයි**
චත්තාලීසසතං වස්සං - අතික්කම්ම අනාගතේ

ඒ අනාගත වාක්‍ය සඳහන් රන් පත් ඉරුව ලැබුණට පස්සේ එහි ලියවා ඇති දේ කියවාගත්තා. එහි තිබුණේ අවුරුදු එකසිය හතළිහක් ඉක්මගිය පසු අනාගතයේ

7. **කාකවණ්ණසුතෝ දුට්ඨගාමණී මනුජාධිපෝ**
ඉදඤ්චිදඤ්ච ඒවඤ්ච - කාරෙස්සතීති වාචිතං

කාවන්තිස්ස රජුගේ පුත්‍රයා වන දුටුගැමුණු නැමැති රජ්ජුරුවෝ ලෝවාමහාපාය ආදියත් මේ මේ ආකාරයෙන් කරවනවා කියලා ලියා තිබෙන දේ,

8. **සුත්වා හට්ඨෝ උදානෙත්වා - අප්පෝඨේසි මහීපති**
තතෝ පාතෝව ගන්ත්වාන - මහාමේඝවනං සුභං

අහලා දුටුගැමුණු රජ්ජුරුවෝ සතුටට පත්වෙලා උදන් අනලා අත් පොළසන් දුන්නා. පසුවදා උදෑසන ම සොඳුරු මහමෙව්නා උයනට ගිහින්,

9. **සන්නිපාතං කාරයිත්වා - භික්ඛුසංඝස්ස අබ්‍රවි**
විමානතුල්‍යං පාසාදං - කාරයිස්සාමි වෝ අහං

භික්ෂු සංඝයා වහන්සේව රැස් කරවා මෙය පැවසුවා. 'ස්වාමීනී, මං ඔබවහන්සේලාට දෙව් විමනක් හා සමාන වූ ප්‍රාසාදයක් කරවන්නම්.

10. **දිබ්බං විමානං පේසේත්වා - තදා ලේඛං දදාථ මේ**
භික්ඛුසංඝෝ විසජ්ජේසි - අට්ඨ ඛීණාසවේ තහිං

ඒ සඳහා භික්ෂූන් වහන්සේලාව දිව්‍ය විමානයකට යවලා එහි සැලැස්මක් මට ලබා දුන මැනව' කියලා. එතකොට භික්ෂූන් වහන්සේලා ඉර්ධිමත් රහතන් වහන්සේලා අට නමක් දෙව්ලොව පිටත් කෙරෙව්වා.

11. **කස්සපමුනිනෝ කාලේ - අසෝකෝ නාම බ්‍රාහ්මණෝ**
අට්ඨ සලාකභත්තානි - සංඝස්ස පරිණාමිය

අපගේ ගෞතම බුදුරජාණන් වහන්සේට කලින් බුද්ධත්වය ලැබූ කාශ්‍යප නම් භාග්‍යවතුන් වහන්සේගේ කාලයෙහි අශෝක නම් බ්‍රාහ්මණයෙක් සිටියා. ඔහු තෙරුවන් කෙරෙහි පැහැදිලා සංඝයා උදෙසා දාන වේල් අටක් පූජා කරන්ට භාරගත්තා.

12. **භරණිං නාම දාසිං සෝ - නිච්චං දේහීති අබ්‍රවි**
දත්වා සා තානි සක්කච්චං - යාවජීවං තතෝ චුතා

ඔහු තමන්ගේ නිවසට ඇවිත් භරණී නමැති දාසියට තමන් සංඝයා උදෙසා පූජා කරන්ට භාරගත් සලාක දාන අට නොනවත්වා දෙන්ට කියා පැවරුවා. එතකොට භරණී දාසිය

විසිහත්වෙනි පරිච්ඡේදය 485

දිව් ඇති තාක් ඉතා ශ්‍රද්ධාවෙන් යුතුව මනාකොට සකසා දන් දීලා මිනිස් ලොවින් චුතවෙලා,

13. ආකාසට්ඨවිමානම්හි - නිබ්බත්ති රුචිරේ සුභේ
අච්ඡරානං සහස්සේන - සදා'සි පරිවාරිතා

අහසේ පිහිටි ඉතාම ලස්සන සුන්දර විමානයක උපන්නා. හැම තිස්සේ ම ඇව පිරිවරාගෙන දහසක් අප්සරාවන් සිටියා.

14. තස්සා රතනපාසාදෝ - ද්වාදසයෝජනුග්ගතෝ
යෝජනානං පරික්ඛේපෝ - චත්තාලීසඤ්ච අට්ඨ ච

ඇගේ රුවන් ප්‍රාසාදය දොළොස් යොදුනක් උසයි. වට ප්‍රමාණය යොදුන් හතළිස් අටක්.

15. කූටාගාරසහස්සේන - මණ්ඩිතෝ නවභූමිකෝ
සහස්සගබ්භසම්පන්නෝ - රාජමානෝ චතුම්මුඛෝ

මහල් නවයකින් යුක්තයි. කූටාගාර හෙවත් උස් මුදුන් වහලවල් දහසකින් යුක්තයි. කාමර දහසකින් යුක්තයි. දුටු දුටුවන්ගේ සිත් සතුටු කරවනවා. සතර පැත්තෙන් ඇතුල් වෙන්ට දොරටු තියෙනවා.

16. සහස්සසංඛසංවුත්ති - සීහපඤ්ජරනෙත්තවා
සකිංකිණිකජාලාය - සජ්ජිතෝ වේදිකාය ච

දහස් ගණන් සංඛ පේළියෙන් යුක්තයි. සුදුසු තැන්වලින් බලන්ට පුළුවන් ජනේලවලින් යුක්තයි. කිකිණි දැලින් සරසපු වේදිකාවෙන් යුක්තයි.

17. අම්බලට්ඨිකපාසාදෝ - තස්ස මජ්ඣේ ඨිතෝ අහු
සමන්තතෝ දිස්සමානෝ - පග්ගහිතධජාකුලෝ

ඒ ප්‍රසාදය මැද්දේ ඉතා සුන්දර වූ අම්බලට්ඨිකා නමැති

ප්‍රාසාදයක් තිබුණා. ඒ ප්‍රාසාදය වටේ සුළඟින් ලෙලදෙන ධජයන් ලස්සනට පේන්ට තිබුණා.

18. **තාවතිංසඤ්ච ගච්ඡන්තා - දිස්වා ථේරා තමේව තේ**
හිංගුලේන තදා ලේඛං - ලේඛයිත්වා පටේ තතෝ

තව්තිසා දෙව්ලොව බලා වඩිමින් සිටිය ඒ රහතන් වහන්සේලා අට නමට භරණියගේ මහා දිව්‍ය ප්‍රාසාදයමයි ලස්සන ප්‍රාසාදයකට දකින්ට ලැබුනේ. එතැනින් උන්වහන්සේලා රෙදි කඩක රතු පැහැ වර්ණයෙන් ඒ ඒ ප්‍රාසාදයේ සැලැස්ම ලියවා ගත්තා.

19. **නිවත්තිත්වාන ආගන්ත්වා - පටං සංඝස්ස දස්සයුං**
සංඝෝ පටං ගහෙත්වා තං - පාහේසි රාජසන්තිකං

තව්තිසා වඩින ගමන නවත්වල එතැනින් හැරී වැඩම කරලා භරණීගේ දෙව්විමන පිළිබඳ සටහන සංඝයාට පෙන්නුවා. සංඝයා ඒ රෙදිපට දුටුගැමුණු රජ්ජුරුවන් ළඟට අරගෙන වැඩියා.

20. **තං දිස්වා සුමනෝ රාජා - ආගම්මාරාම මුත්තමං**
ආලේඛතුල්‍යං කාරේසි - ලෝහපාසාදමුත්තමං

එය දැක සතුටට පත් රජ්ජුරුවෝ උතුම් තිස්සාරාමයට ඇවිත් ඒ සිතියමේ සටහන් වන ආකාරයට උතුම් ලෝවාමහාප්‍රාසාදය කෙරෙව්වා.

21. **කම්මාරම්භන කාලේව - චතුද්වාරම්හි භෝගවා**
අට්ඨසතසහස්සානි - හිරඤ්ඤානි ඨපාපයි

ලෝවාමහපහයේ කටයුතු ආරම්භ කරද්දී එතැන කලින් තිබුනු දිරාගිය පහය ඉවත් කෙරෙව්වා. ත්‍යාගවත් වූ රජ්ජුරුවෝ සතර දොරටුවේ රන් කහවණු අටලක්ෂය බැගින් තැබ්බෙව්වා.

22. පුටසහස්සවත්ථානි - ද්වාරේ ද්වාරේ ඨපාපයි
ගුළතේලසක්ඛරමධු - පූරා චානේකචාටියෝ

එහි දොරටුවක් පාසා රෙදි පිළි පොදි දහස් ගණන් තැබ්බෙව්වා. උක්හකුරු, තල්තෙල්, සූකිරි, මී පැණි පුරවපු නොයෙක් හැළි තැබ්බෙව්වා.

23. අමූලකං කම්මමෙත්ථ - න කාතබ්බන්ති භාසිය
අග්ඝාපෙත්වා කතං කම්මං - තේසං මූලමදාපයි

වැටුපක් නොගෙන මෙහි කටයුතු නොකළ යුතුයි කියලා එහි කළ සෑම කටයුත්තක ම වටිනාකම නියම කරලා ඒවාට අවශ්‍ය වැටුප් ලබා දුන්නා.

24. හත්ථසතං හත්ථසතං - ආසි ඒකේකපස්සතෝ
උච්චතෝ තත්තකෝ යේව - පාසාදෝ හි චතුම්මුඛෝ

ප්‍රාසාදයේ එක් එක් පැත්තෙන් රියන් දහස බැගින් දිග තිබුණා. උසිනුත් රියන් දහසක් තිබුන ඒ ප්‍රාසාදයේ සතර පැත්තකින් දොරවල් තිබුණා.

25. තස්මිං පාසාදසෙට්ඨස්මිං - අහේසුං නවභූමියෝ
ඒකේකිස්සා භූමියා ච - කූටාගාරසතානි ච

ඒ ශ්‍රේෂ්ඨ වූ මහා ප්‍රාසාදය මහල් නවයකින් යුක්ත වුනා. එක් එක් මහල කූටාගාරයන් සියයකින් සමන්විත වුනා.

26. කූටාගාරානි සබ්බානි - සජ්ඣුනා බච්තාන’හුං
පවාලවේදිකා තේසං - නානාරතනභූසිතා

ඒ හැම කූටාගාරයක් ම රිදියෙන් කැටයම් කරලා තිබුණා. අලංකාර රතුගලින් කළ වේදිකාවත් නානා රන් රුවන් කැටයෙමින් විචිත්‍රවත් කරලා තිබුණා.

27. නානාරතනචිත්තානි - තාසං පදුමකානි ච
සජ්ඣුකිංකිණිකාපන්තිපරික්ඛිත්තාව තා අහු

ඒ කූටාගාරයන් නොයෙක් රන් රුවනින් කැටයම් කළ නෙළුම් මලින් සරසලා තිබුණා. අලංකාර රිදී කිකිණි දැල්වලින් ඒ වටේ ආවරණය කරල තිබුණා.

28. **සහස්සං තත්ථ පාසාදේ - ගබ්භා ආසුං සුසංඛතා**
නානාරතනඛචිතා - සීහපඤ්ජරනෙත්තවා

ඒ ප්‍රාසාදයේ ඉතා හොඳින් සකස් කළ කාමර දහසක් තිබුණා. නොයෙක් රුවන්වලින් කැටයම් කළ අලංකාර සී මැදුරු කවුළුවලින් සරසලා තිබුණා.

29. **නාරිවාහනයානන්තු - සුත්වා වෙස්සවණස්ස සෝ**
තදා කාරමකාරේසි - මජ්ඣේ රතනමණ්ඩපං

වෛශ්‍රවණ දිව්‍ය රාජයාට නාරිවාහනයක් තියෙන බව අසා රජ්ජුරුවෝ ප්‍රාසාදය මැද්දේ කරවපු රතන මණ්ඩපයක එබඳු වූ නාරිවාහනයක් කෙරෙව්වා.

30. **සීහබ්‍යග්ඝාදි රූපේහි - දේවතාරූපකේහි ච**
අහූ රතනමයේහේස - ථම්භේහි ච විභූසිතෝ

මේ මණ්ඩපයේ රනින් කැටයම් කළ කණුවල සිංහ ව්‍යාඝ්‍රාදී රූපත් දිව්‍ය රූපත් කැටයම් කරවා තිබුණා.

31. **මුත්තාජාලපරික්ඛේපෝ - මණ්ඩපන්තේ සමන්තතෝ**
පවාලවේදිකා චෙත්ථ - පුබ්බේ වුත්තවිධා අහු

මණ්ඩපය හාත්පස වටේ ම මුතු දැල්වලින් වට කොට තිබුණා. එහි රතු ගලින් කළ වේදිකාත් කලින් කියපු විදිහට ම අලංකාර විදිහට කැටයම් කරවා තිබුණා.

32. **සත්තරතනචිත්තස්ස - වේමජ්ඣේ මණ්ඩපස්ස තු**
රුචිරෝ දන්තපල්ලංකෝ - රම්මෝ ඵළිකසන්ථරෝ

සත් රුවන්වලින් කළ නොයෙක් කැටයමින් විචිත්‍ර වූ ඒ මණ්ඩපයේ පසෙකින් පළිඟු ගල් ඇතිරූ බිමේ ඉතා

සිත්කළු ආකාරයට ඇත් දත් කැටයමින් නිම කළ ආසනයක් තිබුණා.

33. දන්තමයාපස්සයෙත්ථ - සුවණ්ණමයසූරියෝ
සජ්ඣුමයෝ චන්දිමා ච - තාරා ච මුත්තකාමයා

ඇත් දළින් කැටයම් කළ ආසනයට පිටුපසින් රනින් නිමකළ හිරු මඬලකුයි රිදියෙන් නිමකළ සඳ මඬලකුයි මුතුවලින් කළ තාරුකා පන්තියකුත් තිබුණා.

34. නානාරතනපදුමානි - තත්ථ තත්ථ යථාරහං
ජාතකානි ච තත්ථේව - ආසුං සොණ්ණලතන්තරේ

ඒ ඒ තැන ගැලපෙන ආකාරයට නොයෙක් රුවනින් කළ පියුම් තිබුණා. රනින් කළ ලියවැල් අතරේ ජාතක කතා කැටයම් කරලා තිබුණා.

35. මහග්ඝපච්චත්ථරණේ - පල්ලංකේ'තිමනෝරමේ
මනෝහරා'සි ඨපිතා - රුචිරං දන්තවීජනී

ඒ පළඟෙහි අති මනහර අයුරින් ඉතා වටිනා පලස් අතුරලා තිබුණා. එහි ඇත් දළින් කැටයම් කළ මිටකින් යුක්ත විජිනිපත ඉතා අලංකාර වුනා.

36. පවාලපාදුකා තත්ථ - ඵලිකම්හි පතිට්ඨිතා
සේතච්ඡත්තං සජ්ඣුදණ්ඩං - පල්ලංකෝ'පරි සෝභථ

ඒ පළිඟු ඇතිරූ බිමෙහි පා තැබීමට පබුළුවලින් කළ පාදුකාවක් සකසා තිබුණා. ඒ පළඟට උඩින් කැටයම් කළ රිදී මිටකින් යුතු සුදු ඡත්‍රයක් ඔසවා තිබුණා.

37. සත්තරතනමයානෙත්ථ - අට්ඨමංගලිකානි ච
චතුප්පදානං පන්තී ච - මණිමුත්තන්තරා අහුං

ඒ සුදු සේසත වටේට අෂ්ට මංගල ලක්ෂණ සටහන්

කළ සත්රුවනින් කළ කැටයම් තිබුණා. ඒ වගේ මුතු මැණික් කැටයම් අතර සියුම් ලෙස සිව්පාවුන් කැටයම් කර තිබුණා.

38. **රජතානඤ්ච සණ්ටානං - පන්තී ඡත්තන්තලම්බිතා**
පාසාදඡත්තපල්ලංක - මණ්ඩපා'සුං අනග්ඝිකා

සේසතේ කෙළවරින් රිදියෙන් කළ සීනු වටේට ම එල්ලා තිබුණා. ප්‍රාසාදය, ඡත්‍රය, ආසනය, මණ්ඩපය යන මේවා ඉතාමත් වටිනා වස්තුවලින් කැටයම් කරලා අනර්ඝ විදිහට තිබුණා.

39. **මහග්ඝං පඤ්ඤපාපේසි - මඤ්චපීඨං යථාරහං**
තථේව භුම්මත්ථරණං - කම්බලඤ්ච මහාරහං

සුදුසු ආකාරයට මාහැඟි ඇඳ පුටු ආදියත් එහි තැන්පත් කර තිබුණා. ඒ වගේ ම ඉතා වටිනා බුමුතුරුණු පලස් ආදිය අතුරලා තිබුණා.

40. **ආචාමකුම්භි සෝවණ්ණා - උළුංකෝ ච අහූ තහිං**
පාසාදපරිභෝගේසු - සේසේසු ච කථා'ව කා

ඒ ප්‍රාසාදයෙහි පා ධෝවනය කරන ජලය ඉතා අලංකාර රන් සැළියක පුරවා තිබුණා. පැන් ගැනීමට රනින් ම කළ මිට ගැසූ හැන්දක් තිබුණා. ප්‍රාසාදයෙහි තිබුනු අනිත් බඩුබාහිරාදිය ගැන කතා කරන්ට දෙයක් තියේවිද?

41. **චාරුපාකාරපරිවාරෝ - සෝ චතුද්වාරකොට්ඨකෝ**
පාසාදෝ'ලංකතෝ සෝභි - තාවතිංසසභා විය

සතර පැත්තෙන් දොරටු සතරකින් යුක්තව අලංකාර ප්‍රාකාරයකින් වටවෙලා තිබුණා. ලෝවා මහා ප්‍රාසාදය තව්තිසා දෙව්ලොව සුධර්මා නමැති දිව්‍ය සභා මණ්ඩපය වගේ ඉතා අලංකාරව තිබුණා.

42. **තම්බලෝහිට්ඨකාහේසෝ - පාසාදෝ ඡාදිතෝ අහු**
ලෝහපාසාදවෝහාරෝ - තේන තස්ස අජායථ

ඒ ප්‍රාසාදය වසා තිබුනේ තඹයෙන් හා ලෝහයෙන් කළ උළුවලිනුයි. ඒ නිසයි එයට ලෝවාමහාපාය යන නම ලැබුනේ.

43. **නිට්ඨිතේ ලෝහපාසාදේ - සෝ සංඝං සන්නිපාතයි**
රාජා සංඝෝ සන්නිපති - මරිචවට්ටිමහේ විය

ලෝවාමහා ප්‍රාසාදයේ වැඩ අවසන් කරලා දුටුගැමුණු රජ්ජුරුවෝ සංඝයා වහන්සේව රැස් කෙරෙව්වා. මිරිසවැටිය විහාර පූජෝත්සවයට වගේ ම සංඝයා රැස්වුනා.

44. **පුථුජ්ජනාව අට්ඨංසු - භික්ඛූ පඨමභූමියං**
තේපිටකා දුතියාය - සෝතාපන්නාදයෝ පන

මගඵල නොලැබූ පුහුදුන් භික්ෂූන් වහන්සේලා පළමු මහලේ වැඩ සිටියා. දෙවන මහලෙහි ත්‍රිපිටකධාරී භික්ෂූන් වහන්සේලා වැඩ සිටියා.

45. **ඒකේකේ යේව අට්ඨංසු - තතියාදීසු භූමිසු**
අරහන්තෝ ච අට්ඨංසු - උද්ධං චතූසු භූමිසු

සෝවාන් ආදී මාර්ගඵලලාභී භික්ෂූන් වහන්සේලා පිළිවෙළින් තුන්වෙනි මහලෙත්, සතරවෙනි මහලෙත්, පස්වෙනි මහලෙත් වැඩ සිටියා. එතැනින් උඩ තිබූ මහල් සතරේ රහතන් වහන්සේලා වැඩ සිටියා.

46. **සංඝස්ස දත්වා පාසාදං - දක්ඛිණම්බුපුරස්සරං**
රාජා'දත්ථ මහාදානං - සත්තාහං පුබ්බකං විය

ලෝවාමහාප්‍රාසාදය සංඝයාට අත පැන් වත් කොට පූජා කළා. මිරිසවැටිය පූජාවේදී වගේ ම රජ්ජුරුවෝ සත් දවසක් මහා දන් දුන්නා.

47. පාසාදමහචත්තානි - මහාචාගේන රාජිනා
අනග්ඝානි ඨපෙත්වාන - අහේසුං තිංසකෝටියෝ

මහාත්‍යාගී කෙනෙකුන් වූ අපගේ දුටුගැමුණු මහරජ්ජුරුවන් විසින් ලෝවාමහාප්‍රාසාදය වෙනුවෙන් පූජා කරන ලද ධනයේදී මහා අනර්ඝ වස්තු පිළිබඳ වටිනාකම ගණන් නොගෙන වියදම රන් කහවණු තිස් කෝටියක් වුනා.

48. නිස්සාරේ ධනනිචයේ විසේසසාරං
යේ දානං පරිගණයන්ති සාධුපඤ්ඤා
තේ දානං විපුලමපේතචිත්තසංගා
සත්තානං හිතපරමා දදන්ති ඒවං ති.

සොඳුරු ප්‍රඥා ඇති සත්පුරුෂයෝ සාර රහිත වූ ධනයෙන් දානය නමැති පුණ්‍යසාරය රැස් කරගන්නවා. තමා ළඟ ඇති ධනය කෙරෙහි සිතේ තිබෙන ආලය අත්හැර ඔවුන් සත්වයන්ගේ පරම යහපතට හේතු වන අයුරින් මේ විදිහට මහා දන් පවත්වනවා.

සුජනප්පසාදසංවේගත්ථාය කතේ මහාවංසේ
ලෝහපාසාදමහෝ නාම සත්තවීසතිමෝ පරිච්ඡේදෝ.

සත්පුරුෂ ජනයන්ගේ ප්‍රසාදයත් සංවේගයත් ඇතිකරනු පිණිස කරන ලද මහාවංශයෙහි ලෝවාමහාප්‍රාසාද පූජාව නම් වූ විසිහත්වෙනි පරිච්ඡේදය යි.

28

අට්ඨවීසතිමෝ පරිච්ඡේදෝ

විසිඅටවෙනි පරිච්ඡේදය

මහාථූපසාධනලාභෝ

රුවන්වැලි මහා සෑය උදෙසා පහළ වූ වස්තු ලාභය

1. තතෝ සතසහස්සං සෝ - විස්සජ්ජෙත්වා මහීපති
කාරාපේසි මහාබෝධි - පූජං සුළාරමුත්තමං

ඊටපසු දුටුගැමුණු මහරජ්ජුරුවෝ කහවණු ලක්ෂයක් වියදම් කරවා උතුම් වූ උදාර වූ මහාබෝධි පූජාවක් කෙරෙව්වා.

2. තතෝ පුරං පවිසන්තෝ - ථූපට්ඨානේ නිවේසිතං
පස්සිත්වාන සීලායූපං - සරිත්වා පුබ්බකං සුතිං

එතැනින් නගරයට පිවිසෙද්දී රුවන්වැලි මහා සෑ පිහිටන භූමියේ තමන් පිළිබඳ අනාගත වාක්‍ය ලියා පිහිටුවන ලද ගල් ටැඹ දැකල කලින් අසා තිබූ විස්තරත් මතක් වුනා.

3. කාරෙස්සාමි මහාථූපං - ඉති හට්ඨෝ මහාතලං
ආරුය්හ රත්තිං භුඤ්ජිත්වා - සයිතෝ ඉති චින්තයි

මහා සෑය කරන්ට ඕනෑ කියල මහා සතුටකින් රාජප්‍රාසාදයට නැගලා රාත්‍රී බත් අනුභව කරලා සිරියහන් ගබඩාවේ සැතපිලා මෙහෙම සිතන්ට වුනා.

4. **දමිළේ මද්දමානේන - ලෝකෝ'යං පීළිතෝ මයා**
න සක්කා බලිමුද්ධත්තුං - තං වජ්ජිය බලිං අහං

'ආක්‍රමණික දෙමළුන්ගෙන් රට බේරාගනිද්දි මගේ අතින් මේ ජනයා පීඩාවට පත් වුනා. ඒ නිසා ජනතාවගේ බදු බිල වැඩිකරන්ටත් බැහැ. මං ඒ බදු අය කිරීම් අත්හැරල,

5. **කාරයන්තෝ මහාථූපං - කතං ධම්මේන ඉට්ඨිකා**
උප්පාදෙස්සාමි ඉච්චේවං - චින්තයන්තස්ස චින්තිතං

මහා සෑය ගොඩ නංවද්දි ධාර්මිකව ගඩොල් සකසා ගන්නේ කොහොමද?' මේ ආදී වශයෙන් සිතුවිල්ලේ පැටලී හුන් රජ්ජුරුවන්ගේ සිතුවිලි,

6. **ඡත්තම්හි දේවතා ජානී - තතෝ කෝලාහලං අහු**
දේවේසු ඤත්වා තං සක්කෝ - විස්සකම්මානමබ්‍රවි

දැනගත් රාජඡත්‍රයෙහි අරක් ගත් දෙව්දුව දෙවියන් අතර මේ කාරණාව හඬ නගා කිව්වා. එය දැනගත් සක්දෙවිඳු විශ්ව කර්ම දිව්‍ය පුත්‍රයාට මෙහෙම කිව්වා.

7. **ඉට්ඨකත්තං චේතියස්ස - රාජා චින්තේසි ගාමණි**
ගන්ත්වා පුරා යෝජනම්හි - ගම්භීරනදියන්තිකේ

'ගැමුණු රජ්ජුරුවෝ මහාසෑය ඉදිකරන්ට ගඩොල් සොයාගැනීම ගැන කල්පනා කරමින් ඉන්නවා. පුත්‍රය, ඔබ ගිහින් අනුරාධපුරයට යොදුනක් ඈතින් පිහිටි ගම්භීර නම් නදිය ආසන්නයේ

8. **මාපේහි ඉට්ඨිකා තත්ථ - ඉති සක්කේන භාසිතෝ**
විස්සකම්මෝ ඉධාගම්ම - මාපේසි තත්ථ ඉට්ඨිකා

ගඩොල් මවන්ට' කියල සක්දෙවිඳුන් විසින් පැවසූ කරුණ නිසා විශ්ව කර්ම දිව්‍ය පුත්‍රයා මෙහි ඇවිත් එතැන ගඩොල් මැව්වා.

9. **පභාතේ ලුද්දකෝ තත්ථ - සුනඛේහි වනං අගා**
ගෝධාරූපේන දස්සේසි - ලුද්දකං භුම්මදේවතා

පසුවදා උදයේ වැද්දෙක් දඩයම් බල්ලන් රැගෙන වනයට ගියා. එතකොට එහි භූමාටු දෙවියෙක් තලගොයෙකුගේ වේශයෙන් වැද්දාට පේන්ට සැලැස්සුවා.

10. **ලුද්දකෝ තං'නුබන්ධන්තෝ - ගන්ත්වා දිස්වාන ඉට්ඨකා**
අන්තරහිතාය ගෝධාය - ඉති චින්තේසි සෝ තහිං

තලගොයා පසුපස පන්නමින් ගිය වැද්දාට විස්කම් දෙව්පුතු මවන ලද ගඩොල් දකින්ට ලැබුනා. තලගොයා නොපෙනී ගියා. එතැන තිබූ ගඩොල් දෙස බලාගෙන වැද්දා මෙහෙම සිතුවා.

11. **කාරේතුකාමෝ කිර නෝ - මහාථූපං මහීපති**
උපායනමිදං තස්ස - ඉති ගන්ත්වා නිවේදයි

'අපගේ මහරජ්ජුරුවන් වහන්සේ මහා ස්ථූප රාජයෙකු කරවන්ට කැමැත්තෙන් ඉන්නවා නොවැ. මේක නම් උන්නාන්සේගේ අදහසට ගැලපෙන පඬුරක්. මං ගිහින් මේ බව දැනුම් දෙන්ට ඕනැ.'

12. **තස්ස තං වචනං සුත්වා - පියං ජනහිතප්පියෝ**
රාජා කාරේසි සක්කාරං - මහන්තං තුට්ඨමානසෝ

ජනතාවගේ යහපතට ප්‍රිය වූ රජ්ජුරුවෝ වැද්දා විසින් පවසන ලද ඒ ප්‍රිය වචනය අහලා මහත් සතුටට පත් වුනා. ඔහුට ගොඩාක් තෑගි භෝග දුන්නා.

13. **පුරා පුබ්බුත්තරේ දේසේ - යෝජනත්තයමත්ථකේ**
ආචාරවිට්ඨිගාමම්හි - සෝළසකරීසේ තලේ

අනුරාධපුරයේ ඉඳලා ඊසාන දිගට වෙන්ට යොදුන් තුනකට එහායින් ආචාරවිට්ඨි කියන ගමේ කිරිය දහසයක ප්‍රමාණ භූමියෙහි,

14. **සෝවණ්ණබීජා'නුට්ඨිංසු - විවිධානි පමාණතෝ**
විදත්ථුක්කට්ඨමාණානි - අංගුලිමාණානි හෙට්ඨතෝ

විවිධ ප්‍රමාණයෙන් යුක්ත රන් බිජු මතුවෙලා තිබුණා. ලොකුම ප්‍රමාණයේ රන් බිජු වියතක් පමණ ඇති. කුඩාම ප්‍රමාණයේ රන්බිජු අඟලක් පමණ ඇති.

15. **සුවණ්ණපුණ්ණං තං භූමිං - දිස්වා තංගාමවාසිකා**
සුවණ්ණපාතිං ආදාය - ගන්ත්වා රඤ්ඤෝ නිවේදයුං

රන් බිජුවලින් පිරී ගිය ඒ භූමිය දැකපු ගම්වැසියෝ තලියකට රන්බිජු පුරවාගෙන ගිහින් රජ්ජුරුවන්ට දැනුම් දුන්නා.

16. **පුරා පාචීනපස්සම්හි - සත්තයෝජනමත්ථකේ**
ගංගාපාරේ තම්බපිට්ඨේ - තම්බලෝහං සමුට්ඨහි

අනුරාධපුරයෙන් නැගෙනහිර පැත්තට වෙන්ට යොදුන් සතකින් එහා මහවැලි ගඟෙන් එතෙර තඹවිට ජනපදයේ තඹ ලෝහ බිජු මතුවෙලා තිබුණා.

17. **තංගාමිකා තම්බලෝහ - බීජමාදාය පාතියා**
රාජානමුපසංකම්ම - තමත්ථඤ්ච නිවේදයුං

ඒ ගමේ මිනිස්සු තලියකට තඹ ලෝහ බිජු පුරවා ගෙන ගිහින් රජ්ජුරුවන්ව බැහැදැක ඒ බව දැනුම් දුන්නා.

18. **පුබ්බදක්ඛිණදේසම්හි - පුරතෝ චතුයෝජනේ**
සුමනවාපිගාමම්හි - උට්ඨහිංසු මණී බහූ

අනුරාධපුරයේ සිට ගිනිකොණ පැත්තට වෙන්ට

යොදුන් සතරක දුරින් සමන්වැව නමැති ගමේ බොහෝ මැණික් මතු වුනා.

19. උප්පලකුරුවින්දේහි - මිස්සකානේව ගාමිකා
ආදාය පාතියා ඒව - ගන්ත්වා රඤ්ඤෝ නිවේදයුං

එතකොට ඒ ගමේ මිනිස්සු විදුරුමිණි, පද්මරාග මිණි ආදී බොහෝ මැණික් තළියක පුරවාගෙන ගිහින් ඒ බව රජ්ජුරුවන්ට දැනුම් දුන්නා.

20. පුරතෝ දක්ඛිණේ පස්සේ - අට්ඨයෝජනමත්ථකේ
අම්බට්ඨකෝලලේණම්හි - රජතං උපපජ්ජථ

අනුරාධපුරයට දකුණු පැත්තට වෙන්ට යොදුන් අටකට එහායින් අම්බට්ඨකෝල නම් ජනපදයේ ලෙණක රිදී මතුවෙලා තිබුණා.

21. නගරේ වාණිජෝ ඒකෝ - ආදාය සකටේ බහූ
මලයා සිංගීවේරාදිං - ආනේතුං මලයං ගතෝ

අනුරාධපුර නගරවාසී එක් වෙළෙන්දෙක් බොහෝ ගැල් අරගෙන මලය රටින් ඉගුරු කහ ආදිය ගෙනෙන්ට මලය රටට යමින් සිටියා.

22. ලේණස්ස අවිදූරම්හි - සකටානි ඨපාපිය
පතෝදදාරුනිච්ඡන්තෝ - ආරුළ්හෝ තං මහීධරං

ලෙණට නුදුරින් ගැල් නවත්වලා කෙවිටි වලට ලී කෝටු සොයමින් ඒ කන්දට ගොඩ වුනා.

23. චාටිප්පමාණකං තත්ථ - පක්කභාරේන නාමිතං
දිස්වා පනසලට්ඨිඤ්ච - පාසාණට්ඨඤ්ච තං ඵලං

සැළියක් පමණ විශාල වූ පැණි වරකා ගෙඩිය නිසා ඒ බරට ගහේ අත්ත නැවිලා ගලක් මතට හේත්තු වෙලා තිබුණා. ඒ කොස් ගසත්, ගල මත තිබුනු වරකා ගෙඩියත් දැකලා

24. වණ්ටේ තං වාසියා ඡෙත්වා - දස්සාමග්ගන්ති චින්තිය
කාලං ඝෝසේසි සද්ධාය - චත්තාරෝනාසවාගමුං

පිහියකින් නැට්ට කපා ඒ ඉදුනු වරකා ගෙඩිය දැකලා මෙහි අග්‍ර කොටස සංඝයාට පූජා කරන්ට ඕනෑ කියලා සිතුවා. 'ස්වාමීනී, දානයට මෙහි වඩින සේක්වා!' කියලා ශ්‍රද්ධාවෙන් හඬ නගා කාල ඝෝෂාව කළා. රහතන් වහන්සේලා සතර නමක් එතැනට වැඩියා.

25. හට්ඨෝ සෝ තේ'භිවාදෙත්වා - නිසීදාපිය සාදරෝ
වාසියා වණ්ටසාමන්තා - තචං ඡෙත්වා අපස්සයං

සතුටට පත් වෙළෙන්දා උන්වහන්සේලාට වන්දනා කරලා ආදරයෙන් වඩා හිඳෙව්වා. පිහියෙන් නැට්ට වටේට කපලා වහල්ල,

26. මුඤ්චිත්වාවාටපුණ්ණං තං - යූසං පත්තේහි ආදිය
චත්තාරෝ යූසපූරේ තේ - පත්තේ තේසමදාසි සෝ

ගලවලා ඒ වලේ පිරී ගිය වරකා පැණි යුෂ පාත්‍රවලට ගත්තා. ඒ පාත්‍ර සතර වරකා පැණි යූෂයෙන් පුරවා උන්වහන්සේලාට පූජා කළා.

27. තේ තං ගහෙත්වා පක්කාමුං - කාලං ඝෝසේසි සෝ පුන
අඤ්ඤේ ඛීණාසවා ථේරා - චත්තාරෝ තත්ථ ආගමුං

උන්වහන්සේලා ඒවා රැගෙන වැඩම කළා. එතකොට වෙළෙන්දා ආයෙමත් 'ස්වාමීනී, දානයට මෙහි වඩින සේක්වා!' කියලා කාලඝෝෂාව කළා. වෙනත් රහතන් වහන්සේලා සතර නමක් එතැනට වැඩියා.

28. තේසං පත්තේ ගහෙත්වා සෝ - පනසමිඤ්ජාහි පූරිය
අදාසි තේසං පක්කාමුං - තයෝ ඒකෝ න පක්කමි

වෙළෙන්දා උන්වහන්සේලාගේ පාත්‍රා රැගෙන

පැණිවරකා මදුළුවලින් පුරවා උන්වහන්සේලාට පූජා කළා. එතැනින් තුන් නමක් වැඩියා. එක් නමක් නතර වුනා.

29. රජතං තස්ස දස්සේතුං - ඕරෝහිත්වා තතෝ හි සෝ
නිසජ්ජ ලේණාසන්නම්හි - තා මිඤ්ජා පරිභුඤ්ජථ

ඒ වෙළෙන්දාට ලෙණේ තිබුනු රිදී පෙන්නන්ට ඕනෑ නිසා එතැනින් පහළට වැඩම කරලා ලෙණ ආසන්නයේ වැඩ හිඳ පැණිවරකා මදුළු වැළඳුවා.

30. සේසා මිඤ්ජා වාණිජෝපි - භුඤ්ජිත්වා යාවදත්ථකං
භණ්ඩිකාය ගහෙත්වාන - සේස ථේරපදානුගෝ

වෙළෙන්දාත් ඉතිරි වරකා මදුළු ඇති තරම් අනුභව කරලා තව ඉතුරු වරකා පොදියකට ගැට ගසා ගෙන යන්ට සූදානම් වෙද්දී එක් නමක් නොවැඩිය වග පා සටහන්වලින් දැක්කා. 'අනිත් තුන්නම වැඩියා. මුන්වහන්සේ නොවැඩියේ මොකද?' කියලා තෙරුන් වහන්සේගේ පියවර සටහන් ඔස්සේ ගියා.

31. ගන්ත්වාන ථේරං පස්සිත්වා - වෙය්‍යාවච්චමකාසි ච
ථේරෝ ච ලේණද්වාරේන - තස්ස මග්ගං අමාපයි

තෙරුන් වහන්සේ වැඩ ඉන්නවා දැක්කා. දැකලා උන්වහන්සේට වතාවත් කළා. තෙරුන් වහන්සේ ලෙණ දොරෙන් ඔහුට යන්ට පාරක් මැව්වා.

32. අඤ්ජසා ඉමිනා ත්වම්පි - ගච්ඡදානි උපාසක
ථේරං වන්දිය සෝ තේන - ගච්ඡන්තෝ ලේණමද්දස

'පින්වත් උපාසකය, ඔබටත් දැන් මේ මාර්ගයෙන් යන්ට පුළුවන් නොවැ' කියලා වදාළා. තෙරුන් වහන්සේ වන්දනා කරලා වෙළෙන්දා ඒ මාර්ගයෙන් යද්දී ලෙණ දැක්කා.

33. **ලේණද්වාරම්හි ඨත්වාන - පස්සිත්වා රජතම්පි සෝ**
වාසියා ආහනිත්වාන - රජතන්ති විජානිය

ලෙණ දොර ඉදිරියේ සිටිය ඔහු රිදී කඳ දැකලා පිහියෙන් තුවාල කොට ඒවා රිදී බව දැනගත්තා.

34. **ගහෙත්වේකං සජ්ඣුපිණ්ඩං - ගන්ත්වාන සකටන්තිකං**
සකටානි ඨපාපෙත්වා - සජ්ඣුපිණ්ඩං තමාදිය

එතැනින් ලොකු රිදී පිඬක් අරගෙන තමන්ගේ ගැල් ළඟට ගිහින් ගැල් එතැනම නවත්තලා රිදී පිඬත් අරගෙන,

35. **ලහුං අනුරාධපුරං - ආගම්ම වරවාණිජෝ**
දස්සෙත්වා රජතං රඤ්ඤො - තමත්ථම්පි නිවේදයි

ඉක්මනින් ම අනුරාධපුරයට සේන්දු වුන උතුම් වෙළෙන්දා රජ්ජුරුවන්ව බැහැදැකලා රිදී පිඬ පෙන්නලා විස්තර දැනුම් දුන්නා.

36. **පුරතෝ පච්ඡිමේ පස්සේ - පඤ්චයෝජනමත්ථකේ**
උරුවේලපට්ටනේ මුත්තා - මහාමලකමත්තියෝ

අනුරාධපුරයෙන් බටහිර පැත්තට වෙන්ට යොදුන් පහකින් එහා උරුවෙල් පටුනේ විශාල නෙල්ලි ගෙඩි තරමේ මුතු ත්,

37. **පවාලන්තරිකා සද්ධිං - සමුද්දාථලමොක්කමුං**
කේවට්ටා තා සමෙක්ඛිත්වා - රාසිං කත්වාන ඒකතෝ

ඒවා සමඟින් ම පබළුත් කරත්ත හැටක ප්‍රමාණයකින් වෙරළට ගොඩ ගසා තිබුණා. මාළු අල්ලන මිනිස්සු ඒවා විමසා බලා එක් තැනකට ගොඩ ගැසුවා.

38. **පාතියා ආනයිත්වාන - මුත්තා සහ පවාලකා**
රාජානමුපසංකම්ම - තමත්ථම්පි නිවේදයුං

ඔවුන් ඒ මුතුත් පබළුත් භාජනයකට පුරවා ගෙන ගිහින් රජ්ජුරුවන් බැහැදැකලා ඒවායේ විස්තර දැනුම් දුන්නා.

39. **පුරතෝ උත්තරේ පස්සේ - සත්තයෝජනමත්ථකේ**
පේළිවාපිකගාමස්ස - වාපිපක්ඛන්තකන්දරේ

අනුරාධපුරයෙන් උතුරු පැත්තට වෙන්ට යොදුන් සතකින් එහා පේළිවාපික කියන ගම්මානේ වැවට පිවිසෙන බෑවුමේ,

40. **ජායිංසු වාලුකාපිට්ඨේ - චත්තාරෝ උත්තමා මණී**
නිසීදපෝතප්පමාණා - උම්මාපුප්ඵනිභා සුභා

වැල්ල මත මිරිස් ගල් ප්‍රමාණයේ දියබෙරලිය මල් පැහැය බඳු තද නිල් පාටින් යුතු අතිසුන්දර වූ උතුම් නිල් මැණික් සතරක් පහළවෙලා තිබුණා.

41. **තේ දිස්වා සුනඛෝ ලුද්දෝ - ආගන්ත්වා රාජසන්තිකං**
ඒවරූපා මණී දිට්ඨා - මයා ඉති නිවේදයි

ඒ මැණික් දැකපු බලුවැද්දෙක් රජ්ජුරුවන්ව බැහැදැකලා 'මං මෙබඳු වූ මහා මැණික් සතරක් දැක්කා' කියා දැනුම් දුන්නා.

42. **ඉට්ඨකාදීනි ඒතානි - මහාපුඤ්ඤෝ මහාමති**
මහාථූපත්ථමුප්පන්නාන'ස්සෝසි තදහේව සෝ

මහා පින් ඇති, මහා නුවණැති අපගේ දුටුගැමුණු රජ්ජුරුවෝ මහා සෑය පිණිස උපන් ගඩොල් ආදී සෑම වස්තුවක් ගැන ම තොරතුරු එක දවසක් ඇතුළත ම දැනගත්තා.

43. **යථානුරූපං සක්කාරං - තේසං කත්වා සුමානසෝ**
ඒතේවා'රක්ඛකේ කත්වා - සබ්බානි ආහරාපයි

සතුටට පත් රජ්ජුරුවෝ ඒ ඒ වස්තුව ගැන තොරතුරු ගෙනා පිරිසට සුදුසු අයුරින් සත්කාර සංග්‍රහ කරලා ඔවුන් ම ඒ වස්තුවල ආරක්ෂකයන් කරවා ඒ සියලු වස්තුව ගෙන්නවා ගත්තා.

44. **ඛේදම්පි කායජමසය්හමචින්තයිත්වා**
පුඤ්ඤං පසන්නමනසෝපචිතං හි ඒවං
සාධේති සාධනසතානි සුඛාකරානි
තස්මා පසන්නමනසෝ'ව කාරෙය්‍ය පුඤ්ඤන්ති.

ශරීරයට ලැබෙන ඉවසිය නොහැකි පීඩාවන් පවා මෙනෙහි නොකොට පහන් සිතින් රැස්කළ පින් බලයෙන් යුතු දුටුගැමුණු රජ්ජුරුවන්ට මහාසෑය කරවන්ට පින් බලයෙන් වස්තුව ලැබුනු අයුරු සිහිකොට සැප ලබාදෙන පින් ම යි සිය ගණන් කරන්ට ඕනෑ. එනිසා අපිත් පහන් සිතින් යුක්තව පින් ම යි කරන්ට ඕනෑ.

සුජනප්පසාදසංවේගත්ථාය කතේ මහාවංසේ
මහාථූපසාධනලාභෝ නාම අට්ඨවීසතිමෝ පරිච්ඡේදෝ.

සත්පුරුෂ ජනයන්ගේ ප්‍රසාදයත් සංවේගයත් ඇතිකරනු පිණිස කරන ලද මහාවංශයෙහි රුවන්වැලි මහාසෑය උදෙසා පහළ වූ වස්තු ලාභය නම් වූ විසිඅටවෙනි පරිච්ඡේදය යි.

29

ඒකූනතිංසතිමෝ පරිච්ඡේදෝ

විසිනවවෙනි පරිච්ඡේදය

ථූපාරම්භෝ

රුවන්වැලි මහා සෑයේ සමාරම්භක කටයුතු

1. ඒවං සමත්තේ සම්භාරේ - වේසාඛේ පුණ්ණමාසියං
පත්තේ විසාඛනක්ඛත්තේ - මහාථූපත්ථමාරභි

ඔය ආකාරයට මහා සෑය කරවන්ට උවමනා දේවල් රැස් කරගන්ට පුළුවන් වුනාම වෙසක් පුන් පොහෝ දවසේ විසා නැකතේ දී මහා සෑයේ කටයුතු ආරම්භ කළා.

2. හාරෙත්වාන තහිං යූපං - ථූපඨානමඛාණයි
සත්ථහත්ථේ මහීපාලෝ - ථිරීකාතුමනේකධා

රජ්ජුරුවෝ මිහිඳු මහරහතන් වහන්සේ දෙවනපෑතිස් රජ්ජුරුවන් ලවා අනාගත වාක්‍ය සටහන් කරවා සිටවපු ගල්ටැඹ මහා සෑය පිහිටුවන තැනින් බැහැරට ඉවත් කෙරෙව්වා. සෑ බිම නොයෙක් අයුරින් ස්ථිරව පිහිටවනු පිණිස සත් රියනක් යටට සාරවා බුරුල් පස ඉවත් කෙරෙව්වා.

3. යෝධේහි ආහරාපෙත්වා - ගුළපාසාණකේ තහිං
කූටේහි ආහනාපෙත්වා - පාසාණේ චුණ්ණිතේ අථ

යෝධයන් ලවා ගල්කුට්ටි ගෙන්නවා, එතැන දම්මවා, ඒවාට කුළුගෙඩිවලින් පහර දී කුඩු කෙරෙව්වා.

4. **චම්මාවනද්ධපාදේහි - මහාහත්ථීහි මද්දයි**
භූමියා ථිරභාවත්ථං - අත්ථානත්ථවිචක්ඛණෝ

හොඳ නරක විනිශ්චයෙහි දක්ෂ වූ රජ්ජුරුවෝ මහා ඇත්තු ගෙන්නවා ඔවුන්ගේ පාදයන් යටිපතුලේ සිට සමෙන් ආවරණය කරවා භූමිය සවිමත් වෙන්ට හොඳ හැටියට පෑගෙව්වා.

5. **ආකාසගංගාපතිතට්ඨානේ සතතතින්තකේ**
මත්තිකා සුඛුමා තත්ථ - සමන්තා තිංසයෝජනේ

හිමාලයේ අහස් ගඟ වැටෙන තැන හැම තිස්සේම තෙත්වෙලා තියෙන සියුම් මැට්ටක් තියෙනවා. ඒ හාත්පස තිස් යොදුනක පැතිරී තියෙනවා.

6. **නවනීතමත්තිකාතේසා - සුඛුමත්තා පවුච්චති**
ඛීණාසවා සාමණේරා - මත්තිකා ආහරුං තතෝ

ඒ මැටි මොනතරම් මෙලෙක් ද යනු, ඒවාට කියන්නේ වෙඬරු (බටර්) හෙවත් නවනීත මැටි කියලයි. රහත් සාමණේරයන් වහන්සේලා ඉර්ධිබලයෙන් එතැනින් මැටි අරගෙන ආවා.

7. **මත්තිකා අත්ථරාපේසි - තත්ථ පාසාණකොට්ටිමේ**
ඉට්ඨකා අත්ථරාපේසි - මත්තිකෝපරි ඉස්සරෝ

රජ්ජුරුවෝ ඒ නවනීත මැටි කුඩුකළ ගල් අතරේ කුස්තුර වැහෙන පරිදි ඇතිරෙව්වා. ඒ සියුම් නවනීත මැට්ට උඩින් ගඩොල් ඇතිරෙව්වා.

8. **තස්සෝපරි ඛරසුධං - කුරුවින්දං තතෝපරි**
තස්සෝපරි අයෝජාලං - මරුම්බන්තු තතෝ පරං

ඒ ගඩොල් තට්ටුවට උඩින් ගල් කැට මිශ්‍ර කළ ගොරෝසු සුණු බදාම තට්ටුවක් ඇතිරෙව්වා. එයට උඩින් කුරුවින්ද නැමැති ගල් වර්ගය ඇතිරෙව්වා. එයට උඩින් යකඩ දැලක් අතුරා ඒ මත 'මරුම්බ',

9. **ආහටං සාමණේරේහි - හිමවන්තා සුගන්ධකං**
සන්ථරාපේසි භූමින්දො - ඵළිකන්තු තතෝපරි

නමැති සුවඳ මැටි වර්ගයත්, ඉර්ධිමත් සාමණේරයන් ලවා හිමාලයෙන් ගෙන්නවා ඒවා ඇතිරෙව්වා. ඊට පස්සේ රජ්ජුරුවෝ ඒ මැට්ට මත පළිඟු ගල් ඇතිරෙව්වා.

10. **සිලායෝ සන්ථරාපේසි - ඵළිකාසන්ථරෝපරි**
සබ්බත්ථ මත්තිකා කිච්චේ - නවනීතව්හයා අහූ

පළිඟු අතුරාපු තැන ඊට උඩින් ගල් ඇතිරෙව්වා. හැම තැනම බදාමයෙන් කළ යුතු දේ නවනීත මැටියෙන්ම කළා.

11. **නියයාසේන කපිත්ථස්ස - සන්නිතේන රසෝදකේ**
අට්ඨංගුලං බහලතෝ - ලෝහපට්ටං සිලෝපරි

ඊට පස්සේ රජ්ජුරුවෝ දිවුල් ගස්වල මැලියම් රසදියෙන් හොඳට කලවම් කරලා ඒ ලාටුව ගල් මත අතුරවා ඒ මත අඟල් අටක් ඝනකම තියෙන ලෝහ තහඩුවක් ඇතිරෙව්වා.

12. **මනෝසිලාය තිලතේලසන්නිතාය තතෝපරි**
සත්තංගුලං සජ්ජුපට්ටං - සන්ථාරේසි රථේසභෝ

ඒ තහඩුව මත සිරියල් තලතෙලින් අනලා තට්ටුවක් තැවරුවා. ඒ මත අඟල් සතක් ඝනකම තියෙන රිදී තහඩුවක් ඇතිරෙව්වා.

13. **මහාථූපපතිට්ඨානට්ඨානේ ඒවං මහීපති**
කාරෙත්වා පරිකම්මානි - විප්පසන්නේන චේතසා

ඔය ආකාරයෙන් අපගේ දුටුගැමුණු මහරජ්ජුරුවෝ ඉතා පහන් සිතින් යුතුව මහා සෑය පිහිටන ස්ථානයේ කළ යුතු මූලික කටයුතු කළා.

14. **ආසාළ්හිසුක්කපක්ඛස්ස - දිවසම්හි චතුද්දසේ**
කාරෙත්වා භික්ඛුසංඝස්ස - සන්නිපාතමිදං වදි

ඊට පස්සේ ඇසළ මාසයේ පුර පක්ෂයට අයත් දහහතර වන දවසේ (පොහොය දිනයට කලින් දා) මහා විහාරයේ බෙර හසුරුවා භික්ෂු සංඝයා වහන්සේව රැස් කරවා මෙහෙම කිව්වා.

15. **මහාචේතියමත්ථාය - භදන්තා මංගලිට්ඨකං**
පතිට්ඨපෙස්සං ස්වේ එත්ථ - සබ්බෝ සංඝෝ සමේතු නෝ

"ස්වාමීනී, හෙට පසළොස්වක් පොහෝ දවසේ මහා සෑයේ මුල්ගල් තැබීමේ පුණ්‍යෝත්සවය සිදුකෙරෙනවා. අපගේ සියලු සංඝයා වහන්සේ මේ පින්කමට වඩින සේක්වා!

16. **බුද්ධපූජාපයෝගේන - මහාජනහිතත්ථිකෝ**
මහාජනෝ'පෝසථිකෝ - ගන්ධමාලාදි ගණ්හිය

භාග්‍යවතුන් වහන්සේට පූජා පැවැත්වීමෙන් සිදුවෙන යහපත කැමති අපගේ මහජනතාව උපෝසථ සිල් සමාදන්ව, සුවඳ මල් ආදිය අරගෙන,

17. **මහාථූපපතිට්ඨානට්ඨානං යාතු සුවේ ඉති**
චේතියට්ඨානභූසාය - අමච්චේ ච නියෝජයි

මහා සෑය පිහිටුවන උතුම් භූමියට හෙට පැමිණෙත්වා!" කියලා ඇමතිවරුන්වත් මහා සෑ භූමිය සැරසීමේ කටයුතු කරවන්ට කියලා යෙදෙව්වා.

18. **ආණාපිතා නරින්දේන - මුනිනෝ පියගාරවා**
අනේකේහි පකාරේහි - තේ තං ඨානමලංකරුං

රජ්ජුරුවන්ගෙන් ලැබුණු ආඥාවට අනුව අප ශාක්‍යමුනීන්ද්‍රයන් වහන්සේ කෙරෙහි ප්‍රිය ගෞරවාදර ඇති ඔවුන් පැමිණ නොයෙක් ආකාරයෙන් මහා සෑය පිහිටන බිම අලංකාර කළා.

19. **නගරං සකලඤ්චේව - මග්ගඤ්චේව ඉධාගතං**
අනේකේහි පකාරේහි - අලංකාරයි භූපති

රජ්ජුරුවෝ මුළු අනුරාධපුර නගරයත්, මෙහෙට (මහා විහාරයට) එන්ට තියෙන මාර්ගයත් නොයෙක් ආකාරයෙන් අලංකාර කෙරෙව්වා.

20. **පභාතේ ච චතුද්වාරේ - නගරස්ස ඨපාපයි**
නහාපිතේ නහාපකේ - ච කප්පකේ ච බහූ තථා

පොහෝ දා උදෑසන නුවරට ඇතුල්වන දොරටු සතරේ ජනයාව නහවන්ට උදව් වෙන බොහෝ මිනිස්සුත්, කෙස් රැවුල් කපන කරණවෑමියනුත්, හිස පීරා සරසන කපුවනුත් තැබ්බෙව්වා.

21. **වත්ථානි ගන්ධමාලා ච - අන්නානි මධුරානි ච**
මහාජනත්ථං භූමින්දෝ - මහාජනහිතේ රතෝ

මහා ජනතාවගේ යහපතෙහි ඇලුනු අපගේ දුටුගැමුණු මහරජ්ජුරුවෝ මහජනතාවගේ ප්‍රයෝජනය පිණිස වස්ත්‍ර, සුවඳ මල්, ප්‍රණීත ආහාරපාන

22. **පටියත්තානි ඒතානි - සාදියිත්වා යථාරුචිං**
පෝරා ජානපදා චේව - ථූපට්ඨානමුපාගමුං

යන මේවා තම තමන්ට කැමති පරිදි ගැනීමට පිළියෙල කරලා තිබුණා. අනුරපුර නගරවාසීනුත්, අවට ජනපදවාසීනුත් මහා සෑය පිහිටන බිමට පැමිණියා.

23. **සුමණ්ඩිතේහි නේකේහි - ඨානන්තරවිධානතෝ**
ආරක්ඛිතෝ අමච්චේහි - යථාඨානං මහීපති

තම තමන් ලද තනතුරු අනුව නියමිත වූ වස්ත්‍රාභරණයන්ගෙන් සැරසුණු ඇමතිවරුන්ගේ ආරක්ෂාව මැද සුදුසු තැනට පැමිණ සිටි රජ්ජුරුවෝ,

24. **සුමණ්ඩිතාහි නේකාහි - දේවකඤ්ඤූපමාහි ච**
නාටකීහි පරිබ්බූළ්හෝ - සුමණ්ඩිතපසාධිතෝ

ඉතා අලංකාර වස්ත්‍රාභරණයෙන් සැරසිලා දිව්‍ය කන්‍යාවන් වගේ සිටින නාටක ස්ත්‍රීනුත්, ඒ වගේම වටිනා වස්ත්‍රාභරණයෙන් සැරසුණු,

25. **චත්තාලීසසහස්සේහි - නරේහි පරිවාරිතෝ**
නානාතුරියසංඝුට්ඨෝ - දේවරාජවිලාසවා

සතලිස් දහසක් මිනිසුනුත් පිරිවරාගෙන ආතත, විතත, විතතාතත, ඝන, සුසිර යන පංච තූර්යනාදයෙන් ගිගුම් දෙවමින් සක්දෙව් රජුගේ විලාශයෙන්,

26. **මහාථූපපතිට්ඨානං - ඨානාඨානවිචක්ඛණෝ**
අපරණ්හේ උපාගඤ්ඡි - නන්දයන්තෝ මහාජනං

තැන නොතැන ගැන දන්නා විචක්ෂණ බුද්ධියෙන් යුතු රජ්ජුරුවෝ මහා ජනයා සතුටු කරවමින් මහා සෑය පිහිටන ස්ථානයට සවස් වරුවේ සම්ප්‍රාප්ත වුනා.

27. **අට්ඨුත්තරසහස්සං සෝ - සාටකානි ඨපාපිය**
පුටබද්ධානි මජ්ඣම්හි - චතුපස්සේ තතෝ පන

ඊට පස්සේ රජ්ජුරුවෝ එක්දහස් අටක් සළු මැද බඳින ලද පියලි තැබ්බෙව්වා. ඒ සතර පැත්තෙන්,

28. **වත්ථානි රාසිං කාරේසි - අනේකානි මහීපති**
මධුසප්පිගුළාදී ච - මංගලත්ථං ඨපාපයි

රජ්ජුරුවෝ නොයෙක් අලංකාර වස්ත්‍ර ගොඩ ගැස්සෙව්වා. මංගල ලකුණු වශයෙන් මීපැණි, ගිතෙල්, උක්

සකුරු ආදිය තැබ්බෙව්වා.

29. **නානාදේසේහිපාගඤ්ඡුං - බහවෝ භික්ඛවෝ ඉධ**
ඉධ දීපට්ඨසංඝස්ස - කා කථා'ව ඉධාගමේ

මේ අවස්ථාවට නොයෙක් රටවල්වලින් බොහෝ භික්ෂූන් වහන්සේලා වැඩම කළා. මේ ලංකාද්වීපයෙන් භික්ෂූන් වැඩිය වග අමුතුවෙන් කියන්ට ඕනෑද!

30. **ථේරෝ'සීති සහස්සානි - භික්ඛූ ආදාය ආගමා**
රාජගහස්ස සාමන්තා - ඉන්දගුත්තෝ මහාගණී

මහා සිසු පිරිසක් ඇති ඉන්දගුත්ත මහරහතන් වහන්සේ අසූදහසක් තෙරුන් වහන්සේලා සමඟ රජගහ නුවරින් මෙහි වැඩම කළා.

31. **සහස්සානි'සිපතනා - භික්ඛූනං ද්වාදසා'දිය**
ධම්මසේනෝ මහාථේරෝ - චේතියට්ඨානමාගමා

ධම්මසේන මහරහතන් වහන්සේ දොළොස්දහසක් තෙරුන් වහන්සේලා සමඟ බරණැස ඉසිපතනයේ සිට මහා සෑය පිහිටන භූමියට වැඩම කළා.

32. **සට්ඨීභික්ඛුසහස්සානි - ආදාය ඉධමාගමා**
පියදස්සී මහාථේරෝ - ජේතාරාමවිහාරතෝ

පියදස්සී මහරහතන් වහන්සේ සැට දහසක් තෙරුන් වහන්සේලා සමඟ සැවැත් නුවර ජේතවනාරාමයේ සිට මෙහි වැඩම කළා.

33. **වේසාලී මහවනතෝ - ථේරෝරුබුද්ධරක්ඛිතෝ**
අට්ඨාරසසහස්සානි - භික්ඛූ ආදාය ආගමා

බුද්ධරක්ඛිත මහරහතන් වහන්සේ විශාලා මහනුවර මහාවනයේ කූටාගාරශාලා විහාරයේ සිට දහඅටදහසක් තෙරුන් වහන්සේලා සමඟ මෙහි වැඩම කළා.

34. **කෝසම්බිඝෝසිතාරාමා - ථේරෝ'රුධම්මරක්ඛිතෝ**
තිංසභික්ඛු සහස්සානි - ආදාය ඉධ ආගමා

ධම්මරක්ඛිත මහරහතන් වහන්සේ කොසඹෑ නුවර ඝෝෂිතාරාමයේ සිට තිස් දහසක් භික්ෂූන් වහන්සේලා සමඟ මෙහි වැඩම කළා.

35. **ආදායු'ජ්ජේනියං ථේරෝ - දක්ඛිණාගිරිතෝ යති**
චත්තාරීසසහස්සානි - ආගෝ'රුසංඝරක්ඛිතෝ

සංඝරක්ඛිත මහරහතන් වහන්සේ උදේනි නුවර දක්ඛිණගිරි විහාරයේ සිට යතිවරයන් වහන්සේලා හතලිස් දහසක් සමඟ මෙහි වැඩම කළා.

36. **භික්ඛූනං සතසහස්සං - සට්ඨීසහස්සානි චාදිය**
පුප්ඵපුරේ'සෝකාරාමා - ථේරෝ මිත්තිණ්ණනාමකෝ

මිත්තිණ්ණ නැමැති මහරහතන් වහන්සේ පාටලීපුත්‍ර නගරයේ අශෝකාරාමයේ සිට භික්ෂූන් වහන්සේලා එක්ලක්ෂ සැටදහසක් සමඟ මෙහි වැඩම කළා.

37. **දුවේ සතසහස්සානි - සහස්සානි අසීති ච**
භික්ඛූ ගහෙත්වානුත්තිණ්ණෝ - ථේරෝ කස්මීරමණ්ඩලා

උත්තිණ්ණ නැමැති මහරහතන් වහන්සේ කාශ්මීර මණ්ඩලයේ සිට දෙලක්ෂ අසූ දහසක් භික්ෂූන් වහන්සේලා සමඟ මෙහි පැමිණියා.

38. **චත්තාරීසතසහස්සානි - සහස්සානි ච සට්ඨී ච**
භික්ඛූ පල්ලවභොග්ගම්හා - මහාදේවෝ මහාමතී

මහා නුවණැති මහාදේව නැමැති මහරහතන් වහන්සේ සාරලක්ෂ සැට දහසක් භික්ෂූන් වහන්සේලා සමඟ පල්ලාභෝග රාජ්‍යයේ සිට මෙහි වැඩම කළා.

විසිනවවෙනි පරිච්ඡේදය 511

39. **යෝනනගරා'ලසන්දා සෝ - යෝනමහාධම්මරක්ඛිතෝ**
ථේරෝ තිංසසහස්සානි - භික්ඛූ ආදාය ආගමා

ග්‍රීක ජාතික මහා ධම්මරක්ඛිත මහරහතන් වහන්සේ ඒ කාලේ සිරියාවේ පිහිටි ග්‍රීක (යෝනක) රාජ්‍ය වන ඇලෙක්සැන්ඩ්‍රියාවේ සිට තිස් දහසක් භික්ෂූන් වහන්සේලා සමඟ මෙහි වැඩම කළා.

40. **විඤ්ඤාටවිවත්තනියා - සේනාසනා තු උත්තරෝ**
ථේරෝ සට්ඨිසහස්සානි - භික්ඛූ ආදාය ආගමා

උත්තර මහරහතන් වහන්සේ වින්ධ්‍යා වනයේ වත්තනිය සේනාසනයේ සිට හැටදහසක් භික්ෂූන් වහන්සේලා සමඟ මෙහි වැඩම කළා.

41. **චිත්තගුත්තෝ මහාථේරෝ - බෝධිමණ්ඩවිහාරතෝ**
තිංස භික්ඛුසහස්සානි - ආදියිත්වා ඉධාගමා

චිත්තගුත්ත මහරහතන් වහන්සේ ගයාවේ බෝධිමණ්ඩල වජිරාසන විහාරයේ සිට තිස් දහසක් භික්ෂූන් වහන්සේලා සමඟ මෙහි වැඩම කළා.

42. **චන්දගුත්තෝ මහාථේරෝ - වනවාසපදේසතෝ**
ආගාසීතිසහස්සානි - ආදියිත්වා යතී ඉධ

චන්දගුත්ත මහරහතන් වහන්සේ වනවාස ප්‍රදේශයේ සිට අසූදහසක් භික්ෂූන් වහන්සේලා සමඟ මෙහි වැඩම කළා.

43. **සූරියගුත්තෝ මහාථේරෝ - කේලාසම්හා විහාරතෝ**
ඡන්නවුතිසහස්සානි - භික්ඛූ ආදාය ආගමා

සූරියගුත්ත මහරහතන් වහන්සේ දකුණු දඹදිව කෛලාස මහා විහාරයේ සිට අනූහය දහසක් භික්ෂූන් වහන්සේලා සමඟ මෙහි වැඩම කළා.

44. **භික්ඛූනං දීපවාසීනං - ආගතානඤ්ච සබ්බසෝ**
ගණනාය පරිච්ඡේදෝ - පෝරාණේහි න භාසිතෝ

ලංකාදීපවාසී භික්ෂූන් වහන්සේලා මෙහි වැඩිය ගණන සංඛ්‍යාවකට සීමා කරලා පුරාණ ආචාර්යයන් වහන්සේලා විසින් කියලා නෑ.

45. **සමාගතානං සබ්බේසං - භික්ඛූනං තං සමාගමේ**
වුත්තා ඛීණාසවා යේව - තේ ඡන්නවුතිකෝටියෝ

ඒ මහා සෑයට මංගල ගඩොල් පිහිටුවීමේ උත්සවයට සහභාගී වී වදාළ සියලු භික්ෂූන් වහන්සේලාගෙන් රහතන් වහන්සේලා පමණක් අනූහය කෝටියක්ය කියලයි කියන්නේ.

46. **තේ මහාචේතියට්ඨානං - පරිවාරෙත්වා යථාරහං**
මජ්ඣේ ඨපෙත්වා ඕකාසං - රඤ්ඤෝ අට්ඨංසු භික්ඛවෝ

ඒ භික්ෂූන් වහන්සේලා මහා සෑ පිහිටුවන භූමිය වටකරගෙන රජ්ජුරුවන්ට මැද සිටින්ට ඉඩකඩ තබලා වැඩ සිටියා.

47. **පවිසිත්වා තහිං රාජා - භික්ඛුසංඝං තථා ඨිතං**
දිස්වා පසන්නචිත්තේන - වන්දිත්වා හට්ඨමානසෝ

එතැනට සැපත් වුණු අපගේ දුටුගැමුණු මහාරජ්ජුරුවෝ ඒ ආකාරයෙන් වැඩසිටින භික්ෂු මහා සංඝයා වහන්සේව දැකලා මහත් සතුටට පත්වෙලා උන්වහන්සේලාට පහන් සිතින් වන්දනා කළා.

48. **ගන්ධමාලාහි පූජෙත්වා - කත්වාන තිපදක්ඛිණං**
මජ්ඣේ පුණ්ණඝටට්ඨානං - පවිසිත්වා සමංගලං

මහා සෑ පිහිටුවන භූමියට සුවඳ මල් පූජා කරලා, තුන් වටයක් පැදකුණු කරලා, ඒ මැද මංගල ලකුණ සහිත පුන් කලස් පිහිටුවා ඇති තැනට පිවිසියා.

49. **සුවණ්ණඛීලේ පටිමුක්කං - පරිබ්භමනදණ්ඩකං**
රජතේන කතං සුද්ධං - සුද්ධපීති බලෝදයෝ

ඒ මැද රනින් කළ හුලක අමුණන ලද ඉතා පිරිසිදුව සකස්කරපු වටේට කරකැවිය හැකි රිදී දණ්ඩක් කරවා තිබුණා. එතැනදී පිරිසිදු ශ්‍රද්ධාවෙන් යුතු, නිර්මල ප්‍රීතිවේග යෙන් උදම් වූ අපගේ රජ්ජුරුවෝ,

50. **ගාහයිත්වා අමච්චේන - මණ්ඩිතේන සුජාතිනා**
අභිමංගලභූතේන - භූතභූතිපරායණෝ

ලෝ සතුන්ගේ යහපතට හේතුවෙන මහාසෑය කරවීමේ සිතින් යුක්තව මව්පිය දෙපාර්ශවයෙන්ම පිරිසිදු, මව්පියන් ජීවමානව සිටින, මනාකොට සැරසුණු අමාත්‍යයෙකු ලවා,

51. **මහන්තං චේතියාවට්ටං - කාරේතුං කතනිච්ඡයෝ**
භමාපයිතුමාරද්ධෝ - පරිකම්මිතභූමියං

මහා සෑය පිහිටුවන භූමි ප්‍රදේශයේ ඉතා විශාල ලෙස සීමාව ලකුණු කිරීම පිණිස මනාව සකස් කළ භූමියේ කලින් කියන ලද රිදී දණ්ඩ කරකවන්ට පටන් ගත්තා.

52. **සිද්ධත්ථෝ නාම නාමේන - මහාථේරෝ මහිද්ධිකෝ**
තථා කරොන්තං රාජානං - දීඝදස්සී නිවාරයි

එතකොට අනාගතය දකිනා මහා ඉර්ධිමත් සිද්ධාර්ථ නැමැති මහරහතන් වහන්සේ එහෙම ඉතා විශාල ලෙස සීමාව ලකුණු කරමින් සිටිය රජ්ජුරුවන්ව වැළැක්වුවා.

53. **ඒවං මහන්තං ථූපඤ්චේ - අයං රාජා'රභිස්සති**
ථූපේ අනිට්ඨිතේ යේව - මරණං අස්ස හෙස්සති

ඉදින් අපගේ රජ්ජුරුවෝ මේ තරම් මහා විශාල වූ ස්තූපයක් කරවන්ට පටන් ගත්තොත් මහා සෑයේ වැඩ අවසන්වෙන්ට කලින් මරණයට පත්වේවි.

54. **හවිස්සති මහන්තෝ ච - ථූපෝ දුප්පටිසංඛරෝ**
ඉති සෝ නාගතං පස්සං - මහන්තත්තං නිවාරයි

ඒ වගේම අනාගතයේ මහාසෑයේ පිළිසකර කටයුතු කරන එකත් ගොඩාක් දුෂ්කර වේවි. අනාගතයේ සිදුවිය හැකි මේ කරුණු දෙක දැකලා මහරහතන් වහන්සේ රජ්ජුරුවන්ට අධික විශාලත්වයෙන් රවුම සැකසීම වැළැක්වූ බව පවසා සිටියා.

55. **සංඝස්ස ච අනුඤ්ඤාය - ථේරේ සම්භාවනාය ච**
මහන්තං කත්තුකාමෝපි - ගණ්හිත්වා ථේරභාසිතං

සංඝයා වහන්සේගේ අනුමැතිය නිසාත්, සිද්ධත්ථ මහරහතන් වහන්සේ කෙරෙහි ඇති ගෞරව භක්තිය නිසාත්, රජ්ජුරුවෝ අතිවිශාල වූ චෛත්‍යයක් කරවන්ට ආසා කළත් තෙරුන් වහන්සේගේ වචනය පිළිගත්තා.

56. **ථේරස්ස උපදේසේන - තස්ස රාජා අකාරයි**
මජ්ඣිමං චේතියාවට්ටං - පතිට්ඨාපේතුමිට්ඨිකා

ඒ මහරහතන් වහන්සේගේ උපදෙස් පරිදි අපගේ රජ්ජුරුවෝ උන්වහන්සේ පෙන්වා වදාළා අයුරින් මධ්‍යම ප්‍රමාණයෙන් මහා සෑ වටය මුල් ගල් තැබීමට සළකුණු කළා.

57. **සෝවණ්ණරජතේ චේව - ඝටේ මජ්ඣෙ ඨපාපයි**
අට්ඨට්ඨ අට්ඨිතුස්සාහෝ - පරිවාරිය තේ පන

පසුනොබසින වීරියෙන් යුක්ත වූ අපගේ රජ්ජුරුවෝ රන් කළස් අට බැගිනුත්, රිදී කළස් අට බැගිනුත් සෑ පිහිටන මැද තැබ්බෙව්වා.

58. **අට්ඨුත්තරසහස්සඤ්ච - ඨපාපේසි නවේ ඝටේ**
අට්ඨුත්තරේ අට්ඨුත්තරේ - වත්ථානං තු සතේ පන

ඒ රන් රිදී දහසය කළස් වටේට නැවුම් කළගෙඩි එක්දහස් අටක් තැබ්බෙව්වා. ඊට පස්සේ අළුත් වස්ත්‍ර එකසිය

අට බැගින් අට තැන තැබ්බෙව්වා.

59. **ඉට්ඨිකාපවරා අට්ඨ - ඨපාපේසි විසුං විසුං**
සම්මතේන අමච්චේන - භූසිතේන අනේකධා

ඊට පස්සේ අට පැත්තේ රනින් කළ ගඩොල් තැබුවා. ඒ රන් ගඩොල් පිරිවරා සිටින විදිහට රිදී ගඩොල් එකසිය අට බැගින් තැබ්බෙව්වා. ජීවමාන මව්පියන් ඇති, ජාති සම්පන්න වූ, නොයෙක් අයුරින් සැරසූ ඇමැති පුත්‍රයෙක් ලවා,

60. **තතෝ ඒකං ගාහයිත්වා - නානාමංගලසංඛතේ**
පුරිත්ථිමදිසාභාගේ - පඨමං මංගලිට්ඨිකං

රන් ගඩොල්වලින් එකක් ගෙන්වාගෙන, මිත්තසේන මහරහතන් වහන්සේ නැගෙනහිර පැත්තේ සෑ වට රේඛාව සළකුණු කළ තැන සුවඳ මැටි පිඬක් තබා වදාළා. ජයසේන මහරහතන් වහන්සේ ඒ මත පැන් ඉස එය සැන්දකින් සමකොට වදාළා.

61. **පතිට්ඨාපේසි සක්කච්චං - මනුඤ්ඤේ ගන්ධකද්දමේ**
ජාතිසුමනපුප්ඵේසු - පූජිතේසු තහිං පන

මෙසේ උතුම් මංගල ආකාරයෙන් සකස් වූ තැන ඒ ඇමති පුත්‍රයා ලවා මංගල ගඩොල පිහිටෙව්වා. මහා සුමන මහරහතන් වහන්සේ එතැනට දෑ සමන් මල් පූජා කළා.

62. **අහෝසි පුථුවීකම්පෝ - සේසා සත්තාපි සත්තහි**
පත්තිට්ඨාපේස'මච්චේහි - මංගලානි ච කාරයි

ඒ මොහොතේ මුහුද කෙළවර දක්වා මහපොළොව කම්පා වුනා. ඉතිරි රන් ගඩොල් සතත් අනිත් දිශාවන් සතෙහි කලින් ආකාරයට ම උතුම් මංගල ආකාරයෙන් සැකසූ තැන්වල අමාත්‍ය පුත්‍රයන් ලවා පිහිටෙව්වා.

63. **ඒවං අසාළ්හමාසස්ස - සුක්කපක්ඛේහිසම්මතේ**
උපෝසථේ පණ්ණරසේ - පතිට්ඨාපේසි ඉට්ඨිකා

ඔය ආකාරයෙන් ඇසළ මස පුර පක්ෂයෙහි කටයුතු සම්මත කරගෙන පුන් පොහෝ දවසේ මංගල ගඩොල් පිහිටුවීම සිදුකළා.

64. **චතුද්දිසං ඨිතේ තත්ථ - මහාථේරේ අනාසවේ**
වන්දිත්වා පූජයිත්වා ච - සුප්පතීතෝ කමේන සෝ

රජ්ජුරුවෝ එහි සතර දිශාවේ ම වැඩසිටියා වූ නිකෙලෙස් මහතෙරුන් වහන්සේලාට වන්දනා කරලා පූජාවන් පවත්වලා ඉතා සතුටින් යුතුව ක්‍රමයෙන්,

65. **පුබ්බුත්තරං දිසං ගන්ත්වා - පියදස්සිං අනාසවං**
වන්දිත්වාන මහාථේරං - අට්ඨාසි තස්ස සන්තිකේ

ඊසාන දෙසට ගිහින් පියදස්සී මහරහතන් වහන්සේට වන්දනා කරලා, උන්වහන්සේ සමීපයෙහි එකත්පස්ව සිටගත්තා.

66. **මංගලං තත්ථ වඩ්ඪේන්තෝ - තස්ස ධම්මමභාසි සෝ**
ථේරස්ස දේසනා තස්ස - ජනස්සා'හෝසි සාත්ථිකා

පියදස්සී මහරහතන් වහන්සේ මේ මංගල අවස්ථාවේ සතුට වර්ධනය කරවමින් රජ්ජුරුවන්ට ධර්මය දේශනා කොට වදාළා. තෙරුන් වහන්සේ වදාළ බණපිළිවෙත මහජනයාට ඉතාම ප්‍රයෝජනවත් වුනා.

67. **චත්තාළීසසහස්සානං - ධම්මාභිසමයෝ අහු**
චත්තාළීසසහස්සානං - සෝතාපත්තිඵලං අහු

සතළිස් දහසක් දෙනෙකුට ශ්‍රද්ධාව උපදින ආකාරයට ධර්මාවබෝධ වුනා. සතළිස් දහස් දෙනෙක් සෝවාන් ඵලයට පත්වුනා.

68. **සහස්සං සකදාගාමි - අනාගාමි ච තත්තකා**
සහස්සං යේව අරහන්තෝ - තත්ථ'හේසුං ගිහීජනා

දහසක් දෙනා සකදාගාමී වුනා. එපමණම පිරිසක් අනාගාමී වුනා. එතැන සිටි ගිහි ජනයා අතර දහසක් දෙනා රහත් ඵලයට පත්වුනා.

69. අට්ඨාරසසහස්සානි - භික්ඛූභික්ඛුනියෝ පන
චුද්දසේව සහස්සානි - අරහත්තේ පතිට්ඨහුං

දහඅටදහසක් භික්ෂූන් වහන්සේලාත්, දහහතර දහසක් භික්ෂුණීන් වහන්සේලාත් රහත් ඵලයෙහි පිහිටියා.

70. ඒවම්පසන්නමතිමා රතනත්තයම්හි
චාගාධිමුත්තමනසා ජනතාහිතේන
ලෝකත්ථසිද්ධිපරමා භවතීති ඤත්වා
සද්ධාදිනේකගුණයෝගරතිං කරෙය්‍යාති.

ඔය ආකාරයෙන් දුටුගැමුණු රජ්ජුරුවන් වහන්සේව ආදර්ශයට ගෙන, උතුම් රතනත්‍රයෙහි පහන් සිතින් යුක්තවූ බුද්ධිමත් මනුෂ්‍යයා දානාදී පින්කම් කිරීම පිණිස, ත්‍යාගයට යොමු වූ සිතින් යුක්ත විය යුතුයි. ලෝකයාගේ මෙලොව පරලොව දෙකෙහි යහපත උදාකරදීම උතුම් ම දෙය බව අවබෝධ කරගෙන, ශ්‍රද්ධාදී නොයෙක් උතුම් ගුණධර්මයන්ට ඇළුම් කරන්ට ඕනෑ.

සුජනප්පසාදසංවේගත්ථාය කතේ මහාවංසේ ථූපාරම්භෝ නාම ඒකූනතිංසතිමෝ පරිච්ඡේදෝ.

සත්පුරුෂ ජනයන්ගේ ප්‍රසාදයත් සංවේගයත් ඇතිකරනු පිණිස කරන ලද මහාවංශයෙහි රුවන්වැලි මහාසෑයේ සමාරම්භක කටයුතු නම් වූ විසිනවවෙනි පරිච්ඡේදය යි.

30

තිංසතිමෝ පරිච්ඡේදෝ

තිස්වෙනි පරිච්ඡේදය

ධාතුගබ්භරචනෝ

රුවන්වැලි මහා සෑ ගර්භය නිර්මාණය කිරීම

1. වන්දිත්වාන මහාරාජා - සබ්බං සංඝං නිමන්තයි
යාවචේතියනිට්ඨානා - භික්ඛං ගණ්හථ මේ ඉති

අපගේ දුටුගැමුණු මහරජ්ජුරුවෝ "ස්වාමීනී, යම් දවසක මහා සෑයේ ඉදිකිරීම් කටයුතු සම්පූර්ණ වෙයි ද, එතෙක්ම කල් මාගේ දානය පිළිගන්වා සේක්වා!" කියලා සියලු සංඝයාට වන්දනා කොට ආරාධනා කළා.

2. සංඝෝ තං නාධිවාසේසි - අනුපුබ්බේන සෝ පන
යාවන්තෝ යාව සත්තාහං - සත්තාහමධිවාසනං

එපමණ කාලයක් දානයට ඇරයුම් කිරීම භික්ෂූන් වහන්සේලා පිළිගත්තේ නෑ. රජ්ජුරුවෝ අනුක්‍රමයෙන් කාලය අඩුකරමින් "අඩු ගණනේ සත්දවසක්වත් දානය පිළිගන්නා සේක්වා!" කියලා ඇරයුම් කළා. සත්දවසක ආරාධනය සංඝයා වහන්සේ පිළිගෙන වදාළා.

3. **අලත්ථෝපඩ්ඪභික්ඛූහි - තේ ලද්ධා සුමනෝව සෝ**
අට්ඨාරසසු ඨානේසු - ථූපට්ඨානසමන්තතෝ

එදා රැස් වූ භික්ෂූන් වහන්සේලාගෙන් අඩක් පමණ භික්ෂූන් තමන්ගේ දවස් හතක දානයට ලැබුනා. මහත් සතුටට පත් රජ්ජුරුවෝ චෛත්‍යභූමිය වටේ දහඅට පොළක,

4. **මණ්ඩපේ කාරයිත්වාන - මහාදානං පවත්තයි**
සත්ථාහං තත්ථ සංඝස්ස - තතෝ සංඝං විසජ්ජයි

මණ්ඩප තනවා එහි සංඝයා වඩම්මලා සත් දවසක් සඟ සතු මහා දානයක් පැවැත්තුවා. ඊට පස්සේ සංඝයාට ආපසු වඩින්ට සැලැස්සුවා.

5. **තතෝ භේරිං චරාපෙත්වා - ඉට්ඨකා වඩ්ඪකී ලහුං**
සන්නිපාතේසි තේ ආසුං - පඤ්චමත්තසතානි හි

ඊට පස්සේ ඒ රජ්ජුරුවෝ අණබෙර ගස්සවලා ඉක්මනින්ම උළු වඩුවන් රැස් කෙරෙව්වා. උළු ගඩොල් හදන්ට දන්න බාස්වරු පන්සියයක් පමණ ආවා.

6. **කථං කරිස්සසි තේ'කෝ - පුච්ඡිතෝ ආහ භූපති**
පෙස්සියානං සතං ලද්ධා - පංසූනං සකටං අහං

"තොප මහා සෑය ඉදිකරන්ට ගඩොල් හදන්නේ කොහොමද?" කියලා රජ්ජුරුවෝ එක් වඩුවෙකුගෙන් ඇසුවා. "මං කම්කරුවන් සියයක් ලබාගෙන, මැටි ගැලකුත් ලබාගෙන,

7. **ඛේපයිස්සාමි ඒකාහං - තං රාජා පටිබාහයි**
තතෝ උපඩ්ඪූපඩ්ඪඤ්ච - පංසූ ද්වේ අම්මණානි ච

ඒ ගැලේ මැටි එකදවසින් ඉවරවෙන තුරු ගඩොල් සදන්නම්" කියලා කිව්වා. රජ්ජුරුවෝ ඔහුව වැළැක්කුවා. තව කෙනෙක් ගැල් භාගයක වැඩ දවසින් කරන්නම් කිව්වා.

තව වඩුවෙක් ගැල් කාලක මැටිවැඩ දවසින් කරන්නම් කිව්වා. තව වඩුවෙක් අමුණු දෙකක මැටියෙන් දවසක වැඩ කරන්නම් කිව්වා.

8. **ආහංසු රාජා පටිබාහි - චතුරෝ තේපි වඩ්ඪකී**
අථේකෝ පණ්ඩිතෝ බ්‍යත්තෝ - වඩ්ඪකී ආහ භූපතිං

රජ්ජුරුවෝ ඒ උළුබාස්වරු සතර දෙනාම වැළැක්කුවා. එතකොට එතන සිටිය නුවණැති ව්‍යක්ත සිරිවඩ්ඪක නමැති උළුබාස් රජ්ජුරුවන්ට මෙහෙම කිව්වා.

9. **උදුක්ඛලේ කොට්ටයිත්වා - අහං සුප්පේහි වට්ටිතං**
පිංසාපයිත්වා නිසදේ - ඒකං පංසූනමම්මණං

"වංගෙඩියේ දාලා කොටවලා, කුල්ලෙන් පොළවලා, මිරිස් ගලේ දාලා අඹරවලා ගන්න එක් අමුණක මැටියෙන් මං දවසක වැඩ කරන්නම්.

10. **ඉති වුත්තෝ අනුඤ්ඤාසි - තිණාදිනෙත්ථ නෝ සියුං**
චේතියම්හීති භූමින්දෝ - ඉන්දතුල්‍යපරක්කමෝ

එහෙම හදන චෛත්‍යයේ තණකොළ ආදිය වැවෙන්නේ නැතුව යනවා" කියලා ඔහු කිව්වා. සක් දෙවිඳු හා සමාන මහත් වීරියකින් යුක්ත වූ රජ්ජුරුවෝ ඔහුගේ අදහස පිළිගත්තා.

11. **කිං සණ්ඨානං චේතියං තං - කරිස්සසි තුවං ඉති**
පුච්ඡිතං තං ඛණං යේව - විස්සකම්මෝ තමාවිසි

"හොඳයි! තොප කොයි ආකාර හැඩයකින්ද මහා සෑය කරන්ට සිතාගෙන ඉන්නේ?" කියලා උළුබාස්ගෙන් ඇසුවා. එසැණින්ම විස්කම් දෙව්පුතු ඔහුට ආවේශ වුනා.

12. **සෝවණ්ණපාතිං තෝයස්ස - පූරාපෙත්වාව වඩ්ඪකී**
පාණිනා වාරිමාදාය - වාරිපිට්ඨියමාහනී

විස්කම් දෙව්පුතුගේ බැල්මෙන් යුක්ත වූ ඒ උළුබාස් රන්පාත්‍රයකට වතුර පුරවලා තමන් අතට වතුර පතක් අරගෙන තලියේ වතුර මතට පහර දුන්නා.

13. **ඵලිකාගෝලසදිසං - මහාබුබ්බුළමුට්ඨහි**
ආහී'දිසං කරිස්සන්ති - තුස්සිත්වානස්ස භූපති

පළිඟු බෝලයක් වගේ මහා ජලබෝලයක් පැනනැංගා. "දේවයන් වහන්ස, මේන්න මේ විදිහේ සෑයක් මං කරන්නේ" කියලා කිව්වා. රජ්ජුරුවෝ ඔහු ගැන ගොඩාක් සතුටු වුනා.

14. **සහස්සග්ඝං වත්ථයුගං - තථාලංකාර පාදුකා**
කහාපණානි ද්වාදස - සහස්සානි ච දාපයි

කහවණු දහසක් වටිනා වස්ත්‍ර යුගලකුත්, රන් කැටයම් දැමූ කහවණු දහසක් වටිනා මිරිවැඩි සඟලකුත්, කහවණු දොළොස් දහසකුත් ඔහුට ලැබෙන්ට සැලැස්සුවා.

15. **ඉට්ඨකා ආහරාපෙස්සං - අපීළෙන්තෝ කථං නරේ**
ඉති රාජා විචින්තේසි - රත්තිං ඤත්වාන තං මරූ

"මං කොහොමද මිනිස්සුන්ව පීඩාවට පත්නොකර සෑය හදන තැනට ගඩොල් ගෙන්නවාගන්නේ?" කියලා එදා රාත්‍රියේ රජ්ජුරුවෝ කල්පනා කළා. එය දැනගත් දෙවිවරු,

16. **චේතියස්ස චතුද්වාරේ - ආහරිත්වාන ඉට්ඨකා**
රත්තිං රත්තිං ඨපයිංසු - ඒකේකාහපහෝනකා

චෛත්‍යරාජයා ඉදිවන භූමියේ සතර දොරටුවේ එක එක දවසට සෑහෙන පමණට ගඩොල් රෑට රෑට ගෙනැවිත් තැබුවා.

17. **තං සුත්වා සුමනෝ රාජා - චේතියේ කම්මමාරභි**
අමූලමෙත්ථ කම්මඤ්ච - න කාතබ්බන්ති ඤාපයි

දෙවියන් විසින් චෛත්‍ය භූමියට ගඩොල් ගෙනෙන බව ඇසූ රජ්ජුරුවෝ මහත් සතුටට පත්වුනා. මහාසෑයේ

ඉදිකිරීම් පටන් ගත්තා. කවුරුවත් මහා සෑයේ වැඩකරද්දී පඩි නොගෙන කරන්ට එපා කියලා අඬබෙර ගස්සවා දැනුම් දුන්නා.

18. **ඒකේකස්මිං ද්වාරස්මිං - ඨපාපේසි කහාපණේ**
සෝළසසතසහස්සානි - වත්ථානි සුබහූනි ච

එක එක දොරටුවෙන් කහවණු දහසය ලක්ෂය බැගින් තැබ්බෙව්වා. බොහෝ වස්ත්‍රත් තැබ්බෙව්වා.

19. **විවිධඤ්ච අලංකාරං - ඛජ්ජභොජ්ජං සපානකං**
ගන්ධමාලාගුළාදී ච - මුඛවාසකපඤ්චකං

නොයෙක් අයුරු වූ පළඳින අලංකාර ආභරණත්, ප්‍රණීත ආහාරපානත්, අෂ්ටපාන වර්ගත්, සුවඳ මල්, උක් හකුරු ආදියත්, මුව සුවඳ කරන පස් වර්ගයකින් යුතු බුලත්විටත්,

20. **යථාරුචිතං ගණ්හන්තු - කම්මං කත්වා යථාරුචිං**
තේ තථේව අපෙක්ඛිත්වා - අදංසු රාජකම්මිකා

මහා සෑයේ ඉදිකිරීම් වැඩට කැමති පරිදි උදව්වෙලා මේවා කැමති පරිදි ගනිත්වා!" කියලා තැබ්බෙව්වා. රාජපුරුෂයෝ ඒ විදිහටම ඒවා ඔවුන්ට ලැබෙන්ට සැලැස්සුවා.

21. **ථූපකම්මසහායත්තං - ඒකෝ භික්ඛු නිකාමයං**
මත්තිකාපිණ්ඩමාදාය - අත්තනා අභිසංඛතං

මහා සෑය ඉදිකිරීමේ කටයුත්තට සහයවෙන්ට කැමති එක්තරා භික්ෂුවක් තමන්ගේ අතින්ම සකස් කළ මැටි පිඬක් අරගෙන,

22. **ගන්ත්වාන චේතියට්ඨානං - වඤ්චෙත්වා රාජකම්මිකේ**
අදාසි තං වඩ්ඪකිස්ස - ගණ්හන්තෝ යේව ජානි සෝ

මහාසෑය ඉදිවන තැනට වැඩම කරලා රාජපුරුෂයන්ව

රවටා එය උළුබාස්ට දුන්නා. ඒක අතට ගනිද්දී ඔහුට තේරුම් ගියා,

23. තස්සාකාරං විදිත්වාන - තත්ථාහෝසි කුතූහලං
කමේන රාජා සුත්වාන - ආගතෝ පුච්ඡි වඩ්ඪකිං

මේ මැටි පිඬේ හැඩේ කිසියම් වෙනසක් තියෙන බව. ඒ ගැන සැකයක් ඇතිවෙලා ඒ ගඩොල පූජා කළ භික්ෂුවගේ හැඩරුව හොඳින් මතක තබාගත්තා. මෙය ක්‍රමයෙන් රජ්ජුරුවන්ටත් අහන්ට ලැබුනා. රජ්ජුරුවෝ ඇවිත් උළුබාස්ගෙන් ඇහුවා.

24. දේව ඒකේන හත්ථේන - පුප්ඵානාදාය භික්ඛවෝ
ඒකේන මත්තිකාපිණ්ඩං - දෙන්ති මය්හං අහං පන

"දේවයන් වහන්ස, එක් අතකින් මලක් අරගෙන, අනිත් අතින් මැටි පිඬ අරගෙන වැඩලා මට දෙද්දී මං වනාහී,

25. අයං ආගන්තුකෝ භික්ඛු - අයං නේවාසිකෝ ඉති
ජානාමිනේවාති වචෝ - සුත්වා රාජා සමප්පයි

මේ භික්ෂුව ආගන්තුක භික්ෂුවක් ද, නේවාසික භික්ෂුවක් ද කියා දන්නේ නෑ. නමුත් දේවයන් වහන්ස, මට ඒ භික්ෂුව හඳුනාගන්ට නම් පුළුවනි" කිව්වා. එය ඇසූ රජ්ජුරුවෝ,

26. ඒකං බලත්ථං දස්සේතුං - මත්තිකාදායකං යතිං
සෝ බලත්ථස්ස දස්සේසි - සෝ තං රඤ්ඤෝ නිවේදයි

මැටි දුන් භික්ෂුව පෙන්වනු පිණිස එක් යුදභටයෙකුව යොමු කළා. උළුබාස් යුදභටයාට ඒ භික්ෂුව පෙන්නුවා. ඔහු ඒ බව රජ්ජුරුවන්ට දැනුම් දුන්නා.

27. ජාතිමකුලකුම්භේ සෝ - මහාබෝධංගණේ තයෝ
ඨපාපෙත්වා බලත්ථේන - රාජා දාපේසි භික්ඛුනෝ

රජ්ජුරුවෝ දැසමන් පොහොට්ටු පුරවපු නැවුම් කළගෙඩි තුනක් සුවඳ වර්ගත් සමඟ මහා බෝ මළුවේ තබ්බවලා යුදභටයා ලවා ඒ භික්ෂුවට ලබාදුන්නා.

28. **අජානිත්වා පූජයිත්වා - ඨිතස්සේතස්ස භික්ඛුනෝ**
බලත්ථෝ තං නිවේදේසි - තදා තං ජානි සෝ යති

"ස්වාමීනී, අපගේ රජ්ජුරුවන් වහන්සේ මේවා පිළියෙල කර තිබෙන්නේ ආගන්තුකව වඩින භික්ෂූන් වහන්සේලාට' කිව්වා. එතකොට ඒ භික්ෂුව ඒවා පිළිගත්තා. මෙය මහා සෑයේ මැටි පූජාවේ හිලව්වට දුන් දේ බව නොදත් ඒ භික්ෂුව විසින් ශ්‍රී මහා බෝධීන් වහන්සේට පූජා පවත්වලා සතුටින් සිටගෙන සිටියා. එතකොට රාජභටයා 'මේ මහා සෑයේ වැටුප් නොගෙන මැටි පිඬක් දුන්නාට අපගේ රජ්ජුරුවෝ දුන් පඬියකි!' කියලා කිව්වා. භික්ෂුව එතකොටයි එය දැනගත්තේ.

29. **කේලිවාතේ ජනපදේ - පියංගල්ලනිවාසිකෝ**
ථේරෝ චේතියකම්මස්මිං - සහායත්තං නිකාමයං

කොට්ඨවාල ජනපදයේ පියංගල්ලවාසී තවත් තෙරුන් වහන්සේ නමක් චෛත්‍ය කර්මාන්තයට සහය වෙන්ට ආසාවෙන් හිටියා.

30. **තස්සිට්ඨිකාවඩ්ඪකිස්ස - ඤාතකෝ ඉධ ආගතෝ**
තත්ථිට්ඨිකාසමත්තේනඤාතෝ කත්වාන ඉට්ඨකං

ඒ තෙරුන් උළුබාස්ගේ ඥාතියෙක්. ඉතින් ඒ භික්ෂුව මහා සෑය ළඟට වැඩම කරලා ඒ ගඩොල්වල හැඩරුව හොඳින් බලාගෙන ගිහින් ඒ විදිහටම ගඩොලක් හදාගෙන ආවා.

31. **කම්මියේ වඤ්චයිත්වාන - වඩ්ඪකිස්ස අදාසි තං**
සෝ තං තත්ථ නියෝජේසි - කෝලාහලමහෝසි ච

කම්කරුවන්ව රවට්ටලා ඒ භික්ෂුව එක් අතකින් රජුගේ ගඩොලත්, අනිත් අතින් තමන්ගේ ගඩොලත් ගෙනැවිත් උළුබාස්ට ඒ ගඩොල දුන්නා. උළුබාස් ඒ ගඩොලත් වහාම චෛත්‍යයට යෙදෙව්වා. අනිත් අය මෙය දැනගෙන එතැන ආරවුලකුත් ඇතිවුනා.

32. **රාජා සුත්වාව තං ආහ - ඤාතුං සක්කා තමිට්ඨිකං**
ජානන්තෝපි න සක්කාති - රාජානං ආහ වඩ්ඪකී

රජ්ජුරුවන්ටත් මෙය අසන්ට ලැබුණා. රජ්ජුරුවෝ උළුවඩුවාගෙන් ඇහුවා, "ගඩොල හඳුනාගන්ට පුළුවනිද?" කියලා. ඔහුට ඒ ගඩොල හඳුනාගන්ට පුළුවන්කම තියෙද්දී හඳුනාගන්ට අමාරුයි කිව්වා.

33. **ජානාසි තං ත්වං ථේරංති - වුත්තෝ ආමාති භාසි සෝ**
තං ඤාපනත්ථං අප්පේසි - බලත්ථං තස්ස භූපති

'තොප ඒ තෙරුන් වහන්සේ දන්නවාද?' යි ඇසූ විට 'එසේය, දේවයන් වහන්ස' කියලා පිළිතුරු දුන්නා. එතකොට රජ්ජුරුවෝ ඒ භික්ෂුව හඳුනාගැනීමට යුදභටයෙකු යෙදෙව්වා.

34. **බලත්ථෝ තේන තං ඤත්වා - රාජානුඤ්ඤායුපාගතෝ**
කට්ඨහාලපරිවේණේ - ථේරං පස්සිය මන්තිය

උළුබාස් දුන් තොරතුරු අනුව යුදභටයා ඒ භික්ෂුව සිටින තැන දැනගත්තා. රජ්ජුරුවන්ගේ උපදෙස් පරිදි කට්ඨහාල පිරිවෙනට ගිහින් ඒ භික්ෂුව දැක හිතවත්ව කතාබස් කළා.

35. **ථේරස්ස ගමනාහඤ්ච - ගතිට්ඨානඤ්ච ජානිය**
තුම්හේහි සහ ගච්ඡාමි - සකං ගාමන්ති භාසිය

තෙරුන් පියංගල්ල විහාරයෙන් වැඩි බවත්, නැවත එහි වඩින බවත් දැනගත්තා. "මාත් ඔබවහන්සේලා සමඟ මගේ ගමට යන ගමන් එනවා" කියලා,

36. **රඤ්ඤෝ සබ්බං නිවේදේසි - රාජා තස්ස අදාපයි**
වත්ථයුගං සහස්සග්ඝං - මහග්ඝං රත්තකම්බලං

මේ සියලු විස්තර රජ්ජුරුවන්ට කිව්වා. රජ්ජුරුවෝ යුදභටයාට කහවණු දහසක් වටිනා වස්ත්‍ර යුගලකුත්, මාහැඟි රත් කම්බිලයකුත්,

37. **සාමණකේ පරික්ඛාරේ - බහුකේ සක්ඛරම්පි ච**
සුගන්ධතේලනාළිඤ්ච - දාපෙත්වා අනුසාසිතං

ශ්‍රමණයන් වහන්සේලාට ගැලපෙන තවත් පිරිකරත්, බොහෝ සූකිරිත්, සුවඳ තෙල් නැළියකුත් දීලා ඔහුට උපදෙස් දුන්නා.

38. **ථේරේන සහ ගන්ත්වා සෝ - දිස්සන්තේ පියගල්ලකේ**
ථේරං සීතාය ඡායාය - සෝදකාය නිසීදිය

එතකොට ඔහු තෙරුන් වහන්සේ සමඟ පියංගල්ලට ගියා. තෙරුන් වහන්සේව සීතල සෙවණැල්ල තියෙන, සිහිල් දිය තියෙන තැනක වඩා හිඳෙව්වා.

39. **සක්ඛරපානකං දත්වා - පාදේ තේලේන මක්ඛිය**
උපාහනානි යෝජෙත්වා - පරික්ඛාරේ උපානයි

සූකිරි දමූ පැන් වැළඳෙව්වා. පාවල තෙල් ගැල්ලුවා. උන්වහන්සේගේ දෙපාවලට පාවහන් පළඳවා පිරිකර පූජා කරගත්තා.

40. **කුලූපගස්ස ථේරස්ස - ගහිතා මේ ඉමේ මයා**
වත්ථයුගං තු පුත්තස්ස - සබ්බේ තානි දදාමි වෝ

'ස්වාමීනී, මේවා මං කුළුපග තෙරනමකටයි ගත්තේ. මේ වස්ත්‍ර යුගල මාගේ පුතුටයි ගත්තේ. මං මේ හැමදේම තමුන්නාන්සේට පූජා කරනවා.'

41. **ඉති වත්වාන දත්වා තේ - ගහෙත්වා ගච්ඡතෝ පන**
වන්දිත්වා රාජවචසා - රඤ්ඤො සන්දේසමාහ සෝ

මෙහෙම කියා ඒ සියල්ල පූජා කළා. උන්වහන්සේලා ඒවාත් රැගෙන වඩින වෙලාවේ වන්දනා කොට රජ්ජුරුවන්ගේ වචන උන්වහන්සේලාට පවසා සිටියා.

42. **මහාථූපේ කයිරමානේ - භතියා කම්මකාරකා**
අනේකසංඛා හි ජනා - පසන්නා සුගතිං ගතා

මහාසෑය ඉදිකරන කාලයේ එහි බැලමෙහෙවර කළ කම්කරු ආදී බොහෝ ගණන් මිනිස්සු තුනුරුවන් කෙරෙහි සිත පහදවා ගැනීම හේතුවෙන් සුගතියෙහි උපන්නා.

43. **චිත්තප්පසාදමත්තේන - සුගතේ ගති උත්තමා**
ලබ්භතීති විදිත්වාන - ථූපපූජං කරේ බුධෝ

භාග්‍යවතුන් වහන්සේගේ උතුම් ස්ථූපය ඉදිකිරීම ගැන සිත පහදවා ගත් පමණින් සුගතියෙහි ඉපදීම ලැබුවා නොවැ කියලා නුවණැත්තා අවබෝධයෙන්ම ස්ථූප පූජාව කරන්ට ඕනෑ.

44. **එත්ථේව භතියා කම්මං - කරිත්වා ඉත්ථියෝ දුවේ**
තාවතිංසම්හි නිබ්බත්තා - මහාථූපම්හි නිට්ඨිතේ

මේ මහා සෑය ඉදිකරවද්දී බැලමෙහෙ කළ ස්ත්‍රීන් දෙදෙනෙක් තව්තිසාවේ උපන්නා. මහා සෑයේ කටයුතු නිමවීමෙන් පස්සේ,

45. **ආවජ්ජිත්වා පුබ්බකම්මං - දිට්ඨකම්මඵලා උභෝ**
ගන්ධමාලාදියිත්වාන - ථූපං පූජේතුමාගතා

ඒ දෙන්නා තමන් පෙර ආත්මයේ කරන ලද පින්කම් සිහිකොට එහි විපාකත් දැකගන්ට ලැබුණු නිසා සුවඳ මල් ආදිය අරගෙන මහා සෑය වැඳුම් පිදුම් කරන්ට ආවා.

46. **ගන්ධමාලාහි පූජෙත්වා - චේතියං අභිවන්දිසුං**
තස්මිං ඛණේ හාතිවංකවාසී ථේරෝ මහාසිවෝ

සුවඳ මලින් මහා සෑයට පූජා පවත්වලා ආදරයෙන් මහා සෑය වන්දනා කළා. එකෙණෙහිම හාතිවංක විහාරවාසී මහාසිව මහරහතන් වහන්සේ,

47. **රත්තිභාගේ මහාථූපං - වන්දිස්සාමීති ආගතෝ**
තා දිස්වාන මහාසත්තපණ්ණිරුක්ඛමපස්සිතෝ

රාත්‍රී කාලයේ මහා සෑය වන්දනා කරන්ට ඕනෑ කියලා වැඩම කළා. ඒ දේවතාවුන් දැකපු උන්වහන්සේ මහා රුක්අත්තන වෘක්ෂයට මුවාවෙලා වැඩසිටියා.

48. **අදස්සයිත්වා අත්තානං - පස්සං සම්පත්තිමබ්භුතං**
ඨත්වා තාසං වන්දනාය - පරියෝසානේ අපුච්ඡි තා

තමන් වහන්සේ එසේ නොපෙනී සිට ඇලාගේ අද්භූත දිව්‍ය සම්පත් දැකලා ඇලාගේ වන්දනාව අවසානයේ මෙහෙම ඇහුවා.

49. **භාසතේ සකලෝ දීපෝ - දේහෝභාසේන වෝ ඉධ**
කින්නු කම්මං කරිත්වාන - දේවලෝකං ඉතෝ ගතා

"දේවතාවියෙනි, ඔබ දෙදෙනාගේ ශරීරාලෝකයෙන් මේ මුළු ලංකාද්වීපයම එළිය වැටුනා. මනුස්ස ලෝකයේ සිට දෙව්ලොව ගියේ මොන විදිහේ පුණ්‍ය කර්මයක් කරලාද?"

50. **මහාථූපේ කතං කම්මං - තස්ස ආහංසු දේවතා**
ඒවං තථාගතේ යේව - පසාදෝ හි මහප්ඵලෝ

"ස්වාමීනී, අපි මේ මහා සෑයේ ඉදිකිරීම් වලට බැලමෙහෙවර කරලා ඒ පිනෙනුයි දෙවියන් අතරට ගියේ" කියලා ඒ දේවතාවියෝ පිළිතුරු දුන්නා. ඔය ආකාරයට

අප භාග්‍යවතුන් වහන්සේ ගැන සිත පහදවා ගැනීම මහත්ඵලයෙන් යුක්තයි.

51. පුප්ඵාධානත්තයං ථූපේ - ඉට්ඨිකාහි චිතං චිතං
සමං පඨවියා කත්වා - ඉද්ධිමන්තෝව සීදයුං

මහා සෑයේ තුන් මහල් පේසා වළලු දක්වා ගඩොල් බැඳලා අවසන් වෙද්දී ඉර්ධිමත් රහතන් වහන්සේලා ඒ සියල්ල පොළොව මට්ටමට ගිලෙන්ට සැලැස්සුවා.

52. නවවාරේ චිතං සබ්බං - ඒවං ඔසීදයිංසු තේ
අථ රාජා භික්ඛුසංඝ - සන්නිපාතමකාරයි

ඔය විදිහට බඳින බඳින පේසා වළලු පොළොව මට්ටමට වාර නවයක් ගිල්ලෙව්වා. එතකොට දුටුගැමුණු රජ්ජුරුවෝ භික්ෂු සංඝයාව රැස් කෙරෙව්වා.

53. තත්ථාසීතිසහස්සානි - සන්නිපාතම්හි භික්ඛවෝ
රාජා සංඝමුපාගම්ම - පූජෙත්වා අභිවන්දිය

එතැනට භික්ෂූන් වහන්සේලා අසූ දහසක් පැමිණ වදාළා. රජ්ජුරුවෝ සංඝයා වෙත පැමිණිලා පූජා පවත්වලා, ආදරයෙන් වන්දනා කරලා,

54. ඉට්ඨකෝසීදනේ හේතුං - පුච්ඡි සංඝෝ වියාකරි
නෝසීදනත්ථං ථූපස්ස - ඉද්ධිමන්තේහි භික්ඛුහි

මේ විදිහට බඳින බඳින ගඩොල් ගිලා බසින්නේ මක්නිසාද කියලා අසා සිටියා. "මහරජ්ජුරුවෙනි, අනාගතයේදී මහාසෑයේ ගිලාබැසීමක් නොවෙන්ට ඉර්ධිමත් භික්ෂූන් වහන්සේලා විසිනුයි නව වාරයක්ම ගිල්ලුවේ.

55. කතං ඒතං මහාරාජ - න ඉදානි කරිස්සතේ
අඤ්ඤථත්තමකත්වා තං - මහාථූපං සමාපය

මහරජ්ජුරුවෙනි, ඒ කටයුත්ත සම්පූර්ණයි. දැන් ඉදිරියට එහෙම කෙරෙන්නේ නෑ. හිතේ වෙනස්කමක් ඇති නොකරගෙන මහා ස්ථූපයේ වැඩකටයුතු සමාප්ත කළ මැනැව."

56. තං සුත්වා සුමනෝ රාජා - ථූපකම්මමකාරයි
පුප්ඵාධානේසු දසසු - ඉට්ඨිකා දසකෝටියෝ

එය ඇසූ රජ්ජුරුවෝ ඉතා සතුටට පත්වෙලා මහා සෑයේ ඉදිකිරීම් කරගෙන ගියා. දහවතාවක් පේසා වළලු කරවන්ට දස කෝටියක ගඩොල් වැයවුනා.

57. භික්ඛුසංඝෝ සාමණේරේ - උත්තරං සුමනම්පි ච
චේතියධාතුගබ්භත්ථං - පාසාණේ මේඝවණ්ණකේ

භික්ෂු සංඝයා වහන්සේ උත්තර, සුමන යන ඉර්ධිමත් සාමණේරයන් හට "සාමණේරයෙනි, මහා සෑයේ ධාතු ගර්භය පිණිස ලා කහට හුරු රතු පැහැයෙන් යුතු මේද වර්ණ ගල්පුවරු,

58. ආහරථාති යෝජේසි - තේ ගන්ත්වා උත්තරං කුරුං
අසීතිරතනායාමවිත්ථාරේ රවිභාසුරේ

අරගෙන එන්ට" කියලා ඒ කටයුත්තේ යෙදෙව්වා. ඒ සාමණේරවරු උතුරුකුරු දිවයිනට ගිහින් දිගත් පළලත් රියන් අසූවක් පමණ වූ, හිරු මඬල වගේ දිලිසෙන,

59. අට්ඨංගුලානි බහලේ - ගණ්ඨිපුප්ඵනිභේ සුභේ
ඡ මේඝවණ්ණපාසාණේ - ආහරිංසු ඛණේනතෝ

අඟල් අටක් ඝනකම තියෙන බඳුවදමල් පොකුරක් බඳු, පළුදු නැති මේදවර්ණ ගල් පුවරු සයක් රැගෙන වැඩියා. එයින්,

60. පුප්ඵාධානස්ස උපරි - මජ්ඣේ ඒකං නිපාතිය
චතුපස්සම්හි චතුරෝ - මඤ්ජූසං විය යෝජිය

එකක් පේසා වළල්ලට උඩින් සෑය මැද ඇතිරුවා. ගල් පුවරු සතරක් සතර පැත්තේ පෙට්ටියක ආකාරයෙන් සතර බිත්තියක හැඩයෙන් සිටෙව්වා.

61. **ඒකං පිධානකත්ථාය - දිසාභාගේ පුරත්ථිමේ**
අදස්සනං කරිත්වා තේ - ඨපයිංසු මහිද්ධිකා

එකක් උඩින් වසාදමන්ට ඒ මහා ඉර්ධිමත් සාමණේරවරු ඒක නැගෙනහිර පැත්තට වෙන්ට කාටවත් නොපෙනෙන්ට තියලා තිබ්බා.

62. **මජ්ඣම්හි ධාතුගබ්භස්ස - තස්ස රාජා අකාරයි**
රතනමයං බෝධිරුක්ඛං - සබ්බාකාරමනෝරමං

රජ්ජුරුවෝ ඒ ධාතු ගර්භය මැද හැම අයුරින්ම මනහර වූ මැණික්වලින් කළ බෝධි වෘක්ෂයක් කෙරෙව්වා.

63. **අට්ඨාරසරතනිකෝ - ඛන්ධෝ සාඛාස්ස පඤ්ච ච**
පවාලමයමූලෝ සෝ - ඉන්දනීලේ පතිට්ඨිතෝ

බෝ අතු පහකින් යුතු ඒ මහා බෝ කඳ රියන් දහ අටක් උසයි. ඒ බෝධියේ මුල් හදා තිබුණේ පබළුවලින්. ඒ වගේ ම ඉඳුනිල් මැණිකෙන් කළ බිමකයි වඩා හිඳුවා තිබුණේ.

64. **සුසුද්ධරජතක්ඛන්ධෝ - මණිපත්තේහි සෝභිතෝ**
හේමමයපණ්ඩුපත්තඵලෝ පවාළඅංකුරෝ

ඒ බෝධියේ කඳ පිරිසිදු රිදියෙන් හදලා තිබුණා. බෝපත් අලංකාර මැණික්වලිනුත්, ඉදී ගිය බෝපතුත් බෝ ගෙඩිත් රත්තරනින් කරලා, බෝ දළු පළිඟුවලින් කරවා තිබුණා.

65. **අට්ඨමංගලිකා තස්ස - ඛන්ධේ පුප්ඵලතාපි ච**
චතුප්පදානං පන්තී ච - හංසපන්තී ච සෝභනා

ඒ බෝ කඳේ අෂ්ට මංගල ලකුණු, ලියවැල්, ඇත්, අස්, ගව, මහිස යන සිව්පාවුන් පෙළ, හංස වැළ යන මෙයිනුත් ලස්සන වුනා.

66. **උද්ධං චාරුවිතානන්තේ - මුත්තා කිංකිණිජාලකා**
සුවණ්ණඝණ්ටාපන්තී ච - දාමානි ච තහිං තහිං

උඩින් අලංකාර වියනක් වගේ සිටින්ට මුතු කිංකිණි දැලක් කරවා තිබුණා. තැනින් තැන රන් සීනු වැල් එල්ලලා තිබුනා.

67. **විතානචතුකෝණම්හි - මුත්තාදාමකලාපකෝ**
නවසතසහස්සග්ඝෝ - ඒකේකෝ අසි ලම්බිතෝ

වියන සතර කොණින් මුතු වැටියෙන් සරසා තිබුණා. ඒ එක් එක් මුතු වැටියක් කහවණු නව ලක්ෂයක වටිනාකමින් යුක්තයි.

68. **රවිචන්දතාරරූපානි - නානාපදුමකානි ච**
රතනේහි කතානේව - විතානේ අප්පිතානහුං

ඒ වියනේ හිරු මඬල, සඳ මඬල, තරු පෙළ, නොයෙක් පියුම් ආදිය මැණික් වලින්ම කරවා එල්ලලා තිබුණා.

69. **අට්ඨුත්තරසහස්සානි - වත්ථානි විවිධානි ච**
මහග්ඝනානාරංගානි - විතානේ ලම්බිතානහුං

ඒ වියනේ තැනින් තැන නා නා පාටින් යුක්ත මාහැඟි විවිධ වස්ත්‍ර එක්දහස් අටක් එල්ලා තිබුණා.

70. **බෝධිං පරික්ඛිපිත්වාන - නානාරතනවේදිකා**
මහාමලකමුත්තාහි - සන්ථාරෝ තු තදන්තරේ

ඒ බෝ මැඩ වටකොට නොයෙක් මැණික්වලින් සැකසූ වේදිකාවේ ලොකු නෙල්ලි තරමේ මුතුවලින් අතුරා තිබුනා.

තිස්වෙනි පරිච්ඡේදය 533

71. නානාරතනපුප්ඵානං - චතුගන්ධූදකස්ස ච
පුණ්ණා පුණ්ණඝටපන්තී - බෝධිමූලේ කතානහුං

නොයෙක් මැණික්වලින් කළ මලුත්, සුවඳ වර්ග සතරක දියරින් පිරවූ පුන් කළස් හතරකුත් බෝ මුල තියලා තිබුණා.

72. බෝධිපාචීනපඤ්ඤත්තේ - පල්ලංකේ කෝටිඅග්ඝකේ
සෝවණ්ණබුද්ධපටිමං - නිසීදාපේසි භාසුරං

බෝධියට නැගෙනහිරින් පනවන ලද ඉතා වටිනා ආසනයේ රැස් විහිදෙන රනින් කළ බුද්ධ ප්‍රතිමාවක් වඩා හිඳෙව්වා.

73. සරීරාවයවා තස්සා - පටිමාය යථාරහං
නානාවණ්ණේහි රතනේහි - කතා සුරුචිරා අහුං

ඒ පිළිම වහන්සේගේ අඟපසඟ භාග්‍යවතුන් වහන්සේගේ රුවට ගැලපෙන අයුරින්ම ඒ ඒ තැනට යෙදූ වර්ණවත් මැණික් ගලින් සරසා ඉතා මනරම්ව තිබුනා.

74. මහාබ්‍රහ්මා ඨිතෝ තත්ථ - රජතච්ඡත්තධාරකෝ
විජයුත්තරසංඛේන - සක්කෝ ච අභිසේකදෝ

ඒ පිළිම වහන්සේගේ හිසට උඩින් පිටුපසට වෙන්ට රිදියෙන් කළ ඡත්‍රයක් ඔසොවාගෙන මහා බ්‍රහ්මයා සිටියා. විජයුත්තර සංඛයෙන් අභිෂේක ජලය ඉසිමින් සක් දෙවිඳුත් එතැන සිටියා.

75. වීණාහත්ථෝ පඤ්චසිඛෝ - කාළනාගෝ සනාටිකෝ
සහස්සහත්ථෝ මාරෝ ච - සහත්ථී සහ කිංකරෝ

බේළුවපණ්ඩු වීණාව අතට ගත් පංචසිඛත් එතැන අඹලා තිබුණා. මහාකාල නාගරාජයා නාටක ස්ත්‍රීන් සමඟ අඹලා තිබුණා. දහසක් අත් ඇති මාරයාත් ගිරිමේඛලා

ඇතුපිට නැගලා තමන්ට කීකරු මාරසේනාව සමඟ එතැන සිටින අයුරු අඹලා තිබුනා.

76. **පාචීනපල්ලංකනිභා - තීසුසේසදිසාසු ච**
කෝටිකෝටිධනග්ඝා ච - පල්ලංකා අත්ථතා අහුං

නැගෙනහිර පැත්තේ තැබූ ආසනය වගේම ආසන අනෙත් පැතිවලත් තනවා තිබුණා. කෝටි ගණන් වටිනා වස්තුව ඒ ආසන මත අතුරා තිබුනා.

77. **බෝධිං උස්සීසකේ කත්වා - නානාරතනමණ්ඩිතං**
කෝටිධනග්ඝකං යේව - පඤ්ඤත්තං සයනං අහු

බෝධිය පැත්තට හිස දමා නොයෙක් මැණික් කැටයමින් කරවන ලද කෝටි ගණන් වටිනා වස්තුව ඇතිරූ සයනයක් පනවා තිබුනා.

78. **සත්තසත්තාහඨානේසු - තත්ථ තත්ථ යථාරහං**
අධිකාරේ අකාරේසි - බ්‍රහ්මායාචනමේව ච

භාග්‍යවතුන් වහන්සේ සත් සතිය ගතකොට වදාළ තැන් ඒ ඒ තැනට සුදුසු පරිදි කරවා සහම්පතී බ්‍රහ්මරාජයා විසින් ධර්ම දේශනාවට කළ ඇරයුමත් අඹලා තිබුනා.

79. **ධම්මචක්කප්පවත්තිඤ්ච - යසපබ්බජනම්පි ච**
භද්දවග්ගියපබ්බජ්ජං - ජටිලානං දමනම්පි ච

අප භාග්‍යවතුන් වහන්සේ දම්සක් පැවතුම් සූත්‍රය දේශනා කරන ආකාරයත්, යස කුල පුත්‍රයා ප්‍රධාන පනස් හතරක් යහළුවන්ගේ පැවිදි වීමත්, භද්‍ර වර්ගීය කුමාරවරු තිස් දෙනාගේ පැවිදි වීමත්, ජටිල දමනයත්,

80. **බිම්බිසාරාගමඤ්චාපි - රාජගේහප්පවේසනං**
වේළුවනස්ස ගහණං - අසීතිසාවකේ තථා

බිම්බිසාර රජ්ජුරුවෝ භාග්‍යවතුන් වහන්සේව

බැහැදකින්ට පළමුවෙන් ලෂ්ටි වනයට පැමිණීමත්, භාග්‍යවතුන් වහන්සේ රජගහනුවරට වැඩම කිරීමත්, වේළුවනය පිළිගැනීමත්, අසූ මහා ශ්‍රාවකයනුත් අඹලා තිබුනා.

81. **කපිලවත්ථුගමනං - තථා රතනචංකමං**
රාහුලනන්දපබ්බජ්ජං - ගහණං ජේතවනස්ස ච

කපිලවස්තුවට වැඩමවීමත්, ශාක්‍යයන්ගේ මානය බිඳින්ට අහසේ මැවූ රුවන් සක්මනින් ප්‍රාතිහාර්යය දැක්වීමත්, රාහුල කුමාරයා හා නන්ද කුමාරයා පැවිදි කිරීමත්, ජේතවනය පිළිගැනීමත්,

82. **අම්බමූලේ පාටිහීරං - තාවතිංසම්හි දේසනං**
දේවෝරෝහණපාටිහීරං - ථේරපඤ්හසමාගමං

ගණ්ඩබ්බ නමැති අඹරුක මුල කරන ලද යමා මහ පෙළහරත්, තව්තිසාවේ දහම් දෙසීමත්, දෙව්ලොවින් සංකස්සයට බැසීමත්, සැරියුත් තෙරුන් විචාල ප්‍රශ්නයන්ට දහම් දෙසීමත්,

83. **මහාසමයසුත්තන්තං - රාහුලෝවාදමේව ච**
මහාමංගලසුත්තඤ්ච - ධනපාලසමාගමං

කපිලවස්තු මහා වනයේදී වදාළ මහා සමය සූත්‍රයත්, මහාරාහුලෝවාද සූත්‍රයත්, මහා මංගල සූත්‍රයත්, ධනපාල ඇත්රජු මුණගැසීමත්,

84. **ආළවකංගුලිමාල - අපලාලදමනම්පි ච**
පාරායනකසමිතිං - ආයුවොස්සජ්ජනං තථා

ආළවක දමනයත්, අංගුලිමාල දමනයත්, අපලාල නාගරාජ දමනයත්, පාරායන වර්ගයේ ආ බ්‍රාහ්මණයන් ගැන විස්තරත්, මාරයාගේ ඇරයුමින් චාපාල චෛත්‍යස්ථානයේදී ආයුෂ අත්හැරීමත්,

85. **සූකරමද්දවග්ගාහං - සිංගීවණ්ණයුගස්ස ච**
පසන්නෝදකපානඤ්ච - පරිනිබ්බානමේව ච

චුන්ද රන්කරුවාගෙන් අවසන් දානය පිළිගැනීමත්, පිරිනිවන්පාන්ට වඩිනා අතරමග පුක්කුස වෙළඳ පුත්‍රයාගෙන් රන්පට වස්ත්‍ර පිළිගැනීමත්, හොඳින් පෑදීගිය පැන් වැළඳීමත්, පිරිනිවන් පෑමත්,

86. **දේවමනුස්සපරිදේවං - ථේරේන පාදවන්දනං**
දහනං අග්ගිනිබ්බානං - තත්ථ සක්කාරමේව ච

දෙව් මිනිසුන්ගේ හඬා වැළපීමත්, මහා කස්සප මහරහතන් වහන්සේ විසින් භාග්‍යවතුන් වහන්සේ ශ්‍රී පාදයන් අවසාන වශයෙන් වන්දනා කිරීමත්, ආදාහන කෘත්‍යයත්, දරසෑය නිවී යාමත්, එතැනදී ධාතූන් වහන්සේලාට ලැබුණු පූජා සත්කාරත්,

87. **ධාතුවිභංගං දෝණේන - පසාදජනකානි ච**
යේභුයෙය්න අකාරේසි - ජාතකානි සුජාතිමා

ද්‍රෝණ බමුණා මුල් වී ධාතු බෙදා දීමත් නිර්මාණය කළ, පිරිසිදු වංශයක උපන් අපගේ දුටුගැමුණු මහරජ්ජුරුවෝ තවත් බොහෝ ප්‍රසාදය උපදවන ජාතක කථාත් නිර්මාණය කෙරෙව්වා.

88. **වෙස්සන්තරජාතකන්තු - විත්ථාරේන අකාරයි**
තුසිතා පුරතෝ යාව - බෝධිමණ්ඩං තථේව ච

වෙස්සන්තර ජාතකය විස්තර වශයෙන් කෙරෙව්වා. තුසිත දෙව්ලොව දී මනුලොව උපත ලබා බුදුබව ලැබීම පිණිස දෙවියන්ගෙන් ලැබුණු ආරාධනාවේ පටන් බෝ මැඬදී බුදු වීම දක්වාත් බෝසත් සිරිත අඹවලා තිබුණා.

89. **චතුද්දිසං තේ චත්තාරෝ - මහාරාජා ඨිතා අහුං**
තෙත්තිංස දේවපුත්තා ච - බත්තිංස ච කුමාරියෝ

සතර දිශාවේ සතර වරම් දෙව්මහරජවරු අඹවා තිබුණා. තිස් තුනක් වූ දිව්‍ය පුත්‍රයන්වත්, දෙතිසක් වූ දිව්‍යාංගනාවනුත් අඹවලා තිබුනා.

90. යක්ඛසේනාපති අට්ඨවීසති ච තතෝපරි
අඤ්ජලීපග්ගහා දේවා - පුප්ඵපුණ්ණඝටා තතෝ

විසි අටක් වූ යක්ෂ සෙන්පතියන්ව ද, ඊට උඩින් ඇඳිලි බැඳ වන්දනා කරගෙන සිටින දෙවිවරුත්, පිපී ගිය මල් පිරවූ පුන්කළසුත් කරවා තිබුනා.

91. නච්චකා දේවතා චේව - තුරියවාදකදේවතා
ආදාසගාහකා දේවා - පුප්ඵසාඛාධරා තථා

නටන්නා වූ දේවතාවියොත්, තූර්යවාදන කරන්නා වූ දේවතාවියනුත්, කැඩපත් අතින් ගත් දෙවිවරුත්, පිපී ගිය මල් අතු අතින් ගත් දෙවිවරුත් අඹලා තිබුනා.

92. පදුමාදිගාහකා දේවා - අඤ්ඤේ දේවා ච නේකධා
රතනග්ඝියපන්ති ච - ධම්මචක්කානමේව ච

පිපී ගිය නෙළුම් අතින් ගත් දෙවිවරුත්, නොයෙක් අයුරින් සිටින්නා වූ දෙවිවරුත්, මැණික්වලින් සරසන ලද කණුත්, ඒ මත කළ ධර්ම චක්‍රයන් ද හදලා තිබුනා.

93. ඛග්ගධරාදේවපන්තී - දේවාපාතිධරා තථා
තේසං සීසේ පඤ්චහත්ථා - ගන්ධතේලස්ස පූරිතා

කඩු අතින් ගත් දෙවිවරු පේළි වශයෙනුත්, පාත්‍ර හිස මත තබාගත් දෙවිවරුන්වත් අඹලා තිබුණා. ඒ දෙවියන්ගේ හිස මත තිබූ පාත්‍රය රියන් පසක් පමණ විශාලයි. එය සුවඳ තෙලින් පුරවා තිබුනා.

94. දුකූලවට්ටිකා පන්ති - සදා පජ්ජලිතා අහු
ඵලිකග්ඝියේ චතුක්කණ්ණේ - ඒකේකෝ ච මහාමණි

සිනිඳු දුහුල් පට වස්ත්‍රයෙන් කළ පහන් වැටිත්, ඒ සුවඳ පාත්‍රා මත දමලා හැම තිස්සේම දැල්වෙමින් තිබුණා. සතර කොණේ අනර්ඝ වූ පළිඟු කැටයමින් කළ එකක් එකක් පාසා කණු මත මහා මැණික බැගින් තිබුනා.

95. **සුවණ්ණමණි මුත්තානං - රාසියෝ වජිරස්ස ච**
චතුක්කණ්ණේසු චත්තාරෝ - කථාහේසුං පභස්සරා

රන්, මැණික්, මුතු, දියමන්ති ගොඩවල් ඒ ධාතු ගර්භයේ සතර කොනේ තැබීමෙන් ප්‍රභාෂ්වර එළියක් නිකුත් වුනා.

96. **මේදවණ්ණකපාසාණ - භිත්තියං යේව උජ්ජලා**
විජ්ජුතා අප්පිතා ආසුං - ධාතුගබ්භේ විභූසිතා

ඒ එළිය මේදවර්ණ ගල් බිත්තියෙහි වැදී ධාතු ගර්භය තුළට විදුලි එළියක් ඇතුලු වූවාක් මෙන් ශෝභාසම්පන්න වුනා.

97. **රූපකානෙත්තසබ්බානි - ධාතුගබ්භේ මනෝරමේ**
ඝනකොට්ටිමහේමස්ස - කාරාපේසි මහීපති

රජ්ජුරුවෝ මේ මනරම් ධාතු ගර්භයෙහි නිර්මාණය කළ හැම රූපයක්ම ඝන රත්තරනින් කෙරෙව්වේ.

98. **කම්මාධිට්ඨායකෝ එත්ථ - සබ්බං සංවිදහි ඉමං**
ඉන්දගුත්තෝ මහාථේරෝ - ඡළභිඤ්ඤෝ මහාමතී

ෂඩ් අභිඥාලාභී මහා නුවණැති ඉන්දගුත්ත මහරහතන් වහන්සේ මේ උතුම් ධාතු ගර්භයේ සියලු කටයුතුභාරව වැඩසිට සියල්ල මැනැවින් සම්පූර්ණ කොට වදාළා.

99. **සබ්බං රාජිද්ධියා ඒතං - දේවතානඤ්ච ඉද්ධියා**
ඉද්ධියා අරියානඤ්ච - අසම්බාධං පතිට්ඨිතං

මේ ධාතු ගර්භයේ කෙරුණු සියලු නිර්මාණ, සියලු පුද පූජා ද්‍රව්‍යයන් ආදී සෑම දෙයක්ම මහා පින් ඇති අපගේ දුටුගැමුණු රජ්ජුරුවන්ගේ රාජ ඉර්ධියෙනුත්, දෙවියන්ගේ දිව්‍ය ඉර්ධියෙනුත්, රහතන් වහන්සේලාගේ අරහත් ඉර්ධියෙනුත් කිසි බාධාවකින් තොරව සම්පූර්ණත්වයට පත්වුනා.

100. **තිට්ඨන්තං සුගතඤ්ච පූජියතමං ලෝකුත්තමං නිත්තමං**
ධාතුං තස්ස විචුණ්ණිතං ජනහිතං ආසිංසතා පූජිය
පුඤ්ඤං තං සමමිච්චවෙච්ච මතිමා සද්ධාගුණාලංකතෝ
තිට්ඨන්තං සුගතං වියස්ස මුනිනෝ ධාතු ච සම්පූජයේ.

අවිද්‍යා අන්ධකාරය නසා ප්‍රඥාවෙන් යුක්ත වූ, ලෝකයෙහි උත්තම වූ, දෙව්මිනිසුන් අතර අතිශයින්ම පිදීමට යෝග්‍ය වූ අපගේ සුගත වූ භාග්‍යවතුන් වහන්සේ ජීවමානව වැඩසිටියදී උන්වහන්සේට වන්දනා කිරීමෙන් රැස්වෙන යම් පිනක් ඇද්ද, ජනතාවගේ හිතසුව පිණිස උන්වහන්සේගේ පිරිනිවන් පෑමෙන් පස්සේ කුඩා කැබලි වලට කැඩී ගිය ධාතුන් වහන්සේලාත්, ඒ සර්වඥ ධාතු පිහිටි රුවන්වැලි මහා සෑය වැනි ස්තූප පිදීමෙන් රැස් කරන්නා වූ යම් පිනක් ඇද්ද, ඒ පිනත් පුණ්‍යානුභාවයෙන් එක සමාන ය. එනිසා ශ්‍රද්ධාදී ගුණධර්මයෙන් යුක්ත තැනැත්තා ජීවමාන බුදුරජාණන් වහන්සේට වන්දනා කරන සෙයින් ධාතූන් වහන්සේලාටත් පූජා පවත්වන්ට ඕනෑ.

සුජනප්පසාදසංවේගත්ථාය කතේ මහාවංසේ
ධාතුගබ්භරචනෝ නාම තිංසතිමෝ පරිච්ඡේදෝ.

සත්පුරුෂ ජනයන්ගේ ප්‍රසාදයත් සංවේගයත් ඇතිකරනු පිණිස කරන ලද මහාවංශයෙහි රුවන්වැලි මහාසෑ ගර්භය නිර්මාණය කිරීම නම් වූ තිස්වෙනි පරිච්ඡේදය යි.

31

ඒකතිංසතිමෝ පරිච්ඡේදෝ

තිස්එක්වෙනි පරිච්ඡේදය

ධාතුනිධානං

රුවන්වැලි මහාසෑයේ ධාතු නිධානෝත්සවය

1. ධාතුගබ්භම්හි කම්මානි - නිට්ඨාපෙත්වා අරින්දමෝ
සන්නිපාතං කාරයිත්වා - සංඝස්ස ඉධමබ්‍රවි

සතුරන් පරදවාලූ අපගේ දුටුගැමුණු රජ්ජුරුවෝ ධාතු ගර්භයේ වැඩ සම්පූර්ණ කරලා, භික්ෂු සංඝයා රැස් කරවා මෙහෙම කිව්වා.

2. ධාතුගබ්භම්හි කම්මානි - මයා නිට්ඨාපිතානි හි
සුවේ ධාතුං නිධෙස්සාමි - භන්තේ ජානාථ ධාතුයෝ

"ස්වාමීනී, මං ධාතු ගර්භයේ කටයුතු කොට අවසන් කළා. හෙට ධාතු නිධානය කරන්ට ඕනෑ. ධාතුන් වහන්සේලා පිළිබඳව ඔබවහන්සේලා දන්නා සේක්වා!"

3. ඉදං වත්වා මහාරාජා - නගරං පාවිසී තතෝ
ධාතුආහරකං භික්ඛුං - භික්ඛුසංඝෝ විචින්තිය

තිස්එක්වෙනි පරිච්ඡේදය 541

මෙය පැවසූ මහරජ්ජුරුවෝ අනුරාධපුර නගරයට සැපත් වුනා. ධාතූන් වහන්සේලා වැඩමවාගෙන එන්ට යවන්නේ කොයි භික්ෂුව ද කියලා භික්ෂු සංඝයා සිතන්ට පටන් ගත්තා.

4. සෝණුත්තරං නාම යතිං - පූජාපරිවේණවාසිකං
ධාතාහරණකම්මම්හි - ඡළභිඤ්ඤං නියෝජයි

ධාතූන් වහන්සේලා වැඩමවාගෙන එන කටයුත්ත පූජාපිරිවෙන්වාසී සෝණුත්තර නමැති ෂඩ් අභිඥාලාභී භික්ෂුවට පැවරුවා.

5. චාරිකං චරමානම්හි - නාථේ ලෝකහිතාය හි
නන්දුත්තරෝති නාමේන - ගංගාතීරම්හි මාණවෝ

අපගේ ලෝකනාථ වූ භාග්‍යවතුන් වහන්සේ ලෝකයට යහපත පිණිස චාරිකාවේ වඩිද්දී ගංගා නම් ගඟ අසල නන්දුත්තර නම් තරුණයෙක් වාසය කළා.

6. නිමන්තෙත්වාභිසම්බුද්ධං - සහ සංඝං අභෝජයි
සත්ථා පයාගපට්ඨානේ - සසංඝෝනාවමාරුහි

මේ තරුණයා අප භාග්‍යවතුන් වහන්සේටත්, භික්ෂු සංඝයාටත් ආරාධනා කරලා දන් පැන් පූජා කරගත්තා. අපගේ ශාස්තෘන් වහන්සේ සංඝයා සමඟ ප්‍රයාග නම් නැව්තොටින් ගංගා නදියේ යන නැවකට භික්ෂු සංඝයාත් සමඟ වැඩම කළා.

7. තත්ථ භද්දජිථේරෝ තු - ඡළභිඤ්ඤෝ මහිද්ධිකෝ
ජලපක්ඛලිතට්ඨානං - දිස්වා භික්ඛූ ඉදං වදී

ඒ නැවේ ෂඩ් අභිඥාලාභී මහා ඉර්ධිමත් භද්දජී මහරහතන් වහන්සේ වැඩසිටියා. උන්වහන්සේ නැවෙන් වඩිද්දී ගඟ මැද දිය සුලියක් දැකලා භික්ෂූන්ට මෙහෙම පැවසුවා.

8. **මහාපනාදභූතේන - මයා වුත්තෝ සුවණ්ණයෝ**
පාසාදෝ පතිතෝ එත්ථ - පඤ්චවීසතියෝජනෝ

"මං කලින් ආත්මෙක මහා පනාද නමින් රජවෙලා ඉන්දෙද්දී වාසය කළ රනින් කළ ප්‍රාසාදය මෙතැන වැටුනේ. ඒ කාලේ මගේ ඒ ප්‍රාසාදය යොදුන් විසි පහක් උසින් යුක්තයි.

9. **තං පාපුණිත්වා ගංගාය - ජලං පක්ඛලිතං ඉධ**
භික්ඛූ අසද්දහන්තා තං - සත්ථුනෝ තං නිවේදයුං

මේ ගංගාවේ ජලය ප්‍රාසාදය තියෙන තැනට ඇවිත් සුළියක් වගේ කරකැවිලා පහළට යනවා" කියල කිව්වා. ඉර්ධිබල නැති සාමාන්‍ය භික්ෂූන් වහන්සේලා ඒ කථාව විශ්වාස කළේ නෑ. උන්වහන්සේලා ඒ කථාව ශාස්තෘන් වහන්සේට දැනුම් දුන්නා.

10. **සත්ථාහ කංඛං භික්ඛූනං - විනෝදේහීති සෝ තතෝ**
ඤාපේතුං බ්‍රහ්මලෝකේපි - වසවත්තිසමත්ථතං

ශාස්තෘන් වහන්සේ "භද්දජී, ඔබ භික්ෂූන් තුළ ඇති වූ සැකය දුරු කරන්ට" කියා වදාළා. එතකොට භද්දජී මහරහතන් වහන්සේ තමන් බ්‍රහ්මලෝකය දක්වා තම සිතේ බලය පැවැත්විය හැකි බව පෙන්වීම පිණිස,

11. **ඉද්ධියා නභමුග්ගන්ත්වා - සත්තතාලසමේ ඨිතෝ**
දූස්සථූපං බ්‍රහ්මලෝකේ - ඨපෙත්වා වඩ්ඪිතේ කරේ

ඉර්ධිබලයෙන් අහසට පැන නැංගා. තල් ගස් හතක් පමණ උසින් හිටගත්තා. තමන් සිටින තැනම සිට අත දිගු කොට බ්‍රහ්ම ලෝකයේ තිබෙන සළුමිණි සෑය,

12. **ඉධානෙත්වා දස්සයිත්වා - ජනස්ස පුන තං තහිං**
ඨපයිත්වා යථාඨානේ - ඉද්ධියා ගංගමාගතෝ

මෙහි ගෙනැවිත් ජනතාවට පේන්ට සළස්වා ආයෙමත් එතැනින්ම තිබ්බා. ඊට පස්සේ ඉර්ධිබලයෙන් ගංගා නම් නදිය මතට වැඩියා.

13. **පාදංගුට්ඨේන පාසාදං - ගහෙත්වා ථූපිකාය සෝ**
උස්සාපෙත්වාන දස්සෙත්වා - ජනස්ස ඛිපි තං තහිං

පයේ මහපොට ඇඟිල්ලෙන් ඒ මහා පනාද ප්‍රාසාදයේ කොන පටලවාගෙන ගංගාවෙන් තුන් යොදුනක් උඩට ඔසොවලා ජනයාට පෙන්වා නැවත එහිම බැස්සුවා.

14. **නන්දුත්තරෝ මාණවකෝ - දිස්වා තං පාටිහාරියං**
පරායත්තමහං ධාතුං - පහූ ආනයිතුං සියං

ඒ ප්‍රාතිහාර්යය දෙස බලමින් නැවේ සිටිය නන්දුත්තර මාණවකයා 'මටත් මේ විදිහට අනුන් සතුකරගෙන ඉන්න ධාතූන් වහන්සේලා උඩට වඩම්මන්ට ඇත්නම්' කියලා කැමැත්තක් ඇතිවුනා.

15. **ඉති පත්ථයි තේනේතං - සංඝෝ සෝණුත්තරං යතිං**
තස්මිං කම්මේ නියෝජේසි - සෝළසවස්සිකං අපි

දන් පැන් පූජා කරගෙන ප්‍රාර්ථනාවක් ඇතිකරගත්තා. සංඝයා වහන්සේ උපසම්පදාවෙන් වස් දහසයක් ඇති සෝණුත්තර භික්ෂුව ධාතු ගෙනඑන්ට පිටත් කළේ එසේ ප්‍රාර්ථනා කළ පින් බලය ඇති නිසයි.

16. **ආහරාමි කුතෝ ධාතුං - ඉති සංඝමපුච්ඡි සෝ**
කථේසි සංඝෝ ථේරස්ස - තස්ස තා ධාතුයෝ ඉති

සෝණුත්තර තෙරුන් 'ස්වාමීනී, මං ධාතූන් වහන්සේලා වඩම්මන්නේ කොහෙන්ද?' කියලා සංඝයා ගෙන් ඇහැව්වා. සංඝයා සෝණුත්තර තෙරුන්ට ඒ ධාතූන් වහන්සේලාගේ කථාව කිව්වා.

17. **පරිනිබ්බානමඤ්චම්හි - නිපන්නෝ ලෝකනායකෝ**
ධාතුහිපි ලෝකහිතං - කාතුං දේවින්දමබ්‍රවි

"අප භාග්‍යවතුන් වහන්සේ එදා කුසිනාරාවේ මල්ල රජදරුවන්ගේ උපවර්තන සල් වනයේදී පිරිනිවන් පෑම පිණිස සැතැපී සිටියදී ධාතූන් වහන්සේලාගෙනුත් ලොවට යහපත සැළසීම ගැන සක් දෙව්දුන් හට මෙසේ වදාළා.

18. **දේවින්දට්ඨසු දෝණේසු - මම සාරීරධාතුසු**
ඒකං දෝණං රාමගාමේ - කෝළියේහි ච සක්කතං

'දේවේන්ද්‍රයෙනි, මාගේ ශාරීරික ධාතු ද්‍රෝණ අටක් ලැබෙනවා ඇති. එයින් එක් ද්‍රෝණයක් රාම ගමෙහි කෝලියවරුන් පූජා කරනවා ඇති.

19. **නාගලෝකං තතෝ නීතං - තතෝ නාගේහි සක්කතං**
ලංකාදීපේ මහාථූපේ - නිධානාය භවිස්සති

එතැනින් නාගලෝකයට ගෙනිහින් නාගයින් විසින් නාගලෝකයේදී ඒ ධාතූන්ට පුද සත්කාර කරනවා. අනාගතයේ ලංකාද්වීපයේ ස්වර්ණමාලී නමින් හැදෙන මහා ස්ථූපයේ නිධන්ගත වෙනවා ඇති' කියා වදාළා.

20. **මහාකස්සපථේරෝපි - දීඝදස්සී මහායති**
ධම්මාසෝකනරින්දේන - ධාතුවිත්ථාරකාරණා

මහා ප්‍රඥාවෙන් යුක්ත, අනාගතයේ වෙන දේ පැහැදිලිව දකින අපගේ මහා කස්සප මහරහතන් වහන්සේ අනාගතයේ ධර්මාශෝක රජ්ජුරුවෝ ධාතූන් වහන්සේලා රැගෙන සෑම තැනම ස්ථූප හදන බව කල්තියාම දැකලා,

21. **රාජගහස්ස සාමන්තේ - රඤ්ඤා අජාතසත්තුනා**
කාරාපෙන්තෝ මහාධාතුනිධානං සාධුසංඛතං

රජගහනුවරට ආසන්නයේ අජාසත් රජ්ජුරුවන් ලවා මහා ධාතු නිධානය කරවද්දී, ඉතා මනාකොට ධාතූන් වහන්සේලා රැස්කරවන සේක්,

22. **සත්තදෝණානි ධාතූනං - ආහරිත්වාන කාරයි**
රාමගාමම්හි දෝණන්තු - සත්ථුචිත්තඤ්ඤූ න'ග්ගහි

ද්‍රෝණ සතක් ධාතූන් වහන්සේලා වැඩමවා තැන්පත් කෙරෙව්වා. ශාස්තෘන් වහන්සේගේ අදහස දන්නා අපගේ මහා කස්සප මහරහතන් වහන්සේ එක් ද්‍රෝණයක් වූ ධාතූන් වහන්සේලා රාම ගමෙහි ම වඩා හිඳෙව්වා.

23. **මහාධාතුනිධානං තං - ධම්මාසෝකෝපි භූපති**
පස්සිත්වා අට්ඨමං දෝණං - ආණාපේතුං මතිං අකා

ධර්මාශෝක රජ්ජුරුවෝ අසූ හාරදහසක් චෛත්‍යවල කරවපු ඒ මහා ධාතු නිධානයේදී අටවෙනි ද්‍රෝණයත් වඩමවා ගැනීම පිණිස අණ කරන්ට අදහස් කළා.

24. **මහාථූපේ නිධානත්ථං - විහිතං තං ජිනේනිති**
ධම්මාසෝකං නිවාරේසුං - තත්ථ ඛීණාසවා යතී

'අප භාග්‍යවතුන් වහන්සේගේ ඒ ද්‍රෝණයක් ධාතූන් වහන්සේලා වෙන්කොට තියෙන්නේ ලංකාවේ අනාගතයේ ඉදිවෙන මහාසෑයේ නිධන් කිරීම උදෙසා ය' කියලා රහතන් වහන්සේලා ධර්මාශෝක රජ්ජුරුවන්ව එයින් වැළැක්කුවා.

25. **රාමගාමම්හි ථූපෝ තු - ගංගාතීරේ කතෝ තතෝ**
භිජ්ජි ගංගාය ඕඝේන - සෝ තු ධාතුකරණ්ඩකෝ

රාමගමෙහි ස්ථූපය කරවා තිබුනේ ගංගාව ආසන්නයේ. දිනක් වේගයෙන් ගලා ආ ගඟේ සැඩ පහරින් ස්ථූපය බිඳී ගියා. ඒ ධාතූන් වහන්සේලා තැන්පත් කරඬුව,

26. **සමුද්දං පවිසිත්වාන - ද්විධා භින්නේ ජලේ තහිං**
නානාරතනපීඨම්හි - අට්ඨාරස්මිසමාකුලෝ

මුහුදට ගිහින් ජලය දෙබෑ කරගෙන අහසට මතුවෙලා නොයෙක් රත්නයන් පිරීගිය පීඨිකාවක රැස් විහිදුවමින් වැඩසිටියා.

27. **නාගා දිස්වා කරණ්ඩං තං - කාළනාගස්ස රාජිනෝ**
මඤ්ජේරිකනාගභවනං - උපගම්ම නිවේදයුං

ඒ කරඬුව දැකපු නාගයෝ මාංජේරිකා නාගභවනයේ ඉන්න මහා කාල නැමැති නාගරාජයා වෙත ගිහින් දැනුම් දුන්නා.

28. **දසකෝටිසහස්සේහි - ගන්ත්වා නාගේහි සෝ තහිං**
ධාතු තා අභිපූජෙන්තෝ - නෙත්වාන භවනං සකං

මහාකාල නාගරාජයා දස කෝටි දහසක නා පිරිවරත් සමඟ එතැනට ගිහින් මහත් ආදරයෙන් පූජාවන් පවත්වමින් තමන්ගේ භවනට ඒ ධාතු කරඬුව වැඩමවාගෙන ආවා.

29. **සබ්බරතනමයං ථූපං - තස්සෝපරි ඝරං තථා**
මාපෙත්වා සහ නාගේහි - සදා පූජේසි සාදරෝ

සත්රුවනින් ස්ථූපයක් කරවා ඒ තුළ වඩා හිඳෙව්වා. ඒ ස්ථූපයට උඩින් අලංකාර මණ්ඩපයක් මැව්වා. හැමකල්හී මහත් ආදරයෙන් යුක්තව නාගයන් සමඟ සැමදා පූජා පැවැත්තුවා.

30. **ආරක්ඛා මහතී තත්ථ - ගන්ත්වා ධාතු ඉධානය**
සුවේ ධාතුනිධානං හි - භූමිපාලෝ කරිස්සති

'ඇවැත් සෝණුත්තරයෙනි, එතන ධාතු කරඬුවට ඉතා දැඩි ආරක්ෂාවක් තියෙනවා. ඔබ ගිහින් ඒ ධාතු කරඬුව මෙහි වඩමවා ගෙන එන්ට. අපේ රජ්ජුරුවෝ හෙට මහා

සෑයේ ධාතු නිධානය කරනවා නොවැ.'

31. **ඉච්චේවං සංඝවචනං - සුත්වා සාධූති සෝ පන**
ගන්තබ්බකාලං පෙක්ඛන්තෝ - පරිවේණමගා සකං

සෝණුත්තර රහතන් වහන්සේ මෙසේ වදාළ සංඝයාගේ වචනය අහලා 'එහෙමයි ස්වාමීනී' කියලා නා ලොවට පිටත් වෙන්ට ඕනෑ කාලය බලමින් තමන් සිටි පිරිවෙනට වැඩියා.

32. **භවිස්සති සුවේ ධාතු - නිධානන්ති මහීපති**
චාරේසි නගරේ භේරිං - සබ්බකිච්චං විධාය තං

දුටුගැමුණු රජ්ජුරුවෝ මහා සෑයේ ධාතු නිධානෝත්සවය සිදුවෙන්නේ හෙටයි! කියලා සියලු කටයුතු වලට කරුණු විධානය කරලා නගරයේ අඬබෙර හැසිරෙව්වා.

33. **නගරං සකලඤ්චේව - ඉධාගාමිඤ්ච අඤ්ජසං**
අලංකාරයි සක්කච්චං - නාගරේ ච විභූසයි

මුළු නගරයත්, මෙහෙට (මහා විහාරයට) පැමිණෙන මාර්ගයත් අලංකාර කළා. නගරවැසියොත් මනාකොට හැඳ පැළඳ ගත්තා.

34. **සක්කෝ දේවානමින්දෝ ච - ලංකාදීපමසේසකං**
ආමන්තෙත්වා විස්සකම්මං - අලංකාරයිනේකධා

සක් දෙවිඳුත් විස්කම් දෙව්පුතු අමතා මුළු ලංකාව ම නොයෙක් අයුරින් අලංකාර කෙරෙව්වා.

35. **නගරස්ස චතුද්වාරේ - වත්ථභත්තං හි නේකධා**
මහාජනෝපභෝගත්ථං - ඨපාපේසි නරාධිපෝ

රජ්ජුරුවෝ නගරයේ දොරටු සතරේ නානාවිධ වස්ත්‍රත්, ආහාරපානත් මහජනයාගේ ප්‍රයෝජනය පිණිස තැබ්බෙව්වා.

36. **උපෝසථේ පණ්ණරසේ - අපරණ්හේ සුමානසෝ**
පණ්ඩිතෝ රාජකිච්චේසු - සබ්බාලංකාරමණ්ඩිතෝ

රජෙකු විසින් කළයුතු දේ ගැන හොඳින් දන්නා රජ්ජුරුවෝ සතුටු සිතින් යුතුව එදා පසළොස්වක පොහොය දවසේ හැන්දෑ ජාමේ සියලු රාජාභරණයෙන් සැරසුනා.

37. **සබ්බාහි නාටකිත්ථීහි - යෝධේහි සායුධේහි ච**
මහතා ච බලෝඝේන - හත්ථිවාජිරථේහි ච

සියලු නාටක ස්ත්‍රීන් විසිනුත්, ආයුධ අතින් ගත් යෝධයන් විසිනුත්, ඇත් - අස් - රථ - පාබල යන මහා සිව්රඟ සේනා විසිනුත්,

38. **නානාවිධවිභූසේහි - සබ්බතෝ පරිවාරිතෝ**
ආරුය්හ සුරථං අට්ඨා - සුසේත චතුසින්ධවං

නොයෙක් ආභරණවලින් ඉතාම ලස්සනට සැරසීගෙන රජ්ජුරුවන් පිරිවරා ගත්තා. සුදෝ සුදු ආජානේය සෛන්ධව අශ්වයන් සතර දෙනෙකු යොදොවා තියෙන ඉතා මනහර මංගල රථයට නැගුණු රජ්ජුරුවෝ,

39. **භූසිතං කණ්ඩුලං හත්ථිං - කාරෙත්වා පුරතෝ සුභං**
සුවණ්ණවංගෝටධරෝ - සේතච්ඡත්තස්ස හෙට්ඨතෝ

අලංකාර ලෙස සරසපු කඩොල් ඇතා පෙරටුකොට ගෙන සුදු සේසත යටින් රනින් කළ කරඬුව අල්ලාගෙන සිටියා.

40. **අට්ඨුත්තරසහස්සානි - නාගරනාරියෝ සුභා**
සුපුණ්ණඝටභූසායෝ - තං රථං පරිවාරයුං

අනුරාධපුර නගරවාසී කාන්තාවෝ එක්දහස් අට දෙනෙක් ඉතා අලංකාරව සැරසිලා පිපී ගිය මල් දැමූ පුන්කළස් අරගෙන ඒ රාජරථය පිරිවරා ගත්තා.

තිස්එක්වෙනි පරිච්ඡේදය 549

41. නානාපුප්ඵසමුග්ගානි - තථේව දණ්ඩදීපිකා
තත්තකා තත්තකා ඒව - ධාරයිත්වාන ඉත්ථියෝ

නොයෙක් වර්ගයේ මල් පොකුරු ගත් ස්ත්‍රීනුත්, දඬුවැට පහන් ගත් ස්ත්‍රීනුත් එබඳු වූ එක්දහස් අටක ප්‍රමාණයෙන් ම සිටියා.

42. අට්ඨුත්තරසහස්සානි - දාරකා සමලංකතා
ගහෙත්වා පරිවාරේසුං - නානාවණ්ණධජේ සුභේ

ඉතා අලංකාර ලෙස සැරසුණු දරුවන් එක්දහස් අටකුත්, නොයෙක් පැහැ ගත් ඉතා අලංකාර කොඩි අරගෙන පෙළගැසුනා.

43. නානාතුරියඝෝසේහි - අනේකේහි තහිං තහිං
හත්ථස්සරථසද්දේහි - භිජ්ජන්තේ විය භූතලේ

ඒ ඒ තැන්වල නොයෙක් තූර්යනාද ඝෝෂාවන් ගෙනුත්, ඇත් - අස් - රථ ශබ්දයන්ගෙනුත්, පොළෝ තලය බිඳී යන්නාක් මෙන් ඇසුනා.

44. යන්තෝ මහාමේඝවනං - සිරියා සෝ මහායසෝ
යන්තේ'ව නන්දනවනං - දේවරාජා අසෝභථ

මහා යස පිරිවරින් යුතු අපගේ දුටුගැමුණු රජ්ජුරුවෝ මහත් දිව්‍යානුභාවයෙන් තව්තිසාවේ නන්දන භවයට යන ශක්‍ර දේවේන්ද්‍ර විලාසයෙන් අපමණ රාජ්‍ය ශ්‍රී විභූතියෙන් යුක්තව මහමෙව්නා උයනට සැපත් වීමට සූදානම් වුනා.

45. රඤ්ඤො නිග්ගමනාරම්භේ - මහාතුරියරවං පුරේ
පරිවේණේ නිසින්නෝව - සුත්වා සෝණුත්තරෝ යති

රජ්ජුරුවන්ගේ ගමනාරම්භයේදී නගරයේ මහා හඬ නංවන තූර්යනාදය පිරිවෙනේ හුන් අපගේ සෝණුත්තර රහතන් වහන්සේට ඇසුනා.

46. **නිමුජ්ජිත්වා පුථුවියා - ගන්ත්වාන නාගමන්දිරං**
නාගරාජස්ස පුරතෝ - තත්ථ පාතුරහූ ලහුං

ඉර්ධිබලයෙන් එතැනම පොළොවේ කිමිදුනා. නාගභවනට වැඩියා. මහාකාල නාගරාජයා ඉදිරියේ ඉක්මනින් පහළ වුනා.

47. **වුට්ඨාය අභිවාදෙත්වා - පල්ලංකේ තං නිවේසිය**
සක්කරිත්වාන නාගින්දෝ - පුච්ඡි ආගතදේසකං

මහාකාල නාරජ්ජුරුවෝ වාඩි වී හුන් අසුනින් නැගිටලා උන්වහන්සේට ආදරයෙන් වන්දනා කරලා ආසනයක වඩා හිඳෙව්වා. සත්කාර දක්වලා කොයි රටෙන් ද වැඩියේ කියලා නාරජ්ජුරුවෝ ඇහැව්වා.

48. **තස්මිං වුත්තේ අථෝ පුච්ඡි - ථේරාගමනකාරණං**
වත්වා'ධිකාරං සබ්බං සෝ - සංඝසන්දේසමබ්‍රවි

තමන් ලංකාදීපයෙන් පැමිණි බව නාරජ්ජුරුවන්ට කිව්වාට පස්සේ වඩින්ට හේතු වූ කාරණාව මොකක්ද කියලා ඇහැව්වා. එතකොට සෝණුත්තර තෙරුන් වහන්සේ සංඝයාගේ සන්දේශයත්, සියලු විස්තරත් පවසා සිටියා.

49. **මහාථූපේ නිධානත්ථං - බුද්ධේන විහිතා ඉධ**
තව හත්ථගතා ධාතු - දේහි තා කිර මේ තුවං

"නාරජ්ජුරුවෙනි, ඔබ ළඟ වැඩහිඳින ද්‍රෝණයක් ධාතූන් වහන්සේලා ලංකාවේ ඉදිවෙන මහා සෑයේ නිධන් කරවනු පිණිස සක් දෙවිඳුන් සාක්ෂි කොට අපගේ භාග්‍යවතුන් වහන්සේ විසින් ම වෙන්කොටයි තියෙන්නේ. ඒ නිසා ඒ ධාතූන් වහන්සේලා මා හට දුන මැනැව."

50. **තං සුත්වා නාගරාජා සෝ - අතීව දෝමනස්සිතෝ**
පහූ අයඤ්හි සමණෝ - බලක්කාරේන ගණ්හිතුං

එය ඇසූ මහාකාල නාරජ්ජුරුවෝ අතිශයින්ම නොසතුටට පත්වුණා. 'මේ ශ්‍රමණයා බලහත්කාරයෙන්වත් ධාතූන් වහන්සේලා ගන්ට බැරි නෑ.

51. **තස්මා අඤ්ඤත්ථ නේතබ්බා - ධාතුයෝ ඉති චින්තිය**
තත්ථට්ඨිතං භාගිනෙය්‍යං - ආකාරේන නිවේදයි

ඒ නිසා මෙතැනින් වෙනත් තැනකට ධාතූන් වහන්සේලා වඩම්මන්ට ඕනෑ' කියා සිතලා තමා අසල සිටි තම බෑණනුවන්ට ඉඟියකින් දැනුම් දුන්නා.

52. **නාමේන වාසුලදත්තෝ - ජානිත්වා තස්ස ඉංගිතං**
ගන්ත්වා තං චේතියඝරං - ගිලිත්වා තං කරණ්ඩකං

නමින් වාසුලදත්ත වූ ඔහු නාරජ්ජුරුවන්ගේ ඉඟිය තේරුම් අරගෙන ඒ චෛතියඝරයට ගිහින් ධාතුකරඬුව ගිල්ලා.

53. **සිනේරුපාදං ගන්ත්වාන - කුණ්ඩලාවත්තකෝ සයි**
තියෝජනසතංදීඝෝ - භෝගෝ යෝජනවට්ටවා

ඊටපස්සේ සිනේරු පර්වතය පාමුලට ගිහින් රවුමට කැරකිලා නිදාගත්තා. වාසුලදත්තගේ නාග බඳ යොදුන් තුන්සියයක් දිගයි. එක්සිය යොදුනක් වටප්‍රමාණයට සිරුරක් මවාගෙන හිටියා.

54. **අනේකානි සහස්සානි - මාපෙත්වාන ඵණානි ච**
ධූපායති පජ්ජලති - සයිත්වා සෝ මහිද්ධිකෝ

බොහෝ දහස් ගණන් පෙණ මවාගෙන හිටියා. මහා ඉර්ධිබලැති ඔහු ගිනිදැල් පිටකරමින් දුම් දමමින් නිදාගෙන සිටියා.

55. **අනේකානි සහස්සානි - අත්තනා සදිසේ අහී**
මාපයිත්වා සයාපේසි - සමන්තා පරිවාරිතේ

තමන් අවට තමන් වගේම විශාල නාගයින් නොයෙක් දහස් ගණන් මවලා ඔවුන්වත් නිදන්ට සැලැස්සුවා.

56. **බහූ දේවා ච නාගා ච - ඕසරිංසු තහිං තදා**
යුද්ධං උභින්නං නාගානං - පස්සිස්සාම මයං ඉති

ඒ වෙලාවේ බොහෝ දෙවියොත්, නාගයොත් මාංජෙරිකා නාගභවනට ආවා. ශ්‍රමණ නාගයාගෙයි, සර්ප නාගයාගෙයි යුද්ධය බලන්ට ඕනෑ කියලා.

57. **මාතුලෝ භාගිනෙය්‍යෝන - හටා තා ධාතුයෝ ඉති**
ඤත්වා'හ ථේරං තං ධාතු - නත්ථි මේ සන්තිකේ ඉති

මාමණ්ඩිය වන මහාකාල නාගරාජයා තම බෑණනුවන් ධාතූන් වහන්සේලා බැහැරට ගෙනගිය බව දැනගෙන 'ස්වාමීනී, මං ළඟ ධාතූන් වහන්සේලා නෑ නොවැ' කියලා සෝණුත්තර තෙරුන්ට කිව්වා.

58. **ආදිතොප්පභුතී ථේරෝ - තාසං ධාතූනමාගමං**
වත්වාන නාගරාජං තං - දේහි ධාතූති අබ්‍රවි

සෝණුත්තර තෙරුන් වහන්සේ ඒ ධාතූන් වහන්සේලාගේ ඉතිහාසය මුල පටන් ම දැනගෙන ඒ විස්තරය නාරජ්ජුරුවන්ට පවසා 'නාරජ්ජුරුවෙනි, ඒ ධාතූන් අපට අයිතියි. ඒ නිසා දෙනු මැනැව' කියා වදාළා.

59. **අඤ්ඤථා සඤ්ඤපේතුං තං - ථේරං සෝ උරගාධිපෝ**
ආදාය චේතියඝරං - ගන්ත්වා තං තස්ස වණ්ණයි

එතකොට නාරජ්ජුරුවෝ තෙරුන් වහන්සේට වෙනත් ක්‍රමයකින් තේරුම් කරදෙන්ට ඕනෑ කියලා සිතා නාගභවනයේ චේතියඝරය ළඟට කැඳවාගෙන ගිහින් විස්තර කළා.

60. **අනේකධා අනේකේහි - රතනේහි සුසංඛතං**
චේතියං චේතියඝරං - පස්ස භික්ඛු සුනිම්මිතං

"භික්ෂුව, බලනු මැන. නොයෙක් ආකාරයෙන්,

නොයෙක් රන් රුවන්වලින් ඉතා සුන්දර ලෙස මනාකොට නිර්මාණය කරලා තියෙන මේ චෛතියඝරය.

61. ලංකාදීපම්හි සකලේ - සබ්බානි රතනානි පි
සෝපාණන්තේ පාටිකම්පි - නාග්ඝන්ත’ඤ්ඤේසු කා කථා

තමුන්නාන්සේගේ ලංකාද්වීපයේ සියලු රන් රුවන් එකතු කළත් මෙහි පඩිපෙළ පාමුල ඇති සඳකඩපහණක් තරම්වත් වටිනාකමක් නෑ. මේ චෛතියඝර ආදියේ ඇති මුතු මැණික්වල වටිනාකම ගැන කවර කතාද!

62. මහාසක්කාරඨානම්හා - අප්පසක්කාරඨානකං
ධාතූනං නයනං නාම - න යුත්තං භික්ඛු වෝ ඉදං

ඒ නිසා භික්ෂුව, මහා සත්කාර ලැබෙන තැනකින් අල්ප සත්කාර ලැබෙන තැනකට ධාතූන් වහන්සේලා ගෙනියනවා යන මෙය තොපට ගැලපෙන දෙයක් නොවේ.”

63. සච්චාභිසමයෝ නාග - තුම්හාකං හි න විජ්ජති
සච්චාභිසමයට්ඨානං - නේතුං යුත්තඤ්හි ධාතුයෝ

“නාගරජ්ජුරුවෙනි, චතුරාර්ය සත්‍යාවබෝධය ඔබගේ නාගලෝකයේ තියෙන දෙයක් නොවේ. සත්‍යාවබෝධ කළ ජනයා ඉන්න තැනකට ධාතූන් වහන්සේලා වැඩමවාගෙන යාම අයුතු දෙයක් නොවේ.”

64. සංසාරදුක්ඛමොක්ඛාය - උප්පජ්ජන්ති තථාගතා
බුද්ධස්සායමධිප්පායෝ - තේන නෙස්සාම ධාතුයෝ

ලෝකයට තථාගතයන් වහන්සේලා පහළ වන්නේ දෙව් මිනිසුන්ව සංසාර දුකින් මුදවන්ටයි. බුදුරජාණන් වහන්සේගේ අදහස වූයේ ලංකාවේ ඉදිවන මහාසෑයේ මේ ද්‍රෝණයක් ධාතූන් වහන්සේලා නිධන් කරවීමයි. ඒ නිසා අපි ධාතූන් වහන්සේලා ගෙනියන්ට ඕනෑ ම යි.

65. **ධාතුනිධානං අජ්ජේව - සෝ හි රාජා කරිස්සති**
තස්මා පපඤ්චමකරිත්වා - ලහුං මේ දේහි ධාතුයෝ

මහාසෑය කරවපු අපගේ රජ්ජුරුවෝ අද ම ධාතු නිධානය කරන්ට සූදානමින් ඉන්නවා. ඒ නිසා ප්‍රමාද නොකොට ඉක්මනින් මට ධාතූන් වහන්සේලා දුන මැනැව."

66. **නාගෝ ආහ සචේ භන්තේ - තුවං පස්සසි ධාතුයෝ**
ගහෙත්වා යාහි තං ථේරෝ - තික්ඛත්තුං තං භණාපිය

එතකොට මහාකාල නාරජ්ජුරුවෝ මෙහෙම කිව්වා. "ස්වාමීනී, ඉදින් ධාතූන් වහන්සේලා තියෙන බව ඔබ දකිනවා නම්, අරගෙන වඩින්ට" එතකොට සෝණුත්තරයන් වහන්සේ තුන් වතාවක් ම නාරජ්ජුරුවන් ලවා එය කියවා ගත්තා.

67. **සුඛුමං කරං මාපයිත්වා - ථේරෝ තත්‍රට්ඨිතෝව සෝ**
භාගිනෙය්‍යස්ස වදනේ - හත්ථම්පක්ඛිප්ප තාවදේ

එකෙණෙහිම තෙරුන් වහන්සේ එතැන සිටියදී ම ඉතා සියුම් අතක් මවලා නාරජුගේ බෑණා වන වාසුලදත්ත නාගයාගේ මුව තුළට යවා,

68. **ධාතුකරණ්ඩං ආදාය - තිට්ඨ නාගාති භාසිය**
නිමුජ්ජිත්වා පඨවියං - පරිවේණම්හි උට්ඨහි

ධාතු කරඬුව අරගෙන 'නාරජ්ජුරුවෙනි, ඔහොම සිටින්ට' කියලා නා ලොවින් නික්මිලා තමන් සිටි පිරිවෙනේ පොළොවෙන් මතුවුනා.

69. **නාගරාජා ගතෝ භික්ඛු - අම්හේහි වඤ්චිතෝ ඉති**
ධාතු ආනයනත්ථාය - භාගිනෙය්‍යස්ස පාහිණි

මහාකාල නාරජ්ජුරුවෝ 'අප විසින් රවට්ටපු භික්ෂුව යාන්තම් පිටත් වුනා' කියලා තම බෑණනුවන්ට ධාතු කරඬුව

අරගෙන එන්ට කියලා නාගයින් අත පණිවිඩය යැව්වා.

70. භාගිනෙයෙයා'ථ කුච්ඡිම්හි - අපස්සිත්වා කරණ්ඩකං
පරිදේවමානෝ ආගන්ත්වා - මාතුලස්ස නිවේදයි

එතකොට වාසුලදත්ත නාගයා තමන්ගේ කුස තුළ කරඬුව නොදක මහා හයියෙන් හඬාගෙන ගිහින් මහාකාල නාරජ්ජුරුවන්ට දැනුම් දුන්නා.

71. තදා සෝ නාගරාජාපි - වඤ්චිතම්හ මයං ඉති
පරිදේවි නාගා සබ්බේපි - පරිදේවිංසු පීළිතා

එතකොට මහාකාල නාරජ්ජුරුවෝ "අයියෝ! එහෙනම් ඒ භික්ෂුව රවට්ටලා තියෙන්නේ අපිව නොවැ!" කියලා වැළපෙන්ට පටන් ගත්තා. ධාතූන් වහන්සේලා නැති වීමෙන් පීඩාවට පත් සියලු නාගයන් වැළපුනා.

72. භික්ඛුනාගස්ස විජයේ - තුට්ඨා දේවා සමාගතා
ධාතුයෝ පූජයන්තා තා - තේනේව සහ ආගමුං

'ශ්‍රමණ නාගයාට ජය අත්වුනා' කියලා එතැන රැස්වුන දෙවිවරු සතුටට පත්වුනා. ධාතූන් වහන්සේලාට පූජා පවත්වමින් සෝණුත්තර තෙරුන් සමඟම පැමිණියා.

73. පරිදේවමානා ආගන්ත්වා - නාගා සංඝස්ස සන්තිකේ
බහුධා පරිදේවිංසු - ධාතාහරණදුක්ඛිතා

නාගයෝ සංඝයා වහන්සේ ළඟට හඬා වැළපීගෙන ආවා. ධාතූන් වහන්සේලා රැගෙන යාම ගැන දුකට පත්වෙලා බොහෝ කරුණු කිය කියා වැළපුනා.

74. තේසං සංඝෝ'නුකම්පාය - ථෝකං ධාතුමදාපයි
තේ තේන තුට්ඨා ගන්ත්වාන - පූජාභණ්ඩානි ආහරුං

ඔවුන් කෙරෙහි අනුකම්පා කළ සංඝයා වහන්සේ ධාතු ස්වල්පයක් ඔවුන්ට ලබා දුන්නා. එයින් සතුටට පත්

වූ නාගයෝ නාලොවට නැවත ගිහින් බොහෝ පූජාභාණ්ඩ ගෙනැවිත් දුන්නා.

75. **සක්කෝ රතනපල්ලංකං - සොණ්ණචංගෝටමේව ච**
ආදාය සහ දේවේහි - තං ඨානං සමුපාගතෝ

සක් දෙවිඳු මැණික් ආසනයකුයි, රන් කරඬුවකුයි අරගෙන දෙවියන් පිරිවරාගෙන ඒ පිරිවෙනට පැමිණියා.

76. **ථේරස්ස උග්ගතට්ඨානේ - කාරිතේ විස්සකම්මුනා**
පතිට්ඨපෙත්වා පල්ලංකං - සුභේ රතනමණ්ඩපේ

තෙරුන් පොළොවෙන් මතු වූ තැන විස්කම් දෙව්පුතු ලවා සුන්දර රුවන් මණ්ඩපයක් කරවා එහි රුවන් ආසනය තැන්පත් කළා.

77. **ධාතුකරණ්ඩමාදාය - තස්ස ථේරස්ස හත්ථතෝ**
චංගෝටකේ ඨපෙත්වාන - පල්ලංකේ පවරේ ඨපි

සෝණුත්තර තෙරුන් වහන්සේ වඩමවාගෙන ආ ධාතු කරඬුව උන්වහන්සේගේ අතින්ම ගෙන තමන් ගෙනා රන් කරඬුවේ තැන්පත් කරලා උතුම් ආසනයේ වඩා හිඳෙව්වා.

78. **බ්‍රහ්මා ඡත්තමධාරේසි - සන්තුසිතෝ වාලවීජනිං**
මණිතාලවණ්ටං සුයාමෝ - සක්කෝ සංඛං තු සෝදකං

සහම්පතී මහා බ්‍රහ්මයා යොදුනක් පමණ දික් වූ දිව්‍ය ඡේසතක් ඔසොවාගෙන සිටියා. සන්තුසිත දිව්‍යරාජයා දිව්‍ය චාමරයෙන් පවන් සැලුවා. සුයාම දිව්‍යරාජයා මැණික් වටාපතක් දරාගෙන සිටියා. සක්දෙව්රජ සුවඳ දිය පෙරවූ විජයෝත්තර සංඛය දරාගෙන සිටියා.

79. **චත්තාරෝ තු මහාරාජා - අට්ඨංසු ඛග්ගපාණිනෝ**
සමුග්ගහත්ථා තෙත්තිංස - දේවපුත්තා මහිද්ධිකා

සතරවරම් මහ දෙව්වරු කඩු ගත් අත් ඇතිව සතර

දිශාවෙන් ඇවිත් සිටියා. මහා ඉර්ධිමත් තිස්තුන් දිව්‍යපුත්‍රයෝ පොකුරු වශයෙන් ගත්,

80. පාරිච්ඡත්තකපුප්ඵේහි - පූජයන්තා තහිං ඨිතා
කුමාරියෝ තු ද්වත්තිංස - දණ්ඩදීපධරා ඨිතා

පරසතු මල්වලින් පූජා පවත්වමින් එතැන සිටියා. දෙතිසක් වූ දිව්‍යකුමාරිකාවෝ දඬුවැට පහන් දරාගෙන හිටියා.

81. පලාපෙත්වා දුට්ඨයක්ඛේ - යක්ඛසේනාපතී පන
අට්ඨවීසති අට්ඨංසු - ආරක්ඛං කුරුමානකා

දුෂ්ට යකුන් පළවා හැරලා යක්සෙන්පතිවරු විසිඅට දෙනා ධාතූන් වහන්සේලාට රැකවල් සැළසුවා.

82. වීණං වාදයමානෝ'ව - අට්ඨා පඤ්චසිඛෝ තහිං
රංගභූමිං මාපයිත්වා - තිම්බරූ තුරියසෝසවා

එතැනට පැමිණි පංචසිඛ ගාන්ධර්ව පුත්‍රයා වීණාව වාදනය කරමින් සිටියා. රඟ මඬලක් මැවූ තිම්බරූ දිව්‍යරාජයා තූර්යවාදනය කළා.

83. අනේකා දේවපුත්තා ච - සාධුගීතප්පයෝජකා
මහාකාළෝ නාගරාජා - ථූයමානෝ අනේකධා

නොයෙක් දිව්‍යපුත්‍රවරු ධාතූන් වහන්සේලාට පූජා පිණිස යහපත් ගීත ගායනා කළා. මහාකාළ නාගරාජයා නොයෙක් ආකාරයෙන් බුදුගුණ වර්ණනා කරමින් සිටියා.

84. දිබ්බතුරියානි වජ්ජන්ති - දිබ්බසංගීති වත්තති
දිබ්බගන්ධාදිවස්සානි - වස්සාපෙන්ති ච දේවතා

එතැන දිව්‍යතූර්යනාද පැතිරුනා. දිව්‍ය සංගීතය පැතිරුනා. දෙවිවරු දිව්‍ය සුවඳින් යුතු වැසි වැස්සුවා.

85. **සෝ ඉන්දගුත්තථේරෝ තු - මාරස්ස පටිබාහනං**
චක්කවාළසමං කත්වා - ලෝහච්ඡත්තමමාපයි

ඒ ඉන්දගුත්ත මහරහතන් වහන්සේ මාරයාගෙන් පැමිණිය හැකි උවදුරු වළක්වාලන්ට මුළු සක්වල වැහෙන්ට අහසේ ලෝහමය ඡත්‍රයක් මැව්වා.

86. **ධාතූනං පුරතෝ චේව - තත්ථ තත්ථ ච පඤ්චසු**
ඨානේසු ගණසජ්ඣායං - කරිංස්වබිලභික්ඛවෝ

ධාතූන් වහන්සේලා පෙරටුකොටගෙන තැනින් තැන පස්පොළක වැඩහුන් භික්ෂූන් වහන්සේලා සූත්‍ර පිටකයෙහි තිබෙන දීඝ නිකාය, මජ්ඣිම නිකාය, සංයුත්ත නිකාය, අංගුත්තර නිකාය, ඛුද්දක නිකාය යන පංච නිකායන්ට අයත් සූත්‍ර දේශනා වෙන් වෙන්ව සජ්ඣායනා කළා.

87. **තත්ථාගමා මහාරාජා - පහට්ඨෝ දුට්ඨගාමණී**
සීසේනාදාය ආනීතේ - චංගෝටම්හි සුවණ්ණයේ

අපගේ දුටුගැමුණු මහරජ්ජුරුවෝ මහා සතුටින් එතැනට සැපත් වුනා. හිසින් වඩමවාගෙන ආ රන් කරඬුවෙහි,

88. **ඨපෙත්වා ධාතුචංගෝටං - පතිට්ඨාපිය ආසනේ**
ධාතුං පූජිය වන්දිත්වා - ඨිතෝ පඤ්චලිකෝ තහිං

ධාතු කරඬුව වඩා හිඳුවා විස්කම් දෙව්පුතු මැවූ ආසනයේ පිහිටුවලා ධාතූන් වහන්සේලාට වන්දනා මානන පුද සත්කාර කරලා දෙව්පුතු මැවූ රුවන් මණ්ඩපයෙහි වන්දනා කරගෙන සිටගත්තා.

89. **දිබ්බච්ඡත්තාදිකානෙත්ථ - දිබ්බගන්ධාදිකානි ච**
පස්සිත්වා දිබ්බතූරියාදි - සද්දේ සුත්වා ච ඛත්තියෝ

රජ්ජුරුවෝ අහසේ පෙනෙන දිව්‍ය ඡත්‍ර ආදියත්, පැතිර යන දිව්‍ය සුගන්ධයත් දැකලා දිව්‍ය තූර්යනාද අසලා,

තිස්එක්වෙනි පරිච්ඡේදය 559

90. අපස්සිත්වා බ්‍රහ්මදේවේ - තුට්ඨෝ අච්ඡරියබ්භුතෝ
ධාතු ඡත්තේන පූජේසි - ලංකාරජ්ජේ'භිසිඤ්චි ච

ඡත්‍රය ඔසොවාගෙන ඉන්න මහා බ්‍රහ්මයාත්, දෙවිවරුත් නොදක ආශ්චර්යය අද්භූත ඇතිව හටගත් ප්‍රීතියෙන් තමන්ගේ ඡත්‍රයෙන් ධාතූන් වහන්සේ පිදුවා. ලංකා රාජ්‍යයෙන් අභිෂේක කළා.

91. දිබ්බච්ඡත්තං මානුසඤ්ච - විමුත්තිච්ඡත්තමේව ච
ඉති තිච්ඡත්තධාරිස්ස - ලෝකනාථස්ස සත්ථුනෝ

"ස්වාමීනී, ලෝකනාථ වූ අපගේ ශාස්තෘන් වහන්සේ දිව්‍ය ඡත්‍රයයි, මනුෂ්‍ය ඡත්‍රයයි, විමුක්ති ඡත්‍රයයි යන ත්‍රිඡත්‍රධාරී වන සේක් නොවේ ද!" කියලා ඉන්දගුත්ත රහතන් වහන්සේගෙන් ඇසුවා.

92. තික්ඛත්තුමේව මේ රජ්ජං - දම්මීති හට්ඨමානසෝ
තික්ඛත්තුමේව ධාතූනං - ලංකාරජ්ජමදාසි සෝ

උන්වහන්සේ 'අප භාග්‍යවතුන් වහන්සේ ධර්මචක්‍රය පවත්වන සද්ධර්ම චක්‍රවර්තී ධර්මරාජයාණන්' කියා පැවසූ විට සතුටට පත් රජ්ජුරුවෝ තුන් වරක් ම 'මගේ රාජ්‍යය භාග්‍යවතුන් වහන්සේට පූජා කරමි' කියලා තුන්වතාවක් ම ධාතූන් වහන්සේලාට ලංකාරාජ්‍යය පූජා කළා.

93. පූජයන්තෝ ධාතුයෝ තා - දේවේහි මානුසේහි ච
සහ චංගෝටකේනේ'ව - සීසේනාදාය ඛත්තියෝ

දෙවියන් විසිනුත්, මිනිසුන් විසිනුත් ඒ ධාතූන් වහන්සේලාට පූජා පවත්වමින්, රජ්ජුරුවෝ සක් දෙවිඳු ගෙනා රන් කරඬුව බහාලූ රන් කරඬුව හිස මත තබාගෙන

94. භික්ඛුසංඝපරිබ්බූළ්හෝ - කත්වා ථූපං පදක්ඛිණං
පාචීනතෝ ආහරිත්වා - ධාතුගබ්භම්හි ඔතරි

භික්ෂු සංඝයා පිරිවරාගෙන මහා සෑය ප්‍රදක්ෂිණා කරලා නැගෙනහිර පැත්තෙන් නැගලා ධාතු ගර්භයට බැස්සා.

95. **අරහන්තෝ ඡන්නවුති - කෝටියෝ ථූපමුත්තමං**
සමන්තා පරිවාරෙත්වා - අට්ඨංසු කතපඤ්ජලී

අනූසය කෝටියක් රහතන් වහන්සේලා උතුම් මහාසෑය හාත්පසින් වටකොටගෙන වන්දනා කරගෙන සිටගෙන සිටියා.

96. **ඔතරිත්වා ධාතුගබ්භං - මහග්ඝේ සයනේ සුභේ**
ඨපෙස්සාමීති චින්තෙන්තේ - පීතිපුණ්ණතරිස්සරේ

ධාතූන් වහන්සේලා නිසා ප්‍රීතියෙන් පිනාගිය සිත් ඇති රජ්ජුරුවෝ ධාතු ගැබට බැහැලා එහි පනවා තිබූ සුන්දර වූ මහානීය සයනෙහි ධාතු කරඬුව තැන්පත් කරන්ට ඕනෑ කියා සිතන කොටම,

97. **සධාතු ධාතුචංගෝටෝ - උග්ගන්ත්වා තස්ස සීසතෝ**
සත්තතාලප්පමාණම්හි - ආකාසම්හි ඨිතෝ තතෝ

ධාතූන් වහන්සේලා වැඩසිටින ඒ ධාතු කරඬුව රජ්ජුරුවන්ගේ හිසෙන් අහසට පැන නැංගා. තල් ගස් හතක් උසට අහසේ වැඩසිටියා. එසේ අහසේ වැඩහිඳ,

98. **සයං කරණ්ඩෝ විවරි - උග්ගන්ත්වා ධාතුයෝ තතෝ**
බුද්ධවේසං ගහෙත්වාන - ලක්ඛණබ්‍යඤ්ජනුජ්ජලං

ඉබේටම කරඬුව විවෘත වෙලා එතැනින් ධාතූන් වහන්සේලා අහසට වැඩලා මහා පුරුෂ ලක්ෂණ, අසූවක් අනුව්‍යංජනයෙන් බබලන බුදුරජාණන් වහන්සේගේ හැඩය ගත්තා.

99. **ගණ්ඩම්බමූලේ බුද්ධෝ'ව - යමකං පාටිහාරියං**
අකංසු ධරමානේන - සුගතේන අධිට්ඨිතං

ගණ්ඩම්බ රුක්මුල යමක මහා ප්‍රාතිහාර්යය දක්වන අපගේ බුදුරජාණන් වහන්සේ ලෙසින්ම අප භාග්‍යවතුන් වහන්සේ ජීවමානව වැඩහිඳින සමයේ කරන ලද අධිෂ්ඨානය පරිදි අහස් තලයෙහි යමා මහ පෙළහර දක්වා වදාළා.

100. **තං පාටිහාරියං දිස්වා - පසන්නේකග්ගමානසා**
දේවා මනුස්සා අරහත්තං - පත්තා ද්වාදසකෝටියෝ

ඒ ප්‍රාතිහාර්යය දැකීමෙන් බුද්ධානුස්සතිය වඩා එකඟ වූ සිත් ඇතිව එතන සිටි දෙව් මිනිස්සු දොළොස් කෝටියක් අරහත් ඵලයට පත්වුනා.

101. **සේසා ඵලත්තයං පත්තා - අතීතා ගණනාපථං**
හිත්වා'ථ බුද්ධවේසං තා - කරණ්ඩම්හි පතිට්ඨහුං

අනිත් මාර්ගඵලයන්ට පත්වූ දෙව්මිනිස් පිරිස ගණන් කිරීම් ඉක්මවා ගියා. ඊට පස්සේ ඒ ධාතූන් වහන්සේලා බුදුරජාණන් වහන්සේගේ හැඩය අත්හැරලා කරඬුවෙහි වැඩසිටියා.

102. **තතෝ ඕරුය්හ චංගෝටෝ - රඤ්ඤෝ සීසේ පතිට්ඨහි**
සහින්දගුත්තථේරේන - නාටකීහි ච සෝ පන

ඊටපස්සේ අහසින් වැඩිය ධාතු කරඬුව රජ්ජුරුවන්ගේ හිස මත පිහිටා වදාළා. රජ්ජුරුවෝ ඉන්දගුත්ත තෙරුන් වහන්සේ හා ඒ නාටක ස්ත්‍රීනුත් සමඟින්

103. **ධාතුගබ්භං පරිහරං - පත්වාන සයනං සුභං**
චංගෝටං රතනපල්ලංකේ - ඨපයිත්වා ජුතින්ධරෝ

ධාතු ගර්භය ප්‍රදක්ෂිණා කරමින් රජ්ජුරුවෝ ඉතා යහපත්ව පණවන ලද සුන්දර සයනය මත තිබූ රුවන් ආසනය මත කරඬුව වඩා හිඳෙව්වා.

104. **ධෝවිත්වාන පුනෝ හත්ථේ - ගන්ධවාසිතවාරිනා**
චතුජාතියගන්ධේන - උබ්බට්ටෙත්වා සගාරවෝ

ඊට පස්සේ රජ්ජුරුවෝ සුවඳ කැවූ ජලයෙන් දෑත් සෝදාගෙන භාග්‍යවතුන් වහන්සේ කෙරෙහි මහත් ආදර ගෞරවයෙන් යුක්තව සුවඳ වර්ග සතරකින් ලබාගත් සුවඳ කරඬුවේ ගල්වලා,

105. **කරණ්ඩං විවරිත්වාන - තා ගහෙත්වාන ධාතුයෝ**
ඉති චින්තේසි භූමින්දෝ - මහාජනහිතත්ථිකෝ

කරඬුව විවෘත කරලා ඒ ධාතූන් වහන්සේලා ගත් රජ්ජුරුවෝ මහජනයාට යහපත කැමතිව මෙහෙම සිතුවා.

106. **අනාකුලා කේහිචි පි - යදි හෙස්සන්ති ධාතුයෝ**
ජනස්ස සරණං හුත්වා - යදි ඨස්සන්ති ධාතුයෝ

ඉදින් කිසිවෙකුගෙනුත් කරදරයක් නොවී මේ ධාතූන් වහන්සේලා වැඩසිටින සේක් නම්, ලෝක සත්වයාව සතර අපා භයෙනුත්, අනෙකුත් දුක් කරදරවලින් බේරාගෙන පිහිට ලබාදීම පිණිස මේ ධාතූන් වහන්සේලා වැඩසිටින සේක් නම්,

107. **සත්ථු නිපන්නාකාරේන - පරිනිබ්බානමඤ්චකේ**
නිපජ්ජන්තු සුපඤ්ඤත්තේ - සයනම්හි මහාරහේ

හොඳාකාරව පණවන ලද මේ මහානීය සයනය මත අපගේ ශාස්තෘන් වහන්සේ එදා පිරිනිවන් මඤ්චකයේ සැතැපී සිටි ආකාරයෙන් සැතැපී වැතිරෙන සේක්වා! යි

108. **ඉති චින්තිය සෝ ධාතු - ඨපේසි සයනුත්තමේ**
තදාකාරා ධාතුයෝ ච - සහිංසු සයනුත්තමේ

මෙසේ සිතලා රජ්ජුරුවෝ ඒ ධාතූන් වහන්සේලා උතුම් සයනයෙහි වඩාහිඳෙව්වා. එතකොටම ධාතූන් වහන්සේලා එදා අපගේ ශාස්තෘන් වහන්සේ පිරිනිවන්

මඤ්චකයෙහි සැතැපී සිටි ආකාරයෙන් ම පෙනී සිටිමින් උතුම් සයනයෙහි සැතැපී වැතිර වදාළා.

109. **ආසාළ්හිසුක්කපක්ඛස්ස - පණ්ණරසඋපොසථේ**
උත්තරාසාළ්හනක්ඛත්තේ - ඒවං ධාතු පතිට්ඨිතා

ඇසළ පුන් පොහෝ දා උතුරුසල නැකැත පිහිටි වේලෙහි මේ ආකාරයට ධාතූන් වහන්සේලා මහා සෑ ගර්භයේ පිහිටා වදාළා.

110. **සහ ධාතුපතිට්ඨානා - අක්ඛම්පිත්ථ මහාමහී**
පාටිහීරානි නේකානි - පවත්තිංසු අනේකධා

ධාතූන් වහන්සේලා මහාසෑයේ පිහිටනවාත් සමඟම මහාපොළොව කම්පා වුනා. නොයෙක් ආකාරයෙන් බොහෝ ප්‍රාතිහාර්යයන් සිදුවුනා.

111. **රාජා පසන්නෝ ධාතු තා - සේතච්ඡත්තේන පූජයි**
ලංකාය රජ්ජං සකලං - සත්තාහානි අදාසි ච

මහත් සේ පැහැදුණු රජ්ජුරුවෝ සුදු සේසතින් ධාතූන් වහන්සේලා පූජා කළා. මුළු ලංකා රාජ්‍යය ම සත් දවසකට පූජා කළා.

112. **කායේ ච සබ්බාලංකාරං - ධාතුගබ්භම්හි පූජයි**
තථා නාටකියෝ'මච්චා - පරිසා දේවතාපි ච

තමන්ගේ කයේ පැළඳ සිටි කහවණු තිස් ලක්ෂයක් වටිනා සියලු ආභරණ ධාතු ගර්භයෙහිම පූජා කළා. එතකොට ඒ විදිහටම නාටක ස්ත්‍රීනුත්, ඇමතිවරුත්, දෙව්පිරිසත් තමන් පැළඳ සිටි සියලු ආභරණ පූජා කළා.

113. **වත්ථගුළඝතාදීනි - දත්වා සංඝස්ස භූපති**
භික්ඛූහි ගණසජ්ඣායං - කාරෙත්වා'ඛිලරත්තියං

රජ්ජුරුවෝ වස්ත්‍රවලින්, උක් සකුරුවලින් සංඝයාට උපස්ථාන කළා. තුන්යම රාත්‍රිය මුළුල්ලේ භික්ෂූන් වහන්සේලා ත්‍රිපිටක සජ්ඣායනය කළා.

114. **පුනාහනි පුරේ භේරිං - චාරේසි සකලා ජනා**
වන්දන්තු ධාතු සත්තාහං - ඉමං'ති ජනතාහිතෝ

පසුවදා ජනතාවගේ යහපත කැමති රජ්ජුරුවෝ 'මේ සතිය පුරා සියලුම ජනතාව සිත් සේ ධාතූන් වහන්සේලා වැඳපුදා ගනිත්වා!' කියලා නුවර පුරා අඬබෙර ඇස්සෙව්වා.

115. **ඉන්දගුත්තෝ මහාථේරෝ - අදිට්ඨාසි මහිද්ධිකෝ**
ධාතු වන්දිතුකාමා යේ - ලංකාදීපම්හි මානුසා

මහා ඉර්ධිමත් ඉන්දගුත්ත මහරහතන් වහන්සේ මෙහෙම අධිෂ්ඨානයක් කළා. 'ධාතූන් වහන්සේලා වන්දනා කරන්ට කැමති යම් මිනිස්සු ලංකාවේ සිටිනවාද,

116. **තං ඛණං යේව ආගන්ත්වා - වන්දිත්වා ධාතුයෝ ඉධ**
යථාසකං ඝරං යන්තු - තං යථාධිට්ඨිතං අහූ

සැණෙකින් ඔවුන් මෙහි ඇවිත් ධාතූන් වහන්සේලා වන්දනා කරලා කැමති පරිදි තම නිවෙස්වලට යත්වා' කියලා. අධිෂ්ඨානයට අනුව ම එය සිද්ධ වුනා.

117. **සෝ මහාභික්ඛුසංඝස්ස - මහාරාජා මහායසෝ**
මහාදානං පවත්තෙත්වා - තං සත්තාහං නිරන්තරං

මහා යස පිරිවර ඇති අපගේ මහරජ්ජුරුවෝ සත් දවසක් පුරා භික්ෂු සංඝයා වහන්සේට නිරතුරුව මහා දන් පවත්වලා,

118. **ආචික්ඛි ධාතුගබ්භම්හි - කිච්චං නිට්ඨාපිතං මයා**
ධාතුගබ්භපිධානං තු - සංඝෝ ජානිතුමරහති

"ස්වාමීනී, ධාතු ගර්භයේ කටයුතු මං සම්පූර්ණ කළා. ධාතු ගර්භය වසන කටයුතු සංඝයා වහන්සේලාම දැනගන්ට සුදුසුයි" කියලා පැවසුවා.

119. **සංඝෝ තේ ද්වේ සාමණේරේ - තස්මිං කම්මේ නියෝජයි**
පිදහිංසු ධාතුගබ්භං - පාසාණේනා'හටේන තේ

එතකොට සංඝයා වහන්සේ උත්තර, සුමන යන ඒ සාමණේරයන් වහන්සේලා දෙනමට ඒ කටයුත්ත පැවරුවා. උන්වහන්සේලා ගෙනෙන ලද මේදවර්ණ ගල්පුවරුවෙන් ධාතු ගර්භය වැසුවා.

120. **මාලෙත්ථ මා මිලායන්තු - ගන්ධා සුස්සන්තු මා ඉමේ**
මා නිබ්බායන්තු දීපා ච - මා කිඤ්චාපි විපජ්ජතු

"මෙහි පූජා කරන ලද මල් නොමැලවේවා! මෙහි පූජා කළ සුවඳ වියලී නොයාවා! මෙහි දල්වන ලද පහන් නොනිවේවා! මේ ධාතු ගර්භයේ කිසිවක් කිසි වෙනසකට පත්නොවේවා!

121. **මේදවණ්ණා ඡ පාසාණා - සන්ධියන්තු නිරන්තරා**
ඉති ඛීණාසවා එත්ථ - සබ්බමේතං අධිට්ඨයුං

මේද වර්ණ ගල්පුවරු සය හැමවිටම එකට පෑස්සී තිබේවා!" කියන මේ සියල්ල රහතන් වහන්සේලා එතැනදී අධිෂ්ඨාන කොට වදාළා.

122. **ආණාපේසි මහාරාජා - යථාසත්තිං මහාජනෝ**
ධාතුනිධානකානෙ'ත්ථ - කරෝතූ'ති හිතත්ථිකෝ

ඊට පස්සේ ඒ රජ්ජුරුවෝ 'මහජනයා ශක්ති පමණින් මේ වසන ලද ධාතු ගර්භය මත ධාතු නිධානය වෙනුවෙන් තමන්ගේ යහපත පිණිස පූජාවන් කරත්වා!' කියලා අණ කළා.

123. **මහාධාතුනිධානස්ස - පිට්ඨිම්හි ච මහාජනෝ**
අකා සහස්සධාතූනං - නිධානානි යථාබලං

මේ මහා ධාතු නිධානය මත තම තමන්ගේ ශක්තිය පරිදි මහජනයාත් දහස් ගණන් පූජා වස්තූන් එතැනම තැන්පත් කළා.

124. **පිදහාපිය තං සබ්බං - රාජා ථූපං සමාපයි**
චතුරස්සචයං චෙත්ථ - චේතියම්හි සමාපයි

රජ්ජුරුවෝ ඒ සියලු පූජා වස්තූන් වසා නිමකළා. මේ ආකාරයට මහාසෑයේ ධාතු නිධන් කිරීමේ කටයුතු සමාප්ත වුනා. මහාසෑයේ සතරැස් කොටුව දක්වා වැඩ සම්පූර්ණ කරගන්ට පුළුවන් වුනා.

ඒවං අචින්තියා බුද්ධා - බුද්ධධම්මා අචින්තියා
අචින්තියේ පසන්නානං - විපාකෝ හෝති අචින්තියෝ

මේ ආකාරයෙන් බුදුරජාණන් වහන්සේලා සිතාගත නොහැකි ගුණ ඇති සේක. බුදුරජුන් විසින් වදාරණ ලද ධර්මය ද සිතා ගත නොහැකි තරම් ගුණයෙන් යුක්තය. මෙබඳු වූ සිතාගත නොහැකි ගුණානුභාවයෙන් යුක්ත වූ දේ කෙරෙහි සිත පහදවා ගත්තවුන් හට ලැබෙන විපාක ද සිතාගත නොහැක්කේ ම ය.

125. **පුඤ්ඤානි ඒවමමලානි සයඤ්ච සන්තෝ**
කුබ්බන්ති සබ්බවිභවුත්තමපත්තිහේතු
කාරෙන්ති චාපි හි'ඛිලා පරිසුද්ධචිත්තා
නානාවිසේසජනතා පරිවාරහේතු'ති.

දුටුගැමුණු රජ්ජුරුවෝ වගේ ඉතා පැහැදිලි ශ්‍රද්ධාවකින්, නොකිළිටි සිතින්, තමන්ගේ උත්සාහයෙන් පින් රැස්කරගෙන සියලු සැපයන්ට වඩා අග්‍ර නිවනම පතාගෙන පින් කරන්ට ඕනෑ. නොයෙක් ආකාරයෙන් පිරිවර ජනයා

ලැබීමට හේතු වන අනුන් ලවාත් පිරිසිදු සිතින් පින් කරවන්ට ඕනෑ.

සුජනප්පසාදසංවේගත්ථාය කතේ මහාවංසේ ධාතුනිධානං නාම ඒකතිංසතිමෝ පරිච්ඡේදෝ.

සත්පුරුෂ ජනයන්ගේ ප්‍රසාදයත් සංවේගයත් ඇතිකරනු පිණිස කරන ලද මහාවංශයෙහි රුවන්වැලි මහාසෑයේ ධාතු නිධානෝත්සවය නම් වූ තිස්එක්වෙනි පරිච්ඡේදය යි.

32

ද්වත්තිංසතිමෝ පරිච්ඡේදෝ
තිස්දෙවෙනි පරිච්ඡේදය

තුසිතපුරගමනං
දුටුගැමුණු රජ්ජුරුවෝ තුසිත පුරයට සැපත්වීම

1. අනිට්ඨිතේ ඡත්තකම්මේ - සුධාකම්මේ ච චේතියේ
මාරණන්තිකරෝගේන - රාජා ආසි ගිලානකෝ

රුවන්වැලි මහා සෑයේ ඡත්‍රය පැළඳවීමත්, සුණු පිරියම් කිරීමත්, අවසන් නොවී තිබියදී අපගේ දුටුගැමුණු රජ්ජුරුවෝ මාරාන්තික රෝගයකින් ගිලන් බවට පත්වුනා.

2. තිස්සං පක්කෝසයිත්වා සෝ - කණිට්ඨං දීඝවාපිතෝ
ථූපේ අනිට්ඨිතං කම්මං - නිට්ඨාපේහීති අබ්‍රැවි

එතකොට රජ්ජුරුවෝ තමන්ගේ මළණුවන් වන තිස්ස කුමාරයාව දීඝවාපියෙන් අනුරාධපුරයට කැඳවා අවසන් නොකළ මහාසෑයේ කටයුතු අවසන් කරන්ට කියා පැවසුවා.

3. භාතුනෝ දුබ්බලත්තා සෝ - තුන්නවායේහි කාරිය
කඤ්චුකං සුද්ධවත්ථේහි - තේන ඡාදිය චේතියං

තිස්ස කුමාරයා අනුරාධපුරයට ඇවිත් තම සහෝදර දුටුගැමුණු රජ්ජුරුවෝ රෝගයෙන් ඉතා දුර්වලව සිටිය නිසා රෙදි වියන්නන් ලවා සුද්ධ වස්ත්‍ර කඤ්චුකයක් කරවා එයින් සුණු පිරියම් නොකළ මහා සෑය අලංකාරව පෙනෙන අයුරින් වැස්සෙව්වා.

4. **චිත්තකාරේහි කාරේසි - වේදිකං තත්ථ සාධුකං**
පන්තී පුණ්ණඝටානඤ්ච - පඤ්චංගුලකපන්තිකං

එහි වේදිකාව සිත්තරුන් ලවා අලංකාර ලෙස පුන් කළස් පෙළත්, පස් ආකාර මුදු පෙළත් කෙරෙව්වා.

5. **ඡත්තකාරේහි කාරේසි - ඡත්තං වේළුමයං තථා**
ඛරපත්තමයේ චන්දසූරියේ මුද්ධවේදියං

ඒ වගේම උණ ගසෙන් කැටයම් කරන මිනිසුන් ලවා ඡත්‍රය උණ ලීයෙන් කරවා එහි දේවතා කොටුවේ ගොරෝසු කොළවලින් සඳ හිරු පේන්ට සැලැස්සුවා.

6. **ලාඛාකුංකුමකේහේතං - චිත්තයිත්වා සුචිත්තිතං**
රඤ්ඤෝ නිවේදයී ථූපේ - කත්තබ්බං නිට්ඨිතං ඉති

ලාකඩ හා කොකුම්වලින් මහාසෑය හොඳාකාරව සිතුවම්වලින් සැරසුවා. ඊට පස්සේ මහාසෑයේ කළයුතු වැඩ සම්පූර්ණ කළා කියලා දුටුගැමුණු රජ්ජුරුවන්ට දැනුම් දුන්නා.

7. **සිවිකාය නිපජ්ජිත්වා - ඉධාගන්ත්වා මහීපති**
පදක්ඛිණං කරිත්වාන - සිවිකායේව චේතියං

රජ්ජුරුවන්ව දෝලාවක සතපවාගෙන මෙහි (මහාසෑය ළඟට) වඩමවාගෙන ආවා. දෝලාවෙන් ම මහාසෑය පැදකුණු කළා.

8. **වන්දිත්වා දක්ඛිණද්වාරේ - සයනේ භූමිසන්ථතේ**
සයිත්වා දක්ඛිණපස්සේන - සෝ මහාථූපමුත්තමං

වන්දනා කළා. දකුණු දොරටුව අසළ බිම අතුරන ලද සයනයක සැතපෙව්වා. එතකොට රජ්ජුරුවෝ දකුණු ඇලයෙන් සැතැපී උත්තම මහාථූපය දැක සතුටුවුනා.

9. **සයිත්වා වාමපස්සේන - ලෝහපාසාදමුත්තමං**
පස්සන්තෝ සුමනෝ ආසි - භික්ඛුසංඝපුරක්ඛතෝ

රජ්ජුරුවන්ව වම් ඇලයෙන් සයනය කොට උත්තම ලෝවාමහාපාය දකිමින් භික්ෂු සංඝයා වහන්සේ පෙරටු කරගෙන ඉතාම සතුටින් සිටියා.

10. **ගිලානපුච්ඡනත්ථාය - ආගතා හි තතෝ තතෝ**
ඡන්නවුතිකෝටියෝ භික්ඛූ - තස්මිං ආසුං සමාගමේ

අපගේ දුටුගැමුණු මහරජ්ජුරුවන්ගේ අසනීප තත්වය ගැන අසන්ට ඒ ඒ රටෙන් වැඩිය භික්ෂූන් වහන්සේලාගේ ගණන අනූහය කෝටියක් වුනා.

11. **ගණසජ්ඣායමකරුං - වග්ගබන්ධේන භික්ඛවෝ**
ථේරපුත්තාභයං ථේරං - තත්ථා'දිස්වා මහීපති

භික්ෂූන් වහන්සේලා සමූහ වශයෙන් එක්වෙලා සූත්‍ර සජ්ඣායනා කළා. රජ්ජුරුවෝ එතැන වැඩ නොසිටින ථේරපුත්තාභය තෙරුන් වහන්සේ ගැන මෙහෙම සිතුවා.

12. **අට්ඨවීස මහායුද්ධං - යුජ්ඣන්තෝ අපරාජයං**
යෝ සෝ න පච්චුදාවත්තෝ - මහායෝධෝ වසී මම

"මං එදා නොපැරදෙන මහා යුද්ධ විසි අටක් කරද්දී යම් මහා යෝධයෙක් වෙන් නොවී මාත් සමඟ ජීවිත පරිත්‍යාගයෙන් එකට සිටියා ද,

13. **මච්චුයුද්ධම්හි සම්පත්තේ - දිස්වා මඤ්ඤේ පරාජයං**
ඉදානි සෝ මං නෝපේති - ථේරෝ ථේරසුතාභයෝ

මරණය සමඟ යුද්ධය කරන වෙලාවේ මං පරදින බව දැකලා වෙන්ට ඇති දැන් අපගේ ථේරපුත්තාභය තෙරුන්නාන්සේ මං ළඟට එන්නේ නැත්තේ"

14. **ඉති චින්තයි සෝ ථේරෝ - ජානිත්වා තස්ස චින්තිතං**
කරින්දනදියා සීසේ - වසං පඤ්ජලිපබ්බතේ

කියා සිතුවා. එතකොට කිරිදිඔය ඉස්මත්තේ පංජලී පර්වතයේ වැඩසිටි ථේරපුත්තාභය රහතන් වහන්සේ රජ්ජුරුවෝ සිතපු අදහස දැකලා,

15. **පඤ්චඛීණාසවසතපරිවාරේන ඉද්ධියා**
නභසා'ගම්ම රාජානං - අට්ඨාසි පරිවාරිය

පන්සියයක් රහතන් වහන්සේලා පිරිවරාගෙන ඉර්ධිබලයෙන් අහසෙන් ඇවිත් අපගේ දුටුගැමුණු රජ්ජුරුවන්ව වටකරගෙන සිටගත්තා.

16. **රාජා දිස්වා පසන්නෝ තං - පුරතෝ ච නිසීදිය**
තුම්හේ දසමහායෝධේ - ගණ්හිත්වාන පුරේ අහං

රජ්ජුරුවෝ උන්වහන්සේව දැකලා මහත් සතුටට පත්වුණා. තමන් ඉදිරියේම වඩාහිඳුවාගත්තා. "ස්වාමීනී, ඒ කාලයේ දස මහා යෝධයන් වෙලා සිටිය ඔබවහන්සේලාත් අරගෙන මං,

17. **යුජ්ඣිං ඉදානි ඒකෝ'ව - මච්චුනා යුද්ධමාරභිං**
මච්චුසත්තුං පරාජේතුං - න සක්කෝමී'ති ආහ ච

යුද්දෙට ගිහින් අපි හැමෝම එකට යුද්ධ කළා. දැන් මං තනියම මාරයා සමඟ යුද්ධයක යෙදිලා ඉන්නවා. මාරයා නැමැති සතුරාව පරාජය කරන්ට බැරි බව පේනවා" කියලා කිව්වා.

18. ආහ ථේරෝ මහාරාජ - මා භායි මනුජාධිප
කිලේසසත්තුං අජිනිත්වා - අජෙය්‍යෝ මච්චුසත්තුකෝ

එතකොට ථේරපුත්තාභය තෙරුන් වහන්සේ මෙහෙම වදාළා. "මහරජ්ජුරුවෙනි, භය වෙන්ට එපා! කෙලෙස් සතුරන් පරදවන්නේ නැතුව මාරයා නැමැති සතුරාව පරදවන්ට බැහැ.

19. සබ්බම්පි සංඛාරගතං - අවස්සං යේව භිජ්ජති
අනිච්චා සබ්බසංඛාරා - ඉති වුත්තං හි සත්ථුනා

හේතුප්‍රත්‍යයන්ගෙන් හටගත් සංස්කාරයන්ට අයිති හැමදෙයක්මත් තමාගේ වසඟයෙහි පවත්වන්ට බැහැ. බිඳිලා යනවා. අපගේ ශාස්තෲන් වහන්සේ සියලු සංස්කාරයන් අනිත්‍යයි කියා වදාළේ මේ නිසයි.

20. ලජ්ජා සාරජ්ජරහිතා - බුද්ධේ පේ'ති අනිච්චතා
තස්මා අනිච්චා සංඛාරා - දුක්ඛා'නත්තාති චින්තය

ලැජ්ජා භය කිසිවක් නැති මේ අනිත්‍ය ස්වභාවය බුදුරජාණන් වහන්සේ වෙතත් පැමිණුනා නොවැ. ඒ නිසා මේ සංස්කාරයන් අනිත්‍යයි, දුකයි, අනාත්මයි කියා සිතනු මැනැව.

21. දුතියේ අත්තාභාවේ පි - ධම්මච්ඡන්දෝ මහා හි තේ
උපට්ඨිතේ දේවලෝකේ - හිත්වා දිබ්බං සුඛං තුවං

මීට කලින් ආත්මයේත් සාමණේර නමක්ව සිටියදී කුසල ධර්මයන් කෙරෙහි ඔබතුමා තුළ මහා කැමැත්තක් තිබුණා. ඊළඟ ආත්මයේ දෙව්ලොව ඉපිද වින්දහැකිව තිබුණු මහත් දිව්‍ය සැප අත්හැරලා ඔබතුමා,

22. ඉධාගම්ම බහුං පුඤ්ඤං - අකාසි ච අනේකධා
කරණම්පේකරජ්ජස්ස - සාසනුජ්ජෝතනාය තේ

මේ මිනිස් ලොව රජපවුලේ ඉපදිලා නොයෙක් ආකාරයෙන් බොහෝ පින් කරගත්තා. ඔබතුමා විසින් ලංකාරාජ්‍යය එක් ඡත්‍රයක් යටතට ගත්තේ බුද්ධ ශාසනය බැබළවීම පිණිස ම යි.

23. **මහාපුඤ්ඤ කතං පුඤ්ඤං - යාවජ්ජදිවසා තයා**
සබ්බංනුස්සරමේවං තේ - සුඛං සජ්ජු භවිස්සති

මහා පුණ්‍යවන්තයාණෙනි, රජ වූ දවසේ පටන් අද දවස තෙක් ඔබ විසින් කරන ලද සියලු පින් සිහි කළ මැනැව. එහි සැප විපාක ඔබතුමාට වහාම ලැබේවි.

24. **ථේරස්ස වචනං සුත්වා - රාජා අත්තමනෝ අහූ**
අවස්සයෝ මච්චුයුද්ධේ පි - ත්වං මේසීති අභාසි තං

තෙරුන් වහන්සේගේ වචනය අහලා රජ්ජුරුවෝ ඉතාමත් සතුටු සිතකින් යුක්ත වුනා. "ස්වාමීනී, ඔබවහන්සේ මට මේ මාරයා සමඟ වන යුද්ධයේදීත් බොහෝ උපකාර වුනා" කියලා උන්වහන්සේට පැවසුවා.

25. **තදා ච ආහරාපෙත්වා - පහට්ඨෝ පුඤ්ඤ පොත්ථකං**
වාචේතුං ලේඛකං ආහ - සෝ තං වාචේසි පොත්ථකං

එවෙලේ සතුටින් සිටින රජ්ජුරුවෝ පින්පොත ගෙන්වාගෙන ලියන්නාට එය කියවන්ට කිව්වා. ඔහු ඒ පින්පොත කියෙව්වා.

26. **ඒකූනසතවිහාරා - මහාරාජේන කාරිතා**
ඒකූනවීසකෝටීහි - විහාරෝ මරිචවට්ටි ච

"අපගේ මහරජ්ජුරුවන් වහන්සේ විසින් විහාරයන් අනූනවයක් කරලා තියෙනවා. කහවණු දහනවකෝටියක වියදමින් මිරිසවැටි විහාරය කෙරෙව්වා.

27. **උත්තමෝ ලෝහපාසාදෝ - තිංසකෝටීහි කාරිතෝ**
මහාථූපේ අනග්ඝානි - කාරිතා චතුවීසති

උතුම් ලෝවාමහාපාය තිස්කෝටියක වියදමින් කෙරෙව්වා. රුවන්වැලි මහා සෑයේ වටිනාකම කියන්ට බැරි තරම් අනර්ඝ කටයුතු විසි හතරක් කෙරෙව්වා.

28. **මහාථූපම්හි සේසානි - කාරිතානි සුබුද්ධිනා**
කෝටිසහස්සං අග්ඝන්ති - මහාරාජාති වාචයි

පිරිසිදු නුවණැති මහරජ්ජුරුවන් වහන්සේ විසින් රුවන්වැලි මහා සෑයේ කරවන ලද අනෙක් කටයුතු වෙනුවෙන් කහවණු දහස් කෝටියක් වියදම් වෙලා තියෙනවා" කියලා ලියන්නා කිව්වා.

29. **කොට්ඨනාමම්හි මලයේ - අක්ඛක්ඛායික ඡාතකේ**
කුණ්ඩලානි මහග්ඝානි - දුවේ දත්වාන ගණ්හිය

එතකොට රජ්ජුරුවෝ මෙහෙම කිව්වා. "කොට්ඨ නම් කඳුරටේදී (කොත්මලේදී) බුළු කන්ට තරම් සිදුවුණු සාගතයේදී මගේ මහාර්ඝ වූ කුණ්ඩලාභරණ දෙක විකුණලා,

30. **ඛීණාසවානං පඤ්චන්නං - මහාථේරානමුත්තමෝ**
දින්නෝ පසන්නචිත්තේන - කංගුඅම්බිලපිණ්ඩකෝ

ඒ මුදලින් උතුම් රහතන් වහන්සේලා පස් නමකට පහන් සිතින් යුක්තව තණහාල් ඇඹුල් කැඳකින් යුක්ත කොට මං පිණ්ඩපාතය පූජා කළා.

31. **චූළංගනියයුද්ධම්හි - පරාජිත්වා පලායතා**
කාලං සෝසාපයිත්වාන - ආගතස්ස විහායසා

තිස්ස කුමාරයා සමඟ මුලින්ම කළ චූළංගනී යුද්ධයේදී පැරදී පළාගිහින් දානය සඳහා සංඝයාට කල් දන්වා අඬගසලා අහසින් වැඩියාට පස්සේ,

32. **ඛීණාසවස්ස යතිනෝ - අත්තානමනපෙක්ඛිය**
දින්නං සරකභත්තන්ති - වුත්තේ ආහ මහීපති

පුවඟු දිවයින්වැසි ඒ රහතන් වහන්සේට තමන්ගේ ආහාරවේල නොගෙන ජීවිතය පවා අපේක්ෂා නොකොට රන් තැටියේ තිබුණු බත මං පූජා කරගත්තා" කියලා රජ්ජුරුවෝ කිව්වා.

33. **විහාරමහසත්තාහේ - පාසාදස්ස මහේ තථා**
ථූපාරම්භේ තු සත්තාහේ - තථා ධාතුනිධානකේ

මිරිසවැටි විහාර පූජෝත්සව සතියේ ත්, ලෝවාමහාප්‍රාසාද පූජෝත්සව සතියේත්, මහාසෑයේ මුල්ගල තැබීමේ උත්සව සතියේත්, ධාතුනිධානෝත්සව සතියේත්,

34. **චාතුද්දිසස්ස උභතෝ - සංඝස්ස මහතෝ මයා**
මහාරහං මහාදානං - අවිසේසං පවත්තිතං

සිව් දිගින් වැඩි භික්ෂු, භික්ෂුණී උභය මහා සංඝයා වහන්සේට මං කිසිදු අඩුවක් නැතිව මහා වටිනා මහා දානයක් පැවැත්තුවා.

35. **මහාවේසාඛපූජා ච - චතුවීසති කාරයි**
දීපේ සංඝස්ස තික්ඛත්තුං - තිචීවරමදාපයිං

වෙසක් මහා පූජෝත්සව විසි හතරක් කෙරෙව්වා. ලංකාව පුරාම වැඩඉන්න සියලු සංඝයා වහන්සේට තුන්වරක් තුන්සිවුරු පූජා කරගත්තා.

36. **සත්ත සත්ත දිනානේව - දීපේ රජ්ජමහං ඉමං**
පඤ්චක්ඛත්තුං සාසනම්හි - අදාසිං හට්ඨමානසෝ

මං මේ ලංකා රාජ්‍යය දවස හත ගණනේ පස් වතාවක් ඉතා සතුටු සිතින් බුද්ධ ශාසනයට පූජා කරගත්තා.

37. **සතතං ද්වාදසට්ඨානේ - සප්පිනා සුද්ධවට්ටියා**
දීපසහස්සං ජාලේසිං - පූජෙන්තෝ සුගතං අහං

ගිතෙලින් පොඟවා ගත් ඉතා පිරිසිදු පහන් වැටි යොදා දොළොස් ස්ථානයක අපගේ සුගතයන් වහන්සේට නිරතුරු පූජා පිණිස මං පහන් දහසක් දැල්වූවා.

38. **නිච්චං අට්ඨාරසට්ඨානේ - වෙජ්ජේහි විහිතං අහං**
ගිලානභත්තභේසජ්ජං - ගිලානානමදාපයිං

දහඅට ස්ථානයක නිරතුරුවම වෛද්‍යවරුන් යොදවා ගිලන් ආහාරයත්, බේත්හේත් ආදියත් මං රෝගීන්ට ලබාදුන්නා.

39. **චතුත්තාළීසඨානම්හි - සංඛතං මධුපායසං**
තත්තකේස්වේව ඨානේසු - තේලුල්ලෝපකමේව ච

ඒ වගේම හතලින් හතර තැනක කිරිබත් සමඟ මීපැණි, ගිතෙල් ආදියත්, එවැනිම හතලිස් හතර තැනකදී බොහෝ තල යොදා කිරි හා ගිතෙල් මිශ්‍ර කොට හදන කිරිබතත් දුන්නා.

40. **ඝතේ පක්කේ මහාජාලපූවේ ඨානම්හි තත්තකේ**
තථේව සහ භත්තේහි - නිච්චමේව අදාපයිං

ගිතෙලින් බැදපු මහදල් කැවුම් ද ඒ විදිහට තැන් හතලිස් හතරක දුන්නා. ඒ විදිහටම තැන් හතලිස් හතරක නිරතුරු බත් ලබා දුන්නා.

41. **උපෝසථේසු දිවසේසු - මාසේ මාසේ ච අට්ඨසු**
ලංකාදීපේ විහාරේසු - දීපතේලමදාපයිං

මාසයක් පාසා පොහොය දවස්වල ලංකාවේ අටමහා විහාරවලට බණ අසන්ටත්, පූජා පිණිසත්, පහනුයි, තෙලුයි දුන්නා.

42. ධම්මදානං මහන්තන්ති - සුත්වා ආමිසදානතෝ
ලෝහපාසාදතෝ හෙට්ඨා - සංඝමජ්ඣම්හි ආසනේ

ආමිස දානයට වඩා මහත් ආනිසංස තියෙන්නේ ධර්ම දානයෙන් කියලා මට අහන්ට ලැබුනා. ලෝවාමහා ප්‍රාසාදයේ පහළ මාලයේ සංඝයා මැද ආසනයක වාඩිවෙලා,

43. ඕසාරෙස්සාමි සංඝස්ස - මංගලසුත්තමිච්චහං
නිසින්නෝ ඕසාරයිතුං - නාසක්ඛිං සංඝගාරවා

උතුම් ධර්මදානය දෙන්ට ඕනෑ කියා සංඝයා වහන්සේලාට මහා මංගල සූත්‍රයෙන් බණක් කියන්ට ඕනෑ කියලා වාඩිවුනා. නමුත් සංඝයා කෙරෙහි ඇති ගෞරවය නිසා බණ කියාගන්ට බැරිවුනා.

44. තතොප්පභුති ලංකාය - විහාරේසු තහිං තහිං
ධම්මකථං කථාපේසිං - සක්කරිත්වාන දේසකේ

ඊට පස්සේ මං කළේ ලංකාව පුරා ඇති ඒ ඒ විහාරවල ධර්ම දේශකයන් වහන්සේලාට සත්කාර කරවා බණ කියන්ට සැළැස්වීමයි.

45. ධම්මකථිකස්සේකස්ස - සප්පිඵාණිතසක්ඛරං
නාළිං නාළිමදාපේසිං - දාපේසිං චතුරංගුලං

එක් එක් ධර්ම කථිකයන් වහන්සේ නමකට ගිතෙල්, පැණි, සූකිරි නැළිය ගානේ පූජා කළා. අඟල් සතරේ පමණ සූකිරි කැට පූජා කළා.

46. මුට්ඨිකං යට්ඨිමධුකං - දාපේසිං සාටකද්වයං
සබ්බංපිස්සරියේ දානං - න මේ හාසේති මානසං

මිහිරි වැල්මී මිට ගණනේ පූජා කළා. වස්ත්‍ර යුගලය බැගින් පූජා කළා. මේ හැම දානයක් ම මං දුන්නේ ඉසුරු

සම්පත් මත පිහිටාගෙනයි. ඒ නිසා ඒ ගැන මගේ සිත පිනායන්නේ නෑ.

47. ජීවිතං අනපෙක්ඛිත්වා - දුග්ගතේන සතා මයා
දින්න දානද්වයං යේව - තං මේ හාසේති මානසං

නමුත් මා ඉතා දුකට පත් වී සිටි අවස්ථාවේ ජීවිතය ගැනවත් අපේක්ෂාවක් නැතිව පූජා කරගත් දාන දෙක නම් මතක් වෙද්දී මාගේ සිත පිනා යනවා.

48. තං සුත්වා අභයෝ ථේරෝ - තං දානද්වයමේව සෝ
රඤ්ඤො චිත්තප්පසාදත්ථං - සංවණ්ණේසි අනේකධා

එය ඇසූ ථේරපුත්තාභය තෙරුන් වහන්සේ ඒ දාන දෙක ගැනම රජ්ජුරුවන්ගේ සිත පහදවන්ට ඕනෑය යන අදහසින් නොයෙක් අයුරින් ඒ දුෂ්කර අවස්ථාවේ දුන් දානය ගැන වර්ණනා කළා.

49. තේසු පඤ්චසු ථේරේසු - කංගුඅම්බිලගාහකෝ
මලියදේවමහාථේරෝ - සුමනකූටම්හි පබ්බතේ

එදා ඇඹුල් කැඳයි, තණහාලේ බතුයි දානයට පිළිගත් තෙරුන් වහන්සේලා පස්නම අතුරින් මලය මහාදේව රහතන් වහන්සේ, සමන්කුල පව්වවාසී,

50. නවන්නං භික්ඛුසතානං - දත්වා තං පරිභුඤ්ජි සෝ
පථවීචාලකෝ ධම්මගුත්තත්ථේරෝ තු තං පන

නවසියයක් භික්ෂූන් වහන්සේලාට ඒ දානය පිළිගන්වා තමනුත් වැළඳුවා. ඒ වගේම ඒ පිණ්ඩපාත දානය පිළිගත් ඉර්ධියෙන් මහපොළොව සොලොවන ධම්මගුත්ත රහතන් වහන්සේ,

51. කල්‍යාණිකවිහාරම්හි - භික්ඛූනං සංවිභාජිය
දසද්ධසතසංඛානං - පරිභෝගමකා සයං

කැලණි විහාරයේ පන්සියයක් භික්ෂූන් වහන්සේට බෙදා දී තමන්වහන්සේත් වැළඳුවා.

52. තලංගරවාසිකෝ ධම්මදින්නත්ථේරෝ පියංගුකේ
දීපේ දසසහස්සානං - දත්වාන පරිභුඤ්ජි තං

තලගුරුවෙහෙරවාසී ධම්මදින්න රහතන් වහන්සේ, පුවඟු දිවයින්වැසි දසදහසක් භික්ෂූන්ට දී ඒ පිණ්ඩපාත දානය තමනුත් වැළඳුවා.

53. මංගණවාසිකෝ බුද්දතිස්සත්ථේරෝ මහිද්ධිකෝ
කේලාසේ සට්ඨීසහස්සානං - දත්වාන පරිභුඤ්ජි තං

මංගණවිහාරවාසී මහා ඉර්ධිමත් බුද්දතිස්ස රහතන් වහන්සේ කෛලාස විහාරයේ හැටදහසක් භික්ෂූන්ට දී ඒ පිණ්ඩපාත දානය තමාත් වැළඳුවා.

54. මහාව්‍යග්ඝෝ ච ථේරෝ තං - උක්කනගරවිහාරකේ
දත්වා සතානං සත්තන්නං - පරිභෝගමකා සයං

උක්කානුවර විහාරයේ මහාව්‍යග්ඝ රහතන් වහන්සේ සත් සියයක් භික්ෂූන්ට ඒ පිණ්ඩපාත දානය දී තමාත් වැළඳුවා.

55. සරකභත්තගාහී තු - ථේරෝ පියංගුදීපකේ
ද්වාදසභික්ඛුසහස්සානං - දත්වාන පරිභුඤ්ජි තං

රන් තැටියේ තිබුණු බත පිළිගත් පුවඟු දිවයින්වැසි කුටුම්බියතිස්ස රහතන් වහන්සේ දොළොස් දහසක් භික්ෂූන්ට ඒ දානය ලබාදී තමාත් වැළඳුවා.

56. ඉති වත්වාභයත්ථේරෝ - රඤ්ඤෝ හාසේසි මානසං
රාජා චිත්තම්පසාදෙත්වා - තං ථේරං ඉධමබ්‍රවි

මෙසේ වදාළ අභය තෙරුන් වහන්සේ රජ්ජුරුවන්ගේ

සිත සතුටට පත්කළා. සිත පහදවා ගත් රජ්ජුරුවෝ තෙරුන් වහන්සේට මෙය පැවසුවා.

57. **චතුවීසතිවස්සානි - සංඝස්ස උපකාරකෝ**
අහමේවං හෝතු කායෝ'පි - සංඝස්ස උපකාරකෝ

"මං අවුරුදු විසිහතරක් පුරාවට අපගේ සංඝයා වහන්සේලාගේ ශාසනික ජීවිතයට උපකාර කළා. මාගේ මේ කය පවා සංඝයා වහන්සේලාට උපකාර පිණිස වේවා!

58. **මහාථූපදස්සනට්ඨානේ - සංඝස්ස කම්මමාළකේ**
සරීරං සංඝදාසස්ස - තුම්හේ ඣාපේථ මේ ඉති

මහාසෑය පෙනෙන ස්ථානයේ සංඝයාගේ පොහොය මළුවේ සංඝදාස වූ මාගේ ශරීරය නුඹවහන්සේලා ආදාහනය කරන සේක්වා!"

59. **කණිට්ඨං ආහ භෝ තිස්ස - මහාථූපේ අනිට්ඨිතං**
නිට්ඨාපේහි තුවං සබ්බං - කම්මං සක්කච්ච සාධුකං

තම මළනුවන්ට මෙහෙම කිව්වා. "පින්වත් තිස්සයෙනි, අසම්පූර්ණ වූ මහා සෑයේ වැඩකටයුතු සම්පූර්ණ කරන්ට ඕනෑ. මේ හැම දෙයක්ම හොඳාකාර ලෙසින් ඔබ කරන්ට ඕනෑ.

60. **සායං පාතෝ ච පුප්ඵානි - මහාථූපම්හි පූජය**
තික්ඛත්තුං උපහාරඤ්ච - මහාථූපස්ස කාරය

මහා සෑයට උදේ සවස මල් පූජා කරන්ට ඕනෑ. මහා සෑයට දවසට තුන් වරක් උපහාර පූජාවන් සළස්වන්ට ඕනෑ.

61. **පටියාදිතඤ්ච යං වට්ටං - මයා සුගතසාසනේ**
සබ්බං අපරිහාපෙත්වා - තාත වත්තය තං තුවං

මා බුද්ධ ශාසනයට පවත්වන ලද යම් පූජා

දානමානාදී වැටක් ඇද්ද, දරුව තිස්සයෙනි, ඒ සියලු දන්වැට නොපිරිහෙලා පවත්වන්ටත් ඕනෑ.

62. **සංඝස්ස තාත කිච්චේසු - මා පමජ්ජිත්ථ සබ්බදා**
ඉති තං අනුසාසිත්වා - තුණ්හී ආසි මහීපති

ඒ වගේම දරුව, සංඝයාගේ කටයුතුවලදී හැම කල්හී අප්‍රමාද වෙන්ටත් ඕනෑ" වශයෙන් තිස්ස කුමාරයාට අනුශාසනා කළ රජ්ජුරුවෝ නිශ්ශබ්ද වුනා.

63. **තං ඛණං ගණසජ්ඣායං - භික්ඛුසංඝෝ අකාසි ච**
දේවතා ඡ රථේ චේව - ඡහි දේවේහි ආනයුං

එකෙණෙහි භික්ෂූන් වහන්සේලා සියලු දෙනා උතුම් බුද්ධ දේශනා සජ්ඣායනා කරන්ට පටන් ගත්තා. දේවතාවෝ දෙව්ලෝ සයෙන් ම දිව්‍යරථ සයක් එවා තිබුනා.

64. **යාචුං විසුං විසුං දේවා - රාජානං තේ රථේ ඨිතා**
අම්භාකං දේවලෝකං ත්වං - ඒහි රාජ මනෝරමං

ඒ ඒ රථයේ සිටි දෙවිවරු අපගේ රජ්ජුරුවන්ට 'මහරජ්ජුරුවෙනි, අපගේ දෙව්ලොව මනරම්. අපගේ දෙව්ලොව එනු මැනැව' කියා කියන්ට පටන්ගත්තා.

65. **රාජා තේසං වචෝ සුත්වා - යාව ධම්මං සුණෝමහං**
අධිවාසේථ තාවා'ති - හත්ථාකාරේන වාරයි

රජ්ජුරුවෝ ඔවුන්ගේ වචනය අහලා 'මං දැන් ධර්මය අසනවා. ඒ තාක් ඉවසන්ට' කියලා අත ඔසොවා සංඥා කරලා වැළැක්වුවා.

66. **වාරේති ගණසජ්ඣායමිති මන්ත්වාන භික්ඛවෝ**
සජ්ඣායං ඨපයුං රාජා - පුච්ඡි තණ්ඨානකාරණං

එතකොට භික්ෂූන් වහන්සේලා සාමූහික සූත්‍ර සජ්ඣායනය රජ්ජුරුවෝ වළක්වනවා කියලා සජ්ඣායනාව

නැවැත්තුවා. 'ස්වාමීනී, සූත්‍ර සජ්ඣායනාව නැවැත්තුවේ ඇයි?' කියලා රජ්ජුරුවෝ ඇහැව්වා.

67. **ආගමේථාති සඤ්ඤාය - දින්නත්තාති වදිංසු තේ**
රාජා නේතං තථා භන්තේ - ඉති වත්වාන තං වදි

'මහරජ්ජුරුවෙනි, ඔබතුමා සජ්ඣායනාව නවත්වන්ට කියලා අතින් සංඥාවක් කළා නොවැ' කියලා භික්ෂූන් වහන්සේලා කිව්වා. එතකොට රජ්ජුරුවෝ 'නෑ ස්වාමීනී, මං ඒ සංඥාව කළේ ඔබවහන්සේලාට නොවෙයි. මාව කැඳවාගෙන යන්ට ඇවිත් තියෙන දිව්‍ය රථවලින් මට කතා කරන නිසා මං ඔවුන්ට ටිකක් ඉවසන්ට කියලයි සංඥා කළේ'

68. **තං සුත්වාන ජනා කේචි - භීතෝ මච්චුභයා අයං**
ලාලප්පතීති මඤ්ඤිංසු - තේසං කංඛාවිනෝදනං

එය ඇසුව මිනිසුන් අතර සිටි සමහරුන් 'මේ රජ්ජුරුවෝ මරණ භයෙන් භීතියට පත්වෙලා නන්දොඩොවනවා' කියලා සිතුවා. ඔවුන්ගේ සැකය දුරුකරදීම පිණිස,

69. **කාරේතුං අභයත්ථේරෝ - රාජානං ඒවමාහ සෝ**
ජානාපේතුං කථං සක්කා - ආනීතා තේ රථා ඉති

ථේරපුත්ත අභය තෙරුන් වහන්සේ රජ්ජුරුවන්ට මෙහෙම කිව්වා. 'මහරජ්ජුරුවෙනි, ඔබතුමාව එක්කරගෙන යන්ට එවන ලද දිව්‍යරථයන් අන්අයටත් දැනගන්ට සැලැස්විය හැක්කේ කොහොමද?'

70. **පුප්ඵදාමං ඛිපාපේසි - රාජ නභසි පණ්ඩිතෝ**
තානි ලග්ගානි ලම්බිංසු - රථීසාසු විසුං විසුං

නුවණැති රජ්ජුරුවෝ අහසට මල්මාලා වීසි කෙරෙව්වා. ඒ මල් මාලා වෙන් වෙන්ව ඒ ඒ දිව්‍ය රථවල එල්ලී තිබුණා.

තිස්දෙවෙනි පරිච්ඡේදය 583

71. **ආකාසේ ලම්බමානානි - තානි දිස්වා මහාජනෝ**
කංඛං පටිවිනෝදේසි - රාජා ථේරමභාසි තං

අහසේ එල්ලී තියෙන ඒ මල්මාලා දැකපු මහජනයා තමන්ගේ සැක දුරුකරගත්තා. රජ්ජුරුවෝ ථේරපුත්තාභය තෙරුන්ගෙන් මෙය ඇසුවා.

72. **කතමෝ දේවලෝකෝ හි - රම්මෝ භන්තේති සෝ බ්‍රැවි**
තුසිනානං පුරං රාජ - රම්මං ඉති සතං මතං

'ස්වාමීනී, කොයි දිව්‍ය ලෝකයද වඩාත් මනරම්?' 'රජ්ජුරුවෙනි, සත්පුරුෂයන්ගේ සම්මතය අනුව තුසිත දෙව්ලොව තමයි මනරම්.

73. **බුද්ධභාවාය සමයං - ඕලෝකෙන්තෝ මහාදයෝ**
මෙත්තෙය්‍යෝ බෝධිසත්තෝ හි - වසතේ තුසිතේ පුරේ

බුදුබව ලබාගන්ට කල් බලමින් වැඩඉන්න මහා දයාවන්ත වූ අපගේ මෛත්‍රේය බෝධිසත්වයන් වහන්සේත් වැඩඉන්නේ තුසිත පුරයේ නොවැ.'

74. **ථේරස්ස වචනං සුත්වා - මහාරාජා මහාමතී**
ඕලෝකෙන්තෝ මහාථූපං - නිපන්නෝ ව නිමීලයි

ථේරපුත්තාභය තෙරුන්ගේ වචනය ඇසූ මහා නුවණැති මහරජ්ජුරුවෝ මහාථූපය දෙස බලාගෙන වැතිරී සිටියදී ම දෑස පියාගත්තා.

75. **චවිත්වා තං ඛණං යේව - තුසිතා අහටේ රථේ**
නිබ්බත්තිත්වා ඨිතෝ යේව - දිබ්බදේහෝ අදිස්සථ

මිනිස් ලොවෙන් චුත වූ කෙණෙහි ම තුසිත දෙව්ලොවෙන් පැමිණි දිව්‍ය රථයෙහි ඕපපාතිකව දෙව්රජෙක් ව උපන්නා. දිව්‍ය වස්ත්‍රාභරණයෙන් සැරසුණු ඒ දිව්‍ය ශරීරයෙන් පෙනී සිටියා.

76. **කතස්ස පුඤ්ඤකම්මස්ස - ඵලං දස්සේතුමත්තනෝ**
මහාජනස්ස දස්සෙන්තෝ - අත්තානං සමලංකතං

තමන් විසින් කරන ලද පින්කම්වල යහපත් සැප විපාක හැමෝටම පෙන්වා දෙන්ට ඕනෑ නිසා මහජනයාට තමන්ව ප්‍රකටව පෙනෙන්ට සැලැස්සුවා.

77. **රථට්ඨෝ යේව තික්ඛත්තුං - මහාථූපං පදක්ඛිණං**
කත්වාන ථූපං සංඝඤ්ච - වන්දිත්වා තුසිතං අගා

දිව්‍ය රථයේ සිටියදීම රුවන්වැලි මහාසෑය තුන්වරක් පැදකුණු කළා. මහාසෑයටත්, සංඝයාටත් වන්දනා කරලා තුසිත දෙව්ලොව වැඩියා.

78. **නාටකියෝ ඉධාගන්ත්වා - මකුටං යත්ථ මෝචයුං**
මකුටමුත්තසාලාති - එත්ථ සාලා කතා අහු

රජ්ජුරුවන්ගේ දේහය යම් ශාලාවකට ගෙනැවිත් එතැනදී නාටක ස්ත්‍රීන් රජ්ජුරුවන්ගේ හිස මත තිබූ ඔටුන්න මුදවා කෙස් වැටිය ලිහා දැම්මා ද, එදා සිට ඒ ශාලාව 'මකුටමුත්තසාලා' නමින් හැඳින්වුනා.

79. **චිතකේ ඨපිතේ රඤ්ඤෝ - සරීරම්හි මහාජනෝ**
යත්ථා'රවි රාවවට්ටිසාලා නාම තහිං අහු

රජ්ජුරුවන්ගේ දේහය සඳුන් දර සෑයෙහි තැබුවාට පස්සේ මහාජනයා යම් තැනක සිට රජ්ජුරුවන්ගේ ගුණ කියමින් විලාප දී හඬා වැටුනා ද, එදා සිට ඒ ශාලාව 'රාවවට්ටි සාලා' නමින් හැඳින්වුනා.

80. **රඤ්ඤෝ සරීරං ඣාපේසුං - යස්මිං නිස්සීමමාළකේ**
සෝ ඒව මාළකෝ එත්ථ - වුච්චතේ රාජ මාළකෝ

යම් මළුවක රජ්ජුරුවන්ගේ ශරීරය ආදාහනය කළා ද, ඒ මළුව එදා සිට 'රාජමාළකය' නමින් හැඳින්වුනා.

81. **දුට්ඨගාමණිරාජා සො - රාජනාමාරහො මහා**
මෙත්තෙය්‍යස්ස භගවතො - හෙස්සති අග්ගසාවකො

අපගේ දුටුගැමුණු මහරජ්ජුරුවෝ 'මහරාජ' යන නාමයට අතිශයින්ම සුදුසු වූ උදාර කෙනෙක්. ඒ මහාරාජෝත්තමයා අනාගතයේ බුදුවන මෛත්‍රේය නැමැති භාග්‍යවතුන් වහන්සේගේ අග්‍ර ශ්‍රාවකයන් වහන්සේ වෙනවා.

82. **රඤ්ඤො පිතා පිතා තස්ස - මාතා මාතා භවිස්සති**
සද්ධාතිස්සො කනිට්ඨො තු - දුතියො හෙස්සති සාවකො

දුටුගැමුණු රජ්ජුරුවන්ගේ පියා වූ කාවන්තිස්ස රජතුමා මෛත්‍රේය භාග්‍යවතුන් වහන්සේගේ පියා වෙනවා. විහාරමහාදේවී මැණියන් මෛත්‍රේය භාග්‍යවතුන් වහන්සේගේ මව වෙනවා. තමන්ගේ මළනුවන් වන සද්ධාතිස්ස කුමාරයා ඒ භාග්‍යවතුන් වහන්සේගේ දෙවෙනි ශ්‍රාවකයන් වහන්සේ වෙනවා.

83. **සාලිරාජකුමාරො යො - තස්ස රඤ්ඤො සුතො තු සො**
මෙත්තෙය්‍යස්ස භගවතො - පුත්තො යේව භවිස්සති

දුටුගැමුණු රජ්ජුරුවන්ගේ පුත්‍ර වූ සාලිය රාජකුමාරයා ඒ භාග්‍යවතුන් වහන්සේගේ ගිහි අවස්ථාවේ පුත්‍රයා බවට පත්වෙනවා.

84. **ඒවං යො කුසලපරො කරොති පුඤ්ඤං**
ඡාදෙන්තො අනියතපාපකං බහුම්පි
සො සග්ගං සකඝරමිවොපයාති තස්මා
සප්පඤ්ඤොස තතරතො භවෙය්‍ය පුඤ්ඤෙති.

අපගේ දුටුගැමුණු රජ්ජුරුවෝ වගේ යම් කෙනෙක් කුසල් ම යි උතුම් කියලා පින් කරනවා නම්, පංච ආනන්තරීය පාපකර්මත්, නියත මිථ්‍යා දෘෂ්ටියත් යන නියත වශයෙන්ම ඊළඟ උපතේදී විපාක දෙන කර්ම හැර, අනෙත් නියත

නොවන බොහෝ පව් විපාක වසාලමින් තමන්ගේ නිවස බලා යන නිවාස හිමිකාරයෙක් වගේ දෙව්ලොව උපදිනවා. එනිසා නුවණින් යුක්ත තැනැත්තා නිරන්තරයෙන් පින් ම යි කරන්ට ඕනෑ.

සුජනප්පසාදසංවේගත්ථාය කතේ මහාවංසේ
තුසිතපුරගමනං නාම ද්වත්තිංසතිමෝ පරිච්ඡේදෝ.

සත්පුරුෂ ජනයන්ගේ ප්‍රසාදයත් සංවේගයත් ඇතිකරනු පිණිස කරන ලද මහාවංශයෙහි දුටුගැමුණු රජ්ජුරුවෝ තුසිත පුරයට සැපත්වීම නම් වූ තිස්දෙවෙනි පරිච්ඡේදය යි.

33

තෙත්තිංසතිමෝ පරිච්ඡේදෝ

තිස්තුන්වෙනි පරිච්ඡේදය

දසරාජකෝ

රජවරු දස දෙනෙකුගේ පාලනය

1. දුට්ඨගාමණිරඤ්ඤෝ තු - රජ්ජේ ඨිතා ජනා අහූ
සාලිරාජකුමාරෝති - තස්සාසි විස්සුතෝ සුතෝ

දුටුගැමුණු රජ්ජුරුවන්ගේ රාජ්‍ය කාලයේ මහජනතාව සියලු උපභෝග පරිභෝග සම්පත් ඇතුව වාසය කළා. ඒ අපගේ රජ්ජුරුවන්ට සාලි රජකුමාර නමින් ප්‍රසිද්ධියට පත්වුණු පුත් කුමාරයෙක් සිටියා.

2. අතීව ධඤ්ඤෝ සෝ ආසි - පුඤ්ඤකම්මරතෝ සදා
අතීව චාරුරූපාය - සත්තෝ චණ්ඩාලියා අහූ

අතිශයින්ම රූප සම්පත්තියකින් යුක්ත වූ මහා පින් ඇති මේ සාලි කුමාරයා නිරතුරුවම පුණ්‍ය කටයුතුවල ඇලී වාසය කළා. ඉතා මනහර රූපයක් තිබුණු සැඩොල් කෙල්ලකට මේ කුමාරයාගේ සිත තදින් බැඳී ගියා නොවැ.

3. අසෝකමාලා දේවිං තං - සම්බන්ධං පුබ්බජාතියා
රූපේනා'තිපියායන්තෝ - සෝ රජ්ජං නේවකාමයි

පෙර ආත්මයේ ස්වාමියා - බිරිඳ වශයෙන් වාසය කරමින් බොහෝ පින් කොට තිබුණු නිසා ඒ අශෝකමාලා දේවියට තදින් බැඳී ගියා. පිය රජ්ජුරුවන්ගේ අභාවයෙන් පස්සේ රාජ්‍ය භාරගන්ට කියා ඇමතිවරුන් ඉල්ලා සිටියත් චාරිත්‍රානුකූලව කරන රාජවංශයේ අභිෂේකයේදී ක්ෂත්‍රිය කුමාරිකාවක් මෙහෙසිය ලෙස අභිෂේක කළ යුතු නිසා සැඬොල් කුලයේ උපන් අශෝකමාලා වෙනුවෙන් සාලි කුමාරයා රජකම අත්හැරියා.

4. **දුට්ඨගාමණිභාතා'තෝ - සද්ධාතිස්සෝ තදච්චයේ**
රජ්ජං කාරේසා'භිසිත්තෝ - අට්ඨාරසසමා'සමෝ

සාලි කුමාරයා රාජ්‍යය භාරගන්ට අකමැති වූ නිසා දුටුගැමුණු රජ්ජුරුවන්ගේ සොයුරු සද්ධාතිස්ස කුමාරයා රාජ්‍යයේ අභිෂේක කළා. දහඅට අවුරුද්දක් ලංකා රාජ්‍යය කළා.

5. **ඡත්තකම්මං සුධාකම්මං - හත්ථිපාකාරමේව ච**
මහාථූපස්ස කාරේසි - සෝ සද්ධාකතනාමකෝ

තමන් තුළ ඇති ශ්‍රද්ධාව නිසාම ඔහුට සද්ධාතිස්ස යන නම ලැබුනා. ඉතින් අපගේ සද්ධාතිස්ස රජ්ජුරුවෝ මහාසෑයේ ඡත්‍රය පැළැන්දෙව්වා. සුදු හුණු ආලේප කිරීමත්, ඇත් පවුරත් කෙරෙව්වා.

6. **දීපේන ලෝහපාසාදෝ - උඩ්ඩය්හිත්ථ සුසංඛතෝ**
කාරේසි ලෝහපාසාදං - පුන සෝ සත්තභූමකං

ඉතා අලංකාරව කරන ලද ලෝවාමහා ප්‍රාසාදය මීයෙකු විසින් පෙරලන ලද පහනක් නිසා දැවී ගියා. සද්ධාතිස්ස රජ්ජුරුවෝ ආයෙමත් ලෝවාමහාප්‍රාසාදය සත් මහල් කොට කෙරෙව්වා.

7. **නවුතිසතසහස්සග්ඝෝ - පාසාදෝ ආසි සෝ තදා**
දක්ඛිණගිරිවිහාරං - කල්ලකලේණමේව ච

ඒ කාලයේ ප්‍රාසාදය කහවණු අනූ ලක්ෂයක වටිනාකමකින් යුක්ත වුනා. සද්ධාතිස්ස රජ්ජුරුවෝ දක්ඛිණගිරි විහාරයත්, කල්ලකා ලෙනත් කෙරෙව්වා.

8. **කුළුම්බාලවිහාරඤ්ච - තථා පෙත්තංගවාලිකං**
වේලංගවට්ටිකඤ්චේව - දුබ්බලවාපිතිස්සකං

කලම්බක විහාරයත්, ඒ වගේම පෙතඟවැලි විහාරයත්, වෙළඟවැටිය විහාරයත්, දිඹුල්වෑතිස් විහාරයත් කෙරෙව්වා.

9. **දූරතිස්සකවාපිඤ්ච - තථා මාතුවිහාරකං**
කාරේසි ආදීසවාපිං - විහාරං යෝජන යෝජනේ

දූරතිස්ස වැවත්, ඒ වගේම මාතු විහාරයත් කෙරෙව්වා. අනුරාධපුරයේ සිට දීඝවාපිය දක්වා යොදුනක් යොදුනක් ගානේ විහාරයන් කෙරෙව්වා.

10. **දීඝවාපිවිහාරඤ්ච - කාරේසි සහ චේතියං**
නානාරතනකච්ඡන්නං - තත්ථ කාරේසි චේතියේ

දීඝවාපි විහාරයත්, දීඝවාපි මහා සෑයත් කෙරෙව්වා. ඒ දීඝවාපි චෛත්‍යය වැහෙන්ට සත්රුවන් එබ්බ වූ දැළක් කෙරෙව්වා.

11. **සන්ධියං සන්ධියං තත්ථ - රථචක්කප්පමාණකං**
සෝවණ්ණමාලං කාරෙත්වා - ලග්ගාපේසි මනෝරමං

ඒ රුවන් දැලේ රථ රෝදයක ප්‍රමාණයේ මනරම් රන්මල් කරවා ඒවා එහි සන්ධියක් සන්ධියක් පාසා ඇමිණෙව්වා.

12. **චතුරාසීතිසහස්සානං - ධම්මක්ඛන්ධානමිස්සරෝ**
චතුරාසීතිසහස්සානි - පූජා චාපි අකාරයි

සද්ධාතිස්ස රජ්ජුරුවෝ අසූ හාර දහසක් ධර්මස්කන්ධයන්ට උපහාර පිණිස අසූහාර දහසක් පූජාවන් පැවැත්තුවා.

13. **ඒවං පුඤ්ඤානි කත්වා සෝ - අනේකානි මහීපති**
කායස්ස භේදා දේවේසු - තුසිතේසූ'පපජ්ජථ

අපගේ සද්ධාතිස්ස රජ්ජුරුවෝ ඔය ආකාරයෙන් නොයෙක් පින් රැස් කරගෙන අභාවයට පත්වුනාට පස්සේ තුසිත දෙව්ලොව උපන්නා.

14. **සද්ධාතිස්සමහාරාජේ - වසන්තේ දීඝවාපියං**
ලජ්ජිතිස්සෝ ජෙට්ඨසුතෝ - ගිරිකුම්භීලනාමකං

සද්ධාතිස්ස මහරජ්ජුරුවෝ දීඝවාපියේ වාසය කරන කාලේ ඔහුගේ වැඩිමහළු පුත් කුමාරයා වන ලජ්ජතිස්ස කුමාරයා ගිරිකුම්භීල නමැති,

15. **විහාරං කාරයි රම්මං - තං කනිට්ඨසුතෝ පන**
ථුල්ලත්ථනෝ අකාරේසි - විහාරං කන්දරව්හයං

රම්‍ය වූ විහාරය කෙරෙව්වා. සද්ධාතිස්ස රජ්ජුරුවන්ගේ ඊට බාල වූ පුත් කුමාරයා වූ ථූලත්ථන කුමාරයා කන්දර නැමැති විහාරය කෙරෙව්වා.

16. **පිතරා ථුල්ලථනකෝ - භාතුසන්තිකමායතා**
සහේවා'ග විහාරස්ස - සංඝභෝගත්ථමත්තනෝ

ථූලත්ථන කුමාරයාගේ පියාණන් වූ තිස්ස කුමාරයා එදා තම සහෝදර දුටුගැමුණු රජ්ජුරුවන් බැහැදකින්ට එන ගමනේදී තම පියාණන් සමඟ තමන් කළ විහාරයේ සංඝයාට දන් පැන් පූජා කරගන්ට පැමිණියා.

17. **සද්ධාතිස්සේ උපරතේ - සබ්බේ'මච්චා සමාගතා**
ථූපාරාමේ භික්ඛුසංඝං - සකලං සන්නිපාතිය

සද්ධාතිස්ස රජ්ජුරුවන්ගේ අභාවයෙන් පස්සේ සියලු අමාත්‍යවරු රැස්වෙලා අනුරාධපුරයේ සියලු භික්ෂු සංඝයා ථූපාරාම විහාරයට රැස්කෙරෙව්වා.

18. සංඝානුඤ්ඤාය රට්ඨස්ස - රක්ඛනත්ථං කුමාරකං
අභිසිඤ්චුං ථුල්ලථනං - තං සුත්වා ලජ්ජිතිස්සකෝ

සද්ධාතිස්ස රජ්ජුරුවන් සමඟ එදා ආපු ගමනේ සිට දිගටම සිටිය නිසා ථූලත්ථන කුමාරයා රජකමට සුදුසු ය කියලා සංඝයාගෙනුත් අනුමැතිය ලැබුනා. ඇමතිවරු ථූලත්ථන කුමාරයාව රාජ්‍යයෙහි අභිෂේක කෙරෙව්වා. එය ඇසූ ලජ්ජිතිස්ස කුමාරයා,

19. ඉධාගන්ත්වා ගහෙත්වා තං - සයං රජ්ජමකාරයි
මාසඤ්චෙව දසාහඤ්ච - රාජා ථුල්ලථනෝ පන

මෙහෙ (අනුරාධපුරයට) ඇවිදින් ථූලත්ථන රජ්ජුරුවන්ව රාජ්‍යයෙන් පහකරලා තමන් රාජ්‍යය කළා. ථූලත්ථන රජ්ජුරුවෝ රජකම් කළේ මාසයකුත් දස දිනක් පමණයි.

20. තිස්සෝ සමා ලජ්ජිතිස්සෝ - සංඝේ හුත්වා අනාදරෝ
න ජානිංසු යථාබුඩ්ඪ'මිති තං පරිභාසයි

ලජ්ජිතිස්ස රජ්ජුරුවෝ තුන් අවුරුද්දක් ම 'මේ සංඝයා වහන්සේලා වැඩිමහල් පිළිවෙළ දන්නේ නැහැ නෙව' කියලා උන්වහන්සේලා කෙරෙහි අපහැදීමෙන් යුක්තව පිරිහෙලා කථා කළා.

21. පච්ඡා සංඝං ඛමාපෙත්වා - දණ්ඩකම්මත්ථමිස්සරෝ
තීණි සතසහස්සානි - දත්වාන උරුචේතියේ

රජ්ජුරුවෝ පස්සේ සංඝයාගෙන් සමාව අරගත්තා. එයට දඬුවමක් වශයෙන් මහාසෑයට කහවණු තුන් ලක්ෂයක් පූජා කළා.

22. සිලාමයානි කාරේසි - පුප්ඵයානානි තීණි සෝ
අථෝ සතසහස්සේන - චිතාපේසි ච අන්තරා

ලජ්ජතිස්ස රජ්ජුරුවෝ මහාසෑයට කළුගලෙන් මල් ආසන තුනක් කෙරෙව්වා. ඒ වගේම ලක්ෂයක් ධනය වියදම් කරලා කුඹුක්වැවෙන් මෙහා පැත්තේ වගුරුබිම ගොඩකරවා,

23. **මහාථූප ථූපාරාමානං - භූමිං භූමිස්සරෝ සමං**
ථූපාරාමේ ච ථූපස්ස - සිලාකඤ්චුකමුත්තමං

රජ්ජුරුවෝ මහා සෑයත්, ථූපාරාමයත් අතර ප්‍රදේශය සම කෙරෙව්වා. ථූපාරාම විහාරයෙහි ථූපාරාම චෛත්‍යයට උතුම් ගල් කඤ්චුකයක් කෙරෙව්වා.

24. **ථූපාරාමස්ස පුරතෝ - සිලාථූපකමේව ච**
ලජ්ජිකාසනසාලඤ්ච - භික්ඛුසංඝස්ස කාරයි

ථූපාරාමයට ඉදිරියෙන් ගලින්ම කළ ස්ථූපයකුත්, ලජ්ජික නමින් ආසන ශාලාවකුත් භික්ෂු සංඝයා උදෙසා කෙරෙව්වා.

25. **කඤ්චුකං කණ්ටකේ ථූපේ - කාරාපේසි සිලාමයං**
දත්වාන සතසහස්සං - විහාරේ චේතියව්හයේ

සෑගිරියේ කණ්ටක නැමැති චෛත්‍යයට කහවණු ලක්ෂයක් වියදම් කරලා ගලින්ම කඤ්චුකයක් කෙරෙව්වා.

26. **ගිරිකුම්භීලනාමස්ස - විහාරස්ස මහම්හි සෝ**
සට්ඨිභික්ඛුසහස්සානං - තිචීවරමදාපයි

ලජ්ජිතිස්ස රජ්ජුරුවෝ ගිරිකුම්භීල නැමැති තමන් හැදූ මහා විහාරයේ සැට දහසක් භික්ෂූන්ට තුන් සිවුරු පූජා කළා.

27. **අරිට්ඨවිහාරං කාරේසි - තථා කන්දරහීනකං**
ගාමිකානඤ්ච භික්ඛූනං - භේසජ්ජානි අදාපයි

ඒ වගේම රජ්ජුරුවෝ රිටිගල විහාරයත්, කන්දරහීනක විහාරයත් කෙරෙව්වා. ගම්වල වාසය කරන භික්ෂූන්ට බෙහෙත් ඖෂධ ලබාදුන්නා.

28. **කිම්ච්ඡකං තණ්ඩුලඤ්ච - භික්ඛුනීනමදාපයි**
සමා නවට්ඨමාසඤ්ච - රජ්ජං සෝ කාරයී ඉධ

'ඔබවහන්සේට උවමනා මොනවාද කියා භික්ෂුණීන්ගෙන් විමසලා භික්ෂුණීන්ට සහලුත්, අනිත් පිරිකරත් ලබා දුන්නා. අවුරුදු නවයකුත් මාස අටක් ලජ්ජිතිස්ස රජ්ජුරුවෝ රාජ්‍ය කළා.

29. **මතේ ලජ්ජිකතිස්සම්හි - කනිට්ඨෝ තස්ස කාරයි**
රජ්ජං ඡළේව වස්සානි - ඛල්ලාටනාගනාමකෝ

ලජ්ජිතිස්ස රජ්ජුරුවන්ගේ අභාවයෙන් පස්සේ ඔහුගේ මළනුවන් වන ඛල්ලාටනාග රජ්ජුරුවෝ සය අවුරුද්දක් පමණක් රාජ්‍ය කළා.

30. **ලෝහපාසාදපරිවාරේ - පාසාදේති මනෝරමේ**
ලෝහපාසාදසෝභත්ථං - ඒසෝ ද්වත්තිංසකාරයි

ඛල්ලාටනාග රජ්ජුරුවෝ ලෝවාමහාප්‍රාසාදයට අතිමනරම් බවක් ලබාදීම පිණිස ලෝවාමහාප්‍රාසාදය පිරිවරා සිටින අයුරින් ඉතා සුන්දර ප්‍රාසාදයන් තිස් දෙකක් කෙරෙව්වා.

31. **මහාථූපස්ස පරිතෝ - චාරුනෝ හේමමාලිනෝ**
වාලිකංගණමරියාදං - පාකාරඤ්ච අකාරයි

සුන්දර වූ ස්වර්ණමාලී මහා සෑයේ වටේ ඇති වැලි මළුවේ කෙළවරින් ප්‍රාකාරයක් කෙරෙව්වා.

32. **සෝච කුරුන්දපාසකං - විහාරඤ්ච අකාරයි**
පුඤ්ඤකම්මානි චඤ්ඤානි - කාරාපේසි මහීපති

ඒ වගේම රජ්ජුරුවෝ කුරුන්දවාසක විහාරයත් කෙරෙව්වා. තවත් බොහෝ පිනුත් කරගත්තා. (මේ රජ්ජුරුවන්ට මහා චූලික නමින් පුත් කුමාරයෙක් සිටියා. සුමනාදේවී නම් රජ්ජුරුවන්ගේ වෙනත් දේවියකගේ

නැගණියකට තිස්ස, අභය, උත්තර නමින් පුත් කුමාරවරු තුන් දෙනෙක් සිටියා. ඔවුන්ට රජ්ජුරුවෝ මාමා වෙනවා. ඔවුන් 'මාමා' වන රජ්ජුරුවන්ව අල්ලාගන්ට කුමන්ත්‍රණයක් කළා. එය හෙළිදරව් වුනා. අපිට අනුන් අතින් මැරෙනවාට වඩා ගින්නට පැන දිවිනසාගන්න එක හොඳයි කියලා ඔවුන් 'ගිරි' නැමැති නිගණ්ඨයාගේ ආශ්‍රමයට ගියා. එහි දරසෑයක් කරවා ගින්නට පැන දිවි නසා ගත්තා. ඔවුන්ගේ ඥාතීන් එතන සෑයක් කෙරෙව්වා. එය අග්නිප්‍රවේශක චෛත්‍යය නමින් හැඳින්වුනා)

33. **තං මහාරත්තකෝ නාම - සේනාපති මහීපතිං**
බල්ලාටනාගරාජානං - නගරේයේව අග්ගහි

මහාරත්තක නැමැති තමන්ගේ සෙන්පතියෙක් බල්ලාටනාග රජ්ජුරුවන්ව නගරයේදීම අල්ලා ගත්තා.

34. **තස්ස රඤ්ඤො කනිට්ඨෝ තු - වට්ටගාමණිනාමකෝ**
තං දුට්ඨසේනාපතිකං - හන්ත්වා රජ්ජමකාරයි

එතකොට බල්ලාටනාග රජ්ජුරුවන්ගේ මළනුවන් වන වළගම්බා නැමැති කුමාරයා ඒ දුෂ්ට සෙනෙවියා මරවා ලංකා රාජ්‍යය අත්පත් කරගත්තා.

35. **බල්ලාටනාගරඤ්ඤො සෝ - පුත්තකං සකභාතුනෝ**
මහාචූලිකනාමානං - පුත්තට්ඨානේ ඨපේසි ච

වළගම්බා රජ්ජුරුවෝ තම සොයුරු බල්ලාටනාග රජ්ජුරුවන්ගේ පුත් කුමාරයා වන මහා චූලික නැමැති කුමාරයාව තමන්ගේ පුත්‍ර ස්ථානයෙහි තැබුවා.

36. **තම්මාතරංනුලාදේවිං - මහේසිඤ්ච අකාසි සෝ**
පිතිට්ඨානේ ඨිත්තාස්ස - පිතිරාජාති චබ්‍රවුං

බල්ලාටනාග රජ්ජුරුවන්ගේ මෙහෙසියව සිටි මහා චූලික කුමාරයාගේ මව් වූ අනුලා දේවිය මහේෂිකා තනතුරෙහි

තැබුවා. මහා චූලික කුමාරයාගේ පිය තනතුරෙහි වළගම්බා රජ්ජුරුවන් සිටි නිසා මහා ජනයාත් එතුමාව 'පිතුරාජා' යන නමින් හැඳින්නුවා.

37. ඒවං රජ්ජේභිසිත්තස්ස - තස්ස මාසම්හි පඤ්චමේ
රෝහණේ නකුලනගරේ - ඒකෝ බ්‍රාහ්මණචේටකෝ

වළගම්බා රජ්ජුරුවන්ගේ රාජාභිෂේකයෙන් පස්වන මාසයේ රුහුණු රටේ නකුල නගරයෙහි එක්තරා බ්‍රාහ්මණ වංශික තරුණයෙක්,

38. තීයෝ නාම බ්‍රාහ්මණස්ස - වචෝ සුත්වා අපණ්ඩිතෝ
චෝරෝ අහූ මහා තස්ස - පරිවාරෝ අහෝසි ච

'මේ නැකැත් යෝගයේදී කැරැල්ලක් ගැසුවොත් ලංකා රාජ්‍යය අත්පත් කරගන්ට පුළුවනි' කියලා තිස්ස නම් මෝඩ බ්‍රාහ්මණයෙකු කියූ කියමන අහලා මේ තීය නමැති බ්‍රාහ්මණයා මහා සොරෙක් වුනා. ඔහුට මහා පිරිසකුත් හිටියා.

39. සගණා සත්තදමිළා - මහාතිත්ථම්හි ඕතරුං
තදා බ්‍රාහ්මණතීයෝ ච - තේ සත්තදමිළාපිච

ඔය අතරේ පිරිස් සහිත වූ දෙමළ සත් දෙනෙක් දකුණු ඉන්දියාවේ සිට මාතොටින් ගොඩබැස්සා. එතකොට තීය බ්‍රාහ්මණයාත්, ඒ දෙමළ සත්දෙනාත්,

40. ඡත්තත්ථාය විසජ්ජේසුං - ලේඛං භූපතිසන්තිකං
රාජා බ්‍රාහ්මණතීයස්ස - ලේඛං පේසේසි නීතිමා

වළගම්බා රජ්ජුරුවන්ගේ රාජ්‍ය ඡත්‍රය ලබාගනු පිණිස හසුන් පත් ලියා එව්වා. නීතිය පිළිබඳ දන්නා රජ්ජුරුවෝ උපායකින් යුතු හසුනක් තීය බ්‍රාහ්මණයාට යැව්වා.

41. රජ්ජං තව ඉදානේව - ගණ්හ ත්වං දමිළේ ඉති
සාධූති සෝ දමිළේහි - යුජ්ඣි ගණ්හිංසු තේ තු තං

"මේ රාජ්‍යය දැනටත් ඔබේ අතේ. නමුත් මේ රාජ්‍යය බලෙන් පැහැරගන්ට එන දෙමළුන් පළමුවෙන් අල්ලා ගනින්" කියලා. එතකොට "හොඳයි එහෙනම් මං ඉස්සෙල්ලාම දෙමළු පළවා හරින්ට ඕනෑ" කියලා මාතොටින් ගොඩබැස්ස දෙමළුන් සමඟ යුද්ධ කළා. එතකොට ඒ දෙමළු 'තීය' බ්‍රාහ්මණයාව අල්ලා ගත්තා.

42. **තතෝ තේ දමිළා යුද්ධං - රඤ්ඤා සහ පවත්තයුං**
කෝළම්බාලකසාමන්තා - යුද්ධේ රාජා පරාජිතෝ

ඊට පස්සේ ඒ දෙමෙල්ලු අනුරාධපුර නගරය දෙසට එමින් සිටියදී කෝළම්බාලක නම් ස්ථානයට නුදුරින් තැනකදී වළගම්බා රජ්ජුරුවන් සමඟ යුද්ධ කළා. යුද්ධයෙන් රජ්ජුරුවෝ පැරදුනා.

43. **තිත්ථාරාමද්වාරේන - රථාරූළ්හෝ පලායති**
පණ්ඩුකාභයරාජේන - තිත්ථාරාමෝ හි කාරිතෝ
වාසිතෝව සදා ආසි - ඒකවීසතිරාජුසූ

එතකොට රජ්ජුරුවෝ රථයට නැගලා තීර්ථකාරාම දොරටුවෙන් පැනලා ගියා. ඒ තීර්ථකාරාමය පණ්ඩුකාභය රජ්ජුරුවන්ගේ කාලයේ පටන් පිහිටා තිබූ එකක්. රජවරු විසි එක් දෙනෙකුගේ කාලය මුළුල්ලේම එය තීර්ථකයන්ගේ ආරාමයක් වශයෙන් තිබුණා.

44. **තං දිස්වාන පලායන්තං - නිගණ්ඨෝ ගිරිනාමකෝ**
පලායති මහාකාළ - සීහළෝති භුසං රවි

වළගම්බා රජ්ජුරුවෝ පළායනවා දුටු 'ගිරි' නමැති දෙමළ නිගණ්ඨයා 'මහා කළු සිංහලයා යුද්ධයෙන් පැරදී පළා යනවෝ' කියලා මහා හඬින් කෑගහලා කිව්වා.

45. **තං සුත්වාන මහාරාජා - සිද්ධේ මම මනෝරථේ**
විහාරං එත්ථ කාරෙස්සං - ඉච්චේවං චින්තයී තදා

ඔහුගේ හඬ ඇසුණු රජ්ජුරුවෝ ආක්‍රමණික දෙමළු නසා මා සතු රාජ්‍ය ගත් දවසට මම මෙතන සංඝයා උදෙසා විහාරයක් කරනවා කියලා එවේලේම අධිෂ්ඨානයක් ඇති කරගත්තා.

46. **සගබ්භං අනුලාදේවිං - අග්ගහී රක්ඛියා ඉති**
මහාචූළ මහානාග - කුමාරේ චාපි රක්ඛියේ

අනුලා දේවිය ගර්භනීව සිටින නිසා ඇවත් රකින්ට ඕනෑ. මහා චූළික පුත්‍රයාවත් තමාගේ පුත්‍ර මහානාග කුමාරයාවත් රකින්ට ඕනෑ කියලා රථයේම තබාගත්තා.

47. **රථස්ස ලහුභාවත්ථං - දත්වා චූළාමණිං සුභං**
ඕතාරේසි සෝමදේවිං - තස්සා'නුඤ්ඤාය භූපති

රථයේ සැහැල්ලු බව පිණිස වටිනා චූඩා මාණික්‍යයක් අතට දීලා සෝම දේවිය නැමැති තමන්ගේ දේවිය ඇයගේ ඉල්ලීම පරිදි රථයෙන් බැස්සෙව්වා.

48. **යුද්ධාය ගමනේ යේව - පුත්තකේ ද්වේ ච දේවියෝ**
ගාහයිත්වාන නික්ඛන්තෝ - සංකිතෝ සෝ පරාජයේ

යුද්ධයට ගිය ගමනේදී මහාචූළ, මහානාග යන පුත්කුමාරවරුන් දෙදෙනාත්, අනුලාදේවි, සෝමදේවි යන දෙදෙනාත් රැගෙන නික්මී යුද්ධයේදී පැරදුණු රජ්ජුරුවෝ,

49. **අසක්කුණිත්වා ගාහේතුං - පත්තං භුත්තං ජිනේන තං**
පලායිත්වා වෙස්සගිරිවනේ අභිනිලීයි සෝ

අප භාග්‍යවතුන් වහන්සේ දන් වැළඳූ පාත්‍රය ගන්ට නොහැකිව අඹුදරුවන් සමඟ පළා ගිහින් වෙස්සගිරි විහාරය අසළ වනයේ සැඟවුනා.

50. **කුත්ථික්කුල මහාතිස්ස - ථේරෝ දිස්වා තහං තු තං**
භත්තං පාදා අනාමට්ඨං - පිණ්ඩදානං විවජ්ජිය

ඒ වනයේ සිටිය කුතික්කල මහාතිස්ස තෙරුන් වහන්සේ මේ පිරිස දැක්කා. දැක විනයානුකූලව නොවැළඳූ පිණ්ඩපාතය දීමෙන් වැළකිලා රජ්ජුරුවන්ට ආහාර දුන්නා.

51. **අථ කේතකිපත්තම්හි - ලිඛිත්වා හට්ඨමානසෝ**
සංඝභෝගං විහාරස්ස - තස්ස පාදා මහීපති

එයින් සතුටු වූ වළගම්බා රජ්ජුරුවෝ වැටකෙයියා පත්‍රයක ලියා ඒ විහාරයේ සංඝයාගේ ප්‍රයෝජනයට අවශ්‍ය දේ ලබාදුන්නා.

52. **තතෝ ගන්ත්වා සිලාසොබ්භ - කණ්ඩකම්හි වසී තතෝ**
ගන්ත්වාන මාතුවේලංගේ - සාලගල්ලසමීපගෝ

රජ්ජුරුවෝ එතැනින් ගිහින් වෙස්සගිරියට දකුණින් පර්වත විහාරය ළඟ ගල්හෙබකඩ නම් ගමට ගියා. එතනින් මලයට රටේ මාතුවේලංග නම් ජනපදයේ සල්ගල නම් ගමට පැමිණියා. මහාවංශය ලියන අවධියේ එය 'මෝරගල්ල' නමින් හැඳින්වෙලා තියෙනවා.

53. **තත්ථද්දස දිට්ඨපුබ්බං - ථේරං ථේරෝ මහීපතිං**
උපට්ඨාකස්ස අප්පේසි - තනසීවස්ස සාධුකං

එතනදීත් රජ්ජුරුවන්ට පලායන අවස්ථාවේ වෙස්සගිරි විහාරය අසළ වනයේදී ආහාර දුන් කුපික්කල තිස්ස තෙරුන්ව මුණගැසුනා. එහිදී තෙරුන් වහන්සේ තමන්ගේ උපස්ථායක වූ තනසීව නැමැත්තාට රජ්ජුරුවන්ව භාරදුන්නා.

54. **තස්ස සෝ තනසීවස්ස - රට්ඨිකස්ස'න්තිකේ තහිං**
රාජා චුද්දසවස්සානි - වසී තේන උපට්ඨිතෝ

තනසීව නැමැති රටවැසියා ළඟ අපගේ වළගම්බා රජ්ජුරුවෝ දාහතර වසරක් ඔහුගේ උපස්ථාන ලබමින් වාසය කළා.

55. සත්තසු දමිළෙස්වේකෝ - සෝමදේවිං මදාවහං
රාගරත්තෝ ගහෙත්වාන - පරතීරමගා ලහුං

දෙමෙල්ලු සත්දෙනාගෙන් එක් දෙමලෙක් ආකර්ශනීය පෙනුමැති සෝම දේවිය දැකලා ඈ කෙරෙහි රාගයෙන් ඇලී ඇවත් රැගෙන ඉන්දියාවට ගියා.

56. ඒකෝ පත්තං දසබලස්ස - අනුරාධපුරේ ඨිතං
ආදාය තේන සන්තුට්ඨෝ - පරතීරමගා ලහුං

ඒ දෙමලුන්ගෙන් තව දෙමලෙක් අනුරාධපුරයේ වැඩහුන් අපගේ දසබලයන් වහන්සේ දන් වැළඳූ පාත්‍රය රැගෙන එයින් සතුටුවෙලා එයත් රැගෙන ඉන්දියාවට ගියා.

57. පුළහත්ථෝ තු දමිළෝ - තීණිවස්සානි කාරයි
රජ්ජං සේනාපතිං කත්වා - දමිළං බාහියව්හයං

පුළහත්ථ නමැති දෙමළා බාහිය නමැති දෙමළාට සෙනෙවි තනතුර දීලා තුන් අවුරුද්දක් රාජ්‍යය කළා.

58. පුළහත්ථං ගහෙත්වා තං - ද්වේ වස්සානි බාහියෝ
රජ්ජං කාරේසි තස්සාසි - පණයමාරෝ චමූපති

බාහිය නැමැති සෙන්පතියා පුළහත්ථ දෙමළ රජු බලයෙන් පහකරවා අවුරුදු දෙකක් රාජ්‍ය කළා. ඔහු පණයමාර නැමැති දෙමළෙකුට සෙනෙවි තනතුරු දුන්නා.

59. බාහියං තං ගහෙත්වාන - රාජාසි පණයමාරකෝ
සත්තවස්සානි තස්සාසි - පිළයමාරෝ චමූපති

එතකොට සෙන්පතිකම ගත් පණයමාර බාහිය දෙමළ රජු බලයෙන් පහකරවා සත් අවුරුද්දක් රාජ්‍ය කළා. ඔහුත් පිළයමාර නැමැති දෙමළෙකුට සෙනෙවි තනතුර දුන්නා.

60. පණයමාරං ගහෙත්වා සෝ - රාජාසි පිළයමාරකෝ
සත්තමාසානි තස්සාසි - දාඨියෝ තු චමූපති

සෙනෙවි තනතුරු ගත් පිළයමාර පණයමාර දෙමළ රජු අල්ලා ගත්තා. ඔහුටත් දාඨික නැමැති දෙමළ සෙනෙවියෙක් සිටියා. පිළයමාර දෙමළ රජුත් සත් මාසයක් රජ කළා.

61. පිළයමාරං ගහෙත්වා සෝ - දාඨියෝ දමිළෝ පන
රජ්ජං'නුරාධනගරේ - දුවේ වස්සානි කාරයි

දාඨික දෙමළ සෙන්පතියා පිළියමාර දෙමළ රජුව අල්ලාගත්තා. ඒ දාඨික දෙමළා අනුරාධපුරයේ දෙවර්ෂයක් රාජ්‍ය කළා.

62. ඒවං දමිළරාජූනං - තේසං පඤ්චන්නමේව හි
හොන්ති චුද්දසවස්සානි - සත්තමාසා ච උත්තරිං

ඔය ආකාරයට පුලහත්ථ, බාහිය, පණයමාර, පිළයමාර, දාඨික වශයෙන් දෙමළු පස් දෙනෙක් අනුරාධපුරයේ රජකම් කළා. ඔවුන් පිළිවෙලින් දාහතර අවුරුද්දකුත් සත් මසක් රජකරලා තියෙනවා.

63. ගතාය තු නිවාසත්ථං - මලයේ'නුලදේවියා
හරියා තනසීවස්ස - පාදා පහරි පච්ඡියං

පළා නෙළන්ට තනසීවයාගේ බිරිඳයි, අනුලා දේවියයි කන්දෙ ගියා. එහිදී ඔවුන් අතර ආරවුලක් ඇතිවෙලා තනසීවයාගේ බිරිඳ අනුලාදේවිය එල්ලා ගෙන ගිය මල්ලට පයින් ගැහැව්වා.

64. කුජ්ඣිත්වා රෝදමානා සා - රාජානං උපසංකමි
තං සුත්වා තනසීවෝ සෝ - ධනුමාදාය නික්ඛමි

ඈ කේන්ති අරගෙන හඬ හඬ රජ්ජුරුවන් වෙත ආවා. තනසීව බිරිඳ ගිහින් තනසීව කෝප ගැන්නුවා. 'අඹුදරුවන් එක්කම රජ්ජුරුවන්ව මං විදලා මරනවා' කියලා දුනු හී ගෙන ගෙදරින් පිටත් වුනා.

65. දේවියා වචනං සුත්වා - තස්ස ආගමනා පුරා
ද්විපුත්තං දේවිමාදාය - තතෝ රාජාපි නික්ඛමි

අනුලා දේවිය කියූ කරුණු ඇසූ අපගේ වළගම්බා රජ්ජුරුවෝ තනසීවයා එන්ට කලියෙන් පුත් කුමාරවරු දෙන්නාත්, දේවියත් රැගෙන එතනින් නික්ම ගියා.

66. ධනුං සන්ධාය ආයන්තං - සීවං විජ්ඣි මහාසිවෝ
රාජා නාමං සාවයිත්වා - අකාසි ජනසංගහං

දුනු ඊ අමෝරාගෙන එන තනසීවයාට රජ්ජුරුවෝ හීයෙන් විද්දා. එතනට රැස් වූ සෙනඟට 'මං සද්ධාතිස්ස රජ්ජුරුවන්ගේ වළගම්බා නැමැති පිතෘරාජයා ය!' කියලා හඬ නගා ඇස්සෙව්වා.

67. අලත්ථ අට්ඨා'මච්චේච - මහන්තේ යෝධසම්මතේ
පරිවාරෝ මහා ආසී - පරිහාරෝ ච රාජිනෝ

රජ්ජුරුවන්ට මහත් වූ යෝධ සම්මත ඇමතියන් අට දෙනෙක් ලැබුනා. මහා පිරිවරකුත්, මහා ගෞරව උපහාරත් ලැබුනා.

68. කුම්භීලකමහාතිස්සථේරං දිස්වා මහායසෝ
අච්ඡගල්ලවිහාරම්හි - බුද්ධපූජමකාරයි

මහා යස පිරිවර ඇති රජ්ජුරුවෝ කුපික්කල මහාතිස්ස තෙරුන් බැහැදක වළස්ගල විහාරයේ මල් පහන් පුදා බුද්ධ පූජාවක් කෙරෙව්වා.

69. වත්ථුං සෝධේතුමාරුළ්හේ - ආකාසචේතියංගණං
කපිසීසේ අමච්චම්හි - ඕරෝහන්තේ මහීපති

රජ්ජුරුවෝ සැපත් වෙන්ට කලින් ආකාස චෛත්‍යයේ මළුව පිරිසිදු කරන්ට ඕනෑ කියලා කපිසීස නැමැති ඇමතියා උඩට නැග මළුව පිරිසිදු කළා. ඔහු පහළට බසිද්දී,

70. **ආරෝහන්තෝ සදේවිකෝ - දිස්වා මග්ගේ නිසින්නකං**
න නිපන්නෝති කුජ්ඣිත්වා - කපිසීසං අඝාතයි

දේවියත් සමඟ රජ්ජුරුවෝ පඩිපෙළින් උඩට නගිනවා. පහළට බහින්ට වෙන මගක් නැති නිසා බැසීම නවතා අයින්වෙලා වාඩි වුනා. තමන්ගේ ඇමතියන් අට දෙනා අතරින් කෙනෙකු වන ඔහු එසේ සිටීම ගැන කිපුණු රජ්ජුරුවෝ කපිසීසව මැරෙව්වා.

71. **සේසා සත්තඅමච්චාපි - නිබ්බින්නා තේන රාජිනා**
තස්සන්තිකා පලායිත්වා - පක්කමන්තා යථාරුචිං

එතකොට අනෙත් ඇමතිවරු සත්දෙනා රජ්ජුරුවන් ගැන හොඳටම කළකිරුනා. 'මෙබඳු සුළු වරදකටත් අපගේ යෝධයා මැරවූ මේ මිත්‍රද්‍රෝහී රජ්ජුරුවෝ අපිවත් මරන්ට ලැජ්ජා නැත්තේය' කියලා කතා වෙලා වළගම්බා රජ්ජුරුවන් වෙතින් පළාගියා. හිතුන හිතුන පාරවල්වල ඔවුන් ගියා.

72. **මග්ගේ විලුත්තා චෝරේහි - විහාරං හම්බුගල්ලකං**
පවිසිත්වාන අද්දක්ඛුං - තිස්සත්ථේරං බහුස්සුතං

අතරමගදී මංපහරන හොරුන්ට ඔවුන්ව අහුවුනා. ඔවුන්ගේ හැඳිවතවත් ඉතිරි නොකොට පැහැර ගත්තා. ඔවුන් කොළඅතු ඇඳගෙන හබුගල විහාරයට ගිහින් බහුශ්‍රැත වූ තිස්ස තෙරුන්ට බැහැදැක්කා.

73. **චතුනේකායිකෝ ථේරෝ - යථාලද්ධානි දාපයි**
වත්ථඵාණිතතේලානි - තණ්ඩුලා පාහුණා තථා

ත්‍රිපිටකයේ දීඝ නිකාය, මජ්ඣිම නිකාය, අංගුත්තර නිකාය, සංයුත්ත නිකාය යන නිකාය සතර හොඳින් කටපාඩම් කරන ලද ඒ තිස්ස තෙරුන් ඔවුන්ට පුළුවන් හැටියට වස්ත්‍ර, පැණි, තෙල්, සහල් ආදිය යැපෙන පමණට දී උපකාර කළා.

තිස්තුන්වෙනි පරිච්ඡේදය 603

74. **අස්සත්ථකාලේ ථේරෝ සෝ - කුහිං යාතා'ති පුච්ඡි තේ**
අත්තානං ආවීකත්වා තේ - තං පවත්තිං නිවේදයුං

ඊට පස්සේ තෙරුන් වහන්සේලා 'මේ අස්වැසිලි නැති කාලයේ ඔබලා කොහිද යන්නේ?' කියලා ඇහැව්වා. එතකොට ඔවුන් තමන්ගේ විස්තර කියලා සිදුවූ දේ ගැනත් පැවසුවා.

75. **කාරේතුං කේහි සක්කා නු - ජිනසාසනපග්ගහං**
දමිළේහි වා'ථ රඤ්ඤා - ඉති පුට්ඨා තු තේ පන

තෙරුන් වහන්සේ ඔවුන්ගෙන් මෙහෙම ඇහැව්වා. 'එතකොට බුද්ධ ශාසනය නගා සිටුවන්ට පුළුවන් වෙන්නේ දෙමෙල්ලුන් එක්කද? එහෙම නැත්නම් රජ්ජුරුවන් එක්කද?' එයට පිළිතුරු වශයෙන් ඔවුන්,

76. **රඤ්ඤො සක්කාති ආහංසු - සඤ්ඤාපෙත්වාන තේ ඉති**
උභෝ තිස්ස මහාතිස්ස - ථේරා ආදාය තේ තතෝ

"ස්වාමීනී, අපේ රජ්ජුරුවොත් එක්ක එකතු වුනොත් මේ ලංකාද්වීපය විතරක් නොවෙයි, දඹදිව වුනත් බුදු සසුන බබුළුවන්ට පුළුවනි" කිව්වා. ඔය විදිහට ඇමැතියන් හට කරුණු අවබෝධ කෙරෙව්වා. එතකොට කුපික්කල මහාතිස්ස තෙරණුත් බහුශ්‍රැත තිස්ස තෙරණුත් එකතුවෙලා ඒ ඇමතිවරුන් කැඳවාගෙන,

77. **රාජිනෝ සන්තිකං නෙත්වා - අඤ්ඤමඤ්ඤං ඛමාපයුං**
රාජා ච තේ අමච්චා ච - ථේරේ ඒවමයාචයුං

රජ්ජුරුවෝ ළඟට ගෙනිහින් එකිනෙකාව සමාව ගැන්නෙව්වා. රජ්ජුරුවොත්, ඒ ඇමතිවරුත්, තෙරුන් වහන්සේලා දෙනමගෙන් මෙසේ ඉල්ලා සිටියා.

78. **සිද්ධේ කම්මේ පේසිතේ නෝ - ගන්තබ්බං සන්තිකං ඉති**
ථේරා දත්වා පටිඤ්ඤං තේ - යථාඨානමගඤ්ජිසුං

"බලෙන් රජය අල්ලාගෙන සිටින දෙමළුන් අපේ රටින් පළවා හැරීමේ කාර්යය සිද්ධ වෙච්ච දවසට අප විසින් එවන පණිවිඩයකට ඔබවහන්සේලා අප වෙත වඩින්ට ඕනෑ" කිව්වා. තෙරුන් වහන්සේලාත් ඔවුන්ට වඩින බවට පොරොන්දු වෙලා සිටිය තැනට වැඩියා.

79. **අනුරාධපුරං රාජා - ආගන්ත්වාන මහායසෝ**
දාඨිකං දමිළං හන්ත්වා - සයං රජ්ජමකාරයි

මහා යස පිරිවර ඇති රජ්ජුරුවෝ සේනාවත් සමඟ අනුරාධපුරයට ඇවිත් දාඨික දෙමළා නසා තමන්ගේ රාජ්‍යය ලබාගත්තා.

80. **තතෝ නිගණ්ඨාරාමං තං - විද්ධංසෙත්වා මහීපති**
විහාරං කාරයී තත්ථ - ද්වාදසපරිවේණකං

ඊට පස්සේ රජ්ජුරුවෝ අනුරාධපුරයේ තිබුණු නිගණ්ඨාරාමය කඩා දමලා ජෝතිය නිගණ්ඨයාගේ දෙවොල පිහිටි තැන අවට පිරිවෙන් දොළොසක් සහිත විහාරයක් කෙරෙව්වා.

81. **මහාවිහාරපට්ඨානා - ද්වීසු වස්සසතේසු ච**
සත්තරසසු වස්සේසු - දසමාසාධිකේසු ච

මහා විහාරය පිහිටුවා අවුරුදු දෙසීයකුත් දාහත් අවුරුද්දකුත් දස මාසයකුත් වැඩිකොට,

82. **තථා දිනේසු දසසු - අතික්කන්තේසු සාදරෝ**
අභයගිරි විහාරං සෝ - පතිට්ඨාපේසි භූපති

දස දවසක් ගෙවී ගිය තැන සංඝයා කෙරෙහි ආදරයෙන් යුක්ත වළගම්බා රජ්ජුරුවෝ 'ගිරි' නිගණ්ඨයාගේ භූමියේ අභයගිරි විහාරය පිහිටෙව්වා.

83. **පක්කෝසයිත්වා තේ ථේරේ - තේසු පුබ්බූපකාරිනෝ**
තං මහාතිස්සත්ථේරස්ස - විහාරං මානදෝ අදා

දුෂ්කර අවදියේ රජ්ජුරුවන්ට බෙහෙවින් උපකාරී වූ තෙරුන් වහන්සේලා දෙනම කැඳවා කුපික්කල මහා තිස්ස තෙරුන්ට අභයගිරි විහාරය පූජා කළා.

84. **ගිරිස්ස යස්මා ආරාමේ - රාජා කාරේසි සෝ'භයෝ**
තස්මාභයගිරිත්වේ ව - විහාරෝ නාමතෝ අහූ

ගිරි නැමැති නිගණ්ඨයාගේ ආරාමය තිබුනේ යම් තැනක ද, එය සිහි වීම පිණිසත් 'වට්ටගාමිණී අභය' නැමැති වළගම්බා රජ්ජුරුවන්ගේ අභය නාමය සිහිවීම පිණිසත් එම විහාරයට 'අභයගිරි' යන නාමය තැබුවා.

85. **ආණාපෙත්වා සෝමදේවිං - යථාට්ඨානේ ඨපේසි සෝ**
තස්සා තන්නාමකං කත්වා - සෝමාරාමමකාරයි

වළගම්බා රජ්ජුරුවෝ සෝමා දේවිය නැවත ගෙන්වාගෙන කලින් තිබූ මෙහෙසි තනතුර ලබා දුන්නා. ඒ වගේම ඇගේ නම එක්කොට සෝමාරාමය නමින් විහාරයක් කෙරෙව්වා.

86. **රථා ඕරෝපිතා සා හි - තස්මිං ඨානේ වරංගනා**
කද්දම්බපුප්ඵගුම්බම්හි - නිලීනා තත්ථ අද්දස

යුද්ධයෙන් පැරදී පලායන රජ්ජුරුවෝ ඒ උතුම් බිසොව රථයෙන් බස්සවද්දී එතැන කොළම් මල් වැල් වදුලකට මුවා වී,

87. **මුත්තයන්තං සාමණේරං - මග්ගං හත්ථේන ඡාදිය**
රාජා තස්සා වචෝ සුත්වා - විහාරං තත්ථ කාරයි

තමන්ගේ අතින් ලැජ්ජා සහිතව වසාගෙන මුත්‍රා කරන කුඩා සාමණේර නමක් එතුමියට දකින්නට ලැබුනා. කුඩා අවදියේ ඇති ලැජ්ජා භය නැමති ගුණයට පැහැදුණු සෝමා දේවිය රජ්ජුරුවන්ට ඒ බව කියලයි එතන විහාරයක් හැදෙව්වේ.

88. **මහාථූපස්සුත්තරතෝ - චේතියං උච්චවත්ථුකං**
සිලා සොබ්භකණ්ඩකං නාම - රාජා සෝ යේව කාරයි

රජ්ජුරුවෝ මහාසෑයට උතුරින් පිහිටි උස්බිමක ගල්හෙබකඩ නම් විහාරයක් කෙරෙව්වා.

89. **තේසු සත්තසු යෝධේසු - උත්තියෝ නාම කාරයී**
නගරම්හා දක්ඛිණතෝ - විහාරං දක්ඛිණවිහයං

ඒ යෝධයන් සත් දෙනා අතරින් උත්තර නම් ඇමතියා නුවරට දකුණු දිගින් දක්ඛිණ විහාරය නමින් විහාරයක් කෙරෙව්වා.

90. **තත්ථේව මූලවෝකාස - විහාරං මූලනාමකෝ**
අමච්චෝ කාරයී තේන - සෝ පි තංනාමකෝ අහු

එහිම මූලවෝකාස විහාරය මූල නැමැති ඇමතියා විසින් කෙරෙව්වා. ඒ නිසා ඒ විහාරයට ඒ නම ලැබුනා.

91. **කාරේසි සාලියාරාමං - අමච්චෝ සාලියව්හයෝ**
කාරේසි පබ්බතාරාමං - අමච්චෝ පබ්බතව්හයෝ

සාලිය නැමැති අමාත්‍යයා සාලියාරාමය නැමැති විහාරය කෙරෙව්වා. පර්වත නැමැති අමාත්‍යයා පර්වතාරාමය නැමැති විහාරය කෙරෙව්වා.

92. **උත්තරතිස්සාරාමන්තු - තිස්සාමච්චෝ අකාරයි**
විහාරේ නිට්ඨිතේ රම්මේ - තිස්සත්ථේරමුපෙච්ච තේ

උතුරු තිස්සාරාමය තිස්ස නැමැති ඇමතියා කෙරෙව්වා. මේ රම්‍ය වූ විහාරයන් කෙරෙව්වාට පස්සේ ඔවුන් තිස්ස තෙරුන් බැහැදකින්ට ගියා.

93. **තුම්හාකං පටිසන්ථාරවසේන'ම්හේහි කාරිතේ**
විහාරේ දේම තුම්හාකං - ඉති වත්වා අදංසු ච

"ස්වාමීනී, කලින් අනාථව සිටි අපට ඔබවහන්සේගේ පිළිසඳර ලැබීම වෙනුවෙන් අප විසින් කරවාපු විහාරයන් ඔබවහන්සේට දෙනවා" කියා උන්වහන්සේට දුන්නා.

94. ථේරෝ සබ්බත්ථ වාසේසි - තේ තේ භික්ඛූ යථාරහං
අමච්චා'දංසු සංඝස්ස - විවිධේ සමණාරහේ

තෙරුන් වහන්සේ ත්‍රිපිටකයේ පංච නිකාය කඩපාඩම්න් දරාගෙන ඉන්න භික්ෂූන් වහන්සේලා ඒ සියලු විහාරවල සුදුසු පරිදි වැඩඉන්ට සැලැස්සුවා. ශ්‍රමණයන් වහන්සේලාට සුදුසු වූ විවිධ කැපසරුප් පිරිකරත් ඇමතිවරු සංඝයාට පූජා කළා.

95. රාජා සකවිහාරම්හි - වසන්තේ සමුපට්ඨහි
පච්චයේහි අනූනේහි - තේන තේ බහවෝ අහුං

රජ්ජුරුවෝත් තමන්ගේ අභයගිරි විහාරයේ වසන භික්ෂූන්ට සිව්පසයෙන් අඩු නැතුව සැළකුවා. සිව්පසය පහසුවෙන් ලැබීම හේතුවෙන් එහි බොහෝ භික්ෂූන් වාසය කළා.

96. ථේරං කුලේහි සංසට්ඨං - මහාතිස්සෝති විස්සුතං
කුලසංසට්ඨදෝසේන - සංඝෝ තං නීහරි ඉතෝ

කුපික්කල මහාතිස්ස තෙරුන් වහන්සේ රජපවුල් සමඟ කුළුපගව ඇලී ගැලී වාසය කරන බව ප්‍රසිද්ධ වුනා. මේ කුලසංසර්ග දෝෂය නිසා සංඝයා විසින් උන්වහන්සේව අපගේ මේ මහාවිහාරයෙන් බැහැර කළා.

97. තස්ස සිස්සෝ බහලමස්සුතිස්සත්ථේරෝති විස්සුතෝ
කුද්ධෝ'භයගිරිං ගන්ත්වා - වසී පක්ඛං වහං තහිං

උන්වහන්සේගේ ශිෂ්‍ය වූ බහලමස්සුතිස්ස නැමැති තෙර නමක් ප්‍රසිද්ධව සිටියා. උන්වහන්සේ තම ගුරුවරයා නෙරපුවා කියා කෝපයට පත්වෙලා අපගේ මහාවිහාරයෙන්

ගොස් අභයගිරියේ වාසය කළා. වෙනම ආචාර්යවාදයක් ඇති පිරිසක් ඇතිකරගත්තා.

98. තතොප්පභුති තේ භික්ඛූ - මහාවිහාරං නාගමුං
ඒවං තේ'භයගිරිකා - නිග්ගතා ථේරවාදතෝ

එතැන් පටන් අභයගිරියෙන් භික්ෂූන් වහන්සේලා මහාවිහාරයට වැඩියේ නෑ. ඔය ආකාරයෙන් අභයගිරිවාසී භික්ෂූන් ථේරවාදී ආචාර්ය පරපුරෙන් වෙන්වුනා.

99. පභින්නා'භයගිරිකේහි - දක්ඛිණවිහාරකා යතී
ඒවං තේ ථේරවාදීහි - පභින්නා භික්ඛවෝ ද්විධා

දක්ෂිණ විහාරවාසී භික්ෂූන් ද අභයගිරිවාසී භික්ෂූන් ගෙන් වෙන්වුනා. මේ ආකාරයෙන් එකම සඟ පිරිසක් හැටියට වැඩහුන් ථේරවාදී භික්ෂු සංඝයා දෙකොටසකට භේදභින්න වුනා.

100. මහාඅභයභික්ඛූ තේ - වඩ්ඪේතුං දීපවාසිනෝ
වට්ටගාමණී භූමින්දෝ - පත්තිං නාම අදාසි සෝ

දිවයින්වැසි ඒ මහා අභයගිරියේ භික්ෂූන් වහන්සේලාගේ අභිවෘද්ධිය වෙනුවෙන් වළගම්බා රජ්ජුරුවෝ 'ප්‍රාප්ති' නමින් දීමනාවකුත් ලබාදුන්නා.

101. විහාරපරිවේණානි - ඝටාබද්ධේ අකාරයි
පටිසංඛරණං ඒවං - හෙස්සතීති විචින්තිය

මෙසේ කළොත් අනාගතයේ අළුත්වැඩියා කරන්ට පහසුය කියලා එකිනෙකට යාබදව සිටින විදිහට බොහෝ විහාර පිරිවෙන් ඉදිකළා.

102. පිටකත්තයපාළිඤ්ච - තස්සා අට්ඨකථාපි ච
මුඛපාඨේන ආනේසුං - පුබ්බේ භික්ඛූ මහාමතී

කලින් මහා නුවණැති භික්ෂූන් වහන්සේලා ත්‍රිපිටක පාළියත් එහි අටුවාවත් කටපාඩමින් දිගටම රැකගෙන ආවා.

103. **හානිං දිස්වාන සත්තානං - තදා භික්ඛූ සමාගතා**
චිරට්ඨිතත්ථං ධම්මස්ස - පොත්ථකේසු ලිඛාපයුං

එහි රැස් වූ භික්ෂූන් වහන්සේලා සත්වයන්ගේ පිරිහීම දැකලා ධර්මය බොහෝ කල් පැවැත්වීමේ අදහසින් තල්පත්වල ලේඛනගත කෙරෙව්වා.

104. **වට්ටගාමණී අභයෝ - රාජා රජ්ජමකාරයි**
ඉති ද්වාදසවස්සානි - පඤ්චමාසේසු ආදිතෝ

වට්ටගාමිණී අභය රජ්ජුරුවෝ දොළොස් අවුරුද්දකුත්, කලින් පස් මාසයකුත් ලංකා රාජ්‍යය කළා.

105. **ඉති පරහිතමත්තනෝ හිතඤ්ච**
පටිලභියිස්සරියං කරෝති පඤ්ඤෝ
විපුලමපි කුබුද්ධි ලද්ධභෝගං
උභයහිතං න කරෝති භෝගලුද්ධෝති.

ඉසුරු සම්පත් ලැබුනාට පස්සේ නුවණැති කෙනා තමන්ගේ මෙලොව පරලොව යහපත පිණිසත්, අනුන්ගේ මෙලොව පරලොව යහපත පිණිසත් ඒ සම්පත් යොදවනවා. නමුත් ප්‍රඥාව නැති කෙනෙකුට මහත් වූ භෝග සම්පත් ලැබුණත් ඒ භෝගයන්ට ගිජුව ඉන්නවා විතරයි. එයින් තමන්ගේ වත් අනුන්ගේවත් යහපත සළසන්නේ නෑ.

සුජනප්පසාදසංවේගත්ථාය කතේ මහාවංසේ දසරාජකෝ
නාම තෙත්තිංසතිමෝ පරිච්ඡේදෝ.

සත්පුරුෂ ජනයන්ගේ ප්‍රසාදයත් සංවේගයත් ඇතිකරනු පිණිස කරන ලද මහාවංශයෙහි රජවරු දස දෙනෙකුගේ පාලනය නම් වූ තිස්තුන්වෙනි පරිච්ඡේදය යි.

34

චතුත්තිංසතිමෝ පරිච්ඡේදෝ

තිස්හතරවෙනි පරිච්ඡේදය

ඒකාදසරාජදීපනෝ

රජවරු එකොළොස් දෙනෙකුගේ පාලනය

1. තදච්චයේ මහාචූළී - මහාතිස්සෝ අකාරයි
රජ්ජං චුද්දස වස්සානි - ධම්මේන ච සමේන ච

වළගම්බා රජ්ජුරුවන්ගේ ඇවෑමෙන් බල්ලාටනාග රජ්ජුරුවන්ගේ පුත්‍ර වූ මහා චූලික මහා තිස්ස රජ්ජුරුවෝ ධාර්මිකව, ශාන්තව දහහතර අවුරුද්දක් ලංකා රාජ්‍යපාලනයේ යෙදුණා.

2. සහත්ථේන කතං දානං - සෝ සුත්වාන මහප්ඵලං
පඨමේ යේව වස්සම්හි - ගන්ත්වා අඤ්ඤාතවේසවා

සිය අතින් උපයා ගන්නා දෙයින් දෙන දානය මහත්ඵලයි කියා රජ්ජුරුවන්ට අසන්නට ලැබුනා. රජකම ලැබූ පළමු අවුරුද්දේ ම කුලී වැඩකරන්නෙක් වගේ වෙස්වළාගෙන ගිහින්,

3. **කත්වාන සාලිලවනං - ලද්ධාය භතියා තතෝ**
පිණ්ඩපාතං මහාසුම්මථේරස්සා'දා මහීපති

ඇල් වී කෙතක ගොයම් කැපීමේ කුලී වැඩ කරලා එයින් ලැබුණු වැටුපෙන් දන්පැන් සකසලා රජ්ජුරුවෝ මහා සුම්ම මහරහතන් වහන්සේට පිණ්ඩපාත දානයක් පූජා කරගත්තා.

4. **සොණ්ණගිරිම්හි පුන සෝ - තීණි වස්සානි ඛත්තියෝ**
ගුළයන්තම්හි කත්වාන - භතිං ලද්ධා ගුළේ තතෝ

ආයෙමත් වතාවක් රජ්ජුරුවෝ මලය රටේ අම්බට්ඨකෝළ ජනපදයට වෙස්වලාගෙන ගිහින් සොණ්ණගිරි කියන පර්වතය ආසන්නයේ තුන් අවුරුද්දක් උක් හකුරු හදන යන්ත්‍රයක බැලමෙහෙවර කළා. එයින් වැටුප් පිණිස ලැබුණු උක්සකුරු,

5. **තේ ගුළේ ආහරාපෙත්වා - පුරං ආගම්ම භූපති**
භික්ඛුසංඝස්ස පාදාසි - මහාදානං මහීපති

අනුරාධපුරයට ගෙන්නවාගෙන රජ්ජුරුවෝ භික්ෂු සංඝයා වහන්සේ උදෙසා මහා දානයක් පූජා කරගත්තා.

6. **තිංසභික්ඛුසහස්සස්ස - අදා අච්ඡාදනානි ච**
ද්වාදසන්නං සහස්සානං - භික්ඛුනීනං තථේව ච

තිස් දහසක් භික්ෂූන් වහන්සේලාට සිවුරු රෙදි පූජා කළා. දොළොස් දහසක් භික්ෂුණීන් වහන්සේලාටත් සිවුරු රෙදි පූජා කළා.

7. **කාරයිත්වා මහීපාලෝ - විහාරං සුප්පතිට්ඨිතං**
සට්ඨිභික්ඛුසහස්සස්ස - තිචීවරමදාපයි

රජ්ජුරුවෝ ඉතා යහපත් කොට පිහිටි විහාරයක් කරවා හැටදහසක් භික්ෂූන් වහන්සේලාට තුන්සිවුරු පූජා කරගත්තා.

8. **තිංසසහස්සසංඛානං - භික්ඛුනීනඤ්ච දාපයි**
මණ්ඩවාපිවිහාරං සෝ - තථා අභයගල්ලකං

තිස් දහසක් භික්ෂුණීන් වහන්සේලාටත් තුන් සිවුරු පූජා කරගත්තා. ඒ වගේම රජ්ජුරුවෝ මණ්ඩවාපි විහාරයත්, අභයගල්ලක විහාරයත් කෙරෙව්වා.

9. **වංගුපට්ටංගගල්ලඤ්ච - දීඝබාහුකගල්ලකං**
වාලගාමවිහාරඤ්ච - රාජා සෝ යේව කාරයි

ඒ වගේම වංකාවට්ටකගල්ල විහාරයත්, දීඝබාහුකගල්ලක විහාරයත්, ජාලගාම විහාරයත් ඒ රජ්ජුරුවෝ ම යි කෙරෙව්වේ.

10. **ඒවං සද්ධාය සෝ රාජා - කත්වා පුඤ්ඤානි නේකධා**
චතුද්දසන්නං වස්සානං - අච්චයේන දිවං අගා

මෙසේ ශ්‍රද්ධාවෙන් යුක්තව මහාචූළිකමහාතිස්ස රජ්ජුරුවෝ නොයෙක් ආකාරයෙන් පින් රැස් කරගෙන දා හතර අවුරුද්දක රාජ්‍ය කාලයෙන් පස්සේ දෙව්ලොව ගියා.

11. **වට්ටගාමණිනෝ පුත්තෝ - චෝරනාගෝති විස්සුතෝ**
මහාචූළිස්ස රජ්ජම්හි - චෝරෝ හුත්වා චරී තදා

වළගම්බා රජ්ජුරුවන්ගේ පුත් කුමාරයා වන මහානාග කුමාරයා 'චෝරනාග' යන නමින් ප්‍රසිද්ධ වුනා. මහාචූළික රජ්ජුරුවෝ රජකම් කරන කාලේ ඔහු සොරු කණ්ඩායමක් සමඟ සොරකමේ යෙදුනා.

12. **මහාචූළේ උපරතේ - රජ්ජං කාරයි ආගතෝ**
අත්තනෝ චෝරකාලේ සෝ - නිවාසං යේසු නාලභි

මහාචූළික රජ්ජුරුවන්ගේ අභාවයෙන් පස්සේ චෝරනාග රජකමට පැමිණියා. ඔහු සොරකම් කරන කාලේ යම් විහාරයක තමන්ට නවාතැන් නොදී තිබුණා ද,

13. **අට්ඨාරස විහාරේ තේ - විද්ධංසාපේසි දුම්මති**
රජ්ජං ද්වාදසවස්සානි - චෝරනාගෝ අකාරයි

නුවණින් තොර වූ රජ්ජුරුවෝ ඒ විහාර දහඅටක් විනාශ කරවා දැම්මා. චෝරනාග රජ්ජුරුවෝ දොළොස් අවුරුද්දක් රජකම් කළා.

14. **අනුලා දේවියා දින්නං - විසං ඛාදි මතෝ තතෝ**
ලෝකන්තරිකනිරයං - පාපෝ සෝ උපපජ්ජථ

තමන්ගේ භාර්යාව වන අනුලා බිසව විසින් දෙනලද විෂ අනුභව කළ මොහු මරණයට පත්වුනා. ඒ පාපී තැනැත්තා ලෝකාන්තරික මහානිරයේ උපන්නා.

15. **තදච්චයේ මහාචූළී - රඤ්ඤො පුත්තෝ අකාරයි**
රජ්ජං තීණේව වස්සානි - රාජා තිස්සෝ'ති විස්සුතෝ

චෝරනාග රජ්ජුරුවන්ගේ මරණයෙන් පස්සේ මහාචූළික රජ්ජුරුවන්ගේ පුත් කුමාරයෙක් රජවුනා. ඒ රජ්ජුරුවෝ තිස්ස නමින් ප්‍රසිද්ධ වුනා. තිස්ස රජ්ජුරුවන්ට රජකම් කරන්ට පුළුවන් වුනේ අවුරුදු තුනයි.

16. **චෝරනාගස්ස දේවී තු - විසමං විසමානුලා**
විසං දත්වාන මාරේසි - බලත්ථේ රත්තමානසා

චෝරනාග රජ්ජුරුවන්ගේ බිසොව වන අනුලා දේවිය ඉතාම නරක ගතිගුණවලින් යුක්තයි. ඈ මුලින්ම යුද භටයෙකු සමඟ රාගයෙන් ඇලී තමන්ගේ ස්වාමියා වන චෝරනාග රජ්ජුරුවන්ව මරාගත්තා.

17. **තස්මිං යේව බලත්ථේ සා - අනුලා රත්තමානසා**
තිස්සං විසේන සාතෙත්වා - තස්ස රජ්ජමදාසි සා

රාගයෙන් ඇලී ගිය අනුලා බිසොව ඒ යුදභටයා ලවා ම තමන්ව මෙහෙසි තනතුරේ තැබූ තිස්ස රජ්ජුරුවන්ව වස

කවා මරවා ගත්තා. ඊට පස්සේ ඈ යුදභටයාට රාජ්‍ය ලබා දුන්නා.

18. **සීවෝ නාම බලත්ථෝ සෝ - ජෙට්ඨදෝවාරිකෝ තහිං**
කත්වා මහේසිං අනුලං - වස්සං මාසද්වයාධිකං

අනුරාධපුරයේ රාජ මාළිගාවේ ප්‍රධාන දොරටුපාලයාව සිටි ඒ සිව නැමැති යුදභටයා අනුලාව මෙහෙසිය කරගෙන අවුරුද්දකුත් මාස දෙකක් රජකම් කළා.

19. **රජ්ජං කාරේසි නගරේ - වටුකේ දමිළේ'නුලා**
රත්තා විසේන තං හන්ත්වා - වටුකේ රජ්ජමප්පයි

ඊට පස්සේ අනුලා බිසොව අනුරාධපුර නගරයේ සිටිය වටුක නැමැති දෙමළා කෙරෙහි රාගයෙන් ඇලී ගියා. ඈ ම සිව රජ්ජුරුවන්ට වස කන්ට දීලා මරවා වටුක දෙමළාව රජකමට පත්කළා.

20. **වටුකෝ දමිළෝ සෝ හි - පුරේ නගරවඩ්ඪකී**
මහේසිං අනුලං කත්වා - වස්සං මාසද්වයාධිකං

ඒ වටුක දෙමළා රජගෙට යමින් එමින් සිටි රජුට හිතවත්ව සිටි නගර සැළසුම් ශිල්පියෙක්. වටුක දෙමළ රජ්ජුරුවෝ අනුලා බිසොව මෙහෙසිය හැටියට තබාගෙන අවුරුද්දකුත් මාස දෙකක්,

21. **රජ්ජං කාරේසි නගරේ - අනුලා තත්ථ ආගතං**
පස්සිත්වා දාරුභතිකං - තස්මිං සාරත්තමානසා

අනුරාධපුර නගරයේ රජකම් කළා. අනුලා බිසොව එහි පැමිණි මාළිගාවට දර අදින තරුණයා දැකලා ඔහු කෙරෙහි රාගයෙන් ඇලී ගියා.

22. **හන්ත්වා විසේන වටුකං - තස්ස රජ්ජං සමප්පයි**
දාරුභතිකතිස්සෝ සෝ - මහේසිං කරියානුලං

ඈ වටුක දෙමළ රජ්ජුරුවන්ට වස දීලා මැරුවා. දර ඇදපු තරුණයාව දාරුභතිකතිස්ස නමින් රජකමට පත්කළා. ඔහු අනුලා බිසොව මෙහෙසිය කරගත්තා.

23. ඒකමාසාධිකං වස්සං - පුරේ රජ්ජමකාරයි
කාරේසි සෝ පොක්ඛරණිං - මහාමේඝවනේ ලහුං

දාරුභතිකතිස්ස රජ්ජුරුවෝ අනුරාධපුරයේ අවුරුද්දකුත් මාසයක් රජකම් කළා. ඒ රජ්ජුරුවෝ මහමෙව්නා උයනේ පංචම්බ නම් මළුව ආසන්නයේ ඉක්මනින් පොකුණක් කෙරෙව්වා.

24. නීලියේ නාම දමිළේ - සා පුරෝහිතබ්‍රාහ්මණේ
රාගේන රත්තා අනුලා - තේන සංවාසකාමිනී

ඊට පස්සේ අනුලා බිසොව නීලිය නැමැති දෙමළ පුරෝහිත බ්‍රාහ්මණයා කෙරෙහි රාගයෙන් ඇලී ගියා. ඔහු සමඟත් නිදාගන්ට ආසා කළා.

25. දාරුභතිකතිස්සං තං - විසං දත්වාන ඝාතිය
නීලියස්ස අදා රජ්ජං - සෝපි නීලියබ්‍රාහ්මණෝ

ඈ දාරුභතිකතිස්ස රජ්ජුරුවන්ට වස දීලා මැරෙව්වා. නීලිය බ්‍රාහ්මණයාට රජකම අරගෙන දුන්නා. ඒ නීලිය දෙමළ බ්‍රාහ්මණයාත් රජවෙලා,

26. තං මහේසිං කරිත්වාන - නිච්චං තාය උපට්ඨිතෝ
රජ්ජං කාරේසි ඡම්මාසං - අනුරාධපුරේ ඉධ

අනුලා බිසොව මහේසී තනතුරට පත්කළා. ඇයගෙන් නිතර උපස්ථාන ලබමින් ඒ රජ්ජුරුවෝ මේ අනුරාධපුරයෙහි හය මාසයක් රජකම් කළා.

27. ද්වත්තිංසාය බලත්ථේහි - වත්ථුකාමා යථාරුචිං
විසේන තං ඝාතයිත්වා - නීලියං බත්තියානුලා
රජ්ජං සා අනුලා දේවී - චතුමාසමකාරයි

අනුලා රාජකාන්තාව නිලීය රජ්ජුරුවන්වත් වස දීලා මරාගත්තා. ඊට පස්සේ අනුලා බිසොව ම රජවුනා. මාස හතරක් යුදභටයන් තිස් දෙදෙනෙක් සමඟ සිතුමනාපේ වාසය කළා.

28. මහාචූළිකරාජස්ස - පුත්තෝ දුතියකෝ පන
කූටකණ්ණතිස්සෝ නාම - භීතෝ සෝ'නුලදේවියා

මහාචූළික රජ්ජුරුවන්ගේ දෙවෙනි පුත්‍රයා වන කූටකණ්ණතිස්ස කුමාරයා අනුලා දේවියට භයෙන්,

29. පලායිත්වා පබ්බජිත්වා - කාලේ පත්තබලෝ ඉධ
ආගන්ත්වා ඝාතයිත්වා - තං අනුලං දුට්ඨමානසං

රාජමාළිගාවෙන් පළාගියා. පැවිදි වුනා. සුදුසු කාලයේදී බලසෙනඟත් සමඟ මෙහි ඇවිත් දුෂ්ට සිතක් ඇති අනුලාව මරවා,

30. රජ්ජං කාරේසි ද්වාවීසං - වස්සානි මනුජාධිපෝ
මහාඋපෝසථාගාරං - අකා චේතියපබ්බතේ

රජකම ලැබූ කූටකණ්ණතිස්ස රජ්ජුරුවෝ අවුරුදු විසි දෙකක් ලංකා රාජ්‍යය කළා. ඒ රජ්ජුරුවෝ මිහින්තලේ සෑගිරියේ මහා උපෝසථාගාරයක් කෙරෙව්වා.

31. සරස්ස තස්ස පුරතෝ - සිලාථූපමකාරයි
බෝධිං රෝපේසි තත්ථේව - සෝ ච චේතියපබ්බතේ

ඒ පෝයගෙට ඉදිරියෙන් ගලෙන් ස්ථූපයක් කෙරෙව්වා. ඒ රජ්ජුරුවෝ ම සෑගිරියේ එතැන ම බෝධීන් වහන්සේ නමක් රෝපණය කෙරෙව්වා.

32. පේලගාමවිහාරඤ්ච - අන්තරගංගාය කාරයි
තත්ථේව වණ්ණකං නාම - මහාමාතිකමේව ච

පෙලගාම නමින් විහාරයකුත් ගඟ අද්දර කෙරෙව්වා.

එතන ම වණ්ණක නමින් මහා ඇලපාරක් කැණෙව්වා.

33. **අම්බදුග්ගමහාවාපිං - භයෝලුප්පලමේව ච**
සත්තහත්ථුච්චපාකාරං - පුරස්ස පරිඛං තථා

අම්බදුග්ගම මහා වැවත්, භයෝලුප්පල නම් වැවත් කෙරෙව්වා. අනුරාධපුර නගර ප්‍රාකාරයත්, සත් රියනකට උස්සලා කෙරෙව්වා.

34. **මහාවත්ථුම්හි අනුලං - ඣාපයිත්වා අසඤ්ඤතං**
අපනීය තතෝ ථෝකං - මහාවත්ථුමකාරයි

අසංවර අනුලා බිසොව ආදාහනය කළ තැනින් ටිකක් ඈතට වෙන්ට කටුකොහොල් අරවා මාළිගයක් කෙරෙව්වා.

35. **පදුමස්සරවනුය්‍යානං - නගරේ යේව කාරයි**
මාතාස්ස දන්තේ ධෝවිත්වා - පබ්බජි ජිනසාසනේ

පද්මස්වර නමින් වනෝද්‍යානයක් නගරයේ ම කෙරෙව්වා. රජ්ජුරුවන්ගේ මෑණියෝ දත් ධෝවනය කරලා බුද්ධ ශාසනයේ පැවිදිවුනා.

36. **කුලසන්තකේ සරට්ඨානේ - මාතු භික්ඛුනුපස්සයං**
කාරේසි දන්තගේහන්ති - විස්සුතෝ ආසි තේන සෝ

රජකුලයට අයත් නිවසක ආසන්නයේ මෑණියන් වෙනුවෙන් භික්ෂුණී ආරාමයක් කෙරෙව්වා. එය රාජමාතාව උදෙසා කළ නිසා 'දන්තගේහ' නමින් ප්‍රසිද්ධ වුනා.

37. **තදච්චයේ තස්ස පුත්තෝ - නාමතෝ භාතිකාභයෝ**
අට්ඨවීසතිවස්සානි - රජ්ජං කාරේසි ඛත්තියෝ

කුටකණ්ණතිස්ස රජ්ජුරුවන්ගේ අභාවයෙන් පස්සේ ඒ රජ්ජුරුවන්ගේ භාතිකාභය නැමැති පුත් කුමාරයා රජකමට පත්වුණා. ඒ රජ්ජුරුවෝ විසි අට වර්ෂයක් රජකම් කළා.

38. **මහාදාඨිකරාජස්ස - භාතිකත්තා මහීපති**
දීපේ භාතිකරාජාති - පාකටෝ ආසි ධම්මිකෝ

මහාදාඨික රජ්ජුරුවන්ගේ සහෝදරයෙක් වන නිසා මේ රජ්ජුරුවන්ගේ නාමය 'භාතික රජ්ජුරුවෝ' නමින් දිවයිනේ ප්‍රසිද්ධ වුනා. මේ රජ්ජුරුවෝ ධාර්මිකයි.

39. **කාරේසි ලෝහපාසාදේ - පටිසංඛාරමෙත්ථ සෝ**
මහාථූපේ වේදිකා ද්වේ - ථූපව්හේ'පෝසථව්හයං

රජ්ජුරුවෝ ලෝවාමහා ප්‍රාසාදයේ අළුත්වැඩියා කටයුතු කෙරෙව්වා. මහා සෑයේ පේසා වළලු දෙකත්, ථූපාරාමයේ පොහොය ගෙයත් කෙරෙව්වා.

40. **අත්තනෝ බලිමුජ්ඣිත්වා - නගරස්ස සමන්තතෝ**
රෝපාපෙත්වා යෝජනම්හි - සුමනාන'ජ්ජුකානි ච

තමන්ට ලැබෙන බදු මුදල්වලින් නගරය වටේ යොදුනක ප්‍රමාණයට සමන් පිච්ච මලුත්, ඉද්ද මලුත් රෝපණය කෙරෙව්වා.

41. **පාදවේදිකතෝ යාව - ධුරච්ඡත්තා නරාධිපෝ**
චතුරංගුලබහලේන - ගන්ධේන උරුචේතියං

රජ්ජුරුවෝ මහා සෑයේ පාදමේ සිට ඡත්‍රය මුදුන දක්වා අඟල් සතරක පමණ ඝනකමට සුවඳ මැටි,

42. **ලිම්පාපෙත්වාන පුප්ඵානි - වණ්ටේහි තත්ථ සාධුකං**
නිවේසිත්වාන කාරේසි - ථූපං මාලාගුලෝපමං

ආලේප කරවා සමන් මල් නටුවෙන් පරෙස්සමින් සුවඳ මැට්ටට ඇතුල් කරලා මුළු මහා සෑය ම එකම මල් ගුලාවක් කරලා පූජා කළා.

43. **පුන ද්වංගුලබහලාය - මනෝසිලාය චේතියං**
ලිම්පාපෙත්වාන කාරේසි - තථේව කුසුමාචිතං

තවත් දවසක අඟල් දෙකක් ඝණකමට මනෝසීල හෙවත් සිරියල් ආලේප කරවා කලින් වගේම මහා සෑය වැහෙන්ට මල් අමුණලා පූජා කළා.

44. **පුන සෝපාණතෝ යාව - ධුරච්ඡත්තාව චේතියං**
පුප්ඵේහි ඕකිරාපෙත්වා - ඡාදේසි පුප්ඵරාසිනෝ

තවත් දවසක පඩිපෙලේ සිට මුදුනේ ඡත්‍රය දක්වාම මහා සෑය මල්වලින් පිරී යන සේ අතුරලා මහා සෑය මලින් වැස්සුවා.

45. **උට්ඨාපෙත්වාන යන්තේහි - ජලං අභයවාපිතෝ**
ජලේහි ථූපං සේචන්තෝ - ජලපූජමකාරයි

තවත් දවසක යන්ත්‍ර මාර්ගයෙන් අභය වැවේ ජලය මහා සෑයේ මුදුන තෙක් උඩට විහිදුවලා මහා සෑයට ජලය ඉස්සවමින් මහා සෑය පැන් පහසු කරවමින් ජල පූජාවක් කළා.

46. **සකටසතේන මුත්තානං - සද්ධිං තේලේන සාධුකං**
මද්දාපෙත්වා සුධාපිණ්ඩං - සුධාකම්මමකාරයි

ගැල් සියයක මුතු ගෙනැවිත් සියුම් වෙන්ට තෙලින් පරෙස්සමින් අඹරවලා සුණු පිඬු කරලා මහා සෑයේ මුතුපාටට දිලිසෙන සුදින් ආලේප කළා.

47. **පවාළජාලං කාරෙත්වා - තං ඛිපාපිය චේතියේ**
සෝවණ්ණානි පදුමානි - චක්කමත්තානි සන්ධිසු

රෝම රටට දූතයන් යවලා ඒ රටෙන් ගෙනා පබළුවලින් මහාසෑය වැහෙන්ට දැලක් පළන්දවලා එහි සන්ධිවල තැනින් තැන කරත්ත රෝද තරමේ රත්තරනින් කළ නෙළුම් මල්,

48. **ලග්ගාපෙත්වා තතෝ මුත්තා - කලාපේ යාව හෙට්ඨිමා**
පදුමා'ලම්බයිත්වාන - මහාථූපමපූජයි

සවිකරවා ඒ නෙළුම් මල් කෙමියෙන් මුතු වැල් මිටි පහළට වැක්කෙරෙන්ට සකස් කරවා ඒ කෙළවරේ රන් නෙළුම් එල්ලලා මහාසෑයට පූජා කළා.

49. **ගණසජ්ඣායසද්දං සෝ - ධාතුගබ්භම්හි තාදිනං**
සුත්වා අදිස්වා තං නාහං - වුට්ඨහිස්සන්ති නිච්ඡිතෝ

රජ්ජුරුවන්ට මහා සෑයේ ධාතු ගර්භයේ රහතන් වහන්සේලා වැඩහිඳ සාමූහිකව සූත්‍ර ධර්මයන් සජ්ඣායනා කරන හඬ අසන්ට ලැබුනා. මහා සෑය වටේම ගිහින් බැලුවා ගණසජ්ඣායනා කරන සඟ පිරිස් දකින්ට නෑ. "මේ මහා සෑ ධාතු ගර්භයෙන් ම යි ඒ හඬ ඇසෙන්නේ. ඒ ධාතු ගර්භය නොදැක මම මෙතනින් නැගිටින්නේ නෑ" කියලා දැඩිව අධිෂ්ඨාන කරගෙන,

50. **පාචීනාදිකමූලම්හි - අනාහාරෝ නිපජ්ජථ**
ථේරා ද්වාරං මාපයිත්වා - ධාතුගබ්භං නයිංසු තං

නැගෙනහිර වාහල්කඩ ළඟ ආහාර නොගෙන මහා සෑය දෙසට හිස යොමා වැතිරුනා. රහතන් වහන්සේලා දොරක් මවලා භාතිකාභය රජ්ජුරුවන්ව ධාතුගර්භය ඇතුළට ගත්තා.

51. **ධාතුගබ්භවිභූතිං සෝ - සබ්බං දිස්වා මහීපති**
නික්ඛන්තෝ තාදිසේහේව - පොත්ථරූපේහි පූජයි

රජ්ජුරුවෝ ඒ ධාතු ගර්භයේ අලංකාර සියල්ල ම දැකලා පිටතට පැමිණියට පස්සේ ඒ ආකාරයට ම සිතුවම් අඳින වස්ත්‍රවල ඒවා සිතුවම් කරලා පූජා කළා.

52. **මධුගන්ධේහි ගන්ධේහි - සටේහි සරසේහි ච**
අඤ්ජනහරිතාලේහි - තථා මනෝසිලාහි ච

මධුගන්ධ නමින් පූජාවක් කෙරෙව්වා. කළස්වල සුවඳ

පුරවා එහි මල්මිටි දමා පූජාවක් කෙරෙව්වා. සුවඳ දියෙනුත්, අඳුන් සිරියල්වලිනුත්, ඒ වගේම මනෝසීලවලිනුත් පූජාවක් කෙරෙව්වා.

53. **මනෝසිලාසු වස්සේන - හස්සිත්වා චේතියංගණේ**
ධීතාසු ගොප්ඵමත්තාසු - රචිතේහුප්පලේහි ච

චෛත්‍ය මළුවෙහි ඒ මනෝසීලවලට මල්වැසි වස්සවලා ගොප්මස පමණ දක්වා පිරුණට පස්සේ මහනෙල් මල්මිටි තබලා පූජාවක් කළා.

54. **ථූපංගණම්හි සකලේ - පූරිතේ ගන්ධකද්දමේ**
චිත්තකිලඤ්ජඡිද්දේසු - රචිතේහුප්පලේහි ච

මුළු මහා සෑ මළුව පුරාම සුවඳ මැටි පුරවලා එහි සිදුරු හදලා මහනෙල් මල් මිටි සිටවලා පූජාවක් කෙරෙව්වා.

55. **වාරයිත්වා වාරිමග්ගං - තථේව පූරිතේ සටේ**
දීපවට්ටීහි නේකාහි - කතවට්ටිසිඛාහි ච

මහා සෑ මළුවෙන් වතුර බසින මාර්ගයන් වස්සවා සෑ මළුවේ ගිතෙල් පුරවා පට රෙදිවලින් කළ පහන් වැටියෙන් මළුව පුරාම පහන් දල්වලා ඒ පහන් සිළුවෙන් මහා සෑය පූජා කළා.

56. **මධූකතේලම්හි තථා - තිලතේලේ තථේව ච**
තථේව පට්ටවට්ටීනං - සුබහූහි සිඛාහි ච

ඒ විදිහටම මී තෙල්වලිනුත්, තල තෙල්වලිනුත් පුරවා, ඒ විදිහටම පට රෙදිවලින් පහන් වැටි තනවලා බොහෝ පහන් දල්වලා ඒ පහන් සිළුවෙන් මහා සෑය පූජා කළා.

57. **යථා වුත්තේහි ඒතේහි - මහාථූපස්ස ඛත්තියෝ**
සත්තක්ඛත්තුං සත්තක්ඛත්තුං - පූජා'කාසි විසුං විසුං

ඔය කියපු පිළිවෙලින් භාතිකාභය රජ්ජුරුවෝ හත්පාර හත්පාර ගානේ මහාසෑයට වෙන වෙනම පූජාවන් පැවැත්තුවා.

58. **අනුවස්සඤ්ච නියතං - සුධාමංගලමුත්තමං**
බෝධිසිනානපූජා ච - තථේව උරුබෝධියා

වර්ෂයක් පාසා මහා සෑයේ සුණු ආලේප කිරීමේ උතුම් මංගල්‍යය කළා. ඒ විදිහටම ජය ශ්‍රී මහා බෝධීන් වහන්සේටත් බෝධි ස්නාන පූජා නමින් පැන්පහසු කරවීමේ පූජාවක් කළා.

59. **මහාවේසාඛපූජා ච - උළාරා අට්ඨවීසති**
චතුරාසීති සහස්සානි - පූජා ච අනුළාරිකා

විසි අට අවුරුද්දක් ම වෙසක් මහා පුණ්‍යෝත්සවය උදාර අයුරින් කළා. සාමාන්‍ය පූජාවන් අසූ හාර දහසක් කෙරෙව්වා.

60. **විවිධං නටනච්චඤ්ච - නානාතුරියවාදිතං**
මහාථූපේ මහාපූජං - සද්ධානුන්නෝ අකාරයි

නැට්ටුවන් යොදවා කරන සැණකෙලි කෙරෙව්වා. මහා සෑයට නොයෙක් තූර්යනාදයන්ගෙන් පූජා පැවැත්තුවා. ශ්‍රද්ධාවෙන් ඉපිල යමින් නොයෙක් අයුරින් පූජාවන් කළා.

61. **දිවසස්ස ච තික්ඛත්තුං - බුද්ධුපට්ඨානමාගමා**
ද්වික්ඛත්තුං පුප්ඵභේරිඤ්ච - නියතං සෝ අකාරයි

දවසට තුන් වතාවක් බුද්ධෝපස්ථානය පිණිස මහාසෑයට ගියා. දවසට දෙවරක් බෙර වැයුම් සහිතව මල් පූජාව නොකඩවා කළා.

62. **නියතඤ්ජනදානඤ්ච - පවාරණදානමේව ච**
තේලඵාණිතවත්ථාදි - පරික්ඛාරං සමණාරහං

පෙරහැර දාන, පවාරණ දාන ආදියත්, තෙල් - පැණි - වස්ත්‍ර - පහන් ආදී ශ්‍රමණයන් වහන්සේලාට ගැලපෙන පිරිකරත් පූජා කළා.

63. බහුං පාදාසි සංඝස්ස - චේතියඛෙත්තමේව ච
චේතියේ පරිකම්මත්ථං - අදාසි තත්ථ ඛත්තියෝ

සංඝයාට චෛත්‍ය අලුත්වැඩියාවට අවශ්‍ය වියදම් පිණිස බොහෝ කුඹුරු පූජා කළා. ලංකාව පුරාම පිහිටි චෛත්‍යස්ථානවලට කුඹුරු පූජා කළා.

64. සදා භික්ඛුසහස්සස්ස - විහාරේ චේතියපබ්බතේ
සලාකවට්ටභත්තඤ්ච - සෝ දාපේසි ච භූපති

සෑගිරියේ දහසක් වූ භික්ෂුසංඝයාට භාතිකාභය රජ්ජුරුවෝ හැමකල්හිම සලාකබත් දානය පූජා කෙරෙව්වා.

65. චින්තාමණිමුචේලච්හේ - උපට්ඨානත්තයේ ච සෝ
තථා පදුමසරේ ඡත්තපාසාදේ ච මනෝරමේ

ඒ වගේම රජ්ජුරුවෝ මනරම් වූ චිත්ත ප්‍රාසාදයේත්, මැණික් ප්‍රාසාදයේත්, මුචල ප්‍රාසාදයේත් යන උපස්ථාන ප්‍රාසාද තුනේත්, ඒ වගේම පියුම්සරයේත්, ඡත්ත ප්‍රාසාදයේත්,

66. භෝජෙන්තෝ පඤ්චඨානම්හි - භික්ඛූ ගන්ථධුරේ යුතේ
පච්චයේහි උපට්ඨාසි - සදා ධම්මේ සගාරවෝ

යන පස් තැනෙහි ග්‍රන්ථ ධුරයෙන් යුතු භික්ෂූන් වහන්සේලා වළඳවමින් සැමදා ධර්ම ගෞරවයෙන් යුතුව සිව්පසයෙන් උපස්ථාන කළා.

67. පෝරාණරාජනියාතං - යං කිඤ්චි සාසනස්සිතං
අකාසි පුඤ්ඤකම්මං සෝ - සබ්බං භාතිකභූපති

පුරාණ රජදරුවන් විසින් නියම කරන ලද බුද්ධ

ශාසනය පිළිබඳ යම්කිසි පුණ්‍ය කර්මයක් ඇත්නම් භාතික රජ්ජුරුවෝ ඒ සියල්ල නොපිරිහෙලා ඉෂ්ට කළා.

68. **තස්ස භාතිකරාජස්ස - අච්චයේ තං කණිට්ඨකෝ**
මහාදාඨිමහානාග - නාමෝ රජ්ජමකාරයි

ඒ භාතික රජ්ජුරුවන්ගේ අභාවයෙන් පස්සේ ඔහුගේ මළනුවන් වන මහාදාඨිකමහානාග නැමැති රජ්ජුරුවෝ රජකමට පත්වුනා.

69. **ද්වාදසං යේව වස්සානි - නානාපුඤ්ඤපරායනෝ**
මහාථූපම්හි කිඤ්ජක්ඛ - පාසාණේ අත්ථරාපයි

ඒ මහාදාඨික රජ්ජුරුවෝ දොළොස් අවුරුද්දක් රජකම් කළා. නොයෙක් ආකාර වූ පින් පිහිට කරගෙන සිටි ඒ රජ්ජුරුවෝ මහාසෑයේ ගලින් කළ පේසාවළල්ලට පහළින් කිඤ්ජක්ඛ නැමැති පියුම් කැටයම් කළ ගල් ඇතිරෙව්වා.

70. **වාලිකාමරියාදඤ්ච - කාරේසි විත්ථතංගණං**
දීපේ සබ්බවිහාරේසු - ධම්මාසනමදාපයි

වැලි මළුව විශාල කරවා සැකසුවා. ලංකාවේ සෑම විහාරයකට ම ධර්මාසන කෙරෙව්වා.

71. **අම්බත්ථලමහාථූපං - කාරාපේසි මහීපති**
චයේ අතිට්ඨමානම්හි - සරිත්වා මුනිනෝ ගුණං

ඒ රජ්ජුරුවෝ මිහින්තලේ අම්බස්ථල මහාථූපය කෙරෙව්වා. එහි නෙරා සිටින තැන් කරවා, සෑ බැම්ම සවිමත්ව නොපිහිටන විට භාග්‍යවතුන් වහන්සේගේ ගුණ සිහි කරමින්,

72. **චජිත්වාන සකං පාණං - නිපජ්ජිත්වා සයං තහිං**
ඨපයිත්වා චයං තස්ස - නිට්ඨාපෙත්වාන චේතියං

තමන්ගේ ජීවිතය පූජා කරලා එතන වැතිරුනා. එහි බැම්ම ස්ථිරව පිහිටුවා සෑයේ කටයුතු සම්පූර්ණ කළා.

73. **චතුද්වාරේ ඨපාපේසි - චතුරෝ රතනග්ඝිකේ**
සුසිප්පිකේහි සුවිභත්තේ - නානාරතනජෝතිතේ

ඉතා දක්ෂ ශිල්පීන් ලවා සියුම් කැටයම් කරවා අඹතල මහා සෑයේ සතර දොරටුවේ රුවන්කණු සතරක් කෙරෙව්වා.

74. **චේතියේ පටිමෝචෙත්වා - නානාරතනකඤ්චුකං**
කඤ්චන බුබ්බුලඤ්චෙත්ථ - මුත්තෝලම්බඤ්ච දාපයි

චෛත්‍යයට රන් කම්බිලියෙන් කළ, නොයෙක් රුවනින් කළ කඤ්චුකයක් පළන්දලා, රන් බුබුළුවලින් කළ මුතුවැලක් එල්ලුවා.

75. **චේතියපබ්බතාවට්ටේ - අලංකරිය යෝජනං**
යෝජාපෙත්වා චතුද්වාරං - සමන්තා චාරුවීථිකං

සෑගිරිය පර්වතය අවට යොදුනක් පමණ දුර අලංකාර ලෙස ගමන් මාර්ග සතරක් කරවා සතර පැත්තේ දොරටු සතරක් තැනෙව්වා.

76. **වීථියා උභතෝ පස්සේ - ආපණානි පසාරිය**
ධජග්ඝිකතෝරණේහි - මණ්ඩයිත්වා තහිං තහිං

වීදිය දෙපැත්තේ සල්පිල් කරවා, ධජ - මල්කරඬු - තොරණ් ආදියෙන් ඒ ඒ තැන සැරසෙව්වා.

77. **දීපමාලාසමුජ්ජෝතං - කාරයිත්වා සමන්තතෝ**
නටනච්චානි ගීතානි - වාදිතානි ච කාරයි

අවට හැමතැන ම පහන් පේළිවලින් බබළන්ට සැලැස්සුවා. නැට්ටුවන්ගේ රැඟුම්, ගී ගැයුම්, වාදන ආදිය කෙරෙව්වා.

78. **මග්ගේ කදම්බනදිතෝ - යාව චේතියපබ්බතා**
ගන්තුං ධෝතේහි පාදේහි - කාරයිත්ථරණත්ථතං

කොළොම්හොයේ පටන් සෑගිරිය දක්වා මාර්ගයේ පා දෝවනය කරමින් යන්ට පුළුවන් විදිහට කළාල ඇතිරෙව්වා.

79. **සනච්චගීතවාදේහි - සමජ්ජමකරුං තහිං**
නගරස්ස චතුද්වාරේ - මහාදානඤ්ච දාපයි

ඒ මාර්ගයේ නැටුම්, ගැයුම්, වැයුම්, නාටකයන් ආදිය කෙරෙව්වා. නගරයේ දොරටු සතරේ මහා දන් දුන්නා.

80. **අකාසි සකලේ දීපේ - දීපමාලා නිරන්තරං**
සලිලේපි සමුද්දස්ස - සමන්තා යෝජනන්තරේ

මුළු ලක්දිව නිරතුරුව පහන් පෙළින් ආලෝක කළා. හාත්පස මුහුදේත් යොදුනක් ඇතුළත පහුරු බැඳ, කණු සිටුවා, ඒ ඒ තැන්වල පහන් දල්ලෙව්වා.

81. **චේතියස්ස මහේ තේන - පූජා සා කාරිතා සුභා**
ගිරිභණ්ඩමහාපූජා - උළාරා වුච්චතේ ඉධ

අම්බස්ථල මහාසෑයට ඒ මහා දාඨික රජ්ජුරුවන් විසින් කරවන ලද ඒ සුන්දර වූ මහා පූජාව 'ගිරිභණ්ඩ මහාපූජාව' කියලත් කියනවා.

82. **සමාගතානං භික්ඛූනං - තස්මිං පූජාසමාගමේ**
දානං අට්ඨසු ඨානේසු - ඨපාපෙත්වා මහීපති

ඒ පූජාව වෙනුවෙන් වැඩම කළ භික්ෂූන් වහන්සේලාට රජ්ජුරුවෝ අට තැනක දන්පොළවල් පිහිටෙව්වා.

83. **තාළයිත්වාන තත්‍රට්ඨා - අට්ඨසෝවණ්ණභේරියෝ**
චතුවීසසහස්සානං - මහාදානං පවත්තයි

ඒ අට තැන රන් බෙර ගස්සවා විසිහතර දහසක් භික්ෂූන් වහන්සේලාට මහා දන් පැවැත්තුවා.

84. ඡචීවරානි පාදාසි - බන්ධමොක්ඛඤ්ච කාරයි
චතුද්වාරේ නහාපිතේහි - සදා කම්මමකාරයි

තුන් සිවුරු සය වතාවක් දුන්නා. බන්ධනගත සත්වයන් නිදහස් කෙරෙව්වා. හැම වෙලාවේ ම සතර දොරටුවේ කරණවැමියන් ලවා රැවුල් කැප්පෙව්වා.

85. පුබ්බරාජූහි ඨපිතං - භාතරං ඨපිතං තථා
පුඤ්ඤකම්මං අහාපෙත්වා - සබ්බං කාරයි භූපති

පෙර රජවරුන් විසින් පවත්වාගෙන ආ සියලු පින්කම් ද, තමන්ට වැඩිමහළු සහෝදර භාතික රජ්ජුරුවන් පවත්වාගෙන ආ සියලු පින්කම් ද සියල්ල ම එපරිද්දෙන් ම මහාදාඨික රජ්ජුරුවෝ ඉටු කළා.

86. අත්තානං දේවිං පුත්තේ ද්වේ - හත්ථිං අස්සඤ්ච මංගලං
වාරියන්තෝපි සංඝේන - සංඝස්සාදාසි භූපති

තමාත්, දේවියත්, ගාමිණී අභය හා තිස්ස යන පුත්කුමාරවරුන් දෙන්නාත්, මගුල් ඇතාත්, මගුල් අශ්වයාත් සංඝයා විසින් වළක්වද්දීත් සංඝයාගේ දාසයන් ලෙසට පැවරුවා.

87. ඡසතසහස්සග්ඝං - භික්ඛුසංඝස්ස සෝ අදා
සතසහස්සග්ඝනකං - භික්ඛුනීනං ගණස්ස තු

භික්ෂූන් වහන්සේලාට කහවණු සය ලක්ෂයක් වටිනාකම ඇති සිවුරු පිරිකර ආදිය පූජා කළා. භික්ෂුණීන් වහන්සේලාට කහවණු ලක්ෂයක් වටිනාකම ඇති සිවුරු පිරිකර පූජා කළා.

88. **දත්වාන කප්පියං භණ්ඩං - විවිධං විධිකෝවිදෝ**
අත්තානඤ්චාවසේසේ ච - සංඝතෝ අභිනීහරි

කරුණු ගැලපීමෙහි දක්ෂ වූ රජ්ජුරුවෝ විවිධාකාර කැප භාණ්ඩ පූජා කරලා තමාවත්, අනිත් බිසොව ආදී පිරිසත් සංඝයාගේ දාසභාවයෙන් අරවා ගත්තා.

89. **කාලායනකණ්ණිකම්හි - මණිනාගපබ්බතව්හයං**
විහාරඤ්ච කළන්දව්හං - කාරේසි මනුජාධිපෝ

රජ්ජුරුවෝ රුහුණු ජනපදයේ කාලායන නම් කඳු මුදුනේ මණිනාග පර්වතය නමින් විහාරයකුත්, කළන්ද නමින් විහාරයකුත් කෙරෙව්වා.

90. **කුබුබන්ධනදීතීරේ - සමුද්දවිහාරමේව ච**
හුවාවකණ්ණිකේ චූළනාගපබ්බතසව්හයං

කුබුකන්දන හොය ඉවුරේ සමුද්‍රවිහාරය නමින් විහාරයකුත්, රුහුණේම හුවාව නැමැති කඳු මුදුනේ චූළනාග පර්වතය නමින් විහාරයකුත් කෙරෙව්වා.

91. **පාසාණදීපකව්හම්හි - විහාරේ කාරිතේ සයං**
පානීයං උපනීතස්ස - සාමණේරස්ස බත්තියෝ

තමන් විසින් කරවන ලද පාසාණදීපක විහාරයේදී තමන්ට පැන් ගෙනැවිත් දුන් සාමණේරයන්ගේ,

92. **උපචාරේ පසීදිත්වා - සමන්තා අට්ඨයෝජනං**
සංඝභෝගමදා තස්ස - විහාරස්ස මහීපති

මනා සංවර වූ ඇවැතුම් පැවැතුම් ගැන පැහැදී හාත්පස යොදුන් අටක තින්දගමක් සංඝභෝගයක් කොට රජ්ජුරුවෝ ඒ විහාරයට පූජා කළා.

93. **මණ්ඩවාපිවිහාරේ ච - සාමණේරස්ස බත්තියෝ**
තුට්ඨෝ විහාරං දාපේසි - සංඝේ භෝගං තථේව සෝ

මණ්ඩවාපි විහාරයේ දී රජ්ජුරුවන්ට පැන් ගෙනැවිත් දුන් සාමණේර නමකගේ සංවරකමට පැහැදුණු රජ්ජුරුවෝ ඒ විහාරයටත් තින්දගමක් සංඝභෝගයක් වශයෙන් පූජා කළා.

94. ඉති විභවමනප්පං සාධුපඤ්ඤා ලභිත්වා
විගතමදපමාදා චත්තකාමප්පසංගා
අකරිය ජනඛේදං පුඤ්ඤකම්මාභිරාමා
විපුලවිවිධපුඤ්ඤං සුප්පසන්නා කරොන්තීති.

ඔය ආකාරයෙන් මහාදාඨිකමහානාග රජ්ජුරුවෝ වගේ යහපත් නුවණක් ඇති අය බොහෝ සම්පත් ලබාගෙන ඒ ඉසුරුවලින් මත්නොවී, ප්‍රමාදයටත් පත්නොවී, අධික කාමපිපාසා දුරුකරගෙන, ජනයා පීඩාවට පත්නොකොට, පින්කම්වල ඇලී වාසය කරමින් විවිධ වූ බොහෝ පින්කම් මනා පහන් සිතින් යුක්තව ම කරන්ට ඕනෑ.

සුජනප්පසාදසංවේගත්ථාය කතේ මහාවංසේ
ඒකාදසරාජදීපනෝ නාම චතුත්තිංසතිමෝ පරිච්ඡේදෝ.

සත්පුරුෂ ජනයන්ගේ ප්‍රසාදයත් සංවේගයත් ඇතිකරනු පිණිස කරන ලද මහාවංශයෙහි රජවරු එකොළොස් දෙනෙකුගේ පාලනය නම් වූ තිස්හතරවෙනි පරිච්ඡේදය යි.

35

පඤ්චතිංසතිමෝ පරිච්ඡේදෝ

තිස්පස්වෙනි පරිච්ඡේදය

ද්වාදස රාජකෝ

රජවරු දොළොස් දෙනෙකුගේ පාලනය

1. ආමණ්ඩගාමණ්‍යභයෝ - මහාදාඨිකඅච්චයේ
නවවස්සනට්ඨමාසේ - රජ්ජං කාරේසි තං සුතෝ

මහාදාඨික මහානාග රජ්ජුරුවන්ගේ අභාවයෙන් පස්සේ ඔහුගේ පුත්කුමරා වන ආමණ්ඩගාමිණී අභය රජ්ජුරුවෝ අවුරුදු නවයකුත් අට මාසයක් රාජ්‍යය කළා.

2. ඡත්තාතිඡත්තං කාරේසි - මහාථූපේ මනෝරමේ
තත්ථේව පාදවේදිඤ්ච - මුද්ධවේදිඤ්ච කාරයි

මහා සෑයේ පළඳවා තියෙන ඡත්‍රයට උඩින් තවත් මනරම් ඡත්‍රයක් පැළැන්දුවා. මහා සෑයේ ම පාදවේදිකා, කුඩා වේදිකා නමින් වේදිකා දෙකක් කෙරෙව්වා.

3. තථේව ලෝහපාසාදේ - ථූපව්හේ පෝසථව්හයේ
කාරේසි කුච්ඡිආජිරං - කුච්ඡිආළින්දමේව ච

ඒ වගේම ලෝවාමහා ප්‍රාසාදයේත්, ථූපාරාම

උපෝසථාගාරයේත්,ගේ මැදත්, එළියෙත් ඇවිද යන්ට පුළුවන් වන ආකාරයෙන් ඉස්තෝප්පු කෙරෙව්වා.

4. **උභයත්ථාපි කාරේසි - චාරුං රතනමණ්ඩපං**
රජතලේණ විහාරඤ්ච - කාරාපේසි නරාධිපෝ

දෙතැනම උතුම් රුවන් මණ්ඩප කෙරෙව්වා. ඒ වගේම රජ්ජුරුවෝ රිදී ලෙන් විහාරය කෙරෙව්වා.

5. **මහාගාමෙණ්ඩිවාපිං සෝ - පස්සේ කාරිය දක්ඛිණේ**
දක්ඛිණස්ස විහාරස්ස - අදාසි පුඤ්ඤදක්ඛිණෝ

දන්පින් කරන රජ්ජුරුවෝ අනුරාධපුරට දකුණු පැත්තෙන් මහාගාමෙණ්ඩි නැමැති වැවත්, දක්ඛිණ නමින් විහාරයකුත් කෙරෙව්වා.

6. **මාඝාතං සකලේ දීපේ - කාරේසි මනුජාධිපෝ**
වල්ලීඵලානි සබ්බානි - රෝපාපෙත්වා තහිං තහිං

ආමණ්ඩගාමිණී අභය රජ්ජුරුවෝ මුළු ලංකාවෙම සතුන් මැරීම තහනම් කොට 'මාඝාත' ආඥාව පැණෙව්වා. තැනින් තැන සෑම වර්ගයක ම පලතුරු ගස්වැල් රෝපණය කෙරෙව්වා.

7. **මංසකුභණ්ඩකං නාම - ආමණ්ඩිය මහීපති**
පත්තං පූරාපයිත්වාන - කාරෙත්වා වත්ථවුම්බටං

රජ්ජුරුවෝ මස් බඳු රතු පැහැයෙන් යුතු පැණි කොමඩු පාත්‍ර පුරවා වස්ත්‍රවලින් පාත්‍රා තබන්ට දරණු තනවලා,

8. **දාපේසි සබ්බසංඝස්ස - විප්පසන්නේන චේතසා**
පත්තේ පූරාපයිත්වා සෝ - ආමණ්ඩගාමණී විදූ

ඉතා පහන් සිතින් යුතුව සංඝයාට පූජා කළා. මේ ආකාරයට ආමණ්ඩ හෙවත් පැණිකොමඩු පූජා කළ නිසා

ගාමිණී අභය රජ්ජුරුවන්ට ආමණ්ඩගාමණීඅභය යන නම ලැබුනා.

9. **තං කණිට්ඨෝ කණීරජාණතිස්සෝ සාතිය භාතරං**
තීණි වස්සානි නගරේ - රජ්ජං කාරේසි ඛත්තියෝ

ඒ රජ්ජුරුවන්ගේ මලනුවන් වන කර්ණරාජානුතිස්ස කුමාරයා තමන්ගේ සහෝදර රජ්ජුරුවන්ව මරවා අනුරාධපුරයෙහි තුන් අවුරුද්දක් රජකම් කළා.

10. **උපෝසථසරට්ටං සෝ - නිච්ජිනී චේතියව්හයේ**
රාජාපරාධකම්මම්හි - යුත්තේ සට්ඨී තු භික්ඛවෝ

මිහින්තලේ සෑගිරියේ පොහොයගෙයි භික්ෂූන් අතර හටගත් ආරවුලක් මේ රජ්ජුරුවෝ ධාර්මිකව විසඳුවා. ඒ විසඳුමෙන් අසතුටු වූ සැටනමක් පමණ භික්ෂූන් 'පොහොය ගෙයි ඇතුළේ ම රජ්ජුරුවන්ව අල්ලාගෙන මරන්ට ඕනෑ' කියලා රාජඅපරාධයක යෙදුනා.

11. **සහෝඪේ ගාහයිත්වාන - රාජා චේතියපබ්බතේ**
ඛිපාපේසි කණීරව්හේ - පබ්භාරම්හි අසීලකේ

ඒ සැළසුම එළිදරව් වෙලා රජ්ජුරුවන්ව මරන්ට සූදානම් කළ අවිආයුධත් සමඟ ඒ භික්ෂූන්ව අත්අඩංගුවට ගත්තා. දුස්සීල වූ ඔවුන්ව සෑගිරියේ කණීර නම් ප්‍රපාතයෙන් පහළට දැම්මා.

12. **කණීරජාණ'ච්චයේන - ආමණ්ඩගාමණීසුතෝ**
චූළාභයෝ වස්සමේකං - රජ්ජං කාරේසි ඛත්තියෝ

කර්ණරාජානුතිස්ස රජ්ජුරුවන්ගේ අභාවයෙන් පස්සේ ආමණ්ඩගාමණීඅභය රජුගේ පුත්‍රයා වන චූළාභය රජ්ජුරුවොත් එක් වර්ෂයක් රජකම් කළා.

13. **සෝ ගෝණකනදීතීරේ - පුරපස්සම්හි දක්ඛිණේ**
කාරාපේසි මහීපාලෝ - විහාරං චූළගල්ලකං

ඒ රජ්ජුරුවෝ අනුරාධපුරයට දකුණු පැත්තේ ගෝණක නම් ගං ඉවුරේ සුළුගල් විහාරය කෙරෙව්වා.

14. **චූළාභයස්ස'ච්චයේන - සීවලි තං කණිට්ඨිකා**
ආමණ්ඩධීතා චතුරෝ - මාසේ රජ්ජමකාරයි

චූළාභය රජ්ජුරුවන්ගේ අභාවයෙන් පස්සේ ඒ රජ්ජුරුවන්ගේ නැගණිය වන ආමණ්ඩ රජුගේ දියණිය වන සීවලී කුමරිය හාරමාසයක් රාජ්‍ය කළා.

15. **ආමණ්ඩභාගිනෙය්‍යා තු - සීවලිං අපනීය තං**
ඉළනාගෝති නාමේන - ඡත්තං උස්සාපයි පුරේ

ඒ ආමණ්ඩ රජ්ජුරුවන්ගේ බෑණා කෙනෙක් සීවලී කුමරිය පහකරවා තමන් ඉලනාග යන නමින් නුවර සේසත් නැංගුවා.

16. **තිස්සවාපිං ගතේ තස්මිං - ආදිවස්සේ නරාධිපේ**
තං හිත්වා පුරමාගඤ්ජුං - බහවෝ ලම්බකණ්ණකා

ඒ රජ්ජුරුවෝ රජකම ලබා මුල් වර්ෂයේ තිසා වැවට ජල ක්‍රීඩාවට ගියා. රජ්ජුරුවෝ වැවේ ජලක්‍රීඩා කරද්දී බොහෝ ලම්භකර්ණයෝ හැරිලා අනුරාධපුර නුවරට ආවා.

17. **තහිං අදිස්වා තේ රාජා - කුද්ධෝ තේහි අකාරයි**
මද්දයං වාපියා පස්සේ - මහාථූපඤ්ජසං සයං

තිසා වැවේ ලම්භකර්ණයන් නැති බව දැකපු රජ්ජුරුවෝ කෝපයට පත්වුණා. ඔවුන්ව ගෙන්නලා වැව පැත්තෙන් මහාසෑය දෙසට යන්ට ඔවුන් මඩවමින් තමන්ම මාර්ගයක් කෙරෙව්වා.

18. **තේසං විචාරකේ කත්වා - චණ්ඩාලේ ච යපාපයි**
තේන කුද්ධා ලම්බකණ්ණා - සබ්බේ හුත්වාන ඒකතෝ

ඔවුන් මාර්ගය හැදීමේ කටයුත්ත නිසි ආකාරයට කරනවාදැයි බලන්ට සැඬොල් මිනිසුන්ව තැබ්බුවා. එයින්

කෝපයට පත් සියලු ලම්භකර්ණ වංශිකයෝ එකට එකතු වෙලා,

19. **රාජානං තං ගහෙත්වාන - රුන්ධිත්වාන සකේ ඝරේ**
සයං රජ්ජං විචාරේසුං - රඤ්ඤෝ දේවී තදා සකං

ඉලනාග රජ්ජුරුවන්ව අල්ලාගෙන තමන්ගේ ගෙදර ම සිරකරලා තමන් ම රාජ්‍ය පාලනයේ යෙදුනා. එතකොට ඉලනාග රජ්ජුරුවන්ගේ දේවිය,

20. **පුත්තං චන්දමුඛසීවං - මණ්ඩයිත්වා කුමාරකං**
දත්වාන හත්ථේ ධාතීනං - මංගලහත්ථිසන්තිකේ

තමන්ගේ පුත්‍රයා වන චන්ද්‍රමුඛසිව කුමාරයාව සරසලා කිරිමව්වරුන්ගේ අතේ තියලා මංගල ඇත්රජා ළඟට,

21. **පේසේසි වත්වා සන්දේසං - නෙත්වා තං ධාතියෝ තහිං**
වදිංසු දේවිසන්දේසං - සබ්බං මංගලහත්ථිනෝ

හසුනක් දීලා යැව්වා. කිරිමව්වරු ඒ කුමාරයාව මගුල් ඇතා ළඟට ගෙනිච්චා. දේවිගේ සංදේශයේ සියල්ල මංගල ඇත්රජාට කිව්වා.

22. **අයං තේ සාමිනෝ පුත්තෝ - සාමිකෝ චාරකේ ඨිතෝ**
අරීහි සාතතෝ සේය්‍යෝ - තයා සාතෝ ඉමස්ස තු

"එම්බා හස්තිය, මේ ඉන්නේ තොපගේ ස්වාමියාගේ පුත්‍රයායි. තොපගේ ස්වාමියා සිර කුඩුවේ සිටී. තොපගේ ස්වාමියාගේ පුත්‍ර වූ මේ කුමාරයා සතුරන් අතින් ඝාතනය වෙනවාට වඩා තොපගේ අතින් ඝාතනය වීම උතුම් ය.

23. **ත්වමේනං කිර සාතේහි - ඉදං දේවිවචෝ ඉති**
වත්වා තු තං සයාපේසුං - පාදමූලම්හි හත්ථිනෝ

එනිසා තොපම මේ කුමාරාව නසනු! මේ දේවියගේ වචනයයි." මෙය කියපු කිරිමව්වරු කුමාරයා ඇතාගේ පාමුල තිබ්බා.

24. **දුක්ඛිතෝ සෝ රුදිත්වාන - නාගෝ භෙත්වාන ආළ්හකං**
පවිසිත්වා මහාවත්ථුං - ද්වාරං පාතිය ථාමසා

එය ඇසූ සැණින්ම ඇත්රජා මහා දුකට පත්වෙලා හඬා වැළපී කඳුළු හෙලාගෙන තමන් බැඳ තිබූ ටැඹත් බිඳගෙන රජවාසල දෙසට දිව්වා. එතකොට මිනිස්සු බයවෙලා රජවාසලේ දොර වැහැව්වා. එතකොට ඇත්රජා වේගයෙන් හිසින් පහරදීලා දළින් ඇණලා දොර උදුරලා පෙරලා දැම්මා.

25. **රඤ්ඤෝ නිසින්නංගණම්හි - උග්ඝාටෙත්වා කවාටකං**
නිසීදාපිය තං ඛන්ධේ - මහාතිත්ථමුපාගමි

රජු හුන් තැනේ දොර ගලවලා දාලා රජ්ජුරුවන්ව පිටඋඩ තියාගෙන මාතොටට පැමිණියා.

26. **නාවං අරෝපයිත්වාන - රාජානං තත්ථ කුඤ්ජරෝ**
පච්ඡිමෝදධිතීරේන - සයං මලයමාරුහී

ඇත්රජා මාතොටින් රජ්ජුරුවන්ව නැවට නග්ගවා බටහිර මුහුදු තීරය ඔස්සේ ගිහින් කඳුරටට නැගගත්තා.

27. **පරතීරේ වසිත්වා සෝ - තීණි වස්සානි ඛත්තියෝ**
බලකායං ගහෙත්වාන - ආගා නාවාහි රෝහණං

තුන් අවුරුද්දක් එතෙර වාසය කළ ඉලනාග රජ්ජුරුවෝ විදේශීය කුලී හමුදාවක් රැගෙන නැව් මගින් රුහුණට සැපත් වුනා.

28. **තිත්ථේ සක්ඛරසොබ්භම්හි - ඕතරිත්වාන භූපති**
අකාසි රෝහණේ තත්ථ - මහන්තං බලසංගහං

රුහුණු දනව්වේ හකුරුහෙබ නැමැති වරාය තොටින් ගොඩබැස්ස රජ්ජුරුවෝ ඒ රුහුණේ මහත් බලසේනාවක් හදාගත්තා.

29. **රඤ්ඤෝ මංගලහත්ථී සෝ - දක්ඛිණා මලයා තතෝ**
රෝහණං යේ'වුපාගඤ්ඡි - තස්ස කම්මානි කාතවේ

රජ්ජුරුවන්ගේ ඒ මංගල හස්තිරාජයා ඒ දකුණු මලය රටින් ඇවිත් ඉලනාග රජ්ජුරුවන්ට නැවත රාජ්‍ය ලබාදීමේ අදහසින් රුහුණට ම ආවා.

30. **මහාපදුමනාමස්ස - තත්ථ ජාතකභාණිනෝ**
තුලාධාරවිහවාසිස්ස - මහාථේරස්ස සන්තිකේ

ජාතක කථාවලින් බණ කියන ජාතකභාණී මහාපදුම නමින් මහතෙරුන් වහන්සේ නමක් තුලාධාර පර්වතයේ වැඩසිටියා. උන්වහන්සේ රජ්ජුරුවන් සමීපයේදී,

31. **කපිජාතකං සුත්වාන - බෝධිසත්තේ පසාදවා**
නාගමහාවිහාරං සෝ - ජියාමුත්තධනුස්සතං

මහා කපි ජාතකයෙන් බණ දේශනා කළා. තමන්ට අපරාධ කළවුන්ට පවා යහපත කැමැති අප මහා බෝසතාණන් වහන්සේ ගැන ඇසූ රජ්ජුරුවෝ මහබෝසත් චරිතය ගැන සිත පහදවා ගත්තා. දුනුදිය ඉවත් කළ දුනුදණ්ඩ මිම්ම කොට දුනු සීයක ප්‍රමාණයෙන් නාගමහා විහාරය,

32. **කත්වා කාරේසි ථූපඤ්ච - වඩ්ඪාපේසි යථාඨිතං**
තිස්සවාපිඤ්ච කාරේසි - තථා දූරවිහවාපිකං

කරවා ස්ථූපයකුත් කෙරෙව්වා. ඒ විහාරයේ තිබුණු පැරණි සෑයත් තිබූ සැටියෙන්ම වැඩිදියුණු කළා. තිස්ස වැවත් කෙරෙව්වා. දූරතිස් වැවත් කෙරෙව්වා.

33. **සෝ ගහෙත්වා බලං රාජා - යුද්ධාය අභිනික්ඛමි**
තං සුත්වා ලම්බකණ්ණා ච - යුද්ධාය අභිසංයුතා

බලසේනාව රැස්කරගත් රජ්ජුරුවෝ යුද්ධය පිණිස නික්මුණා. රජ්ජුරුවෝ යුද්ධය පිණිස එන බව ඇසූ ලම්භකර්ණ වංශිකයෝත් යුද්ධ කරන්ට නික්මුනා.

34. **කපල්ලක්ඛණ්ඩද්වාරම්හි - ඛෙත්තේ හිංකාරපිට්ඨිකේ**
යුද්ධං උභින්නං වත්තිත්ථ - අඤ්ඤමඤ්ඤවිභේදනං

කපල්කඬදොර කෙතේ හිංකාරපිට්ඨි නමැති තැනේදී දෙපිරිස අතර ඔවුනොවුන් පෙළා ගන්නා මහා යුද්ධයක් හටගත්තා.

35. නාවාකිලන්තදේහත්තා - පෝසා සීදන්ති රාජිනෝ
රාජා නාමං සාවයිත්වා - සයං පාවිසි තේන සෝ

නැව් ගමනින් වෙහෙසට පත් ශරීර ඇති රජ්ජුරුවන්ගේ සේනාව සෙමෙන් සෙමෙන් පසුබැස්සා. එතකොට රජ්ජුරුවෝ 'මං ඉලනාග රජ්ජුරුවෝ බව මේ ගෘහස්ථයෝ දන්නේ නැද්ද!' කියලා තමන්ම එතැනට යුද පෙරමුණ දෙබෑ කරගෙන පිවිසියා.

36. තේන භීතා ලම්බකණ්ණා - සයිංසු උදරේන සෝ
තේසං සීසානි ඡින්දිත්වා - රථනාභිසමං කරි

රජ්ජුරුවන්ගේ හඬින් භයට පත් ලම්භකර්ණ වංශිකයෝ අවි බිම හෙලා යුද්ධභූමියේ මුනින් අතට වැතිරගත්තා. රජ්ජුරුවන් නැග සිටි රථයේ නාභිය දක්වා උසට ඒ ලම්භකර්ණ වංශිකයන්ගේ හිස් සිඳවා ගොඩ ගැස්සුවා.

37. තික්ඛත්තුමේවන්තු කතේ - කරුණාය මහීපති
අමාරෙත්වා'ව ගණ්හාථ - ජීවගාහන්ති අබ්‍රැවි

රජ්ජුරුවෝ ඔවුන් කෙරෙහි කරුණාවෙන් 'නොමරා ජීවග්‍රහයෙන් අල්ලාගනිව්' කියලා තුන්වතාවක් ම කිව්වා.

38. තතෝ විජිතසංගාමෝ - පුරං ආගම්ම භූපති
ඡත්තං උස්සාපයිත්වාන - තිස්සවාපිජණං අගා

යුද්ධය ජයගත් ඉලනාග රජ්ජුරුවෝ අනුරාධපුර නගරයට අවුත් සේසත් නංවා තිසා වැවේ ජලක්‍රීඩා උත්සවයට ගියා.

39. ජලකීළාය උග්ගන්ත්වා - සුමණ්ඩිතපසාධිතෝ
අත්තනෝ සිරිසම්පත්තිං - දිස්වා තස්සන්තරායිකේ

ජලක්‍රීඩාවෙන් ගොඩඇවිත් ඉතා අලංකාර අයුරින් හැඳ පැළඳගත් රාජාභරණයන්ගෙන් යුක්ත තමන්ගේ ශ්‍රී සම්පත් දැකලා එයට අන්තරාය කරපු,

40. **ලම්බකණ්ණේ සරිත්වාන - කුද්ධෝ සෝ යෝජයී රථේ**
යුගපරම්පරා තේසං - පුරතෝ පාවිසී පුරං

ලම්භකර්ණයන්ව මතක් වෙලා කෝපයට පත්වුණා. ලම්භකර්ණ වංශිකයන්ගේ නාස් විද ඔවුන්ව රථයෙහි බැන්දෙව්වා. ඔවුන් දෙන්නා දෙන්නා පේළියට නාස් විද රථයේ බන්දවා ඔවුන් ලවා රථය අද්දවාගෙන අනුරාධපුර නගරයට පිවිසියා. නාස් විද බැඳගත් ඔවුන්ගේ පේළිය තිසා වැවේ පටන් ඇතුළු නුවර අග්ගපීඨක ප්‍රාසාදය දක්වා තිබුනා.

41. **මහාවත්ථුස්ස උම්මාරේ - ඨත්වා රාජාණපේසි සෝ**
ඉමේසං සීසමුම්මාරේ - අස්මිං ඡින්දථ භෝ ඉති

රජවාසලේ උළුවස්ස ළඟ හිටගත් රජ්ජුරුවෝ 'භවත්නි, මෙවුන්ගේ හිස් මේ උළුවස්ස පාමුල ම සිඳිව්' කියලා අණකළා.

42. **ගෝණා ඒතේ රථේ යුත්තා - තව හොන්ති රථේසභ**
සිංගං ඛුරඤ්ච ඒතේසං - ඡේදාපය තතෝ ඉති

එතකොට රජ්ජුරුවන්ගේ මෑණියෝ "මහරජ්ජුරුවනි, ඔබවහන්සේගේ රථයෙහි යොදවාපු ගොන්නු නොවැ ඔය ඉන්නේ. ඔය ගොන්නුන්ගේ නාසාත්, කුරත් කප්පවා දමනු මැනැව" කියලා කිව්වා.

43. **මාතුයා අථ සඤ්ඤත්තෝ - සීසච්ඡේදං නිවාරිය**
නාසඤ්ච පාදංගුට්ඨඤ්ච - තේසං රාජා අඡේදයි

මෑණියන්ගේ කරුණු දක්වීමෙන් ඔවුන්ගේ හිසගසා දැමීම වැළකුනා. රජ්ජුරුවෝ ඔවුන්ගේ නාසාත්, පා ඇඟිලිත් කැප්පෙව්වා.

44. **හත්ථිවුත්ථං ජනපදං - අදා හත්ථිස්ස ඛත්තියෝ**
හත්ථිභෝගෝ ජනපදෝ - ඉති තේනාසි නාමතෝ

රජ්ජුරුවෝ මංගල ඇත්රජා වාසය කළ ජනපදය ඇතාට ම දුන්නා. ඒ කාරණයෙන් ඒ ජනපදය 'හත්ථිභෝග' ජනපදය කියලා හැඳින්නුනා.

45. **ඒවං අනුරාධපුරේ - ඉළනාගෝ මහීපති**
ඡබ්බස්සානි අනූනානි - රජ්ජං කාරේසි ඛත්තියෝ

මෙසේ අනුරාධපුරයෙහි ඉළනාග රජ්ජුරුවෝ අඩු නැතිව සය අවුරුද්දක් රජකම් කළා.

46. **ඉළනාගච්චයේ තස්ස - පුත්තෝ චන්දමුඛෝ සිවෝ**
අට්ඨවස්සං සත්තමාසං - රාජා රජ්ජමකාරයි

ඉළනාග රජ්ජුරුවන්ගේ අභාවයෙන් පස්සේ ඒ රජ්ජුරුවන්ගේ පුත්‍ර වූ චන්ද්‍රමුඛසිව රජ්ජුරුවෝ අට අවුරුද්දකුත් සත් මාසයක් ලංකා රාජ්‍යය පාලනය කළා.

47. **මණිකාරගාමකේ වාපිං - කාරාපෙත්වා මහීපති**
ඉස්සරසමණව්හස්ස - විහාරස්ස අදාසි සෝ

චන්ද්‍රමුඛසිව රජ්ජුරුවෝ මණිකාර ගමේ වැවක් කරවා එය ඉසුරුමුනි විහාරයට පූජා කළා.

48. **තස්ස රඤ්ඤො මහේසී ච - තංගාමේ පත්තිමත්තනෝ**
තස්සේවාදා විහාරස්ස - දමිළාදේවීති විස්සුතා

දෙමළදේවී නමින් ප්‍රසිද්ධ ඒ චන්ද්‍රමුඛසිව රජ්ජුරුවන්ගේ මෙහෙසිය ඒ ගමෙන් තමන්ට ලැබෙන ආදායමත් ඉසුරුමුනි විහාරයට ම පූජා කළා.

49. **තං තිස්සවාපිකීළාය - හන්ත්වා චන්දමුඛං සිවං**
යසළාලකතිස්සෝති - විස්සුතෝ තංකනිට්ඨකෝ

තිසා වැවේ දිය ක්‍රීඩාවට ගිය චන්ද්‍රමුඛසිව රජ්ජුරුවන්ව තමන්ගේ මල්ලී වන යසළාලකතිස්ස නමින් ප්‍රසිද්ධ කුමාරයා විසින් ඝාතනය කෙරෙව්වා.

50. **අනුරාධපුරේ රම්මේ - ලංකාභුවදනේ සුභේ**
සත්තවස්සානට්ඨමාසේ - රාජා රජ්ජමකාරයි

ලංකාවෙහි පොළොව නැමැති සිරුරට මුහුණ බඳු රම්‍ය වූ අනුරාධපුරයෙහි සත් අවුරුද්දකුත් අටමාසයක් යසළාලකතිස්ස රජ්ජුරුවෝ රජකම් කළා.

51. **දෝවාරිකස්ස දත්තස්ස - පුත්තෝ දෝවාරිකෝ සයං**
රඤ්ඤො සදිසරූපේන - අහෝසි සුභනාමවා

ඒ රජ්ජුරුවන්ගේ දත්ත නමැති දොරටුපාලයට 'සුභ' නමින් යසළාලකතිස්ස රජ්ජුරුවන් වගේම සමාන වූ රූපශෝභා ඇති දොරටුපාල පුත්‍රයෙක් හිටියා.

52. **සුභං බලත්ථං තං රාජා - රාජභූසාය භූසිය**
නිසීදාපිය පල්ලංකේ - හාසත්ථං යසළාලකෝ

යසළාලකතිස්ස රජ්ජුරුවෝ කවට සිනහ පිණිස සුභ නමැති දොරටුපාල සෙබලාට රජ ඇඳුම් අන්දවා රාජාසනයේ වාඩි කරවනවා.

53. **සීසචෝළං බලත්ථස්ස - සසීසේ පටිමුඤ්චිය**
යට්ඨිං ගහෙත්වා හත්ථේන - ද්වාරමූලේ ඨිතෝ සයං

දොරටුපාල සෙබලාගේ හිස්වෙළුම තමන්ගේ හිසේ පැළඳගෙන යසළාලකතිස්ස රජ්ජුරුවෝ යෂ්ටිය අතට අරගෙන දොර අයිනේ සිටගෙන ඉන්නවා.

54. **වන්දන්තේසු අමච්චේසු - නිසින්නං ආසනම්හි තං**
රාජා හසති ඒවං සෝ - කුරුතේ අන්තරන්තරා

රාජාසනයේ ඉන්න ඔහුට ඇමතිවරු වන්දනා

කරන කොට දොරටුපාල වෙස් ගෙන දොරටුව ළඟ ඉන්න රජ්ජුරුවෝ සිනහසෙනවා.

55. **බලත්ථෝ ඒකදිවසං - රාජානං හසමානකං**
අයං බලත්ථෝ කස්මා මේ - සම්මුඛා හසතීති සෝ

එක් දවසක් සුභ නැමැති දොරටුපාල සෙබලා රාජාසනයේ හිඳගෙන සිටියා. කලින් වගේ දොරටුපාල වෙස්ගෙන සිටි රජ්ජුරුවෝ සිනහසුනා. 'මේ සෙබලා මං ඉදිරියේ මෙහෙම සිනහසෙන්නේ මොකොද?' කියලා,

56. **මාරාපයිත්වා රාජානං - බලත්ථෝ සෝ සුභෝ ඉධ**
රජ්ජං කාරේසි ඡබ්බස්සං - සුභරාජාති විස්සුතෝ

රජ්ජුරුවන්ව ඝාතනය කෙරෙව්වා. ඒ සුභ නැමැති දොරටුපාල සෙබලා සුභ රජ්ජුරුවෝ නමින් ප්‍රසිද්ධ වෙලා සය අවුරුද්දක් ලංකා රාජ්‍යය කළා.

57. **ද්වීසු මහාවිහාරේසු - සුභරාජා මනෝරමං**
පරිවේණපන්තිං සුභරාජනාමකං යේව කාරයි

සුභ රජ්ජුරුවෝ මහාවිහාරය, අභයගිරි විහාරය යන මහාවිහාර දෙකට සුභරාජපිරිවෙන නමින් මනරම් පිරිවෙන් දෙකක් කෙරෙව්වා.

58. **උරුවේලසමීපම්හි - තථා වල්ලිවිහාරකං**
පුරත්ථිමේ ඒකද්වාරං - ගංගන්තේ නන්දිගාමකං

ඒ වගේම උරුවෙල් සමීපයෙහි වල්ලිවිහාරයත්, අනුරාධපුරයෙන් නැගෙනහිර පැත්තේ ඒකද්වාර පර්වතය පාමුල ඒකද්වාරික නම් විහාරයත්, කච්ඡක නම් ගඟ අසබඩ නන්දිගාම විහාරයත් කෙරෙව්වා.

59. **ලම්බකණ්ණසුතෝ ඒකෝ - උත්තරපස්සවාසිකෝ**
සේනාපතිමුපට්ඨාසි - වසභෝ නාම මාතුලං

උතුරු ප්‍රදේශවාසී එක්තරා ලම්භකර්ණවංශික වසභ නැමැති පුත්‍රයෙක් අනුරාධපුරයට ගොස් තමන්ගේ මාමණ්ඩිය වන සෙන්පතියෙකුට සේවය කළා.

60. **හෙස්සති වසභෝ නාම - රාජාති සුතියා සදා**
සාතේති රාජා දීපම්හි - සබ්බේ වසභනාමකේ

ඒ කාලේ සුභ රජ්ජුරුවන් වසභ නමින් යුතු පුරුෂයෙක් ලංකාවේ රජවෙනවා කියලා ජනතාව අතර පැතිරෙන කථාව අහන්ට ලැබිලා ලංකාවේ ඉන්න වසභ නම තියෙන සියලු දෙනාව ම මැරෙව්වා.

61. **රඤ්ඤො දස්සාම වසභං - ඉමන්ති හරියාය සෝ**
සේනාපති මන්තයිත්වා - පාතෝ රාජකුලං අගා

සෙන්පතියාත් තමන්ගේ නිවසේ ඉන්න වසභ ගැන භය වෙලා 'අපි මොහුව රජ්ජුරුවන්ට ගෙනිහින් පෙන්නමු' කියලා බිරිඳත් සමඟ සාකච්ඡා කළා. සෙන්පතියා පහුවෙනිදා උදෑසන රාජ්‍ය සේවයට වසභ සමඟ ගියා.

62. **ගච්ඡතෝ තේන සහසා - තම්බූලං චුණ්ණවජ්ජිතං**
හත්ථම්හි වසභස්සාදා - තං සාධු පරිරක්ඛිතුං

සෙන්පති බිරිඳ වසභව රැගෙන යාම වළක ගන්ට ඉඟියකින්වත් කිසිවක් කරගන්ට බැරි තැන වසභ කුමරු රැකගන්නා අදහසින් හුණු නැති බුලත්විටක් වසභ කුමාරයාගේ අතට දුන්නා.

63. **රාජගේහස්ස ද්වාරම්හි - තම්බූලං චුණ්ණවජ්ජිතං**
සේනාපති උදික්ඛිත්වා - තං චුණ්ණත්ථං විසජ්ජයි

රජගෙයි දොරටුව ළඟදී 'බුලත් විටක් කන්ට ඕනෑ' කියලා වසභගෙන් බුලත්විට ඉල්ලාගෙන බලද්දී හුණු නැති බව දැක හුණු අරගෙන එන්ට කියලා වසභ කුමාරයාව ආපසු ගෙදරට පිටත් කළා.

64. සේනාපතිස්ස භරියා - චුණ්ණත්ථං වසභං ගතං
වත්වා රහස්සං දත්වා ච - සහස්සං තං පලාපයි

හුණු රැගෙන එන්ට ගෙදර ආපු වසභට සෙන්පති බිරිඳ රහසේම කහවණු දහසක් දීලා එතැනින් පලායන්ට සැලැස්සුවා.

65. මහාවිහාරට්ඨානං සෝ - ගන්ත්වාන වසභෝ පන
තත්ථ ථේරේහි ඛීරන්න - වත්ථේහි කතසංගහෝ

මහාවිහාරස්ථානයට ගිය වසභ කුමාරයා එහි සිටි තෙරුන් වහන්සේලා දෙන ලද කිරිබතිනුයි, වස්ත්‍රවලිනුයි සංග්‍රහ ලබාගෙන,

66. තතෝ පරං කුට්ඨිනෝ ච - රාජභාවාය නිච්ඡිතං
සුත්වාන වචනං හට්ඨෝ - චෝරෝ හෙස්සන්ති නිච්ඡිතෝ

මහාවිහාරයට බටහිරින් ගමක වසන අනාගත වාක්‍ය කියන කුෂ්ඨ රෝගියෙකුගෙන් තමන් ගැන ඇහුවා. රජකම අනිවාර්යයෙන්ම ලැබෙනවා කියා කියවුණු අනාවැකිය අහන්ට ලැබිලා සතුටට පත්වුණා. 'එහෙනම් මමත් කැරලිකාරයෙක් වෙනවා' කියලා අධිෂ්ඨාන කරගත්තා.

67. ලද්ධා සමත්ථපුරිසේ - ගාමඝාතං තතෝ පරං
කරොන්තෝ රෝහණං ගන්ත්වා - කපල්ලපූවෝපදේසතෝ

ඊටපස්සේ ඔහුට ගම්පහරන්ට හැකියාව ඇති පුරුෂයින් ලැබිලා ගම්පහරමින් රුහුණට ගිහින් ආප්පයක කොණ පටන් අනුභව කරන න්‍යාය අනුගමනය කරමින්,

68. කමේන රට්ඨං ගණ්හන්තෝ - සම්පත්තබලවාහනෝ
සෝ රාජා ද්වීහි වස්සේහි - ආගම්ම පුරසන්තිකං

ක්‍රමයෙන් රට අල්ලා ගනිමින් ඊට දක්ෂ බලසේනාවක් ද ඇතිව දෙවර්ෂයකින් අනුරාධපුරයට ළං වුනා.

69. සුභරාජං රණේ හන්ත්වා - වසභෝ සෝ මහබ්බලෝ
උස්සාපයි පුරේ ඡත්තං - මාතුලෝපි රණේ පති

එහිදී හටගත් යුද්ධයේදී සුභ රජ්ජුරුවෝ මරණයට පත්වුනා. මහා බලයකින් යුක්ත ඒ වසභ කුමාරයා අනුරාධපුරයේ සේසත් නැංවුවා. තම මාමා වූ සෙන්පතියාත් යුද්ධයේදී මැරුම් කෑවා.

70. තං මාතුලස්ස භරියං - පුබ්බභූතෝපකාරිකං
අකාසි වසභෝ රාජා - මහේසිං මෙත්තනාමිකං

තමන්ට පෙර කරන ලද උපකාරයට සැලකීම පිණිස තම මාමණ්ඩියගේ මෙත්තා නැමැති බිරිඳ වසභ රජ්ජුරුවන් තමන්ගේ මෙහෙසි තනතුරට පත්කරගත්තා.

71. සෝ හෝරාපාඨකං පුච්ඡි - ආයුප්පමාණමත්තනෝ
ආහ ද්වාදසවස්සානි - රහෝ යේවස්ස සෝපි ච

වසභ රජ්ජුරුවෝ තමන්ගේ ආයුෂ දැනගන්ට කැමැත්තෙන් නිමිති පාඨකයෙක් ගෙන්නලා හොර රහසේම තමන්ගේ ආයුෂ ගැන ඇහුවා. තව දොළොස් අවුරුද්දක් ආයුෂ තියෙනවා කියලා ඔහු කිව්වා.

72. රහස්සං රක්ඛණත්ථාය - සහස්සං තස්ස දාපිය
සංඝං සෝ සන්නිපාතෙත්වා - වන්දිත්වා පුච්ඡි භූපති

එය රහසක් වශයෙන් තබාගැනීම පිණිස ඔහුට කහවණු දහසක් දුන්නා. ඊට පස්සේ වසභ රජ්ජුරුවෝ සංඝයා රැස් කරවා වන්දනා කොට මෙහෙම ඇහුවා.

73. සියා නු භන්තේ ආයුස්ස - වඩ්ඪනකාරණං ඉති
අත්ථීති සංඝෝ ආචික්ඛි - අන්තරායවිමෝචනං

"ස්වාමීනී, කෙනෙකුගේ ආයුෂ වැඩිවෙන්ට කළයුතු විශේෂ පින්කම් තියෙනවාද?" කියලා. "මහරජ්ජුරුවෙනි,

ආයුෂයට ඇති අන්තරායන් වළක්වන පින්කම් තියෙනවා" කියලා සංඝයා පිළිතුරු දුන්නා.

74. **පරිස්සාවනදානඤ්ච - ආවාසදානමේව ච**
ගිලානවට්ටදානඤ්ච - දාතබ්බං මනුජාධිප

"මහරජ්ජුරුවෙනි, ජලය පිරිසිදු කොට පෙරා ලබාදෙන උපකරණ පූජා කිරීම, ආවාස කුටි පූජා කිරීම, ගිලනුන්ට විශේෂ වැටුප් ලබාදීම කරන්ට ඕනෑ.

75. **කාතබ්බං ජිණ්ණකාවාස - පටිසංඛරණං තථා**
පඤ්චසීලසමාදානං - කත්වා තං සාධු රක්ඛියං

දිරාගිය ආවාසයන් අළුත්වැඩියා කරන්ටත් ඕනෑ. පන්සිල් සමාදන් වෙලා හොඳාකාරව ආරක්ෂා කරන්ටත් ඕනෑ.

76. **උපෝසථූපවාසෝ ච - කත්තබ්බෝ'පෝසථේ ඉති**
රාජා සාධූති ගන්ත්වාන - තථා සබ්බමකාසි සෝ

පොහොය දවසට උපෝසථ සිල් සමාදන් වෙන්ටත් ඕනෑ" කියලා වදාළා. රජ්ජුරුවෝ 'ඉතා හොඳයි ස්වාමීනී' කියලා ඒ සියලු දේ සංඝයා පැවසූ අයුරින් ම කළා.

77. **තිණ්ණං තිණ්ණඤ්ච වස්සානං - අච්චයේන මහීපති**
දීපම්හි සබ්බසංඝස්ස - තිචීවරමදාපයි

රජ්ජුරුවෝ තුන් අවුරුද්දක් පාසා ලංකාව පුරා වැඩඉන්න සියලු සංඝයාට තුන්සිවුරු පූජා කළා.

78. **අනාගතානං ථේරානං - පේසයිත්වාන දාපයි**
ද්වත්තිංසාය හි ඨානේසු - දාපේසි මධුපායසං

පින්කමට වඩින්ට බැරිවූ සංඝයාට වෙනම තුන්සිවුරු පිටත් කෙරෙව්වා. තැන් තිස්දෙකක කිරිබතුයි, මීපැණියි දන්දුන්නා.

79. **චතුසට්ඨියා ච ඨානේසු - මහාදානන්තු මිස්සකං**
සහස්සවට්ටී චතුසු - ඨානේසු ච ජලාපයි

ගිතෙල් මීපැණි මිශ්‍ර කළ කිරිබත් දානය හැටහතර පොළක දුන්නා. පහන් වැටි දහස බැගින් සතර තැනක දැල්លුවා.

80. **චේතියපබ්බතේ චේව - ථූපාරාමේ ච චේතියේ**
මහාථූපේ මහාබෝධි - ඝරේ ඉති ඉමේසු හි

ඒ, මිහින්තලේ සෑගිරියෙත්, ථූපාරාම චෛත්‍යයෙත්, ස්වර්ණමාලී මහාසෑයේත්, ජයශ්‍රී මහා බෝධීන් වහන්සේ වැඩඉන්න බෝධිඝරයේත් යන සතර තැනයි.

81. **චිත්තලකූටේ කාරේසි - දසථූපේ මනෝරමේ**
දීපේ’ඛිලම්හි ආවාසේ - ජිණ්ණේ ච පටිසංඛරි

සිතුල්පව් විහාරයේත් මනරම් ස්ථූප දහයක් කෙරෙව්වා. මුළු ලංකාවේ ම දිරාගිය ආවාසත් අළුත්වැඩියා කෙරෙව්වා.

82. **වල්ලියේරවිහාරේ ච - ථේරස්ස සෝ පසීදිය**
මහාවල්ලිගොත්තං නාම - විහාරඤ්ච අකාරයි

වල්ලිය විහාරයේ වැඩහුන් තෙරුන් වහන්සේ කෙරෙහි පැහැදිලා එහි ම මහාවල්ලිගෝත්‍ර නම් විහාරය කෙරෙව්වා.

83. **කාරේසි අනුරාරාමං - මහාගාමස්ස සන්තිකේ**
හේළිගාමට්ඨකරීසසහස්සං තස්ස දාපයි

මාගම ආසන්නයේ අනුරාරාමය කෙරෙව්වා. හේළිගමේ අටදහසක කිරියෙන් යුතු කුඹුරුයාය ඒ විහාරයට පූජා කළා.

84. **මුචේලවිහාරං කාරෙත්වා - සෝ තිස්සවඩ්ඪමානකේ**
ආළිසාරෝදකභාගං - විහාරස්ස අදාපයි

අනුරාධපුරයෙන් නැගෙනහිර පැත්තේ ඇති තිස්සවඩ්ඪමානකයේ මුචේල විහාරය කෙරෙව්වා. ආළිසාරක දියෙන් භාගයක් විහාරයට පූජා කළා.

85. **ගලම්බතිත්ථේ ථූපම්හි - කාරේසිට්ඨිකකඤ්චුකං**
කාරේසුපෝසථාගාරං - වට්ටිතේලත්ථමස්ස තු

ගලබ්බතිත්ථ විහාරයේ ස්ථූපයේ ගඩොල් කඤ්චුකය බැන්දෙව්වා. පොහොයගේත් කෙරෙව්වා. පොහොයගෙයි දල්වන පහන් වැටේ වියදම වෙනුවෙන්,

86. **සහස්සකරීසවාපිං සෝ - කාරාපෙත්වා අදාසි ච**
කාරේසුපෝසථාගාරං - විහාරේ කුම්භීගල්ලකේ

දහස් කිරියක කුඹුරක් වගාකළ හැකි වැවක් කරවා දුන්නා. කිඹුල්ගල විහාරයේත් පොහොයගේ කෙරෙව්වා.

87. **සෝ යේ'වුපෝසථාගාරං - ඉස්සරසමණකේ ඉධ**
ථූපාරාමේ ථූපඝරං - කාරාපේසි මහීපති

ඒ වසභ රජ්ජුරුවෝ මෙහි ඉසුරුමුනියේ පොහොයගෙයත්, ථූපාරාමයට ස්ථූපඝරයකුත් කෙරෙව්වා.

88. **මහාවිහාරේ පරිවේණපන්තිං පච්ඡිමපෙක්ඛිනිං**
කාරේසි චතුසාලඤ්ච - ජිණ්ණකං පටිසංඛරි

මහාවිහාරයේ බටහිර පැත්තට මුහුණලා පිරිවෙන් පෙළක් කෙරෙව්වා. දිරාගොස් තිබුණු චතුශාලාව අළුත්වැඩියා කෙරෙව්වා.

89. **චතුබුද්ධපටිමාරම්මං - පටිමානං ඝරං තථා**
මහාබෝධංගණේ රම්මේ - රාජා සෝ යේව කාරයි

වසභ රජ්ජුරුවෝ රම්‍ය වූ මහාබෝධි අංගණයේ පිළිමගෙහි සතර බුදුවරයන් වහන්සේලාගේ බුද්ධ ප්‍රතිමා කෙරෙව්වා.

90. **තස්ස රඤ්ඤෝ මහේසී සා - වුත්තනාමා මනෝරමං**
ථූපං ථූපඝරඤ්චේව - රම්මං තත්ථේව කාරයි

ඒ රජ්ජුරුවන්ගේ මෙහෙසිය වන මෙත්තාදේවිය මනරම් ස්ථූපයකුත්, මනරම් ස්ථූපඝරයකුත් එහි ම කෙරෙව්වා.

91. **ථූපාරාමේ ථූපඝරං - නිට්ඨාපෙත්වා මහීපති**
තස්ස නිට්ඨාපිතමහේ - මහාදානමදාසි ච

ථූපාරාම චෛත්‍යයට චේතියඝරයක් කරවපු වසභ රජ්ජුරුවෝ එහි කටයුතු සම්පූර්ණ කිරීමේ පින්කමේදී මහා දානයක් පූජා කරගත්තා.

92. **යුත්තානං බුද්ධවචනේ - භික්ඛූනං පච්චයම්පි ච**
භික්ඛූනං ධම්මකථිකානං - සප්පිඵාණිතමේව ච

බුද්ධ වචනය අනුව කටයුතු කරන ධර්මධර භික්ෂූන් වහන්සේලාට සිව්පස ලබාදුන්නා. ධර්ම කථික භික්ෂූන්ට ගිතෙල්, මීපැණි ලබාදුන්නා.

93. **නගරස්ස චතුද්වාරේ - කපණවට්ටඤ්ච දාපයි**
ගිලානානඤ්ච භික්ඛූනං - ගිලානවට්ටමේව ච

නගරයේ දොරටු හතරේ දිළින්දන්ට වැටුප් ලබා දුන්නා. ගිලන් භික්ෂූන් වහන්සේලාගේ උපස්ථාන වියදම් ලබාදුන්නා.

94. **මයෙත්තිං රාජුප්පලවාපිං - වහකෝළම්බගාමකං**
මහානිකවිට්ටිවාපිං - මහාරාමෙත්ති මේව ච

මයෙත්ති නම් වැවත්, රාජුප්පල නම් වැවත්, වහ නම් වැවත්, කොළඹගම වැවත්, මාණිකවැටි වැවත්, මහරාමෙත්ති වැවත්,

95. **ඛේහාලං කාළිවාපිඤ්ච - චම්බුට්ඨං වාතමංගනං**
අභිවඩ්ඪමානකඤ්ච - ඉච්චේකාදස වාපියෝ

ඛේහාල වැවත්, කාළිවාපි වැවත්, අම්බුට්ඨි වැවත්, වාතමංගන වැවත්, අභිවඩ්ඪමානක වැවත් ආදී වශයෙන් වැව් එකොළහක් කෙරෙව්වා.

96. **ද්වාදසමාතිකා චේව - සුභික්ඛත්ථමකාරයි**
ගුත්තත්ථං පුරපාකාරං - චේවමුච්චමකාරයි

අවුරුද්දේ මාස දොළහේ ම ආහාරපාන සුලභ කළා. නගරයේ ආරක්ෂාව තරකරනු පිණිස නගර ප්‍රාකාරය රියන් දහඅටක් කොට ඉස්සුවා.

97. **ගෝපුරඤ්ච චතුද්වාරේ - මහාවත්ථුඤ්ච කාරයි**
සරං කාරේසි උය්‍යානේ - හංසේ තත්ථ විසජ්ජයි

මහා වාසලේ සතර දොරටු උඩින් ගෝපුර නමින් උස තොරණ කෙරෙව්වා. රාජ උයනේ විලක් කරවා එහි හංසයන් වාසය කෙරෙව්වා.

98. **පුරේ බහූ පොක්ඛරණී - කාරාපෙත්වා තහිං තහිං**
උම්මග්ගේන ජලං තත්ථ - පවේසේසි මහීපති

රජ්ජුරුවෝ නගරයේ තැනින් තැන බොහෝ පැන්පොකුණු කෙරෙව්වා. සොරොව්වකින් ජලය එහි පිවිසෙව්වා.

99. **ඒවං නානාවිධං පුඤ්ඤං - කත්වා වසභභූපති**
හතන්තරායෝ සෝ හුත්වා - පුඤ්ඤකම්මේ සදාදරෝ

වසභ රජ්ජුරුවෝ ඔය ආකාරයෙන් නොයෙක් විදිහේ පින්කම් කරලා කිසි අනතුරක් නැතිව හැම තිස්සේම පුණ්‍ය කටයුතුවල ම ඇලී වාසය කළා.

100. **චතුතාලීසවස්සානි - පුරේ රජ්ජමකාරයි**
චතුත්තාලීසවේසාඛ - පූජායෝ ච අකාරයි

වසභ රජ්ජුරුවෝ අනුරාධපුරයේ හතලිස්හතර අවුරුද්දක් රජකම් කළා. වෙසක් උත්සව හතලිස් හතරක් කෙරෙව්වා.

101. **සුභරාජා ධරන්තෝ සෝ - අත්තනෝ ඒකධීතරං**
වසභේන භයාසංකී - අප්පේසි'ට්ඨිකවඩ්ඪකිං

සුභ රජ්ජුරුවෝ ජීවත්ව ඉන්න කාලේ තමන්ගේ එක ම දියණිය අනාගතයේ එන වසභයාට භයෙන් ආරක්ෂාව පිණිස උළුවඩුවෙකුට භාරදුන්නා.

102. **අත්තනෝ කම්බලඤ්චේව - රාජභණ්ඩානි ච'ප්පයි**
වසභේන හතේ තස්මිං - තමාදායිට්ඨවඩ්ඪකී

තමන්ගේ කම්බිලියත්, රාජභාණ්ඩත් ඇයව හඳුනා ගැනීමේ ලකුණු පිණිස දුන්නා. වසභ කුමාරයා සුභ රජ්ජුරුවන්ව නැසූ විට උළු වඩුවා ඇයව රැගෙන ගියා.

103. **ධීතිට්ඨානේ ඨපෙත්වාන - වඩ්ඪේති අත්තනෝ ඝරේ**
සකම්මං කරතෝ තස්ස - භත්තං ආහරි දාරිකා

තමන්ගේ දූ තනතුරෙහි තබාගෙන තමන්ගේ ගෙදර ම ඇතිදැඩි කළා. දවසක් ගඩොල් හදන ඔහුට දැරිය බත් අරගෙන ගියා.

104. **සා නිරෝධසමාපන්නං - කදම්බපුප්ඵගුම්බකේ**
සත්තමේ දිවසේ දිස්වා - භත්තං මේධාවිනී අදා

ඒ කොළොම්මල් ලැහැබක නිරෝධසමාපත්තියෙන් වැඩඉන්න රහතන් වහන්සේ නමකගේ සත්වෙනි දවසයි. නිරෝධසමාපත්තියෙන් නැගිටින රහතන් වහන්සේව දැකලා නුවණැති ඒ දැරිය උන්වහන්සේට දානය පූජා කළා.

105. **පුන හත්තං රන්ධයිත්වා - පිතුනෝ හත්තමාහරි**
පපඤ්චකාරණං පුට්ඨා - තමත්ථං පිතුනෝ වදි

ආයෙත් හැරී ගෙදර ගිහින් පියා වෙනුවෙන් බත් පිසවාගෙන අරගෙන ගියා. මෙතෙක් ප්‍රමාදවෙන්ට කාරණාව කුමක්ද කියා ඇසූ වේලේ ඇය පියාට විස්තරය කිව්වා.

106. **තුට්ඨෝ පුනප්පුනඤ්චේ'සෝ - හත්තං ථේරස්ස දාපයි**
විස්සත්ථෝ'නාගතං දිස්වා - ථේරෝ ආහ කුමාරිකං

උළුවඩුවා ඒ ගැන සතුටු වුනා. නැවත නැවතත් දියණිය ලවා රහතන් වහන්සේට දානය පූජා කෙරෙව්වා. ඇය කෙරෙහි විශ්වාස ඇති තෙරුන් වහන්සේ ඇගේ අනාගතය දැකලා ඒ කුමරියට මෙය වදාළා.

107. **තව ඉස්සරියේ ජාතේ - ඉමං ඨානං කුමාරිකේ**
සරෙය්‍යාසීති ථේරෝ තු - තදාව පරිනිබ්බුතෝ

"කුමාරිකාවෙනි, ඔබට යස ඉසුරු ලැබුණු දවසට මේ ස්ථානය ගැනත් මතක තබාගන්ට" කියලා තෙරුන් වහන්සේ එදා ම පිරිනිවන් පෑවා.

108. **සකේ සෝ වසභෝ රාජා - වයප්පත්තම්හි පුත්තකේ**
වංකනාසිකතිස්සම්හි - කඤ්ඤං තස්සානුරූපිකං

ඒ වසභ රජ්ජුරුවෝ නිසි කලවයස් පැමිණි තමන්ගේ වංකනාසිකතිස්ස නැමැති පුත් කුමාරයාට ගැලපෙන කන්‍යාවක්,

109. **ගවේසාපේසි පුරිසා - තං දිස්වාන කුමාරිකං**
ඉට්ඨකවඩ්ඪකීගාමේ - ඉත්ථිලක්ඛණකෝවිදා

සෙව්වා. ස්ත්‍රී ලක්ෂණ දැනගැනීමෙහි දක්ෂ වූ ඒ පුරුෂයෝ උළු වඩුවාගේ ගමෙහි සිටි කුමාරිකාව දැක්කා.

110. රක්ඛෙද්‍ෙඛා නිවේදයුං රාජා - තමාණාපේතුමාරභි
තස්සාහ රාජධීතත්තං - ඉට්ඨකවඩ්ඪකී තදා

ඒ බව රජ්ජුරුවන්ට දැනුම් දුන්නා. රජ්ජුරුවෝ ඇය කැඳවාගෙන එන්ට සූදානම් වුනා. එතකොට උළුවඩුවා මේ කුමරිය රාජ කන්‍යාවක් කියලා රජ්ජුරුවන්ට කිව්වා.

111. සුභරක්ඛෙද්‍ෙඛා තු ධීතත්තං - කම්බලාදීහි ඤාපයි
රාජා තුට්ඨො සුතස්සා'දා - තං සාධු කතමංගලං

සුභ රජ්ජුරුවන්ගේ දියණිය බවත් පවසා එදා සුභ රජ්ජුරුවෝ දුන්න කම්බිලයත්, රාජ භාණ්ඩත් පෙන්නුවා. ඉතා සතුටට පත් රජ්ජුරුවෝ තමන්ගේ පුත් කුමාරයාට මේ කුමාරියව මගුල් ශ්‍රීයෙන් සරණ බන්දලා දුන්නා.

112. වසභස්සච්චයෙ පුත්තො - වංකනාසිකතිස්සකො
අනුරාධපුරේ රජ්ජං - තීණි වස්සානි කාරයි

වසභ රජ්ජුරුවන්ගේ ඇවෑමෙන් වංකනාසිකතිස්ස කුමාරයා රජබවට පත්වෙලා අනුරාධපුරයේ තුන් අවුරුද්දක් රජ කළා.

113. සො ගෝණනදියා තීරේ - මහාමංගලනාමකං
විහාරං කාරයී රාජා - වංකනාසිකතිස්සකො

ඒ වංකනාසිකතිස්ස රජ්ජුරුවෝ ගෝණගං ඉවුරේ මහාමංගල විහාරය නමින් විහාරයක් කෙරෙව්වා.

114. මහාමත්තා තු දේවී සා - සරන්තී ථේරභාසිතං
විහාරකාරණත්ථාය - අකාසි ධනසඤ්චයං

මහා පින්ඇති ඒ දේවිය එදා තෙරුන් වහන්සේ වදාළ කරුණ සිහිකරමින් එතැන විහාරයක් කරවන්ට ධනය රැස් කළා.

තිස්පස්වෙනි පරිච්ඡේදය 653

115. **වංකනාසිකතිස්සස්ස - අච්චයේ කාරයී සුතෝ**
රජ්ජං බාවීසවස්සානි - ගජබාහුකගාමණී

වංකනාසිකතිස්ස රජ්ජුරුවන්ගේ ඇවෑමෙන් ඔහුගේ පුත් කුමරා වන ගජබාහුගාමිණී කුමාරයා අවුරුදු විසි දෙකක් රාජ්‍ය කළා.

116. **සුත්වා සෝ මාතුවචනං - මාතුඅත්ථාය කාරයි**
කදම්බපුප්ඵඨානම්හි - රාජමාතුවිහාරකං

ඔහු මවගේ වචනය අහලා මවට යහපත පිණිස ඒ කොළොම්මල් ලැහැබ ශුද්ධපවිත්‍ර කරවා 'රාජමාතු විහාරය' නමින් විහාරයක් කෙරෙව්වා.

117. **මාතා සතසහස්සං සා - භූමිඅත්ථාය පණ්ඩිතා**
අදා මහාවිහාරස්ස - විහාරඤ්ච අකාරයි

නුවණැති ඒ මව්බිසොව භූමිය ගැනීම පිණිස මහාවිහාරයට කහවණු ලක්ෂයක් දුන්නා. විහාරයකුත් කෙරෙව්වා.

118. **සයමේව අකාරේසි - තත්ථ ථූපං සිලාමයං**
සංඝභෝගඤ්ච පාදාසි - කිණිත්වාන තතෝ තතෝ

තමන් ම එහි ගලෙන් කළ ස්ථූපයකුත් කෙරෙව්වා. ඒ ඒ තැනින් මිලට ගෙන සංඝභෝගය පිණිස නින්දගම් පූජා කළා.

119. **අභයුත්තරමහාථූපං - වඩ්ඪාපෙත්වා චිනාපයි**
චතුද්වාරේ ච තත්ථේ ව - ආදිමුඛමකාරයි

අභයගිරි මහා ස්ථූපය විශාල කොට බැන්දෙව්වා. එහි ම සතර දොරටුවේ තොරණ් කෙරෙව්වා.

120. **ගාමණිතිස්සවාපිං සෝ - කාරාපෙත්වා මහීපති**
අභයගිරිවිහාරස්ස - පාකවට්ටාය'දාසි ච

ගජබාහු රජ්ජුරුවෝ ගාමිණීතිස්ස නමින් වැවක් කරවා අභයගිරි විහාරයේ මහාදන්වැට සඳහා පූජා කළා.

121. **මරිචවට්ටිකථූපම්හි - කඤ්චුකඤ්ච අකාරයි**
කිණිත්වා සතසහස්සේන - සංඝභෝගමදාසි ච

මිරිසවැටිය සෑයට කඤ්චුකයක් කෙරෙව්වා. කහවණු ලක්ෂයකට කුඹුරක් මිලට ගෙන එය සංඝභෝගය පිණිස පූජා කළා.

122. **කාරේසි පච්ඡිමේ වස්සේ - විහාරං රාමකව්හයං**
මහේජාසනසාලඤ්ච - නගරම්හි අකාරයි

රජ්ජුරුවන්ගේ අවසාන අවුරුද්දේ රාමක නමින් විහාරයක් කෙරෙව්වා. අනුරාධපුර නගරයේ මහා ආසන ශාලාවකුත් කෙරෙව්වා.

123. **ගජබාහුස්ස’ච්චයේන - සසුරෝ තස්ස රාජිනෝ**
රජ්ජං මහල්ලකෝ නාගෝ - ඡබ්බස්සානි අකාරයි

ගජබාහු රජ්ජුරුවන්ගේ ඇවෑමෙන් ඒ රජ්ජුරුවන්ගේ බිසොවගේ පියා වන, රජ්ජුරුවන්ගේ සේනාපති වන මහල්ලකනාග රජ බවට පත්වුනා. ඒ රජ්ජුරුවෝ සය අවුරුද්දක් රාජ්‍ය කළා.

124. **පුරත්ථිමේ පේජලකං - දක්ඛිණේ කෝටිපබ්බතං**
පච්ඡිමේ’දකපාසාණේ - නාගදීපේ සාලිපබ්බතං

අනුරාධපුරයට නැගෙනහිරින් පේජලක විහාරයත්, දකුණින් කෝටි පර්වත විහාරයත්, බටහිරින් උදකපාෂාණ විහාරයත්, නාගදීපයේ සාලිපබ්බත විහාරයත් කෙරෙව්වා.

125. **බීජගාමෙ තනවේළිං - රෝහණේ ජනපදේ පන**
තොබ්බලනාගපබ්බතඤ්ච - අන්තොට්ටයේ ගිරිහාලිකං

බීජගමෙහි තනවේල නම් විහාරයත්, රුහුණු ජනපදයේ තොබ්බල නාගපර්වත විහාරයත්, ඇතුල් රට ගිරිහාලක විහාරයත් කෙරෙව්වා.

126. ඒතේ සත්ත විහාරේ සෝ - මහල්ලනාගභූපති
පරිත්තේනපි කාලේන - කාරාපේසි මහාමතී

ඒ මහල්ලකනාග රජ්ජුරුවෝ තමන්ගේ ආයුෂ ටිකක් තිබුන කාලෙත් මහා නුවණැතිව මේ විහාර සත කෙරෙව්වා.

127. ඒවං අසාරේහි ධනේහි සාරං
පුඤ්ඤානි කත්වාන බහූනි පඤ්ඤා
ආදෙන්ති බාලා පන කාමහේතු
බහූනි පාපානි කරොන්ති මෝහා'ති.

ඔය ආකාරයෙන් නුවණැති අය අසාර වූ ධනය ලැබ ඒ ධනයෙන් සාරවත් වූ බොහෝ පින් කරගන්නවා. අඥානයා ධනයෙන්, බලයෙන් මුලාවට පත්වෙලා කාමයට ඇදී යනවා. ඒ හේතුවෙන් බොහෝ පව් රැස්කරගන්නවා.

සුජනප්පසාදසංවේගත්ථාය කතේ මහාවංසේ
ද්වාදසරාජකෝ නාම පඤ්චතිංසතිමෝ පරිච්ඡේදෝ.

සත්පුරුෂ ජනයන්ගේ ප්‍රසාදයත් සංවේගයත් ඇතිකරනු පිණිස කරන ලද මහාවංශයෙහි රජවරු දොළොස් දෙනෙකුගේ පාලනය නම් වූ තිස්පස්වෙනි පරිච්ඡේදය යි.

36

ඡත්තිංසතිමෝ පරිච්ඡේදෝ

තිස්හයවෙනි පරිච්ඡේදය

තයෝදසරාජකෝ

රජවරු දහතුන් දෙනෙකුගේ පාලනය

1. **මහල්ලනාගච්චයේන - පුත්තෝ භාතිකතිස්සකෝ**
චතුවීසතිවස්සානි - ලංකාරජ්ජමකාරයි

මහල්ලකනාග රජ්ජුරුවන්ගේ අභාවයෙන් පස්සේ ඒ රජ්ජුරුවන්ගේ පුත්‍රයා වන භාතිකතිස්ස රජ්ජුරුවෝ විසිහතර වර්ෂයක් ලංකා රාජ්‍යය පාලනය කළා.

2. **මහාවිහාරේ පාකාරං - කාරාපේසි සමන්තතෝ**
ගවරතිස්සවිහාරං සෝ - කාරයිත්වා මහීපති

මහා විහාරය වටේට ම ප්‍රාකාරයක් කෙරෙව්වා. ඒ භාතිකතිස්ස රජ්ජුරුවෝ ගවරතිස්ස විහාරයත් කෙරෙව්වා.

3. **මහාගාමණිකං වාපිං - විහාරස්ස'ස්ස'දාසි ච**
විහාරඤ්ච අකාරේසි - භාතියතිස්සනාමකං

මහාගාමණිවාපි වැවත් කරවා ඒ විහාරයට දුන්නා. භාතිකතිස්ස නමින් ම විහාරයකුත් කෙරෙව්වා.

4. **කාරේසු'පෝසථාගාරං - ථූපාරාමේ මනෝරමේ**
රන්ධකණ්ඩකවාපිඤ්ච - කාරාපේසි මහීපති

ථූපාරාම විහාරයේ මනරම් උපෝසථාගාරයක් කෙරෙව්වා. රජ්ජුරුවෝ රන්ධකණ්ඩක නම් වැවත් කෙරෙව්වා.

5. **සත්තේසු මුදුචිත්තෝ සෝ - සංඝම්හි තිබ්බගාරවෝ**
උභතෝසංඝේ මහීපාලෝ - මහාදානං පවත්තයි

භාතිකතිස්ස රජ්ජුරුවෝ සත්වයන් කෙරෙහි මෘදු සිතින් යුක්තයි. සංඝයා කෙරෙහිත් තියුණු ගෞරවයකින් යුක්තයි. රජ්ජුරුවෝ භික්ෂු, භික්ෂුණී යන උභය සංඝයාට ම මහදන් පැවැත්තුවා.

6. **භාතිකතිස්සච්චයේන - තස්ස කනිට්ඨතිස්සකෝ**
අට්ඨවීසසමා රජ්ජං - ලංකාදීපේ අකාරයි

භාතිකතිස්ස රජ්ජුරුවන්ගේ අභාවයෙන් පස්සේ ඔහුගේ මල්ලී වන කනිට්ඨකතිස්ස රජ්ජුරුවෝ විසිඅට වර්ෂයක් ලංකාවේ රාජ්‍යය පාලනය කළා.

7. **භූතාරාමමහානාගත්ථේරස්මිං සෝ පසීදිය**
කාරේසි රතනපාසාදං - අභයගිරිම්හි සාධුකං

ඒ කනිට්ඨකතිස්ස රජ්ජුරුවෝ භූතාරාමයේ මහානාග තෙරුන් වහන්සේ කෙරෙහි පැහැදිලා අභයගිරියේ යහපත් ආකාරයෙන් රත්න ප්‍රාසාදයක් කෙරෙව්වා.

8. **අභයගිරිම්හි පාකාරං - මහාපරිවේණමේව ච**
කාරේසි මණිසෝමව්හේ - මහාපරිවේණමේව ච

අභයගිරි විහාරයේ ප්‍රාකාරයත්, මහපිරිවෙනත්, මණිසෝම විහාරයේ මහා පිරිවෙනත් කෙරෙව්වා.

9. **තත්ථේව චේතියඝරං - අම්බත්ථලේ තථේව ච**
කාරේසි පටිසංඛාරං - නාගදීපේ ඝරේ පන

ඒ මණිසෝම විහාරයේ ම චේතියඝරයකුත් කෙරෙව්වා. ඒ වගේම අම්බස්ථල විහාරයේත් චේතිය ඝරයක් කෙරෙව්වා. නාගදීපයේ විහාරගෙය අළුත්වැඩියා කෙරෙව්වා.

10. **මහාවිහාරසීමං සෝ - මද්දිත්වා තත්ථ කාරයි**
කුක්කුටගිරිපරිවේණපන්තිං සක්කච්ච භූපති

ඒ රජ්ජුරුවෝ මහාවිහාර සීමාව මැඩගෙන එතැන කුක්කුටගිරි විහාරයෙහි පිරිවෙන් පෙළ සකස් කොට කෙරෙව්වා.

11. **මහාවිහාරේ කාරේසි - ද්වාදස මනුජාධිපෝ**
මහාචතුරස්සපාසාදේ - දස්සනෙය්‍යෝ මනෝරමේ

රජ්ජුරුවෝ මහාවිහාරයේ දර්ශනීය වූ මනරම් හතරැස් ප්‍රාසාද දොළොසක් කෙරෙව්වා.

12. **දක්ඛිණවිහාරථූපම්හි - කඤ්චුකඤ්ච අකාරයි**
භත්තසාලං මහාමේඝවනසීමඤ්ච මද්දිය

දකුණු වෙහෙරෙහි ස්ථූපයට කඤ්චුකයක් කෙරෙව්වා. මහමෙව්නා උයනේ මහාවිහාර සීමාව බඳවා එම සීමාව ඇතුළට දක්ඛිණ විහාරයේ දානශාලාවත් කෙරෙව්වා.

13. **මහාවිහාරපාකාරං - පස්සතෝ අපනීය සෝ**
මග්ගං දක්ඛිණවිහාරගාමිඤ්චාපි අකාරයි

රජ්ජුරුවෝ මහාවිහාරයේ ප්‍රාකාරයෙන් පැත්තක් ඉවත් කරවා දක්ඛිණ විහාරයට යන්ට මාර්ගයක් කෙරෙව්වා.

14. **භූතාරාමවිහාරඤ්ච - රාමගෝණකමේව ච**
තථේව නන්දතිස්සස්ස - ආරාමඤ්ච අකාරයි

භූතාරාම විහාරයත්, රාමක විහාරය අසල රාම ගෝණක විහාරයත්, නන්දිතිස්ස ආරාමයත් කෙරෙව්වා.

15. **පාචීනතෝ අනුළතිස්සපබ්බතං ගංගරාජියං**
නියේලතිස්සාරාමඤ්ච - පිළපිට්ඨිවිහාරකං

අනුරාධපුරයට නැගෙනහිරින් ගංගා රාජ්‍යයෙහි අනුලතිස්ස විහාරයත්, නියේලතිස්ස පබ්බතාරාම විහාරයත් පීළපිට්ඨී විහාරයත් කෙරෙව්වා.

16. **රාජමහාවිහාරඤ්ච - කාරේසි මනුජාධිපෝ**
සෝ යේව තීසු ඨානේසු - කාරේසු'පෝසථාලයං

ඒ වගේම රජ්ජුරුවෝ රාජමහා විහාරයත් කෙරෙව්වා. ඒ රජ්ජුරුවෝ ම විහාර තුනක උපෝසථඝරයන් කෙරෙව්වා.

17. **කල්‍යාණිකවිහාරේ ච - මණ්ඩලගිරිකේ තථා**
දුබ්බලවාපිතිස්සව්හේ - විහාරේසු ඉමේසු හි

කැලණි විහාරයේත්, මණ්ඩලගිරි විහාරයේත්, දුබ්බලවාපිතිස්ස විහාරයේත් යන මේ විහාර තුනේ තමයි උපෝසථාගාරයන් කෙරෙව්වේ.

18. **කනිට්ඨතිස්සච්චයේන - තස්ස පුත්තෝ අකාරයි**
රජ්ජං ද්වේ යේව වස්සානි - චූළනාගෝති විස්සුතෝ

කනිට්ඨතිස්ස රජ්ජුරුවන්ගේ ඇවෑමෙන් ඒ රජ්ජුරුවන්ගේ පුත්‍ර වූ චූළනාග නමින් ප්‍රසිද්ධව සිටි රජ්ජුරුවෝ දෙවර්ෂයක් පමණක් රාජ්‍යය කළා.

19. **චූළනාගකනිට්ඨෝ තු - රාජං සාතිය භාතිකං**
ඒකවස්සං කුඩ්ඩනාගෝ - රජ්ජං ලංකාය කාරයි

චූළනාග රජ්ජුරුවන්ගේ මල්ලී තමන්ගේ සොයුරු රජ්ජුරුවන්ව මරවා කුඩ්ඩනාග නමින් එක් අවුරුද්දක් ලංකා රාජ්‍යය කළා.

20. **මහාපේළඤ්ච වඩ්ඪේසි - ඒකනාළිකඡාතකේ**
භික්ඛුසතානං පඤ්චන්නං - අබ්බොච්ඡින්නං මහීපති

ඒ රජ්ජුරුවෝ එක් නැළියක් පමණක් ආහාරයට ලැබුණු සාගතයේදී මහාපාලි නම් දානශාලාවේත් දානය වැරැද්දුවේ නෑ. පන්සියයක් භික්ෂූන් වහන්සේලාට නිතර දන් දුන්නා.

21. **කුඩ්ඩනාගස්ස රඤ්ඤෝ තු - දේවියා භාතුකෝ තදා**
සේනාපති සිරිනාගෝ - චෝරෝ හුත්වාන රාජිනෝ

ඒ කාලේ කුඤ්චනාග රජ්ජුරුවන්ගේ දේවියගේ සහෝදරයෙක් වන සිරිනාග සෙන්පති රජ්ජුරුවන්ට විරුද්ධව කැරලි ගසන්නෙක් වුනා.

22. **බලවාහනසම්පන්නෝ - ආගම්ම නගරන්තිකං**
රාජබලේන යුජ්ඣන්තෝ - කුඩ්ඩනාගං මහීපතිං

ඔහු බලසේනා රැස් කරගෙන නගරයට ඇවිදින් රජ්ජුරුවන්ගේ සේනාව සමඟ යුද්ධ කළා. ඒ යුද්ධයේදී කුඤ්චනාග රජ්ජුරුවන්,

23. **පලාපෙත්වා ලද්ධජයෝ - අනුරාධපුරේ වරේ**
ලංකාරජ්ජමකාරේසි - වස්සානේකූනවීසති

පළවා හැරියා. තමන්ට ජය ලැබුනා. උතුම් අනුරාධපුරයේ දහනව වර්ෂයක් ලංකා රාජ්‍යය පාලනය කළා.

24. **මහාථූපවරේ ඡත්තං - කාරාපෙත්වාන භූපති**
සුවණ්ණකම්මං කාරේසි - දස්සනෙය්‍යං මනෝරමං

සිරිනාග රජ්ජුරුවෝ මහා සෑයට ඡත්‍රයක් කෙරෙව්වා. එය දර්ශනීය ලෙස, මනරම් ලෙස රත්තරනින් කැටයම් කෙරෙව්වා.

25. **කාරේසි ලෝහපාසාදං - සංඛිත්තං පඤ්චභූමකං**
මහාබෝධිචතුද්වාරේ - සෝපානං පුන කාරයි

ලෝවාමහාප්‍රාසාදය මහල් පහකට කෙටි කරලා කෙරෙව්වා. ජය ශ්‍රී මහා බෝධීන් වහන්සේ වැඩසිටින මළුවට ගොඩවෙන සතර දොරටුවේ පරණ පඩිපෙල් ඉවත් කරවා අලුතින් කෙරෙව්වා.

26. **කාරෙත්වා ඡත්තපාසාදං - මහේ පූජමකාරයි**
කුලම්බණඤ්ච දීපස්මිං - විස්සජ්ජේසි දයාපරෝ

ඡත්‍ර ප්‍රාසාදය පිළිබඳ පූජෝත්සවයේදී මහා පූජාවක් කළා. දයාවෙන් යුක්ත රජ්ජුරුවෝ ලංකාවාසීන්ගේ අයකළ කුලම්බණ නම් බද්දෙන් ඔවුන්ව නිදහස් කළා.

27. **සිරිනාගච්චයේ තස්ස - පුත්තෝ තිස්සෝ අකාරයි**
රජ්ජං ද්වාවීසවස්සානි - ධම්මවෝහාරකෝවිදෝ

සිරිනාග රජ්ජුරුවන්ගේ අභාවයෙන් පස්සේ ඒ රජ්ජුරුවන්ගේ පුත්‍රයා වන තිස්ස කුමාරයා රජ බවට පත්වෙලා අවුරුදු විසි දෙකක් රජකම් කළා. ඒ රජ්ජුරුවෝ නඩුහබ ආදිය ව්‍යවහාරයට අනුව ධර්මානුකූලව තීන්දු දීමට දක්ෂයි.

28. **ඨපේසි සෝ හි වෝහාරං - හිංසාමුත්තං යතෝ ඉධ**
වෝහාරකතිස්සරාජා - ඉති නාමං තතෝ අහු

ඒ රජ්ජුරුවෝ තමන්ගේ ඒ ධර්ම ව්‍යවහාරය හිංසා පීඩාවලින් තොරව පැවැත්තුවා. ඒ කාරණය නිසා මේ රජ්ජුරුවන්ට 'වෝහාරිකතිස්ස' රජ්ජුරුවෝ යන නාමය ඇතිවුනා.

29. **කම්බුගාමකවාසිස්ස - දේවත්ථේරස්ස සන්තිකේ**
ධම්මං සුත්වා පටිකම්මං - පඤ්චාවාසේ අකාරයි

වෝහාරිකතිස්ස රජ්ජුරුවෝ කප්පුක ගම්වැසි දේව තෙරුන්ගෙන් බණ අහලා පංචමහා ආවාසවල ගිලනුන්ට ප්‍රතිකාර කිරීම පිණිස ගිලන්වැටුප් පිහිටෙව්වා.

30. **මහාතිස්සස්ස ථේරස්ස - අනුරාරාමවාසිනෝ**
පසන්නෝ මුචේලපට්ටනේ - දානවට්ටමකාරයි

අනුරාරාමවාසී මහාතිස්ස තෙරුන්ට පැහැදිලා මහතොට වෙරළ ආසන්නයේ මුචේල නැව්තොටේ ලෝහයෙන් කළ නැවක් තබලා එහි දන්වැටක් පිහිටෙව්වා.

31. **තිස්සරාජමණ්ඩපඤ්ච - මහාවිහාරද්වයේපි සෝ**
මහාබෝධිඝරේ පාචී - ලෝහරූපද්වයම්පි ච

තිස්සරාජ මණ්ඩපයත්, මහාවිහාර දෙකේත්, මහා බෝධිඝරයේත් නැගෙනහිර ලෝහ රූප දෙකක් කෙරෙව්වා.

32. **සත්තපණ්ණිකපාසාදං - කාරෙත්වා සුඛවාසකං**
මාසේ මාසේ සහස්සං සෝ - මහාවිහාරස්ස දාපයි

සත්තපණ්ණික නම් සැප වාසය ඇති ප්‍රාසාදය කරවා මාසයක් පාසා ඒ මහා විහාරයට සිවුරු රෙදි දහස බැගින් පූජා කළා.

33. **අභයගිරිවිහාරේ - දක්ඛිණමූලසව්හයේ**
මරිචවට්ටිවිහාරම්හි - කුලාලිතිස්සසව්හයේ

අභයගිරි විහාරයේත්, දකුණුවූලාවාස විහාරයේත්, මිරිසවැටි විහාරයේත්, කුලාලතිස්ස විහාරයේත්,

34. **මහියංගණවිහාරම්හි - මහාගාමකසව්හයේ**
මහානාගතිස්සව්හම්හි - තථා කල්‍යාණිකව්හයේ

මහියංගණ විහාරයේත්, මාගම මහානාග විහාරයේත්, නාගදීපයේ තිස්ස විහාරයේත්, ඒ වගේම කැලණි විහාරයේත්,

35. **ඉති අට්ඨසු ථූපේසු - ඡත්තකම්මමකාරයි**
මූලනාගසේනාපතිවිහාරේ දක්ඛිණේ තථා

යන තැන්වල පිහිටි ස්ථූප අටෙහි ඡත්‍ර පිහිටුවීම කෙරෙව්වා. ඒ වගේම මූලනාගසේනාපති විහාරයේත්, දක්ඛිණ විහාරයේත්,

36. **මරිචවට්ටිවිහාරම්හි - පුත්තභාගව්හයේ තථා**
ඉස්සරසමණව්හම්හි - තිස්සව්හේ නාගදීපකේ

මිරිසවැටිය විහාරයේත්, පුත්තභාග විහාරයේත්, ඉසුරුමුනි විහාරයේත්, නාගදීපයේ තිස්ස විහාරයේත් යන,

37. **ඉති ඡස්සු විහාරේසු - පාකාරඤ්ච අකාරයි**
කාරේසු'පෝසථාගාරං - අනුරාරාමසව්හයේ

මේ විහාර සයේ ප්‍රාකාර කෙරෙව්වා. අනුරාරාම විහාරයේ උපෝසථාගාරය කෙරෙව්වා.

38. **අරියවංසකථාට්ඨානේ - ලංකාදීපේ'ඛිලේ'පි ච**
දානවට්ටං ඨපාපේසි - සද්ධම්මේ ගාරවේන සෝ

ඒ වෝහාරිකතිස්ස රජ්ජුරුවෝ සද්ධර්ම ගෞරවයෙන් මුළු ලංකාවේම අරියවංස දේශනාව කියවන තැන්වල දන් වැට පිහිටෙව්වා.

39. **තීණි සතසහස්සානි - දත්වාන මනුජාධිපෝ**
ඉණතෝ සයිණේ භික්ඛූ - මෝචේසි සාසනප්පියෝ

බුද්ධ ශාසනයට ප්‍රිය කළ ඒ වෝහාරිකතිස්ස රජ්ජුරුවෝ කහවණු තුන්ලක්ෂයක් ගෙවලා ණය බරින් සිටිය භික්ෂූන්ව ඒ ණයෙන් නිදහස් කෙරෙව්වා.

40. **මහාවේසාඛපූජං සෝ - කාරෙත්වා දීපවාසිනං**
සබ්බේසං යේව භික්ඛූනං - තිචීවරමදාපයි

රජ්ජුරුවෝ වෙසක් උත්සවය කරවා ලංකාවාසී සියලු භික්ෂූන් වහන්සේට තුන්සිවුරු පූජා කෙරෙව්වා.

41. **වේතුල්ලවාදං මද්දිත්වා - කාරෙත්වා පාපනිග්ගහං**
කපිලේන අමච්චේන - සාසනං ජෝතයී ච සෝ

කපිල නම් ඇමතියා ලවා වෛතුල්‍ය වාදය නමැති අධර්මය මර්දනය කරලා එය පිළිගත් පාපී භික්ෂූන්ට දඬුවම් පමුණුවා බුදු සසුන බැබලෙව්වා.

42. **විස්සුතෝ'භයනාගෝති - කණිට්ඨෝ තස්ස රාජිනෝ**
දේවියා තස්ස සංසට්ඨෝ - ඤාතෝ භීතෝ සභාතරා

'අභයනාග' නමින් ප්‍රසිද්ධව සිටි ඒ වෝහාරික රජ්ජුරුවන්ගේ මල්ලී රජ්ජුරුවන්ගේ බිසොව සමඟ අයථා සම්බන්ධයක් පවත්වන බව දැනගන්ට ලැබුනා. සහෝදර රජ්ජුරුවන්ගෙන් ලැබෙන්ට පුළුවන් රාජදණ්ඩනයට භයෙන්,

43. **පලායිත්වා භල්ලතිත්ථං - ගන්ත්වාන සහසේවකෝ**
කුද්ධෝ විය මාතුලස්ස - හත්ථපාදඤ්ච ඡේදයි

තමන්ගේ සේවකයනුත් සමඟ භල්ලතිත්ථ නම් තොටට පලාගියා. අභයනාග කුමාරයා රහසේ සුභදේව නැමැති මාමණ්ඩියගේ අත්පා කප්පවලා එය කෝපයට පත් රජ්ජුරුවෝ කළ දෙයක් හැටියට ප්‍රසිද්ධ කෙරෙව්වා.

44. **රාජිනෝ රට්ඨභේදත්ථං - ඨපෙත්වාන ඉධේව තං**
සුනඛෝපමං දස්සයිත්වා - ගහෙත්වා'තිසිනිද්ධකේ

රජ්ජුරුවන් සමඟ රටවාසීන් බිඳුවන්ට තමන් ම හොරෙන් අත්පා කපවාපු මාමාව මිනිසුන්ට ප්‍රදර්ශනය කරවා, ඊට පස්සේ තමන් සමඟ පස්සෙන් එන සුනඛයෙකුට විද්දා. ඌට ළඟට කතා කළාම නගුට සොළවමින් ආවා. 'මේ සුනඛයා හා සමානව මා කෙරෙහි ඇළුම් ඇති අය මා සමඟ

එන්ට ඕනෑ!' කියලා තමා සමඟ එන්ට ඉදිරිපත් වූ අහිංසක පිරිසත් අරගෙන,

45. **තත්ථේව නාවං ආරුය්හ - පරතීරමගාසයං**
සුභදේවෝ මාතුලෝ තු - උපගම්ම මහීපති

අත් පා කැප්පවූ සුභදේව මාමාව එතන ම තියලා තමන් නැව් නැගලා පිටරට (දකුණු ඉන්දියාවට) ගියා. සුභදේව මාමා රජ්ජුරුවන් ළඟට ගිහින්,

46. **සුභදෙෝ විය හුත්වාන - තස්මිං රට්ඨමභින්දි සෝ**
අභයෝ තං ජානනත්ථං - දූතං ඉධ විසජ්ජයි

රජ්ජුරුවන්ට හිතවත් කෙනෙකුගේ වේශයෙන් වාසය කරලා රටවාසීන්ව රජ්ජුරුවන් කෙරෙහි බින්දෙව්වා. පිටරට ගිය අභයනාගයා එහි ඇත්ත නැත්ත දැනගැනීම පිණිස මෙහෙට දූතයන්ව එව්වා.

47. **තං දිස්වා පූගරුක්ඛං සෝ - සමන්තා කුන්තනාළියා**
පරිබ්භමන්තො මද්දිත්වා - කත්වා දුබ්බලමූලකං

සුභදේව මාමා රටින් එවපු දූතයාව දැකලා පුවක්ගසේ වටේ කුන්තයේ මිටින් හාරලා මුල් දුර්වල කරලා,

48. **බාහුනා යේව පාතෙත්වා - තජ්ජෙත්වා තං පලාපයි**
දූතෝ ගන්ත්වා අභයස්ස - තං පවත්තිං පවේදයි

එය තමන්ගේ අත්දෙකෙන්ම බිමට පෙරලා දූතයාට තර්ජනය කරලා එලවා ගත්තා. එතකොට දූතයා ගිහින් අභය කුමාරයාට ඒ කාරණාව සැළකළා.

49. **ඤත්වා'භයෝ ත දමිළේ - ආදාය බහුකේ තතෝ**
නගරන්තිකමාගඤ්ඡි - භාතරා සහ යුජ්ඣිතුං

මෙය දැනගත් අභයනාග බොහෝ දෙමළ භේවායන්

කුලියට රැගෙන අනුරාධපුර නගරයට ඇවිත් තම සොයුරු තිස්ස රජ්ජුරුවන් සමඟ යුද්ධ කළා.

50. **තං ඤත්වාන පලායිත්වා - අස්සමාරුය්හ දේවියා**
මලයං අගමා රාජා - තං කනිට්ඨෝ'නුබන්ධිය

තමන් පරදින බව දැනගත් රජ්ජුරුවෝ දේවියත් අසුපිටේ තබාගෙන කඳුරටට පළාගියා. මල්ලී වන අභයනාග රජ්ජුරුවන් පසුපස හඹා ගියා.

51. **රාජානං මලයේ හන්ත්වා - දේවිමාදාය ආගතෝ**
කාරේසි නගරේ රජ්ජං - අට්ඨවස්සානි භූපති

කඳුරටේ දී රජ්ජුරුවන්ව මරා දේවියත් රැගෙන ආවා. අභයනාග රජ්ජුරුවෝ අනුරාධපුර නගරයේ සේසත් නංවා අට අවුරුද්දක් රජකම් කළා.

52. **පාසාණවේදිං කාරේසි - මහාබෝධිසමන්තතෝ**
ලෝහපාසාදංගණම්හි - රාජා මණ්ඩපමේව ච

ඒ රජ්ජුරුවෝ මහාබෝධිය වටා ගල් වේදිකාව කෙරෙව්වා. ලෝවාමහාප්‍රාසාදය මිදුලේ මණ්ඩපයක් කෙරෙව්වා.

53. **ද්වීහි සතසහස්සේහි - නේකවත්ථානි ගාහිය**
දීපම්හි භික්ඛුසංඝස්ස - වත්ථදානමදාසි සෝ

කහවණු ලක්ෂ දෙකකින් නොයෙක් වස්ත්‍ර ගෙන්වා ලංකාවේ භික්ෂු සංඝයාට වස්ත්‍ර දානයක් දුන්නා.

54. **අභයස්සච්චයේ භාතු - තිස්සස්ස තස්ස අත්‍රජෝ**
ද්වේවස්සානි සිරිනාගෝ - ලංකාරජ්ජමකාරයි

අභයනාග රජ්ජුරුවන්ගේ අභාවයෙන් පස්සේ ඔහුගේ සහෝදරව සිටි වෝහාරිකතිස්ස රජ්ජුරුවන්ගේ පුත්‍රයා සිරිනාග නමින් දෙවර්ෂයක් ලංකා රාජ්‍යය කළා.

55. **පටිසංඛරිය පාකාරං - මහාබෝධිසමන්තතෝ**
මහාබෝධිඝරස්සේව - සෝ යේව වාලිකාතලේ

ඒ රජ්ජුරුවෝ මහාබෝධිය වටා ඇති ප්‍රාකාරය අලුත්වැඩියා කළා. ඒ රජ්ජුරුවෝ ම මහාබෝධිඝරයේ වැලිතලාවේ පිහිටි,

56. **මුචේලරුක්ඛපරතෝ - හංසවට්ටං මනෝරමං**
මහන්තං මණ්ඩපඤ්චේව - කාරාපේසි මහීපති

මිදෙල්ල ගසට එපිටින් දකුණු පැත්තට වෙන්ට මනරම් හංස පේළියක් කෙරෙව්වා. ඒ රජ්ජුරුවෝ විශාල මණ්ඩපයකුත් කෙරෙව්වා.

57. **විජයකුමාරකෝ නාම - සිරිනාගස්ස අත්‍රජෝ**
පිතුනෝ අච්චයේ රජ්ජං - ඒකවස්සමකාරයි

සිරිනාග රජ්ජුරුවන්ගේ පුත්‍රයා වූ විජය කුමාරයා පිය රජ්ජුරුවන්ගේ අභාවයෙන් පස්සේ එක් වර්ෂයක් රජකම් කළා.

58. **ලම්බකණ්ණා තයෝ ආසුං - සහාතා මහියංගණේ**
සංඝතිස්සෝ සංඝබෝධි - තතියෝ ගෝඨකාභයෝ

ලම්භකර්ණ වංශිකයෝ තුන් දෙනෙක් මහියංගණයේ සිට අනුරාධපුරයට ආවා. සංඝතිස්ස, සංඝබෝධි සහ තුන්වැනියා ගෝඨාභය නමින් ඔවුන් හැඳින්වුනා.

59. **තේ තිස්සවාපිමරියාදගතෝ අන්ධෝ විචක්ඛණෝ**
රාජුපට්ඨානමායන්තේ - පදසද්දේන අබ්‍රවි

තිසා වැවේ ඉවුර මතින් ඔවුන් රාජ උපස්ථානයට යද්දී එතැන සිටිය එක් දක්ෂ වූ අන්ධ පුද්ගලයෙක් ඒ කුමාරවරුන්ගේ පා තබන හඬ අසාගෙන ඉඳලා මෙය පැවසුවා.

60. පඨවීසාමිනෝ ඒතේ - තයෝ වහති භූ ඉති
තං සුත්වා අභයෝ පච්ඡා - යන්තෝ පුච්ඡි පුනාහ සෝ

"පොළොවට ස්වාමී වූ තුන්දෙනෙකුව මේ පොළොව උසුලාගෙන ඉන්නවා නොවැ" කියලා. එය ඇසුණු පිටිපස්සෙන් යන ගෝඨාභය කුමාරයා ඔහු ළඟට ගිහින් නැවතත් ඒ කාරණය ඇසුවා.

61. කස්ස වංසෝ ඨස්සතීති - පුන පුච්ඡි තමේව සෝ
පච්ඡිමස්සාති සෝ ආහ - තං සුත්වා ද්වීහි සෝ අගා

"කාගේ වංශය ද පවතින්නේ?" කියලා ඊළඟට ඇහැව්වා. "අන්තිමට යන කුමාරයාගේ වංශය පවතිනවා" ය කියලා ඔහු කිව්වා. එයත් අසාගෙන ගෝඨාභය කුමාරයා අනිත් දෙන්නාත් සමඟ ගියා.

62. තේ පුරං පවිසිත්වාන - තයෝ රඤ්ඤො'ති වල්ලභා
රාජකිච්චානි සාධෙන්තා - වසන්තා රාජසන්තිකේ

ඔවුන් නගරයට ගිහින් රජ්ජුරුවන්ට ඉතාමත් ලැදිව රාජකාරි කරමින් රජ්ජුරුවන් ළඟින් ම වාසය කළා.

63. හන්ත්වා විජයරාජානං - රාජගේහම්හි ඒකතෝ
සේනාපතිං සංඝතිස්සං - දුවේ රජ්ජේ'භිසේචයුං

ඔවුන් එකතු වෙලා විජය රජ්ජුරුවන්ව රජගෙදරදී ම මැරුවා. සංඝබෝධි, ගෝඨාභය කුමාරවරු එකතුවෙලා සෙන්පති සංඝතිස්සව රාජ්‍යයෙහි අභිෂේක කළා.

64. ඒවං සෝ අභිසිත්තෝ ච - අනුරාධපුරුත්තමේ
රජ්ජං චත්තාරි වස්සානි - සංඝතිස්සෝ අකාරයි

ඔය විදිහට අභිෂේක ලැබූ සංඝතිස්ස රජ්ජුරුවෝ උතුම් අනුරාධපුරයේ සතර අවුරුද්දක් රජකම් කළා.

තිස්හයවෙනි පරිච්ඡේදය 669

65. මහාථූපම්හි ඡත්තඤ්ච - හේමකම්මඤ්ච කාරයි
විසුං සතසහස්සග්ඝේ - චතුරෝ ච මහාමණී

සංඝතිස්ස රජ්ජුරුවෝ මහාසෑයේ ඡත්‍රයත්, එහි රන් කැටයම් කරවීමත් කෙරෙව්වා. කහවණු ලක්ෂයක් වටිනා මහා මැණික් සතරක්,

66. මජ්ඣේ චතුන්නං සූරියානං - ඨපාපේසි මහීපති
ථූපස්ස මුද්ධනි තථා'නග්ඝං වජිරචුම්බටං

දේවතා කොටුවේ සතර පැත්තේ පිහිටි සූරිය මණ්ඩලේ මැද්දෙන් සවිකෙරෙව්වා. මහා සෑය මුදුනේ ඒ විදිහට ම වටිනා දියමන්ති දරණුවක් සවිකළා.

67. සෝ ඡත්තමහපූජාය - සංඝස්ස මනුජාධිපෝ
චත්තාළීසසහස්සස්ස - ඡ චීවරමදාපයි

සංඝතිස්ස රජ්ජුරුවෝ ඒ මහා ඡත්‍ර පූජා උත්සවයේදී හතළිස් දහසක් සංඝයාට සිවුරු හය බැගින් පූජා කළා.

68. තං මහාදේවථේරේන - දාමගල්ලකවාසිනෝ
දේසිතං ඛන්ධකේ සුත්තං - යාගානිසංසදීපනං

දාමගල්ලකවාසී මහාදේව තෙරුන් වහන්සේ ඛන්ධකයේ ඇතුළත් අන්ධකවින්ද සූත්‍රයෙහි ඇති කැඳදානයෙහි අනුසස් ගැන වදාළ දෙසුමට,

69. සුත්වා පසන්නෝ සංඝස්ස - යාගුදානමදාපයි
නගරස්ස චතුද්වාරේ - සක්කච්චඤ්චේව සාධු ච

සවන් දීලා පැහැදුණු රජ්ජුරුවෝ සංඝයා උදෙසාත් කැඳ දානය පූජා කළා. නගරයේ දොරටු සතරේත් හොඳින් සකස් කරවා යහපත් අයුරින් කැඳ දන් දුන්නා.

70. සෝ අන්තරන්තරේ රාජා - ජම්බුපක්කානි ඛාදිතුං
සහෝරෝධෝ සහාමච්චෝ - අගා පාචීනදීපකං

ඒ රජ්ජුරුවෝ මහතොට පටුනෙන් එහා මුහුදෙන් වටවී ගිය පාචීන දිවයිනට අන්තඃපුර ස්ත්‍රීන් සමඟත් ඇමතියන් සමගත් ඉදුණු දඹගෙඩි කන්ට වරින්වර යනවා.

71. **උපද්දුත'ස්ස ගමනේ - මනුස්සා පාචිවාසිනෝ**
විසං එලේසු යෝජේසුං - රාජභොජ්ජාය ජම්බුයා

රජ්ජුරුවන්ගේ ගමන් නිසා පීඩාවට පත් පාචීනදීපවාසී මිනිස්සු රජ්ජුරුවන්ගේ අනුභවයට වෙන්කළ දඹවලට වස දැම්මා.

72. **ඛාදිත්වා ජම්බුපක්කානි - තානි තත්ථේව සෝ මතෝ**
සේනාපතිං සංඝබෝධිං'භයෝ රජ්ජේ'භිසේචයි

දඹගෙඩි වැළඳූ රජ්ජුරුවෝ එතැන ම මැරී වැටුනා. එතකොට ගෝඨාභය කුමාරයා සංඝබෝධි සෙන්පතිතුමා ලංකා රාජ්‍යයෙහි අභිෂේක කෙරෙව්වා.

73. **රාජා සිරිසංඝබෝධි - විස්සුතෝ පඤ්චසීලවා**
අනුරාධපුරේ රජ්ජං - දුවේ වස්සානි කාරයි

පංචශීලයෙන් යුක්තව ඒ ප්‍රසිද්ධ වූ ශ්‍රී සංඝබෝධි රජ්ජුරුවෝ අනුරාධපුරයේ දෙවර්ෂයක් රාජ්‍යය කළා.

74. **මහාවිහාරේ කාරේසි - සලාකග්ගං මනෝරමං**
තදා දීපේ මනුස්සේ සෝ - ඤත්වා දුබ්බුට්ඨ්‍යුපද්දුතේ

මහාවිහාරයේ මනරම් වූ දන්සීට්ටු බෙදන ගෙයක් කෙරෙව්වා. ඒ කාලයේ ලංකාවාසී ජනයා දැඩි නියඟයෙන් පීඩාවට පත් වී සිටින බව රජ්ජුරුවන්ට දැනගන්ට ලැබුනා.

75. **කරුණාය කම්පිතමනෝ - මහාථූපංගණේ සයං**
නිපජ්ජි භූමියං රාජා - කත්වාන ඉති නිච්ඡයං

කරුණාවෙන් කම්පා වූ සිතින් යුක්තව මහාසෑයේ මළුවට පැමිණි රජ්ජුරුවෝ මෙහෙම අධිෂ්ඨාන කරගෙන

බිම වැතිරුනා.

76. පවස්සිත්වාන දේවේන - ජලේනුපලාවිතෝ මයි
නහේව වුට්ඨහිස්සාමි - මරමානෝ පහං ඉධ

'වැස්ස වැහැලා ඒ වැසිදියෙන් මං ඉල්පී යනකල් මෙතැනින් නැගිටින්නේ නෑ. එහෙම නැත්නම් මං මෙතන ම මැරිලා යනවා' කියලා.

77. ඒවං නිපන්නේ භූමින්දේ - දේවෝ පාවස්සි තාවදේ
ලංකාදීපම්හි සකලේ - පීණයන්තෝ මහාමහිං

රජ්ජුරුවෝ මෙහෙම වැතිරුනාට පස්සේ එකෙණෙහිම මුළු ලංකාව ම පිනවමින් මහා වැසි ඇදහැලුනා.

78. තථාපි නුට්ඨහති සෝ - අපිලාපනතෝ ජලේ
ආවරිංසු තතෝ'මච්චා - ජලනිග්ගමනාළියෝ

ඒ වුණත් ජලයෙන් ඉල්පෙන්නේ නැති නිසා රජ්ජුරුවෝ නැගිට්ටේ නෑ. එතකොට ඇමතිවරු මළුවෙන් වතුර බසින මාර්ගයන් ආවරණය කළා.

79. තතෝ ජලම්හි පිලවං - රාජා වුට්ඨාසි ධම්මිකෝ
කරුණාය නුදී ඒවං - දීපේ දුබ්බුට්ඨිකාභයං

එතකොට ජලයෙන් ඉල්පී ගිය ධාර්මික සංඝබෝධි රජ්ජුරුවෝ නැගිට්ටා. සත්වයන් වෙත පැතිරුණු කරුණාවෙන් යුක්ත වූ රජ්ජුරුවෝ මෙසේ ලක්දිව පුරා තිබුණු නියංසාය දුරුකළා.

80. චෝරා තහිං තහිං ජාතා - ඉති සුත්වාන භූපති
චෝරේ ආණාපයිත්වාන - රහස්සේන පලාපිය

රටේ තැන් තැන්වල සොරු ඇතිවෙලා ඉන්නවා කියා දැනගත් රජ්ජුරුවෝ ඒ සොරුන්ට දඬුවම් නියම කරලා රහසේ ම ඔවුන් නිදහස් කරවා පලා යන්ට සැලැස්සුවා.

81. **ආණාපෙත්වා රහස්සේන - මතානං සෝ කළේබරං**
අග්ගීහි උත්තාසෙත්වාන - හනිතං චෝරුපද්දවං

රජ්ජුරුවෝ රහසේ ම අමු සොහොනේ දැමූ මළසිරුරු ගෙන්නවලා ගින්නෙන් පුච්චවලා ඒවා දඬුවම් ලැබූ සොරුන් බවට පෙන්නලා සොර උවදුර නැතිකළා.

82. **ඒකෝ යක්ඛෝ ඉධාගම්ම - රත්තක්ඛෝ ඉති විස්සුතෝ**
කරෝති රත්තාන'ක්ඛීනි - මනුස්සානං තහිං තහිං

'රතු ඇස් ඇති යක්ෂයා' නමින් ප්‍රසිද්ධ එක්තරා යක්ෂයෙක් මේ අනුරාධපුරයට ආවා. ඔහු ඒ ඒ තැන මිනිසුන්ගේ ඇස් රතු කෙරෙව්වා.

83. **අඤ්ඤමඤ්ඤමපෙක්ඛිත්වා - භායිත්වා රත්තනෙත්තතං**
නරා මරන්ති තේ යක්ඛෝ - සෝ භක්ඛේති අසංකිතෝ

ඒ ඇස් රතු වී ගිය මිනිස්සු එකිනෙකාගේ ඇස් දෙස බලා 'ඔබේ ඇසුත් රතුවෙලා නොවැ. මගේ විතරක් යැ. ඔබේ ඇසුත් රතුවෙලා නොවැ' කියා කියපු ගමන් ඔවුන් භයට පත්වී මැරිලා යනවා. එතකොට ඒ යක්ෂයා සැකක් නැතිව ඒ මළමිනී කාලා දානවා.

84. **රාජා උපද්දවං තේසං - සුත්වා සන්තත්තමානසෝ**
ඒකෝ'පවාසගබ්භම්හි - හුත්වා අට්ඨංගුපෝසථී

රජ්ජුරුවෝ මිනිසුන්ගේ ඒ උපද්‍රවය අහලා තැති ගැනීමට පත් සිතින් යුක්තව එක් උපවාස ගෙයක් තුළ තනිවෙලා අෂ්ටාංග උපෝසථ සිල් සමාදන් වුනා.

85. **අපස්සිත්වාන තං යක්ඛං - න වුට්ඨාමීති සෝ සයි**
තස්ස සෝ ධම්මතේජේන - අගා යක්ඛෝ තදන්තිකං

මං ඒ යක්ෂයාව නොදැක මෙතැනින් නැගිටින්නේ නෑ කියලා වැතිරුනා. රජ්ජුරුවන්ගේ ධර්ම තේජසින් ඒ

යක්ෂයා එතනට ආවා.

86. **තේන කෝසී'ති පුට්ඨෝ ච - සෝ අහන්ති පවේදයි**
කස්මා පජං මේ භක්ඛේසි - මා ඛාද ඉති සෝ බ්‍රවි

රජ්ජුරුවෝ 'තෝ කවරෙක්ද?' කියා ඇසුවා. 'දේවයනි, මම රතු ඇස් ඇති යක්ෂයා' කියලා පිළිතුරු දුන්නා. 'තෝ කුමක් නිසා ද මාගේ රටවැසියන්ව මේ විදිහට කන්නේ? මීට පස්සේ මගේ රටවැසියන්ව කන්ට එපා!' කියලා කිව්වා.

87. **ඒකස්මිං මේ ජනපදේ - නරේ දේහීති සෝ'බ්‍රවි**
න සක්කා ඉති වුත්තේ සෝ - කමේනේකං ති අබ්‍රවි

'එහෙනම් එක ජනපදයකින් එක නරබිල්ල ගානේ මට දෙන්ට' කියලා කිව්වා. එතකොට රජ්ජුරුවෝ 'එහෙම කරන්ට පුළුවන්කමක් නෑ' කියලා කිව්වා. ඔය විදිහට ක්‍රමයෙන් අඩු කරලා එක නරබිල්ලක් අරගෙන යන්ට කැමති වුනා.

88. **අඤ්ඤං න සක්කා දාතුං මේ - මං ඛාද ඉති සෝ'බ්‍රවි**
න සක්කා ඉති තං යාචි - ගාමේ ගාමේ බලිඤ්ච සෝ

එතකොට රජ්ජුරුවෝ 'වෙන නරයෙක්ව දෙන්ට පුළුවන්කමක් නෑ. එහෙම නම් නරබිල්ලකට මාව කන්ට' කියලා කිව්වා. "අනේ දේවයනි, මට ඔබවහන්සේව කන්ට බැහැ. එහෙම නම් ගමක් පාසා මං වෙනුවෙන් දොළ පිදේනි පූජාවක් කරවා දෙන්ට" කියලා ඉල්ලා සිටියා.

89. **සාධූති වත්වා භූමින්දෝ - දීපම්හි සකලේපි ච**
ගාමද්වාරේ නිවේසෙත්වා - බලිං තස්ස අදාපයි

"ඒක හොඳයි" කියලා සංඝබෝධි රජ්ජුරුවෝ කැමති වෙලා, ලංකාව පුරාම ගම්දොරකඩ ඔහු වෙනුවෙන් තැනක් වෙන් කරවා එතැන දොළපිදේනියක් දෙන්ට සැලැස්සුවා.

90. **මහාසත්තේන තේනේවං - සබ්බභූතානුකම්පිනා**
මහාරෝගභයං ජාතං - දීපදීපේන නාසිතං

සියලු සත්වයන් කෙරෙහි හිතානුකම්පා ඇති, මහාසත්ව වූ රජ්ජුරුවෝ ලංකාව පුරා පැතිරී ගිය මහා බිහිසුණු රෝගය ඔය උපායෙන් නැතිකර දැම්මා.

91. **සෝ භණ්ඩාගාරිකෝ රඤ්ඤෝ - අමච්චෝ ගෝඨකාභයෝ**
චෝරෝ හුත්වා උත්තරතෝ - නගරං සමුපාගමි

රජ්ජුරුවන්ගේ භාණ්ඩාගාරික අමාත්‍ය තනතුර හෙබවූ ගෝඨාභය කුමාරයා රජ්ජුරුවන්ට විරුද්ධව කැරලිකාරයෙක් වෙලා අනුරාධපුරයට උතුරු පැත්තෙන් නගරයට ආවා.

92. **පරිස්සාවනමාදාය - රාජා දක්ඛිණද්වාරතෝ**
පරහිංසමරෝචෙන්තෝ - ඒකකෝව පලායි සෝ

අනුන්ට හිංසා කිරීමට රුචි නොවූ අපගේ සිරිසඟබෝ රජ්ජුරුවෝ පැන් පෙරන පෙරහන්කඩයත් අරගෙන දකුණු දොරටුවෙන් පිටත් වෙලා හුදෙකලාවේ ම පලාගියා.

93. **පුටභත්තං ගහෙත්වාන - ගච්ඡන්තෝ පුරිසෝ පථී**
භත්තභෝගාය රාජානං - නිබන්ධිත්ථ පුනප්පුනං

ඒ මාර්ගයේ ම බත් මුලකුත් රැගෙන පුරුෂයෙක් යමින් සිටියා. රජ්ජුරුවන්ටත් බත් අනුභව කරන්ට කියලා නැවත නැවතත් ආයාචනා කළා.

94. **ජලං පරිස්සාවයිත්වා - භුඤ්ජිත්වාන දයාලුකෝ**
තස්සේව'නුග්ගහං කාතුං - ඉදං වචනමබ්‍රවි

දයාව බලවත්ව තියෙන රජ්ජුරුවෝ පැන් පෙරාගෙන ඔහු දුන් බත් අනුභව කළා. ඔහුට අනුග්‍රහ කරන්ට මේ වචනයත් පැවසුවා.

තිස්හයවෙනි පරිච්ඡේදය 675

95. **සංඝබෝධි අහං රාජා - ගහෙත්වා මම හෝ සිරං**
ගෝඨාභයස්ස දස්සේහි - බහුං දස්සති තේ ධනං

"පින්වත, මමයි සංඝබෝධි රජ්ජුරුවෝ. ඔබ මගේ හිස අරගෙන ගිහින් ගෝඨාභයට පෙන්වන්ට. එතකොට ඔබට ගොඩාක් වස්තුව ලැබේවි."

96. **න ඉච්ඡි සෝ තථා කාතුං - තස්සත්ථාය මහීපති**
නිසින්නෝ යේව අමරි - සෝ සීසං තස්ස ආදිය

එහෙම කරන්ට ඒ පුරුෂයා කැමති වුනේ නෑ. ඔහුට යහපත සලසන්ට රජ්ජුරුවෝ තමන්ගේ හිස බෙල්ලෙන් වෙන්කිරීමට දියෙන් ඉරක් ඇඳලා 'මාගේ හිස වෙන්වේවා!' කියලා අධිෂ්ඨාන කළා. වාඩිවී සිටියදී ම රජ්ජුරුවෝ ඔහුට හිස දීලා මරණයට පත්වුනා. ඔහු රජ්ජුරුවන්ගේ හිස ගෙනිහින්,

97. **ගෝඨාභයස්ස දස්සේසි - සෝ තු විම්හිතමානසෝ**
දත්වා තස්ස ධනං රක්ඛෙ - සක්කාරං සාධු කාරයි

අනුරාධපුරයේ සේසත් නංවා සිටි ගෝඨාභය රජ්ජුරුවන්ට දක්කුවා. තැති ගත් සිතින් යුතු රජ්ජුරුවෝ ඔහුට ධනය දීලා සිරිසඟබෝ රජ්ජුරුවන්ගේ දේහයට රාජ්‍ය ගෞරව දක්වා ආදාහන කටයුතු සිදුකළා. ඉසුරුමුනි විහාරයෙන් දකුණට වෙන්ට ඔහුගේ නමින් විහාරයකුත් කෙරෙව්වා.

98. **ඒවං ගෝඨාභයෝ ඒසෝ - මේඝවණ්ණාභයෝ'ති ච**
විස්සුතෝ තේරස සමා - ලංකාරජ්ජමකාරයි

ඔය විදිහට ගෝඨාභය රජ්ජුරුවෝ මේඝවණ්ණාභය නමින් ප්‍රසිද්ධ වෙලා දහතුන් අවුරුද්දක් ලංකා රාජ්‍යය කළා.

99. **මහාවත්ථුං කාරයිත්වා - වත්ථුද්වාරම්හි මණ්ඩපං**
කාරයිත්වා මණ්ඩයිත්වා - සෝ භික්ඛු තත්ථ සංඝතෝ

මහා වාසළක් කරවා ඒ වාසල් දොරටුවේ මණ්ඩපයක් තනවා අලංකාර කෙරෙව්වා. එහි භික්ෂු සංඝයා වහන්සේලාගෙන්,

100. අට්ඨුත්තරසහස්සානි - නිසීදෙත්වා දිනේ දිනේ
යාගුඛජ්ජකභොජ්ජේහි - සාදූහි විවිධේහි ච

එක්දහස් අට නමක් වඩා හිඳෙව්වා. දිනපතා කැඳ, කැවිලි, ප්‍රණීත ආහාරපාන ආදී විවිධ දෙයින් මනා අයුරින් පූජා පවත්වලා,

101. සචීවරේහි කප්පෙත්වා - මහාදානං පවත්තයි
ඒකවීසදිනානේවං - නිබද්ධඤ්චස්ස කාරයි

තුන්සිවුරු සහිතව මනාකොට පිළිගන්වලා මහා දන් පැවැත්වුවා. භික්ෂූන් වහන්සේලාට ලැගුම් තනවලා විසි එක් දිනක් නිරතුරුව වාසය කෙරෙව්වා.

102. මහාවිහාරේ කාරේසි - සිලාමණ්ඩපමුත්තමං
ලෝහපාසාදථම්භේ ච - පරිවත්තිය ඨාපයි

මහාවිහාරයෙහි උතුම් සිලා මණ්ඩපයක් කෙරෙව්වා. ලෝවාමහාප්‍රාසාදයේ ස්ථම්භයත් මාරු කරවලා තැබෙව්වා.

103. මහාබෝධිසිලාවේදිං - උත්තරද්වාරතෝරණං
පතිට්ඨාපේසි ථම්භේ ච - චතුක්කණ්ණේ සචක්කකේ

මහාබෝධියේ ශෛලමය වේදිකාවක් කෙරෙව්වා. උතුරු දොරටු තොරණ කෙරෙව්වා. වේදිකාව ඇතුලේ වැලිමළුවේ සතර කොණේ ගල්ටැම් සිටුවලා ඒ මත ධර්ම චක්‍රයන් කෙරෙව්වා.

104. තිස්සෝ සිලාපටිමායෝ - තීසු ද්වාරේසු කාරයි
ඨපාපේසි ච පල්ලංකං - දක්ඛිණම්හි සිලාමයං

අනිත් තුන් දොරටුවේ ශෛලමය ප්‍රතිමා තුනක් කෙරෙව්වා. දකුණු පැත්තේ ශෛලමය ආසනයක් පිහිටෙව්වා.

105. පධානභූමිං කාරේසි - මහාවිහාරපච්ඡතෝ
දීපම්හි ජිණ්ණකාවාසං - සබ්බඤ්ච පටිසංඛරි

මහා විහාරය පිටුපසින් පධාන ඝරයක් පිහිටෙව්වා. ලංකාවේ දිරාගිය සියලු වෙහෙර විහාර අළුත්වැඩියා කළා.

106. ථූපාරාමේ ථූපඝරං - ථේරම්බත්ථලකේ තථා
ආරාමේ මණිසෝමව්හේ - පටිසංඛාරයි ච සෝ

ථූපාරාමයේ චෛතියඝරයත්, අම්බස්ථලයේ චෛතියඝරයත්, මූල මණිසෝම විහාරයේ චෛතියඝරයත් අලුත්වැඩියා කෙරෙව්වා.

107. ථූපාරාමේ මණිසෝමාරාමේ මරිචවට්ටකේ
දක්ඛිණවිහවිහාරේ ච - උපෝසථඝරානි ච

ථූපාරාමයේත්, මූලමණිසෝමාරාමයේත්, මිරිසවැටියේත්, දක්ඛිණ විහාරයේත් උපෝසථාගාරයන් කෙරෙව්වා.

108. මේඝවණ්ණාභයව්හඤ්ච - නවවිහාරමකාරයි
විහාරමහපූජායං - පිණ්ඩෙත්වා දීපවාසිනං

මේඝවර්ණාභය නමින් අලුත් විහාරයකුත් කෙරෙව්වා. ඒ විහාර පූජා මහෝත්සවයේදී ලංකාවාසී භික්ෂූන්ට දන් පූජා කරලා,

109. තිංසභික්ඛුසහස්සානං - ඡචීවරමදාසි ච
මහාවේසාඛපූජඤ්ච - තදා ඒවං අකාරයි

තිස් දහසක් භික්ෂූන් වහන්සේලාට සිවුරු සය බැගින් ලබාදුන්නා. ඒ වගේම මහා වෙසක් පූජාවකුත් කෙරෙව්වා.

110. අනුවස්සඤ්ච සංඝස්ස - ඡචීවරමදාපයි
පාපකානං නිග්ගහේන - සෝධෙන්තෝ සාසනං තු සෝ

අවුරුදු පතා සංඝයාට සිවුරු සය බැගින් පූජා කළා. පාපී මත ගත් භික්ෂූන්ට නිග්‍රහ කරලා බුද්ධ ශාසනය පිරිසිදු කිරීම පිණිස,

111. වේතුල්ලවාදිනෝ භික්ඛූ - අභයගිරිනිවාසිනෝ
ගාහයිත්වා සට්ඨීමත්තේ - ජිනසාසනකණ්ටකේ

ශාසනයට මහත් අර්බුදයක් වූ අභයගිරිවාසී වෛතුල්‍ය මත පවසන භික්ෂූන් සැට නමක් අල්ලාගෙන

112. කත්වාන නිග්ගහං තේසං - පරතීරේ ඛිපාපයි
තත්ථ ඛිත්තස්ස ථේරස්ස - නිස්සිතෝ භික්ඛු චෝළිකෝ

ඔවුන්ගේ ශරීරවල ලකුණු තබා නිග්‍රහ කරවා රටින් පිටුවහල් කළා. එසේ පිටුවහල් කළ තෙර නමකගේ ආශ්‍රයට පත් වූ සොලී භික්ෂුවක් සිටියා.

113. සංඝමිත්තෝ'ති නාමේන - භූතවිජ්ජාදිකෝවිදෝ
මහාවිහාරේ භික්ඛූනං - කුජ්ඣිත්වාන ඉධාගමා

සංඝමිත්‍ර නැමැති ඒ භික්ෂුව යන්ත්‍ර, මන්ත්‍ර ආදී භූත විද්‍යාවේ ඉතාම දක්ෂ කෙනෙක්. තමන්ව රටින් පිටුවහල් කළේ මහාවිහාර භික්ෂූන්ගේ උසිගැන්වීමෙන් කියලා අර තෙරුන්ගෙන් ඇසීම නිසා මහා විහාර භික්ෂූන් කෙරෙහි වෛර බැඳගෙන මේ අනුරාධපුරයට සංඝමිත්‍ර සොලී භික්ෂුව ආවා.

114. ථූපාරාමේ සන්නිපාතං - පවිසිත්වා අසඤ්ඤතෝ
සංඝපාලස්ස පරිවේණවාසිත්ථේරස්ස තත්ථ සෝ

ශීලාදී සංවරයෙන් තොර වූ සංඝමිත්‍ර භික්ෂුව ථූපාරාමයේ රැස්ව හුන් සංඝයා අතරට ඇවිත් සිටියා. එතන

ඒ පිරිවෙන්වාසී සංඝපාල නමින් මහතෙරුන්නාන්සේ නමක් වැඩසිටියා.

115. ගෝඨාභයස්ස ථේරස්ස - මාතුලස්සස්ස රාජිනෝ
රක්ඛෙකො නාමේනා'ලපතෝ - වචනං පටිබාහිය

උන්වහන්සේ ගෝඨාභය යන පැරණි නම ඇති මේඝවර්ණාභය රජ්ජුරුවන්ගේ මාමා කෙනෙක් වෙනවා. තමන්ගේ ඥාතිකම නිසා රජ්ජුරුවන්ට 'දරුව, ගෝඨාභය' කියලා මහතෙරුන් වහන්සේ අමතනවා. එතකොට එතනට පැනලා සංඝමිත්‍ර භික්ෂුව 'හා.. හා.. ස්වාමීනී, අපගේ රජ්ජුරුවන් වහන්සේට ඔය ආකාරයට පැරණි නමින් අමතන්ට එපා' කියලා වැළැක්කුවා.

116. රක්ඛෙකො කුලූපගෝ ආසි - රාජා තස්මිං පසීදිය
ජෙට්ඨපුත්තං ජෙට්ඨතිස්සං - මහාසේනං කණිට්ඨකං

මේ ක්‍රමයෙන් සංඝමිත්‍ර භික්ෂුව රජ්ජුරුවන් සමඟ ඉතා කුළුපග කෙනෙක් බවට පත්වුනා. ඔහු කෙරෙහි පැහැදුණු රජ්ජුරුවෝ තමන්ගේ වැඩිමහළු පුත්‍රයා වන ජෙට්ඨතිස්ස කුමාරයාටත්, බාලපුත්‍රයා වන මහසෙන් කුමාරයාටත්,

117. අප්පේසි තස්ස භික්ඛුස්ස - සෝ සංගණ්හි දුතියකං
උපනන්ධි තස්මිං භික්ඛුස්මිං - ජෙට්ඨතිස්සෝ කුමාරකෝ

ශබ්ද ශාස්ත්‍ර උගන්වන්ට සංඝමිත්‍ර භික්ෂුවට භාර දුන්නා. එතකොට ඒ භික්ෂුව දෙවෙනි පුත් මහසෙන් කුමාරයාව තමාට අවනත කරගත්තා. නමුත් ඒ සංඝමිත්‍ර භික්ෂුව ජෙට්ඨතිස්ස කුමාරයාට කළ නොමනා ක්‍රියාවක් නිසා ජෙට්ඨතිස්ස කුමාරයා සංඝමිත්‍ර භික්ෂුව ගැන වෛර බැඳගත්තා.

118. පිතුනෝ අච්චයේ ජෙට්ඨතිස්සෝ රාජා අහෝසි සෝ
පිතු සාරීරසක්කාරේ - නිග්ගන්තුං නිච්ඡමානකේ

සිය පියාණන් වූ මේඝවර්ණාභය රජ්ජුරුවන්ගේ අභාවයෙන් පස්සේ ජෙට්ඨතිස්ස කුමාරයා රජ බවට පත්වුනා. පිය රජ්ජුරුවන්ගේ ආදාහන පෙරහැර ඉදිරියෙන් ජෙට්ඨතිස්ස කුමාරයා යනවාට විරුද්ධ වූ ඇමතිවරු සිටියා.

119. **දුට්ඨාමච්චේ නිග්ගහේතුං - සයං නික්ඛම්ම භූපති**
කනිට්ඨං පුරතෝ කත්වා - පිතුකායං අනන්තරං

දුෂ්ට ඇමතිවරුන්ට දඬුවම් දෙන්ට ඕනෑ කියලා රජ්ජුරුවෝ තමන්ම නික්මිලා බාල සොයුරු වන මහසෙන් කුමාරයා පෙරටු කරගෙන පියාගේ දේහය රැගත් පෙරහැර පිටත් කරවා,

120. **තතෝ අමච්චේ කත්වාන - සයං හුත්වාන පච්ඡතෝ**
කනිට්ඨයේ පිතුකායේ ච - නික්ඛන්තේ තදනන්තරං

ඊට පස්සේ ඇමතිවරුන් පිටත් කරවා තමන් පිටිපස්සෙන් ගිහින් පියාගේ දේහයත්, බාල සොයුරු මහසෙන් කුමාරයාත් බටහිර දොරටුවෙන් පිවිසිලා නැගෙනහිර දොරටුවෙන් නික්මුණු ගමන්ම,

121. **ද්වාරං සංවරයිත්වාන - දුට්ඨාමච්චේ නිඝාතිය**
සූලේ අප්පේසි පිතුනෝ - චිතකාය සමන්තතෝ

නැගෙනහිරත්, බටහිරත් දොරටු දෙකම වස්සවලා දුෂ්ට ඇමතිවරුන්ව මරවලා පිය රජ්ජුරුවන්ගේ චිතකය වටේට උල් ගස්සවා උලමත හින්දෙව්වා.

122. **තේන'ස්ස කම්මුනා නාමං - කක්ඛලෝපපදං අහු**
සංඝමිත්තෝ තු සෝ භික්ඛු - භීතෝ තස්මා නරාධිපා

ඒ දරුණු ක්‍රියාව හේතුවෙන් ජෙට්ඨතිස්ස රජුගේ නමට 'කර්කශ' යන පදය එකතු වුනා. ඒ රජ්ජුරුවන් ගැන සංඝමිත්‍ර භික්ෂුව හොඳටම භය වුනා.

තිස්හයවෙනි පරිච්ඡේදය 681

123. **තස්සාභිසේකසමකාලං - මහාසේනේන මන්තිය**
තස්සාභිසේකං පෙක්ඛන්තෝ - පරතීරං ගතෝ ඉතෝ

ජෙට්ඨතිස්ස රජ්ජුරුවන්ගේ අභිෂේක කටයුතු කෙරෙන කාලයේ "රජ්ජුරුවෝ මං ගැන තරහෙන් ඉන්නවා. ඒ නිසා මට වාසය කරන්ට අපහසුයි. කුමාරයාණෙනි, ඔබ රජවූ කාලයේදී අභිෂේක ද්‍රව්‍යත් අරගෙන මං එනවා" කියා මහසෙන් කුමාරයාත් සමඟ හොර රහසේම කතා කරගෙන මහසෙන් කුමාරයාගේ අභිෂේකය බලාපොරොත්තුවෙන් මෙහෙන් දකුණු ඉන්දියාවට ගියා.

124. **පිතරා සෝ විප්පකතං - ලෝහපාසාදමුත්තමං**
කෝටිධනං අග්ඝනකං - කාරේසි සත්තභූමකං

ජෙට්ඨතිස්ස රජ්ජුරුවෝ තමන්ගේ පියරජ්ජුරුවන්ට සම්පූර්ණ කරගන්ට බැරි වූ උතුම් ලෝවාමහාප්‍රාසාදය කෝටියක් ධනය වියදම් කරලා සත්මහල් කොට කෙරෙව්වා.

125. **සට්ඨිසතසහස්සග්ඝං - පූජයිත්වා මණිං තහිං**
කාරේසි ජෙට්ඨතිස්සෝ තං - මණිපාසාදනාමකං

කහවණු හැටලක්ෂයක් වටිනා මාණික්‍යයක් ලෝවාමහාප්‍රාසාදයට පූජා කළ ජෙට්ඨතිස්ස රජ්ජුරුවෝ 'මැණික් ප්‍රාසාදය' නමින් ප්‍රාසාදයක් කෙරෙව්වා.

126. **මණී දුවේ මහග්ඝේ ච - මහාථූපේ අපූජයි**
මහාබෝධිඝරේ තීණි - තෝරණානි ච කාරයි

මහාඝීය වූ මාණික්‍ය දෙකක් මහාසෑයට පූජා කළා. මහාබෝධිඝරයේ තොරණ් තුනක් කෙරෙව්වා.

127. **කාරයිත්වා විහාරං සෝ - පාචිනතිස්සපබ්බතං**
පඤ්චවාසේසු සංඝස්ස - අදාසි පුථුවීපති

ජෙට්ඨතිස්ස රජ්ජුරුවෝ පාචීනතිස්ස පර්වතයේ විහාරයක් කෙරෙව්වා. පංච ආවාසවල වැඩඉන්න සංඝයා වහන්සේට එය පූජා කළා.

128. දේවානංපියතිස්සේන - සෝ පතිට්ඨාපිතං පුරා
ථූපාරාමේ උරුසිලාපටිමං චාරුදස්සනං

දේවානම්පියතිස්ස රජ්ජුරුවෝ ඉස්සර පිහිටුවාපු ථූපාරාමයේ ඉතාම ශෝභාසම්පන්න වූ මහා ශෛලමය පිළිම වහන්සේ,

129. නෙත්වාන ථූපාරාමම්හා - ජෙට්ඨතිස්සෝ මහීපති
පතිට්ඨාපේසි ආරාමේ - පාචීනතිස්සපබ්බතේ

ජෙට්ඨතිස්ස රජ්ජුරුවෝ ථූපාරාමයෙන් බැහැර කරවාගෙන පාචීනතිස්ස පබ්බත ආරාමයේ පිහිටෙව්වා.

130. කාළමත්තිකවාපිං සෝ - අදා චේතියපබ්බතේ
විහාරපාසාදමහං - මහාවේසාඛමේව ච

රජ්ජුරුවෝ කළුමැටි වැව සෑගිරියට පූජා කළා. විහාර ප්‍රාසාදය පූජා කරලා මහා වෙසක් උත්සවයකුත්,

131. කත්වා තිංසසහස්සස්ස - සංඝස්සා'දා ඡචීවරං
ආළම්බගාමවාපිං සෝ - ජෙට්ඨතිස්සෝ අකාරයි

කරලා, තිස් දහසක් සංඝයාට සිවුරු සය බැගින් පූජා කළා. ඒ ජෙට්ඨතිස්ස රජ්ජුරුවෝ අලඹගම වැවත් කෙරෙව්වා.

132. ඒවං සෝ විවිධං පුඤ්ඤං - පාසාදකරණාදිකං
කාරෙන්තෝ දසවස්සානි - රාජා රජ්ජමකාරයි

මේ විදිහට ජෙට්ඨතිස්ස රජ්ජුරුවෝ ප්‍රසාදය ඇතිවෙන විවිධ පින් කරවමින් දස වර්ෂයක් රාජ්‍ය පාලනය කළා.

133. ඉති බහුවිධපුඤ්ඤහේතුභූතා
නරපතිතා බහුපාපහේතු චාති
මධුරමිව විසේන මිස්සමන්නං
සුජනමනෝ භජතේ න තං කදාපි.

මේ රජකම කියන්නේ නොයෙක් ආකාරයෙන් බොහෝ පින් කරගන්ට උපකාරී වන තනතුරක්. ඒ වගේම බොහෝ පව් කරගන්ටත් හේතුවන තනතුරක්. රජකම කියන්නේ වස මිශ්‍ර කරන ලද මිහිරි භෝජනයක් වැනි දෙයක්. එනිසා සත්පුරුෂ තැනැත්තා කිසි කලෙකත් රාජ්‍යත්වය ඇසුරු නොකළ යුතුයි.

සුජනප්පසාදසංවේගත්ථාය කතේ මහාවංසේ
තයෝදසරාජකෝ නාම ඡත්තිංසතිමෝ පරිච්ඡේදෝ.

සත්පුරුෂ ජනයන්ගේ ප්‍රසාදයත් සංවේගයත් ඇතිකරනු පිණිස කරන ලද මහාවංශයෙහි රජවරු දහතුන් දෙනෙකුගේ පාලනය නම් වූ තිස්හයවෙනි පරිච්ඡේදය යි.

37

සත්තතිංසතිමෝ පරිච්ඡේදෝ

තිස්හත්වෙනි පරිච්ඡේදය

1. **ජෙට්ඨතිස්සච්චයෙ තස්ස - මහාසෙනො කණිට්ඨකො**
සත්තවීසතිවස්සානි - රාජා රජ්ජමකාරයි

ජෙට්ඨතිස්ස රජ්ජුරුවන්ගේ අභාවයෙන් පස්සේ ඒ රජ්ජුරුවන්ගේ මල්ලී වන මහසෙන් කුමාරයා රජබවට පත්වෙලා විසි හත් අවුරුද්දක් ලංකා රාජ්‍යය පාලනය කළා.

2. **තස්ස රජ්ජාභිසේකං තං - කාරේතුං පරතීරතො**
සො සංඝමිත්තථෙරො තු - කාලං ඤත්වා ඉධාගතො

ඒ සංඝමිත්‍ර භික්ෂුව නිසි කල් දැනගෙන මහසෙන් රජ්ජුරුවන්ගේ රාජාභිෂේකය කරන්ට දකුණු ඉන්දියාවේ සිට මේ අනුරාධපුරයට ආවා.

3. **තස්සාභිසේකං කාරෙත්වා - අඤ්ඤං කිච්චඤ්චනේකධා**
මහාවිහාරවිද්ධංසං - කාතුකාමො අසඤ්ඤතො

මහසෙන් රජ්ජුරුවන්ගේ අභිෂේකය කරවා එයට අදාළ වූ අනෙක් බොහෝ කෘත්‍යයන් ද කරවා සීල

සංයමයෙන් තොර වූ සංඝමිත්‍ර භික්ෂුව මහාවිහාරය විනාශ කරන්ට කැමැත්තෙන්,

4. අවිනයවාදිනෝ ඒතේ - මහාවිහාරවාසිනෝ
විනයවාදී මයං රාජ - ඉති ගාහිය භූපතිං

"මහරජ්ජුරුවෙනි, ඔය මහාවිහාර භික්ෂූන් වහන්සේලා විනයානුකූල පැවැත්මෙන් තොරයි. අපි තමයි විනයානුකූලව වාසය කරන්නේ" කියලා මහසෙන් රජ්ජුරුවන්ව නොමග යැව්වා.

5. මහාවිහාරවාසිස්ස - ආහාරං දේති භික්ඛුනෝ
යෝ සෝ සතං දණ්ඩියෝ'ති - රඤ්ඤා දණ්ඩං ඨපාපයි

'මහා විහාරයේ වාසය කරන භික්ෂුවකට දාන වේලක් දුන්නොත් ඔහු කහවණු සියයක දඩයකට යටත්' කියලා රාජ දණ්ඩනයක් පිහිටෙව්වා.

6. උපද්දුතා තේහි භික්ඛූ - මහාවිහාරවාසිනෝ
මහාවිහාරං ඡඩ්ඩෙත්වා - මලයං රෝහණං අගුං

පීඩාවට පත් මහාවිහාරවාසී භික්ෂූන් වහන්සේලා මහා විහාරය අත්හැරලා කඳුරට, රුහුණ ආදී ප්‍රදේශ බලා වැඩම කළා.

7. තේන මහාවිහාරෝ'යං - නවවස්සානි ඡඩ්ඩිතෝ
මහාවිහාරවාසීහි - භික්ඛූහි ආසි සුඤ්ඤකෝ

ඒ හේතුවෙන් මේ අපගේ මහාවිහාරය නව වර්ෂයක් පාළුවට ගොස් තිබුණා. මහා විහාරය එහි වාසය කළ භික්ෂූන් වහන්සේලාගෙන් හිස්වෙලා ගියා.

8. හෝති අස්සාමිකං වත්ථු - පුථුවීසාමිනෝ ඉති
රාජානං සඤ්ඤපෙත්වා සෝ - ථේරෝ දුම්මති දුම්මතිං

ඒ මිථ්‍යා දෘෂ්ඨික සංඝමිත්‍ර භික්ෂුව අයිතිකාරයෙක් නැති වස්තුව රජ්ජුරුවන්ට අයිතිවෙනවා කියලා මහසෙන් රජ්ජුරුවන්ට ද ඒ වැරදි අදහස ඇතිකෙරෙව්වා.

9. **මහාවිහාරං නාසේතුං - ලද්ධානුමති රාජතෝ**
තථා කාතුං මනුස්සේ සෝ - යෝජේසි දුට්ඨමානසෝ

මහා විහාරය වනසන්ට රජ්ජුරුවන්ගෙන් එයට විරුද්ධත්වය නැති බවට අනුමැතිය ලබාගත්තා. දුෂ්ට සිතින් යුතු සංඝමිත්‍ර භික්ෂුව මහාවිහාරය කඩා බිඳුවන්ට මිනිසුන්ව යෙදෙව්වා.

10. **සංඝමිත්තස්ස ථේරස්ස - සේවකෝ රාජවල්ලභෝ**
සෝණාමච්චෝ දාරුණෝ ච - භික්ඛවෝ ච අලජ්ජිනෝ

සංඝමිත්‍ර භික්ෂුවගේ සේවකයෙක් වූ මහසෙන් රජ්ජුරුවන්ගේ කුළුපග දරුණු වූ සෝණ ඇමතියාත්, පවට ලැජ්ජාවක් නැති භික්ෂූනුත්,

11. **භින්දිත්වා ලෝහපාසාදං - සත්තභූමකමුත්තමං**
ඝරේ නානප්පකාරේ ච - ඉතෝ'භයගිරිං නයුං

සත් මහල් වූ උතුම් ලෝහප්‍රාසාදය බිඳවලා නානාප්‍රකාර වූ විහාර ගෙවල් ද බිඳවලා මෙහෙන් අභයගිරියට ගෙනිච්චා.

12. **මහාවිහාරානීතේහි - පාසාදේහි බහූහි ච**
අභයගිරිවිහාරෝ සෝ - බහුපාසාදකෝ අහූ

මේ මහාවිහාරය බිඳවා අරගෙන ගිය බොහෝ ප්‍රාසාද උපකරණවලින් තනවන ලද අභයගිරි විහාරය බොහෝ ප්‍රාසාදයන්ගෙන් යුක්ත වුනා.

13. **සංඝමිත්තං පාපමිත්තං - ථේරං සෝණඤ්ච සේවකං**
ආගම්ම සුබහුං පාපං - අකාසි සෝ මහීපති

සංඝමිත්‍ර නැමැති පාප මිත්‍ර භික්ෂුවත්, සෝණ නැමැති සේවකයාත් තමන් ළඟට පැමිණීම නිසා ඒ මහසෙන් රජ්ජුරුවෝ සුවිශාල පව් රැස්කරගත්තා.

14. **මහාසිලාපටිමං සෝ - පාචීනතිස්සපබ්බතා**
ආනෙත්වා'භයගිරිම්හි - පතිට්ඨාපේසි භූපති

පාචීනතිස්ස පර්වත විහාරයේ පිහිටුවා තිබූ මහා ශෛලමය ප්‍රතිමාව ගෙන්නවා ගත් මහසෙන් රජ්ජුරුවෝ එය අභයගිරියේ පිහිටෙව්වා.

15. **පටිමාඝරං බෝධිඝරං - ධාතුසාලං මනෝරමං**
චතුසාලඤ්ච කාරේසි - සංඛරී කුක්කුටව්හයං

පිළිමගෙයත්, බෝධිඝරයත්, මනරම් ධාතු මන්දිරයත්, සතරැස් ශාලාවත් කරවා කුක්කුටගිරි පිරිවෙන් පෙළත් අළුත්වැඩියා කෙරෙව්වා.

16. **සංඝමිත්තේන ථේරේන - තේන දාරුණකම්මුනා**
විහාරෝ සෝ'භයගිරි - දස්සනෙය්‍යෝ අහූ තදා

සංඝමිත්‍ර භික්ෂුවගේ ඒ දරුණු ක්‍රියා හේතුවෙන් ඒ කාලයේ අභයගිරි විහාරය දර්ශනීය ආකාරයෙන් පෙනුනා.

17. **මේඝවණ්ණාභයෝ නාම - රඤ්ඤෝ සබ්බත්ථ සාධකෝ**
සඛා අමච්චෝ කුජ්ඣිත්වා - මහාවිහාරනාසනේ

රජ්ජුරුවන්ගේ සියලු යහපත කැමැතිව සිටි මේඝවර්ණඅභය නමැති යහළු ඇමතියෙක් මහාවිහාරය නැසීම නිසා රජ්ජුරුවන් කෙරෙහි කිපුනා.

18. **චෝරෝ හුත්වාන මලයං - ගන්ත්වා ලද්ධමහබ්බලෝ**
ඛන්ධාවාරං නිවේසේසි - දූරතිස්සකවාපියං

ඔහු රජ්ජුරුවන්ට විරුද්ධව කැරලිකාරයෙක් වෙලා කඳුරටට ගිහින් මහාසේනාවක් රැස්කරගෙන මහසෙන්

රජ්ජුරුවන් සමඟ සටනට එනු පිණිස දූරතිස්ස වැව ළඟ කඳවුරු බැඳගත්තා.

19. තත්‍රා'ගතං තං සුත්වා - සහායං සෝ මහීපති
යුද්ධාය පච්චුග්ගන්ත්වාන - ඛන්ධාවාරං නිවේසයි

මහසෙන් රජ්ජුරුවෝත් තමන්ගේ යහළුවා තමන් සමඟ යුද්ධ පිණිස ඇවිත් කඳවුරු බැඳගෙන ඉන්න බව අහලා තමනුත් ගිහින් ඔහුගේ කඳවුරට ඔබ්බෙන් යුද්ධ කිරීම පිණිස කඳවුරක් බැන්දා.

20. සාධුං පානඤ්ච මංසඤ්ච - ලභිත්වා මලයාගතං
න සේවිස්සං සහායේන - විනා රඤ්ඤා'ති චින්තිය

එදා යහළු අමාත්‍යයාට රසවත් බීමකුත් මසකුත් කඳුරටින් ලැබුනා. මෙය මා මිත්‍ර රජ්ජුරුවන් සමඟ මිසක් තනියම කන්නේ නෑ කියලා සිතුවා.

21. ආදාය තං සයං යේව - රත්තිං නික්ඛම්ම ඒකකෝ
රඤ්ඤෝ සන්තිකමාගම්ම - තමත්ථං පටිවේදයි

ඉතින් ඔහු ඒ බීමත්, මසුත් රැගෙන රෑ තනියම රජ්ජුරුවන්ගේ කඳවුරට ගියා. රජ්ජුරුවන් මුණගැසී තමන් ආ කාරණාව දැනුම් දුන්නා.

22. තේනා'භතං තේන සහ - විස්සත්ථෝ පරිභුඤ්ජිය
කස්මා චෝරෝ අහූ මේ ත්වං - ඉති රාජා අපුච්ඡි තං

ඔහු විසින් ගෙනා ඒ බීමත් මසුත් රජ්ජුරුවෝ විශ්වාසයෙන් යුක්තව ඔහුත් සමඟ අනුභව කළා. 'තොප මට විරුද්ධව කැරැල්ලක් ගැසුවේ මොන කාරණාවක් නිසාද?' කියලා රජ්ජුරුවෝ ඇසුවා.

23. තයා මහාවිහාරස්ස - නාසිතත්තා'ති අබ්‍රවි
විහාරං වාසයිස්සාමි - ඛේම මේ තං මමච්චයං

තිස්හත්වෙනි පරිච්ඡේදය 689

"ඔබවහන්සේ විසින් මහාවිහාරය විනාශ කරපු නිසයි" කියලා ඔහු පිළිතුරු දුන්නා. "ඒ විහාරය නැවත සංඝයාට වාසභූමි කරවන්නම්. මාගේ වරදට සමා කරව!" කියලා මහසෙන් රජ්ජුරුවෝ කිව්වා.

24. ඉච්චේවමබ්‍රවී රාජා - රාජානං සො ඛමාපයි
තේන සඤ්ඤාපිතෝ රාජා - නගරං යේව ආගමී

රජ්ජුරුවෝ මෙහෙම කිව්වාට පස්සේ ඔහුත් රජ්ජුරුවන්ගෙන් සමාව ගත්තා. ඔහු රජ්ජුරුවන්ට කරුණු පැහැදිලි කරලා දුන්නා. රජ්ජුරුවෝ ආපසු අනුරාධපුරයට ම ගියා.

25. රාජානං සඤ්ඤපෙත්වා සො - මේඝවණ්ණාභයෝ පන
රඤ්ඤා සහ න ආගඤ්ජි - දබ්බසම්භාරකාරණා

ඒ මේඝවර්ණාභය අමාත්‍යයා මහාවිහාරය ආයෙමත් ඉදිකරන්ට ද්‍රව්‍ය රැස් කරගන්ට ඕනෑ කියලා රජ්ජුරුවන්ව දැනුවත් කරලා රජ්ජුරුවෝ සමඟ ඒ ගමන් අනුරාධපුරයට ගියේ නෑ.

26. වල්ලභා හරියා රඤ්ඤො - ඒකා ලේඛකධීතිකා
මහාවිහාරනාසම්හි - දුක්ඛිතා තං විනාසකං

එක් ලියන්නෙකුගේ දුවක් වන රජ්ජුරුවන්ට ඉතාමත් කුළුපග බිරිඳක් මහාවිහාරය විනාශ කිරීම ගැන මහත් සේ දුකට පත්වෙලා, ඒ මහා විහාරය වැනසූ,

27. ථේරං මාරාපයී කුද්ධා - සංගහෙත්වාන වඩ්ඪකිං
ථූපාරාමං විනාසේතුං - ආගතං දුට්ඨමානසං

සංඝමිත්‍ර භික්ෂුව කෙරෙහි කිපී ඔහුව මරවන්ට වඩුවෙකුට සංග්‍රහ කොට පොළඹවා ගත්තා. ඔහු ලවා ථූපාරාමයත් විනාශ කරන්ට පැමිණි දුෂ්ට සිතක් ඇති,

28. **මාරාපෙත්වා සංඝමිත්තත්ථේරං දාරුණකාරකං**
සෝණාමච්චං දාරුණඤ්ච - සාතයිංසු අසඤ්ඤතං

දරුණු ක්‍රියා කරන සංඝමිත්‍ර භික්ෂුව මැරෙව්වා. සීල සංයමයෙන් තොර දරුණු වූ සෝණ අමාත්‍යයාවත් මැරෙව්වා.

29. **ආනෙත්වා දබ්බසම්භාරං - මේඝවණ්ණාභයෝ තු සෝ**
මහාවිහාරේ නේකානි - පරිවේණානි කාරයි

මහාමේඝවර්ණාභය අමාත්‍යවරයා ද්‍රව්‍ය සම්භාරයන් අරගෙන ඇවිත් මහාවිහාරයේ නොයෙක් පිරිවෙන් කෙරෙව්වා.

30. **අභයේන භයේ තස්මිං - වූපසන්තේ තු භික්ඛවෝ**
මහාවිහාරං වාසේසුං - ආගන්ත්වාන තතෝ තතෝ

අභය නැමැති ඒ මහළු ඇමතියා විසින් භය සංහිඳෙව්වාට පස්සේ ඒ ඒ තැනට වැඩි භික්ෂූන් වහන්සේලා මහාවිහාරයේ වාසය කරන්නට වැඩම කළා.

31. **රාජා මහාබෝධිඝරේ - පච්ඡිමාය දිසාය තු**
කාරෙත්වා ලෝහරූපානි - ඨපාපේසි දුවේ තු සෝ

මහසෙන් රජ්ජුරුවෝ මහාබෝධිඝරයෙන් බටහිර දිශාවේ ලෝහරූප දෙකක් කරවා තබලා භික්ෂු සංඝයා සමා කරවා ගත්තා.

32. **දක්ඛිණාරාමවාසිම්හි - කුහකේ ජිම්හමානසේ**
පසීදිත්වා පාපමිත්තේ - තිස්සත්ථේරේ අසඤ්ඤතේ

දක්ෂිණාරාමවාසී කුහක වූ කපටි සිත් ඇති සීලාදී සංයමයෙන් තොරවූ පාප මිත්‍ර භික්ෂුවක් වූ තිස්ස තෙරුන්ට රජ්ජුරුවෝ පැහැදුනා.

33. **මහාවිහාරසීමන්තේ - උය්‍යානේ ජෝතිනාමකේ**
ජේතවනවිහාරං සෝ - වාරයන්තෝපි කාරයි

මහාවිහාර සීමාවට අයත් ජෝතිවනයේ භික්ෂූන් වළක්වාලද්දිත් ජේතවනාරාමය කෙරෙව්වා.

34. තතෝ සීමං සමුග්ඝාතුං - භික්ඛුසංඝමයාචි සෝ
අදාතුකාමා නං භික්ඛූ - විහාරම්හා අපක්කමුං

ඊට පස්සේ ඒ භික්ෂූන්ගේ උසිගැන්වීම මත මහා විහාර සීමාව අවලංගු කරත්වා කියලා මහාවිහාරවාසී සංඝයාගෙන් ඉල්ලා සිටියා. එයට අකමැති වූ භික්ෂූන් වහන්සේලා මහාවිහාරයෙන් පලා ගියා.

35. ඉධ සීමාසමුග්ඝාතං - පරේහි කරියමානකං
කෝපේතුං භික්ඛවෝ කේචි - නිලීයිංසු තහිං තහිං

වෙනත් භික්ෂූන් ඇවිත් මිහිඳු මහරහතන් වහන්සේ පිහිටුවා වදාළ සීමාව බලෙන් අවලංගු කරන එක වළක්වන්ට භික්ෂූන් වහන්සේලා කීප නමක් මහාවිහාරයේ යට බිම් ගෙයක සැඟවී සිටියා. (සීමා අවලංගුවට අකමැති භික්ෂූන් වහන්සේලා අනිත් භික්ෂූන්ට නොපෙනී සැඟවී සිටියා. ඔවුන්ගේ ඒ විනය කර්මය අසාර්ථක කරන්ටයි එසේ සැඟවී සිටියේ.)

36. මහාවිහාරෝ නවමාසේ - ඒවං භික්ඛූහි වජ්ජිතෝ
සමුග්ඝාතං කරිම්හාති - පරේ භික්ඛූ අමඤ්ඤිසුං

ආයෙමත් මහාවිහාරය නව මාසයක් භික්ෂූන් වහන්සේලාගෙන් පාළුවෙලා ගියා. මහාවිහාරයට විරුද්ධ භික්ෂූන් සිතුවේ තමන් කළ විනය කර්මයෙන් මහාවිහාර සීමාව අවලංගු වී ගිය බවයි.

37. තතෝ සීමාසමුග්ඝාතේ - ව්‍යාපාරේ පරිනිට්ඨිතේ
මහාවිහාරං වාසේසුං - ඉධා'ගන්ත්වාන භික්ඛවෝ

ඔවුන්ගේ ඒ මහාවිහාර සීමාව අවලංගු කරන කටයුතු සාර්ථක වුණා කියා සිතා අවසන් කළ විට ඔවුන්ට සීමාව

අවලංගු කරන්ට බැරි වූ බව පවසමින් නැවතත් මහාවිහාරයට භික්ෂූන් වහන්සේලා ඇවිත් වාසය කළා.

38. **තස්ස විහාරගාහිස්ස - තිස්සත්ථේරස්ස චෝදනා**
අන්තිමවත්ථුනා ආසි - භූතත්ථා සංසමජ්ඣගා

ජේතවනාරාමය පිළිගත් තිස්ස භික්ෂුවට සංඝයා මැද පාරාජිකා ආපත්තියෙන් චෝදනා ලැබුනා.

39. **විනිච්ඡිය මහාමච්චෝ - තථා ධම්මිකසම්මතෝ**
උප්පබ්බාජේසි ධම්මේන - තං අනිච්ඡාය රාජිනෝ

එදා ධාර්මික කටයුතු කරන මහඇමතියෙකුට විනිශ්චය කරන්ට තබලා තිබුණා. රජ්ජුරුවන්ගේ අකමැත්තෙන් ම ධාර්මිකව විසඳා, ඔහුව සිවුරු හරවා ගිහි බවට පත්කළා.

40. **සෝ යේව රාජා කාරේසි - විහාරං මණිහීරකං**
තයෝ විහාරේ කාරේසි - දේවාලයං විනාසිය

ඒ මහසෙන් රජ්ජුරුවෝ මණිහීරක නැමැති විහාරය කෙරෙව්වා. දේවාල තුනක් විනාශ කොට විහාර තුනක් කෙරෙව්වා.

41. **ගෝකණ්ණං ඒරකාපිල්ලං - කලන්දබ්‍රාහ්මණගාමකේ**
මිගගාමවිහාරඤ්ච - ගංගසේනකපබ්බතං

ගෝකණ්ණ ගමෙහි ගෝකණ්ණ විහාරයත්, ඒරකාවිල්ලේ තිබූ ඒරකාවිල්ල විහාරයත්, කලන්ද බ්‍රාහ්මණ ගමේ කලන්දක විහාරයත් කියන විහාර තුනයි කෙරෙව්වේ. ගංගාසේනක පර්වතයේ මිගගම විහාරයත් කෙරෙව්වා.

42. **පච්ඡිමාය දිසායා'ථ - ධාතුසේනඤ්ච පබ්බතං**
රාජා මහාවිහාරඤ්ච - කෝකවාතම්හි කාරයි

බටහිරින් ධාතුසේන පර්වත විහාරයත් කෙරෙව්වා.

කොක්වා ජනපදයේ රාජමහා විහාරයත් කෙරෙව්වා.

43. **රූපාරම්මවිහාරඤ්ච - චූළවිට්ටඤ්ච කාරයි**
උත්තරාභයසව්හේ ච - දුවේ භික්ඛුනුපස්සයේ

රූපාරාම විහාරයත්, සුළුපිටි විහාරයත් කෙරෙව්වා. උතුරු අභය බැවුමේ භික්ෂුණී ආරාම දෙකත් කෙරෙව්වා.

44. **කාලවේළකයක්ඛස්ස - ඨානේ ථූපඤ්ච කාරයි**
දීපම්හි ජිණ්ණකාවාසේ - බහූ ච පටිසංඛරි

කාලවේලක යක්ෂයාගේ දේවාල භූමියේ ස්ථූපයක් කෙරෙව්වා. ලංකාව පුරා දිරාගිය බොහෝ ආවාස අළුත්වැඩියා කළා.

45. **සංඝත්ථේරසහස්සස්ස - සහස්සග්ඝමදාසි සෝ**
ථේරදානඤ්ච සබ්බේසං - අනුවස්සඤ්ච චීවරං

දහසක් සංඝ තෙරුන් වහන්සේලාට කහවණු දහස බැගින් වටිනා පිරිකර දුන්නා. සියලු ස්ථවිර තෙරුන් වහන්සේලාට ථේරදානය දුන්නා. අවුරුද්දක් පාසා සිවුරු දුන්නා.

46. **අන්නපානාදිදානස්ස - පරිච්ඡේදෝ න විජ්ජති**
සුභික්ඛත්ථාය කාරේසි - සෝ'ව සෝළස වාපියෝ

පූජා කරන ලද ආහාරපානාදියේ කෙළවරක් නොපෙනේ. මහසෙන් රජ්ජුරුවෝ ලංකාද්වීපය ආහාරපානයන්ගෙන් සුලභ කරනු පිණිස වැව් දහසයක් කෙරෙව්වා.

47. **මණිහීරමහාවාපිං - ජල්ලූරං ඛාණුනාමකං**
මහාමණිං කෝකවාතං - මෝරකපරකවාපිකං

මින්නේරි මහවැව, ජල්ලූර වැව, ඛාණුවැව, මහාමණි වැව, කෝකවාත වැව, මෝර වැව, පරක වැව,

48. **කුම්බාලකං වාහතඤ්ච - රත්තමාලකණ්ඩකම්පි ච**
තිස්සවඩ්ඪමානකඤ්ච - වේළංගවිට්ඨිකම්පි ච

කුම්බාලක වැව, වාහක වැව, රත්මල්කඩ වැව, තිස්සවඩ්ඪමානක වැව, වේළංවිටි වැව,

49. **මහාගල්ලං චීරවාපිං - මහාදාරගල්ලකම්පි ච**
කාළපාසාණවාපිඤ්ච - ඉමා සෝළසවාපියෝ

මහාගල්වැව, චීරවැව, මහාදාරගල්වැව, කාලපාසාණ වැව යන මේ වැව් දහසයයි.

50. **ගංගාය පබ්බතව්හං සෝ - මහාමාතිඤ්ච කාරයි**
ඒවං පුඤ්ඤමපුඤ්ඤඤ්ච - සුබහුං සෝ උපාචිනීති.

ගංගාවෙන් පර්වතයට නමින් මහා ඇලකුත් කෙරෙව්වා. මේ ආකාරයෙන් මහසෙන් රජ්ජුරුවෝ අතිවිශාල වශයෙන් පිනුත්, පවුත් රැස් කරගත්තා.

අනුරාධපුරයේ දීඝචන්ද්‍ර නැමැති සෙනෙවිතුමන් විසින් කරවන ලද මහාවිහාර පිරිවෙනේ වැඩවසමින් පැරණි හෙළඅටුවාවල තිබුණු විස්තර මනාකොට සාරය වශයෙන් ගෙන මහානාම තෙරුන් වහන්සේ විසින් රචනා කරන ලද මහාවංශයේ මුල්කොටස ය.

www.ingramcontent.com/pod-product-compliance
Lightning Source LLC
Chambersburg PA
CBHW072036160426
43197CB00014B/2524